五大区域战略环境评价系列丛书

U0650456

五大区域重点产业发展战略环境评价

主　编　陈吉宁

副主编　李天威　任景明　金凤君

中国环境出版社·北京

图书在版编目（CIP）数据

五大区域重点产业发展战略环境评价 / 陈吉宁主编 .—北京：中国环境出版社，2013.8
（五大区域战略环境评价系列丛书）
ISBN 978-7-5111-0935-4

Ⅰ.①五…　Ⅱ.①陈…　Ⅲ.①经济区—产业发展—战略环境评价—研究报告—中国　Ⅳ.① F127 ② X821.203

中国版本图书馆 CIP 数据核字（2012）第 039179 号
审图号：GS（2013）1836 号

出 版 人　王新程
丛书统筹　丁　枚
责任编辑　黄晓燕　李兰兰
文字编辑　刘　焱
责任校对　扣志红
封面设计　金　喆
排版制作　杨曙荣

出版发行　中国环境出版社
　　　　　（100062 北京市东城区广渠门内大街16号）
　　　　　网　　址：http://www.cesp.com.cn
　　　　　电子邮箱：bjgl@cesp.com.cn
　　　　　联系电话：010-67112765（编辑管理部）
　　　　　　　　　　010-67112735（环评与监察图书出版中心）
　　　　　发行热线：010-67125803 010-67113405（传真）
印　　刷　北京盛通印刷股份有限公司
经　　销　各地新华书店
版　　次　2013年8月第1版
印　　次　2013年8月第1次印刷
开　　本　889×1194　1/16
印　　张　29
字　　数　500千字
定　　价　193.00元

五大区域战略环境评价系列丛书
编 委 会

序

党中央、国务院高度重视环境保护工作，把保护环境确立为基本国策，大力实施可持续发展战略。"十一五"以来，我国环境保护从认识到实践都发生了重要变化，环境保护投入和能力建设力度明显加大，环境保护优化经济发展的作用逐步显现，污染防治和主要污染物减排成效明显，环境保护工作取得了显著成绩。在环保事业发展的宏伟进程中，不断涌现出探索中国环保新道路的新理念、新举措和新实践。战略环境评价就是从宏观战略层面切入解决环境问题、努力参与综合决策的成功典范之一。

环渤海沿海地区、海峡西岸经济区、北部湾经济区沿海、成渝经济区和黄河中上游能源化工区等五大区域战略环境评价，是战略环评理念引入我国以来，地域最大、行业最广、层级最高、效果最好的一次生动实践。五大区域在经济发展和环境保护上的地位重要。在经济上，五大区域在国家区域发展战略的推动下，正在发展成为国家宏观经济战略的重要指向区域和新的经济增长极；在环保上，"十一五"期间五大区域主要污染物 SO_2 和 COD 减排任务分别占全国的 75% 和 64%，同时拥有占全国 1/3 的生物多样性保护重要功能区，直接关系到我国中长期生态环境安全。处理好五大区域重点产业发展与生态环境保护的关系，对加快推进经济发展方式转变具有突出的示范作用，对我国中长期生态环境的战略性保护具有重大意义。

五大区域战略环境评价历时近三年，涵盖 15 个省（区、市）的 67 个地级市和 37 个县（区），关系石化、能源、冶金、装备制造等 10 多个重点行业，涉及国家、省、市等层面的发改、财政、国土、建设、环保等多个部门，汇集环境、生态、经济、地理等多学科近 100 家技术牵头、协作单位的集体智慧。五大区域战略环境评价在全面分析资源环境禀赋和承载能力的基础上，系统评估了重点产业发展可能带来的中长期环境影响和生态风险，提出了重点产业优化发展调控建议和环境保护战略对策，研究了在决策阶段和宏观布局层面预防布局性环境风险、确保区域生态环境安全的新思路和新机制。其最终报告是多学科集成的成果，堪称"环保教科书"，是战略环境评价的力作，已经成为制定国家重大区域战略的重要参考，成为编制"十二五"规划、制定地方环保政策的重要支撑，成为相关地区火电、化工、石化、钢铁等行业环境准入的重要依据。五大区域战略环境评价拓展了环境保护参与综合决策的广度和深度，构建了从源头防范布局性环境风险的重要平台，探索了破解区域资源环境约束的有效途径，是环保部门参与综合决策，探索代价小、效益好、排放低、可持续的环境保护新道路的重大创新和突破。

"十二五"时期是我国全面建设小康社会的关键时期，是加快转变经济发展方式的攻坚时期，环境保护工作任重道远。在"十二五"开局之年，国务院召开了第七次全国环境保护大会，印发了《关于加强环境保护重点工作的意见》和《国家环境保护"十二五"规划》，标志着环境保护的战略地位更加强化，也为环境保护提出了新的更高要求。在新的发展阶段，环境保护工作必须坚持"在发展中保护，在保护中发展"的战略思想，用全局视野和战略思维统筹考虑环保工作，不断推进环境管理的战略转型，努力在宏观经济政策制定、转变经济发展方式、调整结构优化布局等方面发挥更大作用，这为战略环境评价工作提供了新的历史机遇和广阔舞台。随着区域发展总体战略和主体功能区战略的深入实施，环境保护参与综合决策机制的不断健全，区域性战略环境评价大有发展，大有作为。希望广大环境影响评价工作者以探索环保新道路为契机，以服务国家重大战略需求为己任，创新战略环境评价思路，深化战略环境评价实践，增强战略环境评价工作的积极性、主动性和创造性，为不断提高生态文明水平，建设资源节约型和环境友好型社会，促进经济社会环境的全面协调可持续发展作出新的更大的贡献！

周建贤

五大区域重点产业发展战略环境评价报告

分项目一
环渤海沿海地区重点产业发展战略环境评价报告

分项目二
海峡西岸经济区重点产业发展战略环境评价报告

分项目三
北部湾经济区沿海重点产业发展战略环境评价报告

分项目四
成渝经济区重点产业发展战略环境评价报告

分项目五
黄河中上游能源化工区重点产业发展战略环境评价报告

附 件

五大区域重点产业发展战略环境评价报告

编 写 组

组 长　陈吉宁

成 员　李天威　任景明　金凤君　刘　毅　李　巍

　　　　　刘　洋　高　晶　韩保新　李彦武　王亚男

　　　　　谢　慧　潘英姿　段飞舟　刘小丽

审 定　祝兴祥

　　当前，我国环境形势严峻，节能减排任务艰巨，环境问题已成为经济社会可持续发展的重要约束。环渤海沿海地区、海峡西岸经济区、北部湾经济区沿海、成渝经济区和黄河中上游能源化工区等五大区域（以下简称"五大区域"），是我国基础性、战略性产业布局的重要区域，在我国总体生态安全格局中地位突出。处理好五大区域重点产业发展与生态环境保护的关系，对于加快推进经济发展方式转变具有突出的示范作用，对我国中长期生态环境的战略性保护具有重大意义。

　　为了充分汲取西方发达国家和我国先发展地区在经济发展过程中资源环境代价过大的教训，避免走"先污染、后治理"的老路，根据我国区域经济发展的总体战略、产业发展趋势和生产力布局态势，环境保护部组织开展了五大区域重点产业发展战略环境评价工作，旨在推动环境保护优化经济发展新格局的形成，实现区域经济可持续发展，确保中长期生态环境安全。

　　五大区域重点产业发展战略环境评价工作分为项目准备、集中攻坚和成果集成三个主要阶段。项目准备阶段（2007 年 11 月—2008 年 12 月），组织开展了五大区域重点产业与环境保护专题调研工作，提出了项目建议书和可行性研究报告；制订了工作方案，构建了三级项目管理架构，组建了 50 多名专家顾问团和近 100 家科研单位的技术支撑团队。集中攻坚阶段（2009 年 1 月—2010 年 1 月），重点完成了现场调查与资料收集、补充监测、三次阶段性评估等工作，形成了初步成果。成果集成阶段（2010 年 2 月开始），多次组织专家咨询论证，征求国务院有关部门、相关省（区、市）的意见，形成了送审稿；2010 年 9 月通过了专家论证验收，形成了报批稿；2010 年 12 月环境保护部第十二次常务会议审议通过，经过修改完善，完成了最终稿。

　　在此，对国务院有关部门和相关十五个省（区、市）人民政府及有关部门的大力支持、对项目专家顾问团的悉心指导和项目主要承担单位的共同努力表示衷心感谢！

一、总　则

（一）背景及意义

随着我国西部大开发、东北地区等老工业基地振兴、中部地区崛起、东部地区率先发展等区域发展总体战略的实施和一系列重大区域规划的出台，环渤海沿海地区、海峡西岸经济区、北部湾经济区沿海、成渝经济区和黄河中上游能源化工区等五大区域作为国家重要的基础性、战略性产业基地的地位不断强化，成为我国区域发展新格局的重要支撑区域（图1）。同时，这些区域涉及长江、黄河等重要流域和渤海、北部湾、台湾海峡等重要海域，生态环

境质量的好坏直接影响到我国未来中长期生态安全的总体水平和环境质量的演变趋势。因此，处理好五大区域产业发展与生态环境保护的关系，是我国中长期经济社会可持续发展的战略性问题。

随着五大区域重化工业的快速扩张，部分区域产业发展与资源环境之间的矛盾非常突出，已严重影响区域生态功能和环境质量。如不及时优化、引导和调控，将进一步恶化环境质量，降低生态功能，加剧生态风险，威胁区域可持续发展。因此，以战略环境评价为主要抓手，优化、调整产业的布局、结构和规模，推动五大区域经济发展方式的转变势在必行。

图1　五大区域与国家区域发展战略格局

（二）工作目标

针对五大区域重点产业发展的目标和定位，围绕产业的布局、结构和规模三大核心问题，以区域资源环境承载力为约束条件，全面分析产业发展现状、趋势及关键性的资源环境制约因素，深入评估五大区域产业发展可能产生的环境影响和潜在的生态风险，尝试构建跨流域、跨行政单元、前瞻性的环境综合管理模式，探索建立以环境保护促进经济又好又快发展的长效机制，为落实国家"十二五"规划及制定区域产业中长期发展规划、区域环境管理与环境建设等重大决策提供技术支撑和依据。

（三）工作范围

五大区域涉及我国东部、中部、西部 15 个省（区、市）的 67 个地市及重庆、海南的 37 个县（区），国土面积 110 万 km²，人口 2.8 亿，经济总量 5.9 万亿元（表 1）。

本次评价基准年为 2007 年，中期为 2015 年，远期为 2020 年。其中，部分重要的生态环境现状数据更新到 2008 年和 2009 年。

表 1 五大区域基本概况				
区域名称	涵盖地区	面积 /km²	人口 /万人	经济总量 /亿元
环渤海沿海地区	大连、营口、盘锦、锦州、葫芦岛、秦皇岛、唐山、天津滨海新区、沧州、滨州、东营、潍坊、烟台	12.9	5 516	20 156
海峡西岸经济区	福州、厦门、莆田、三明、泉州、漳州、南平、龙岩、宁德、汕头、潮州、揭阳、温州	16.1	5 725	13 224
北部湾经济区沿海	南宁、防城港、钦州、北海、湛江、茂名、海口、澄迈、临高、儋州、昌江、东方、乐东	8.2	3 209	4 491
成渝经济区	重庆主城 9 区、潼南、铜梁、大足、双桥、荣昌、永川、合川、江津、綦江、长寿、涪陵、南川、万盛、璧山、万州、梁平、丰都、垫江、忠县、开县、云阳、石柱、成都、绵阳、德阳、内江、资阳、遂宁、自贡、泸州、宜宾、南充、广安、达州、眉山、乐山、雅安	20.6	9 237	13 065
黄河中上游能源化工区	吴忠、银川、石嘴山、中卫、鄂尔多斯、乌海、阿拉善左旗、巴彦淖尔、包头、榆林、延安、渭南、铜川、咸阳、宝鸡、忻州、吕梁、临汾、运城	52.0	4 600	8 389
合 计		109.8	28 287	59 325

（四）工作重点

考虑产业发展态势和区域生态安全，选择第二产业中的重点产业作为评价对象。以污染物贡献率、经济贡献率和未来发展态势作为评价标准，遴选出五大区域的重点产业（表 2）。

表 2 五大区域重点产业筛选	
区域名称	重点产业
环渤海沿海地区	石油、化工、冶金、装备制造、能源、建材、食品、造纸、纺织
海峡西岸经济区	石油化工、装备制造、电子信息、能源、冶金、林浆纸
北部湾经济区沿海	石油化工、冶金、化工、林浆纸（造纸）、能源、食品、制药、建材、船舶修造
成渝经济区	农副产品加工、化工、装备制造、能源、高新电子技术
黄河中上游能源化工区	煤炭开采、电力、煤化工、冶金

本次评价重点完成如下任务：

① 区域生态环境现状及其演变趋势评估。

② 区域产业发展现状及资源环境效率评价。

③ 区域资源环境承载力综合评估。

④ 区域重点产业发展的环境影响评价和生态风险评估。

⑤ 区域重点产业优化发展的调控建议。

⑥ 区域重点产业与资源环境协调发展的对策机制。

（五）技术路线

在深入评估五大区域资源环境演化规律、资源环境和产业发展耦合关系的基础上，辨识生态环境影响特征和关键影响因子，综合考虑国家区域发展战略、重大生产力布局和地方发展愿景，基于地方发展愿景（情景 1）、国家战略需求（情景 2）和生态环境约束（情景 3）设置三种重点产业发展情景，预测分析产业发展的中长期环境影响和潜在生态风险，评价对关键生态功能单元和环境敏感目标的长期性、累积性影响，提出五大区域重点产业优化发展的调控方案和对策建议，具体技术路线见图 2。

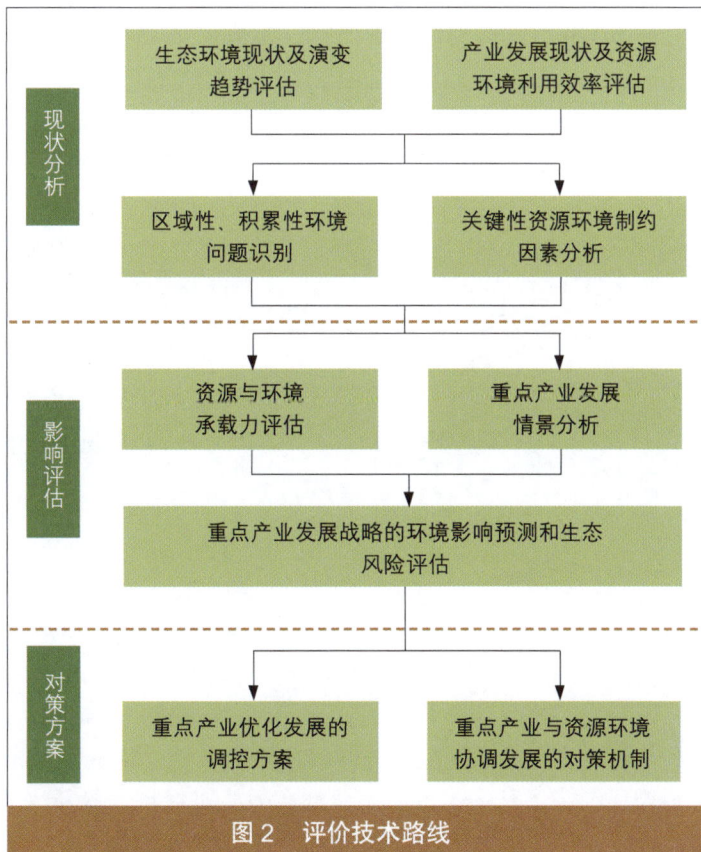

图 2　评价技术路线

二、五大区域产业发展与生态环境保护的全局性

五大区域是我国基础性、战略性产业的主要分布区，在全国区域经济格局中占据极其重要的战略地位。同时，也是决定我国总体生态安全格局的重要区域，其生态环境状况与演变趋势对全国生态环境保护具有全局性意义。

（一）五大区域是国家宏观经济战略的主要指向区域

环渤海沿海地区、海峡西岸经济区、北部湾经济区沿海和成渝经济区的区域性发展规划已上升到国家战略层面，黄河中上游能源化工区的煤炭资源开发已纳入国家能源发展战略。因此，五大区域作为国家区域发展总体战略的重要承载区域，将承担引领未来发展的重任。

1. 产业发展基础条件优越

五大区域经济区位优越，资源条件良好，在全国人口和经济格局中的地位突出。在宏观区域发展格局中，五大区域涉及了我国的辽中南、京津冀和成渝三大都市经济区，涵盖了山东半岛、海峡西岸、关中天水、呼包银四个人口与产业集聚区（图3），为产业发展提供了重要动力和市场，便捷的内外交通和有利的政策环境为承接产业转移提供了保障。2007年，五大区域人口和GDP占全国的比重分别为20.7%和22.6%，比2000年上升了0.5个百分点和1.7个百分点，在我国区域经济发展格局中的地位持续上升。

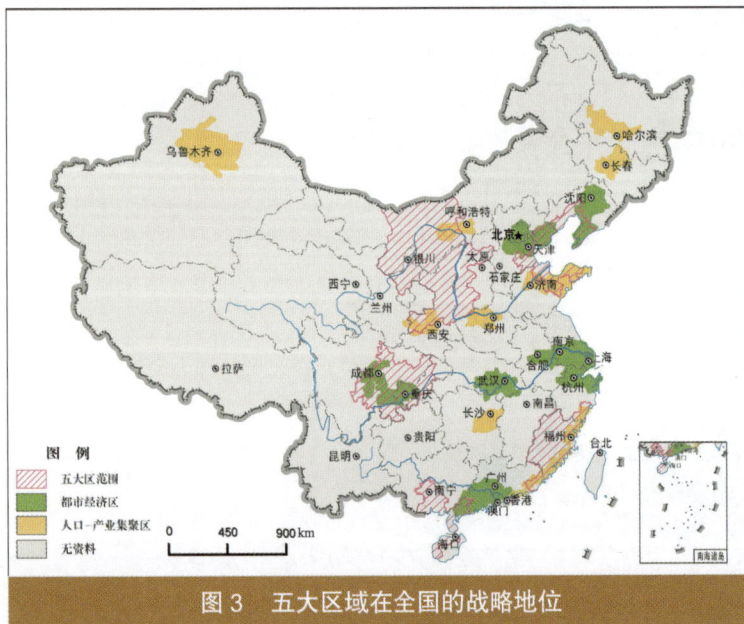

图 3　五大区域在全国的战略地位

图 例
- 五大区范围
- 都市经济区
- 人口-产业集聚区
- 无资料

0　　450　　900 km

2. 新一轮区域经济调整和经济总量增长的主要承载区域

五大区域对我国区域经济空间结构调整具有重要的引领作用。环渤海沿海地区涉及我国辽中南、京津冀、山东半岛三个主要城市群，随着国家振兴东北地区等老工业基地战略、天津滨海新区综合配套改革试验区、山东半岛蓝色经济区等区域战略与政策的深入实施，形成了辽宁沿海经济带、天津滨海新区、曹妃甸循环经济示范区、黄河三角洲高效生态经济区等新兴开发区域（图4）；北部湾经济区沿海和海峡西岸经济区的加快发展，不仅是"东部地区率先发展"战略的延伸与深化，而且对西南边陲地缘政治格局及海峡两岸合作交流均有着深远影响；成渝经济区、黄河中上游能源化工区是我国西部地区发展较好和自然资源富集的区域，也是国家"西部大

开发"战略的重点区域，肩负着引领西部地区整体发展的重任。

五大区域不仅担负着我国区域经济布局调整的重任，而且在宏观经济总量增长格局中占据重要地位。综合分析有关的战略、规划与发展态势，到 2015 年，五大区域 GDP 预计达到 12.5 万亿元左右，占全国比重 25%，比目前增加近 3 个百分点，将是"十二五"时期我国最具活力的增长区域。到 2020 年，五大区域 GDP 可能达到 20 万亿元，接近全国 GDP 比重的 30%，将是未来长期持续增长的主要引领区域。

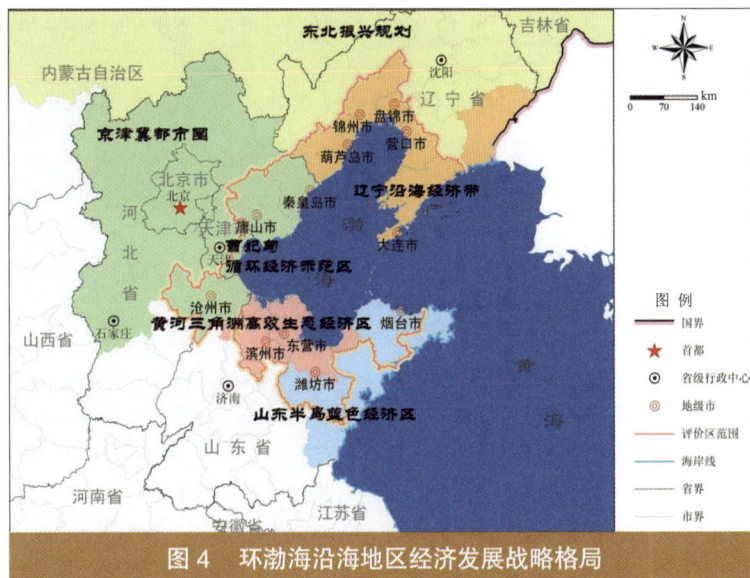

图 4　环渤海沿海地区经济发展战略格局

3. 国家重要的基础性与战略性产业基地

环渤海沿海地区石化、冶金工业规模优势明显。海峡西岸经济区与北部湾经济区沿海冶金、石化工业发展思路和政策导向都已十分明确，大型石化和冶金工业基地建设已纳入国家产业布局战略规划，是我国东南沿海地区临港型重化工基地建设的重要承载区域。环渤海沿海地区、成渝经济区装备制造业基础雄厚，是国家重大装备生产研发基地，其中成渝经济区装备制造业的综合配套能力强，国防科技工业和成套机械装备制造业在全国处于领先地位。

环渤海沿海地区、成渝经济区、黄河中上游能源化工区能源工业优势突出，对保障全国能源安全意义重大。黄河中上游能源化工区当前煤炭产量占全国的近 1/4，2015 年将占全国的 1/3，2020 年有可能上升到 1/2，其国家能源安全保障区的地位无可取代。目前，环渤海沿海地区原油产量 6 000 多 t，占全国的 1/3，原油加工量 6 500 万 t，占全国的 20%，是我国近期石化产业布局的重点地区，产油、炼油能力在全国均占据重要地位。成渝经济区所在的川渝两省市的天然气储量和水能资源可开发量分别占全国的 60% 和 21%，是国家重要的清洁能源发展战略基地。

4. 重化工业推动经济快速增长的典型区域

"两高一资"产业快速扩张是五大区域产业发展的共同特征。环渤海沿海地区和成渝经济区工业化起步早，产业重型化已经历了较长的历史阶段，是我国传统经济发展模式的"缩影"；黄河中上游能源化工区、北部湾经济区沿海、海峡西岸经济区工业化起步相对较晚，但重化工产业发展迅猛，是我国产业重型化快速推进的典型区域。加速推进发展方式转变是五大区域提升自身发展质量的迫切需求，其转型过程所积累的经验对促进我国经济发展方式的根本转变也具有突出的示范作用。

（二）五大区域在全国生态安全格局中的地位突出

五大区域地处我国重要流域和海域的关键区域，生物多样性丰富，生态功能重要，在全国生态安全格局中占据着突出地位。

1. 我国海洋、流域生态安全的关键区域

五大区域涉及长江、黄河、辽河、海河、珠江等重点流域以及渤海、台湾海峡、北部湾等重点海域，岸线长度占全国海岸线总长度的 63%，是我国海洋、长江和黄河流域生态安全的关键区域。

五大区域涉及的重要生态功能区主要包括辽河三角洲湿地生物多样性保护重要区、黄河三角洲湿地生物多样性保护重要区、浙闽赣交界山地生物多样性保护重要区、东南沿海红树林生物多样性保护重要区、海南岛中部山地生物多样性保护重要区、西南喀斯特地区土壤保持重要区、三峡库区水源涵养重要区、川滇干热河谷土壤保持重要区、秦巴山地水源涵养重要区、黄土高原丘陵沟壑水土保持重要区、毛乌素沙地防风固沙重要区等 11 个陆域生态功能区，以及 20 个近海海洋生态功能区，在全国生态安全格局中具有十分重要的意义（表 3）。

五大区域涉及 15 个省的"十一五"时期主要污染物二氧化硫和化学需氧量减排任务分别占全国的 75% 和 64%，区域水环境、海域环境、大气环境保护的成效直接关系到我国中长期环境演变趋势与环境质量的改善。

表 3　五大区域在国家生态安全格局中的作用		
区域名称	生态格局地位	主要功能
环渤海沿海地区	渤海生态屏障 生物多样性	河口湿地与滩涂保护 海洋环境保护 鸟类迁徙保护 鱼类产卵场和育幼场
海峡西岸经济区	东南沿海重要水源地 生物多样性	陆域与海洋生态保护 珍稀和特有野生动物基因库保护 海洋生物资源保护
北部湾经济区沿海	华南沿海海洋生物资源和安全屏障 生物多样性	陆域与海洋生态保护 生物资源与多样性保护 水源涵养和水土保持 海洋环境保护
成渝经济区	长江上游与三峡库区生态安全核心区 生物多样性	流域生态系统保护 水源涵养和水土保持 生物多样性保护
黄河中上游能源化工区	华北地区风沙防线 黄河流域生态安全廊道 水土流失重点治理区	区域生态系统保护 流域水资源与水环境安全 防风固沙、水土保持

2. 生物多样性重要富集区域

五大区域几乎涵盖了我国所有生态类型及各类生境，蕴藏着极其丰富的动植物资源，是我国重要的生物基因"宝库"，分布有数百种国家级保护的动植物资源（表 4）。对国家生态安全具有重要作用的 16 个生物多样性保护生态功能区中，有 5 个分布在五大区域内。自然保护区面积 9.7 万 km²，占五大区域总面积的 8.8%，占全国自然保护区总面积的 6.5%；其中，省级以上自然保护区 220 个，占全国的 19.8%。

表 4　五大区域生物多样性保护现状

区域名称	生物多样性
环渤海沿海地区	国家一级、二级保护动物分别为 16 种、58 种,珍稀濒危动物 91 种,国家保护植物 42 种,珍稀濒危植物 13 种
海峡西岸经济区	动植物种数占全国 28.6%,国家重点保护的野生动物 157 种、野生植物 59 种
北部湾经济区沿海	野生高等植物 1 400 多种,国家重点保护珍稀濒危植物 120 多种,陆栖脊椎动物 900 多种,经济鱼类 500 多种,重点保护动物 290 种以上
成渝经济区	我国动物种类最多、最齐全的区域之一。国家一、二级保护动物分别为 30 种、165 种,鱼类种类约为全国淡水鱼种数的 2/5、长江鱼类的 2/3,拥有 4 000 多种植物资源,国家重点保护植物 58 种
黄河中上游能源化工区	西北、华北地区珍稀野生动植物集中分布区之一。国家一级保护动物 23 种、二级保护动物 88 种

3. 具有全局性的生态服务功能

　　五大区域不仅各自的生态功能具有独特性和不可替代性,而且其生态服务功能对全流域和相关海域具有决定性影响。黄河中上游地区是华北地区重要的生态屏障,其生态系统的水土保持、防风固沙等功能对维护华北地区生态安全至关重要。成渝经济区地处三峡水库上游,是包括三峡库区在内的长江上游生态屏障核心区域,其水源涵养、水土保持和洪水调蓄功能直接关系到长江流域的生态安全。环渤海、海峡西岸、北部湾等沿海地区是我国海陆交汇带的关键区域,处于陆域生态系统与海洋生态系统的过渡地带,对维护海洋生态安全、应对全球气候变化具有重要意义。

　　维护五大区域主导生态功能是保障我国生态安全格局不能突破的重要底线。处理好产业发展与生态环境保护的关系,推动发展方式的根本性转变,既是五大区域自身全面协调可持续发展的内在需要,也是我国"十二五"和中长期必须解决的全局性战略问题和必由之路。

三、五大区域产业发展特征与趋势

重化工业快速发展是近十年五大区域发展的基本态势,发展愿景呈现延续既有发展模式、扩张重化工产业规模、向生态敏感区扩展布局的态势。

(一)产业结构重型化与"三临"布局特征突出

1. 结构重型化特征突出

重化工业快速发展是五大区域产业体系的共同特征,产值占区域工业的比重达69%(表5)。这一特征与区域资源条件、产业基础及我国处于工业化中期发展阶段等各种因素密切相关。

五大区域既有我国重要的能源富集区,又有基础性战略资源重要产地,资源条件奠定了重化工业发展和支配性地位形成的基础。炼油、石化、化工、冶金、能源、电力等基础产业是各区域发展的主要行业。环渤海沿海地区、成渝经济区及黄河中上游部分地区的重化工业在计划经济时期已形成一定的规模。

环渤海沿海地区轻重工业比由1995年的40∶60演化为2007年的27∶73,有10个市的重工业比重超过全国平均水平。其中,滨海新区、盘锦、锦州、葫芦岛、东营的重工业比重超过80%,属于极重型产业结构;冶金、石油加工、化学原料等主要重化工业部门在区域工业产值中的比重分别为10.7%、9.2%、7%,均高于全国平均水平(图5)。

成渝经济区主要重化工业部门在区域工业产值中的比重近68%,其中低端的资源密集型产业、相对低端的资本密集型产业占重化工业部门比重超过50%。

黄河中上游能源化工区重工业比重为84%,比全国平均水平高14个百分点,仅冶金、煤炭、石油加工、电力、化学工业五个部门的比重就已达到78%,区域工业发展中初级重化工倾向尤为突出(图6)。

北部湾经济区沿海重化工业近年来发展非常迅速,仅石化、电力两个产业占区域工业总产值比重就达到45%,加上其他化学工业等部门,区域重化工业产值比重达54%。

海峡西岸经济区重工业比重从2000年的47%转变为2007年的55%,装备制造、石油化工、电力、冶金、建材等主要产业占区域工业总产值的比重已达52%。

表5 全国及五大区域轻重工业比重变化		单位:亿元,%			
地 区	项 目	2000年		2007年	
		轻工业	重工业	轻工业	重工业
全 国	产值	34 094	51 579	119 640	285 537
	比重	40	60	30	70
环渤海沿海地区	产值	7 478	20 322	9 931	26 715
	比重	27	73	27	73
海峡西岸经济区	产值	1 988	1 764	8 125	9 831
	比重	53	47	45	55
北部湾经济区沿海	产值	836	589	1 763	3 096
	比重	59	41	36	64
成渝经济区	产值	1 202	1 834	4 924	10 484
	比重	40	60	32	68
黄河中上游能源化工区	产值	282	1 187	1 125	8 502
	比重	20	80	16	84

注:成渝经济区为四川省和重庆市的数据。

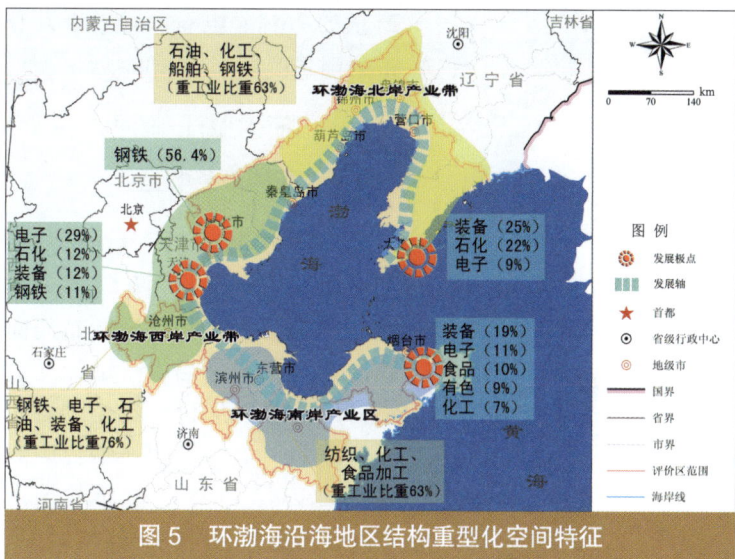

图 5 环渤海沿海地区结构重型化空间特征

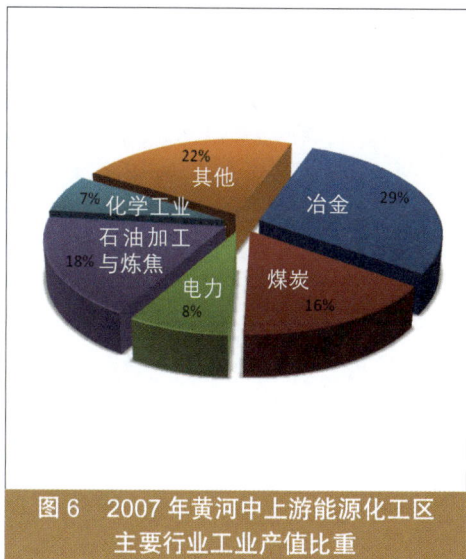

图 6 2007 年黄河中上游能源化工区主要行业工业产值比重

2. 重点产业规模扩张迅猛

五大区域资源禀赋优越，交通运输便利，加上对重化工产品的需求旺盛，导致石化、能源、电力、冶金等基础性产业快速扩张（表 6）。我国七大石化基地有四个分布在五大区域（图 7）。到目前为止，五大区域石油加工能力达到 1.4 亿 t，占全国的 36%。五大区域钢产量为 1 亿 t，占全国的 20%。在能源领域，仅黄河中上游地区的煤炭产量就占全国的 1/4。

环渤海沿海地区重化工业规模扩张明显。1995—2007 年，钢材产量扩张 19 倍，粗钢产量扩大近 15 倍，生铁产量扩大近 19 倍。2007 年生铁产量占全国的 11.3%，粗钢产量占全国的 11.9%，成品钢材占全国的 1/7 左右；如果扩大到与环渤海沿海地区有关的东北与华北地区，生铁、粗钢、成品钢材产量分别达到了 3.0 亿 t、2.8 亿 t、3.0 亿 t，即整个环渤海及其邻近地区的钢铁产量达到了 3 亿 t 的水平，占全国的 50% ~ 60%。环渤海沿海地区三个大型石化基地炼油能力增加迅猛，近十年扩张了 1.3 倍。

黄河中上游能源化工区的煤炭生产及煤化工规模扩张迅速。2000—2007 年，黄河中上游地区煤炭生产从 9 463 万 t 增长到 5.8 亿 t，年均增长率为 30%，个别年份增长速度达到 63%。电力工业也呈现出同步快速扩张态势，2000—2007 年，年均增长率达到 27%，个别年份增长速度高达 87%（图 8）。2007 年有甲醇生产企业 27 家，甲醇产能合计约 377 万 t，产量达到 307 万 t，产能和产量分别占国内甲醇行业的 22.1% 和 28.5%；焦炭产量 1.2 亿 t，占全国总

表 6 五大区域重点产业现状产能

区域名称	钢铁 / 万 t	炼油 / 万 t	火电 / 万 kW
环渤海沿海地区	7 067	10 810	4 928
海峡西岸经济区	900	1 200	3 766
北部湾经济区沿海	1 286	3 160	898
成渝经济区	—	1 000	1 500
黄河中上游能源化工区	4 000	—	45 630

注：表中数据为2010年五大区域重点产业已建及在建项目产能总和。

产量的 26%；电石产量 661 万 t，占全国总产量的 44.6%。

3. 临海、临江、临河("三临")布局态势明显

重点产业临海、临江、临河无序布局倾向不断强化。环渤海沿海各地区纷纷推动产业布局向临海地区推进，形成了诸如辽宁沿海经济带、唐山—沧州渤海西岸产业带、山东滨州—烟台产业带等地方层面的沿海开发热点区。辽东湾和渤海湾沿岸已经布局了各级大小产业园区上百个，承载着石化、冶金和能源的发展（图 9）。

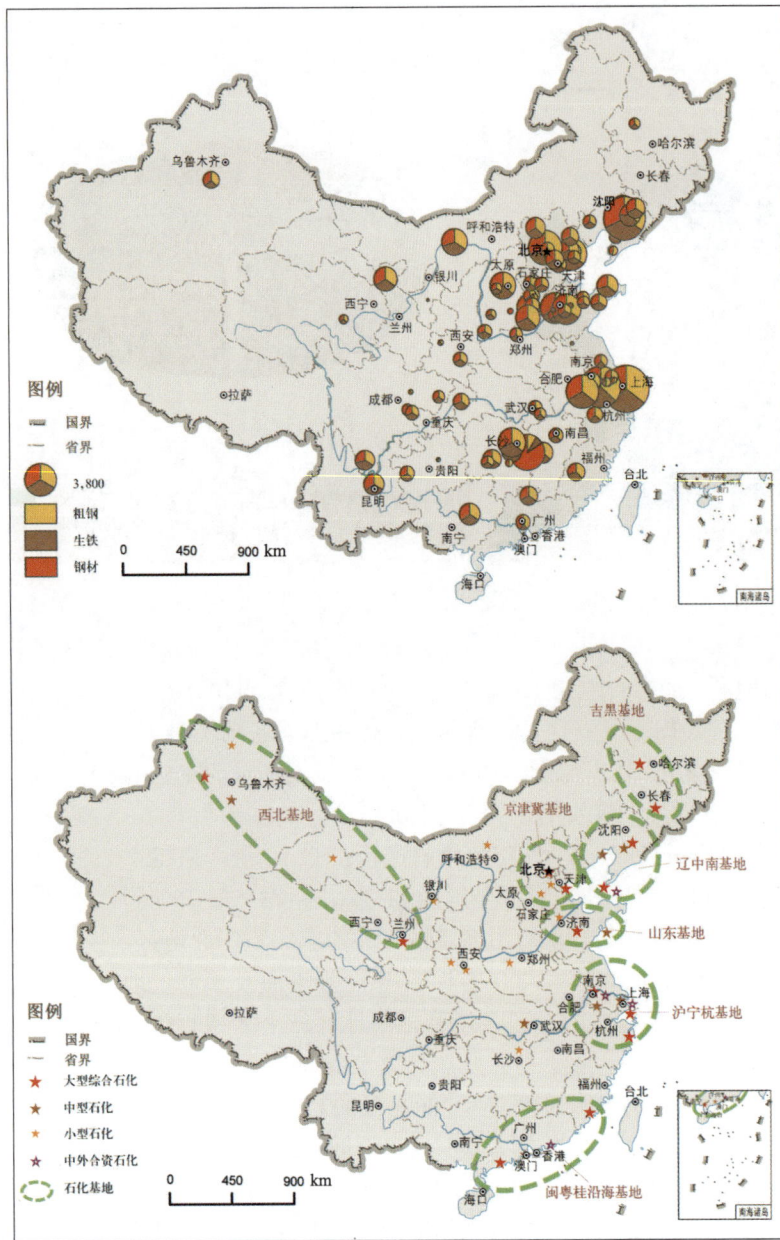

图 7　我国钢铁、石化工业基地空间布局

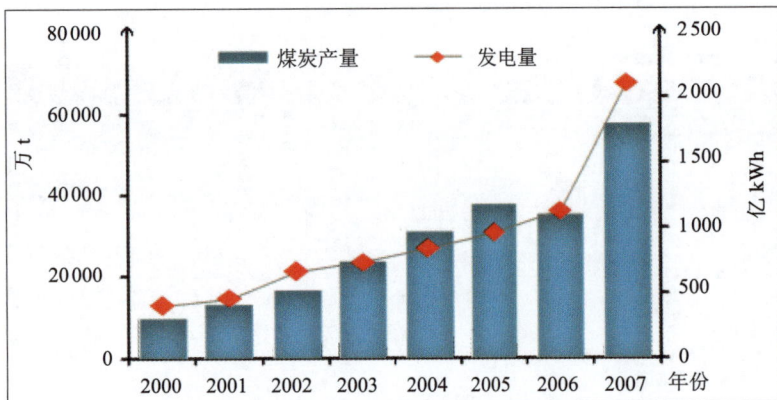

图 8　黄河中上游地区煤炭产量和发电量增长趋势

海峡西岸经济区已初步形成"一带、四圈"辐射周边、福州与厦门两大城市引领发展的格局，区域发展重点已转移到沿海一带，沿海地区已经成为石化、冶金、能源、装备制造等产业的主要布局区域。

北部湾经济区沿海受自身发展的驱动与新一轮重化工业持续发展和发达地区产业转移的影响，已在临海地区集中布局了一大批能源重化工工业园区，海岸带成为各地市大型能源重化工项目集中建设的重点区域。

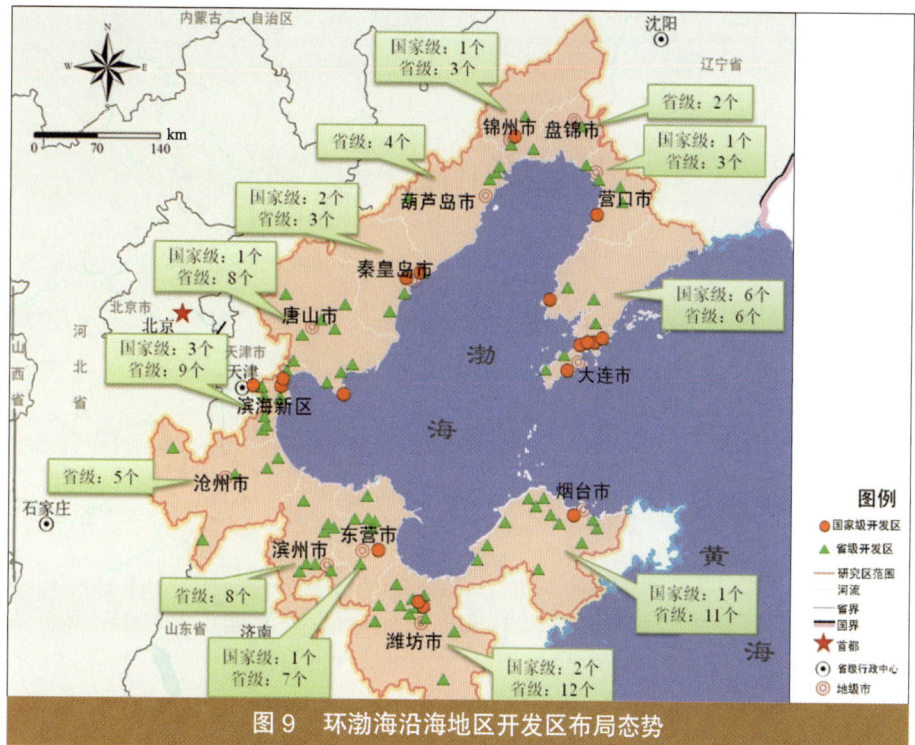

图9　环渤海沿海地区开发区布局态势

成渝经济区化工、造纸等污染较重的行业基本都临江布局。其中，46%的化学工业布局在岷江、沱江沿岸，42%的化学工业沿长江干流布局（图10）。

黄河中上游能源化工区现有工业园区大多靠近黄河的一级、二级支流，沿河布局趋势明显（图11）。

从微观区位上看，五大区域工业集聚区向海岸、江岸、河岸靠近的趋势越来越突出，甚至靠填海获得布局的空间。如大连长兴岛、天津滨海新区、唐山曹妃甸、沧州渤海新区、江阴、湄洲湾、钦州等工业园区，都是"三临"布局的典型代表。

（二）重化工业快速扩张与分散无序布局态势加剧

梳理各个地区的发展愿景可以看出，未来十年五大区域重点产业将继续扩大化工、冶金、能源、装备制造产业规模，结构重型化特征将持续，布局进一步呈无序蔓延态势。

1. 对重化工依赖程度将持续加大

五大区域的各个地区谋划重点产业中长期发展时，均已非常清晰地表现出资源型重化工业的发展倾向。资源型重化工业投入大，对区域各类经济要素具有很强的吸附效应，大量占用发展空间、社会资本与人力资源。各类经济要素一旦配置到资源型重化工业部门，将会对地区经济的发展产生长远影响，"路径依赖"正在形成，将进一步加大产业转型的难度和成本。

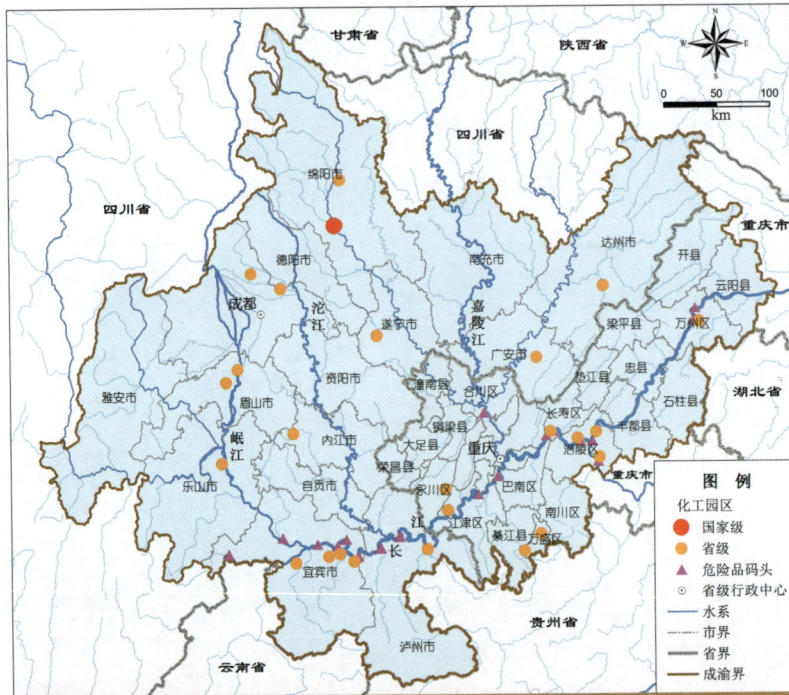

图10 成渝经济区化工园区布局

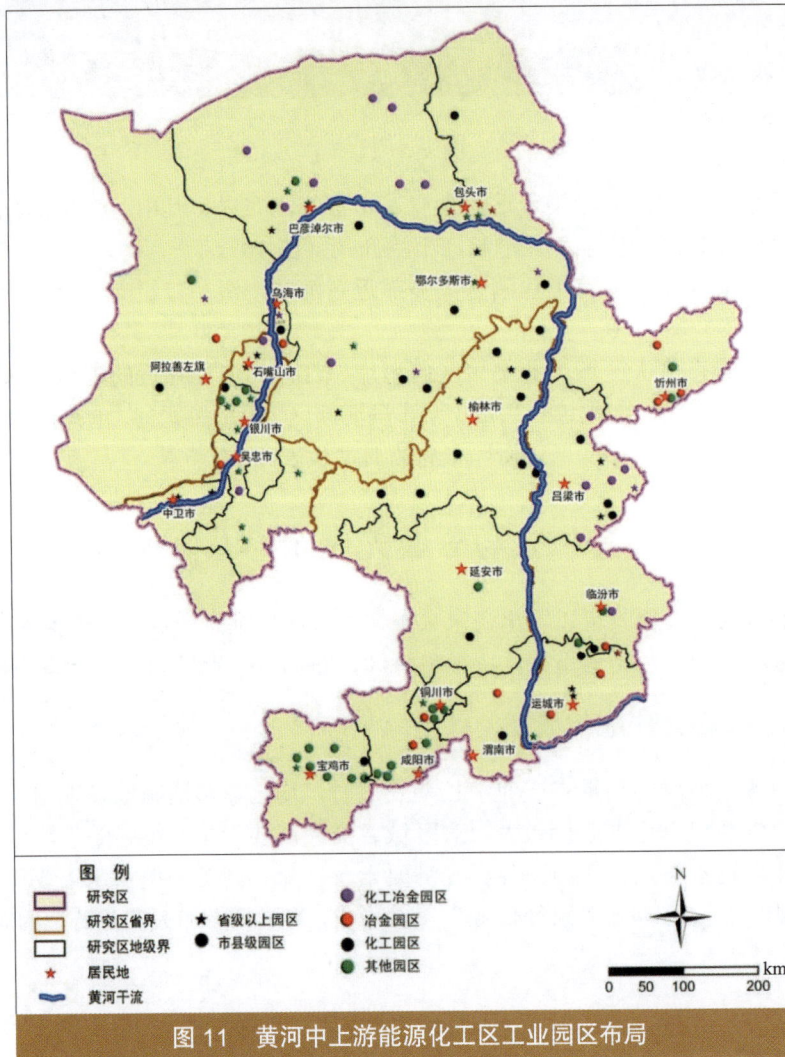

图11 黄河中上游能源化工区工业园区布局

2. 石化、钢铁、能源等重点产业将以数倍规模扩张

根据地方规划愿景，五大区域石化、钢铁、能源等重化工业将保持持续快速扩张的发展势头。预计 2015 年和 2020 年，原油加工能力将达到 2.8 亿 t 和 3.8 亿 t，比 2007 年增长 156% 和 248%；乙烯产量将超过 1 100 万 t 和 1 700 万 t，增长 6 倍和 10 倍；钢材产量将超过 1.8 亿 t 和 2.1 亿 t，增长 90% 和 120%；电力装机容量将超过 2 亿 kW 和 4 亿 kW，增长 145% 和 300%（表 7）。

表 7　五大区域重点产业发展愿景

主要产品	2015 年	较 2007 年增长 /%	2020 年	较 2007 年增长 /%
原油加工量 / 亿 t	2.8	156	3.8	248
乙烯 / 万 t	1 100	600	1 700	1 000
钢材 / 亿 t	1.8	90	2.1	120
电力装机容量 / 亿 kW	2.0	145	4.0	300

注：根据地方规划梳理。

此外，煤炭、煤化工、造纸等产业在一些地区规划中的规模也比较大，如北部湾经济区沿海地区的造纸规模规划将扩张 8 倍以上。

3. "三临"分散蔓延无序布局态势进一步强化

目前，五大区域产业发展"三临"分散布局特征已十分突出。未来十年，随着五大区域重点产业规模的快速扩张，以及沿海、沿江、沿河各地发展动力的进一步释放，利用临海、临江、临河区位进一步分散蔓延和无序布局重化工业的倾向明显。

环渤海沿海地区 13 个地市除秦皇岛外都将发展临港石化产业作为重点之一。如果将国家级、省级、市级、县区级钢铁、石化、装备制造等重点产业布局进行空间叠加，各级各类产业集聚区环围渤海沿岸全线分散蔓延的局面即将形成。海峡西岸经济区沿海各地市均有发展炼油、乙烯等石化产业的意愿，分别规划了大小门岛、溪南半岛、江阴工业区、湄洲湾、古雷半岛和揭阳惠来等六大石化基地，构成一条沿海全线分散蔓延的大石化产业带。北部湾经济区沿海建设工业园区、上重化工项目的意愿也非常强烈，广西的钦州、北海、防城港，海南的洋浦和东方，以及广东的湛江和茂名均规划石化产业，煤电产业也在沿海各地均有大规模发展和布局，形成了沿海石化和能源产业带（图 12）。成渝经济区和黄河中上游能源化工区以县级行政区为基本单元，规划布局了众多的产业园区。鄂尔多斯市级以上工业园区已有6 个，各旗县拟建或在建的重化工业园区在 10 个以上。

综上，五大区域在我国生态安全格局中占有重要地位，能源重化工产业呈沿海、沿江、沿河分散蔓延无序布局态势，与区域生态安全格局之间的空间冲突已经显现。与此同时，重化工业具有高物耗、高能耗与高污染的特征，五大区域对重化工依赖程度持续加大，石化、钢铁、能源等重点产业以数倍规模持续扩张，与区域资源环境承载能力的矛盾还将进一步加剧。

17 广东信宜经济开发区
18 广东高州金山经济开发区
19 广东廉江经济开发区
20 广东化州鉴江经济开发区
21 茂名石化产业园区河西工业区片区
22 茂名石化产业园区乙烯区片区
23 茂名茂南经济开发区
24 茂名茂港经济开发区
25 茂名石化产业园区博贺新港区片区
26 广东吴川经济开发区
27 广东湛江麻章经济开发区
28 湛江经济技术开发区（建成区）
29 广东湛江临港工业园区
30 湛江经济技术开发区（东海岛新区）
31 广东徐闻经济开发区

1 南宁高新技术产业开发区
2 南宁一东盟经济开发区
3 南宁江南工业园区
4 南宁经济技术开发区
5 广西良庆经济开发区
6 南宁仙葫经济开发区
7 南宁六景工业园区
8 东兴边境经济合作区
9 钦州市河东工业园区
10 企沙工业区
11 钦州港经济技术开发区
12 合浦工业园区
13 广西北海出口加工区
14 广西北海高新技术产业园区
15 铁山港工业区
16 北海工业园区

32 海口桂林洋经济开发区
33 金盘工业区
34 海南海口保税区
35 海口高新区（下分四个园区）
36 老城经济开发区
37 临高金牌港经济开发区
38 洋浦经济开发区
39 昌江循环经济开发区（太坡园）
40 昌江循环经济开发区（叉河园）
41 海南东方工业区

图 例
● 产业聚集区
━ 国界
━ 省级界
━ 地级界
━ 县界

0 15 30   60   90   120
km

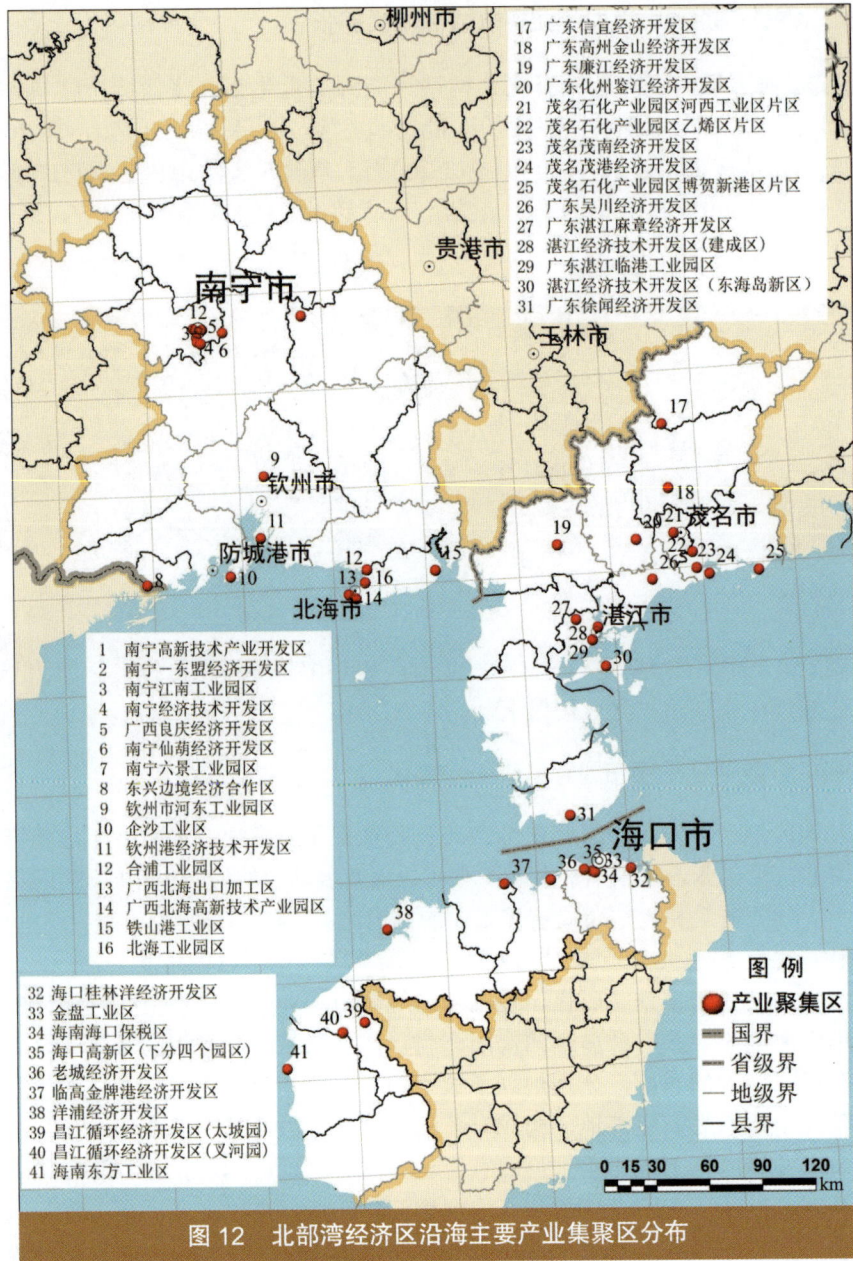

图 12   北部湾经济区沿海主要产业集聚区分布

四、五大区域生态环境现状及其演变

尽管五大区域的地理区位、发展阶段、资源条件、生态功能各不相同，但从生态环境现状和演变趋势来看，均在不同程度上存在着共性的生态环境问题。生态空间大量被占用，生态脆弱性加剧，生态风险由局部向全局演变态势加快，区域性生态安全格局面临严重威胁；环境污染排放持续增加，部分地区承载能力已全面超载，复合型环境污染问题已经显现，资源环境承载力面临巨大压力。

（一）生态环境问题总体突出，局部地区生态退化和环境恶化趋势明显

1. 环渤海沿海地区生态环境质量总体下降

环渤海沿海地区地处三大流域下游，资源环境压力巨大，生态退化和环境污染在五大区域中最为严重。本地水资源紧缺，复合型水资源与水环境问题突出，生态用水和入海淡水量不足，海河、辽河、黄河三大流域地表河流和渤海近岸海域污染严重，沿海地区自然滩涂湿地锐减，海陆交汇带生态系统人工化趋势明显，近岸海域与河口生态基础改变，产卵场严重退化，渤海渔业"摇篮"地位降低，"渔仓"功能基本丧失。

20世纪90年代以后，渤海入海淡水量已不足50年代的一半，许多河流已出现断流，再加上泥沙输入的持续减少，改变了河口近岸区域沉积环境和生态基础条件，导致渤海盐度普遍提高，低盐区（<27‰）范围比1959年同期减少了80%。水资源不足又进一步加剧了地表河流与近岸海域的污染。

受本区域和上游发展的共同影响，环渤海沿海地区河流水质污染严重，长期处于超标状态。主要河流国控断面中72%的断面水质不达标，劣Ⅴ类比例高达66%；重点监控断面中81%的断面水质不达标；入海河流断面劣Ⅴ类水质超过了70%。2007年以后，环渤海沿海地区化学需氧量排放总量虽有所下降，但主要河流水质未出现明显好转。

渤海近岸海域污染呈加重趋势，轻度及以上污染海域面积不断扩大，受污染海域沿岸呈带状分布，平均宽度约10 km；渤海湾、辽东湾和莱州湾三大湾海水环境质量明显劣于渤海中部海域，湾内基本都受到污染，污染宽度超过30 km（图13）；赤潮发生频率、溢油污染、贝类体内污染物富集以及近岸底质污染均呈上升态势。

生态用水和入海淡水量大幅度减少，自然滩涂湿地锐减，海陆交汇带生态系统持续退化。近十年来，海陆交汇带开发活动强度加大，建设用地规模年均增加6.1%，滨岸滩涂湿地年均减少1%，围海造地规模大大增加，重要生物栖息地面积锐减，自然生态系统总体趋于退化，"鸟类的国际机场"功能受到威胁。

2. 海峡西岸和北部湾部分海域污染较重，局部生态功能单元健康水平下降

海峡西岸经济区、北部湾经济区沿海环境本底总体较好，但局部地区也面临着环境污染和生态退化加重的风险。部分河流入海水质较差，局部海域和重点海湾污染加重，部分重要

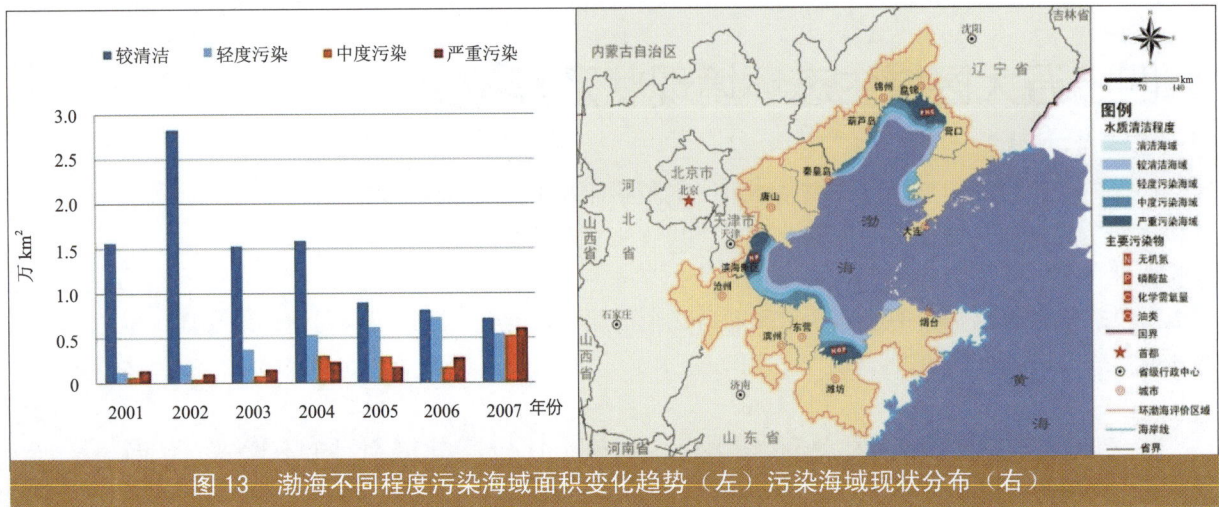

图 13　渤海不同程度污染海域面积变化趋势（左）污染海域现状分布（右）

海陆生态系统遭到破坏，生态系统健康水平有所降低。

海峡西岸经济区的乐清湾、罗源湾、泉州湾和厦门湾等海湾以及主要江河入海口和部分大中城市近岸海域污染不容乐观，北部湾经济区沿海的茅尾海海域、湛江湾内和廉州湾部分海域污染相对严重。赤潮爆发频率增加趋势明显，海峡西岸经济区温州海域、宁德沿岸、罗源湾、厦门海域、东山湾、汕头港外等海域为赤潮多发地带，北部湾经济区沿海湛江港海域和涠洲岛附近海域赤潮明显增加。

部分重要的海陆生态单元遭到破坏，重点保护单元面积和生态服务功能有所降低。1980—2007 年，海峡西岸经济区建设用地扩张了 30.2%，高质量植被面积锐减了 30.5%，重点海湾围填海面积占海湾面积的 19%，自然滩涂湿地损失近 1/3。红树林面积大幅萎缩。其中，福建省红树林面积不到 20 世纪 50 年代的 1/3，广东省红树林面积减少了 80% 之多，北海、湛江等地的红树林面积比 50 年代减少了一半。近岸珊瑚礁破坏严重，海南岸礁面积比 20 世纪 60 年代减少 55.6%，岸礁长度减少了 59.1%。渔业资源明显衰退，北部湾渔业资源量仅为 60 年代的 1/4，"黄金渔场"褪色。大黄鱼近年来几乎绝迹，儒艮濒临灭绝，文昌鱼分布区面积和资源数量持续减少，刘五店文昌鱼渔场消失；厦门湾中华白海豚的种群数量日益减少，观测数量从 5.0 头次 / 航次下降到 2.2 头次 / 航次；洋浦海域白蝶贝资源严重衰退。

3. 成渝经济区生态环境敏感，三峡水库受到富营养化威胁

成渝经济区地处四川盆地生物多样性敏感区和三峡库区上游，对维持生态安全和水环境安全具有重要意义。矿产资源开采与生态服务功能重要区高度重叠；水电梯级开发使长江干流与重要支流的连通性受到阻碍，重要生境丧失或受到严重挤占；三峡库区主要支流富营养化加重，水生态环境安全面临多方面威胁。

矿产资源开发对生态屏障功能构成明显扰动。支撑重点产业发展的 6 种主要矿产资源主要沿盆周山地分布，与水源涵养、土壤保持和生物多样性保护的极重要区和重要区高度重叠。区内 55% 的煤炭资源、79% 的铝土矿资源和 75% 的磷矿资源均位于区域内的生态功能重要区，矿产资源的开发利用对盆周山区的水源涵养、土壤保持和生物多样性保护等功能产生了较大影响（图 14）。

水电梯级开发对水生态系统造成持续的剧烈扰动，形成叠加影响。成渝经济区内及周边

的主要江河均已被水电梯
级枢纽工程截断，对长江
上游珍稀特有鱼类保护区
形成了"合围"的态势，
重要生境丧失或受到严重
挤压，白鲟、达氏鲟、胭
脂鱼等长江上游珍稀特有
鱼类处于濒危状态。赤水
河干流和部分支流、岷江
下游和越溪河支流等已成
为成渝经济区水生生物保
护最脆弱、最敏感的区段。

成渝经济区地表水环
境质量总体良好，但三峡
库区水环境安全问题凸显。
2008 年，174 个地表水环
境监测断面中近 80% 的断面达标，其中
干流达标率 94.8%，支流达标率 72.4%。
库区主要支流属于 V 类和劣 V 类水质的
断面所占比例维持在 15% 左右，一级支
流回水区的富营养化呈加重趋势；库区
总氮、总磷现状负荷超过水环境承载能
力，超标时段大部分集中于平丰水期，
现状氮、磷负荷的 80% 来自于非点源，
给三峡库区水环境安全带来较大压力。

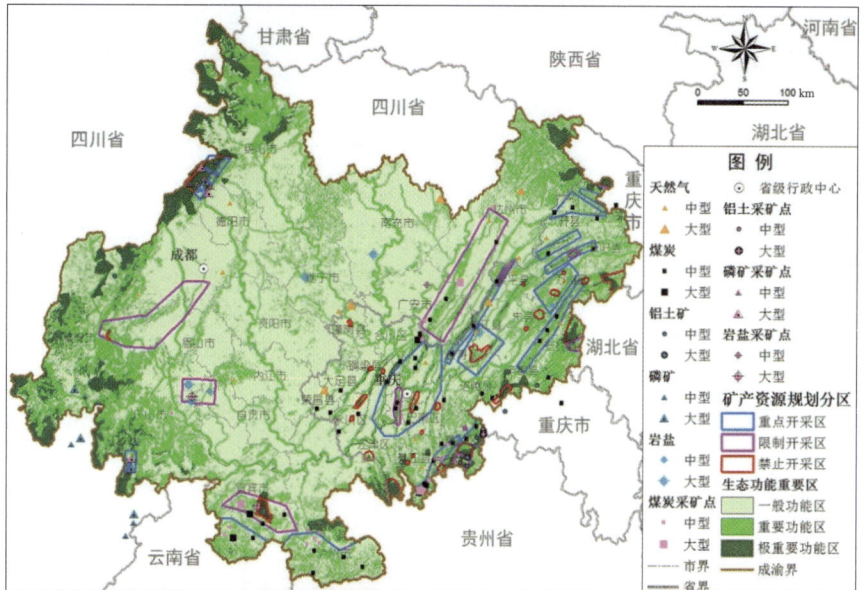
图 14　成渝经济区矿产资源规划分区与生态功能重要区关系

4. 黄河中上游能源化工区生态脆弱性加剧，复合型水资源问题突出

黄河中上游能源化工区生态脆弱且
水资源短缺，水资源不合理开发利用及
其导致的生态环境问题十分突出。土壤
侵蚀依然严重，沙漠化、盐渍化整体上
仍未得到有效遏制；黄河重要支流出现
断流，生态用水缺口增加，湿地持续退化，
水质常年超标，加剧了整个区域的复合
型水资源问题，深层地下水超采引发大
面积地下漏斗。

土地沙漠化分布范围较广、程度依
然严重；土地沙漠化总体呈由南向北、
由东向西加剧的态势。剧烈和极强度沙

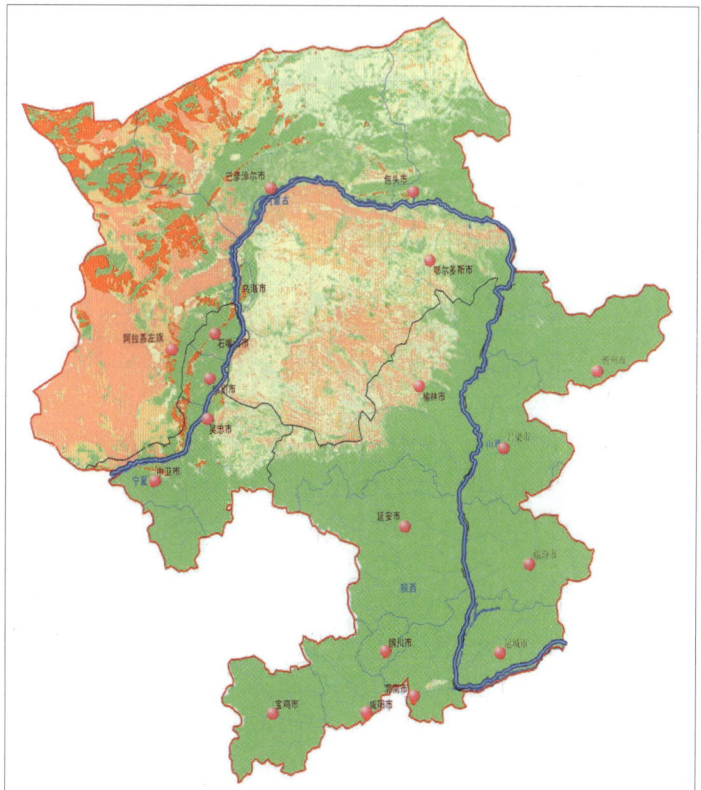
图 15　黄河中上游能源化工区沙漠化土地分布

漠化地区占24.9%，集中分布在腾格里沙漠、乌兰布和沙漠、库布齐沙漠地区；强度和中度沙漠化地区占13.6%，主要分布于毛乌素沙地、巴彦淖尔北部、鄂尔多斯、吴忠、石嘴山、银川等地及陕西榆林等地（图15）。

复合型水资源问题困扰整个区域。黄河中上游能源化工区多年平均水资源量为187亿 m³，人均水资源量不足黄河流域人均水资源量的一半，单位面积水资源量不及流域平均的1/3。自产水资源贫乏，气候变暖和植被减少使得近年来水资源衰减明显。黄河主要支流水质持续严重超标，60%的监测断面连续7年为劣Ⅴ类水质，2007年水质达标断面仅占22%，无法满足

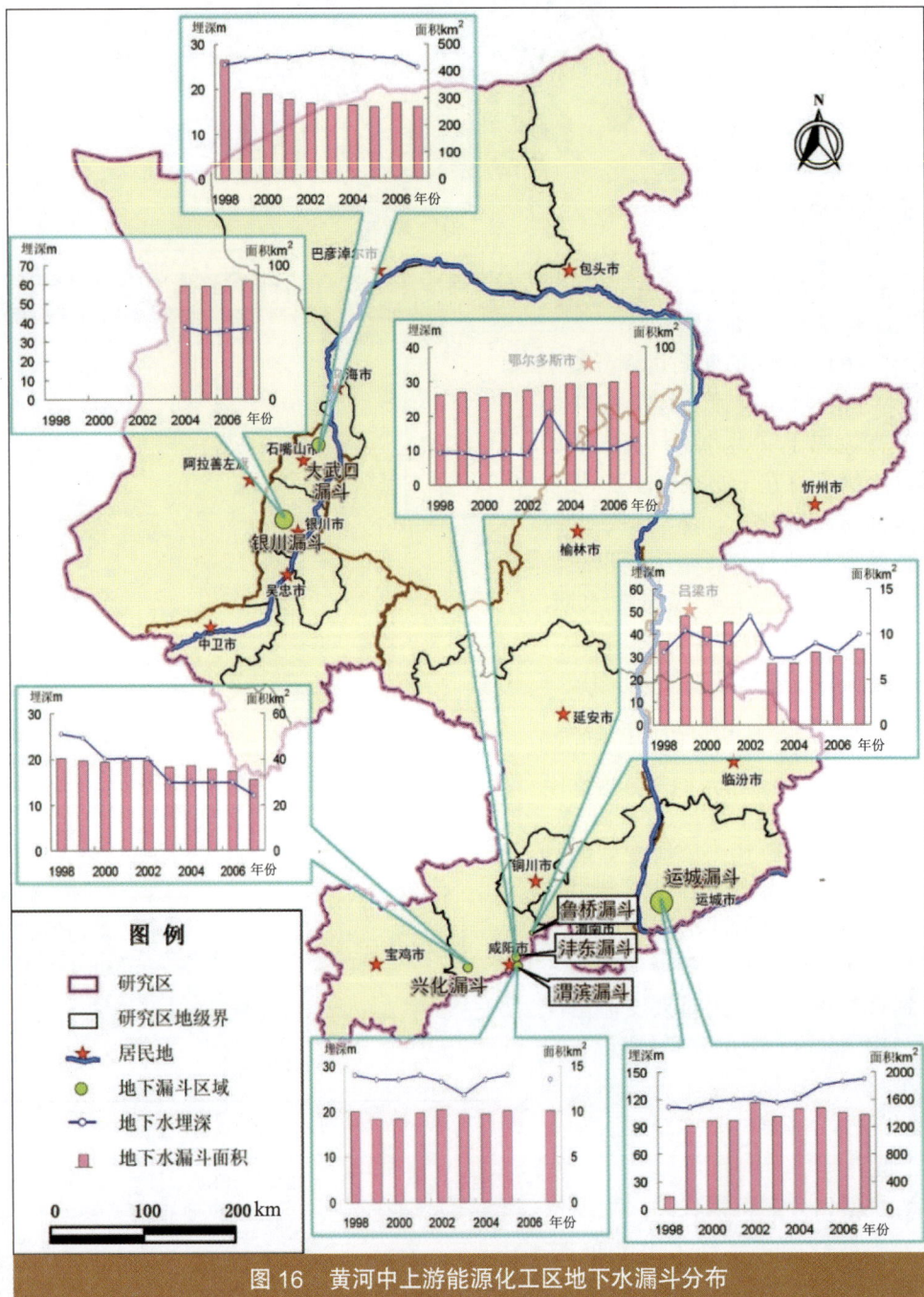

图16　黄河中上游能源化工区地下水漏斗分布

功能区水质达标要求，严重的水污染加剧了区域水资源短缺问题。

过度开采地下水问题突出，引发地面沉降及地裂缝等地质环境问题。黄河中上游能源化工区不合理开发地下水总量达 13 亿 m³，已在部分地区形成大面积地下水漏斗。截至 2007 年，地下水漏斗面积达 2 444 km²。其中，运城漏斗面积达 1 898 km²，银川漏斗面积达 414 km²（图 16）。

（二）水土资源不合理开发造成资源环境支撑能力下降

1. 水资源紧缺和衰减是影响环渤海沿海地区和黄河中上游能源化工区发展的关键性制约因素

环渤海沿海地区和黄河中上游能源化工区本地水资源紧缺，人均不到全国的 1/5，属于严重缺水地区。环渤海沿海地区位于三大流域下游，区域内可利用的水资源量受到上游来水的制约，当地水资源开发利用过度，对外调水依赖大，人均水资源量 338 m³，仅为海峡西岸经济区、北部湾经济区沿海人均水资源量的 17% 左右。黄河中上游能源化工区气候干旱，人均水资源量仅为 378 m³，不足黄河流域人均水资源量的一半。

在全球气候变化背景下，水资源时空变化剧烈，环渤海沿海地区和黄河中上游能源化工

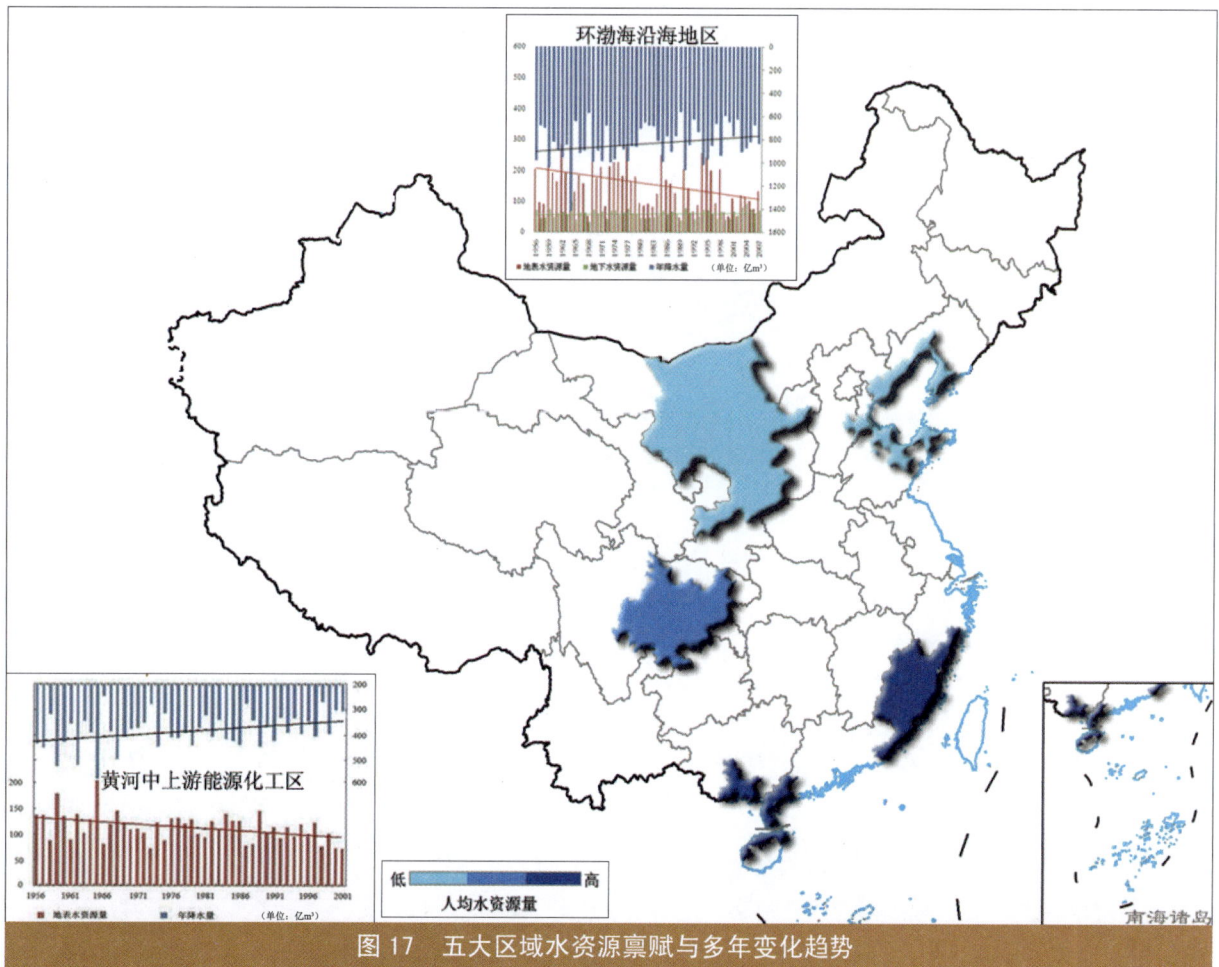

图 17　五大区域水资源禀赋与多年变化趋势

区水资源长期衰减趋势明显（图17），水资源供需矛盾突出。1980—2007水文年期间，环渤海沿海地区平均年降水量和水资源量仅分别为1956—1979水文年的88%和70%。黄河流域水资源形势严峻，黄河中游水资源量明显减少，1998年产流量较1963年减少了19%。

2. 水资源开发利用不合理，加剧了区域生态环境恶化

水资源的不合理开发利用以及日趋严重的水环境污染降低了水资源承载能力，进一步加剧了区域生态环境恶化趋势。环渤海沿海地区水资源处于全面超载状态，黄河中上游能源化工区水资源利用量总体上已接近可利用量的上限，地表水体污染加剧又进一步减少了可开发利用水资源，面临全面的水资源困局；其他三大区域局部地区由于水资源分布不均、水质污染、工程措施不足、水资源过度开发等原因，进一步造成了水生态环境恶化。

环渤海沿海地区大多数城市水资源开发利用率超过100%，水资源外部依赖程度过大，供需矛盾突出（图18）。随着陆域开发建设速度不断加快，用水量急剧增加，加上降水普遍减少等自然原因，河流生态用水缺乏，许多地区出现了河道断流、地下水超采、地面沉降和海水入侵现象。

环渤海沿岸岸线侵蚀长度1 200 km，占渤海大陆岸线长度的46%，主要分布在长兴岛—营口、葫芦岛，唐山，黄河三角洲北侧、莱州湾沿岸；海水入侵面积超过1 300 km²，主要分布在辽东湾北部及两侧和莱州湾地区（图19）。

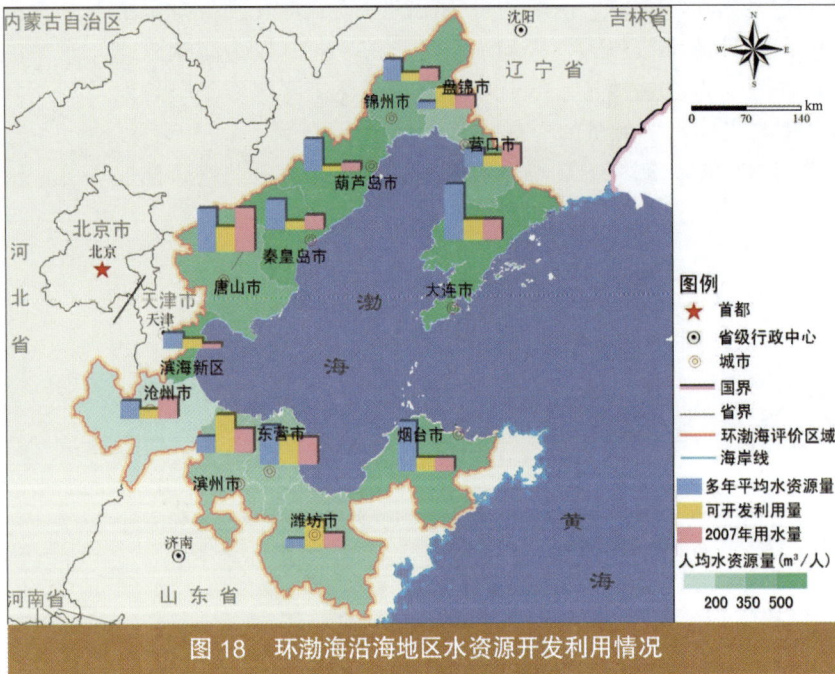

图18　环渤海沿海地区水资源开发利用情况

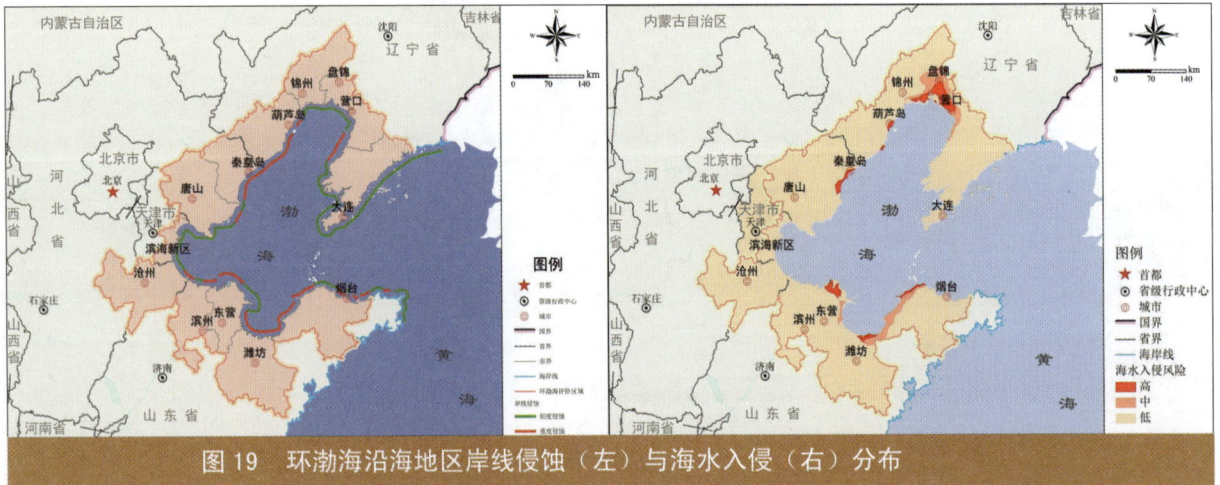

图19　环渤海沿海地区岸线侵蚀（左）与海水入侵（右）分布

北部湾经济区沿海、海峡西岸经济区水资源时空分布不均，加上调控工程体系不完善，现状供水能力较小，湛江市东海岛及雷州半岛地区、南宁市马山县、钦州市灵山县、海南儋州等地区存在工程型缺水现象。部分地区污染治理不到位，地表水体遭受污染，存在一定程度水质型缺水。受总磷和粪大肠菌群的影响，北部湾经济区沿海地区 22% 饮用水水源地水质已超Ⅲ类。

成渝经济区局部地区水资源开发利用强度较高。2007 年成渝经济区总用水量为 307.6 亿 m³，占区域水资源总量的 24.4%。部分地区水资源利用率已经超过 40%，重庆主城区、成都、德阳等地已经超过 70%，处于水资源过度开发状态。复合型缺水问题导致局部地区水资源和水环境承载力降低。

黄河中上游水资源开发利用量总体已经接近当地水资源可利用上限，部分地区总用水量远远超过地区水资源总量，不合理开发地下水总量已达 13 亿 m³。除个别地区外，大部分地市的引黄分配水量指标已经用完，个别省区超标用水。河道断流和地下水超采现象进一步加剧地下水漏斗，山西汾河、陕西渭河流域污染和生态破坏尤为突出（图 20）。

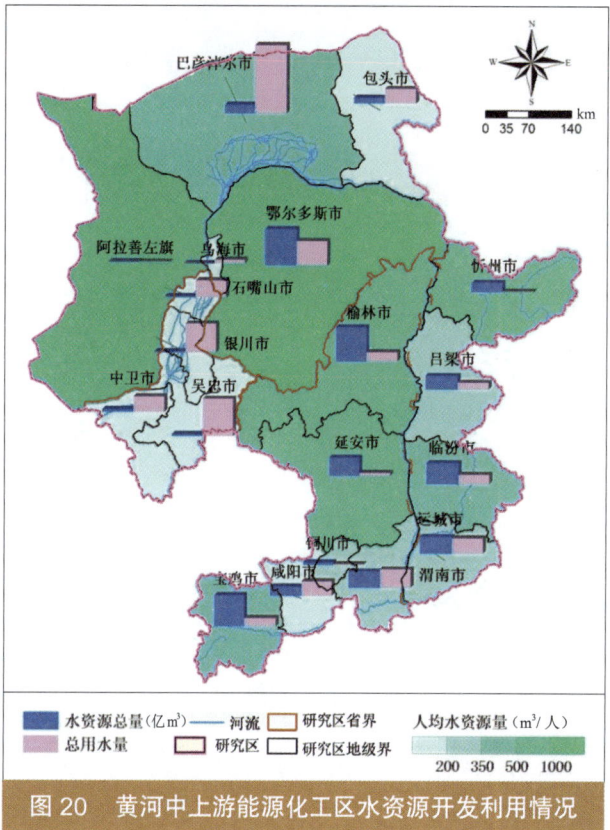

图 20　黄河中上游能源化工区水资源开发利用情况

3. 大规模建设空间需求与海岸带生态空间保护矛盾不断激化

三个沿海地区海岸带开发强度持续增加，围填海工程正在迅速铺开，破坏了自然岸线形态，占用了有林地、自然滩涂、湿地，造成海陆交汇带生态系统破碎化、生境恶化、生态缓冲能力降低。

环渤海沿海地区海陆交汇带空间形态迅速变化，沿海滩涂、湿地、盐田等生态敏感度高的土地大面积转化为建设用地。1996—2007 年，渤海海陆交汇带新增建设用地 951 km²，年均增加 6.1%，增幅远高于全国平均水平；填海造地总面积为 551.4 km²，平均每年填海 68.9 km²；滩涂湿地减少了 717.6 km²，年均减少 1% 以上，相当于减少了整个环渤海沿海地区 2%～10% 的污染削减能力。海岸带 10 km 范围内的滩涂减少了 350 km²，占全区减少总量的近一半；自然岸线长度减少了 10.8%，年均减少 1% 以上（图 21、图 22）。

海峡西岸经济区岸线资源丰富，但局部地区过度开发对海岸带和海湾生态系统产生重大影响。海峡西岸经济区重点海湾围填海面积近 900 km²，围海造地、工程开发主要集中在海陆交汇带以及生态较为敏感的河口或海湾，导致主要海湾环境容量减小、岸线人工化、自然滩涂湿地损失 1/3、重要生境的破坏或消失，对海陆生态系统生物多样性保护功能等产生重大的影响。围填海开发建设也造成红树林湿地资源急剧减少，且群落类型单一；红树林减少破坏了可供珍稀鸟类及其生物觅食、掩蔽和繁殖的重要场所，威胁其生境。海岸带生态功能退化进一步加剧了海洋生态系统退化，鱼类产卵场、洄游场以及天然苗种场遭受了严重的破坏，

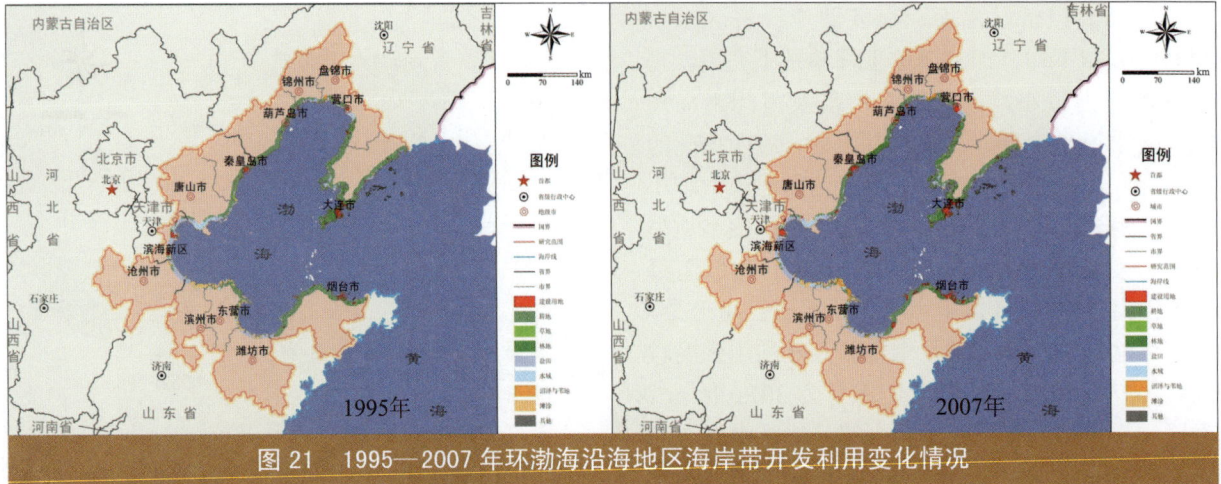

图 21　1995—2007 年环渤海沿海地区海岸带开发利用变化情况

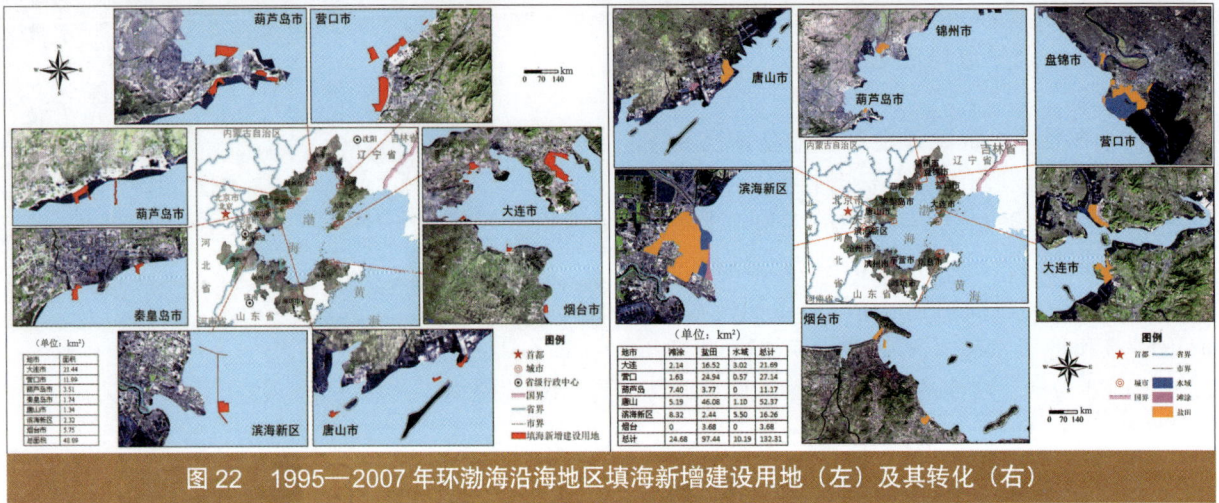

图 22　1995—2007 年环渤海沿海地区填海新增建设用地（左）及其转化（右）

渔业资源明显衰退，白海豚、文昌鱼、大黄鱼等珍稀物种日益减少，甚至濒临灭绝。

北部湾经济区沿海自然岸线和滩涂开发利用逐年增大，填海造地和港口航道建设带来了沿海滩涂湿地重要生态功能单元面积减少、生境退化，红树林、珊瑚礁、海草床和白蝶贝覆盖面积明显减小，局部沙质岸线受到侵蚀，自然岸线人工化，生境缩小和破碎化程度加剧。由于近岸红树林的破坏以及沿岸海防林的断带，北部湾经济区沿海地区局部岸线受到海岸侵蚀，其中茂名电白沙尾岸线、海口海甸岛、新埠岛、新海角、洋浦湾等地海岸侵蚀严重（图 23）。

（三）主要流域和近岸海域水环境安全已成为突出的区域性环境问题

1. 入海污染物排放负荷接近或超出重点海湾环境承载能力

环渤海沿海地区、海峡西岸经济区和北部湾经济区沿海入海污染排放负荷接近或超出环境承载能力，特别是渤海湾、莱州湾地区入海污染物已经全面超过近岸海域的环境容量。

渤海接纳了我国北方三大主要流域汇流区污染物，入海污染物负荷持续增加，近岸海域

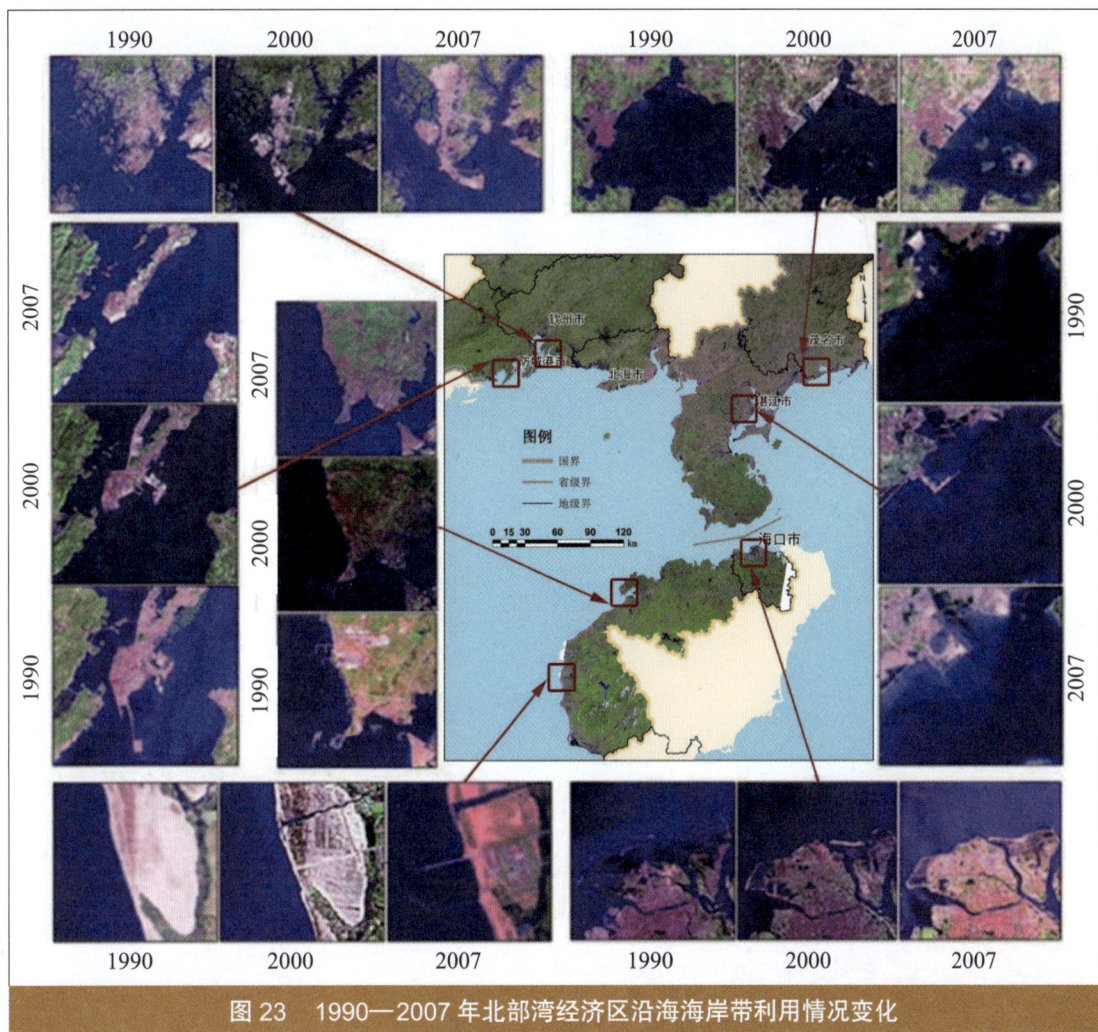

图 23　1990—2007 年北部湾经济区沿海海岸带利用情况变化

污染呈加重趋势。2007 年入海化学需氧量负荷 152.4 万 t，较 1980 年增长了 2.8 倍，自 1998 年以来，年均增长 1%。环渤海沿海地区对渤海纳污量贡献约 40%。渤海湾承接了进入渤海的 40% 左右污染物，莱州湾次之，辽东湾最少。渤海近岸海域环境容量为化学需氧量 183.3 万 t/a，无机氮 5.3 万 t/a；南岸近岸海域容量最大，占渤海近岸海域容量 49% 左右，与黄河三角洲河口和莱州湾海洋水动力条件较好、水体自净能力较强有关；西岸、北岸产业带容量最小。2007 年，西岸产业带入海总氮通量造成渤海湾超载 1.3 倍以上，北岸产业带超载 2.1 倍。

海峡西岸经济区陆源污染物随径流入海对海湾水质影响明显。农业面源是径流污染物中化学需氧量和总磷的主要来源，分别占 55% 和 61%，约 55% 的总氮来自生活源。在各入海径流中闽江、九龙江、晋江入海污染物数量较大，占全部入海污染物的比例较高，如闽江排海污染物中油类和重金属占海峡西岸经济区主要径流排海总量的 80%。此外，海峡西岸经济区 84.4% 的重点陆源排污口存在超标排放，加之沿海地区人口相对密集，城镇污水大量排放，导致主要江河入海口海湾和部分大中城市近岸水域多为污染高发地带。除湄洲湾、东山湾外，其余各湾氮、磷已无剩余环境容量。

2007 年，北部湾经济区沿海区域陆源入海化学需氧量、氨氮、石油类排放总量分别为 15.6

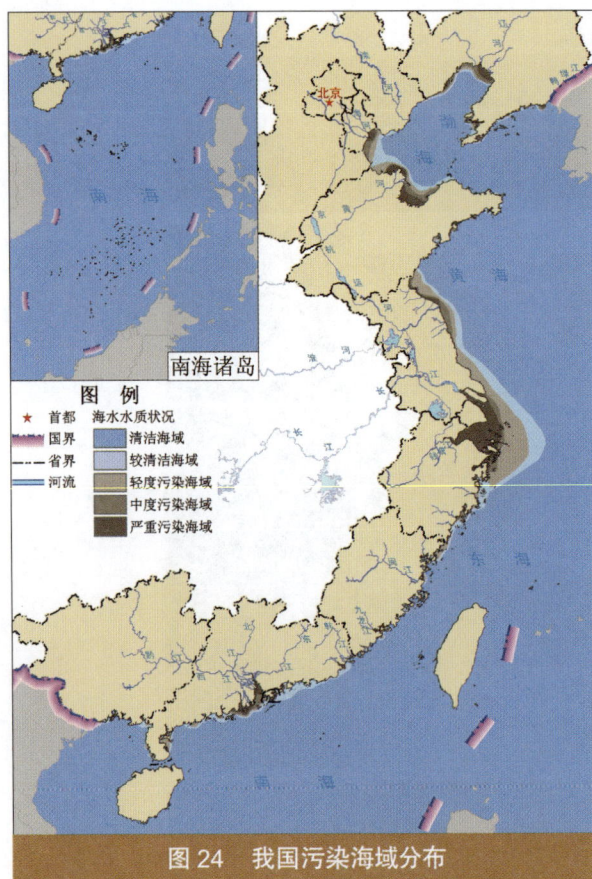

图 24　我国污染海域分布

表 8　五大区域 2007 年主要水污染物排放量

区域名称	主要水污染物 / 万 t	
	COD	NH₃-N
环渤海沿海地区	79.7	7.3
海峡西岸经济区	74.6	8.1
北部湾经济区沿海	51.8	4.0
成渝经济区	314.1	42.3
黄河中上游能源化工区	91.1	5.1

注：成渝经济区数据包括面源排放。

万 t、1.4 万 t 和 160.8 t，总体上未超出主要纳污海域环境容量，但广西茅尾海、英罗港、廉州湾南流江河口海域，广东湛江湾、广西茅尾海和海南海口秀英港附近水域等局部海域排污量已明显超出环境容量。

2. 主要海湾污染形势严峻，海洋环境质量有所降低

从全国来看，除连云港—杭州湾、珠江口外，渤海三大湾是我国近岸海域污染最重的海域，福建沿海局部海域污染显现（图 24）。

渤海近岸海域和三大湾污染加重。2007 年渤海未达到清洁海域水质标准面积 2.4 万 km²；近岸海洋功能区水质达标面积约 52.5%，远低于我国其他三大海域，超标区域位于渤海三大湾。与 2001 年相比，污染海域面积增加了 1.4 倍，严重污染海域面积增加了 26%。渤海三大湾海水环境质量明显劣于中部海域，莱州湾污染最为严重，其次为渤海湾，辽东湾污染程度相对较轻。

海峡西岸经济区近岸海域环境状况基本良好，但大部分海湾海水中无机氮和活性磷酸盐超过功能区划目标，严重污染海域主要分布在乐清湾、罗源湾、泉州湾和厦门近岸局部海域。个别海湾甚至超过四类海水水质标准，局部海域污染严重。近十年来，海峡西岸经济区近岸海域水质呈下降趋势，达到一类海水水质的海域面积有所减少，化学需氧量、石油类主要污染物浓度整体呈上升趋势。

北部湾经济区沿海近岸海域是我国拥有最大比例清洁和较清洁海域的海区，中度和重度污染海水的面积仅占 0.7%。但近岸局部海湾水质和生物体受生活型和养殖型污染显著，西北部的廉州湾、茅尾海海域和东北部湛江港的局部海域出现四类、劣四类海水；受面源和生活污染的影响，丰水期水质较差，枯水期水质次之，平水期水质较好。

3. 主要流域污染物排放量接近或已突破水环境容量

2001—2007 年，五大区域污水排放量均呈上升趋势，年均增长 4.0% ～ 8.2%；北部湾沿海、海峡西岸经济区点源化学需氧量排放负荷有所增长，增长率分别达到 12.1%、1.2%。除环渤海沿海地区外，氨氮排放负荷均有不同程度增加，年均增幅为 0.9% ～ 7%（表 8、表 9）。

环渤海沿海地区经济活动强度大，化学需氧量污染负荷排放强度为 6.2 t/km²，明显高于

区域名称	废水			COD			NH$_3$-N		
	合计	工业	生活	合计	工业	生活	合计	工业	生活
环渤海沿海地区	12.9	10.9	15.7	4.5	2.2	7.4	2.4	− 4.1	6.5
海峡西岸经济区	4.6	3.2	6.3	1.2	− 4.6	3.2	2.3	− 6.0	5.1
北部湾经济区沿海	8.2	5.49	16.6	12.1	0.93	24.6	7	− 1.23	9.2
成渝经济区	4.0	2.4	5.5	− 3.1	− 7.3	0.3	0.9	− 1.5	2.2
黄河中上游能源化工区	6.9	8.4	5.8	− 1.0	2.0	− 2.8	4.9	5.6	3.7

表 9　2001—2007 年点源废水及污染物排放总量年均增长率　　单位：%

其他四个区域排放强度；成渝经济区、北部湾经济区沿海、海峡西岸经济区、黄河中上游能源化工区单位面积化学需氧量排放负荷强度依次降低，分别为 5.8 t/km^2、4.5 t/km^2、3.5 t/km^2、1.0 t/km^2（图 25）。

环渤海沿海地区水环境容量利用率为 163% ～ 256%，现状负荷量远大于环境承载力，功能区超标不可避免。重点产业发展对区域地表水环境生态恢复的压力巨大，特别是对海河流域径流量压力最大，大部分水体使用功能已无法实现（表 10）。

海峡西岸经济区水环境容量利用率在 42% ～ 68%，水环境质量总体较好。2007 年，约 20% 河流污染负荷超载，局部流域纳污量已超出环境承载力。

北部湾经济区沿海重点产业集聚区主要纳污河段氨氮和化学需氧量水环境容量利用超载率突出。其中，茂名小东江高州北酒—石碧段化学需氧量和氨氮超载倍数分别为 5.1 倍和 2.0 倍。重点产业发展对小东江、邕江、郁江河段等流域地表水环境恢复带来很大压力。

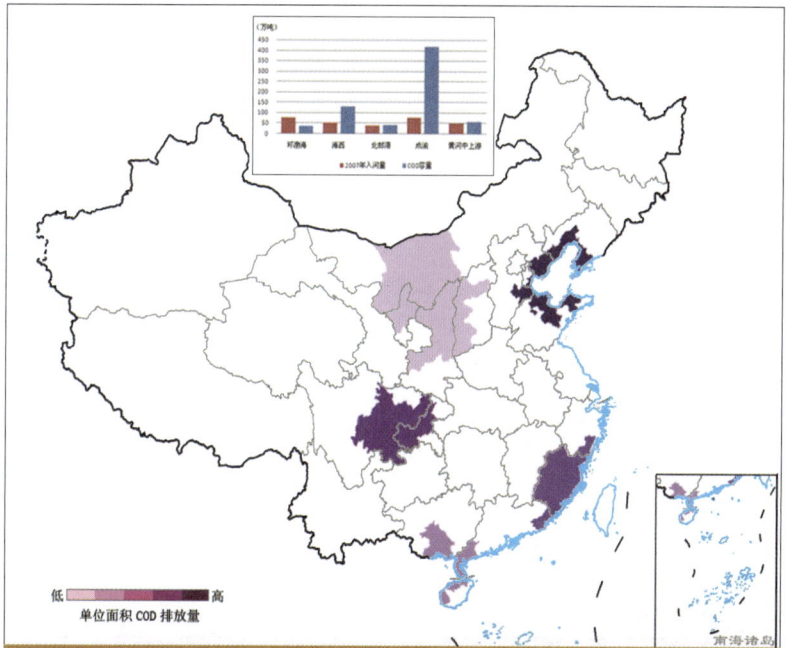

图 25　五大区域地表水化学需氧量环境容量及点源排放量

表 10　五大区域河流水环境容量利用率

区域名称	容量现状利用率 /%	
	COD	NH$_3$-N
环渤海沿海地区	163	256
海峡西岸经济区	42	68
北部湾经济区沿海	179	633
成渝经济区	24	44
黄河中上游能源化工区	89	157

注：北部湾经济区沿海河流水环境容量利用率为主要纳污河段估算值。

成渝经济区水环境容量利用率在 24% ～ 44%，环境压力已经显现。近两年长江干流已有几个断面的化学需氧量的年超标率在 16% ～ 20%，接近 80% 达标率的限制；三峡水库一级支流的富营养化程度也比较高，如果考虑面源污染，已基本没有水环境容量。

黄河中上游能源化工区现状点源排放氨氮水环境容量利用率为157%，化学需氧量水环境容量利用率为89%，如果考虑面源污染，环境容量已经全面超载，功能区超标几乎不可避免。重点产业发展对区域地表水环境生态恢复带来很大难度。

4. 主要河流重要控制断面水质不能稳定达标，部分断面水质呈恶化趋势

五大区域水质差别比较大，环渤海沿海地区的海河、辽河污染最重，恢复难度大，其次是黄河重要支流。总体而言，北方河流水质较差（图26、表11）。由于近年的总量减排及城市污水处理厂加速建设，耗氧有机污染物排放量的增长势头得到遏制，但离水功能区全面达标仍有较大差距。

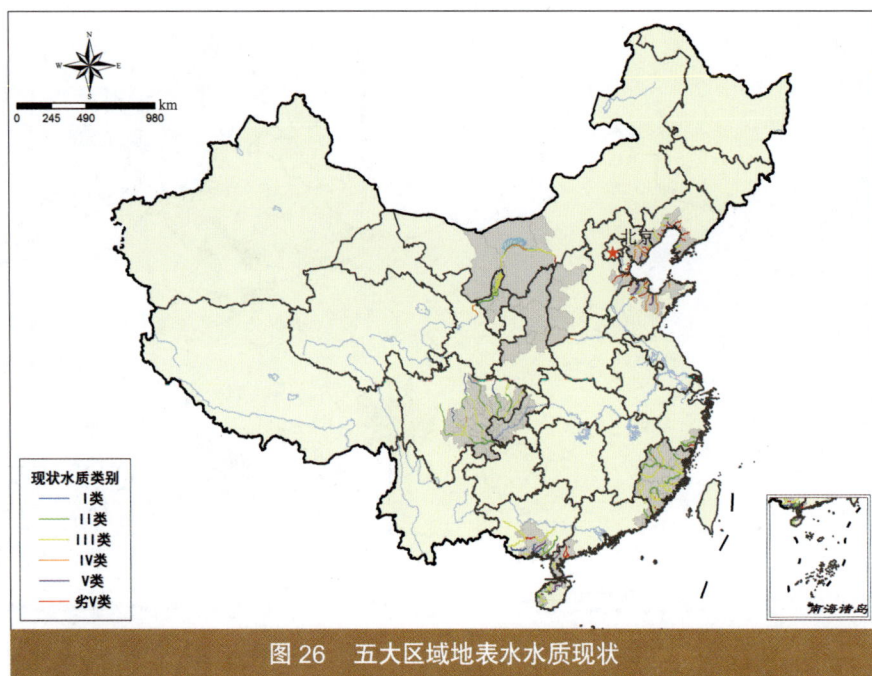

图 26　五大区域地表水水质现状

环渤海沿海地区入境河流水质较差。2007年入境国控断面中，除4个源头和饮用水水源地断面水质较好外，其余均为劣Ⅴ类水质。区域内地表河流总体水质较差，长期不能达标，16条主要干流上的18个国控断面，劣Ⅴ类比例达到66%，72%的断面水质不达标；49条河流的78个重点监测断面，81%的断面不达标；入海断面劣Ⅴ类超过了70%。从历史趋势上看，2000—2007年，区域内主要河流水质未出现明显

表 11　五大区域主要断面水质历史变化趋势

区域名称	断面个数/个	上升/%	持平/%	下降/%
环渤海沿海地区	39	23	74	3
北部湾经济区沿海	58	0	69	31
黄河中上游能源化工区	干流49	43	51	6
	支流34	24	68	9
	1998—2007年，区域河流水质变化趋势总体呈下降趋势，Ⅰ～Ⅲ类河流水质比例有下降趋势；自2005年以来，河流水质有所好转，Ⅴ类和劣Ⅴ类水质比例逐年下降。饮用水水源地水质变化趋势总体保持稳定，部分水源地水质氮、磷呈下降趋势。主要入海河段水质变化趋势总体呈下降趋势，部分河流的氨氮年均浓度总体上升			
成渝经济区	自2001年以来长江干流及主要支流水质改善明显。干流未有过Ⅴ类以下水质，主要支流到2008年水质以Ⅰ～Ⅲ为主			
海峡西岸经济区	闽江、晋江有好转趋势；练江、鳌江有恶化趋势；韩江、瓯江基本稳定			

好转趋势，30 个出境断面中 80% 的断面水质未达标，仅有 15% 的断面水质有好转趋势，河流长期不能达到水质目标是普遍现象。

海峡西岸经济区地表水主要河流达标率为 79.3%，主要湖泊和水库达标率为 59%，处于轻度营养化湖库占 29%。从趋势来看，瓯江、飞云江、闽江、晋江、漳江等主要河道水质略有改善，粤东地区水质基本稳定，龙江水质达标率提高至 75%；广东练江和温州鳌江水质超标率持续较高，长期处于重度污染状态，水质劣于Ⅴ类。

北部湾经济区沿海地区河流水质现状一般，2007 年河流水质达标率仅为 61.4%，Ⅴ类和劣Ⅴ类水质河段分别占 4.3% 和 14.7%，河流呈营养盐污染，污染因子包括化学需氧量、生物需氧量、氨氮、总氮和总磷等。流经城镇和市区河段超标较为严重，钦江横丰段、海甸溪、南渡江永发桥、攀丹和儒房段、小东江、袂花江、鉴江等河流均出现劣Ⅴ类水质。1998—2007 年，北部湾经济区沿海河流水质变化趋势总体呈下降趋势，营养盐含量是影响其水质类别构成的主要因素。

成渝经济区河流水质总体较好，三峡库区部分支流呈现富营养化趋势。长江干流水环境质量总体达到Ⅱ类，水质呈持续平稳变化趋势；主要支流达到Ⅲ类，符合水环境功能区目标要求。近年来长江干流 6 个评价断面耗氧类和营养盐类综合污染指数基本平稳，重金属类（除挂弓山断面）和粪大肠菌群污染指数呈下降趋势。水库蓄水期间，长江干流回灌支流，导致库区部分支流严重富营养化，造成来年春季藻华频发，总氮、总磷现状负荷超出三峡库区的水环境承载能力。

黄河干流水质自 2003 年以来呈逐年好转的趋势，水质达标监测断面由 2001 年的无达标断面增至 2007 年的 73.3%，黄河支流水质未见明显改善，2001—2007 年水质达标监测断面在 17.5%～32.5% 波动，60% 的监测断面连续七年为劣Ⅴ类水质，2007 年黄河支流断面劣Ⅴ类比例达 41.7%，支流水质持续严重超标。

（四）大气结构性污染特征明显，复合型污染问题开始显现

1. 环渤海沿海地区、成渝经济区、黄河中上游能源化工区主要大气污染物排放量接近或超过大气环境容量

环渤海沿海地区、成渝经济区、黄河中上游能源化工区大气污染排放与环境容量的矛盾较为突出。环渤海沿海地区、黄河中上游能源化工区二氧化硫、氮氧化物、颗粒物等主要污染物排放接近或超出环境容量，二氧化硫现状承载力已经饱和（表 12、图 27）。

环渤海沿海地区经济活动强度大，单位面积二氧化硫污染负荷排放强度最高，达到 12.5 t/km²，远高于其他四个区域的排放强度；成渝经济区二氧化硫排放强度也较高，为 7.8 t/km²，黄河中上游能源化工区、海峡西岸经济区、北部湾经济区沿海地区二氧化硫排放负荷强度相对较低，分别为 4.1 t/km²、4.1 t/km² 和 2.7 t/km²。

环渤海沿海地区 2001—2007 年工业大气污染物排放量总体上先升后降，大部分地区 2005 年

表 12 五大区域 2007 年主要大气污染物排放总量

区域名称	主要大气污染物 / 万 t	
	SO₂	NOₓ
环渤海沿海地区	161.7	84.8
海峡西岸经济区	65.9	47.1
北部湾经济区沿海	23.4	22.9
成渝经济区	163.6	48.9
黄河中上游能源化工区	212.7	77.3

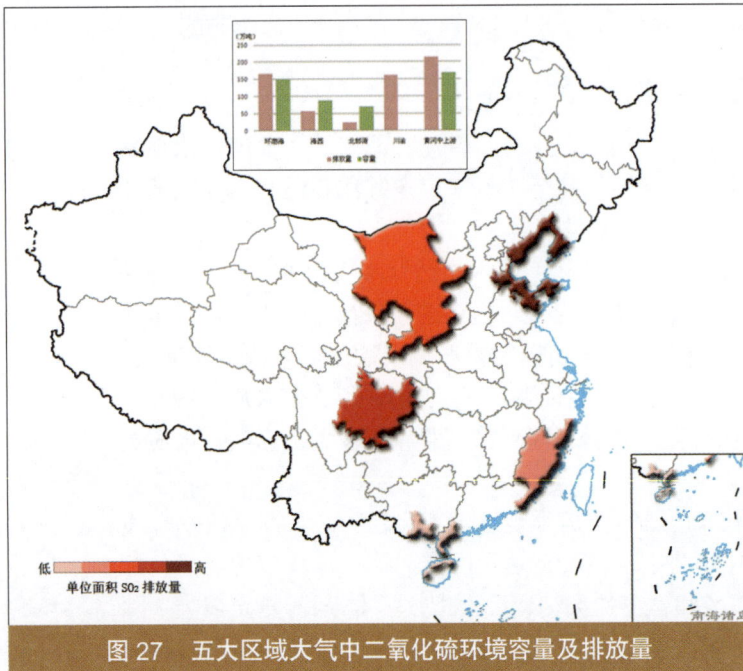

图 27   五大区域大气中二氧化硫环境容量及排放量

以后污染物排放量有所降低。2007 年二氧化硫排放量 161.7 万 t，已超出环境容量。

海峡西岸经济区 2007 年二氧化硫、氮氧化物、可吸入颗粒物年排放量分别为 66 万 t、47 万 t、26 万 t，均低于大气环境容量。

北部湾经济区沿海地区大气环境容量总体上较为充裕，近十年来，二氧化硫、氮氧化物、可吸入颗粒物排放量呈逐步上升趋势，个别城市出现常规污染物超标现象。

成渝经济区 2001—2008 年二氧化硫排放总量先增后降，2005 年二氧化硫排放量增至最高，随后逐年下降，但仍高于 2001 年排放水平。

2007 年，黄河中上游能源化工区二氧化硫浓度超标现象普遍，47% 地级市二氧化硫年均值超标，主要分布在汾河流域、渭南等东部地区，以及乌海、石嘴山、包头等西北部局部地区。

2. 环渤海沿海地区、成渝经济区、黄河中上游能源化工区煤烟型污染特征明显

环渤海沿海地区、黄河中上游能源化工区、成渝经济区大部分区域煤烟型污染特征明显，二氧化硫、颗粒物等主要污染物浓度接近或超出环境质量标准；海峡西岸经济区、北部湾经济区沿海地区环境空气质量总体良好（图 28、图 29）。

环渤海沿海地区季节性煤烟型污染特征明显，常规大气污染物和碳排放量都较大。1995—2007 年，环渤海沿海地区能源消费持续增加，能源消费增长速度高于全国平均水平。煤和石油比例占一次能源消费总量近 95%，其他清洁能源和可再生能源仅占一次能源消费总量的 5% 左右，低于全国平均水平。能源结构落后直接导致环渤海沿海地区大气煤烟型污染特征明显，冬春季颗粒物、二氧化硫污染严重，氮氧化物污染态势严峻，碳排放量逐步提高，减排压力巨大。受春季沙尘天气以及长江以北酸雨污染等多种类型污染过程综合影响，空气质量达标率较低，主要城市大气污染物浓度仍然持续超标，北岸产业带、西岸产业带聚集冶金、石油、化工等高污染行业，主要城市大气污染仍很严重。

海峡西岸经济区大气环境质量总体良好，大部分地区主要污染物浓度占标率在 60% 以下，但部分内陆城市二氧化硫、可吸入颗粒物浓度超标。近十年来整体环境空气质量略呈下降趋势，内陆山区尤其是龙岩、三明二氧化硫浓度有所上升，温州、福州二氧化氮占标率一直处于较高水平，并呈一定上升趋势。

北部湾经济区沿海地区大部分城市的二氧化硫、二氧化氮、可吸入颗粒物年均浓度占标率低于 50%，南宁、茂名、湛江、钦州二氧化硫、二氧化氮已出现超标现象。

成渝经济区环境空气质量整体上有所改善，但局部区域大气污染控制任务艰巨。2007 年，长江沿岸城市带的重庆主城区、南川区、涪陵区、永川区、宜宾市、泸州市，以及盆地西北

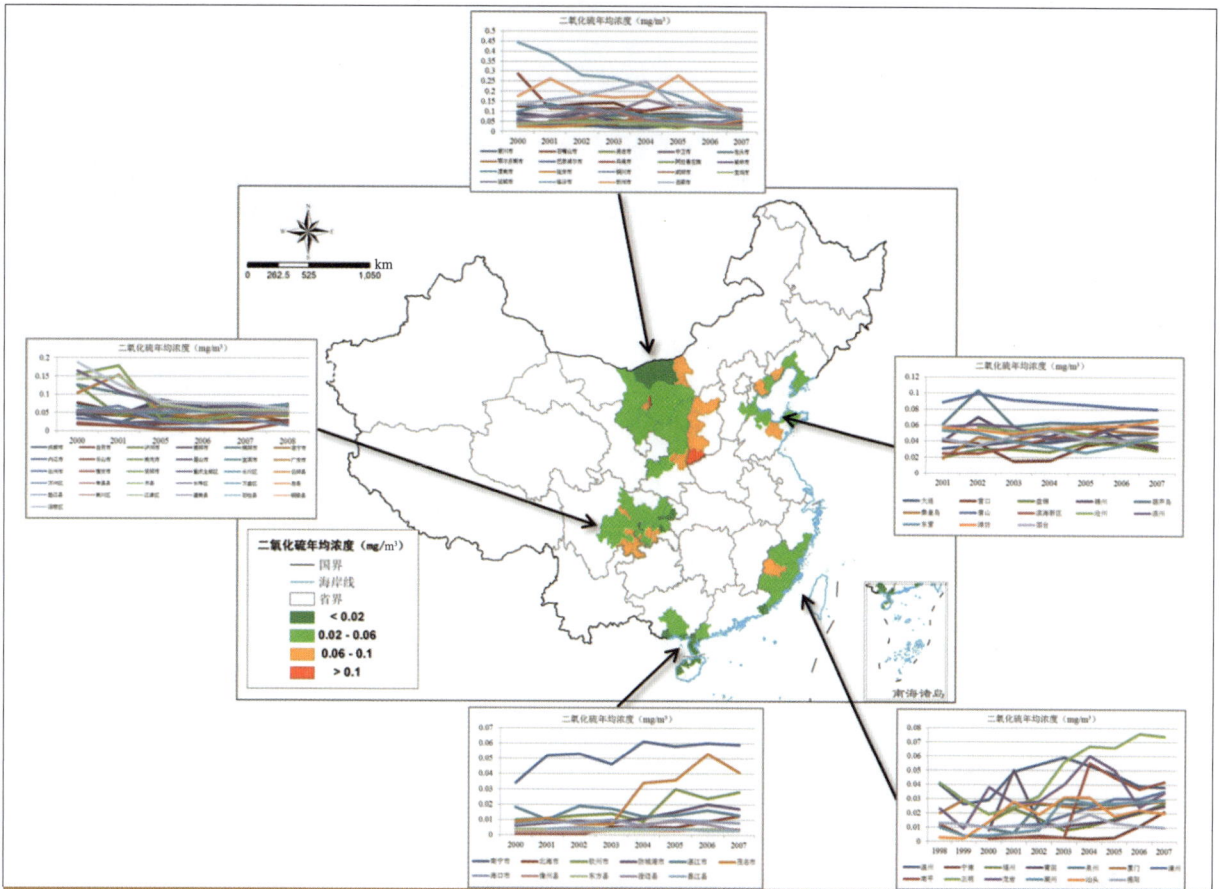

图 28　五大区域主要城市二氧化硫年均浓度变化趋势

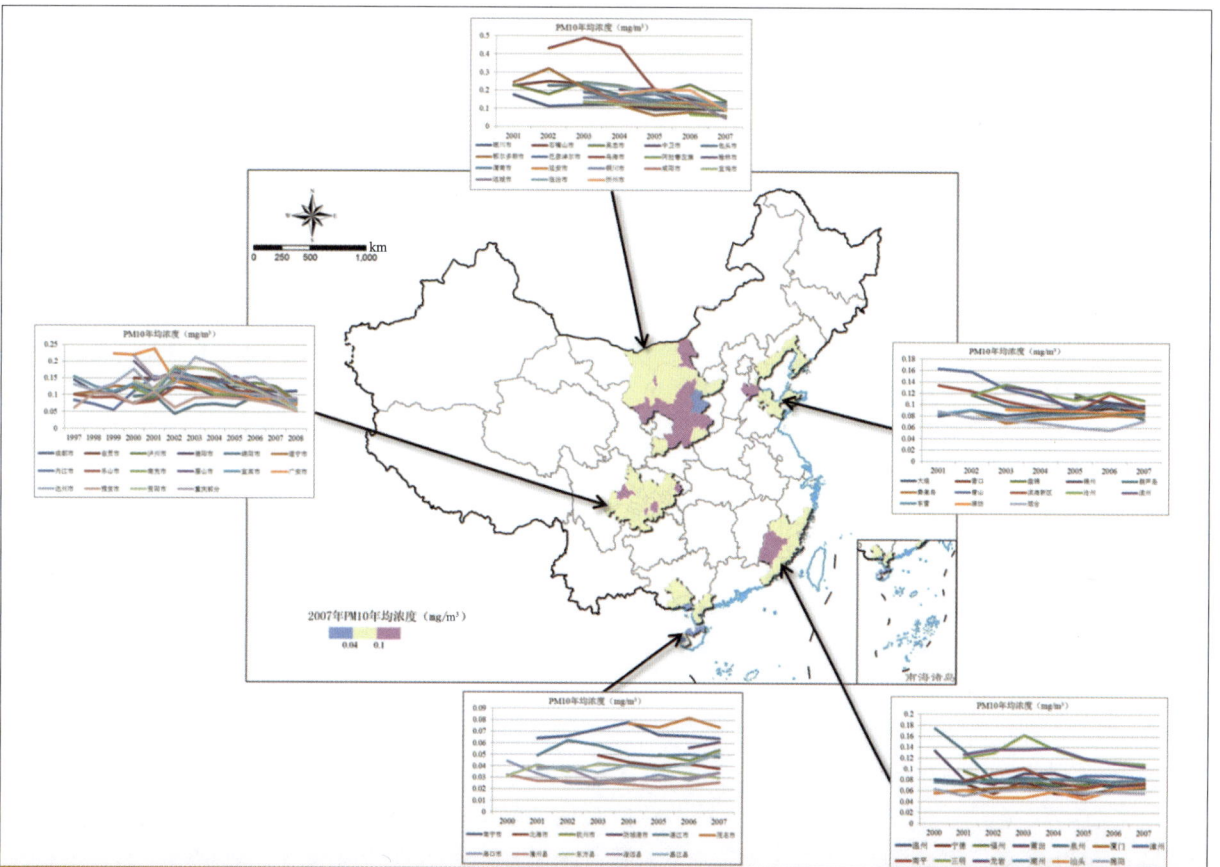

图 29　五大区域可吸入颗粒物年均浓度变化趋势

的成都、德阳等地区环境空气质量相对较差。1997—2008 年，二氧化硫年均浓度超过国家空气质量二级标准的市（区）数占成渝经济区市（区）总数的 25%，主要分布在沿长江城市带，近三年约有 50% 的城市二氧化硫年均浓度有不同程度的升高。

黄河中上游能源化工区煤烟型污染特征明显，城市大气污染形势严峻。环境空气质量现状总体低于全国平均水平，环境空气质量达二级的地市仅占 26.3%，为全国平均水平的 69.8%。1998—2007 年，黄河中上游能源化工区二氧化氮、二氧化硫、总悬浮颗粒物、可吸入颗粒物等常规大气污染物浓度总体呈下降趋势。2007 年，大部分地市二氧化硫、总悬浮颗粒物、可吸入颗粒物超标现象依然普遍。乌海—鄂托克—乌斯太—石嘴山地区和汾河流域的运城、吕梁、忻州、临汾等地区是典型的煤烟型污染区，1998—2007 年二氧化硫年均值持续超标。

3. 酸雨影响面积扩大，部分地区酸雨污染态势加重

环渤海辽东半岛等非酸雨控制区的酸雨污染日益恶化，酸雨污染面积扩大。原有酸雨控制区酸沉降通量增加，酸雨污染形势严峻，成渝长江沿岸地区、海西浙南城市、北部湾城市带有逐步加重趋势。

环渤海沿海地区降水酸化问题日趋恶化，降水 pH 值逐年下降，酸雨频率增加，酸雨污染面积扩大。近年来华北地区降水酸化明显，大部分地区的多年平均降水 pH 值小于 5.6，部分省市站点的酸雨频率和强酸雨频率达近 15 年来的最高值。大连、锦州和葫芦岛等城市都出现了酸雨，2007 年大连市的酸雨频率达到 51.6%。南岸、西岸产业带酸雨污染也较严重。

海峡西岸经济区大部分地区酸雨频率近年来呈一定的上升趋势，尤以温州和泉州平原较为突出，最大的酸雨年频率已达 80% ～ 95%，外来源对该区酸沉降的贡献率高达 70% ～ 80%（图 30）。

北部湾经济区沿海地区茂名、南宁、防城港酸雨明显高于其他地区，酸雨频率达到 36.8% ～ 60.0%，酸雨 pH 值为 4.8 ～ 6.1（图 31）。

成渝经济区酸雨污染控制形势严峻，酸雨强度分布南重北轻，长江沿岸城市带有逐步加重趋势。评价区中属于酸雨控制区的市（区）共 33 个，占全区的 77%，2008 年约有 50% 的城市 pH 值比 2000 年有所降低，酸雨 pH 值持续较低（重酸雨区）且近年还有加重趋势的城市主要是川南的泸州、宜宾；近年酸雨 pH 值持续偏低的城市为南充、广安、自贡和重庆主城区。2008 年 80% 城市出现酸雨，其中 70% 的城市酸雨发生频率大于 40%，区域酸雨污染控制形势依旧相当严峻（图 32）。

4. 部分地区复合型大气污染问题显现

以气溶胶、挥发性有机物、臭氧及细粒子等为代表的新型复合污染开始在城市地区和工业集聚区显现；环渤海沿海地区大气能见度已经恶化，成渝经济区核心城市灰霾天气逐步加重；海峡西岸经济区、北部湾经济区沿海地区能见度开始恶化，复合型大气污染问题开始显现。黄河中上游能源化工区多数地区与煤化工、煤电行业相关联的特征污染物苯并 [a] 芘占标率高，出现超标现象。

环渤海沿海地区在煤烟型常规大气污染维持较高水平的同时，以臭氧和细粒子等为特征的二次污染发生频次逐渐增加，区域大气复合型污染已经显现。城区臭氧污染季节特征明显，通常在温度、湿度适宜的夏、秋季节达到高值。虽然大部分城市的可吸入颗粒物浓度呈现逐年下降的趋势，但环渤海沿海地区蓝天数并未增加，区域性灰霾天气显著增多，持续时间增

长，区域大气能见度总体呈下降趋势。近二十多年来，主要城市市区的大气能见度基本维持在 13 km 左右，但郊区大气能见度则从 1986 年的 18 km 左右下降到 2008 年的 14 km 左右（图33），区域性复合污染特征加剧。

海峡西岸经济区沿海地区城市的空气质量总体良好，但厦门及粤东地区臭氧浓度有超标现象发生，厦门、福州、温州等地区可入肺颗粒物浓度相对较高，在不利气象条件下，可能

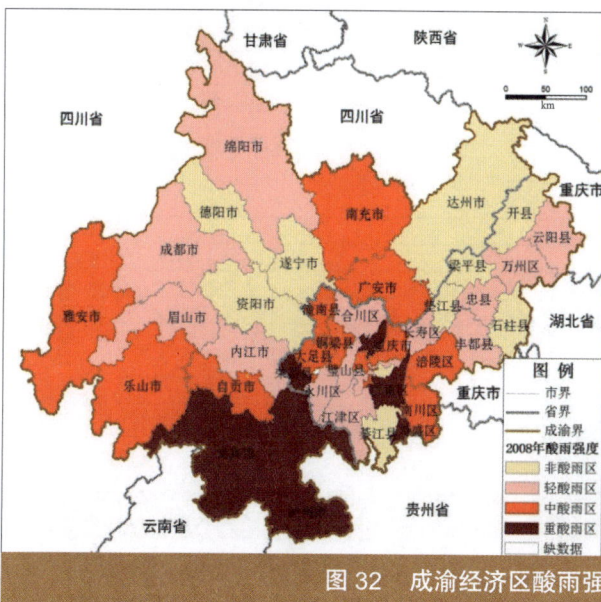

图 30　海峡西岸经济区酸雨频率分布

图 31　北部湾经济区沿海酸雨频率分布

图 32　成渝经济区酸雨强度（左）及频率分布（右）

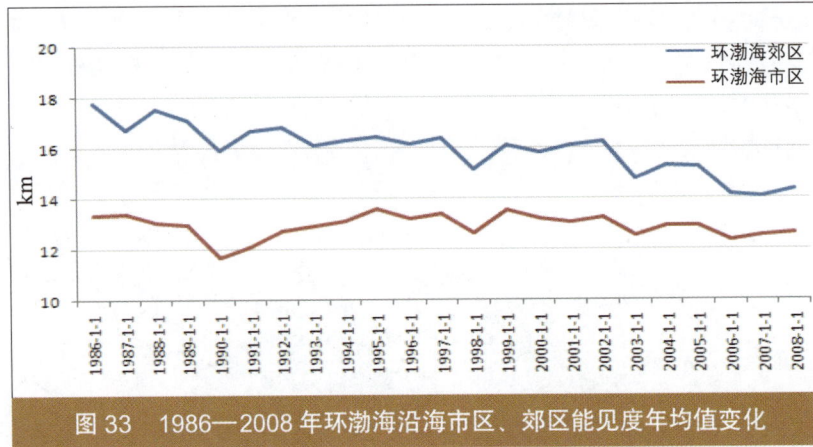

图 33   1986—2008 年环渤海沿海市区、郊区能见度年均值变化

出现超标的情况，可入肺颗粒物、臭氧等复合污染初步显现。

北部湾经济区沿海地区南宁、茂名和钦州可入肺颗粒物的环境质量不同程度上存在超过参考标准 75 μg/m³ 的现象，部分城市还同时出现臭氧浓度超标；现状分析表明南宁已出现了灰霾天气征兆（能见度小于 5 km）；一些石化工业园区特征污染物出现超标。

成渝经济区重庆和成都两市以气溶胶、挥发性有机物、臭氧及细粒子等为特征的新型复合大气污染已经显现，灰霾天气呈现加剧趋势，出现类似珠三角等地区的复合型大气污染。两市臭氧浓度与二氧化氮浓度具有一定的负相关，均存在潜在的光化学污染风险。两市大气环境中可入肺颗粒物与可吸入颗粒物的比值大体在 65%，已表现为以细粒子污染为主的大气污染。可入肺颗粒物浓度与能见度存在比较明显的负相关，两地空气中的细粒子浓度直接影

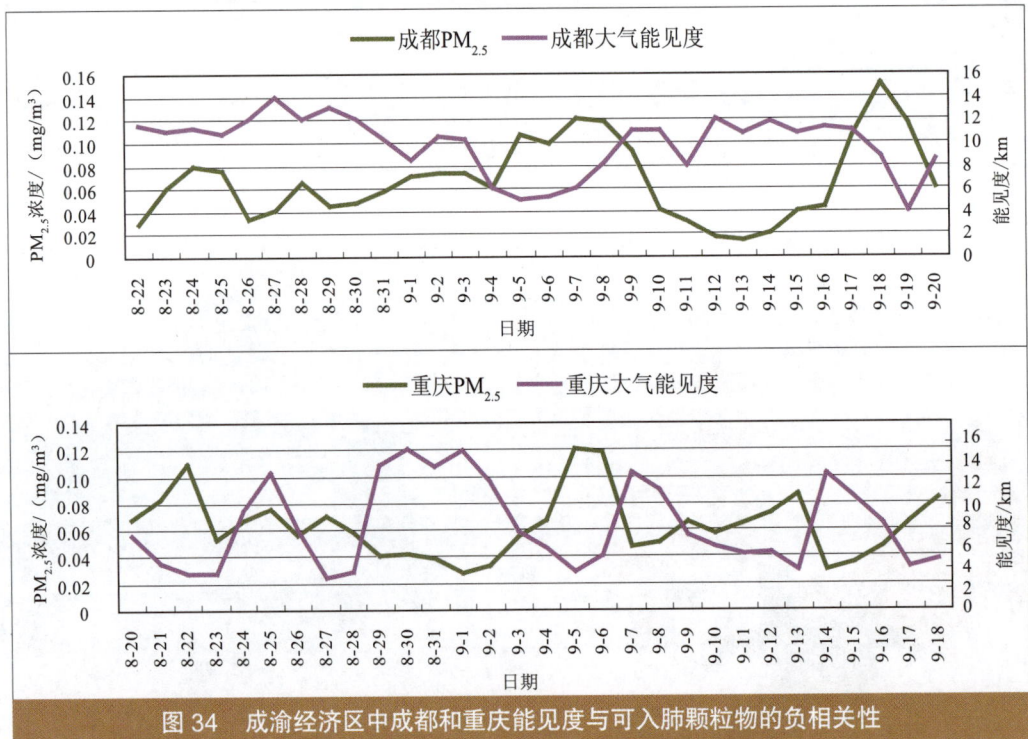

图 34   成渝经济区中成都和重庆能见度与可入肺颗粒物的负相关性

响大气能见度，是霾形成的重要原因（图34）。

黄河中上游能源化工区19个地市特征污染物苯并 [a] 芘虽不超标，但大部分城市苯并 [a] 芘占标率较大，其中，山西忻州最大占标率达到97%，内蒙古乌海达到92%。苯并 [a] 芘等特征污染物在焦化工业区周边存在超标现象。

（五）累积性生态环境影响持续加重，全局性生态风险突出

1. 重金属和持久性有机物在环境介质中普遍检出

主要工业集聚区周边生物体和土壤、部分河流底质、主要河口地区和大部分海域的生物累积效应开始显现，且由局部地区、单一污染物超标逐步向多种重金属和持久性有机物在区域内普遍检出演变。

环渤海沿海、海峡西岸沿海、北部湾沿海贝类体内的石油烃、总汞残留水平总体上均呈现出上升态势。除莱州湾外，环渤海沿海近岸生物累积性影响总体呈加重态势（表13和图35）。

海峡西岸经济区局部海湾如乐清湾、泉州湾、三沙湾及汕头近海海湾沉积物存在重金属、石油类或多氯联苯超标的现象。各地牡蛎和缢蛏体内均存在铅或砷等重金属超过一类标准现象。

北部湾经济区沿海防城港、茅尾海、钦州湾、廉州湾及涠洲岛海域等个别站点表层沉积物存在石油类，镉、铅、砷和有机碳超标情况。除钦州个别站点砷和粪大肠菌群超过海洋生物质量三类标准，湛江港附近海域的样品铜、锌含量轻微超标，海南海域除粪大肠菌群含量超标外，其余海域各类指标均不超标。

环渤海沿海地区区域内部分河流水体与底质中检出多环芳烃和苯系物类等特殊有毒有害微量污染物，局部地区苯并 [a] 芘和二苯并 [a,h] 蒽等致癌物超标较为严重；重点产业集聚区土壤中重金属超标严重。成渝经济区内河流沉积物中各重金属呈现出不同的富集特征，其中

表13　三大海域近岸 1997—2007 年贝类体内污染物残留水平变化趋势

区域名称	近岸海湾/海湾	石油烃	总汞	镉	铅	砷	六六六	滴滴涕	多氯联苯
环渤海沿海地区	大连近岸	↘	↗	↗	↘	↗	↗	↗	●
	辽东湾	↗	↔	↔	↔	↗	↗	↘	↗
	渤海湾	↗	↗	↘	↗	↗	●	↘	↗
	莱州湾	↗	↘	↘	↘	↘	●	●	↘
海峡西岸经济区	温州近岸	↘	↘	↗	↘	↘	↗	↘	↘
	宁德近岸	↗	↗	↘	↔	↔	●	↘	↘
	闽江口至厦门近岸	↗	↗	↘	↗	↘	●	↘	↘
北部湾经济区沿海	粤西近岸	↗	↔	↔	↘	↗	↔	↘	↘
	广西	↗	↔	↔	↔	↘	↔	↔	↔
	海南	↔	↘	↘	↔	↘	↘	↘	↔

注：↗ 显著上升；↗ 上升；↘ 显著下降；↘ 下降；↔ 基本不变；● 数据年限不够。

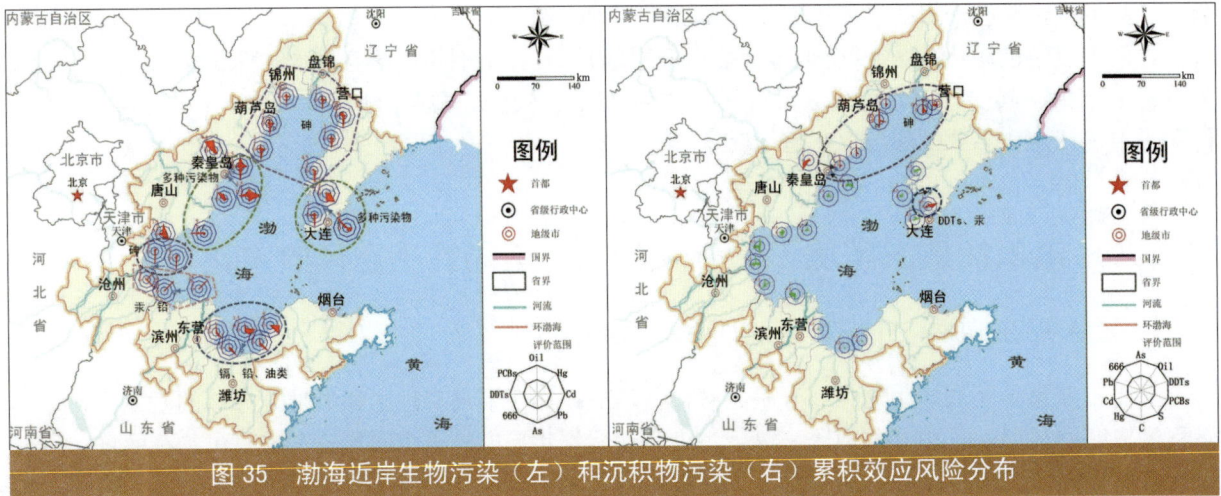

图 35　渤海近岸生物污染（左）和沉积物污染（右）累积效应风险分布

汞富集最严重，为平均土壤背景值的 3.0 倍；其次为铬，为平均土壤背景值的 2.5 倍；其余重金属（砷除外）基本超出了平均土壤背景值。不同区域河流沉积物中重金属累积程度迥异，长江干流以铬和汞累积较为严重，沱江和岷江流域以铬、汞和锌的累积较为严重。北部湾经济区沿海区域河流底泥环境质量现状良好，有个别断面底泥中汞含量偏高；土壤重金属污染情况总体相对较轻，局部受到污染。

2. 海洋、河流和陆地生境条件发生变化，生物多样性减少

五大区域海陆生态系统受到较大干扰，生态系统人工化趋势明显，物种结构趋向简单化，种群数量减少，原有珍稀或特有物种和主要土著水生生物群落减少，若干重要物种消失。

渤海入海水量显著减少，加剧了海水入侵、土壤盐渍化，改变了河口近岸区域沉积环境和近岸生态基础条件，导致渤海产卵场严重退化，传统优质渔业资源衰竭。其中，带鱼、小黄鱼和对虾资源接近枯竭，近岸海域中文昌鱼栖息密度由 2000 年的 285 个 /m² 下降到 2008 年的 71 个 /m²；底栖生物生物量近 20 年来下降了一倍多；潮间带生物栖息密度及生物量均明显降低，文蛤、青蛤和四角蛤蜊等大型经济种类的生物量明显下降。

海峡西岸经济区重点海湾围填海面积占海湾面积的 19%，自然滩涂湿地损失近 1/3，红树林面积大幅萎缩，浮游生物、潮下带及潮间带生物种类减少、种群结构趋于简单化，生物栖息密度和生物量总体呈逐年下降趋势，渔业资源锐减。海峡西岸经济区近岸著名鱼种大黄鱼，其历史最高年产量可达 6 万 t，但至 2000 年产量仅为 4 260 t，近年来更是难见踪迹。海峡西岸经济区陆域生态系统破碎化趋势明显，森林、草地面积日渐萎缩，近 30 年高质量植被面积锐减了 30.5%。

北部湾经济区沿海地区自然岸线和滩涂开发利用逐年加大，沿海滩涂湿地重要生态功能单元面积减少、生境退化。洋浦海域白蝶贝资源严重衰退，2008 年雷州半岛西部沿海平均资源密度为 1～4 个 /m²，2010 年洋浦近岸的栖息密度仅为 0.10～0.05 个 /m²。北部湾经济区沿海地区林浆纸项目的相继建设带来了速生桉树种植面积的逐年增加，特别是 2000 年后增幅较快，部分人工林树种由马尾松转为桉树速生林。天然林郁闭度降低，由 20 世纪 50 年代的 0.8 下降到目前的 0.4～0.5。广东湛江的红树林在 20 世纪 50 年代约有 1.45 万 hm²，到 2002 年现存红树林面积仅为 7 242 hm²，年均减少 1.5%。

成渝经济区长江干流与重要支流的连通性受到阻碍，长江上游干流自向家坝至三峡水库库尾江段现状仅剩 350 km 的畅通江段，三峡水库库尾上游的原有珍稀特有鱼类和土著水生生物的生境丧失或受到严重挤压，白鲟、达氏鲟、胭脂鱼等长江上游珍稀特有鱼类处于濒危状态。

黄河中上游能源化工区红碱淖自然保护区的海子面积由 20 世纪 90 年代的 10 535.7 hm² 减至 2002 年的 9 809.8 hm²。鄂尔多斯泊江海子 1987 年至 2005 年呈快速萎缩趋势，2005 年湖面面积仅 2.63 km²，2007 年湖面干涸；作为世界上具有典型意义的遗鸥种群繁殖地，遗鸥种群数量随湖面萎缩逐年减少，2004 年出现零繁殖记录，2005 年仅观察到十几只遗鸥，2009 年仅有少数遗鸥觅食，仍为零繁殖记录。

3. 赤潮和溢油已成为威胁海洋生态环境的重要风险事件

赤潮从局部海域向全部近岸海域扩展的趋势明显。渤海赤潮发生频率和面积在 2005 年达到顶峰后略有缓解，但渤海湾、莱州湾、辽东湾赤潮灾害影响仍然很大；海峡西岸经济区、北部湾经济区沿海地区赤潮发生频率和影响范围也逐步增加（图 36）。

渤海赤潮发生频繁，1977 年以来赤潮的高发期主要集中在"十五"期间，2006—2008 年，赤潮发生频率与面积均有所下降，但有毒赤潮的发生频率呈升高趋势，赤潮灾害的风险并未降低。2009 年渤海发现 4 次赤潮，面积达 5 279 km²，较 2008 年又有大幅增加。2009 年，渤海近岸海域夏季富营养化面积占渤海总面积的 23%，比 2008 年增加了 29%，赤潮等生态

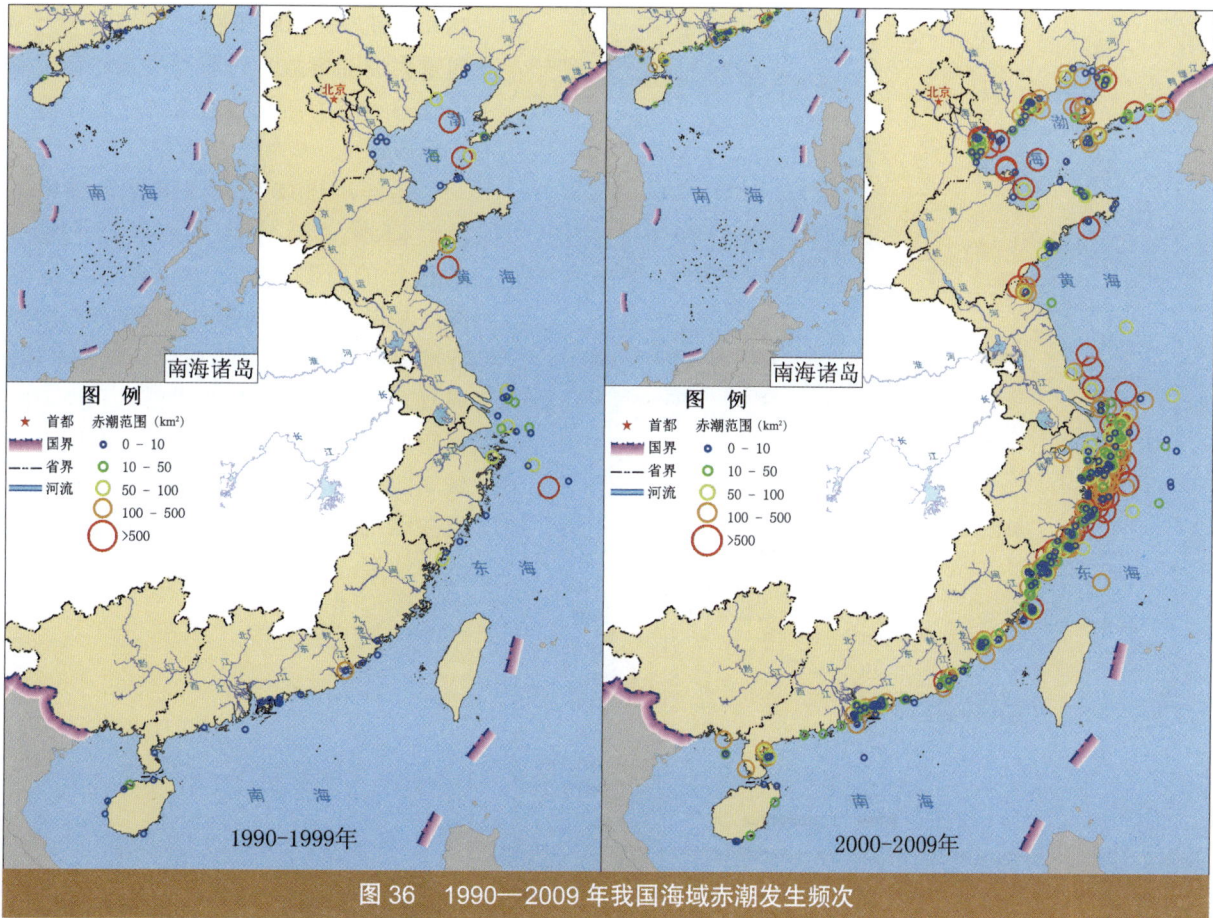

图 36　1990—2009 年我国海域赤潮发生频次

灾害发生风险增大。从渤海整个海域来看，赤潮的高风险区主要分布在天津—黄骅近岸，鲅鱼圈—辽河口近岸，莱州湾、大清河口、秦皇岛市近岸海域（图37）。1996年以来，渤海海域共发生大型溢油事故27起，其中，"九五"期间8起，占同期全国海域溢油事故的32%；"十五"期间渤海溢油事故增加一倍，占全国同期的46%，2006—2007年共发生3起，2009年发生4起溢油污染事件。溢油高风险区域主要集中在渤海湾、渤海中部、辽东湾顶部等海上石油开采的集中区域。

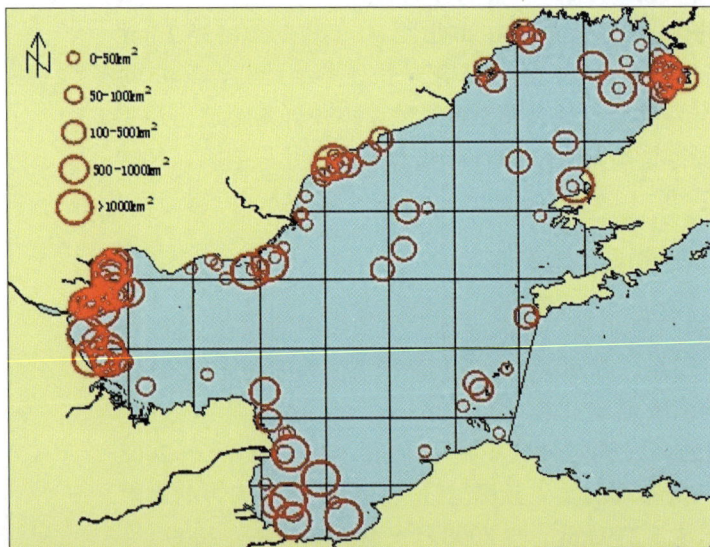

图37   1977—2007年渤海赤潮分布

20世纪80年代以前，海峡西岸经济区基本没有发生赤潮的记录。21世纪以来，赤潮发生数量和影响面积都日益增加。2003—2008年，海峡西岸经济区共发生赤潮165起，累计影响面积13 911 km^2，接近海峡西岸经济区海域面积的1/10。其中，仅2007年就发生赤潮31起，累计影响面积1 573 km^2（图38）。1987—2005年福建省海域发生4起重大溢油事故，对海洋生态环境、海洋资源和海上活动等造成了一定环境安全隐患。

北部湾近岸海域赤潮爆发频率不高，但增加趋势明显。根据1980—2008年的监测资料，北部湾经济区沿海海域共发生赤潮事件71次，占南海赤潮总数的6%左右，属赤潮低发水域。赤潮发生较多的海域为湛江港和海口附近海域，其次为涠洲岛和茅尾海附近海域（图39）。2001—2008年北部湾地区发生溢油事故7次，2008年8月发生的溢油事故影响较大。

图38   2007年海峡西岸经济区赤潮分布

（六）五大区域资源环境效率总体水平不高，削弱了资源环境的支撑能力

五大区域工业能耗、水耗总体偏高，大部分地区劣于全国平均水平。沿海地区能源利用效率相对内陆地区稍好，水资源相对丰富地区水资源利用效率普遍较差。主要水污染排放强度普遍较大，主要大气污染排放强度总体小于全国平均水平（表14）。

总体来看，环渤海沿海地区资源环境效率在五大区域中最优，除能耗指标外，其余效率指标均优于全国平均水平。2001—2007年，环渤海沿海地区工业产值增加3.3倍，工业资源环境效率水平不同程度上有所提高，其中氨氮、二氧化硫排放强度分别降低了60%、90%，但化学需氧量排放强度不减反增，提高了3%。从空间分异特征来看，唐山以北地区（不包括大连）、南岸产业带（不包括烟台），资源环境效率水平相对较差（图40）。

海峡西岸经济区万元GDP水耗较高、水污染排放负荷较大。其中，万元工业增加值化学需氧量排放量、氨氮排放量分别为5.7kg、0.4kg，均大于同期全国平均水平。

北部湾经济区沿海地区万元GDP能耗、工业万元增加值二氧化硫排放强度小于全国平均水平，主要资源环境效率问题集中在水资源利用和水污染排放。万元GDP水耗341m³，单位增加值水耗、化学需氧量排放强度分别为118m³/万元、14.8kg/万元，在五大区域中排放强度最大，其中化学需氧量排放强度约为全国平均水平的3.3倍。

成渝经济区水资源利用效率优于全国平均水平，但工业资源环境效率总体水平不高，除万元工业增加值氨氮排放强度、氮氧化物排放强度略小于全国平均水平外，其余各项指标均高于全国平均。万元GDP主要污染物排放量总体呈下降趋势，2007年万元GDP二氧化硫、化学需氧量和氨氮排放水平分别为13.0kg、6.7kg和0.6kg，2000—2007年间平均年下降速率分别为13%、9%和8%。2007年万元GDP用水量为194.4m³，近十年年均水耗下降32.4m³/万元。2007年，单位GDP能耗为1.1t标煤/万元，比2000年降低了12.4%。

黄河中上游能源化工区资源环境效率水平较低，尤其能耗强度、大气污染物排放强度指标明显高于其他四个区域。2007年单位GDP综合能耗

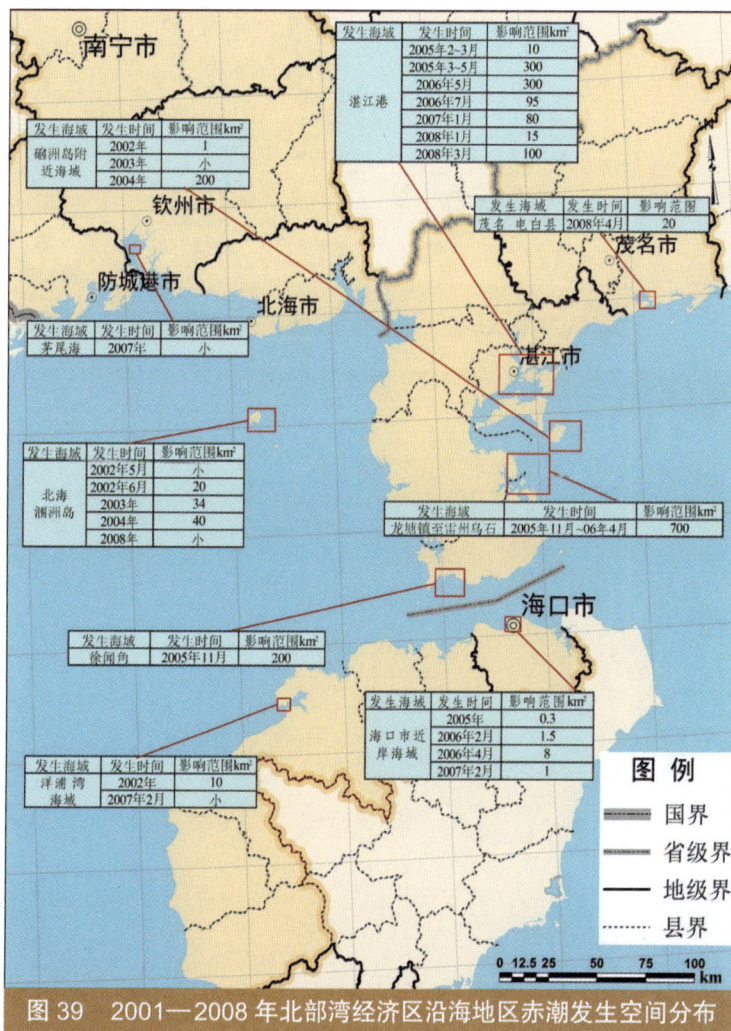

图39　2001—2008年北部湾经济区沿海地区赤潮发生空间分布

约 3.3 t 标煤 / 万元，单位工业增加值能耗 6.0 t 标煤 / 万元，是国内平均水平的 2 倍多；二氧
化硫、氮氧化物排放强度分别为全国平均水平的 2.3 倍、1.7 倍。万元 GDP 用水量从 2000 年
的 1 216 m³ 下降到 2007 年的 266 m³，下降了 79%，但仍高于全国平均水平；单位工业增加
值化学需氧量排放强度 8.3 kg/ 万元，也高出全国平均水平近一倍。

图 40　环渤海沿海地区工业资源环境效率空间分异规律

表 14　五大区域主要资源环境效率指标比较

区域名称	全社会资源利用水平（万元 GDP）		工业资源环境效率（万元工业增加值）					
	能耗 /t 标煤	水耗 /m³	能耗 /t 标煤	水耗 /m³	COD/kg	NH₃-N/kg	SO₂/kg	NOₓ/kg
环渤海沿海地区	1.4	74	1.7	54.4	3.6	0.1	13.3	7.3
海峡西岸经济区	0.9	243	1.2	202.3	5.7	0.4	12.3	7.3
北部湾经济区沿海	0.9	341	2.2	118	14.8	0.3	15.8	9.5
成渝经济区	1.3	194	2.0	86.1	5.8	0.3	29.3	7.8
黄河中上游能源化工区	3.3	266	6.0	49.7	8.3	0.3	42.5	15.4
全国平均	1.2	222	1.6	119.9	4.4	0.3	18.3	9.2

五、五大区域中长期环境影响与生态风险综合评估

围绕重点产业发展的三种情景，采用大尺度环境质量模拟和多因子胁迫下的生态系统演变动态评估技术，分析了重点产业发展带来的资源环境压力，预测了区域环境质量的中长期变化趋势，评估了重点产业对关键生态功能单元及区域生态系统的累积性影响，揭示了五大区域未来重点产业发展规模与资源环境承载、重点产业布局与区域生态安全格局之间矛盾的发展演变趋势。

（一）重要生态功能区脆弱性加剧，区域生态系统健康水平恶化

1. 重点产业集聚区的急剧扩张将导致区域生态脆弱性整体加剧，脆弱区面积不断扩大

环渤海沿海地区的一些重点产业园区多分布在生态较敏感区域（图41）。盘锦辽滨沿海经济区位于红线区（保障生态环境安全应加以严格管控的空间区域）内，会对大辽河口芦苇湿地保护造成一定影响；唐山中部重点产业园区多位于草地—水体—沼泽过渡区域，生态脆弱度较高，与红线区冲突较明显；沧州渤海新区规划与南大港湿地保护区存在一定冲突；滨州北海新区与古贝壳堤岛与湿地保护区存在一定冲突。这些园区的大规模集聚不同程度上将会加剧森林景观斑块消失、盐田盐土景观面积扩大、景观廊道受损等生态风险，加剧区域生态脆弱性。

海峡西岸经济区规划的火电、石化、冶金和核电等产业的布局将影响部分生态敏感区。东山湾漳江口红树林国家级自然保护区、东山珊瑚省级自然保护区、三沙湾官井洋大黄鱼繁殖保护区、龙海九龙江口红树林省级自然保护区、福清湾国家重要湿地等周边地区重点产业的中长期发展，将会对敏感区的生物多样性以及红树林、大黄鱼等珍稀物种生境带来一定程度的危害。

北部湾主要临海产业聚集区及城市建设的规划发展，将加快自然岸线人工化，部分产业集聚区和人工岸线将影响临近的自然保护区和重要滩涂湿地，如铁山港工业区临近国家级红树林保护区和国家级儒艮保护区，钦州港开发区临近省级茅尾海自然保护区和三娘湾白海豚聚集区，湛江临港工业

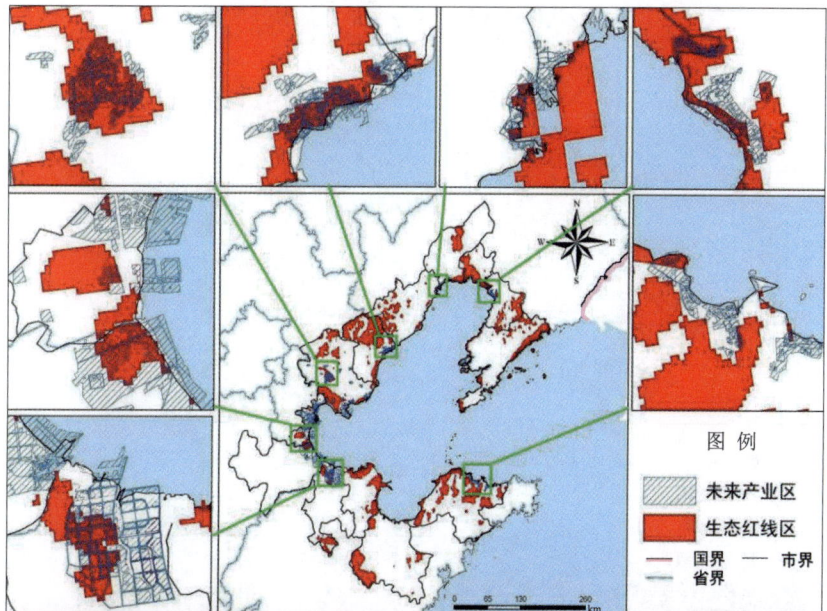

图例
- 未来产业区
- 生态红线区
- 国界 —— 市界
- 省界

图 41　环渤海沿海地区重点产业集聚区发展用地规划

园临近国家级红树林保护区特呈岛子区，临高和洋浦开发区临近白蝶贝省级保护区等。

成渝经济区生物多样性极其丰富的盆周山区是重要的水源涵养和土壤保持区域，是维系区域生态安全格局的生态建设重点区域，同时也是目前及未来矿产资源开发和能源产业发展的重点区域，两者在空间上高度重合。如果不采取有力措施，将导致盆周地区生态脆弱区面积继续扩大（图 42）。部分区域煤炭资源的开采将对周边区域生态服务功能产生长期累积性影响，加剧生态系统功能退化进程。周边区域的磷矿继续开采还可能会影响到大熊猫等珍稀濒危物种的栖息地。

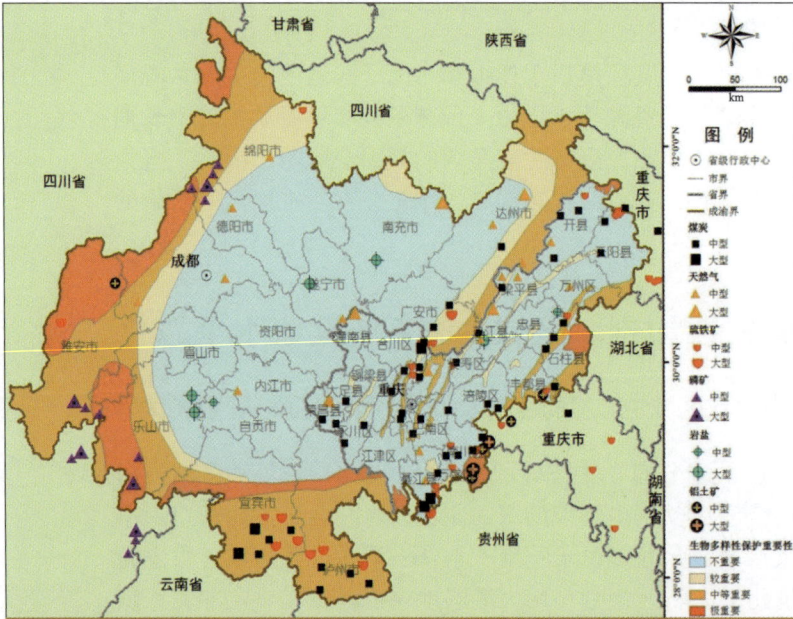

图 42　成渝经济区生物多样性保护分区与主要矿产资源点的空间关系

2. **重点产业大规模扩张导致部分区域生态用水被进一步挤占，地下水位下降，诱发生态脆弱区功能退化和灾害加剧**

黄河中上游能源化工区在不同情景下区域缺水量将达 24 亿～ 50 亿 m³，缺水率均超过 10%。若不能合理调配用水，将导致部分城市地下水漏斗面积及埋深进一步增加，主要河流支流生态用水被进一步挤占，支流断流现象将更加频繁和严重，继而引发重要湿地萎缩和退化（图 43）。

3. **"林浆纸一体化"和非粮乙醇产业的大规模发展导致以桉树、木薯等为代表的速生林和作物种植面积急剧扩大，生物多样性水平下降、水土流失等区域生态风险加剧**

随着"林浆纸一体化"工程的实施，2020 年海峡西岸经济区桉树人工林面积将新增

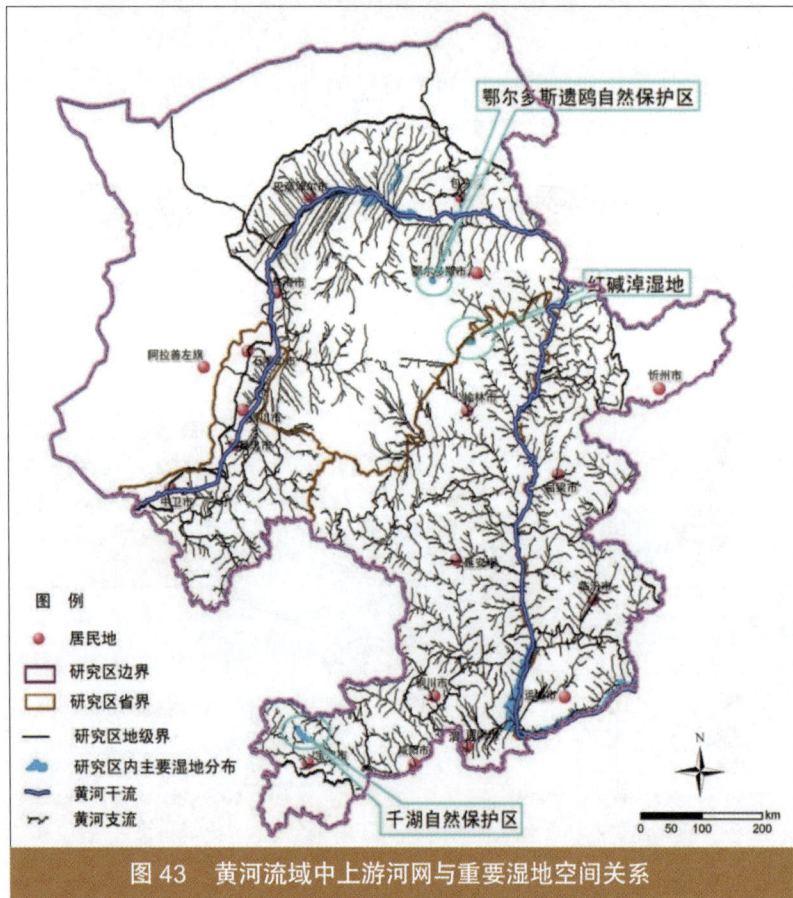

图 43　黄河流域中上游河网与重要湿地空间关系

953 km²；北部湾经济区沿海地区速生林和木薯远期规划种植面积分别达到 1.1 万 km² 和 0.8 万 km²，占整个北部湾经济区沿海地区面积的 23%。

    大规模的桉树林和木薯种植将导致区域人工林面积大幅增加，使得天然林和次生林外围靠近人工林地带受到胁迫，加剧区域原有野生动植物生境的破碎化，造成水土流失加剧、林下植被生物量减少、生物多样性水平下降以及水源涵养能力减弱，区域生态系统稳定性和完整性将受到威胁，累积性生态风险加剧。

（二）海岸带生态功能大范围丧失，海陆交汇带缓冲能力受损

1. 临海产业基地、港口建设和围海造地等大规模人类活动将大量占用海湾、岸线等重要生态功能单元，海陆交汇带生态脆弱性将持续加剧

    到 2020 年，环渤海沿海地区规划新增用地面积达 3 370 km²，将超出整个沿海区域新增用地指标的 35%，海岸带 10 km 范围内将新增建设用地 2 217 km²，占全区新增用地总规模的 66%（图 44）；海峡西岸经济区明确提出将围填海作为解决后备土地资源相对不足问题的重要途径；北部湾经济区沿海地区规划主要填海利用滩涂达 251.6 km²。

    临海产业聚集区、港口和城市的大规模建设将迅速提高沿海地区自然岸线人工化的速度，海岸线向海洋整体延伸的趋势将日趋明显。预计到 2020 年，环渤海沿海地区未来产业集聚区建设将占用重点保护岸线 23.8 km，占重点保护岸线总长的 28.6%。海峡西岸经济区规划港口岸线 595 km，规划利用岸线长度占海峡西岸经济区岸线长度的比例将达到 13.4%。北部湾经济区沿海规划港口岸线中的 80 km 存在与生态敏感性岸线相重叠或冲突的现象；预计到 2020 年，港口岸线总长 582.2 km，较现状 58.4 km 增加 9 倍，港口规划岸线约占该地区岸线总长（4 147.4 km）14%。

    大规模人类活动将大量占用海湾、岸线等重要生态功能单元，同时随着沿海重点产业集聚区及其港口的大规模开发建设，围填海、航道疏浚和排污，将导致沿海生境退化、破碎、生物多样性减少和海洋生态风险凸显，海陆交汇带生态脆弱性将持续加剧。

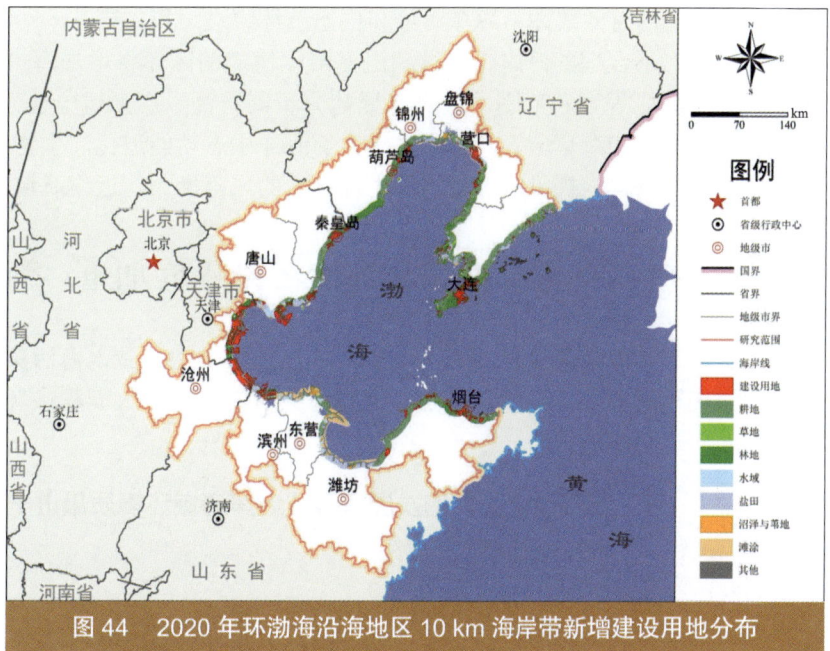

图 44   2020 年环渤海沿海地区 10 km 海岸带新增建设用地分布

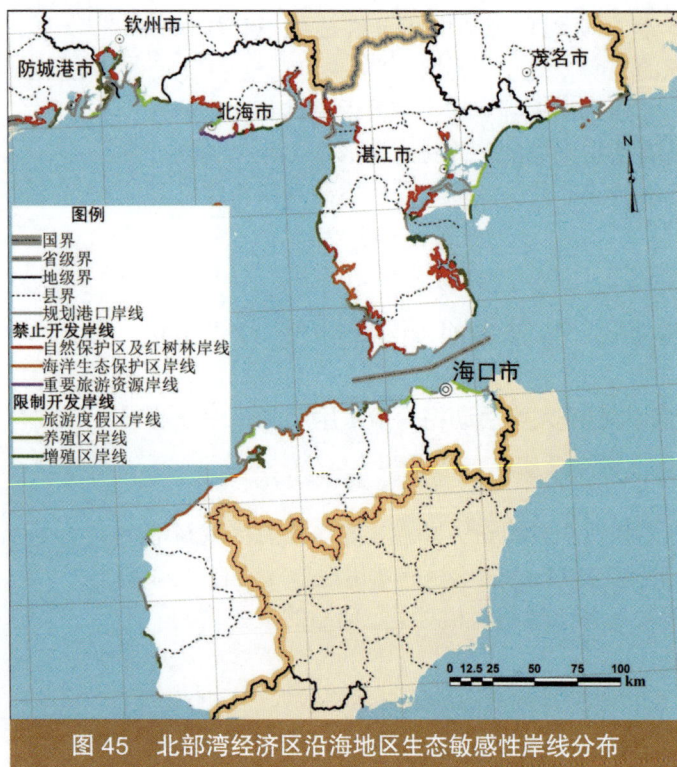

图 45   北部湾经济区沿海地区生态敏感性岸线分布

2. 不合理的海湾开发和产业布局模式将严重破坏海陆交汇带的生态缓冲功能，增加海岸侵蚀和海水入侵的风险，加速近岸海域生态功能退化

海湾开发和围填海工程不仅会使海湾发生赤潮的风险加大，还可能造成纳潮量减少，海水自净能力降低，改变原有的海水动力场，使潮流携带泥沙在港内淤积，进而导致潮间带底栖生物物种多样性、栖息密度及生物量明显降低，海陆交汇带生态系统脆弱性加剧。

环渤海沿海地区"遍地开花"式的工业造地模式、北部湾经济区沿海地区"跑马圈地"式的港口开发模式（图 45）、海峡西岸经济区"连湾成带"式的产业布局模式使得海陆交汇带空间形态迅速变化，大量沿海滩涂、河口湿地等生态敏感度高的土地将转化为建设用地。主要临港产业基地的发展可能加速湾内现有滩涂和湿地的退化、破坏海陆交汇带的生态缓冲功能，加之大量氮、磷、重金属、油类等污染物缺乏入海前的有效缓冲，海域污染和生态破坏将进一步加剧。

不合理的海岸带开发和沿海滩涂植被的破坏将增加海岸侵蚀和海水入侵风险，加大土壤盐渍化程度和范围，近岸海域盐分不断升高、水质进一步下降。北部湾经济区沿海珊瑚礁、红树林和海草床等具有高生产力的海洋生态功能退化，生物多样性衰退，儒艮、中华白海豚、文昌鱼、白蝶贝等珍稀物种生境丧失的风险增大，近岸海域生态安全受到严重威胁。

（三）重点海域和海湾污染程度加重，海洋生态风险将不断加剧

临海重化工业和海上运输业的高速发展将导致入海污染物种类和数量迅猛增长，海域污染事故风险因素持续增加，近海渔业资源将遭到大面积破坏，有毒重金属的海洋生物累积效应进一步放大。

1. 临海重化工业的发展将导致近岸海域环境质量进一步恶化，有毒重金属的生物累积效应风险明显升高

沿海重化工业向沿海一线推进的态势进一步突出，入海污染物的种类和数量持续增加，给海洋环境质量带来巨大压力。即使在上游来水污染物不产生增量的情况下，情景 1、情景 2 条件下，环渤海沿海地区入海化学需氧量将分别比 2007 年增加 6.6%、1.2%，其中进入莱州湾和渤海湾的化学需氧量增幅最高可达 11.3%，化学需氧量、总氮浓度高值区将主要集中在辽东湾顶部、渤海湾和莱州湾沿岸，以及黄河口附近水域（图 46）；海峡西岸经济区即使产

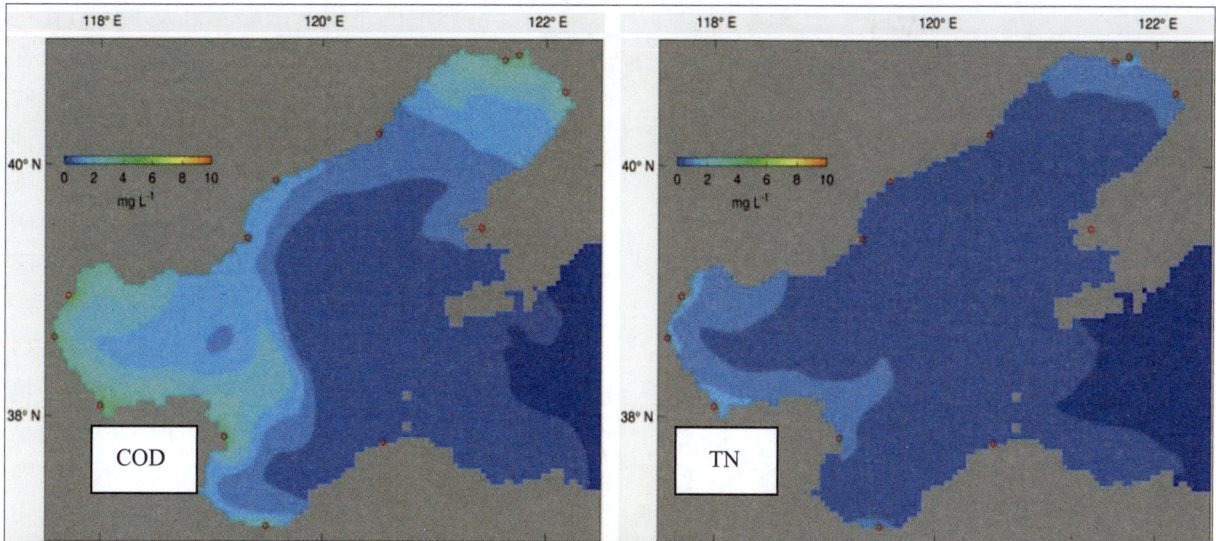

图 46　渤海主要污染物浓度分布预测图（情景 1，2020 年）

业基地污水实施湾外排放，但重点产业向沿海集聚，带动城镇化发展，沿海地区城镇污水排放量大幅增加，化学需氧量将增加 37%，也会导致河口海湾，尤其是闽江口、泉州湾、晋江河、九龙江等河口区水质的普遍下降。

表 15　海峡西岸经济区海洋沉积物污染累积趋势预测

海　域	砷	汞	铅	镉	硫化物	石油类
福建海域	—	↓	↑	↓	↓	↑
温州海域	↑	↓	↑	↑	—	↓
粤东海域	↑	↓	↑	↓	↓	↑

随着含油废水排放量的增加，海洋底质石油类的累积过程进一步放大，贝类体内污染物富集以及近岸底质污染水平均呈明显上升态势。海峡西岸经济区部分近岸海域贝类生物体内铅、砷等重金属超标情况将可能进一步加剧（表 15）。

在情景 1 条件下，北部湾经济区沿海化学需氧量、氨氮和石油类，2015 年较 2007 年分别增加 23.5%、30.1% 和 152.8%，2020 年较 2007 年分别增加 45.9%、57.3% 和 230.6%。预计 2015 年，湛江湾内海域和钦州湾海域受到无机氮严重污染，水东湾和澳内近海无机氮超标；北海铁山港工业区、钦州港开发区石油类和氨氮的排放将较显著影响纳污海域附近的自然保护区或敏感水域。预计 2020 年，茅尾海、廉州湾、水东湾、防城港湾内等纳污海域受到无机氮严重污染，铁山港海域无机氮不能满足相应功能区要求；北海铁山港工业区石油类和氨氮，钦州港工业区的氨氮与湛江临港工业区化学需氧量和无机氮的排污将对纳污海域附近的自然保护区或敏感水域有较显著的影响（图 47）。

2. 海上运输业的发展和石化产业的不合理布局导致生态灾害和海上溢油事故风险显著增加，严重威胁近岸海域生物多样性和海洋生态环境安全

海上运输业的高速发展将导致赤潮的影响范围和危害程度进一步加大，沿海区域由外来藻类入侵引发的赤潮风险倍增，同时部分区域有毒赤潮发生的频率和受赤潮影响的范围将呈升高态势，其中海峡西岸经济区超过 10% 的海域面积将会受到赤潮影响。

港口运输及临港工业的发展将加大海上溢油风险，严重威胁近岸海域环境安全。环渤海

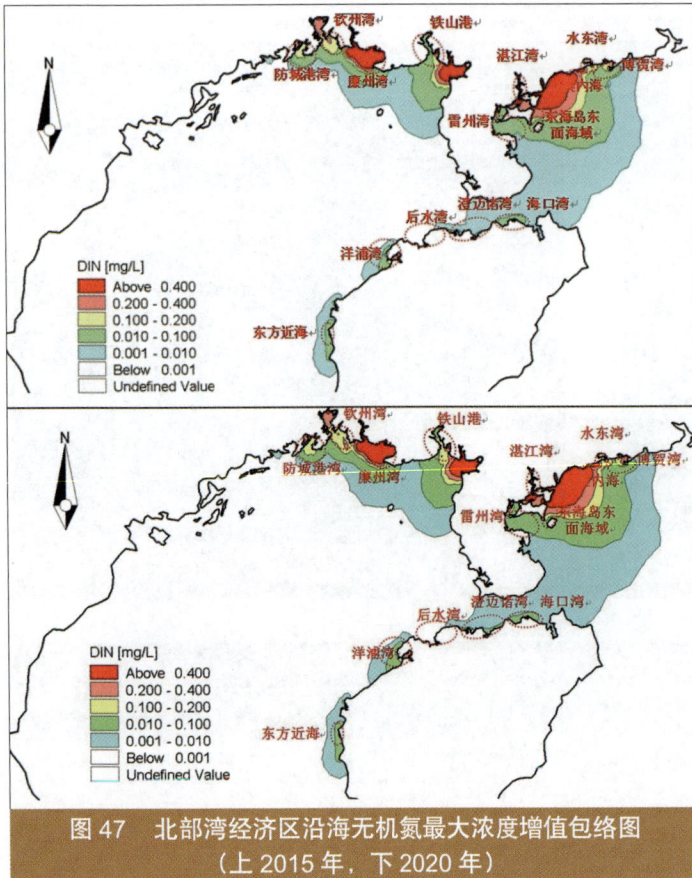

图 47　北部湾经济区沿海无机氮最大浓度增值包络图
（上 2015 年，下 2020 年）

沿海地区是国家战略重点发展的石化产业集聚区，除秦皇岛、烟台外各地市都将炼油、石化项目列为重点发展产业，到 2020 年将形成 1.8 亿～2.1 亿 t 炼油能力、1 300 万 t 乙烯生产能力，千万吨炼油、百万吨乙烯的大型炼化项目环围渤海的局面逐渐形成。海峡西岸经济区各地争设石化基地，使得该区域石化产业布局呈沿海分散态势。石化产业分散布局态势增加了生产、运输过程中环境事故的发生概率，极大增加了控制溢油风险的难度和成本，将对较为敏感的海洋生态环境造成威胁，一旦发生海上溢油事故，将对海域生态环境造成灾难性的影响，直接导致大范围海洋生态系统的崩溃。

临海重化工业的不合理布局将导致近岸生境破碎化，重要功能水域面积锐减、种群缺失、食物网简单化、栖息密度和生物量总体下降，造成主要渔业资源衰退、珍稀物种生境减少甚至丧失，并最终造成难以逆转的生态后果。

（四）河流整体生态功能面临退化，重点地区水环境安全将受到严重威胁

水能资源过度开发，特别是"见缝插针、竭泽而电"式的水电开发以及化工园区"沿江开花"式的高密度蔓延布局，将严重破坏流域整体生态功能，极易引发河流水环境危机，导致河流生态功能退化。

1. 成渝经济区"糖葫芦串"式以及海峡西岸经济区高密度的水电规划和开发现象比较突出，极易诱发流域生态功能整体退化

成渝经济区包括岷江、沱江、嘉陵江等在内的长江干流及支流，大都已实施或规划实施高强度的梯级水电开发（图 48）。目前过度的水电开发已改变了河流的水动力条件，导致河流生态功能紊乱，给流域生态系统带来严重危害。因此，该地区未来规划的高强度梯级水电、航电开发叠加已运行的水电工程将导致长江上游干流及其主要支流的珍稀特有鱼类、土著水生生物等生境支离破碎、功能退化，特别是岷江中下游、沱江下游、嘉陵江的水电梯级开发，将进一步削弱长江三峡水库上游段与主要支流的连通性，可能造成鱼类迁徙、繁殖的生境条件丧失。

2005 年小水电清理整顿前，海峡西岸经济区内主要流域已建成水电站 6 000 多座，闽江水系中仅流域面积 500 km² 以上的河流建设的水电站就近 400 座。水电站间断性运行方式和

引水式水电站将造成下游河道脱水或减水，对河流生态功能产生破坏。

2. 化工园区沿河（江）高密度布局，将导致河流水环境事故性风险和污染累积效应显著放大，严重威胁流域生活用水和生物安全

成渝经济区现状化工产业沿江过度集中布局（图49），已经导致长江上游干流和支流，尤其是岷江、沱江的水环境承载力接近限值，河流沉积物重金属生态危害程度处于中度、轻度水平。然而，该地区未来重点产业布局重心仍然是沿江地区，例如沿长江干流、岷江中游和

沱江上游布局，将导致重金属、持久性有机污染物负荷进一步增加，加剧河流复合型水污染，对区域地下水环境产生长期累积性危害，液体化学品泄漏和废水事故性排放等环境风险概率显著增加，严重威胁流域内饮用水、粮食和生物安全。

黄河中上游能源化工区受水源、地形条件限制，工业园区沿黄河分布，在"产业向基地集中，工业向园区集中"发展战略调控下，沿黄工业园区规模将进一步扩大，尤其是能源化工类工业园区将以数倍规模增加，一旦紧邻集中式饮用水水源地附近的工业园区发生水环境风险事故，含各种污染物质的高浓度废水排入黄河，将严重污染水体，威胁到当地饮用水安全。

图48　成渝经济区水电项目分布

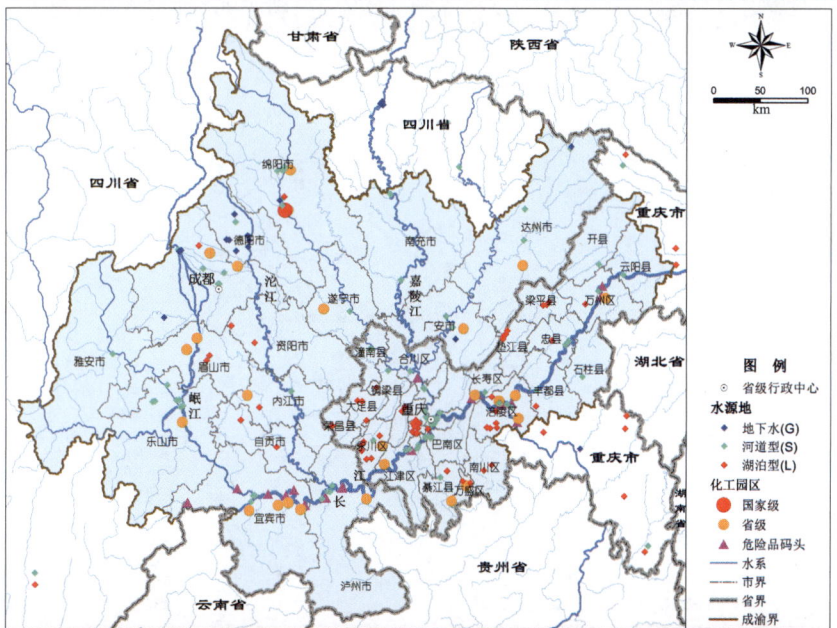

图49　成渝经济区化工园区与水源地分布

（五）重点酸雨控制区土壤和水体酸化风险加大，生态功能将加速退化

能源需求倍增将进一步拉动火电规模的扩张，导致大气酸性污染物长期高强度排放，成渝经济区等重点酸雨控制区土壤、水体的酸化风险加剧。

1. 能源需求倍增将进一步拉动火电规模的扩张，导致部分地区大气酸性污染物排放持续增加

产业规模的急剧扩张必然导致能源需求量的增加，而我国以煤为主的能源结构在未来很长一段时间内都难以改变。重点产业战略实施后，五大区域火力发电规模都将有不同程度的增加。在情景1条件下，2015年成渝经济区火电总装机容量将由目前的1 600万kW增至3 700万kW，北部湾经济区沿海5～10年内火电能力较现状增加2.5～5倍，海峡西岸经济区的火电装机规模亦增加3.2倍。在经济快速发展、产业结构和能源消费结构未进行大的调整背景下，区域二氧化硫污染控制具有相当大的难度，二氧化硫浓度超标在一定时期内依然存在，酸雨污染也将难以得到遏制。

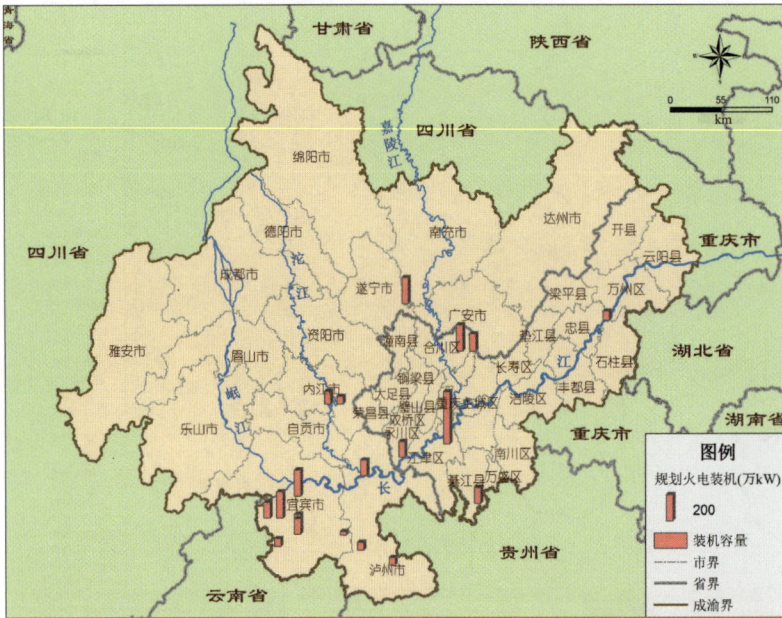

图 50　2015年成渝经济区火电装机规划

在情景1条件下，2015年成渝经济区56%的火电将分布在长江沿岸城市带的宜宾、泸州、内江、江津、合川、石柱、奉节等地，规划火电与现有火电分布高度重合（图50）。届时，长江沿岸城市带将成为成渝经济区的火电基地，新增火电规模较现状规模增加1.5倍。虽然在强化火电行业二氧化硫减排的基础上，总体酸雨污染恶化的趋势可能受到遏制，但二氧化硫年均浓度高值区并未减少，甚至部分区域二氧化硫、氮氧化物等大气酸性污染物排放量持续增加，加之成渝经济区不具备高架源污染物输送和

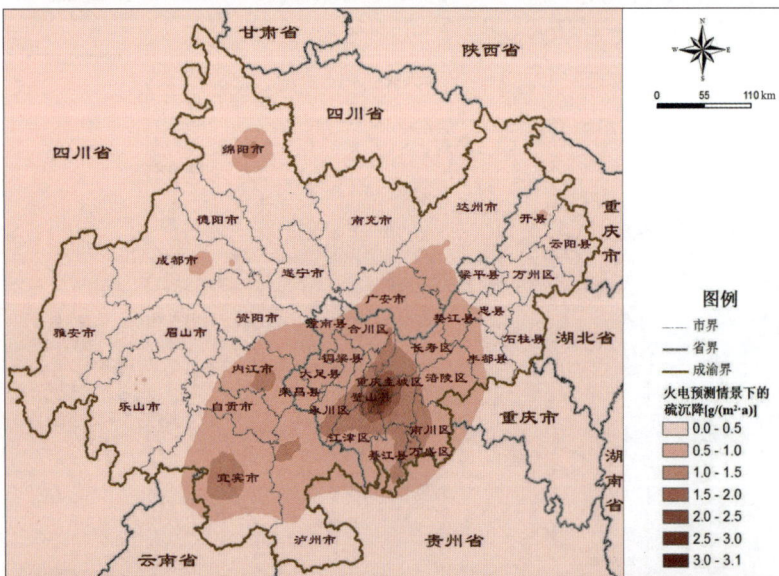

图 51　成渝经济区火电预测情景下的硫沉降

扩散的良好气象条件，将难以扭转酸雨污染的局面。

在情景 1 条件下，海峡西岸经济区的温州地区将集中布局火电项目，温州电厂、苍南电厂和乐清电厂现有及在建的火电装机容量 599 万 kW，远期将达到 1 024 万 kW。预计到 2015 年和 2020 年，二氧化硫年均浓度分别增加 29.9%、33.4%，占标率分别达到 93.3%、96.7%，超过大气环境保护底线，温州将面临严峻的酸雨污染。

2. 内外部大气污染排放叠加将导致生态脆弱地区的酸性物质沉降量超过临界负荷，进一步加剧土壤和水体酸化风险

成渝经济区内、外部火力发电厂的二氧化硫排放年均落地浓度的峰值区基本位于四川盆地的盆周地区，该地区生物种类、生境和生态系统复杂多样，生物多样性较高。到 2015 年，即使火电行业通过节能减排将二氧化硫排放量净减 22 万 t，火电导致的硫沉降依然将对长江沿岸城市带产生显著影响，区域酸雨污染状况仍无法根本改善（图 51）；2015 年，火电发展将使泸州、内江、宜宾、乐山、重庆主城区等已超临界负荷区域的酸沉降进一步增加，导致这些地区土壤和水体酸化进一步加剧，严重威胁该地区独特的生物多样性资源。

海峡西岸经济区的酸雨影响以硫沉降为主，在情景 1 条件下，硫沉降增幅将会达到10% ～ 19%（图 52）。

北部湾经济区沿海酸沉降量将随着二氧化硫、氮氧化物排放量的增加而同步增加，势必增加酸雨的频率和酸度。

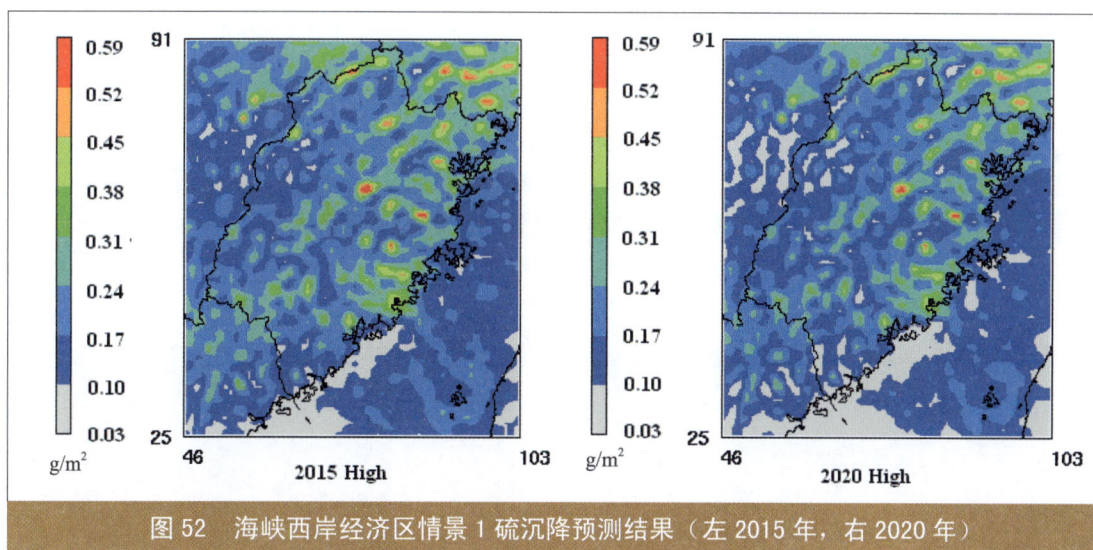

图 52　海峡西岸经济区情景 1 硫沉降预测结果（左 2015 年，右 2020 年）

（六）大气复合污染发生概率增加，区域性大气环境问题加剧

1. 重点产业大规模集聚，导致灰霾等大气复合污染发生概率上升，严重影响部分重点城市的大气环境质量

石化、火电、钢铁等重点产业的大规模集聚不仅会导致常规污染物浓度的叠加，加重一次污染，而且随着这些污染物的空间集聚、时间积累，不同污染物之间可能发生协同效应，产生灰霾等复合大气污染。

环渤海沿海地区在冬季典型污染气象条件下，未来重点产业发展所导致的污染物排放量增加将造成西岸产业带、南岸产业带污染范围扩大，整个区域大气能见度将进一步降低0.2 ~ 1.1 km，其中唐山—滨海新区一带能见度可能进一步降低0.8 ~ 1.4 km。海峡西岸经济区重点产业发展将导致细颗粒物有一定程度增加，大多数地区的增加幅度均在10%以内。三明、龙岩、温州、泉州等城市细颗粒物浓度相对较高，在特殊气象条件下日均浓度可超过65 μg/m³（图53），存在发生灰霾污染的风险。北部湾经济区沿海地区若按情景1发展，远期各城区灰霾发生概率将增加5%，东海岛工业区、企沙工业区灰霾发生概率将增加10%，其他工业园灰霾发生概率将增加5%。成渝经济区在情景1条件下，围绕成都、重庆两大都市圈拟布局70%的石化、医药和30%的装备制造业以及80%以上的电子产业，2015年挥发性有机物排放量将进一步增加，加之盆地型气象条件不利于大气污染物扩散，将进一步加剧气溶胶、挥发性有机物、臭氧及细粒子等新型复合污染。

2. 重点产业急剧扩张并叠加城市（群）快速发展将导致大气污染物跨界传输影响增大，累积性风险加重，严重威胁群众健康

海峡西岸经济区大气酸沉降受长三角和珠三角影响很大，外来源的硫沉降贡献率占60% ~ 80%；北部湾经济区沿海不仅存在内部各区块之间的污染传输，并且由于地面气象流场的特点，珠三角地区对北部湾的跨界影响不容忽视。因此该地区大气环境质量将面临内部污染物排放及跨界大气污染物输送累积的双重影响。

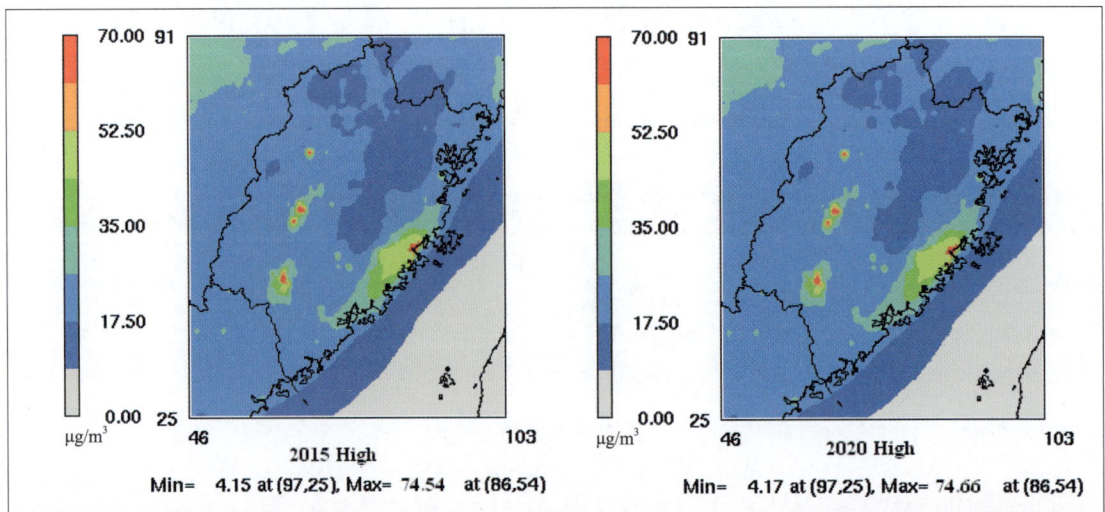

图 53   海峡西岸经济区情景 1 细颗粒物年均浓度预测（左 2015 年，右 2020 年）

区域性跨界大气污染风险态势显著，导致酸雨、灰霾和光化学烟雾等区域性大气污染问题将进一步加剧，严重威胁群众健康，影响环境安全，大气污染对人群健康产生的累积性风险呈现不断加重趋势。

（七）资源和环境承载能力面临全面超载，区域环境底线将受到强烈冲击

1. 水资源压力加重

不同情景下，环渤海沿海地区 2020 年重点产业需水量将达到 27.4 亿～ 42.2 亿 m^3，比现状增加 1.4 ～ 2.2 倍。即使考虑外调水量，情景 1 也将全面突破区域水资源的承载能力，2015 年和 2020 年重点产业供水系数将分别提高至 0.20、0.22，与其他部门争水局面不可避免，还可能造成生态用水被大量挤占。

随着成渝经济区人口增长和经济发展，区域人均可利用水量低于 500 m^3，到 2020 年，成渝经济区将呈现潜在资源型缺水（图 54）。

黄河中上游能源化工区在情景 1 条件下，整体缺水 50 亿 m^3，缺水率为 17.6%，水资源承载力不能支撑重点产业发展；在情景 3 条件下，区域整体缺水 30 亿 m^3，缺水率为 11.6%，其中吴忠、银川、中卫、鄂尔多斯、阿拉善左旗、巴彦淖尔、榆林、咸阳、忻州、吕梁、运城等地市重点产业用水缺口大。

2. 水环境容量全面超载

2020 年，环渤海沿海地区点源排放化学需氧量入河量 60 万～ 85 万 t，在情景 1、情景 2 条件下，分别比现状入河量增加 41%、18%，超出整个区域河流水体环境容量的 40% ～ 110%。2020 年，区域氨氮入河量 3.3 万～ 4.1 万 t，河流水体氨氮容量超载倍数仍到 0.4 ～ 0.8 倍。从空间来看，西岸产业带水体超载问题尤为突出，化学需氧量、氨氮容量超载高达 0.9 ～ 2.1 倍、0.7 ～ 1.2 倍。

海峡西岸经济区大多地区地表水环境容量能满足当地经济社会发展需要，但厦门、汕头和揭阳三市地表水环境容量不足。其中，厦门市由于废水主要排海，地表水环境容量不会制约区域重点产业发展。汕头市和揭阳市大部分污染物排入地表水，两市地表水环境容

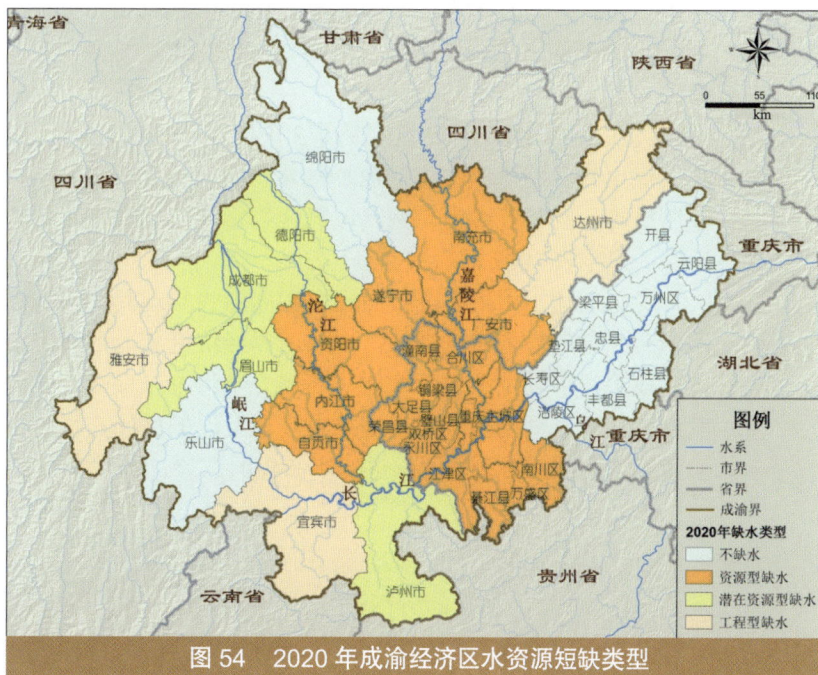

图 54　2020 年成渝经济区水资源短缺类型

量将无法满足区域重点产业发展。

北部湾经济区沿海在"2015 年与 2020 年生活污水实际有效处理率 60% 与 75%"的情形下,按照 2015 年和 2020 年的情景 1 和情景 2,主要纳污河段剩余环境容量普遍消耗亏空,未来少数河段超载严重。其中,环境容量超载倍数分别为:小东江的高州北酒—石碧段化学需氧量为 5.4、氨氮为 3.5,邕江的水塘江口—良庆大桥段氨氮为 9.5,伶俐镇至六景断面氨氮为 0.2,郁江的六景道庄至平朗乡段氨氮为 1.0,石碌河石碌污水厂至叉河口氨氮超载。

黄河中上游能源化工区不同情景下黄河干支流水质较现状有所改善,但黄河干流在汾河汇入口至三门峡河段氨氮超标严重,渭河污染依旧严重,水环境承载力均较弱。同时全盐量排放计算表明,不同情景下的全盐量排放量 2015 年为 254.6 万～431.3 万 t,排放浓度为 1 866.1 ～ 5 079.2 mg/L,所有情景下的全盐量浓度均超过《农田灌溉水质标准》限值要求。

3. 大气环境不堪重荷

环渤海沿海地区 2020 年二氧化硫排放量将达 172 万～301 万 t,氮氧化物排放 102 万～177 万 t,粉尘排放 58 万～112 万 t,烟尘排放 87 万～151 万 t。在情景 1、情景 2 条件下,整个区域二氧化硫排放量分别超出环境容量 1.1 倍、0.5 倍,氮氧化物排放量超出环境容量 0.5 倍、0.1 倍。西岸产业带大气环境容量相对较低,冶金、非金属、能源等重点产业规模快速扩张,导致西岸产业带超载问题更为突出,2020 年二氧化硫、氮氧化物超载倍数将分别达到 2.3 ～ 3.8 倍、1.3 ～ 2.3 倍。

在情景 1 条件下,到 2015 年,海峡西岸经济区大部分地区大气环境承载率将超过控制目标,福州、泉州的大气环境承载率超过 90%,莆田、三明、南平则超过 100%。到 2020 年,福州、莆田、泉州、漳州、三明、南平的大气环境承载率均超过 100%,温州的二氧化硫承载率也将超过 90%。在情景 3 条件下,约有 20% 地区大气环境承载率超过 90%。

北部湾经济区沿海大气污染物将呈大幅度增加趋势,如不严格控制,则区域大气环境将不堪负荷。所有地区的大气环境承载力可以支撑 2020 年情景 2 的发展规划;若按照情景 1 发展,2020 年湛江市、防城港及海南西部的火电、炼油、钢铁规模增加过大,大气污染物排放超出大气环境承载度警戒线。

黄河中上游能源化工区在情景 3 条件下,2015 年氮氧化物排放量比 2007 年增加 32.0 万 t/a,其中煤电行业的氮氧化物排放增加量最大,为 27.5 万 t/a,即使 80% 的燃煤电厂采用脱硝等控制措施,脱硝效率为 50%,氮氧化物影响范围和程度仍有增加趋势,且长距离传输对华北地区的影响较 2007 年增大。

综上所述,如果完全按照地方发展愿景实现其经济发展目标,环渤海沿海地区资源环境严重恶化的趋势将难以逆转,海峡西岸经济区和北部湾经济区沿海良好的生态环境将难以维持,成渝经济区生态屏障功能与环境安全将难以保障,黄河中上游能源化工区生态脆弱性加剧趋势将难以遏制。五大区域重点产业发展的空间布局与生态安全格局、结构规模与资源环境承载之间的两对矛盾面临进一步激化的态势,区域生态安全的资源环境底线将全面突破。

六、促进五大区域环境与经济协调发展的对策建议

为避免重蹈"先污染、后治理"的覆辙,确保中长期生态环境安全,必须在科学发展观的指导下,"坚定一个目标""破解两大矛盾""确保三个优先""坚守四条红线""遵循五大区域差别化调控方向",以环境保护优化经济发展,促进产业结构和空间结构调整,大力推进经济发展方式转变,实现科学发展。

(一) 坚定一个目标

全面落实科学发展观,大力提高生态文明水平,推进环境保护历史性转变,实施资源环境战略性保护,按照"保红线,严标准,优布局,调结构,控规模"的思路,努力探索环保新道路,加快调整五大区域经济结构和空间开发布局,推动区域经济发展方式的战略性转变,将五大区域建设成为环境保护优化经济发展的示范区域。

(二) 破解两大矛盾

将五大区域建设成为环境保护优化经济发展示范区,必须破解产业发展的空间布局与生态安全格局、结构规模与资源环境承载之间的矛盾。五大区域发展阶段不同,自然禀赋存在差异,矛盾的程度和表现形式各异,但究其根本原因,主要是机制与体制等深层次的问题。必须从机制创新、优化布局、结构调整和生态建设等几个主要方面入手,采取强有力措施,努力缓解、破解乃至最终逐步解决这两大突出矛盾。

1. 建立健全以环境保护优化经济发展的机制

制定区域经济与重点产业重大发展战略时,要将环境保护作为转变经济发展方式的重要抓手,以构建资源节约型和环境友好型的产业体系为导向,积极探索以环境保护优化经济发展的保障机制、引导机制和约束机制。一是健全统筹整体与局部的保障机制,促进区域发展整体推进与地方差别化发展的良性互动,化解区域产业发展的空间布局与生态安全格局之间的矛盾;二是建立差别化的产业、财政和环境政策,引导产业结构向资源节约、环境友好的方向调整与升级,化解区域产业结构规模与资源环境承载之间的矛盾;三是建立基于生态环境和承载能力的约束机制,约束产业无序布局和"两高一资"产业规模的盲目扩张。

2. 优化五大区域产业发展的空间布局

研究制定国家层面以环境保护优化区域性产业布局的指导意见,进一步优化区域国土空间开发格局。一是基于全国生态功能区划与五大区域战略环境评价成果,提出五大区域重点产业发展与全国基础性、战略性产业布局相协调的指导意见,确保重大生产力布局与生态安全格局及战略性资源禀赋相协调;二是引导五大区域充分发挥资源环境优势,实现错位发展,为形成区域间分工明确、布局有序、竞争合作的良性产业发展格局发挥引导作用;三是强化

区域内部重点产业发展布局与资源环境承载的协调，依据环境承载力，打破行政区划界限，统筹区域产业，避免重化工业"三临"（临海、临江、临河）无序蔓延，推动区域内重大生产力布局与生态安全格局相统筹、相协调。

3. 加快五大区域经济结构的战略性调整

按照国家"十二五"时期推进经济结构战略性调整总体要求，加速以科技创新与制度创新推进五大区域经济结构战略性调整。一是优化能源消费结构，探索煤炭高效清洁转化的新途径，适当开发利用新型清洁能源。二是加快推进五大区域传统产业"绿色化"改造，大力推进五大区域传统产业的升级换代进程，加快淘汰高耗能、高污染的落后产能。三是加快发展低碳经济，加大对节能、洁净煤、可再生能源等低碳和零碳技术的研发和产业化投入，培育以低碳为特征的新的经济增长点。四是加快培育战略性新兴产业，大力发展新能源、新材料、新一代信息技术等基础较好的新兴产业，积极培育环保、生物、新医药等潜力型新兴产业。

4. 规划实施区域性生态环境保护重大工程

生态环境问题及未来演变态势已对五大区域经济社会的可持续发展带来严重威胁，而缓解这些问题单靠企业和地方的投入远远不够。考虑到五大区域重要产业基地的全局性作用，除继续推进天然林保护、退耕还林、沿海防护林体系建设、长江流域防护林体系建设、三北防护林体系建设等国家工程外，国家还应规划实施一批区域性生态环境治理重大工程，加快推进五大区域生态环境恢复与保育，全面提升区域可持续发展水平。同时，应同步建设一批直接服务于重要产业基地及产业集聚主要节点的环境保护基础设施，从强化能力建设入手，提升五大区域产业与人口集聚区条件，提升破解两对突出矛盾的支撑能力。

五大区域主要生态环境保护重大工程重点推荐：重点湿地生态功能保护及恢复工程；重点海岸带保护与修复工程；热带亚热带沿海生物多样性保护与生态修复工程；三峡库区水环境治理与生态保护工程；干旱半干旱地区生态用水保障工程；跨区域生态环境监测与风险联合应急响应工程；矿区生态环境修复工程；重点区域（城市）大气复合污染防治工程；农业非点源污染综合治理工程；重点行业重金属污染防治示范工程。

（三）确保三个优先

为了解决五大区域重点产业发展与环境保护之间的突出矛盾，实现环境保护优化经济发展，必须优先落实产业升级政策、优先保证环保投入、优先加强环境管理能力建设。

1. 优先落实产业升级政策

为确保淘汰落后产能，促进优势产业和战略性新兴产业的发展，引导产业朝多元化方向发展，必须明确产业升级方向，配套、落实财政扶持政策和相关的环境经济政策。

（1）明确产业升级方向

根据国家产业政策、区域产业发展优势、技术经济水平和区域资源环境禀赋，淘汰落后产能，升级优势产业，培育战略性新兴产业。环渤海沿海地区要加快装备制造业、钢铁等优势产业的升级，大力发展高端精品钢材和现代制造业；海峡西岸经济区要整合提升纺织、服装、制鞋等优势传统产业，大力推动制造业结构升级；北部湾经济区沿海要加大造纸、制糖业等优势产业的升级，积极发展风电、核电等清洁能源；成渝经济区要重点实施化工、造纸、纺织、冶金等传统产业技术改造和升级，发展壮大现代装备制造业和现代服务业；黄河中上游能源化工区要升级传统煤化工等资源优势产业。

（2）配套财政扶持政策

根据五大区域产业升级方向，制订产业发展扶持清单，并针对产业在区域发展中的作用、优势、项目的规模和投资等特点，明确财政资金扶持的方向与力度。对于污染严重且不符合当地资源环境禀赋优势的行业，如环渤海沿海地区的小化工、小造纸、小水泥，海峡西岸经济区的传统印染、制革，北部湾经济区沿海的小水泥、小造纸、小火电，成渝经济区的小造纸、小化工，黄河中上游能源化工区的焦炭、电石、小火电等行业，制订重污染企业退出规划，地方政府应给予相应的财政资金补偿，引导其逐渐退出或升级改造。

（3）制订相关环境经济政策

五大区域要立足于区域资源环境禀赋和产业发展现状，制订区域化和差别化的绿色保险、绿色信贷、绿色税收、绿色证券等环境经济政策配套综合目录，严格按照产业指导目录，落实相关环境经济政策。一是在高风险、高污染的石化行业优先推行绿色保险制度，并研究出台对投保企业给予保费补贴等激励措施。二是通过贴息等信贷手段扶持旅游、电子、信息、现代服务业以及新能源、新材料等高新技术产业，引导产业朝多元化方向发展。同时，限制电石、焦化、粗钢、小造纸等高污染高耗能产业的发展，对于存在环境违法行为、不符合国家和地方产业政策的企业，提高其贷款利率，限制、停贷或回收已发放贷款。三是在各省（区、市）进一步推动企业上市环保核查工作，严格审查其环境治理能力及效果，对于不能满足所在区域环境管理要求的企业，限制其上市融资与扩大再生产。四是制订符合本地社会、经济、生态协调发展的生态补偿机制，根据国家的相关政策在石油、天然气、煤和其他资源开发的收益中确定一定比例，用于区域生态恢复、跨地区生态环境综合治理与生态补偿。五是对投资于核电、风电等清洁能源以及环保基础设施建设、防护林建设、湿地保护、自然岸线保护等防治污染和生态环境保护项目的企业给予税收减免，对焦炭、电石、小造纸、粗钢等高污染高耗能产业和资源环境效率低下的企业提高相关环境税费标准。

2. 优先保证环保投入

确保环保投入持续增长、优先环保基础设施建设投入和优先建设一批生态环境保护项目是解决五大区域环保投资历史欠账较多、环境保护难以满足经济社会可持续发展需求的重要手段。

（1）确保环保投入持续增加

五大区域部分地区环保投入比例较低，环保基础设施落后，必须加大环保投入力度，确保环保投入持续增加，才能缓解经济发展与资源环境承载之间的矛盾。各级政府应在经济社会发展规划中明确环保投入的比例与增长幅度，按照各级财政预算安排的环保资金增长幅度高于同期财政收入增长幅度的原则，确定政府环保投入额度，确保稳定增长的环保预算经费来源。

在稳定和逐步提高政府环保投入的同时，应支持和引导多元化、多渠道的环保投入。一是由国家直接投资建设一批生态环境保护工程。由于五大区域环保欠账较多，大部分区域经济发展相对落后，仅靠地方和企业的投入远远不够，国家应在五大区域内投资建设湿地恢复、自然岸线保护、珍稀濒危动植物保护等重大生态环境保护工程。二是通过财政补贴的方式支持环保基础设施建设、生态环境保护、自然岸线恢复等重大项目的建设。三是建立流域生态补偿制度。流域生态补偿要以总量控制任务和跨界断面考核为衡量标准，超量排污的上游地区可通过资金、政策、产业以及市场等方式对下游地区进行补偿，补偿获得资金应用于生态修复与污染处理设施的建设。四是鼓励企业进入环保投资领域。

（2）优先环保基础设施建设的投入

五大区域要加大对环保基础设施建设的投入力度，加快规划和建设城乡污水管网、污水处理厂、生活垃圾处理设施，确保污水处理率、生活垃圾处理设施、固体废物综合利用率达到以下要求：环渤海沿海地区，2015年城镇污水处理率应不低于70%，2020年城镇污水处理率要达到80%以上，各县级行政区实现"一县一厂"的配置。海峡西岸经济区，2020年城镇污水处理率要达到80%，城市垃圾无害化率力争达到95%，工业固体废物综合利用率达到95%。北部湾经济区沿海，2015年城镇污水处理率达到75%，2020年要到85%；城镇生活垃圾无害化处理率2015年大于90%，2020年大于95%。

成渝经济区，2015年成都、重庆都市圈城市污水处理率要达到90%，地市级城市污水处理率达到85%以上，各县级城市污水处理率达80%以上。各类工业园区废水处理率达100%，地表暴雨径流污染物处置率达80%以上。加强城镇生活垃圾收集和无害化处理设施建设，2015年城镇生活垃圾无害化处理率达到85%以上。黄河中上游能源化工区，新型煤化工产业重点发展地区的城市生活污水处理率应高于同期国家要求，达到85%以上，再利用率达到40%以上。

针对区域存在的突出环境问题和环保基础设施现状，五大区域要优先建设一批环保基础设施。其中，环渤海沿海地区优先提高城镇污水收集率和处理率，同时着力在县级行政区建设污水处理厂，达到"一县一厂"的配置。海峡西岸经济区优先建设城镇生活垃圾集中处理场以及温州、揭阳、汕头的城镇污水处理厂和污水收集管网。北部湾经济区沿海优先建设城市污水处理脱氮减排工程和集中工业污水处理与深海排放系统工程，具体包括县（区）级污水处理厂工程，茂名市区及博贺新港区、湛江东海岛、北海铁山港、钦州港开发区一期和二期、防城企沙、洋浦开发区、东方工业区、海口市区等十大污水排海工程。成渝经济区在"十二五"期间要加强区域非点源控制工程建设，加快城市污水处理设施建设，优先建设三峡库区城镇污水处理厂和生活垃圾集中处理设施。黄河中上游能源化工区要优先在河套内新兴产业区建设城市生活污水处理、工业园污水处理及再生水回用工程，在汾河流域地区要加强工业园区污水处理工程，在渭河流域要加强生活污水处理工程和农业面源污染控制工程。

（3）优先建设一批生态环境保护工程

利用财政资金优先建设一批生态环境保护工程，加快推进区域生态恢复和环境质量全面达标。环渤海沿海地区要优先建设滨海湿地生态功能保护及恢复工程，加大对辽河三角洲、黄河三角洲湿地保护区的生物多样性保护力度，在长兴岛—复州湾、海河三角洲等地新建湿地保护区，遏制渤海生态退化趋势；海峡西岸经济区要优先建设闽江、九龙江流域环境综合整治工程；北部湾经济区沿海要优先建设沿海生物多样性保护与生态修复工程、陆域天然林及珍稀濒危动植物保护工程和区域酸雨灰霾预防预警示范工程，保护和恢复北部湾海洋和陆域生物资源，全面提升区域生态环境质量；成渝经济区要优先建设长江上游生态屏障重点工程，具体包括非点源控制工程、生态工业园区基础设施建设工程以及燃煤控制工程，保障成渝经济区长江上游生态屏障功能不降低；黄河中上游能源化工区要优先建设矿区生态环境修复工程和高效节水及水资源综合利用工程，加强区域生态防线功能，破解当前水资源不足的困局。

3．优先环境管理能力建设

环保能力不强导致环境管理不到位，将难以确保五大区域生态环境质量的改善。为此，应优先环境管理能力建设，包括进一步完善规划环评支撑体系，建立区域、流域性大气和水污染联防联控机制，加强环境风险预警和应急能力建设以及加强环境监测能力建设。

（1）进一步完善规划环评支撑体系

进一步完善规划环评支撑体系，建立规划环评与项目环评的联动机制，将规划环评作为项目环评准入的依据；对规划中包含由上级环保部门负责审批的重大项目的，其规划环评应征求上级环保部门的意见。对可能造成跨行政区域不良环境影响的重大规划、区域性开发和重大项目，要建立区域环境影响评价联合审查审批制度和信息通报制度。

（2）建立区域、流域性大气和水污染联防联控机制

打破行政界限，统一协调和管理区域大气环境、流域水环境，构建"统一规划、统一监测、统一监管、统一评估、统一协调"的区域联防联控工作机制，提升区域污染防治整体水平。建立健全跨区域跨部门联防联控机制，发挥各部门在污染防治中的管理、监测等方面的协调和配合职能。

（3）加强环境风险预警和应急能力建设

五大区域要建立环境风险预警三级防范体系和突发环境事件应急指挥系统，提高突发环境事件预防和处置能力。针对区域生态环境风险的不同，要优先建立一批环境风险预警和应急系统。

环渤海沿海地区要建立综合应急响应系统，对于风暴潮、台风、地震、暴雨等突发性自然风险以及水、大气、海域污染等突发性污染事故，及时进行预警预报，制定紧急预案处理措施；海峡西岸经济区要建立区域内的应急机构，负责通报和处理跨界突发环境事件；北部湾经济区沿海要完成石化园区及码头等的环境风险预警和联防联控应急设施与能力建设，制定和建立园区应急预案，强化常规风险控制和管理系统、风险事故预警系统和应急处理系统的建设；成渝经济区要完成长江上游和三峡库区化工园区环境风险预警和联防联控应急设施和能力建设，全面建立地面径流污染物处置与管理体系，强化对暴雨径流污染的控制；黄河中上游能源化工区要在河套内新兴产业区等重点地区优先建立环境预警体系，对重点产业的生态敏感因子和特征污染因子进行预警监测。

（4）加强环境监测能力建设

一是加强环境监测机构和队伍建设。环保部门应会同省（区、市）人事、财政等部门，根据各省（区、市）的实际需求，加强环境监测机构和队伍建设。省、地市和县级监测站要分别达到一级、二级、三级监测站的标准要求。二是加强环境监测体系建设。环渤海沿海地区要健全区域性生态环境监测体系，建立环渤海沿海地区生态环境基础数据库，建立渤海近岸海域和陆域生态长期观测站，为生物多样性、累积性污染的研究和防治提供数据资料；海峡西岸经济区要建立区域联合监测和数字化环境信息通报体系；北部湾经济区沿海要大力加强沿海环境监测体系的建设，强化海陆监测网络和布点，在重要水域和陆域装备先进的环境自动监测设备、数据网络和大型实时监控平台；成渝经济区要优先装备先进的水环境自动监测设备、数据网络和大型实时监控平台，全面加强对大气、土壤环境监测能力的建设；黄河中上游能源化工区要建设生态脆弱区生态监测及预警体系，包括农业用水置换后灌区生态系统监测体系、河套内沙漠化及土壤侵蚀严重地区的生态跟踪监测体系、汾河流域矿区生态恢

复监测体系等。

（四）坚守四条红线

为实现"以环境保护优化经济发展"的战略目标，五大区域重点产业发展必须坚持"生态功能不退化、水土资源不超载、污染物排放总量不突破、环境准入要求不降低"四条红线。

1. 生态功能不退化

（1）重要生态用地面积不减少

确保生态功能不退化，首先应保证重要生态用地面积不减少。重要生态用地包括各类法定保护区、具有重要或特殊生态服务功能的区域，如生态公益林区、自然保护区、水源地保护区、天然湿地、海洋特别保护区、水产种质资源保护区、风景名胜区等重要生态功能单元。

为有效遏制并最终扭转生态环境质量水平下降的趋势，环渤海沿海地区应保证重要生态用地面积维持在 3.5 万 km^2 以上，包括 1.8 万 km^2 陆域自然保护区，0.9 万 km^2 海洋自然保护区，0.8 万 km^2 高生态敏感性和生态高风险区。优先保护辽宁省大连东部和南部、盘锦南部、锦州西部，河北省唐山南部、葫芦岛、秦皇岛、沧州，天津滨海新区南部，山东滨州和潍坊南部、东营及烟台等区域海岸带重要滩涂、湿地，重点加强辽河三角洲湿地、黄河三角洲湿地的生物多样性保护。

为确保区域丰富的生物多样性资源和良好的海洋环境得到有效保护，海峡西岸经济区应确保 1.1 万 km^2 陆域生态用地面积不减少，优先保护武夷山、闽江源等总面积约 5 884 km^2 的国家级自然保护区等重要生态敏感区，加强对总面积 2.8 万 km^2、占土地面积 19.7% 的红树林、热带雨林、亚热带常绿阔叶林等地带性植被的保护。严格控制围海造地和岸线开发，保证 27 个海洋自然保护区、渔业资源繁殖保护区和海洋特别保护区等重要生态敏感区域面积不减少。重点保护福建省沿海地区五个近岸海域生物多样性保护重要生态功能区，即福建三沙—罗源湾、闽江口、泉州湾、厦门湾及东山湾等地总面积约 1 518 km^2 的重要生态敏感区。

为保证我国西南陆域生物多样性、南海重要海洋生物多样性湾区地位不降低，北部湾经济区沿海要确保 6 182 km^2 陆地自然保护区、占林地总面积 40% 的天然林面积不减少，保证生态公益林面积中期扩大 5%、远期扩大 10%，科学规划海南、湛江、北海和钦州等地的浆纸林基地，将单一物种速丰林面积控制在 5 670 km^2 以内；保证 1 407 km^2 的重要海洋自然保护区及 11 286 km^2 水产种质资源保护区面积不减少，重点保护湛江徐闻、雷州、廉江，北海合浦、涠洲岛和钦州茅尾海、三娘湾，防城北仑河口、珍珠湾，海南临高、儋州等地的树林、珊瑚礁、海草床等海岛及海湾典型海洋生态系统及白蝶贝、儒艮、文昌鱼等珍稀濒危海洋生物，加强生态修复，恢复和扩展红树林种植面积。

为保证长江中上游流域生态服务功能和三峡库区水环境安全，成渝经济区需确保四川境内已有的 58 个不同级别、总面积 1.1 万 km^2 的各类自然保护区，重庆区域内 41 个不同级别、2 839 km^2 的各类自然保护区总面积不减少。确保到 2020 年，四川省森林覆盖率不低于 37%，重庆市不低于 45%。重点保护分布于龙门山、三峡库区、秦巴山地、武陵山、大娄山等区域、总面积约 4.7 万 km^2 的区域生物核心栖息地、极重要水源涵养区以及水土保持区。

黄河中上游能源化工区应保证受保护湿地面积占评价区面积不小于现状的 0.5%；自然保护区面积占评价区面积不低于现状的 10%，西北部剧烈沙漠化和剧烈土壤侵蚀区等禁止开发区面积不低于 7.7%。加强泉域保护区和煤炭矿区土地的生态修复。

（2）主要生态系统的功能不退化

在生态用地面积不减少的同时，保证主要生态敏感区保护等级不降低，确保生态系统的调节功能、生产功能及人居保障等生态功能不退化。

环渤海沿海地区应重点改善辽东半岛西部海域、辽河口邻近海域、辽西—冀东海域、天津—黄骅海域、辽河湾及黄河口毗邻海域、庙岛群岛海域、渤海中部海域等重要海域的生态功能，提升天津北大港湿地保护区、河北南大港湿地保护区、河北唐海湿地和鸟类保护区、山东牙山自然保护区、山东福山银湖湿地自然保护区的保护等级，建议在复州湾—长兴岛、海河三角洲等地建立湿地自然保护区，逐步修复湿地的生态功能。

海峡西岸经济区要确保水源涵养、生物多样性保护、洪水调蓄、土壤保持、防风固沙等主导生态功能不降低，加强浙闽赣交界山地生物多样性保护重要区和东南沿海海洋生物多样性保护重要区的生态保护，建设海洋保护区网络，确保乐清湾、三沙—罗源湾、闽江口、泉州湾、厦门湾、东山湾等六个重要湾区的主导生态功能不降低，加强对热带雨林、亚热带常绿阔叶林等地带性植被分布区的水土保持、水源涵养、生物多样性保护等重要生态服务功能的维护。

北部湾经济区沿海要保证水土保持与生物多样性保护、农林产品提供和水源涵养与林产品提供功能等主导生态功能，维护沿海地区现有重要生物多样性、热带海岛生态系统、红树林生态系统、热带亚热带农产品重要产区等生态功能。建设保护区网络，使典型生态系统类型和国家重点保护野生动植物物种受保护率达 95% 以上，国家重点保护物种资源增加恢复到80%，近岸海域生态系统健康状况良好，渔业产量恢复明显，资源结构有所优化，渔业资源生物量力争 2020 年达 3.0 t/km^2，"黄金渔场"恢复显著。

成渝经济区应进一步维护盆周山地及长江、嘉陵江、岷江和沱江"一圈四江九节点"的生态安全格局，确保成渝经济区水源涵养、水土保持、生物多样性保护以及农产品提供功能不削弱，重点保证龙门山、三峡库区、秦巴山地、武陵山和大娄山北缘等区域的生物多样性保护、水源涵养区等重要生态功能，提升总面积 4.7 万 km^2、占国土面积 22.6% 的邛崃山南段、峨嵋山—大风顶、大巴山、渝南山地、方斗山—七曜山以及四川盆地南缘的水源涵养、土壤保持生态服务功能。巩固退耕还林成果，加强矿山生态修复和生态建设，保护长江上游珍稀特有鱼类和土著种群生境，维护水生态的多样性，保留赤水河、岷江干流与长江干流的连通性，为漂流性、洄游性鱼类提供生存空间。

黄河中上游能源化工区应维护华北地区防风固沙生态防线和流域生态安全廊道功能，全面改善区域环境质量，保障人居环境功能。控制并扭转晋陕蒙黄土丘陵区及山西煤炭开采区土壤侵蚀加剧问题，缓解重要湿地萎缩等生态问题。抑制水资源过度开发，改善区域煤烟型污染现状，遏制黄河支流水环境质量恶化趋势。

2．水土资源不超载

为保证五大区域资源环境对重点产业发展的可持续支撑能力，必须坚持合理开发利用水土资源。科学规划，严格论证，优先保证生态建设用地需求，集约高效利用土地资源和岸线资源。

（1）合理开发土地和海岸线资源

环渤海沿海地区新建重化工项目应集中在工业园区建设，制定产业集聚区节约用地标准，力争用地效率年均提高 5%，提高供地门槛，限制占地大、产出低的项目进入。严控在生态红线控制区内建设工业项目，已在生态红线控制区内的工业企业，原则上应逐步搬迁并开展生态恢复。重点自然保护区内岸线以及沙质岸线，限制对滩涂、苇地等天然湿地的大规模开发，适度控制废弃盐田等生态敏感度高的未利用地类型转化。重点加强大连渤海一侧、盘锦辽河入海口、葫芦岛南部至秦皇岛一带、滨海新区滨海湿地保护区、滨州北部古贝壳堤、东营黄河入海口以及烟台部分砂质自然岸线保护力度。控制大连长兴岛临港工业区、锦州西海工业区、秦皇岛、唐山湾"四点一带"、天津滨海新区、沧州渤海新区、烟台等地区的岸线开发强度，应保证预留出一定比例的自然岸线。

海峡西岸经济区合理开发土地和岸线资源，引导内陆地区产业集中发展，强化沿海地带重点产业集约发展。合理规划三沙—罗源湾、闽江口、泉州湾、厦门湾、东山湾等区域的岸线开发，沿海地区确保自然岸线比例不低于 70%，海洋保护区面积占海域面积 8% 以上，天然湿地保护率不低于 90%。

北部湾经济区沿海加强土地集约利用，促进产业聚集区产业升级，避免盲目扩张占用土地，力争使单位面积建设用地 GDP 在中远期达到 1.3 亿～ 2.2 亿元 /km²。保持自然岸线长度不低于总岸线的 76%，其中生态与自然保护岸线长度不低于岸线总长度的 48.8%（约 2 000 km），规划港口工业利用岸线占总岸线的比例小于 12.1%。

成渝经济区加大城区产业用地调整力度，强化产业用地集约化。合理开发生态脆弱区、河流源区和三峡库区的矿产资源，遏制土地退化趋势，在四川盆地周边地带实行生态屏障建设和生态抚育与系统恢复。维护长江、嘉陵江、岷江和沱江四条主要河流河岸带的自然形态，限制河岸带的开发。

黄河中上游能源化工区应科学规划重点产业，提高土地集约程度，实施产业发展的"流域统筹、以水定产、优化布局、跨越发展"，严格控制低环境承载区和生态敏感区的占地规模，改进煤炭开采方式，合理布局高耗水建设项目。

（2）合理开发利用水资源

缓解重点产业发展、人口增加及城镇化进程与生态需水之间的矛盾，保证五大区域水资源可持续利用，确保河道生态用水，维持河流生态功能。同时，沿海地区应保证海洋生态用水量，合理开发海水淡化和海水利用产业，保障近岸河口鱼类产卵场生态功能稳定，维持河口低盐区面积。

环渤海沿海地区保证河道内最小生态用水量 105 亿 m³，河道内生态适宜用水量 271 亿 m³，确保 2015 年渤海入海淡水总量达到 375 亿 m³，2020 年达到 400 亿 m³；海峡西岸经济区维持河道内最小生态用水，保证河流多年平均径流量的 10% 为生态基流底线，保证入海淡水量，2020 年保证河道内最小生态用水量 166 亿 m³，最小入海径流量 142 亿 m³；北部湾经济区沿海要提高区域水资源利用效率，保证河流多年平均径流量的 10% 为生态基流底线，确保 2020 年沿海地区生态需水量 131.7 亿 m³，河道外生态用水量 2.9 亿 m³；成渝经济区大力推进节水建设，提高区域水资源利用效率，确保河流多年平均径流量 10% 的生态基流底线；黄河中上游能源化工区保证区域生态用水，对于产流面积大于 2 万 km² 的河流，总体生态水量要达到天然径流量的 30% ～ 40%。

3. 基于环境保护目标的排放总量不突破

确保环渤海沿海地区地表水重要环境功能区丰水期水质达标，提高渤海近岸海域主要功能区水质达标率，城市环境空气质量不低于二级标准，主要大气污染物排放满足区域环境容量要求。到 2015 年，环渤海沿海地区点源化学需氧量排放总量控制在 65 万 t，比现状排放量减少 18%；点源氨氮排放总量控制在 5.0 万 t，比现状排放量削减 30%；二氧化硫排放量控制在 128 万 t，比现状排放量削减 21%；氮氧化物排放量控制在 75 万 t，比现状排放量削减 12%。到 2020 年，点源化学需氧量排放总量控制在 60 万 t 左右，比现状排放量减少 25%；点源氨氮排放总量控制在 3.8 万 t，比 2007 年削减 48%；二氧化硫排放量控制在 110 万 t，在 2007 年基础上削减 32%；氮氧化物排放量控制在 70 万 t，在 2007 年基础上削减 18%。农业面源主要污染物排放量在现状基础上削减 5%。同时，进一步扩大城市污水处理规模，提高城镇污水处理标准。进一步加强非常规污染物、有毒有害和持久性污染物的防治。重点控制辽河流域砷、汞、多氯联苯和滴滴涕等特征污染物排放，控制海河流域、黄河流域砷、锌、铅等重金属排放。实现对新兴石化产业集聚区、油田开采区、污灌区等区域的镉、铅、砷、铜、汞等重金属的污染控制。

确保海峡西岸经济区人居环境优美、生态良性循环、生态文明建设位居全国前列，应强化污染物排放控制。区域大气污染物排放总量二氧化硫排放总量控制在 87.7 万 t/a 以内，氮氧化物排放总量控制在 67.3 万 t/a 以内，陆域水环境污染物排放总量化学需氧量应控制在 105.1 万 t/a 以内、氨氮控制在 9.2 万 t/a 以内。鉴于海峡西岸经济区生态环境敏感区分布广泛，环境质量要求较高，部分城市环境质量不能满足功能区要求。因此，污染物排放总量控制应在确保环境容量总体不超载的同时，还应考虑确保重要生态功能区和重点区域环境质量达标的要求。同时，加强陆域面源污染控制，严格控制滩涂水产养殖，沿海地区城镇污水处理厂实施脱氮除磷，控制近岸海域大部分海湾无机氮和活性磷酸盐。

确保北部湾经济区沿海海陆生态环境质量继续保持全国前列，遏制已出现的生态环境质量下降趋势，区域环境空气质量总体优于功能区划要求，近岸海域较清洁及其以上海域的面积基本保持不变。北部湾经济区沿海二氧化硫总量控制目标为 33.2 万 t，氮氧化物 45.1 万 t，化学需氧量 41.1 万 t，氨氮 3.6 万 t。需重点控制钦州港开发区、防城港企沙、湛江东海岛、茂名河西工业园和乙烯工业区、洋浦开发区等产业集聚区的苯并 [a] 芘、挥发性有机物、汞等特征污染物的排放。

基于成渝经济区环境质量目标，二氧化硫排放总量不突破 129.5 万 t/a，氮氧化物排放总量不突破 70.2 万 t/a，化学需氧量 338.5 万 t，氨氮 21.0 万 t。考虑到成渝经济区部分地区酸雨和二氧化硫污染严重，部分城市环境质量不能满足功能区要求。因此，污染物排放总量控制应在确保环境容量总体不超载的同时，还应考虑确保重点区域和重点城市环境质量达标，以及酸雨和二氧化硫控制的总体要求。同时，严格控制区域有机废气、营养盐、重金属、持久性有机物等污染物的排放，建立区域性、流域性的排放控制体系。

黄河中上游能源化工区应对二氧化硫排放量超标地区进行削减，确保区域大气污染物排放总量不突破，到 2020 年，主要污染物建议控制排放量分别为二氧化硫 167.5 万 t，氮氧化物 100.0 万 t，化学需氧量 35.8 万 t，氨氮 2.3 万 t。

4. 环境准入要求不降低

环渤海沿海地区逐步提高产业资源环境效率准入门槛，确保环渤海沿海地区 2020 年整体资源环境效率达到国内先进水平。单位工业产值用水量降低 63%，重点产业用水重复利用率达到或优于节水型社会水平，工业化学需氧量、二氧化硫排放强度在现状基础上分别降低

63%、72%，能耗强度降低 48%，碳排放强度降低 45%。严格控制新建、改扩建项目资源利用率和污染物排放强度，大中型项目的资源环境效率达到同期国际先进水平。严格限制高水耗项目，原则上禁止审批以地下水为主要水源的工业项目。新建电力、化工、冶金项目应采取脱硫、脱硝措施。新建、改扩建钢铁项目应首先淘汰相应规模的落后产能，坚持集中布局原则，不鼓励发展钢铁产业的地区原则上不再审批新的钢铁项目。

海峡西岸经济区应从严控制"两高一资"产业技术工艺水平，加大小化工、小钢铁、小造纸、小水泥等的淘汰力度。落实以淘汰落后产能置换容量的措施，鼓励"上大压小"，促进规模经济发展、优化产品结构升级。严格环境准入、提高行业准入门槛，提高资源环境效率，力争到 2020 年区域整体资源环境效率达到国内先进水平。制定产业集聚区节约用地标准，提高供地门槛，限制占地大、产出低的项目。加快温州现有化工企业的整合和升级改造，逐步推进化工企业向大小门岛化工区集中。湄洲湾发展临港重化工业应加大环保基础设施建设，加强海洋污染防治力度，建立突发性污染控制和应急处理机制，闽江口、瓯江口应加强陆源废水污染物的治理，提高污水排放标准。

北部湾经济区沿海循环经济水平、资源 / 能源利用效率、清洁生产水平以及污染物排放指标等均必须达到国内领先水平。与 2007 年相比，2020 年区域工业用水重复利用率提高38%；万元工业增加值废水排放量、化学需氧量、氨氮、二氧化硫、氮氧化物排放量分别减少 14.7%、27.7%、12.5%、28.5%、28.0%；万元生产总值能源消耗、万元工业增加值用水量、万元 GDP 用水量分别减少 18%、19.5%、57%。北部湾经济区沿海原则上不适宜布局煤化工产业和有色金属冶炼产业。重点产业资源环境效率应达到清洁生产一级标准，石化、钢铁、林浆纸、能源等产业资源环境效率应达到国际先进水平。

成渝经济区应从严控制"两高一资"产业技术工艺水平、总体规模和空间布局，"十二五"期间，含化工、轻工、农副产品加工、冶金、建材等传统产业资源环境效率达到全国同期水平。大中型新建、改扩建项目达到国际先进水平。严格按照国家现行产业政策，加大对小化工、小钢铁、小造纸、小水泥等行业落后产能的淘汰力度。提高重化工、冶金项目的准入门槛，清洁生产水平达到国际先进水平，实施区域级的"以新带老"。在燃煤火电厂实施脱硫的基础上，新建、改扩建燃煤火电厂必须实施脱硝，现有燃煤火电厂分阶段实施脱硝，2015 年前酸雨严重地区的全部燃煤火电厂实现脱硝，2020 年前全区燃煤火电厂实现脱硝。

黄河中上游能源化工区重点产业发展新增产能应满足如下环境准入条件：新增煤炭项目矿井水利用率应达到 90% 以上，原煤入洗率应达到 60% 以上，煤矸石综合利用率应达到70% 以上。新增电力项目脱硫效率达到 90% 以上，脱硝效率达到 70%，应采用空冷机组，灰渣循环利用率达到 100%。新建煤化工项目必须进入工业园区，不得在地下水超采地区使用地下水作为工业水源。公用工程配套的热电站应全部配套脱硫设施，脱硫率达到 90% 以上；工艺装置应配套先进脱硫工序，脱硫率达到 99% 以上；固体废弃物循环利用率达到 80% 以上。

（五）强化五大区域差别化调控

根据五大区域面临的突出生态环境问题，结合各区域所处发展阶段和特点，实行差别化的调控对策，优化重点产业的布局、结构、规模，逐步扭转空间布局分散蔓延、结构重型化依赖、规模盲目扩张的粗放式发展模式。

1. 环渤海沿海地区

按照"北岸提升、西岸集约、南岸转型"总体思路，统筹协调三个产业带发展与建设，强化重点产业发展的空间管治，形成合理分工、优势互补、错位发展格局；加快构建新型产业体系，严格控制资源依赖型产业规模扩张，推动产业结构升级和增长转型，扭转生态环境质量恶化趋势、实现由局部改善向整体提升。

（1）促进重点产业布局优化

北岸产业带以大连为龙头积极推进大连—盘锦一线石化、装备制造等重点产业统筹发展，加快提升重点产业集聚效应。西岸产业带围绕"津唐沧"统筹发展的思路，发挥滨海新区大型装备制造业、现代制造业、电子信息产业等辐射和带动作用，形成曹妃甸—渤海新区一线优势互补、错位发展格局，着力提高区域综合竞争力。南岸产业带围绕黄河三角洲高效生态经济区建设，发挥装备制造、石化、轻纺等产业基础优势，加快新型工业化进程，率先实现产业生态化转型。

大力发展高端装备制造业，努力打造世界级的装备产业集群。提升滨海新区、大连、烟台、潍坊等地区装备制造业规模和技术水平，建设具有国际影响力的先进制造业集群。大力发展唐山、东营、秦皇岛、盘锦的特色装备制造业。

统筹考虑大型石化项目基地的布局，集中建设 2 ～ 3 个具有国际先进水平和生产能力的大型"炼化一体化"基地。以大连为龙头整合北岸产业带的石化产业，集中建设大型炼化基地。积极整合西岸产业带滨海新区、唐山、沧州的原油加工能力，集约建设一个大型"炼化一体化"基地，错位分工，适度发展。以东营为基础，统筹南岸产业带滨州至潍坊一线石油化工产业布局。严格控制在大连双岛湾、双台河口湿地、大辽河口湿地和黄河三角洲湿地等生态敏感区域布局工业污染项目。在沧州至烟台一线，大力发展海洋化工产业。原则上不适宜发展煤化工产业。

结合淘汰落后产能、企业重组和城市钢厂搬迁，推进环渤海沿海地区钢铁产业的布局优化和集约发展。加快环渤海西岸产业带钢铁产业集约化，优化资源配置，建设具有国际先进水平的唐山钢铁产业基地。适度发展营口冶金产业，并在鲅鱼圈钢铁基地集中布局。严格控制生铁、粗钢等产能的无序扩张。

（2）深化重点产业结构调整

加快推进装备制造业规模化发展，大力提高现代制造业比重。重点发展滨海新区航空航天装备、汽车及配套加工，大连船舶制造、能源装备、高端精密机床，以及烟台海洋装备、唐山高速动车组、东营石油开采装备等。

延长石油化工下游产业链，大力发展高附加值的绿色化工产品，提高石化产业竞争力，适度控制炼油产能规模。发展大型"炼化一体化"项目，淘汰 100 万 t 及以下低效低质落后炼油装置，积极引导 100 万～ 200 万 t 炼油装置关停并转。到 2020 年，环渤海沿海地区总炼油能力控制在 1.2 亿 t 以内。

加快推进钢铁企业重组，加大技术改造力度，促进钢铁产业全面升级与生态化转型。提高淘汰落后炼铁、炼钢产能标准，加快淘汰落后产能，分批淘汰 400 m³ 及以下高炉、30 t 及以下转炉、电炉。重点建设唐山钢铁产业基地，推进曹妃甸国家级循环经济示范区建设；适度发展营口鲅鱼圈冶金产业；除精品钢材等高端产品外，滨海新区不宜扩大钢铁产能；其他地市禁止新建钢铁企业。到 2020 年，环渤海沿海地区钢铁产能控制在 8 000 万 t 为宜，唐山钢铁产业规模应调整到 6 000 万 t 左右。

积极发展清洁能源、可再生能源。除热电联产项目外，西岸产业带要控制大型燃煤电厂规模，原则上不再新增煤电电源点，改扩建电厂及新建电厂必须同步建设脱硫、脱硝配套装置。

优化造纸原料结构和产品结构，进一步淘汰落后造纸产能。重点加快淘汰西岸产业带规模以下造纸产能，控制北岸、南岸产业带新增造纸产能。新建造纸项目应以淘汰落后进行产能置换，严格控制高污染的草浆、苇浆造纸项目。继续推动造纸企业的集约化、规模化发展，强化污染综合治理，加大淘汰小造纸和落后工艺力度，分阶段提高行业的规模、技术与污染治理准入门槛。

积极发展电子信息、生物技术、现代医药，以及港口物流业、现代商贸、金融保险、生态旅游、软件及信息服务业、文化创意产业等现代服务业，提升高新技术产业及现代服务业的比重。大力发展地方特色产业，包括秦皇岛生态旅游业、滨州轻纺工业等。

2. 海峡西岸经济区

遵循"沿海地区集聚发展，内陆山区优化结构，承载能力调控规模，发展速度适度超前"的原则，以资源环境承载能力合理引导重点产业空间布局和发展规模，在推动区域经济的快速增长，建设成我国区域经济发展新的增长极、两岸交流合作战略基地、我国东南沿海重要的先进制造业基地的同时，继续保持良好的生态环境。

（1）合理引导空间布局

加快建设闽江口、湄洲湾、厦门湾、潮汕揭四大产业基地。闽江口产业基地立足电子信息产品制造业和汽车制造及配件产业的基础，大力发展装备制造、电子信息产业和高新技术产业，强化服务功能和国际化进程，构建两岸产业对接先导区。湄洲湾产业基地立足深水港优势，大力发展石化、装备制造、林浆纸等临港型工业，建设具有国际影响力的石化产业基地。厦门湾产业基地利用优越的临港条件，壮大电子信息和装备制造业的规模优势，调整化学工业布局，引导企业向湄洲湾石化基地或古雷石化园区集聚。潮汕揭沿海重点布局大型石化基地，同步发展装备制造、电子信息和能源产业。

调整、优化瓯江口、兴化湾、泉州湾、东山湾、罗源湾、环三都澳产业基地。瓯江口产业基地大力发展装备制造业和电子信息产业和石化中下游产业。大小门岛化工区适度发展污染相对较轻的石化中下游产品。兴化湾产业基地重点发展电子信息、装备制造和精细化工。江阴工业区石化专区应结合福州产业升级改造，发展化工新材料及精细化工，不宜发展重油深加工等污染较重项目。泉州湾产业基地加大对纺织服装、制鞋等传统产业技术改造力度，大力培育电子信息和装备制造产业。东山湾产业基地重点发展石化、装备制造产业和电子信息产业，漳州古雷石化园区近期优先发展石化中下游产业。罗源湾产业基地重点发展装备制造产业，适度发展冶金、能源产业和污染相对较小的石化下游产品。环三都澳区域大力发展装备制造业，适度发展污染较少、环境风险较小的临港工业。进一步科学论证环三都澳区域大型钢铁基地和"炼化一体化"基地的空间布局方案，建议选择大气扩散条件好、远离城镇发展区、海域生态环境敏感度不高、排水条件较理想的沿海地区布局。

推进福建内陆山区产业集聚发展。内陆山区钢铁、建材等重污染行业以调整结构、技术升级为主，并逐步引导产业向条件较好的地区集中发展。重点做好生态环境和资源保育，鼓励发展无污染、轻污染的绿色农业、林产加工、食品加工、生物技术产业和旅游产业等。

到 2020 年，海峡西岸经济区重点产业产能控制为炼油 6 000 万 t，火电 5 557 万 kW，钢铁 1 950 万 t。

（2）大力推进制造业结构升级

加快发展高端制造业。利用区域电子信息产业基础优势，进一步壮大具有比较优势的产品集成行业规模，做强软件产业，积极培育研发能力。发挥区域装备制造业基础优势，积极承接台湾传统装备制造业转移，做大做强区域中端装备制造业；加大对台湾中高端装备制造业的引入力度，增强区域装备制造业整体实力。

整合提升传统轻纺工业。加大对传统产业技术改造力度，增加产品技术含量，形成区域优势主导产品；引导企业逐步向专业化园区集中，打造一批传统轻纺工业优势基地。

优化能源电力结构。安全高效发展核电、合理开发水电、鼓励开发风电、太阳能和垃圾焚烧发电、优化煤电布局，逐步减少火电在能源电力结构中的比例。

积极培育战略性新兴产业。重点扶持发展清洁能源、可再生能源利用和装备制造，培育风电、太阳能、生物质能等产业。重点培育基因工程药物、现代中药等生物医药及新医药产业，推进生物资源系列开发。节能环保产业重点推广应用大气、水污染防治和节能新技术、新装备、新产品。加快光电材料、催化及光催化材料、稀土材料等的产业化，壮大化工轻纺新材料、新型建筑材料、特种金属及陶瓷材料等产业。

3. 北部湾经济区沿海

遵循"两翼择优重点开发，北部优化提升，南部集聚发展，中部保护控制"的发展思路，科学引导产业布局，合理界定产业发展方向和发展规模，严格控制资源依赖型产业的规模扩张，大力发展低投入、高产出、能循环、可持续的环境友好型产业，维护北部湾经济区沿海优良的生态环境。

（1）优化重点产业发展空间布局

湛江、茂名发挥地区产业基础和深水大港优势，发展"炼化一体化"、钢铁、火电、装备制造、修造船、港口物流等重点产业。茂名河西工业园应立足于现有石化工业基础，进一步优化产业结构，着力发展石化中下游产品，新增炼油及乙烯应在博贺新港区和茂名乙烯工业区选址布局，除热电联产外的新增火电项目应在博贺新港区建设；湛江东海岛建设石化产业基地和钢铁基地，新增火电在徐闻南部和东海岛布局，"林浆纸一体化"项目规模不再增加。

防城港、钦州、北海发展钢铁、"炼化一体化""林浆纸一体化"、火电、生物能源和港口物流业等重点产业。防城港企沙工业区着力建设钢铁基地，发展火电、修造船，控制发展沥青；钦州港开发区发展"炼化一体化"、火电，适度发展燃料乙醇、林浆纸项目，统筹解决石化基地与周边居民区的合理布局；北海市发展电子信息、制药、制糖产业，铁山港工业区立足于现有石化企业升级改造发展石化中下游产品和精细化工项目。

南宁重点提升和优化铝型材、轻工、建材等重点产业。蔗渣制浆应采用先进的资源回收和污水处理技术，对现有木制浆实施升级改造。六景工业园立足于升级改造，做到增产减污。

海南集聚发展"林浆纸一体化"、石油化工、天然气化工、能源、汽车制造、农产品加工、港口物流业等重点产业。海口大力发展汽车制造、制药和交通物流业；澄迈老城开发区积极发展建材、浮法玻璃、冶金机械等行业，适度发展火电业；洋浦开发区积极发展"炼化一体化""林浆纸一体化"和生物化工，适度发展天然气化工；东方工业区着力发展天然气化工、生物化工和精细化工产业，适度发展火电业；昌江着力发展粮油、水泥、木薯制燃料乙醇，安全高效发展核电；临高金牌港开发区积极发展修造船业。

（2）深化重点产业结构调整

集约建设茂名、湛江、钦州和洋浦大型"炼化一体化"石化项目及其延伸产业链的石化工业基地，优先发展石化中下游产品。以茂名、湛江和钦州石化基地为基础，新增炼油和乙烯。洋浦建设千万吨级"炼化一体化"项目。到 2020 年，北部湾经济区沿海炼油和乙烯能力建议控制在 8 500 万 t 和 550 万 t 以内。

适时建设湛江和防城港两个千万吨级钢铁基地，湛江主要发展精品钢，瞄准碳钢板材类等高端产品。到 2020 年，北部湾经济区沿海钢铁产能控制在 3 000 万 t 以内。

拓宽能源利用途径，降低火电尤其是煤电的比重，积极发展气电、风电和垃圾发电等清洁和可再生能源。北部湾经济区沿海 2020 年煤电控制在 2 480 万 kW 以内。

淘汰落后造纸产能，推动区域造纸向集约化、规模化发展，控制南宁木（竹）浆造纸产能。到 2020 年，北部湾经济区沿海总制浆规模控制在 500 万 t 以内，浆纸林种植面积为 5 700 km^2。

4. 成渝经济区

加快推进区域化工、造纸、纺织、冶金等传统产业升级换代进程，加快壮大先进装备制造业和现代服务业，加快培育新能源、新材料、节能环保等高端产业，加快推进产业发展空间集聚，严格控制传统化工无序布局，促进成为西部地区经济增长与生态环境保护协调发展的示范区，切实维护长江中上游生态安全。

（1）优化产业布局

优化岷江、沱江沿岸产业布局。坚持以装备制造业、高新技术产业、现代服务业、现代中医药、军工产业为重点，引导化工、造纸、纺织等产业向成德绵经济带的东、南两翼转移。统一规划建设 3 ～ 5 个产业转移示范园区，有序引导低端产业从成德绵和重庆主城区向外转移。严格限制布局石油化工等高风险、高污染产业，"油头化工"不再进一步扩张规模。

优化长江沿岸化工产业布局。长寿化工园区应以建设循环经济体系为重点，促进石油化工下游产业与天然气化工、盐化工联动发展。涪陵化工园区要立足现有天然气化工、氯碱化工基础，重点发展产业链下游产品。万州化工园区要以区域优势资源为依托，重点发展环境风险相对较低的盐卤化工。支持宜宾、泸州天然气化工、盐化工产业技术升级换代，适度审慎发展煤化工产品。支持川东北利用资源优势，发展天然气化工。支持南充发展石化下游产业和生物质能源，加快解决现有化工区与城市布局的矛盾。

（2）加快推进产业结构升级

优化发展现代服务业和现代农业。重点发展旅游业、商贸物流业、金融保险业、科教服务业等四大具有区际竞争力的现代服务业；优化农业结构，实现由传统农业向现代农业的转变。

优化能源消费结构。适度调整"西电东送""西气东输"配额，提高清洁能源在工业燃料结构中的比例，2015 年煤炭在一次能源消费结构中的比重控制在 45%。

促进传统产业全面技术改造和升级。推进传统天然气、盐卤化工产业技术升级进程，支持天然气化工、盐化工、磷化工高水平发展，优先支持下游产品生产技术的升级换代；加大现有造纸特别是分布在岷江、沱江流域造纸行业技术改造，淘汰落后生产工艺，关闭小造纸；冶金行业应控制高耗能产业的发展规模，引导铝业向下游产品链延伸，控制初加工规模。

加快发展高端优势产业，壮大装备制造业。依托重庆和成德绵城市群的产业基础优势，重点围绕发电和输变电设备、汽车、摩托车制造、环保成套设备、数控机床、国防装备等领域，切实提升综合集成水平，逐步建设具有国际竞争能力的先进装备制造业基地。培育一批具有核心竞争力的高新技术产业集群，形成以电子信息、新医药、新材料为主体的高技术产业发展格局。

（3）限制传统化工、火电和冶金工业规模

以满足成渝经济区内部需求为原则，合理确定石油化工、天然气化工和煤化工等产业发展规模。2015年炼油生产能力控制在1 000万t以内，乙烯生产能力控制在80万t以内，配套发展中下游石化产品。

严格控制火电装机规模，大幅度削减长江沿岸城市带新建电厂数量，尽快扭转区域电力消费对火电的高度依赖。对于部分大气环境质量超标或者酸雨严重且硫沉降本地贡献比较大的地区，在大气环境质量和酸雨污染未得到持续改善之前，除热电联产外原则上不布置新的燃煤电厂电源点。支持区域"以新带老"，发展超临界、超超临界发电机组，淘汰能源环境绩效低下的火电机组；支持区域广泛采用洁净煤技术，提高能源产业的资源环境效率。2015年新增火电控制在1 880万kW以内，同时关闭淘汰小火电320万kW。

5. 黄河中上游能源化工区

集中布局，建设若干新型能源重化工基地；多业并举，积极发展与培育非资源型产业；以水定产，合理确定煤化工等重点产业的发展规模；有序开发，提高区域煤炭资源开发效率。通过推进空间布局优化和产业结构升级，全面提升区域生态环境质量，维护区域生态安全。

（1）明确重点产业发展的空间布局

支持内蒙古鄂尔多斯、陕西榆林、宁夏宁东基地建设大型能源重化基地。使其成为我国优质煤炭生产战略基地、中高端煤化工产品主要供给区域及现代煤化工发展的引领区域。

建设西陇海高端制造业集聚区。充分发挥宝鸡、咸阳、渭南、铜川等城市高端产业的基础优势，以装备制造和高新技术产业为重点，以承接东部地区产业转移为手段，以服务黄河中上游能源化工区为对象，大力发展优质、低耗、高附加值产品，建立非资源型产业体系。

建设包头、巴彦淖尔特色冶金基地、高新技术产业基地。立足资源和产业基础优势，积极推行冶金循环经济园区建设模式，重点发展钢铁工业、铝工业，建设全国重要的特色冶金基地。立足区域稀土资源优势，深度培育稀土加工相关下延产业，大力培育相关装备制造业、新能源、新材料等高新技术产业，建设全国战略性高新技术产业基地。

建设吕梁、临汾、运城、忻州资源转型示范基地。对现有以焦化为主的煤源产业进行资源整合、提升，重点对焦化、电石产业进行深度调整，带动、促进产业转型。

建设沿黄城市带生态型产业基地。围绕黄河上游城市带建设，大力压缩高耗水、高排放产业产能，积极引导非资源消耗型产业体系，鼓励加快发展特色农业、特色旅游业和现代服务业，升级改造现有冶金、焦化产业，建设以绿色、环保型产业为主导的区域性生态型产业基地。

（2）分区引导结构升级

煤炭采掘业要继续推进行业整合，提高煤炭工业产业集中度，淘汰30万t以下小规模矿井。煤炭主产区新增煤炭产能矿井水利用率应达到90%以上，原煤入洗率达到60%以上，煤矸石综合利用率达到70%以上。

电力工业要加大调整力度，淘汰10万kW以下小电厂，逐步压缩20万kW以下小电厂。

新增电力项目必须配套脱硫、脱硝设施，脱硫效率达到 90% 以上，脱硝效率达到 70% 以上，采用空冷机组，灰渣循环利用率达到 100%。新增煤化工项目的公用工程配套热电站应全部配套脱硫设施，脱硫率达到 90% 以上，工艺装置应配套先进脱硫工序，脱硫率达到 99% 以上，废水循环利用率应达到 95% 以上，固体废弃物循环利用率达到 80% 以上。

冶金工业要逐步淘汰 400 m³ 及以下的炼铁高炉、30 t 及以下转炉和电炉，淘汰 160 kA 电解铝生产线及年产 1 万 t 以下金属镁生产企业。

炼化工业要进一步压缩合成氨、电石等低端产品规模，淘汰炭化室高度低于 4.3 m 的焦炉，重点拓展煤液化、煤气化产业链。

（3）合理控制新兴能源化工区煤炭开采及煤化工发展规模

合理控制鄂尔多斯、榆林及宁东新型能源重化产业区的煤炭开采规模，2020 年开采规模控制在 10 亿 t 以内。扭转区域煤化工盲目扩张态势，煤制甲醇规模控制在 700 万 t 左右，煤制二甲醚控制在 300 万 t 左右，煤制烯烃控制在 170 万～330 万 t，煤制油控制在 1 000 万 t 以内。

分项目一

环渤海沿海地区
重点产业发展
战略环境评价报告

编 写 组

牵头单位　清华大学

协助单位　中国科学院地理科学与资源研究所
　　　　　　中国科学院大气物理研究所
　　　　　　中国水利水电科学研究院
　　　　　　国家海洋环境监测中心
　　　　　　中国海洋大学
　　　　　　中国农业大学

组　　长　陈吉宁

成　　员　刘　毅　张天柱　曾思育　刘雪华　王　灿
　　　　　　李王峰　林　绿　宋丹瑛　金凤君　王自发
　　　　　　严登华　马明辉　鲍献文　张军连

审　　定　祝兴祥

党中央、国务院把调整产业结构和国土空间开发结构作为经济发展方式转变的重要举措。在国家加快区域经济发展战略的推动下，环渤海地区正在发展成为国家宏观经济战略的重要指向区域和新的经济增长极。作为我国基础性、战略性产业主要分布区之一，环渤海地区在全国区域经济格局中占据重要地位（见示意图）。

渤海是我国唯一内海，生态条件优越、生物多样性丰富，其沿海地区是维持渤海生态功能的重要缓冲区，在国家区域生态安全格局中占有重要地位。近年来，环渤海沿海地区重化工业规模迅速扩张、空间无序布局态势明显，与区域资源环境承载力和生态保护之间的矛盾十分突出，对区域生态环境安全和中长期可持续发展能力产生了重大影响。因此，处理好环渤海沿海地区产业发展与生态环境保护的关系，关系到环渤海地区中长期经济社会可持续发展的战略性问题，对于加快推进我国经济发展方式转变具有突出的示范作用。

为了充分汲取西方发达国家和我国先发地区经济发展过程中资源环境代价过大的经验教训，有效遏制结构型环境污染和布局性环境风险在我国新的经济增长地区进一步加剧，根据我国区域经济发展的总体战略、产业发展趋势和生产力布局态势，环境保护部组织开展环渤海沿海地区等五个大区域的重点产业发展战略环境影响评价工作，旨在推动五大区域环境保护优化经济增长新格局的形成，在保障中长期生态环境安全的基础上实现五大区域经济环境的协调可持续发展。

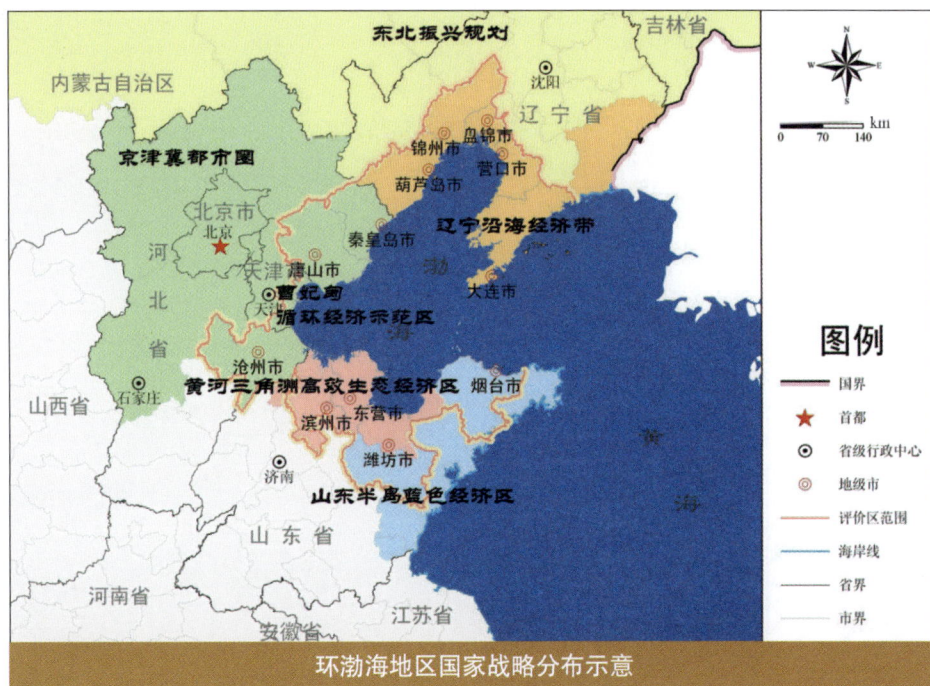

环渤海地区国家战略分布示意

环渤海沿海地区重点产业战略环境评价是五大区域重点产业发展战略环境评价项目的分项目之一（以下简称"环渤海分项目"）。评价工作分为项目准备、集中攻坚和成果集成三个主要阶段。在分项目准备阶段（2008 年 6 月—2009 年 4 月），开展重点产业与环境保护专题调研，提出了分项目建议书、可行性研究报告和实施方案。2009 年 5 月，环渤海分项目正式进入集中攻坚阶段（2009 年 5 月—2010 年 1 月），下设天津、河北、辽宁、山东 4 个子项目。受环境保护部委托，清华大学作为分项目技术牵头单位，联合国家和地方 20 余家科研院所组成分项目技术工作组，设立产业发展、水资源、能源利用、土地利用、水环境、大气环境、海洋环境、海陆生态、综合评价等 9 个重大专题，子项目技术团队也结合地方实际设置了有关专题。2009 年 4 月，分项目技术方案通过环境保护部组织的专家评审；6 月，山东子项目技术方案通过专家评审。此后，技术工作组重点开展了基础数据资料收集、现场调查、补充监测、技术攻关等工作，参与了环境保护部组织的三次阶段评估，以及五大区管理办组织的三次重大专题研讨，于 2010 年 2 月形成环渤海地区沿海重点产业发展战略环境评价阶段性成果，完成了初步成果报告。2010 年 5 月主要专题顺利通过国家环境保护部组织的专家验收。经与三省一市相关部门就初步成果进行对接和沟通，于 2010 年 6 月形成征求意见稿。在进一步征求三省一市领导小组及有关政府部门意见的基础上，于 2010 年 8 月形成送审稿。

在此，对天津市、河北省、辽宁省、山东省人民政府及环境保护厅（局）等有关部门的大力支持，对项目咨询专家顾问团队的悉心指导表示衷心感谢！

1 概 述

1.1 工作背景

随着国家区域发展战略的深入推进，环渤海地区正在成为继长三角、珠三角之后国家宏观经济战略的重要指向区域和新的经济增长极。

环渤海沿海地区涉及京津冀大都市连绵区、辽中南城镇群、山东半岛城市群的核心区域，既是人口和产业的高度密集区，也是基础性、战略性产业的主要分布区。环渤海沿海地区国土面积 12.9 万 km²，2009 年人口 5 635 万人，地区生产总值达到 2.7 万亿元。第二产业比重为 59%，冶金、石化、能源、装备等产业发展迅速，重工业比重达到 73%，重化工产业特征明显。随着天津滨海新区、河北曹妃甸、辽宁沿海经济带、黄河三角洲高效生态经济区等一系列国家战略的先后实施，该地区已经成为带动环渤海经济区发展的重要引擎，乃至国家区域经济发展的重要战略区。

环渤海沿海地区资源环境压力巨大，又是保护渤海的最后一道生态屏障，其生态环境好坏直接关系到我国北方未来中长期生态安全总体水平和区域环境质量的演变趋势。长期以来，环渤海沿海地区延续了布局分散、规模扩张、结构重化的产业发展方式，重点产业发展与区域资源环境承载能力之间的矛盾趋于尖锐，资源承载能力不断下降，区域性复合型环境问题日益突出，累积性生态影响逐步显现。因此，从区域整体的层面、较长的时间尺度和更大的空间尺度上，对环渤海沿海地区重点产业发展的资源环境影响进行全面诊断和系统评估，对于降低区域经济发展的资源环境代价，处理好经济与环境的协调、可持续发展，加快推进整个环渤海地区经济发展方式的战略转型具有重要意义。

1.2 评价范围与时段

1.2.1 评价范围

按照环保部《五大区域重点产业发展战略环境评价工作方案》（环办 [2009]22 号）要求，"环渤海沿海地区"涵盖大连、营口、盘锦、锦州、葫芦岛、秦皇岛、唐山、天津滨海新区、沧州、滨州、东营、潍坊和烟台等地区和城市（以下统称"十三地市"），涉及天津、河北、辽宁、山东等四个省级行政区（以下统称"环渤海三省一市"）（图 1-1）。

图 1-1 环渤海沿海地区地理区位及评价空间范围

评价范围涉及陆域面积 12.9 万 km²，海域面积 7.7 万 km²。2007 年年底人口 5 516 万人，占全国总人口的 4.2%。2007 年地区生产总值 20 156 亿元，占全国的 8.2%。

评价包括水资源、水环境、大气环境、海洋环境和生态，要素评价中考虑了区域性地理特征和空间关联。

水资源和水环境评价范围：包括地表水和地下水，涉及环渤海三省一市境内辽河、海河、黄河三大流域和辽西沿海诸河、山东半岛诸河等上游地区；水资源评价还涉及境外调水有关流域。

大气环境评价范围：涉及范围包括北京、天津、河北全境，以及内蒙古、辽宁和山东部分地区。

海洋环境评价范围：涵盖整个渤海，主要包括辽东湾、渤海湾、莱州湾等近岸海域。

生态系统评价范围：陆域生态评价范围涉及环渤海三省一市境内与评价区相连接的重要生态功能区。海洋生态评价范围涵盖整个渤海，主要包括长兴岛—小窑湾、辽河三角洲、锦州湾、北戴河—曹妃甸、渤海湾、莱州湾、黄河三角洲等重点海域。

1.2.2 评价时段

本次评价的现状基准年为 2007 年（部分数据更新到 2009 年），中期评价水平年为 2015 年，远期评价水平年为 2020 年。

1.3 评价重点产业

根据环办 [2009]22 号文，按照以下原则确定重点产业评价范围：① 对区域经济贡献率较高，即工业产值占地区工业总产值比重大于等于 5% 的产业；② 对生态环境影响比较大的产业，综合考虑废气、废水、废渣等污染物排放和生态破坏；③ 各地区未来规划所确定的发展重点产业。

环渤海沿海地区重点产业包括：黑色金属冶炼及压延加工业、石油天然气开采、石油加工炼焦业、交通运输设备制造业、通用设备制造业、电子及通信设备制造业、非金属矿物制品业、电力热力的生产和供应业、有色金属冶炼及加工业、化学原料及制品制造业、纺织业、农产品加工业、食品及饮料加工业、电气机械及器材制造业、造纸及纸制品业等。这些产业形成了石油、化工、冶金、装备制造、能源、非金属、食品加工、造纸、纺织等产业链和产业集群。

1.4 工作重点

根据环办 [2009]22 号文，环渤海分项目的工作重点包括以下内容：

① 区域生态环境现状及其演变趋势评估。摸清区域生态环境现状，分析其演变趋势，明确区域生态环境功能定位；回顾分析区域经济发展与生态环境演变的耦合关系；梳理经济社会发展中出现的区域性、累积性环境问题以及关键制约因素。

② 区域产业发展现状及资源环境效率评价。判定区域重点产业的现状特征及发展趋势，评估重点产业发展的资源环境效率水平，分析重点产业的规模、结构、布局等对区域资源环境的压力，解析区域经济与环境协调发展水平以及存在的主要矛盾。

③区域资源环境承载力综合评估。根据区域产业布局特征和环境资源禀赋，评价区域水环境、大气环境、近岸海域环境容量；评价资源环境综合承载能力和空间格局特征。

④重点产业发展的环境影响评价和生态风险评估。预测、分析重点产业发展的中长期生态环境影响态势及其阶段性、结构性特征，评估产业发展的中长期重大生态风险，评价重点产业发展对关键生态功能单元和环境敏感目标的长期性、累积性影响。

⑤区域重点产业优化发展的调控方案。提出区域重点产业发展调控的基本思路、原则和方向，明确区域生态环境保护的目标和底线，提出区域重点产业发展空间布局、结构优化、规模调整、效率提升的调控方案。

⑥区域重点产业与资源环境协调发展对策机制。提出节能减排、环境准入、跟踪监测与评价、生态恢复与补偿等中长期环境管理对策建议；探索促进跨流域、跨行政单元的环境综合管理模式和以环境保护促进经济又好又快发展的长效机制。

1.5 环保目标与评价指标

1.5.1 环境保护目标

逐步降低区域资源环境压力，实现区域环境质量总体上不恶化，局部地区有所改善，海陆基本生态结构稳定且重要生态功能不降低。确保地表水重要环境功能区丰水期水质达标，提高渤海近岸海域主要功能区水质达标率；城市环境空气质量总体上不低于二级标准，主要大气污染物排放满足区域环境容量要求。海陆重要生态功能单元保护面积不减少、等级不降低；维持一定比例自然岸线，保证具有重要生态功能的岸线不被占用；维持最小河道生态用水量、最小入海水量。初步构建生态文明与经济社会协调发展格局，成为经济增长转型的示范区域。

1.5.2 评价指标

环渤海分项目主要评价指标见表1-1。

表 1-1　环渤海沿海地区重点产业战略环境评价指标

指标类别	指标名称	单位	指标性质
产业发展	人均地区生产总值 [a]	万元/人	预期性
	重点产业年均增长率	%	预期性
	重化工业比重	%	预期性
生态环境质量	近岸海域环境功能区面积达标率	%	约束性
	主要河流水环境功能区达标率	%	控制性
	达到大气二级质量标准天数	天	约束性
	主要污染物排放总量（COD、NH_3-N，SO_2、NO_x 等 [b]）	t	约束性
资源环境效率	万元 GDP 能耗	t标煤/万元	约束性
	万元工业增加值水耗	m^3/万元	约束性
	单位工业用地经济产出	万元/hm^2	控制性
	万元工业增加值主要污染物排放强度	t/万元	控制性
	万元 GDP 碳排放量	万t/万元	预期性
资源环境承载力	工业用地面积/土地供给量	%	控制性
	重点产业用水量/可供水资源量	%	控制性
	水污染物排放量/水环境容量	%	控制性
	入海污染物排放量/近岸海域环境容量	%	控制性
	大气污染物排放量/大气环境容量	%	控制性
	综合承载力利用水平	%	控制性
	重要生态功能单元保护面积	万 km^2	约束性
	自然岸线长度所占比例	%	约束性
	重点保护岸线长度所占比例	%	约束性
环境保护能力	城市污水处理率	%	约束性
	环境保护投入占 GDP 比重	%	约束性

注：a.地区生产总值以下简称GDP；b.化学需氧量以下简称COD，氨氮以下简称NH_3-N，二氧化硫以下简称SO_2，氮氧化物以下简称NO_x。

1.6 技术路线

技术路线见图 1-2。

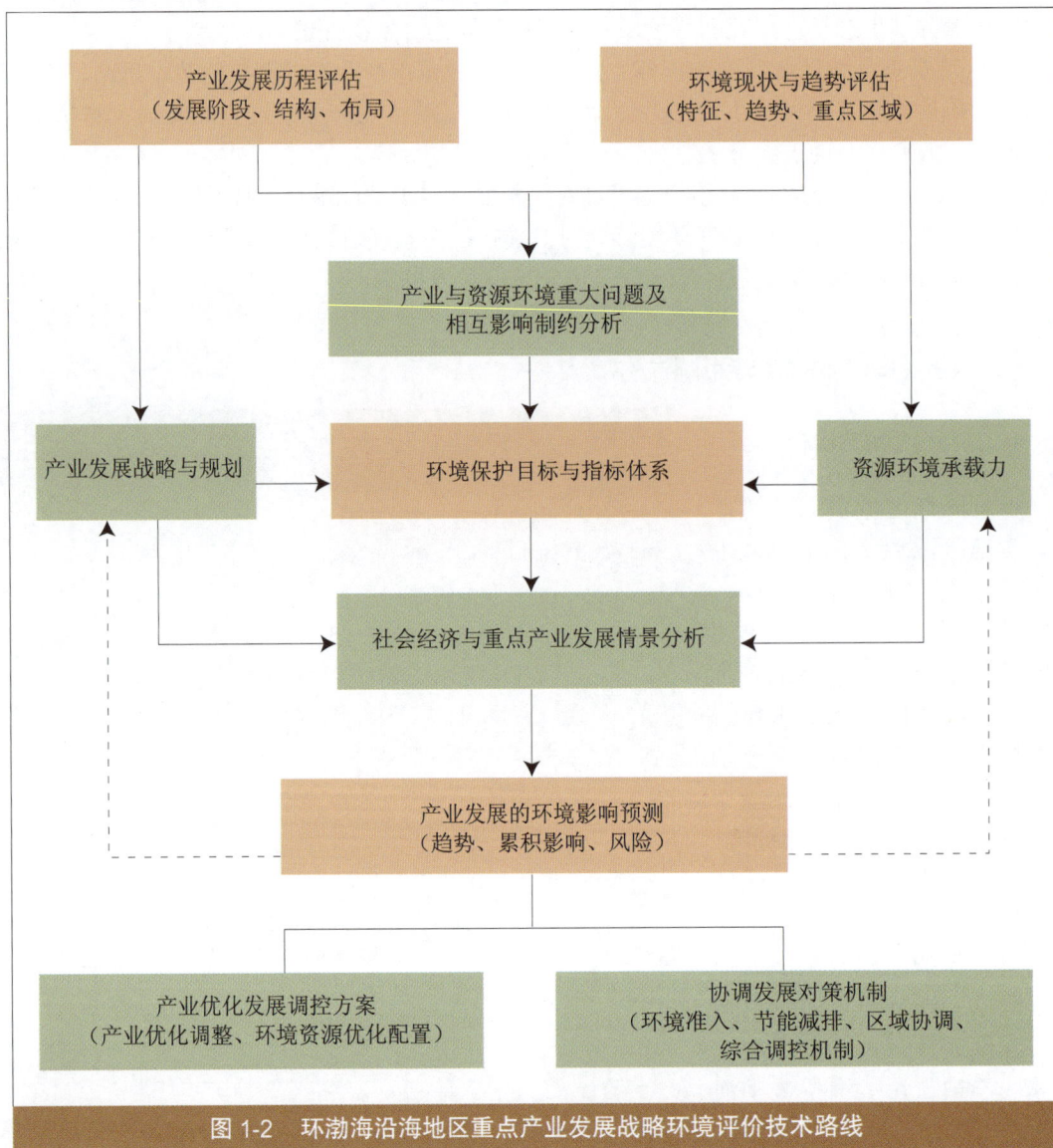

图 1-2 　环渤海沿海地区重点产业发展战略环境评价技术路线

2 区域重点产业发展特征与趋势

2.1 环渤海地区是我国区域经济发展的重要增长极

2.1.1 环渤海地区是我国快速发展的重要经济集聚区之一

环渤海地区已经成为国家战略集中的重点地区。环渤海地区既是当前国家经济发展的重要增长极，又是未来国家经济发展的重要区域，具备较好的发展基础。作为环渤海地区的重要组成与依托，天津滨海新区、辽宁沿海经济带、河北曹妃甸地区、山东黄河三角洲等地区已经成为国家利用国际、国内市场，支持国家区域经济发展的重点战略地区，也是环渤海地区发展与振兴的集聚区域。

环渤海三省一市区域经济快速增长，在全国经济中的重要地位持续提高。自 1980 年以来，环渤海三省一市经济总量在全国的比重总体呈上升趋势，从 1980 年 19% 上升到 2007 年 22%。2007 年环渤海三省一市实现国内生产总值 55 749 亿元，经济总量已超过长三角、珠三角地区，但地区人均 GDP、单元国土面积经济产出强度还相对较低（表 1-2）。2007 年环渤海沿海地区完成固定资产投资 37 726.6 亿元，比上年增长 20.9%；2003—2007 年均 GDP 增速达到 19.2%，投资规模与发展速度均已高于长三角、珠三角两大经济区，今后经济发展潜力巨大。

表 1-2　环渤海地区与长三角、珠三角区域特征的对比					
	全国	环渤海三省一市	环渤海沿海地区	长三角地区	珠三角地区
土地面积 / 万 km²	960	50.4	12.9	11.0	5.5
常住人口 / 万人	132 129	21 723	5 516	8 876	4 680
GDP/ 万亿	25.0	5.6	2.0	4.7	2.6
人均 GDP/ 万元	1.9	2.6	3.6	5.3	5.5
GDP 增速 /%	11.0	19.2	20.7	14.5	16.4

注：1. 上表中长三角地区包括上海、南京、无锡、常州、苏州、南通、扬州、镇江、泰州、杭州、宁波、嘉兴、湖州、绍兴、舟山、台州，共16个城市；珠三角地区包括广州、深圳、珠海、佛山、江门、肇庆、惠州、东莞、中山，共9个城市；
2. GDP增速为2003—2007年的年均值，其余均为2007年数据。

2.1.2 环渤海沿海地区经济基本具备了带动整个环渤海地区乃至全国发展的基础条件

环渤海沿海地区国土面积略大于长三角地区，人口规模、经济总量接近珠三角地区，发展基础较好。沿海地区在环渤海三省一市中的地位逐步提升，地区生产总值比重持续上升。2007 年，沿海地区生产总值达到 20 156 亿元，占三省一市的 36.1%，占全国的 8.2%。2003—2007 年，沿海地区年均 GDP 增长率超过 20%，超过同期环渤海三省一市 1.5 个百分点。2009 年沿海地区经济增长速度仍高于同期环渤海三省一市平均水平，远高于全国平均水平，个别地市达到了 20% 以上。

环渤海沿海地区十三地市经济总量处于全国大中城市的中游水平，但各地市发展不均衡（表 1-3）。其中，2007 年大连、烟台、唐山分列全国城市 GDP 排名 18—20 位，滨海新区 GDP 总量相当于第 27 位，是我国北方地区经济发展最快的城市和地区，形成环渤海沿海地区的"经济高地"。与长三角、珠三角地区的龙头城市相比，这些"经济高点"对周边城市的辐射和拉动作用还不强，城市间联动关系较弱，且发展也明显不够均衡。其中，营口—秦皇岛、沧州—滨州一线经济总量还相对较低。

2.2 沿海地区产业结构重型化和空间分散布局特征明显

2.2.1 以重化工业为主导的工业化中期阶段性特征明显

从整体上看，环渤海沿海地区处于工业化中期发展阶段，第二产业是地区经济增长的主要动力。2007 年环渤海沿海地区三次产业比例为 8.4∶59∶32.6，第二产业比重高出全国平均水平近 10 个百分点。环渤海沿海地区经济发展的阶段性特征决定了其对于资源能源消耗长期维持在较高水平。

环渤海沿海地区产业结构重工业化发展特色非常明显。2007 年，环渤海沿海地区轻重工业产值比重为 27.1∶72.9，重工业比重高出全国平均 2.4 个百分点。其中，黑色金属冶炼、石油加工、石油天然气开采、化学原料及化学制品等重化工行业比重均高于全国平均水平（表 1-4）。区域内十三地市中除滨州、潍坊外，重工业比重均高于轻工业，且 10 个城市的重工业比重超过全国平均水平。其中，滨海新区、盘锦、锦州、葫芦岛、东营的重工业比重超过 80%，属于极重型的产业结构。

2000—2007 年，冶金、石油、化工、能源、装备等重化工业占工业比重持续提高，其中，东营化工、装备制造业，潍坊有色金属冶炼增长达 10 倍以上，唐山石油加工业，秦皇岛和烟台黑色金属冶炼加工业，潍坊交通运输设备制造业增长均超过 3 倍。

2.2.2 已发展成为我国重要的重化工业基地之一

重要的石油生产、加工基地。胜利油田、大港油田、华北油田、辽河油田均位于环渤海沿海地区范围内。2007 年环渤海沿海地区原油产量达 6 097.4 万 t，占全国 32.7%，比重较 2000 年上升一倍（2000 年产量 2 683 万 t，占全国 16.5%）。全国七大石化基地有三个分布在本区域（图 1-3）。2007 年石油天然气开采实现总产值 2 346.6 亿元，占全国同行业比重高达 28.3%，石油加工、炼焦及核燃料制造业实现总产值 3 642.1 亿元，占全国同行业比重高达 20.4%，原油加工量达 6 474.91 万 t，占全国 19.8%。

重要的钢铁生产基地。2007 年环渤海沿海地

表 1-3　环渤海沿海地区主要社会经济指标（2007 年）

地区	土地面积 / 万 km²	人口 / 万人	GDP/ 亿元	人均 GDP/ 美元
大连	1.4	578.2	3 130.7	7 118
营口	0.5	232.5	570.1	3 223
盘锦	0.4	128.2	562.9	5 772
锦州	1	309.4	551.1	2 341
葫芦岛	1	278.7	417.5	1 969
秦皇岛	0.8	293.0	683.6	3 067
唐山	1.4	739.0	2 779.4	4 944
滨海新区	0.3	114.4	2 364.1	27 166
沧州	1.4	693.0	1 465.4	2 780
滨州	0.9	367.1	1 030.3	3 689
东营	0.8	199.1	1 664.8	10 992
潍坊	1.6	883.6	2 056	3 059
烟台	1.4	699.5	2 880	5 412
环渤海沿海地区	12.9	5 515.7	20 155.9	

表 1-4　环渤海沿海地区重点产业比重（2007 年）

重点产业	环渤海沿海地区 /%	全国/%
黑色金属冶炼及压延加工业	10.7	7.7
石油加工、炼焦业及核燃料加工业	9.1	2.7
石油天然气开采	7.0	5.5
化学原料及化学制品制造业	7.0	6.3
农产品加工业	6.7	0.5
交通运输设备制造业	6.6	6.0
纺织业	5.8	4.2

数据来源：2008 年中国统计年鉴；2008 年环渤海沿海地区各地市统计资料。

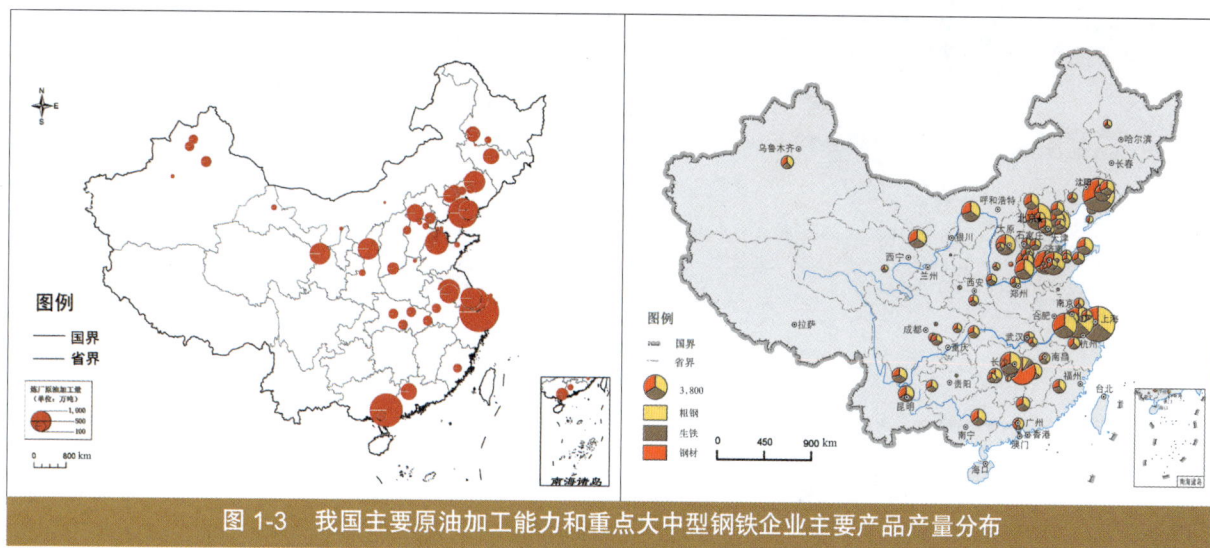

图 1-3 我国主要原油加工能力和重点大中型钢铁企业主要产品产量分布

数据来源：根据《中国石油化工集团公司年鉴》《中国石油天然气集团公司年鉴》《中国钢铁年鉴》整理。

区钢材产量规模达 6 000 万 t 左右，占全国的 1/7 左右，比 2000 年占全国的比重增加了近两倍（2000 年产量为 740 万 t，占全国 5.6%）。生铁产量 5 877 万 t，占全国 11.3%；粗钢产量 6 147 万 t，占全国 11.9%（图 1-3）。

重要的重型装备制造基地。2007 年，环渤海沿海地区通用机械制造业、专用设备制造业、交通运输设备制造业三大类装备制造行业产值各占全国的 1/10 左右，主要产品包括重型机械、冶金矿山机械、化工设备、发电设备、采油设备、交通运输设备等。滨海新区、大连、潍坊、烟台等地是区域内主要的重型装备产业集聚区，其在全国的区位商都大于 1。装备制造业已经形成良好的基础，优势突出，发展潜力大，正成为环渤海沿海地区未来发展的主导产业之一。

化学工业初具规模。环渤海地区是我国重要的盐化工、碱化工、新兴海洋化工产业基地。2007 年环渤海三省一市烧碱、纯碱产量占到全国 34.7%，农用氨、氮、钾化肥产量占全国 19.3%。环渤海沿海地区化学原料及化学制品制造业总产值占全国 9.1%，医药制造业总产值占全国 6.3%，塑料制品业总产值占全国 5.8%，均已形成一定规模效应。

港口物流业发达。2007 年环渤海沿海地区在全国前 10 大港口中占据 4 席，货物总吞吐量占全国同期的 20% 以上。全国铁海联运煤炭的 80% 以上经过本区域的港口。2007 年秦皇岛港、黄骅港、京唐港和曹妃甸港的煤炭运输量为 40 175 万 t，石油天然气运输量为 4 160 万 t，约占全国港口煤炭运输量 41.5%，占北方七港煤炭吞吐量 72%。

2.2.3 初步形成"四点三带"的空间发展格局

以大连为核心城市的环渤海北岸产业带。辽宁沿海经济带的核心组成部分，也是东北地区未来发展的重点区域，是促进老工业基地振兴、促进产业布局调整、产业结构升级的主要区域。该区域工业占 GDP 比重虽然不足 50%，但重点产业占工业总产值的比重超过 75%，产业结构重型化程度非常高，以石油、化工、造船、钢铁为主。其中，大连以石化、电子、装备制造业等产业为主，盘锦以石油天然气开采、石化、重型机械制造为主，营口、锦州、葫芦岛则以船舶制造、重型机械、石化、钢铁等为主（图 1-4）。

以滨海新区和曹妃甸为重心的环渤海西岸产业带。环渤海沿海地区重化工产业快速发展

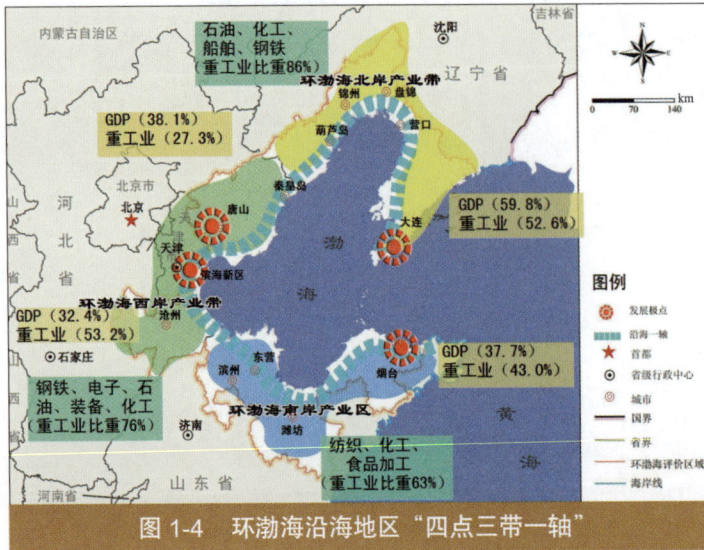

图 1-4　环渤海沿海地区"四点三带一轴"

区域，是京津冀都市圈重工业发展的重要承载区。该区域工业占 GDP 比重超过 50%，以钢铁、石油、化工、电子、交通运输设备制造业为主，重点产业产值占工业总产值的 60% 以上，工业结构偏重。滨海新区以电子、石油化工、钢铁、交通运输设备制造业等为主，唐山以钢铁、石油化工、交通设备制造等为主，秦皇岛以能源、农产品加工业等为主，沧州以石油、化工等为主。

以烟台为主要增长极点的环渤海南岸产业带。黄河三角洲高效生态经济区和山东半岛蓝色经济区的重要组成部分。该区域工业占 GDP 比重超过 60%，

重工业比重为 63%，重化工产业集中度相对较低，纺织、化学工业、农产品加工等轻工业比重较大。滨州以纺织、农副农产品加工、石油化工、盐化工为主，东营以石油天然气开采、石油化工、化学原料、纺织为主，潍坊以化学原料、纺织、农产品加工、交通运输设备制造为主，烟台以电子、农产品加工、有色金属冶炼、化学原料、交通运输设备制造为主。

2.2.4　重化工行业沿海布局的空间扩张态势突出

重化工行业向沿海一线推进态势突出。近年来，国家和环渤海三省一市均将沿海地区作为产业发展的重点区域。我国"十一五"规划已确立了"以北京—天津—滨海新区为发展轴，以京津冀为核心，以辽宁、山东半岛为两翼的环渤海区域经济发展大格局"。辽宁的沿海经济带开发战略，以大连为龙头、以多点为依托的开发格局已经形成。曹妃甸工业区在国家政策的鼓励下，已经成为京津冀乃至中国北方的重化工业发展基地。随着"黄河三角洲高效生态经济区规划"通过国务院批复，上升为国家战略，以及"山东半岛蓝色经济区"的提出，山东沿海四市亦将成为未来发展的热点区域。在四大国家战略的推动下，重化工产业将依托海洋和岸线资源，进一步加快向沿海地区推进，海岸带地区已成为开发建设的重点和热点。

沿渤海一线已形成众多产业集聚区。环渤海沿海地区已经形成的上百个产业集聚区中，近一半分布在海岸带地区。2000 年以后新建的产业集聚区中有 90% 分布在海岸带地区。已经形成和正在形成的产业集聚区，集中了全部的石油加工和石化、绝大部分造船等重点产业，其规划发展方向均以重化工产业为主。

2.3　重化工业发展将呈规模快速增长和沿海无序扩张态势

根据工业化进程的一般规律，从国家和地方的相关发展战略可以判断，今后一段时期工业仍将是环渤海沿海经济发展的主要推动力。从区域经济发展的态势分析，区域 GDP、工业经济产出都将迅速增加。在地方规划意愿基础上，以 2007 年不变价计算，2015 年 GDP、工业增加值将分别达到现状的 1.9～2.8 倍、2.2～3.0 倍，2020 年将分别进一步增长为现状的 3.0～5.0 倍、3.3～5.6 倍，工业化进程将持续快速发展。

环渤海沿海地区仍处于重化工业发展阶段，冶金、石油、化工、装备制造等传统重化工行业优势将继续强化，产业重型化特征进一步凸显。

环渤海地区作为国家战略重点发展的石化产业集聚区，石化产业规模将快速扩大。《乙烯工业中长期发展专项规划》提出通过现有企业改扩建和炼油化工一体化项目的建设，形成具有国际竞争力的长三角、环渤海和珠三角乙烯产业区。《石化产业调整和振兴规划》提出长三角、珠三角、环渤海地区产业集聚度进一步提高，建成 3～4 个 2 000 万 t 级炼油、200 万 t 级乙烯生产基地。根据地方发展意愿，环渤海沿海地区炼油能力到 2020 年将增加到 1.8 亿～2.1 亿 t，乙烯生产能力将可能扩大 20 倍以上，达到 1 300 万 t（表 1-5）。

炼油、石化大项目将加快在环渤海沿海岸带一线布局。根据地方已有规划，拟建项目主要包括曹妃甸 2 000 万 t 级炼油、200 万 t 乙烯，大连 1 000 万 t 炼油、100 万 t 乙烯，营口 1 000 万 t 炼油、100 万 t 乙烯，滨海新区 3 000 万 t 炼油、200 万 t 乙烯，沧州 1 000 万 t 炼油，

表 1-5　环渤海沿海地区重点产业规划发展规模

行业	2007 年 产值 / 产量	2015 年 产值 / 产量	2020 年 产值 / 产量
原油加工量 / 亿 t	0.80	1.4～1.7	1.8～2.1
乙烯 / 万 t	42.2	—	1 300
化学工业 / 万亿元	0.40	0.9～1.2	1.5～2.2
钢铁 / 万亿元	0.38	1.0～1.3	1.5～2.3
钢材产量 / 亿 t	0.60	1.1～1.2	1.2～1.4
装备制造 / 万亿元	0.63	1.5～2.0	2.5～4.0

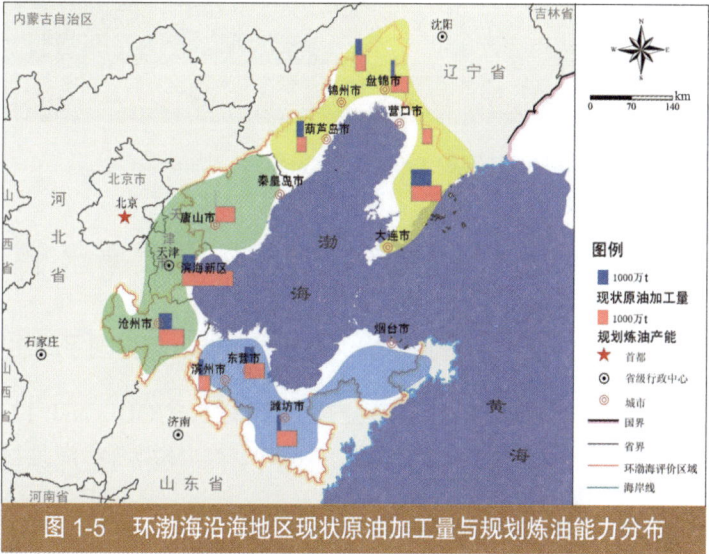

图 1-5　环渤海沿海地区现状原油加工量与规划炼油能力分布

中海油东营 1 000 万 t 炼油、100 万 t 乙烯，中海油潍坊 1 000 万 t 炼油、100 万 t 乙烯项目等（图 1-5）。除此之外，盘锦、锦州、葫芦岛、滨州等地市均在积极争取上马大型石化项目。总体来看，除秦皇岛、烟台外，大型石化项目环围渤海的局面正在形成。

钢铁产业规模进一步扩张，空间仍将基本维持相对集中的发展格局。国家《钢铁产业调整和振兴规划》提出"建设沿海钢铁基地。按期完成首钢搬迁工程，建成曹妃甸钢铁精品基地"。曹妃甸钢铁精品基地建设、营口鲅鱼圈钢铁基地的建设，将带动环渤海沿海地区钢铁行业持续发展，进一步提升环渤海沿海地区钢铁产业在全国的地位。根据地方发展意愿，到 2020 年，环渤海沿海地区炼钢能力将扩张至 1.2 亿～1.4 亿 t，比现状规模增加 1 倍以上，行业产值将可能达到现状的 4～6 倍。

装备制造业将成为区域重要的支柱产业。以电子设备、船舶工业、汽车零部件制造、整车生产、机床、发动机等主要产品为主的装备制造业将进一步快速发展，并将在滨海新区、大连、潍坊、烟台等地集中。2020 年装备制造业产值将扩大 2.5～4.0 倍，占工业总产值的比重提高到 20% 左右。滨海新区、大连等地船舶工业规模将进一步扩张，将带动钢铁、零配件等相关的发展；滨海新区的大飞机制造、汽车制造业将推动整条产业链的发展，带动环渤海沿海地区电子设备、机床、发动机等产业规模增长。

图 1-6　环渤海沿海地区重点产业发展愿景

制和生态保护的难度和成本。

在地方强烈发展意愿的推动下，环渤海沿海地区炼油、石化、冶金、能源、化工、装备制造等新建项目密集上马，重化工产业空间分散布局、沿海推进态势将进一步强化（图1-6）。如果地区间缺少有效协调和分工统筹，势必造成三大产业带之间、十三个地市之间产业同构化问题加重，对水土资源、能源和环境容量的竞争加剧，将进一步加大污染控

2.4 重点产业资源环境效率水平不高

2.4.1 资源环境综合效率总体上与全国平均水平相当

选择单位 GDP 能耗、碳排放、COD、NH_3-N、SO_2、烟尘排放强度等 6 项资源环境效率指标并作归一化处理。总体来看，环渤海沿海地区资源环境综合效率总体上略好于全国平均

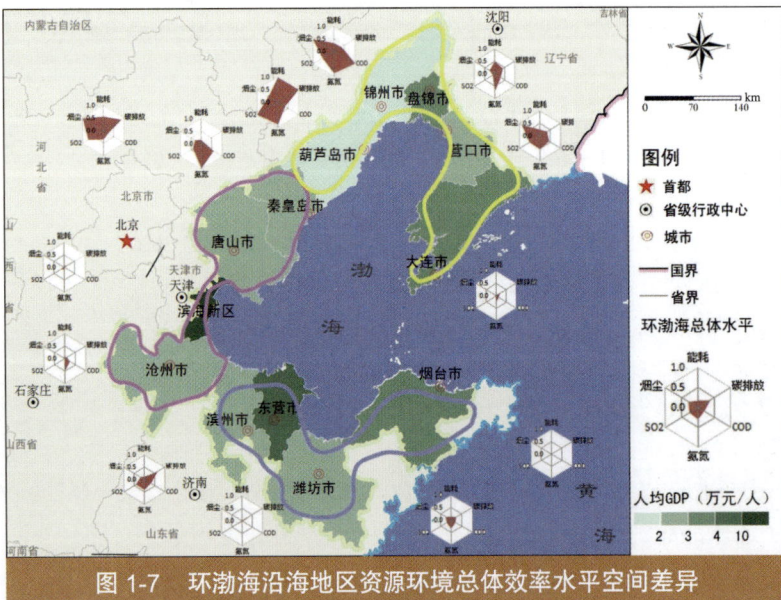

图 1-7　环渤海沿海地区资源环境总体效率水平空间差异

数据来源：各地污染源普查数据（2007年）。

注：雷达图不同方向表示不同指标，所围成面积表示资源环境效率总体水平，面积越大表示资源环境效率水平越低。

水平。其中，万元 GDP 用水强度为 77.5 m^3，仅为全国平均水平的 1/3；主要污染物排放强度大多低于全国平均值，NH_3-N、SO_2 排放强度分别为 0.37 kg/ 万元、8.02 kg/ 万元，分别为全国平均排放强度的 72%、85%，烟尘排放强度基本与全国平均水平持平。但是，单位 GDP 能耗 1.4 t 标煤 / 万元，为全国平均能耗强度的 1.2 倍；单位 GDP 碳排放 3.8 t/ 万元，高出全国平均 58%；COD 排放强度 7.6 kg/ 万元 GDP，高出全国平均 43%。

以唐山为分界，资源环境效率水平整体呈现"南高北低"的空间分异规律（图1-7）。比较而言，大连、滨海新区、东营、烟台等地市资源环境效率水平相对较高,唐山（能耗、碳排放、大气污染物）、秦皇岛（水污染物）、锦州（能耗、碳排放、水污染物）、葫芦岛（能耗、碳排放、水污染物、大气污染物）、营口（能耗、碳排放、水污染物、大气污染物）效率水平相对较低。

2.4.2 重点产业资源环境效率水平不高

综合单位工业产值能耗、碳排放、COD、NH₃-N、SO₂、NOₓ、烟尘、粉尘排放强度 8 项效率指标并作归一化处理。总体来看，环渤海沿海地区工业能源利用水平较低，工业用水效率和主要污染物排放强度均优于全国平均水平，但与长三角、珠三角等发达地区相比还有较大差距（表 1-6）。

空间上，营口—唐山、滨州—潍坊一线工业资源环境效率相对较低。其中，唐山（能耗、碳排放、SO₂、NOₓ、烟尘、粉尘）、锦州、葫芦岛（能耗、碳排放、NOₓ）、滨州（NH₃-N、SO₂、NOₓ、烟尘）、潍坊（水耗、NH₃-N、SO₂、NOₓ、烟尘）、营口（水耗、能耗、碳排放、COD）等 6 个地市工业资源环境综合效率水平较低，大连、烟台、滨海新区相对较好（图 1-8）。

从重点产业部门来看，水资源利用效率水平不高，石油、冶金、能源、化工、非金属等重化工业新鲜水耗强度均高于全国平均水平。其中，化工行业新鲜水耗高出全国平均 88%。除纺织行业外，工业用水重复利用率普遍低于全国平均水平，装备制造业水循环利用率仅为全国平均的一半（表 1-7）。主要水污染排放强度普遍低于全国平均，但造纸行业工业 COD 排放强度、石油行业 NH₃-N 排放强度分别高于全国平均 34%、22%。

能源、石油等高耗能行业的能源利用效率不高，分别为全国平均水平的 4.2 倍、1.1 倍。能源行业大气污染物排放强度较高，SO₂、NOₓ 排放强度分别高出全国平均 26%、7%，装备制造、化工、非金属等行业的烟尘排放强度也均高于全国平均。

近年来环渤海沿海地区重点产业资源环境效率呈显著提升态势。2001—2007 年，环渤海沿海地区工业产值增加 4.1 倍，同期工业新鲜水利用水平提高 70%，主要环境污染物排放强度降低 70%～80%。但

表 1-6 环渤海沿海地区主要工业污染排放强度比较

地区	万元工业产值污染物排放量 /（kg/ 万元）			
	COD	NH₃-N	SO₂	工业烟尘
北岸产业带	1.76	0.04	4.66	2.27
西岸产业带	1.39	0.03	5.39	2.62
南岸产业带	0.75	0.04	2.71	0.71
环渤海沿海地区	1.18	0.04	4.03	1.69
长三角地区	0.47	0.03	1.86	0.45
珠三角地区	0.35	0.01	1.17	0.31
全国平均	2.47	0.17	10.76	3.80

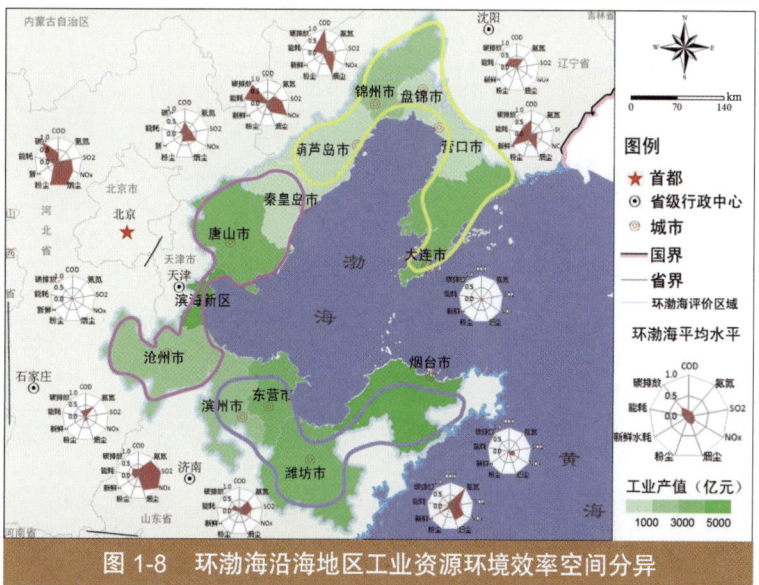

图 1-8 环渤海沿海地区工业资源环境效率空间分异

数据来源：各地污染源普查数据（2007年）。雷达图不同方向表示不同指标，所围成面积表示资源环境效率总体水平，面积越大表示资源环境效率水平越低。

能源行业工业重复水利用效率和 $NH_3\text{-}N$ 排放强度，非金属业主要水污染物排放强度，纺织行业 $NH_3\text{-}N$ 排放强度仍然较高（表 1-8）。

由于重点产业规模扩张过快，重点产业资源环境效率的提升未能完全抵消规模增长所带来的资源环境压力，主要资源消耗量和污染物排放量大多呈上升趋势，重点产业发展与主要资源消耗和环境污染物排放之间仍存在较为显著的正相关性。2001—2007 年，重点产业用水总量、新鲜用水量、废水排放量、SO_2 排放量分别增长了 96%、33%、27%、11%。其中，冶金、纺织行业新鲜用水量分别增长 1.5 倍、1.3 倍，非金属、纺织行业 COD 排放量分别增长 3.4 倍、1.9 倍，冶金、纺织行业 $NH_3\text{-}N$ 排放量分别增长 10.1 倍、5.5 倍。

表 1-7　环渤海沿海地区重点产业资源环境效率与全国平均水平比较　　单位：%								
重点产业 （全国平均水平 =1）	新鲜 水耗	工业用水重复 利用率	COD	$NH_3\text{-}N$	能耗	SO_2	NO_x	烟尘
石油行业	116	78	88	122	112	38	47	10
冶金行业	84	96	26	5	103	79	85	27
装备制造行业	37	52	51	22	62	63	24	182
能源行业	138	82	70	11	423	126	107	83
化工行业	188	75	81	37	67	76	48	110
非金属行业	106	99	21	28	67	42	81	139
农产品加工业	42	54	56	58	80	74	46	109
纺织业	25	126	31	14	104	78	43	—
造纸业	117	59	134	20	170	120	98	—

数据来源：环渤海沿海地区为污染源普查数据，全国平均水平为环境统计数据（2001—2007 年）。

表 1-8　环渤海沿海地区重点产业资源环境效率变化趋势						
重点产业 （2001 年 =1）	工业总产值	新鲜水耗	工业重复水 利用效率	COD	$NH_3\text{-}N$	SO_2	烟尘
石油行业	3.4	0.4	1.0	0.4	0.2	0.4	0.3
冶金行业	12.0	0.2	1.1	0.2	0.5	0.1	0.2
装备制造行业	2.9	0.5	1.1	0.4	0.7	0.4	0.1
能源行业	2.8	0.5	0.96	0.4	1.1	0.3	0.1
化工行业	3.5	0.3	1.0	0.2	0.1	0.3	0.2
非金属行业	1.6	0.2	1.0	1.4	1.0	0.6	0.3
食品加工业	3.5	0.5	1.1	0.3	0.4	0.5	0.2
纺织业	4.2	0.6	1.2	0.7	1.5	0.2	0.1
造纸业	3.3	0.4	1.1	0.2	0.2	0.4	0.3
重点产业平均	4.1	0.3	1.0	0.2	0.2	0.3	0.2

数据来源：环渤海沿海地区环境统计数据（2001—2007 年）。

3 区域生态环境演变及现状问题

3.1 渤海生态环境质量持续恶化

3.1.1 入渤海污染负荷持续增加，近岸海域污染趋势加重

环渤海沿海地区处于辽河流域、海河流域、黄河流域，以及辽西诸河、山东半岛诸河等100多条河流下游，承接的流域范围涉及 160 万 km^2，占我国陆域总面积的 16.7%。渤海生态系统通过自身的吸收、净化作用和复杂的生物地球化学过程，不断净化来自陆地的大量污染物，对维持我国北方地区生态环境发挥了极其重要的天然净化作用。

根据测算，2007 年渤海接纳陆域输入污染物 COD 总量为 152.4 万 t、总氮（以下简称 TN)17.9 万 t。与碧海行动计划中 1998 年渤海接纳陆域 COD 142.5 万 t、陆域 TN 17.5 万 t 相比，TN 基本持平，但 COD 入海量 10 年来增加了 11%～12%，年平均增幅超过 1%。

2007 年，环渤海沿海地区排放 COD 入海量为 60.8 万 t，排放 NH_3-N 入海量为 5.4 万 t，分别占污染物入海量的 40% 和 36%，60% 以上的入渤海污染物均来自于上游。北岸产业带排放 COD 和 NH_3-N 入海量占辽河流域入渤海污染物通量的 56% 和 41%；西岸产业带及滨州对海河流域入渤海 COD 和 NH_3-N 通量的贡献率为 47% 和 38%；黄河流域污染物入海量均来自上游，沿海地区没有贡献；南岸产业带中东营、潍坊、烟台 3 市排放污染物入海量占山东半岛诸河水系入渤海通量的近 3/4。

由于受到本区域和上游区域发展的共同影响，入海河流和排放口水质污染严重。2007 年 14 个入海国控断面中仅 3 个断面达标，水质超标率近 80%；11 个超标断面中，有 10 个断面的水质为劣 V 类。在实施监测的 100 个渤海沿岸入海排污口中，91.0% 排污口超标排放，超标率居渤海、黄海、东海和南海四大海区之首，主要超标污染物为 NH_3-N、COD、石油类和磷酸盐等。2009 年，仍然有 75% 的监测排污口超标。

渤海污染主要集中在近岸海域，中部海域水质较好。根据海洋环境质量公报，2007 年，渤海近岸海洋功能区水质达标面积约 52.5%，一类、二类海水面积比例仅占 63.3%。排污口邻近海域水质普遍超标，2008 年，83% 的排污口邻近海域水质不能满足所处的海洋功能区水质要求，44% 的排污口邻近海域水质为Ⅳ类和劣Ⅳ类。根据 2009 年渤海海洋环境公报，在渤海 16 个国家级海洋自然保护区和特别保护区中，仅有 4 个自然保护区海水环境质量符合海洋功能区环境质量要求。

近岸污染海域自岸向海呈带状分布，平均宽度约 10 km（轻度及以上污染海域）。辽东湾、渤海湾和莱州湾三大湾海水环境质量明显劣于渤海中部海域，湾内基本都受到污染，污染宽度超过 30 km。从污染海域面积比例来看，由于黄河入海水量大、污染物输入量高，夏季莱州湾污染程度最为严重；渤海湾水动力条件最差，且西岸产业带污染排放强度高，污染程度也相当严重；辽东湾水域面积相对较大，污染程度相对较轻（图 1-9）。

2001—2007 年，渤海近岸海域水质污染呈加重趋势，清洁海域和较清洁海域面积呈递减趋势，分别从 5.8 万 km^2、1.6 万 km^2 降至 5.3 万 km^2、0.7 万 km^2；中度污染海域和严重污染海域的面积亦呈现递增趋势，分别从 0.07 万 km^2、1.9 万 km^2 增加至 0.5 万 km^2、2.4 万 km^2。

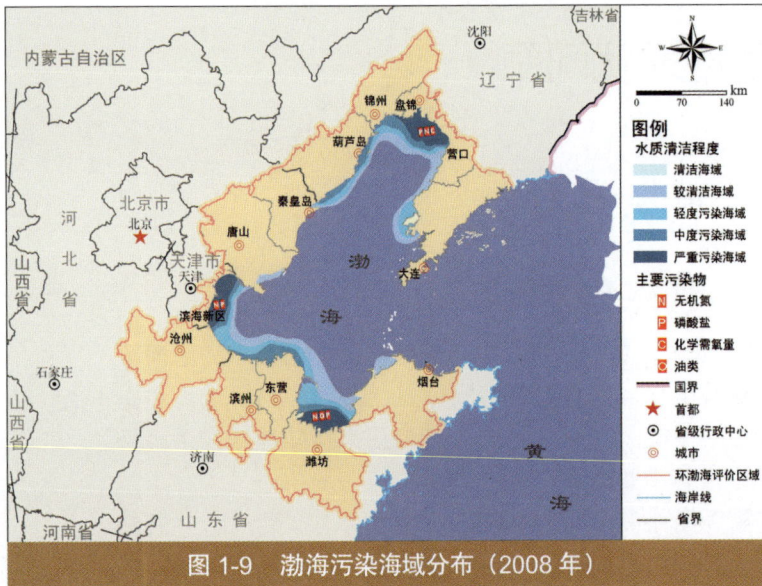

图 1-9　渤海污染海域分布（2008 年）

数据来源：根据《2008年渤海海洋环境公报》绘制。

辽东湾和莱州湾中严重污染海域的面积有明显增加，渤海湾近岸污染亦无减缓趋势。2009 年，渤海严重污染海域面积较上年有所减小，但近岸海域污染依然较重，其中莱州湾和天津近岸海域水环境污染程度较重。

3.1.2 海洋生态系统功能持续退化，生态健康受到威胁

渤海是深入我国内陆的唯一内海，经狭窄的渤海海峡与外海相通，在我国整体生态格局中是连接辽河、海河与黄河三大流域和外海的枢纽。渤海为我国经济社会发展提供了极为重要的生态资源支撑。渤海有丰富的渔业生物，是我国的"渔仓"；大量的洄游生物在渤海近岸河口产卵场完成"生殖—越冬—洄游"的生命历程，是我国渔业发展的资源补充基地，是我国渔业的"摇篮"。

入海淡水对于稳定河口三角洲盐度、基础生源物质输入、海底生境及海岸带生境等重要的基础生境条件中发挥了至关重要的作用。由于径流性水资源的衰减及工农业用水对河流生态用水的挤占，自 20 世纪 70 年代以来入渤海水量迅速下降，到 90 年代入海的淡水总量已不足 50 年代的一半，2001—2008 年年均入渤海水量不足 300 亿 m^3，仅为 1956—2000 年年均入海水量的 60%。入海水量显著减少不但导致了地表河流断流、海水入侵面积扩大、土壤盐渍化，而且改变了河口近岸区域沉积环境，改变了渤海和河口地区的生态基础条件，造成渤海盐度普遍提高。目前，渤海低盐区（＜ 27‰）范围比 1959 年同期已减少 80%。

近岸海域与河口生态基础生境改变，导致渤海产卵场严重退化、营养级下降、多数经济种群缺失、食物网简单化，生物多样性降低，渤海生态系统总体脆弱。渤海传统优质渔业资源，如带鱼、小黄鱼和对虾等接近枯竭；近岸海域中文昌鱼栖息密度由 2000 年的 285 个 /m^2 下降到 2008 年的 71 个 /m^2。底栖生物生物量明显降低，近 20 年来下降了一倍多。潮间带生物栖息密度及生物量降低明显，文蛤、青蛤和四角蛤蜊等大型经济种类的生物量明显下降。总体来看，渤海渔业"摇篮"地位的降低，"渔仓"功能的基本丧失，已严重削弱了渤海在我国北方海陆生态系统格局中的战略地位。

2007 年渤海近岸大多数重点海域生态系统处于亚健康状态。锦州湾、莱州湾生态系统处于不健康状态，湾内潮间带生物种类和数量明显下降，底栖生物栖息密度和鱼卵的数量低于正常波动范围，围填海、筑路、兴建盐田和养殖池塘使滨海湿地面积严重萎缩，导致栖息地面积有所减小。2009 年，双台子河口、滦河口—北戴河和黄河口生态监控区的生态系统处于亚健康状态，锦州湾、渤海湾和莱州湾生态监控区的生态系统处于不健康状态。

3.2　海陆交汇带生态环境压力集中显现

3.2.1　建设用地扩张迅速，海陆带空间形态不断变化

近十多年来，环渤海沿海地区海陆交汇地带（10 km 宽海岸带）最突出的特征就是大量易于开发利用的土地类型诸如滩涂、盐田和水域等转化为建设用地，扩张速度远远高于全国平均水平。

根据 1995 年和 2007 年遥感影像解译（图 1-10）和全国第二次土地调查数据，环渤海沿海地区海陆交汇带空间形态迅速变化，沿海滩涂、湿地、盐田和水面等生态敏感度高的土地大面积转化为建设用地（图 1-11）。其中，天津滨海新区、秦皇岛、东营、烟台和滨州等地极为突出，建设用地扩张速度是全国平均水平的 2 倍。1995—2007 年，渤海海陆交汇带地区耕地面积减少了 1/4，新增建设用地 951 km²，建设用地规模年均增加 6.1%，远远大于环渤海沿海平均水平和全国平均水平，大量沿海滩涂、盐田被占用。

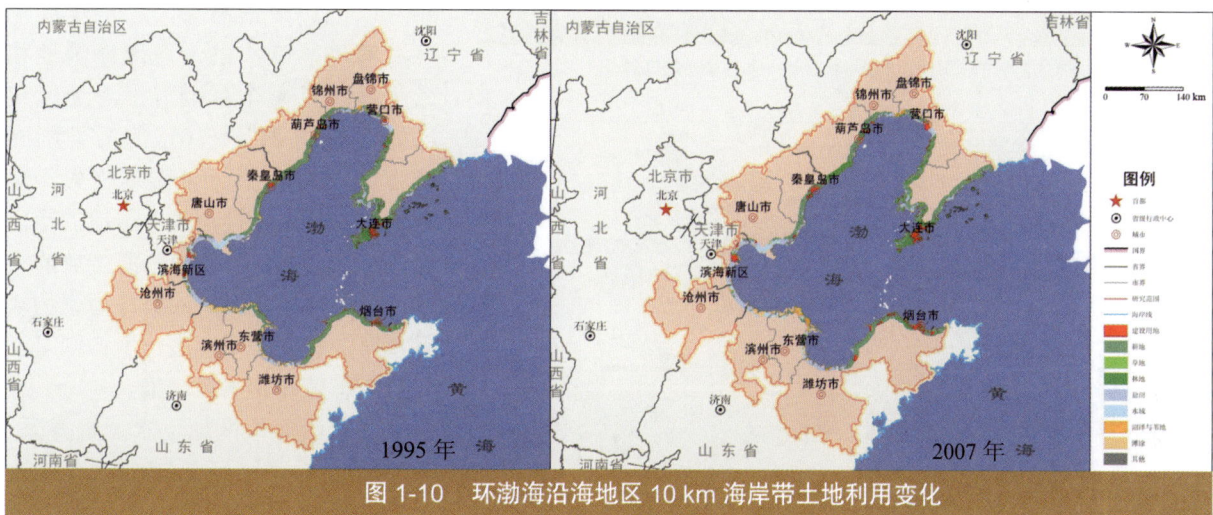

图 1-10　环渤海沿海地区 10 km 海岸带土地利用变化

数据来源：根据 1995 年 TM 影像、2007 年北京一号小卫星影像解译结果。

近年来，环渤海沿海一带出现了大规模填海造地的热潮。根据遥感影像解译，2000—2008 年渤海填海造地总面积为 551.4 km²，平均每年填海 68.9 km²（图 1-12）；2009 年，填海造陆工程占用海域总计 94.77 km²。围填海直接占用了大量自然岸线，截弯取直、海岸线人工化趋势明显，2000—2008 年整个岸线长度增加了 4.0%，自然岸线长度减少了 10.8%。海洋开发规模扩大，对海域的侵占、对局部生态环境的永久性改变和污染物排放的增加，对海洋生态环境产生了巨大压力。

3.2.2　沿海滩涂湿地锐减，海岸交汇带生态环境问题突出

渤海海岸带是我国湿地和生态系统生物多样性保护的重要区域，海岸交汇带上分布各类重要的生态功能单元 20 个。辽河三角洲和黄河三角洲湿地类型多样，分布有我国最大面积的芦苇，丰富的渔业资源和特殊的地理位置使其成为丹顶鹤、黑嘴鸥等鸟类迁徙的重要停留栖息地，在此停留或过境的鸟类有 170 多种，是东亚—澳大利亚鸟类迁飞的重要中转站和停歇繁殖地，享有"鸟类的国际机场"的美誉。

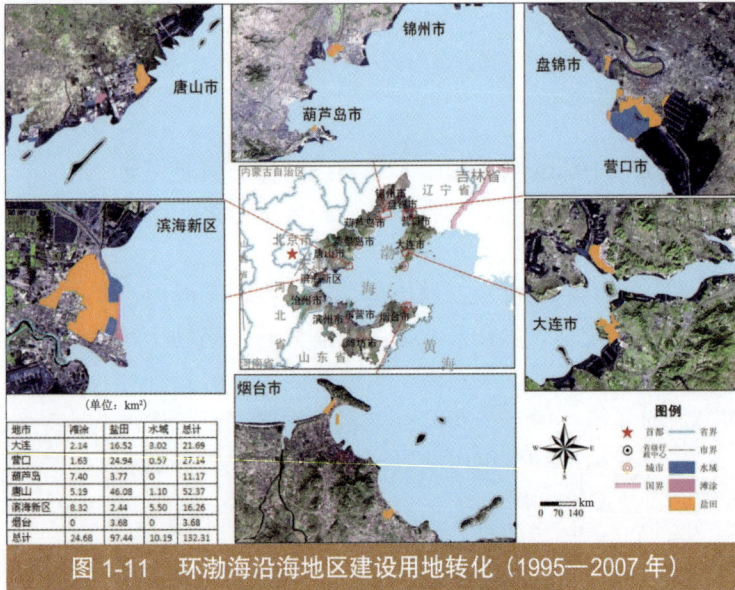

图 1-11　环渤海沿海地区建设用地转化（1995—2007 年）

数据来源：根据 1995 年 TM 影像、2007 年北京一号小卫星影像解译。

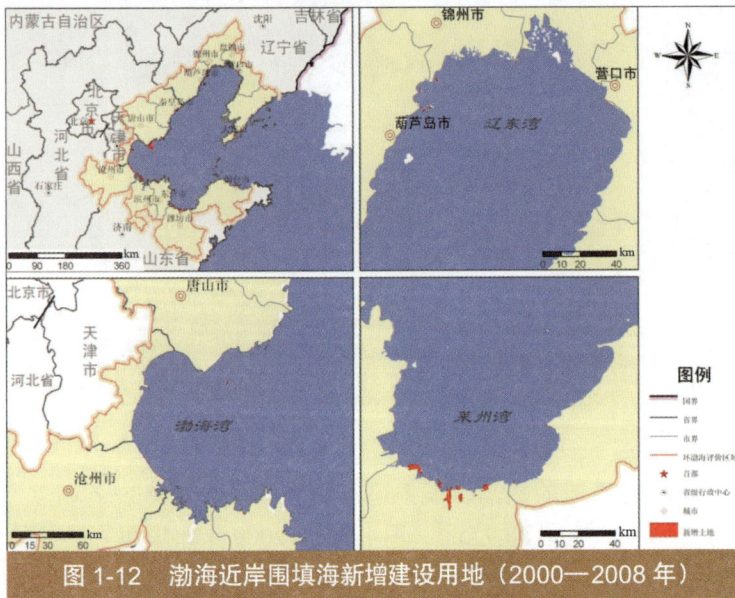

图 1-12　渤海近岸围填海新增建设用地（2000—2008 年）

数据来源：根据 2000 年、2008 年 TM、CBERS 影像解译。

近年来，环渤海沿海地区海陆交汇带受到产业发展影响变化显著，生态缓冲功能遭到严重破坏。1996—2007 年，环渤海沿海地区的滩涂湿地减少了 717.6 km²，大部分地区滩涂湿地减少比例都超过 10%，年均减少 1% 以上，烟台、滨州减少比例分别超过了 20%、50%。10 km 海岸带上滩涂面积减少了 350 km²，占全区减少总量的近一半，大连、营口、葫芦岛、唐山、天津和烟台等尤为突出；1987—2002 年，盘锦双台子河口湿地面积减少 240 km²，降幅达到 60% 以上。根据测算，近十年环渤海沿海地区减少的沿海滩涂湿地相当于减少了整个环渤海沿海地区年入海污染物 2%～10% 的污染削减能力。大量滨海天然湿地丧失，湿地植被大量永久性消失，湿地的净化能力严重削弱，导致向渤海排放的大量氮、磷、重金属、油类等污染物缺乏入海的最后屏障，进一步加剧了渤海的生态破坏和水质污染。

由于沿海地区地下水过量开采，滨海平原地表径流量减少，造成海岸带出现地面沉降、海水入侵、海岸侵蚀和土壤盐渍化等严重的生态环境问题（图 1-13）。其中，山东莱州湾南岸和烟台地区海咸水入侵已达 1 955 km²，盘锦地区海水入侵最远距离达 68 km。

环渤海地区侵蚀海岸总长度约 1 200 km，占渤海大陆岸线长度的 46%，主要分布在北岸产业带的长兴岛—盖州、葫芦岛，西岸产业带的唐山（乐亭），以及南岸产业带黄河三角洲北岸（沾化—孤岛）、莱州湾等岸段（图 1-13）。其中，严重侵蚀岸段（>－20 m/a）长度 70 km，主要分布在老黄河入海口；重度侵蚀岸段（－20～－10 m/a）长度 166 km，主要分布在葫芦岛六股河入海口、黄河入海口西南岸—老河入海口。

随着天然滩涂湿地面积减少，围海造地和人工岸线增加，海陆交汇带生态系统人工化趋势明显；海岸带生境趋于破碎化，植被状况趋于恶化，生态系统稳定性降低，导致生态系统服务功能降低，生态风险增加，自然生态系统总体趋于退化，"鸟类的国际机场"功能受到威胁。

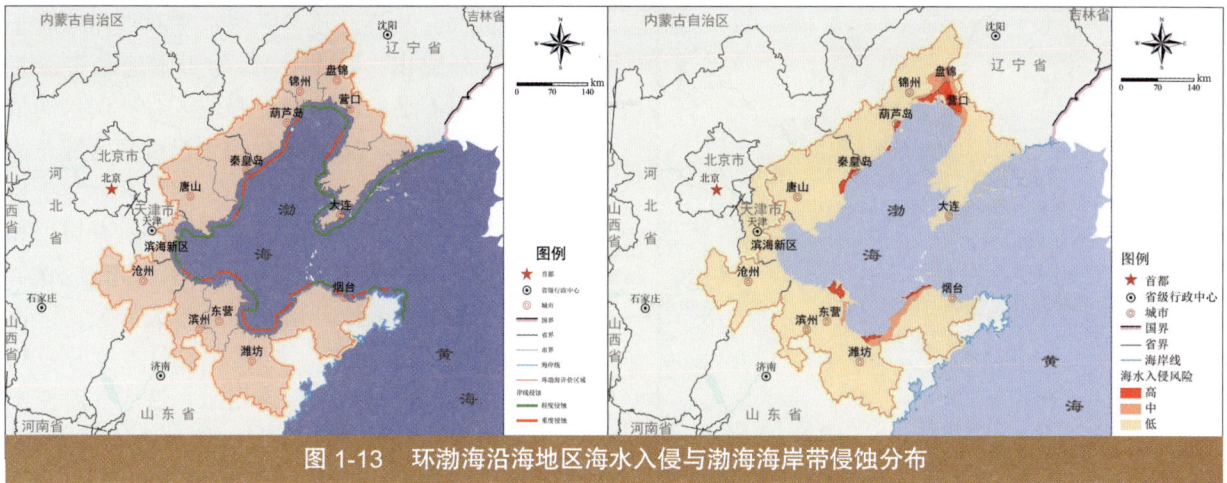

图 1-13　环渤海沿海地区海水入侵与渤海海岸带侵蚀分布

3.3 区域性复合型水资源问题突出

3.3.1 水资源总量匮乏且逐年衰减趋势显著

环渤海沿海地区本地自产水资源量不足，且上游来水量逐年减少。根据多年平均水资源量测算，环渤海沿海地区人均水资源量不到 400 m³/a，仅分别相当于东南沿海五省市和全国平均水平 1/4 和 1/5，相当于世界平均水平 1/20。水资源在空间分布上极不平衡，海河流域人均水资源量相对更低。

根据 1956—2007 年的长时间序列水文资料（图 1-14），环渤海沿海地区降水量与地表水资源量随着丰枯水平年波动且呈逐年衰减趋势。1980—2007 水文年的多年平均降水量和水资源量分别为 1956—1979 水文年的 88% 和 70%。相比降水量而言，地表水资源的衰减幅度更大，直接加剧了入海淡水量的减少。

从环渤海地区水资源量的历史变化趋势来看，该地区在可预见的时间内水资源还可能进一步减少，这将加大环渤海沿海地区水资源供给以及陆地河流和海洋生态保护的压力。

3.3.2 本地水资源过度开发，加剧了区域水生态恶化

环渤海沿海地区水资源开发利用已超出其本地水资源的承载能力，表现为地表水超常规利用、地下水不合理开采严重、上游入境水和外调水依赖度大等特点。

2007 年环渤海沿海地区总用水量为 149.6 亿 m³，超过本地区全部可开发利用水资源量 6.6%。其中，营口以及唐山至潍坊一线共 7 个地市的实际用水量已超出可开发利用量，唐山至潍坊实际用水量甚至超出本地多年平均

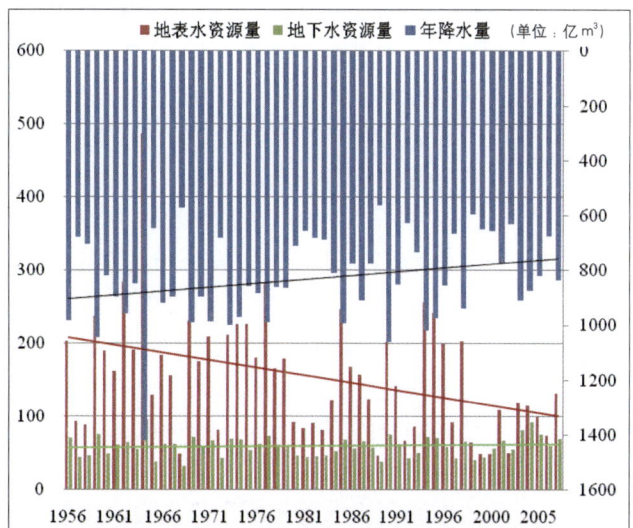

图 1-14　环渤海沿海地区降水量与水资源量演变过程
（1956—2007 年）

数据来源：国家水利部门统计数据。

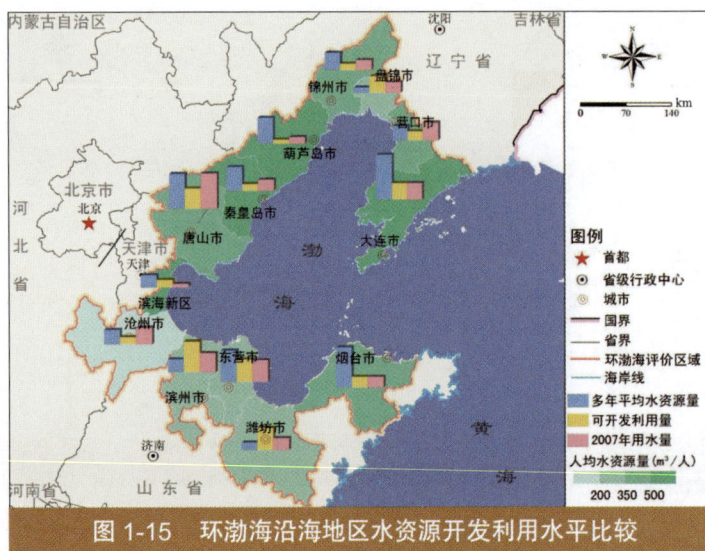

图 1-15　环渤海沿海地区水资源开发利用水平比较

数据来源：国家与各地水资源综合规划。

水资源量，整个区域水资源供需矛盾十分突出（图 1-15）。由于本地水资源量的不足，环渤海沿海地区对外调水的依赖较大，2007 年外调水已占到区域总用水量 13%。

目前，环渤海沿海地区所有城市和流域的水资源开发利用率均超过 50%，其中，西岸、南岸产业带大部分地区已经超过 100%。地表水资源过度开发挤占了大量河道生态用水，造成入海淡水量减少。其中，海河流域中下游 4 000 多 km 河道断流，断流 300 天以上占 65.3%，部分河道甚至全年断流。生态用水的缺乏，直接导致了河流水生态系统、海陆交汇带生态系统、近岸海域生态系统的破坏，降低了水环境容量，加重了水环境污染，造成海岸线一带的复杂生态环境问题。

环渤海沿海地区大部分城市地下水超采问题日益严峻，西岸产业带的部分地区地下水漏斗较为严重。其中，沧州已形成华北地区最大的地下水漏斗群，从 20 世纪 70 年代初至 2000 年，其地下水中心水位总计下降了 72.7 m，漏斗年均扩展速率为 2.4 km²/a。近年来，通过采取关闭自备井等措施，部分地区地下水位下降趋势已初步得到遏制。

3.3.3　水污染排放压力大，地表河流总体水质较差

环渤海沿海地区水污染物排放总量多年来居高不下，是造成地表河流和渤海近岸水质污染的重要原因之一。根据污染源普查数据测算，2007 年，本地区工业、生活、农村非点源 COD 排放总量达 116.4 万 t。其中，点源排放 79.7 万 t，占 68.5%，工业源和生活源约各占一半；点源 NH₃-N 排放总量 7.3 万 t，其中生活源占到 80% 以上。区域 COD、NH₃-N 排放量约占全国同期的 5%，单位土地面积污染排放强度高于全国平均水平 3.6 倍。

根据环境统计数据，2001—2007 年环渤海沿海地区水污染排放先增后降，2005 年达到峰值后逐步开始下降，其中，大连、葫芦岛、沧州、东营、潍坊等地市污染排放量降幅相对较大（图 1-16）。但截至 2007 年，全区域工业点源 COD 排放量仍比 2001 年增加了 14%。2007 年以后，环渤海三省一市废水中 COD 排放总量呈进一步下降趋势，部分地区已经提前完成了"十一五"期间的总量减排任务。

环渤海沿海地区造纸、化工、农产品加工和石油行业等重点产业对工业污染排放的贡献率超过 90%，主要排放污染物为 COD。装备制造业和钢铁行业对水环境影响相对较小。就排污结构的空间差异而言，唐山、锦州、滨州等地市工业源 COD 贡献较大，沧州、滨海新区、滨州等地市工业源 NH₃-N 贡献较大。

入海河流承受上游污染压力，跨界河流水质普遍较差。入境国控断面中，除了位于饮用水源地保护区内的断面水质较好外，其他跨界断面水质污染十分突出，水质普遍为劣 V 类。其中，子牙新河的阎辛庄断面接纳了来自上游的大量污染物，多项水质指标超标，NH₃-N 超标倍数甚至高达 34.3，在评价区域全部国控断面中污染最重。

受到本区域和上游发展的共同影响，环渤海沿海地区河流水质污染严重，长期处于超标状态（图1-17）。流经环渤海沿海地区16条主要河流干流共18个国控断面中（入境断面4个、出境/入海断面14个），未达标断面数占72%，其中，达到或优于Ⅲ类水质标准的断面占评价总数17%，Ⅳ类占6%，Ⅴ类占11%，其余断面水质均为劣Ⅴ类，占到了总数的66%。主要污染物指标为COD和NH$_3$-N，石油类、挥发酚、铅、汞等典型工业污染类指标超标现象尚不明显。西岸产业带部分河流因上游和本地用水量大而缺乏生态稀释流量，已不具备基本河流特征。

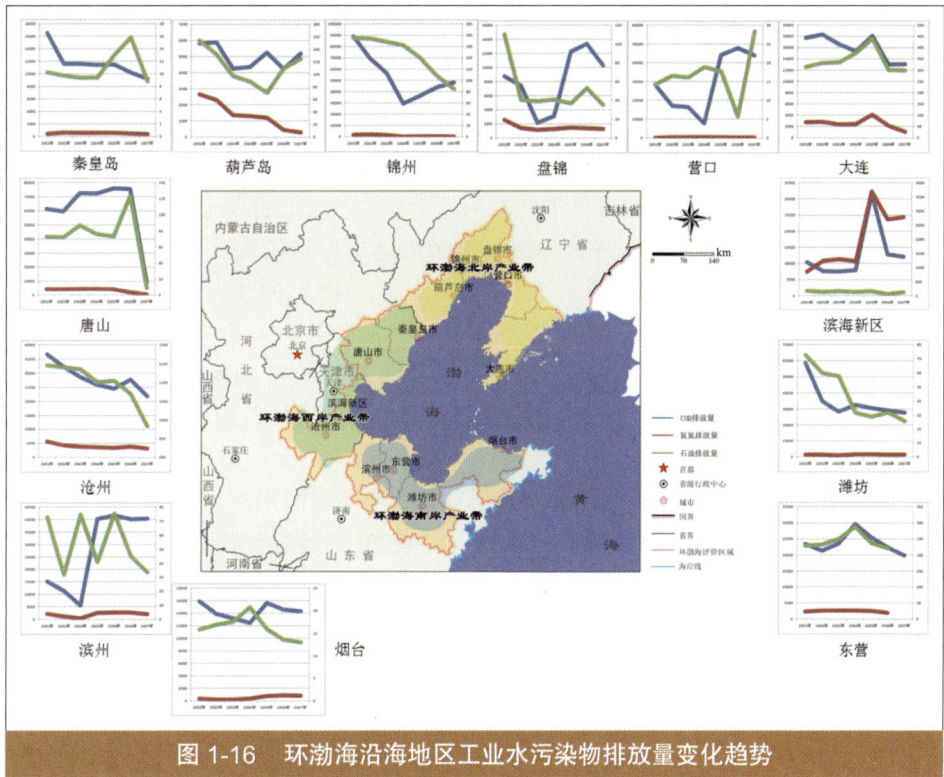

图 1-16　环渤海沿海地区工业水污染物排放量变化趋势

数据来源：环渤海沿海地区各地市环境统计数据（2001—2007年）。

除了国控断面外，环渤海沿海地区78个重点监测断面中，2007年未达到水环境功能区划目标的断面数占81%。其中，劣Ⅴ类断面54个，占69%。48个入海河流监测断面中，83%的断面水质不达标，70%以上为劣Ⅴ类水质。

总体看来，唐山、秦皇岛和大连等地水质较好，盘锦、滨海新区、沧州和滨州水质较差，劣Ⅴ类河流占95%以上。地表水水源地水质总体较好，水源地水质均达标。

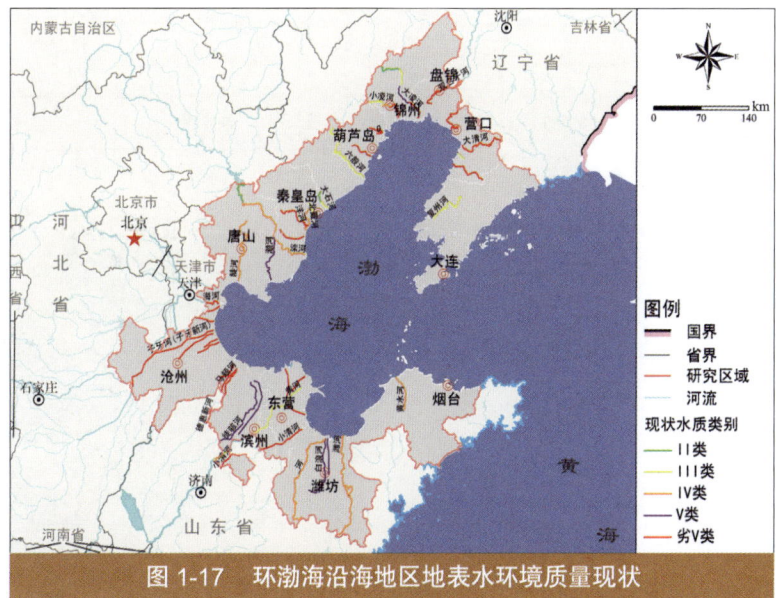

图 1-17　环渤海沿海地区地表水环境质量现状

2000—2007年，环渤海沿海地区29条河流共39个断面（其中，9个入境断面和30个出境断面）水质未出现明显好转趋势，河流普遍不能达到水质目标。仅黄河和个别河段水质尚可或得到局部改善，约占总断面数的10%。

3.4 区域性复合型大气污染问题凸显

3.4.1 燃煤大气污染物排放强度高，采暖季煤烟型污染特征明显

环渤海沿海地区一次能源消费结构中，煤和石油比例很大，约占一次能源消费总量的95%，清洁能源和可再生能源消耗量所占比重低于全国平均水平的6.6%。

传统能源结构导致燃煤大气污染物排放量较大。根据污染源普查数据，2007年环渤海沿海地区排放$SO_2$161.7万t、NO_x84.8万t、PM_{10}93.3万t，约占全国同期的5%～8%，单位土地面积污染排放强度高出全国平均水平的3.5～5.7倍。据测算，2007年区域化石燃料碳排放总量为76 683.5万t，约占同期全国碳排放量的1/9（据国际能源机构IEA测算，2007年中国二氧化碳排放量在60亿t以上）。燃煤排放、燃油排放分别占区域碳排放总量的70%和27%。

根据环境统计数据，2001—2007年环渤海沿海地区工业大气污染物排放总体上呈先升后降趋势，2005年大部分地市大气污染物排放量出现下降拐点，其中，盘锦、唐山、沧州等地市降幅相对较大（图1-18）。但截至2007年，全区域工业SO_2、烟尘、粉尘排放量仍比2001年增加了108%、49%和30%。2007年以后，环渤海三省一市废气中SO_2排放总量呈下降趋势，部分地区已经提前完成了"十一五"期间的总量减排任务。

虽然污染减排工作实施以来，常规污染物排放量略有下降，区域大气污染状况稍有改善，但是部分城市大气环境质量仍不容乐观，采暖期煤烟型大气污染特征依然明显。冬季各类污

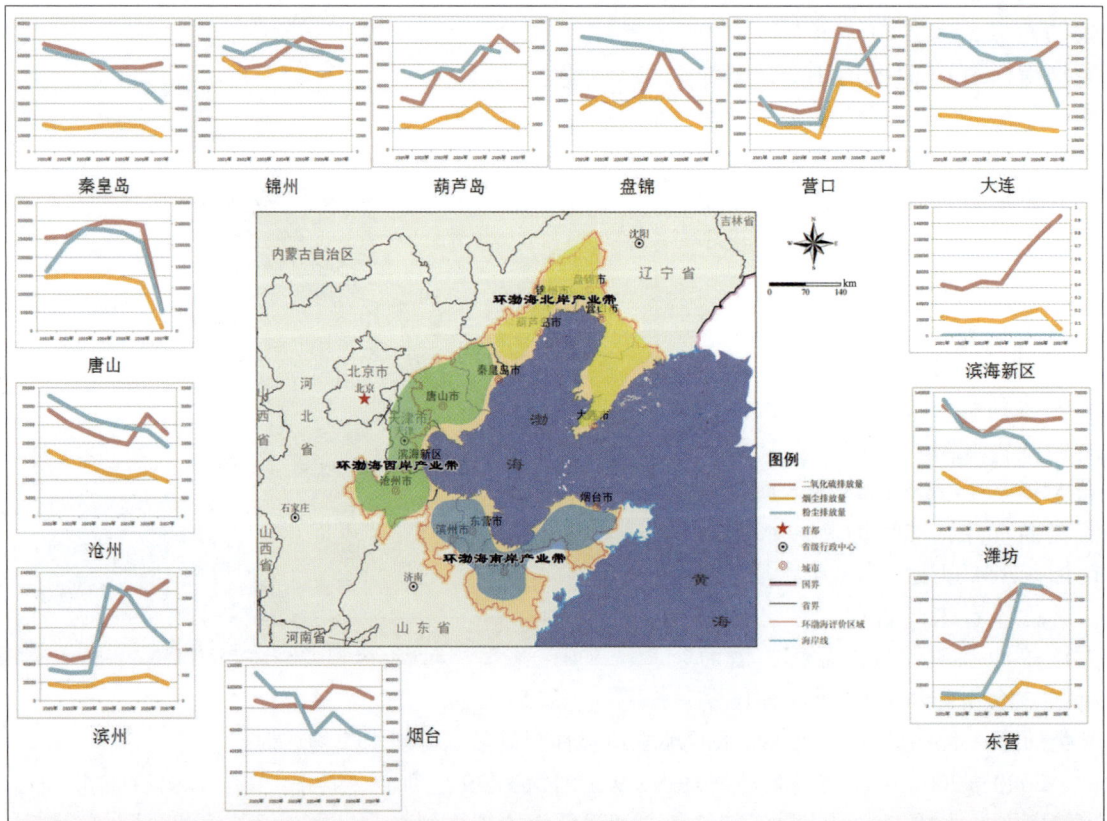

图 1-18　环渤海沿海地区工业源主要大气污染物排放变化趋势

数据来源：环渤海沿海地区各地市环境统计数据（2001—2007年）。

染物的浓度均明显高于其他季节，大部分城市 PM_{10} 和 SO_2 超过国家二级标准；春季大连、盘锦、锦州、沧州 PM_{10} 浓度超标，唐山 SO_2 浓度超标。

2001—2007 年，沿海十三地市颗粒物年均浓度的变化总体呈下降趋势；大多数城市的 SO_2 浓度和 NO_2 浓度总体呈现上升的趋势。2007 年后，局部地区的大气环境质量有所改善，但采暖季煤烟型污染的特征并未改变；而且由于火力发电、工业锅炉排放造成空气中 NO_2 浓度也有显著增加（图 1-19）。此外，2007 年环渤海沿海十三地市民用汽车保有量已超过 300 万，公路通车里程达 10 万 km 左右，NO_x 排放量逐年增加，对区域 NO_2 污染贡献较大。

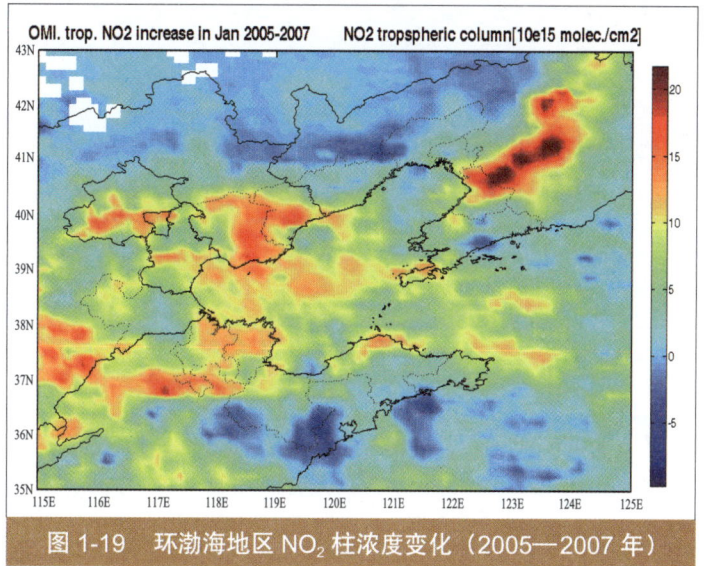

图 1-19　环渤海地区 NO_2 柱浓度变化（2005—2007 年）

数据来源：OMI 卫星观测资料。

3.4.2　二次污染发生频次增加，区域大气复合型污染显现

近年来，以臭氧和细粒子等为特征的二次污染在环渤海沿海地区的发生频次逐渐增加，区域大气复合型污染已经显现。

研究表明，环渤海沿海地区城区臭氧污染季节特征明显，通常在温度、湿度适宜的夏、秋季节达到高值，且具有明显的日变化特征，浓度常常在午后达到一天之中的峰值。2006 年，环渤海沿海地区夏季对流层臭氧月均值达 80 ppb，部分地区超过 90 ppb；秋季臭氧月均值也到达 70 ppb 左右（图 1-20）。即使在严格执行北京奥运会空气质量保障实施方案期间，唐山、秦皇岛两地仍出现了不同程度的臭氧小时浓度值超标的现象。

近年来，通过严格控制城区污染物排放、重污染源搬迁和末端治理等措施，粗颗粒物污染控制取得积极进展，大部分城市 PM_{10} 浓度已呈现下降趋势，但是蓝天数并未明显增加，区

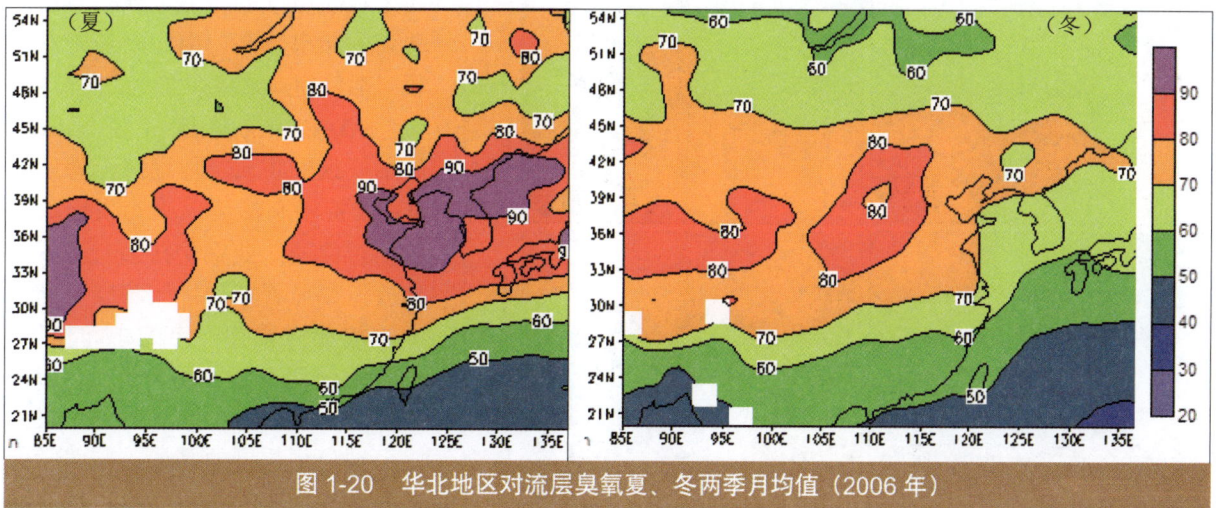

图 1-20　华北地区对流层臭氧夏、冬两季月均值（2006 年）

数据来源：OMI/ML 卫星观测资料，单位：ppb。

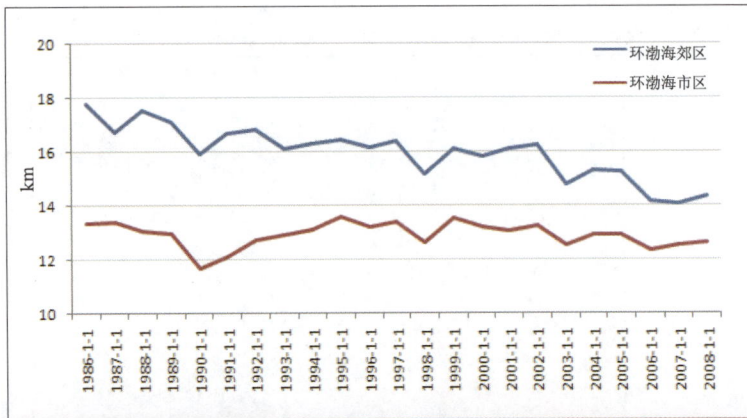

图1-21　环渤海沿海地区不同类型站点能见度年均值变化对比（1986—2008年）

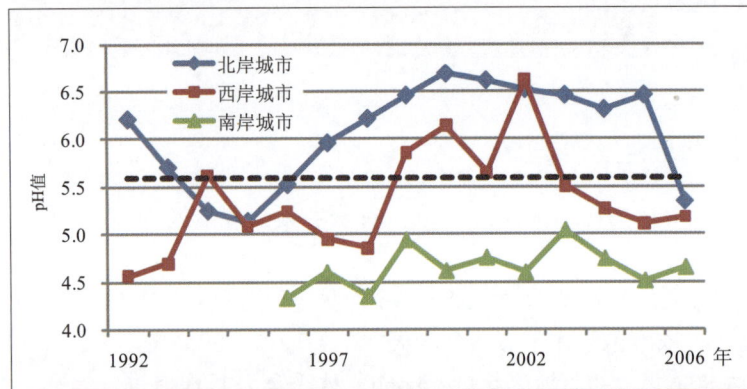

图1-22　环渤海地区降水pH值年均值时间序列（1992—2006年）

注：低于黑色虚线的为酸雨。

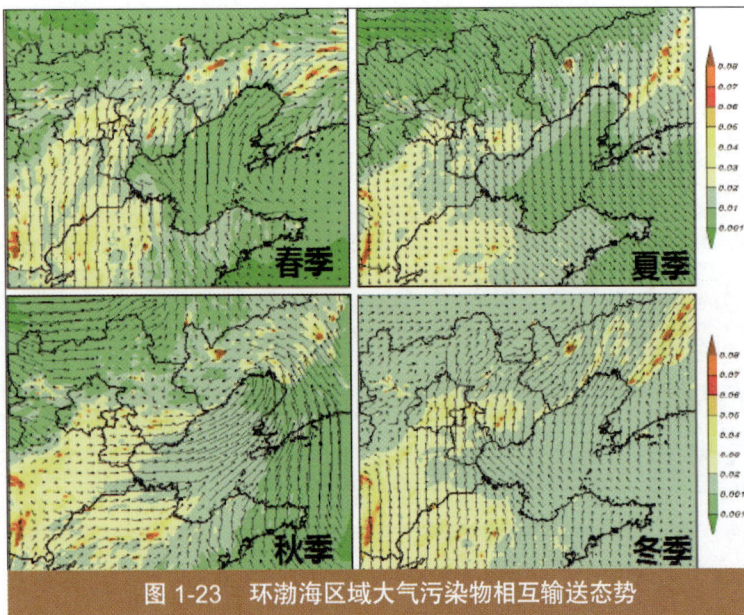

图1-23　环渤海区域大气污染物相互输送态势

域性灰霾天气却显著增多，持续时间增长。近30年，环渤海沿海地区能见度总体呈下降趋势，主要城市市区的能见度基本维持在13 km左右，但郊区能见度则从1986年的18 km左右下降到2008年的14 km左右（图1-21）。总体来看，由于区域输送以及地区间相互作用的增强，以及重污染企业分散布局等原因，造成环渤海沿海原本较为清洁的地区（尤其是城市近郊区）污染问题加重，区域性复合型污染特征加剧。

3.4.3 区域酸雨问题日趋严重，大气干沉降突出

环渤海沿海地区降水酸化问题日趋恶化，降水pH值逐年下降，酸雨频率日增。中国气象局酸雨观测网数据表明，2000—2003年整个区域酸雨有所缓解，之后又迅速恶化（图1-22）。2003年以来，西岸和南岸城市的降水权重年平均pH值小于5.6，部分省市站点的酸雨频率和强酸雨频率达近15年来的最高值，2006年北岸产业带也出现酸雨，2007年大连市酸雨频率达到51.6%。西岸和北岸产业带夏、秋季节出现酸雨的频率较高，南岸产业带常年频率都较高，维持在75%左右。

SO_2和NO_x是造成酸雨日增的主要致酸物质。环渤海沿海地区SO_2维持较高浓度，火力发电、机动车排放及工业锅炉排放造成NO_x排放量亦显著增加。气溶胶对降水中的酸性物质有一定的中和作用，可使中国北方的年平均降水pH值升高0.8～2.5。但是随着近年来大气中颗粒物浓度的降低，减弱了大气中碱性物质的中和作用，从而造成降水酸性增强，酸雨影响区域面

积扩大。

研究表明，环渤海沿海地区大气污染物干沉降强度为国内最大，渤海地区氮沉降强度远远大于其他海域，沙尘、NO_x、硝酸等污染物的干沉降是渤海海域表层化学物质的重要来源，可影响海水的化学组成、pH 值及营养环境等，从而影响海洋生物的成长和生存，对海岸带和海洋生态系统的影响日增。

3.4.4 季节性大气污染物跨界传输影响较为突出

环渤海沿海地区大气跨界区域性输送态势较为突出，并呈现明显的季节性变化特征。春季本区域盛行南风，污染物输送路径为自南向北；秋季由陆地偏西风与海洋偏南风共同作用，污染物输送路径为自西南向东北（图1-23）。

在区域特征气象条件下，锦州、唐山、滨海新区、潍坊、烟台五个地市大气污染以本地污染

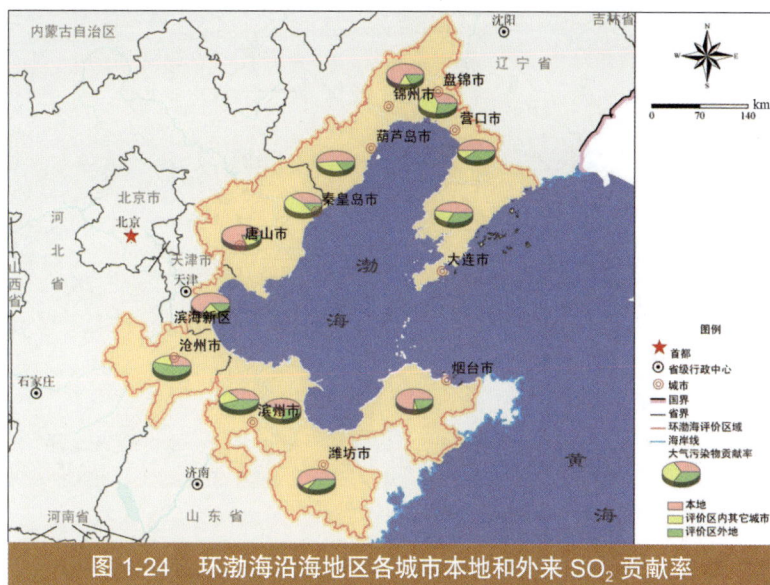

图 1-24 环渤海沿海地区各城市本地和外来 SO_2 贡献率

表 1-9 渤海近岸海域贝类体内污染物残留水平变化趋势（1997—2007 年）

近岸海湾/海湾	石油烃	总汞	镉	铅	砷	六六六	滴滴涕	多氯联苯
大连近岸	↘	↗	↗	↘	↗	↗	↗	●
辽东湾	↗	↔	↔	↗	↗	↗	↘	↗
渤海湾	↗	↗	↗	↗	↗	●	↘	↗
莱州湾	↗	↗	●	●	↗	●	↗	↘

注：↘显著下降；↗有所下降；↗显著上升；↗有所上升；↔基本持平；●没有数据。

源贡献为主；大连、营口、葫芦岛、东营四市本地和外部污染源贡献相当；盘锦、秦皇岛、沧州、滨州四市受辖区外污染源影响较大，西岸产业带和山东南部地区对沧州、滨州大气污染贡献率约占 50%，环渤海沿海周边地市对秦皇岛、盘锦大气污染贡献近一半（图1-24）。

3.5 累积性环境影响和区域性生态风险增大

3.5.1 重金属和持久性有机物在生物体和环境介质中普遍检出

渤海近岸贝类体内污染物累积风险不断提高。1997—2007 年，渤海近岸主要海湾贝类体内的石油烃、砷及有机物污染总体呈上升趋势（表1-9）；从空间分布上看，除莱州湾以外的近岸生物体污染物累积性影响加重。2009 年，渤海局部近岸海域部分贝类体内污染物残留水平较高，超标污染物为重金属和石油烃。

根据国家海洋局监测数据，2007 年渤海污染物累积风险的分区特征明显（图1-25）。复州湾以北至长兴岛海域及天津近岸海域为砷污染高风险海域，贝类体内砷含量 100% 超出一类海洋生物质量标准；沧州—滨州近岸海域为汞污染高风险区，所有贝类汞含量 100% 超出

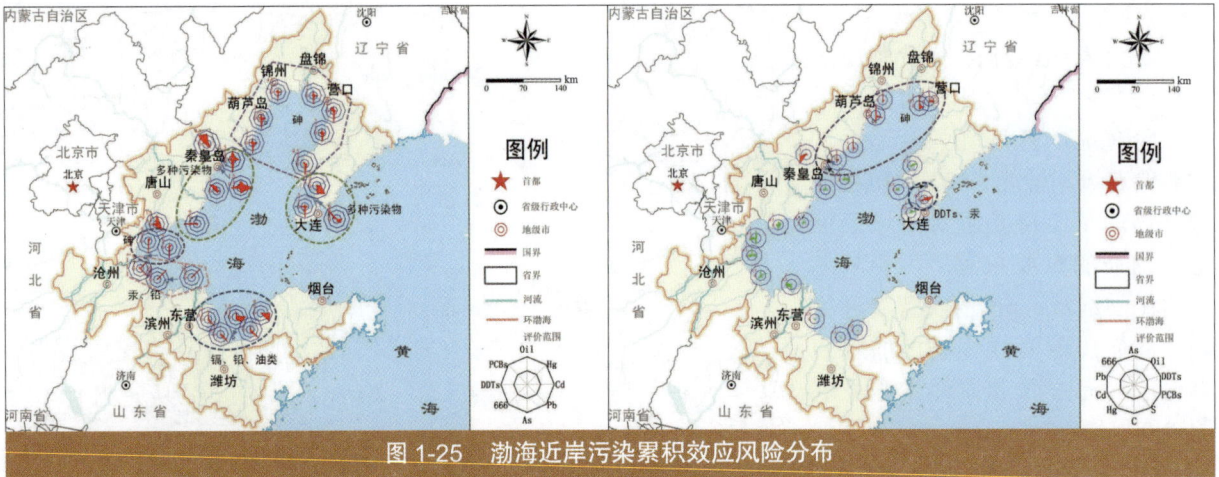

图 1-25 渤海近岸污染累积效应风险分布

数据来源：根据2007年国家海洋局常规监测数据整理。

一类海洋生物质量标准，最高超出三类海洋生物质量标准的4.7倍；莱州湾近岸海域为铅污染高风险区，最大值超出一类海洋生物质量标准的8.9倍；大连金州湾海域和葫芦岛—唐山近岸海域为多种污染物高风险区，尤其是多氯联苯（PCBs）累积风险很高。近40%近岸海域沉积物中的污染物超出海洋沉积物质量标准，主要集中在辽东湾西部近岸海域和金州湾海域，高风险污染物是砷、汞和DDTs。

河流及河口污染物累积风险开始显现。根据本次环评补充监测和各地历史资料，区域内局部地区河流水体与底质中检出多环芳烃和苯系物类等特殊有毒有害微量污染物，局部地区苯并[a]芘和二苯并[a,h]蒽等致癌物超标较为严重，累积性环境风险突出。河口底泥及疏浚淤泥中重金属（及砷）含量均符合土壤环境二级标准。但与历史资料相比，近年来重金属含量普遍增加，特别是铅和锌含量增加幅度较大。诸河口底泥中重金属含量由北向南呈逐渐下降趋势，海河口附近的河口重金属（及砷）含量较高。区域内大多数河口底泥中的TN和总磷含量较高，尤其是海河口附近的河口TN和总磷含量高达0.14%和0.09%，呈现肥污染特征，底质中有机物质的释放对区域内地表水体质量以及渤海水质存在潜在影响。

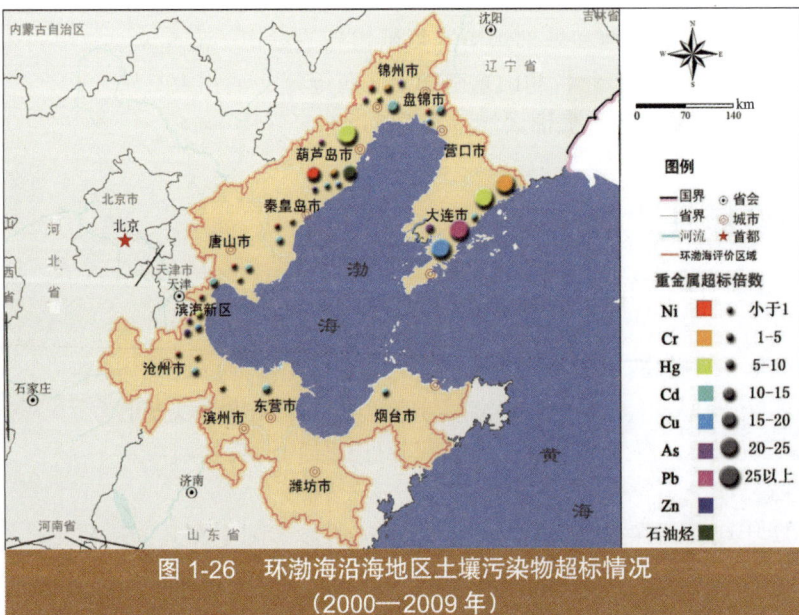

图 1-26 环渤海沿海地区土壤污染物超标情况
（2000—2009年）

重点产业集聚区土壤中重金属超标严重（图1-26）。根据文献调研，2007年土壤污染普查数据及本次评价在若干典型工业集聚区的补充监测结果，镉和镍等重金属在土壤中不断累积，石油化工、有色金属冶炼、黑色金属冶炼、煤炭开采和洗选、电力热力生产企业周边土壤中重金属污染较为普遍。

3.5.2 赤潮和溢油成为渤海全域性生态风险事件

渤海赤潮发生频繁。1977 年以来渤海赤潮的高发期主要集中在"十五"期间，2006—2008 年，赤潮发生频率与面积均有所下降，但有毒赤潮的发生频率呈升高趋势，赤潮灾害的风险并未降低。2009 年渤海发生 4 次赤潮，面积达 5 279 km^2，较 2008 年又有大幅增加；当年渤海湾还发生 1 次绿潮。2009 年，渤海近岸海域夏季富营养化面积占渤海总面积的 23%，比 2008 年增加了 29%，赤潮等生态灾害发生风险增大。从渤海整个空间区域来看，赤潮的高风险区主要分布在滨海新区—沧州黄骅近岸，鲅鱼圈—辽河口近岸，莱州湾、大清河口、秦皇岛近岸海域等区域（图 1-27）。

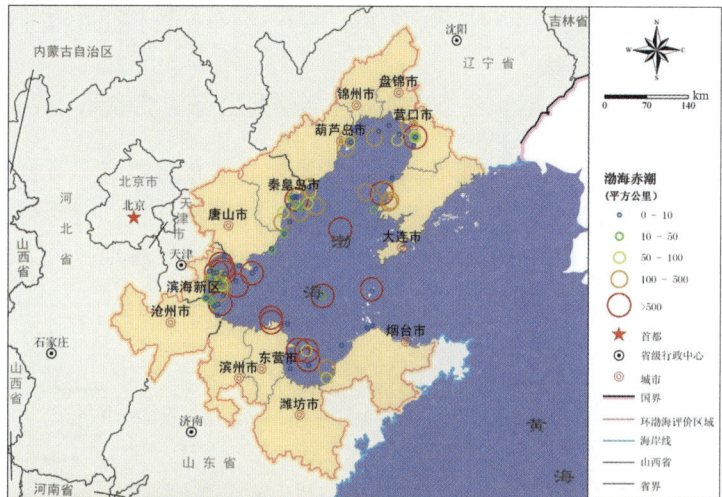

图 1-27　渤海赤潮空间分布（1977—2007 年）

数据来源：根据国家海洋局多年监测数据整理。

渤海海域是溢油灾害的高风险区和重灾区。截至 2009 年年底，渤海共建有海上油气田 20 个，海上石油平台 165 个，主要分布在辽东湾、渤海湾、渤海中部海域。2007 年的石油类污染以辽东湾最重（图 1-28）。1996 年以来，渤海海域共发生大型溢油事故 27 起，占同期全国海域溢油事故的 36%，其中，"九五"期间 8 起，占同期全国海域溢油事故的 32%，"十五"期间渤海共发生大的溢油事故 16 起，较"九五"期间增加一倍，占同期全国海域溢油事故的 46%。2006—2007 年共发生 3 起。2009 年发生 4 起油污染事件。

2002 年，天津大沽口东部海域"塔斯曼海"轮原油泄漏事故溢油后一周内同一海域海水溶解氧浓度值平均降低了 24.6%，COD 浓度值平均增高了 73.7%，油类含量增加了 1 200%，超过二类海水标准，受溢油影响的海域

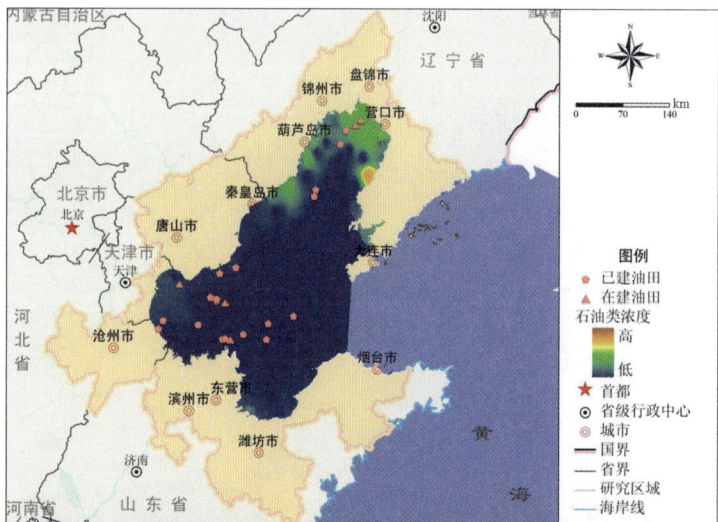

图 1-28　渤海海水石油类污染物浓度与部分海上油田分布（2007 年）

数据来源：根据国家海洋局 2007 年监测数据绘制。

面积达 359.6 km^2，事故发生四个月后 COD、油类浓度值仍高于历年同季数值。溢油对海洋生态的污染破坏十分巨大，国内外案例表明，一次海洋石油污染事故对海洋生态平衡造成的恶劣影响，至少可延续三年之久。

4 区域生态空间约束与资源环境承载力分析

4.1 生态功能单元与生态控制性分区

4.1.1 生态功能分区与重要生态功能单元

生态功能单元是生态系统中具有重要或不可替代生态服务价值的区域，对于保障区域生态安全、维持区域生态功能具有重要意义。根据环渤海三省一市生态省（市）建设规划，在全国生态功能区划基础上，将环渤海沿海地区分为16个生态功能亚区（二级区），其具备生态调节、产品提供和人居保障等重要生态功能（图1-29）。

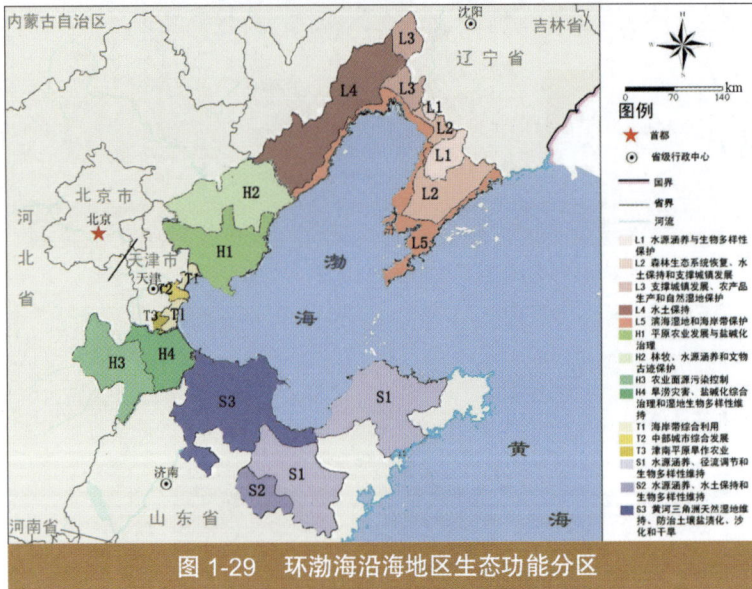

图 1-29　环渤海沿海地区生态功能分区

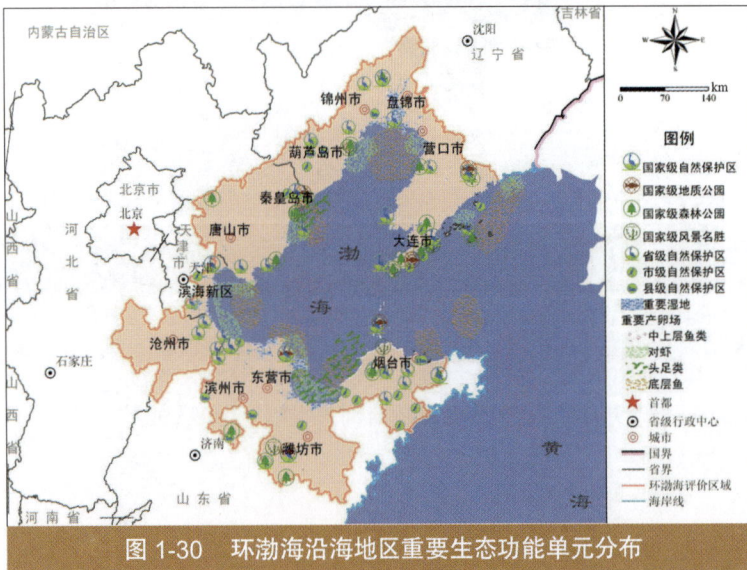

图 1-30　环渤海沿海地区重要生态功能单元分布

目前，环渤海沿海地区已建成各级自然保护区59处，其中国家级保护区13处，省级保护区19处，市级保护区16处，县级保护区11处（图1-30）。陆域自然保护区总面积达1.8万 km²，占环渤海沿海地区陆域面积14.0%，低于全国平均水平1个百分点。其他重要生态功能单元主要包括国家级地质公园6处，国家级风景名胜7处，国家级森林公园20处，城市水源地31处。

这些重要生态功能单元在环渤海沿海地区沿海、内陆山地地区广泛分布，其中，构成整个区域生态系统最为重要功能单元主要包括烟台中部具有水源涵养、生物多样性维持生态功能亚区、大连东南部滨海湿地和海岸带保护亚区、葫芦岛西部山区水土保持亚区以及散布于西岸产业带滨海地区各级保护区。

环渤海沿海地区还分布两个具有独特生态价值的重要功能单元。盘锦双台河口湿地为世界第一大芦苇沼泽地、国家级保护区，是世界丹顶鹤繁殖最南线和黑嘴鸥繁殖地最北线、全球濒危物种黑嘴鸥最大种群栖息地。东营黄河三角洲湿地为世界上最年轻的河口湿地、国家级保护区，是东北亚内陆和环太平洋候鸟迁徙的重要中转站、越冬栖息地和繁殖地。

4.1.2 生态系统敏感性分区

环渤海沿海地区生态敏感性普遍较高，极敏感区和高敏感区占环渤海沿海地区总面积25%。北岸产业带极敏感区主要集中在大连长兴岛、锦州中部山地和盘锦双台河口保护区，西岸产业带极敏感区主要分布在唐山南部沿海和滨海新区南部湿地保护区，南岸产业带高敏感区在滨州沿海和黄河三角洲附近（图1-31）。

以上生态敏感性较高的地区同时也是生态相对脆弱、潜在生态风险水平相对较高的地区。

4.1.3 海岸线与重点保护岸线

目前环渤海沿海地区岸线总长2 743.2 km，人工岸线占24.2%，其长度比2000年增长了1倍以上，年均增速10.1%。西岸产业带岸线人工化程度最高，人工岸线长225 km，达到36.5%，且自2005年来年均增速达25.5%；北岸产业带和南岸产业带的岸线人工化比例约为1/5。滨海新区、秦皇岛、烟台、唐山、营口的岸线人工化比例超过所在城市岸线总长的1/3；大连和烟台的人工岸线达到渤海人工岸线总长度的46.0%。

渤海自然岸线总长2 078.3 km，占岸线总长度的75.8%。相比2000年，渤海自然岸线长度减少了10.8%，年均减少1%以上。自然岸线中砂质岸线占18.4%，主要分布在大连渤海侧、葫芦岛南部至秦皇岛大部、烟台渤海侧；淤泥质岸线占69.7%，主要分布在营口北部至锦州、唐山至潍坊一带；基岩岸线比例最小约为11.9%，主要在大连渤海侧、葫芦岛北部分布。

根据自然保护区分布、自然岸线类型，重点保护岸线总长应达到832.3 km，占目前岸线总长30.3%。重点保护岸线主要分布在大连渤海侧、盘锦辽河口湿地、葫芦岛南部至秦皇岛一带、天津滨海湿地保护区、滨州北部古贝壳堤、东营黄河

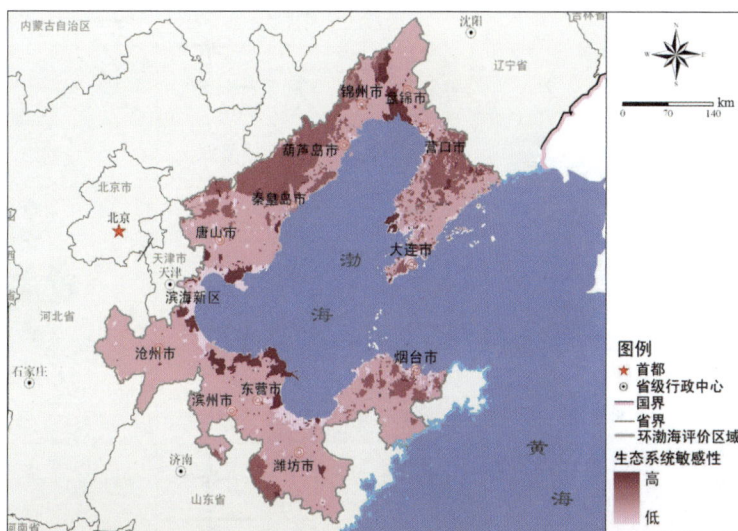

图1-31　环渤海沿海地区生态敏感性分布

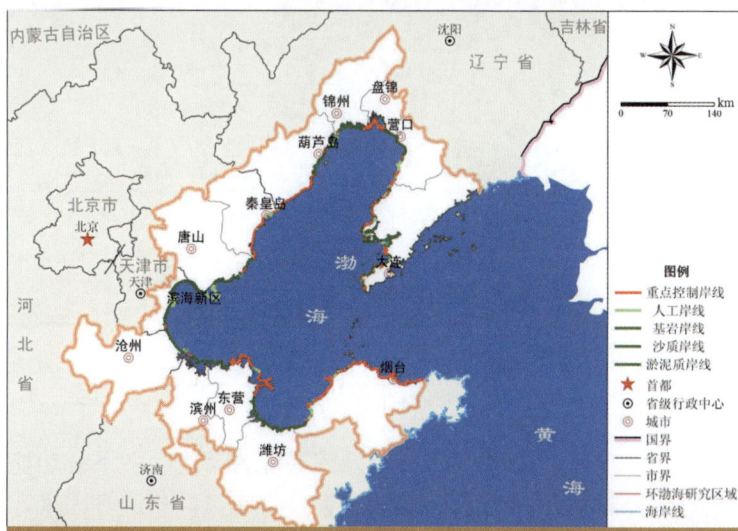

图1-32　环渤海沿海地区各类岸线现状分布

三角洲湿地以及烟台渤海侧大部分砂质岸线（图 1-32）。

4.1.4 自然灾害风险

环渤海沿海地区自然灾害风险主要涉及各类地质灾害（泥石流、地面沉降、崩塌、滑坡等）、暴雨山洪、海水入侵、风暴潮等，灾害发生频率、强度和破坏性相对较高。

环渤海北岸产业带的自然灾害以泥石流、海水入侵、风暴潮为主，泥石流在葫芦岛、大连等地山区发生，海水入侵和风暴潮则主要分布在辽河口附近（图 1-33）。西岸产业带的地质灾害主要有唐山北部、秦皇岛北部山区的泥石流、滑坡，秦皇岛砂质海岸带的海水入侵，滨海新区的地面沉降，渤海湾沿岸主要受风暴潮影响。南岸产业带主要是东营、滨州黄河冲积平原地区的地面沉降，莱州湾沿岸以及黄河口以北无棣、沾化、利津等地的风暴潮，黄河入海口及昌邑至蓬莱沿岸的海水入侵，烟台、潍坊丘陵山地区的崩塌、泥石流。

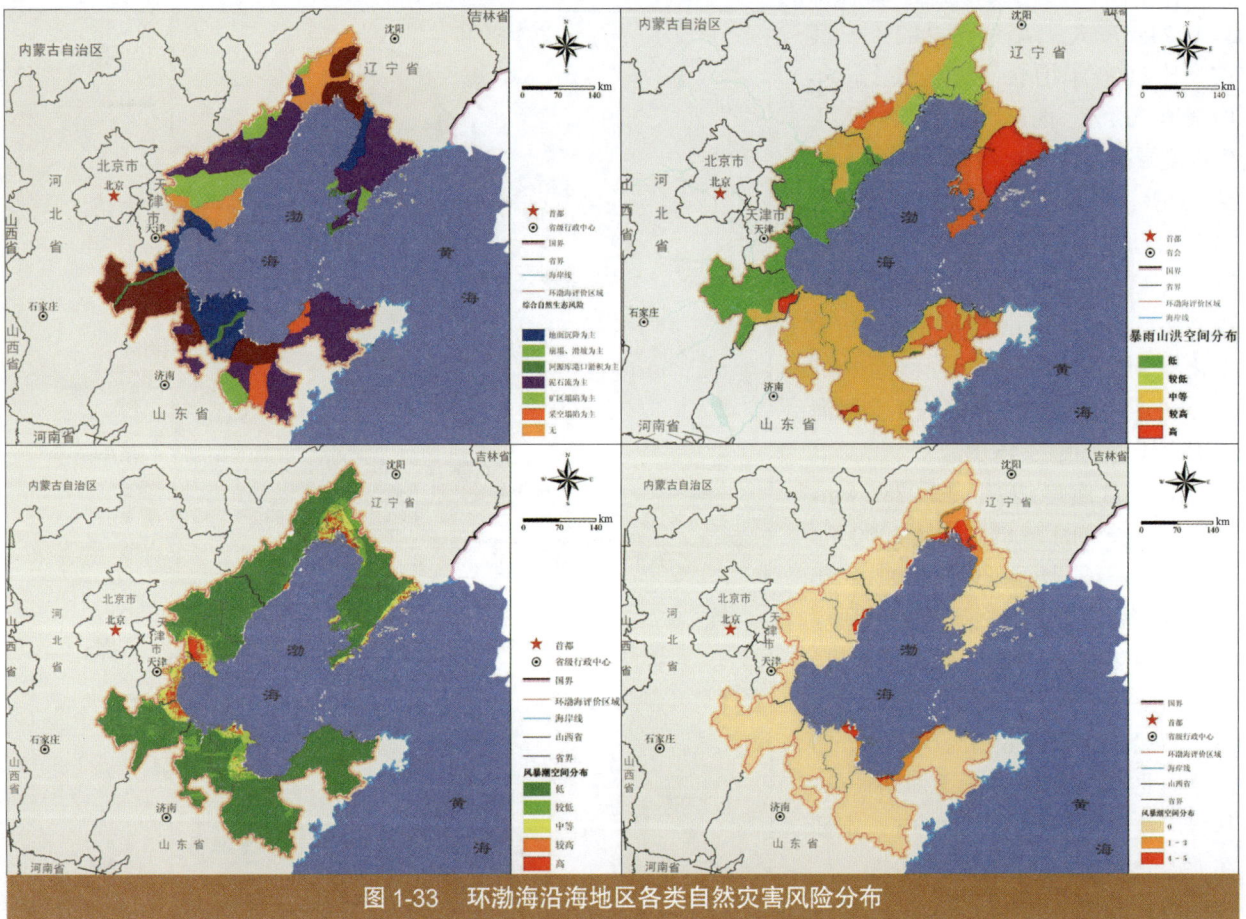

图 1-33　环渤海沿海地区各类自然灾害风险分布

4.1.5 基于区域生态安全的生态控制性分区

基于区域生态安全保障，综合考虑生态系统功能维持、重要生态功能单元保护、自然岸线和海岸带维护、自然灾害及生态风险规避等因素，划分环渤海沿海地区生态红线区、生态黄线区和可开发利用区（图 1-34）。

生态红线区是为保障区域产业发展和生态环境安全应加以严格管控的空间区域，包括各类法定保护区、生态敏感性极高区域、具有重要或特殊生态系统服务功能价值的区域和自然风险极高区域。生态红线区内应按照有关法律法规实施强制性保护措施，禁止不符合生态环境功能定位的开发建设活动，以维护生态系统的稳定性、维持区域物种多样性不下降、保持区域生态系统服务功能价值不降低，并保障敏感性极高区域的生态安全。

生态黄线区和可开发利用区为允许开发建设区域。生态黄线区的重要性仅次于生态红线区，包括生态较为敏感同时具有较重要生态服务功能，以及具有较大建设限制性因素的地区。生态黄线区内应限制进行对生态环境影响较大的开发活动，或者在能够满足生态补偿的前提下有条件地进行开发建设活动。可开发利用区是推荐未来产业进行布局的区域，是开发建设和重点产业发展生态成本相对较低的区域。

陆地生态红线区面积 2.5 万 km²，占环渤海沿海地区陆域面积 19.6%（表 1-10），主要分布在大连北部、葫芦岛西部、唐山西部、秦皇岛中西部、滨海新区南部、滨州和东营沿海地区

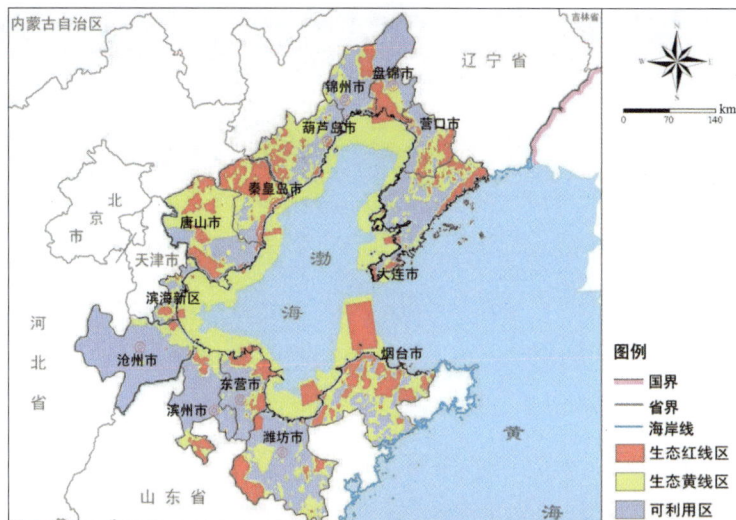

图 1-34　环渤海沿海地区生态空间分区

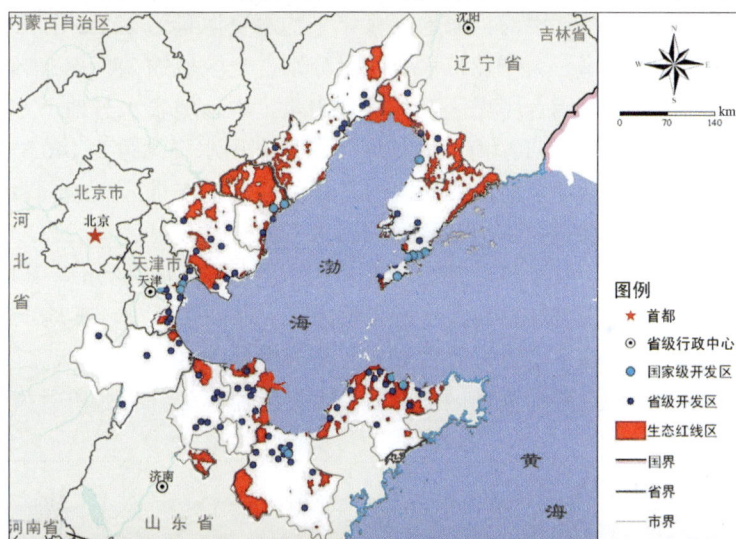

图 1-35　现有重点产业聚集区与生态红线区空间关系

以及烟台中部和沿莱州湾沿岸，多为丘陵山地和海岸带湿地，是水源地、保护区、湿地、森林等主要分布。生态黄线区占陆域面积 29.4%，主要分布在生态红线区周围。可开发利用区占陆域面积 50.9%，分布相对集中，主要在大连、锦州、沧州、滨州、东营及潍坊。海域生态红线区面积 1.0 万 km²，主要为各类海洋自然保护区。

现有重点产业聚集区与生态红线区在局部地区存在空间冲突，部分产业区分布在高生态风险区，或挤占滩涂湿地等自然生态系统（图 1-35）。

大连、盘锦、秦皇岛等地产业聚集区以及部分填海造陆区域是生态风险高发区域。其中，大连市黄海侧部分重点产业聚集区所处地区自然风险高，主要受风暴潮影响；秦皇岛产业聚集区生态风险较高，主要可能遭受海水入侵、岩石崩塌的自然灾害危害；盘锦大辽河入海口地区、营口沿海地区是生态风险较高的区域，同时也是当地主要产业聚集区。其余多数产业聚集区与生态敏感性高的区域空间冲突较小，分布较为合理。

表 1-10　环渤海沿海地区陆域生态空间分区面积及比重

区域	生态红线区			生态黄线区			可开发利用区		
	面积/万 km²	占区域面积比例/%	占红线区比例/%	面积/万 km²	占区域面积比例/%	占黄线区面积比例/%	面积/万 km²	占区域面积比例/%	占可开发利用区面积比例/%
北岸产业带	0.9	20.0	34.1	1.3	31.0	35.3	2.1	49.0	32.2
西岸产业带	0.8	20.0	30.9	1.2	30.6	31.5	1.9	49.4	29.5
南岸产业带	0.9	19.0	35.0	1.3	27.0	33.2	2.5	54.0	38.3
环渤海沿海地区	2.5	19.6	100.0	3.8	29.4	100.0	6.6	50.9	100.0

4.2　资源环境承载力分析

4.2.1　可开发利用水资源量

环渤海沿海地区多年平均水资源量为 222.2 亿 m³。水资源空间分布较为均匀，北岸、西岸、南岸三大产业带水资源量分别占全区域的 38%、30%、32%。

综合考虑区域外外调水量、本地地表水与地下水可利用量、各种非常规水资源可利用量，2007 年环渤海沿海地区可开发利用水资源量为 140.3 亿 m³（图 1-36）。外调水总量 19.7 亿 m³（不包括环渤海沿海地区内各市之间的调水量），主要调水区域集中在滨海新区到东营一带，其外调水量占本地可开发利用水资源量最高可达 45.2%。

北岸产业带可开发利用水资源量 41.4 亿 m³，其中地表水是主要来源，占 78.8%。西岸产业带可开发利用水资源量为三大产业带最小，其地下水可开采量占 40.0%，除滨海新区外的地市地下水开采量占城市可开发利用量 40% ~ 50%。南岸产业带可开发利用水资源量最高，占环渤海沿海地区 47.3%，然而该区域对引江水和引黄水的依赖最大，外调水 17.0 亿 m³，占环渤海沿海地区外调水总量的 86.1%。

4.2.2　河流水体环境容量

基于 1956—2007 年多年平均水文条件，考虑河流水质达到相应河段的水质功能区划目标，境内自产水水质、外调水水质满足地表水环境质量标准（GB 3838—2002）中 III 类水要求，经测算环渤海沿海地区多年平均 COD 环境容量为 36.4 万 ~ 46.5 万 t，NH_3-N 为 1.8 万 ~ 2.8 万 t（大连、烟台仅考虑汇入渤海河流的水环境容量）。2007 年区域全年水环境容量相当于区域多年平均水平，COD 容量 37.1 万 t，NH_3-N 容量 2.1 万 t。83% 水环境

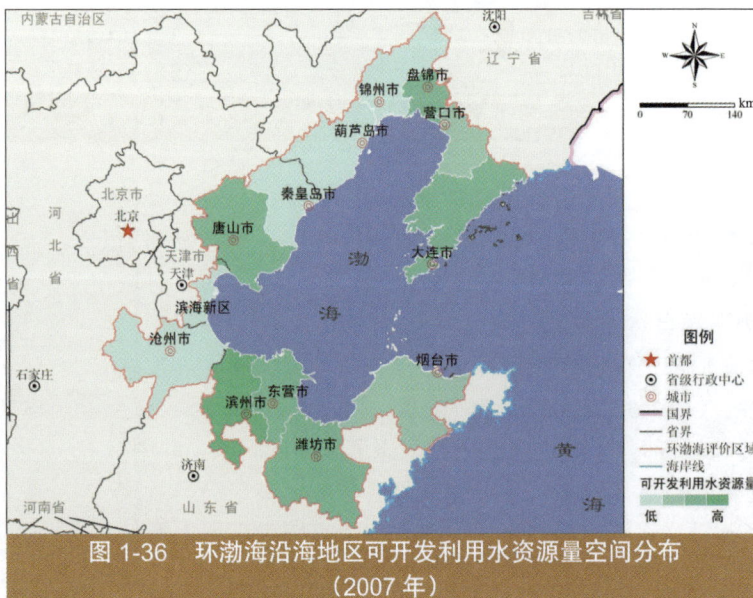

图 1-36　环渤海沿海地区可开发利用水资源量空间分布（2007 年）

数据来源：国家与各地水资源综合规划。

容量来源于境内自产水，17%来自外调水。由于上游来水水质普遍较差无法继续纳污（饮用水源水质优良，但不能纳污），上游来水对区域水环境承载力没有贡献。

水环境容量时空差异显著。水环境容量随水文年型变化特征明显，特枯年到丰水年的变化幅度可达多年平均值的 0.4～2.0 倍；年内丰水期（6—9 月）容量占全年 2/3。由于水资源禀赋空间差异和个别城市大量使用外调水，区域水环境容量总体呈由南向北逐渐降低趋势，南岸产业带水环境容量超过环渤海沿海地区一半。滨州、东营、滨海新区、沧州由于外调水量大，水环境容量外部依赖较大（图 1-37）。

4.2.3　区域大气环境容量

以区域大气环境质量满足国家环境空气质量二级标准（GB 3095—1996）为目标，综合考虑大气污染物平流扩散、化学转化、干湿沉降净化等因素，采用区域空气质量模式方法测算环渤海沿海地区 SO_2 容量 111.5 万 t/a，NO_x 容量 90.9 万 t/a，PM_{10} 容量 112.9 万 t/a。

各地区大气容量由其辖区面积和对污染物清除能力共同决定（图 1-38）。西岸产业带大气环境容量相对较小，主要原因在于其大气污染物沉降能力较小且接纳外界污染物大于其对外界的输送，相当于其大气环境容量 40% 以上的净输出量为负值。北岸产业带大气环境容量由沉降能力和对外输送两部分共同贡献，分别占北岸产业带环境容量的 70%、29%。南岸产业带的大气沉降能力在环渤海沿海地区中最强，占南岸产业带大气环境容量的 86%。

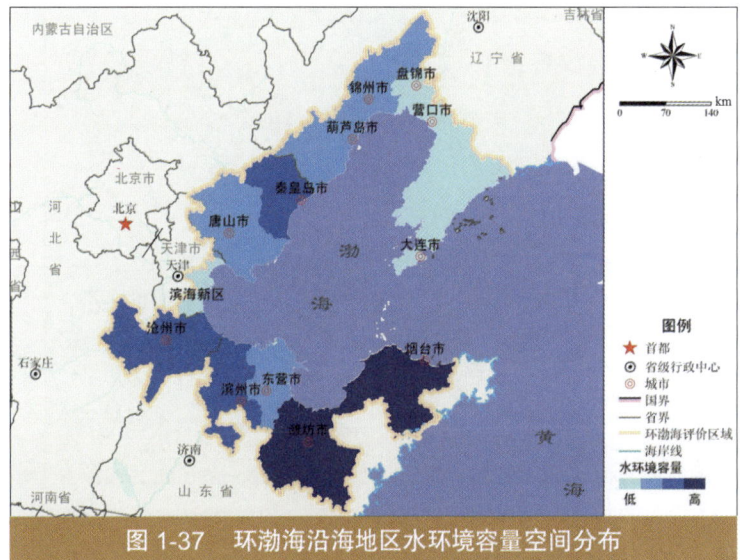

图 1-37　环渤海沿海地区水环境容量空间分布

注：烟台、大连的水环境容量只计算了进入渤海的河流水环境容量。

4.2.4　近岸海域环境容量

以《中国近岸海域环境功能区划》中海域环境功能区对应的海水水质为目标，采用分担率方法测算渤海近岸海域容量分别为 COD 183.3 万 t/a、无机氮 5.3 万 t/a。其中，南岸近岸海域容量最大，占渤海近岸海域容量 49% 左右，尤以东营、烟台最为突出，与黄河三角洲河口、莱州湾、渤海海峡水动力条件较好、水体自净能力较强有关；北岸产业带近岸海域环境容量最小，主要原因是辽东湾湾顶形成一

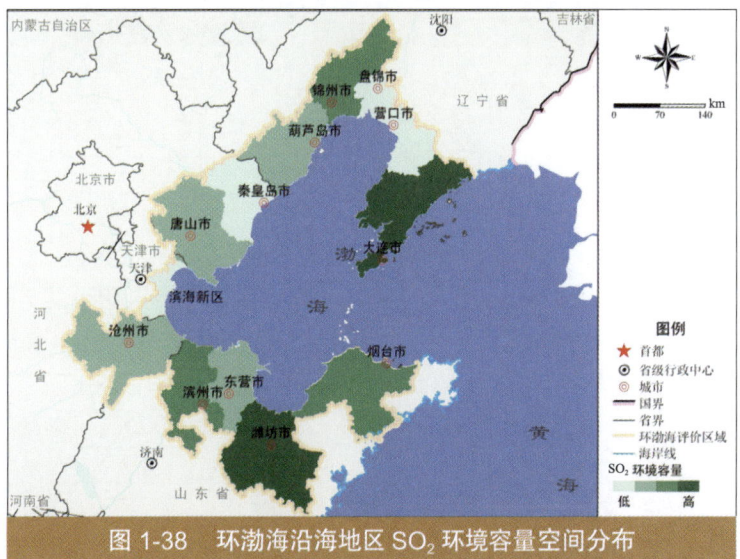

图 1-38　环渤海沿海地区 SO_2 环境容量空间分布

个顺时针环状海流，水动力条件相对较差。

计算结果表明，北岸产业带大连、锦州、葫芦岛，西岸产业带秦皇岛、沧州等城市对其近岸海域污染物分担率小于30%，可见经由这些城市入海的污染物对近岸海域污染物浓度贡献较小，主要受到经由其他沿海城市入海污染物影响；经由滨海新区和东营入海的污染物对近岸海域水质的分担率超过75%，表明其近岸水质主要受到本地入海污染物量影响，这主要是由于滨海新区位于渤海湾湾顶，水交换能力较差、污染物扩散条件不好，而黄河携带大量污染物经东营入海对其附近海域影响明显。

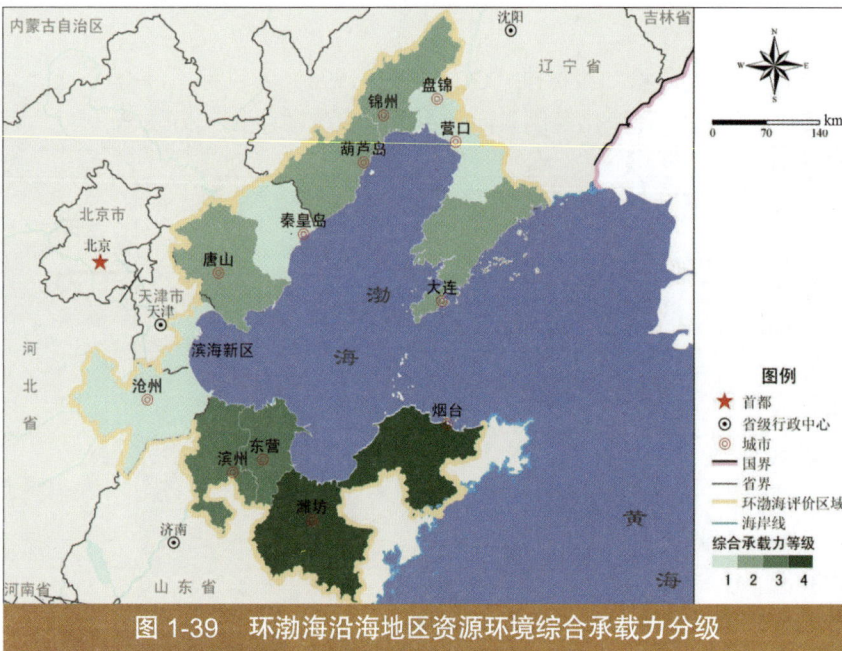
图1-39　环渤海沿海地区资源环境综合承载力分级

4.2.5 资源环境综合承载力及空间特征

综合考虑环渤海沿海地区可开发利用水资源量、水环境容量、大气环境容量、近岸海域环境容量四项指标，归一化后采用等权重均值来表征资源环境综合承载力（表1-11，图1-39）。

北岸产业带各城市综合承载力均受到水环境容量、近岸海域环境容量制约，盘锦、营口大气环境容量、水资源量相对较小，造成其综合承载力水平相对

表1-11　区域资源环境综合承载力排序及主要制约因素

产业带	等级	地区	资源环境综合承载力排序	可开发利用水资源量	水环境容量	大气环境容量	近岸海域环境容量
北岸产业带	3	大连	4	—	—	++	——
	2	营口	11	——	——	——	——
	1	盘锦	12	—	——	——	—
	3	锦州	5	——	—	+	——
	3	葫芦岛	6	+	—	—	——
西岸产业带	2	秦皇岛	10	——	+	——	——
	3	唐山	8	+	—	—	——
	1	滨海新区	13	—	——	—	——
	2	沧州	9	——	+	—	——
南岸产业带	3	滨州	3	++	+	+	——
	3	东营	7	+	—	—	++
	4	潍坊	2	+	++	++	—
	4	烟台	1	—	++	+	++

注："+"表示支撑，"++"表示强支撑，"—"表示约束，"——"表示强约束。

较低。西岸产业带综合承载力水平最低，除唐山的多年平均本地水资源量、沧州和秦皇岛的水环境容量分别优于环渤海沿海地区平均水平以外，其余城市的各项承载力指标均较低，其中，大气环境容量的制约最为突出。南岸产业带各城市综合承载力水平相对较高，除东营的大气容量、水资源量和潍坊、滨州的近岸海域环境容量相对较小外，其余各项指标均位于区域前列，其中，烟台、潍坊综合承载力水平相对区域其他地市最具优势。

4.3 区域资源环境综合承载力及利用水平评估

4.3.1 资源环境分要素现状利用水平

2007 年，环渤海沿海地区用水量为 149.6 亿 m³。本地水资源开发利用总体水平超过100%，其中，北岸产业带、西岸产业带分别达到 117%、160%。区域内各地市地表水开发利用率均超过 80%，其中，营口、葫芦岛、沧州、东营等地超过 100%。三大产业带均不同程度上出现地下水超采现象，尤以锦州、秦皇岛、唐山、沧州最为突出，2007 年以上城市抽取地下水占五个城市全社会总供水量的 70% 以上。

2007 年，环渤海沿海地区主要河流水体 COD 和 NH₃-N 在各水期不达标现象均较为普遍（表 1-12）。枯、平水期（1—5 月、10—12 月）超载程度高于丰水期，NH₃-N 超载程度高于 COD。2007 年整个区域点源 COD 入河总量为 70.6 万 t，全年超载倍数为 0.6 倍，枯、平水期超载 2.1 倍。NH₃-N 入河量 4.4 万 t，全年超载倍数达到

表 1-12　环渤海沿海地区主要水污染排放超载倍数（2007 年）						
区域	1—5 月和 10—12 月		6—9 月		全年	
	COD	NH₃-N	COD	NH₃-N	COD	NH₃-N
北岸产业带	5.8	7.0	0.1	0.3	1.5	2.0
西岸产业带	5.3	7.2	0.4	0.9	2.0	2.9
南岸产业带	0.4	2.2	− 0.5	0.1	− 0.2	0.9
环渤海沿海地区	2.1	3.8	− 0.2	0.3	0.6	1.6

1.6 倍，枯、平水期超载 3.8 倍。营口、锦州、盘锦和唐山等地 COD 超载较为严重，超载倍数从 4.2 倍到 7.8 倍不等。滨海新区在所有水期，盘锦、唐山、沧州、潍坊等 4 个城市在枯、平水期均出现 NH₃-N 超载，超载倍数最高达 3.6。重点产业污染排放贡献 COD 比例约 43%、NH₃-N 排放贡献率 19%。北岸和西岸产业带仅重点产业排污即可导致枯、平水期出现 COD 超载现象。

2007 年渤海接纳的陆域污染物排入总量为 COD 152.4 万 t、TN 17.9 万 t，其中环渤海沿海地区 COD 入海量 60.8 万 t，TN 入海量 6.9 万 t，分别占渤海接纳陆域入海量的 40.0% 和 36%。与近岸海域容量相比，TN 全面超出环境容量。其中，西岸产业带入海 TN 通量造成渤海湾超载 3 倍以上，虽然有 1/3 以上来自上游，但仅本地排放入海量就已超出渤海湾海洋环境容量的 55%；北岸产业带入海 TN 通量造成近岸海域超载 2.1 倍，其中本地排放占北岸入海 TN 通量的 41%。

2007 年环渤海沿海地区大气污染物排放量分别为 SO₂ 161.7 万 t、NOₓ 84.8 万 t，PM₁₀ 93.3 万 t。SO₂ 排放量已超出其区域环境容量的 45%。北岸产业带总体未出现大气污染物超载，但营口 SO₂ 排放超载 24%。西岸产业带大气污染物超载最为严重，SO₂、NOₓ 和 PM₁₀ 分别超载 2.3 倍、1.0 倍和 1.9 倍，其中，唐山超载现象最为突出，其 SO₂ 和 PM₁₀ 排放均超载 5 倍以上；滨海新区 SO₂ 超载 2 倍以上。南岸产业带的 SO₂ 排放总体上超出环境容量 14%，主要超载城

市为东营与滨州。环渤海沿海地区重点产业排放的 SO_2 占全区域的 87.7%，仅重点产业就可造成区域 SO_2 环境容量超载 27%。营口、东营，以及除沧州以外的西岸产业带城市的重点产业排放 SO_2 均导致本城市 SO_2 容量超载，超载倍数最高为唐山，达 5.2 倍。

4.3.2 资源环境综合承载力现状利用水平

2007 年，环渤海沿海地区社会经济发展总体上超出了本地资源环境综合承载能力的 37%。其中，西岸产业带发展压力最为突出，北岸产业带次之，南岸产业带总体上不超载。主要超载地市为唐山、滨海新区、盘锦、营口（图 1-40）。

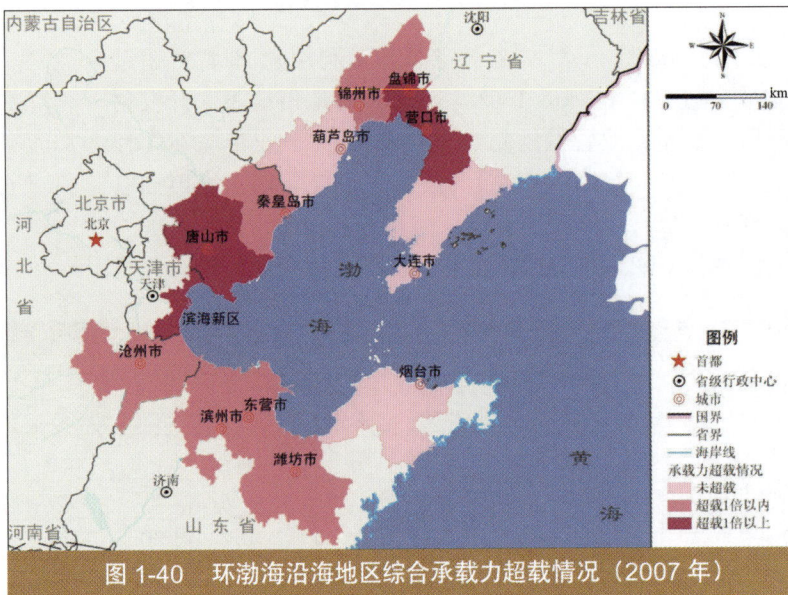

图 1-40 环渤海沿海地区综合承载力超载情况（2007 年）

北岸产业带资源环境综合承载力利用现状水平总体超载 0.5 倍，主要原因是水污染排放量大、水环境容量相对较小。其中，盘锦、营口、锦州综合承载力利用超载倍数分别达到 1.9 倍、1.6 倍、0.7 倍，这三个地市均受到水环境容量、近岸海域环境容量的制约，尤以盘锦最为突出。盘锦市位于辽河入海口，其水环境全面承接近 20 万 km^2 的辽河上游污染，近年来随着对辽河流域水污染治理工作力度的加强，辽河盘锦段治理取得了出境水质优于入境水质的阶段性成果，但主要河流断面水质仍为劣 V 类。2007 年，本地点源 NH_3-N 排放量超出环境容量 9 倍以上，由盘锦入海的 TN 超出其近岸海域容量 3 倍以上，对辽河口湿地和近岸海域环境造成长期影响。营口、锦州同样存在水环境容量超载现象，只是程度略轻。上游发展压力和本地有限的水环境容量已成为北岸产业带，尤其是辽东湾湾顶城市未来发展的主要制约。

西岸产业带总体超载 1.7 倍，各类污染物排放均大幅超出本地区环境容量。其中，滨海新区、唐山分别超载 3.0 倍、2.5 倍，沧州、秦皇岛超载倍数也达到 1.0 倍、0.4 倍。西岸产业带是环渤海沿海地区承载力水平相对较低的区域，其大气环境容量的制约尤为突出，除沧州外其他三个城市大气污染物全面超出环境容量，最高超载倍数达到 5 倍以上，主要原因是由于其大气环境容量相对较小与大规模布局的电力、化工、冶金等重点产业之间矛盾突出。滨海新区、沧州属于典型的"九河下梢"地区，海河、子牙河等多条河流在其境内汇合入海，上游入境断面长期不达标；由于本地水环境容量有限、污染排放量相对较大，仅点源排污就造成滨海新区、沧州 NH_3-N 超载分别达 11 倍、2 倍以上，COD 超载分别接近 4 倍、2 倍。大气环境和水环境容量不足是该地区今后重点发展的关键性约束之一。

南岸产业带资源环境承载力利用水平总体上不超载，但滨州、东营、潍坊三个城市均有不同程度超载，主要原因是点源 NH_3-N、SO_2 排放量普遍超出环境容量，且经由三个城市入海的 TN 也超出相应近岸海域环境容量的 2 倍以上，致使黄河口附近海域长期处于较重污染状态。

5 重点产业发展中长期环境影响和生态风险预测

5.1 社会经济及重点产业发展情景

5.1.1 社会经济发展情景

根据五大区项目总体设计要求，对环渤海沿海地区区域经济与重点产业到 2015 年、2020 年的发展趋势设计了三种情景，分别代表以下含义。

情景一：国家战略发展目标情景。根据"十六大"报告提出的 GDP 到 2020 年较 2000 年翻两番，"十七大"报告提出的人均 GDP 到 2020 年较 2000 年翻两番的目标，环渤海沿海地区 GDP 年均增长率到 2015 年、2020 年分别为 8.2% 和 7.7%，二产比重将分别达到 69%、72%。

情景二：区域规划目标情景。情景二梳理了各地市及相关区域发展规划，最大限度地考虑了地方发展意愿。到 2015 年、2020 年 GDP 年均增长率分别为 12% 和 10%，二产比重将分别达到 61%、70%。

情景三：趋势外推增长情景。考虑近十年来环渤海沿海地区产业发展趋势、产业发展阶段，采用指数平滑模型对未来产业发展规模进行趋势外推预测。到 2015 年、2020 年 GDP 年均增长率分别为 13.9% 和 11.9%，二产比重将分别达到 67%、74%。

通过系统梳理各级城市总体规划、区域发展规划、城镇体系规划、生态市建设规划，得出环渤海沿海地区未来总人口及城镇化水平，作为三种产业发展情景方案的社会背景。到 2015 年、2020 年，环渤海沿海地区总人口将分别达到 6 300 万人、6 800 万人，分别比 2007 年增长 16.2%、25.4%。全区域城镇化率分别达到 58.0%、67.4%，分别比 2007 年上升 14.5 个百分点、23.9 个百分点。三个产业带人口比重大体相当，西岸产业带人口密度最大、北岸产业带最小。

5.1.2 重点产业发展情景

基于国家、区域、省市发展规划和行业规划梳理，设置环渤海沿海地区各地市工业及重点产业未来发展情景。预测水平年内工业仍将保持快速发展态势，是区域经济发展的主要推动力。2020 年，地区生产总值、工业总产值将分别比 2007 年增长 3.0 ～ 5.0 倍、3.3 ～ 5.6 倍（以 2007 年不变价计），其中，工业增加值占 GDP 比重上升至 62% ～ 67%，比现状提高 7 ～ 12 个百分点（表 1-13）。

预测水平年内环渤海沿海地区仍将处于重化工业发展阶段。不同发展情景下，重点产业产值、主要产品产量均呈较快上升趋势。其中，冶金、石油、装备行业三大行业在工业中所占

表 1-13	环渤海沿海地区重点产业发展情景					
	情景一		情景二		情景三	
	2015 年	2020 年	2015 年	2020 年	2015 年	2020 年
GDP 增长倍数	1.9	3.0	2.5	4.0	2.8	5.0
工业总产值增长倍数	2.2	3.3	2.6	4.5	3.0	5.6
工业增加值占 GDP 比重 /%	64	67	59	62	60	62
重点产业比重 /%	76	81	73	75	74	73

注：预测数据基于 2007 年不变价。

重点产业	情景一		情景二		情景三	
（现状产值为1）	2015	2020	2015	2020	2015	2020
黑色金属冶炼及压延业	2.5	4.1	2.9	5.2	3.5	6.2
石油加工及炼焦业	2.5	4.3	3.0	5.4	3.5	6.6
装备制造业	2.4	4.1	2.8	5.1	3.3	6.2
化工行业	2.3	3.6	2.7	4.5	3.0	5.4
电力热力生产及供应业	2.3	3.5	2.7	4.5	3.3	5.6
食品加工业	2.2	3.5	2.5	4.3	3.0	5.4
纺织业	2.3	3.6	2.7	4.6	3.1	5.4
造纸业	2.3	3.6	2.6	4.2	2.9	5.1
非金属矿物制品业	2.2	3.4	2.5	4.2	3.0	4.9

表 1-14　环渤海沿海地区重点产业发展情景与现状产值对比

注：表中数据基于2007年不变价。

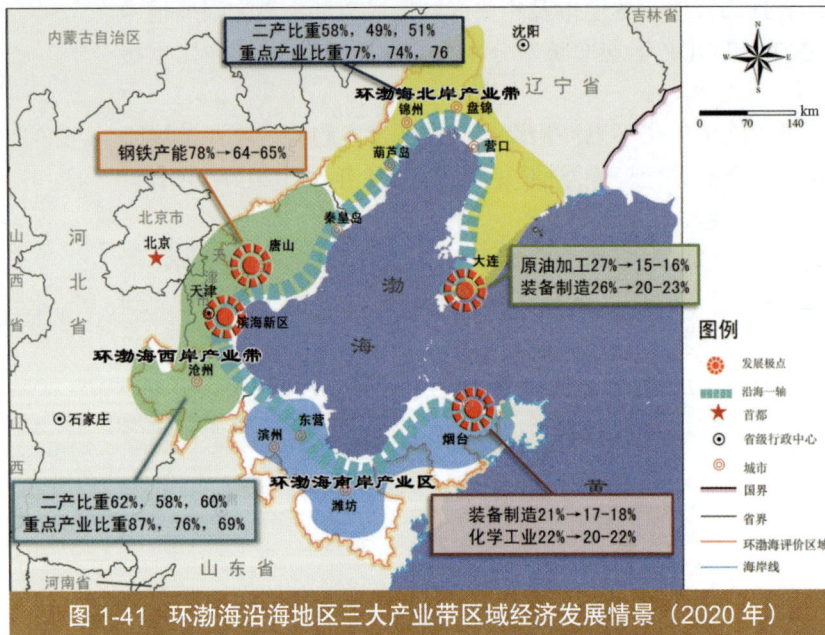

图 1-41　环渤海沿海地区三大产业带区域经济发展情景（2020 年）

注：图中绿色框中比例分别对应三种情景方案；红色框中比例代表重点产业在环渤海沿海地区同行业中所占比重。

比重持续提高，电力、化工、食品、造纸等行业比重变化不大，非金属行业比重略有下降（表 1-14）。

北岸产业带石油、装备制造业仍然占有较大优势，地位略有下降。西岸产业带石化、装备制造业、冶金行业规模进一步集聚，化工行业发展迅速，地位上升。南岸产业带化工行业优势增加，造纸、纺织业规模进一步扩张，相对优势地位略有下降（图 1-41）。

5.1.3 资源环境效率水平

提高重点产业的资源环境效率水平是提高区域资源环境承载能力的重要手段之一。综合考虑环渤海沿海地区的经济和生态战略地位、重点产业发展基础、技术进步、环境保护要求等因素，情景方案中设定环渤海沿海地区资源环境效率水平的总体原则为：2015 年资源环境效率水平应达到国内先进，2020 年应力争达到国际先进水平。

环渤海沿海地区单位GDP 能耗高于全国平均水平20%。情景方案中，未来能源利用效率变化沿用国家"十一五"期间节能目标，到2015 年整个区域单位 GDP 能耗比2010 年下降20%，到 2020 年单位 GDP 能耗比 2015 年再降低 20%。

环渤海沿海地区水资源利用效率相对较高，但考虑到该地区未来用水紧张程度将持续加大，必须通过技术进步、节水措施、结构调整等手段，进一步提高水资源的利用效率。按前述原则，确定 2015 年、2020 年单位工业产值用水量分别比现状降低 38%、63%，到 2020 年重点产业用水重复利用率达到或优于节水型社会水平。

环渤海沿海地区主要污染物排放强度较高，重点产业污染排放强度水平还有较大提升空间。综合考虑重点产业现状排污，参考全国平均水平与先进水平，及当前国际先进水平，确定不同重点产业主要污染物排放强度的降幅。2015 年、2020 年单位工业产值水污染排放强度分别比现状降低 40% ～ 45%、60% ～ 65%，单位工业产值大气污染排放强度分别比现状降低 45% ～ 55%、60% ～ 70%；2020 年，重点产业主要污染物排放强度达到国内先进水平。

生活污染排放预测按以下原则确定：一是由于生活水平提高以及节水器具、节水方法推广，环渤海十三地市人均生活用水量维持 2007 年水平不变。二是城镇生活污水处理率以 2007 年现状水平为基准，根据环渤海十三地市相关规划目标确定预测年处理水平；污水处理厂出水水质达到一级 B 标准。

5.2 重点产业发展与海岸带保护之间矛盾进一步突出

5.2.1 产业用地需求扩张，海岸带生态保护压力剧增

根据环渤海三省一市 2006—2020 年土地利用总体规划，到 2020 年，环渤海沿海地区可提供的新增建设用地指标为 2 504 km²。北岸产业带的大连，西岸产业带的唐山和沧州，以及南岸产业带规划土地供给量较大，其中大连规划未来土地供给量可达到 444 km²，占环渤海沿海地区新增建设用地近 1/6。规划新增建设用地相当一部分用于保证重点产业发展空间。

根据各地产业集聚区规划，到 2020 年环渤海沿海地区主要产业集聚区规划的新增用地面积达 3 370 km²，将超出整个区域土地利用规划提供的新增用地指标 35%。其中，海岸带 10 km 范围内建设用地规模持续快速扩张（图 1-42），新增建设用地面积将达 2 217 km²，占环渤海沿海地区新增建设用地总规模的 66%，平均年增长率为 6.2%，比 1995—2007 年均用地增长率高出 0.2 个百分点。

新增建设用地将占用 2 527 km² 耕地、970 km² 海域、993 km² 水域、498 km² 滩涂、1 258 km² 盐田和 217 km² 沼泽与苇地。其中，51% 的耕地、58% 的水域、35% 的滩涂和 83% 的沼泽与苇地用于绿地和水面，较好保持原态或易恢复原貌。但仍有 1 228 km² 耕地、414 km² 水域、326 km² 滩涂和 37 km² 沼泽与苇地转为城市建设和产业发展用地，具有不可逆转性。整体来看，用地扩张均以占用耕地、海域、滩涂为主，注重对未利用地的开发与利用，对提高已有建设用地集约化利用水平考虑不足。

西岸产业带产业用地需求与新增建设用地指标的矛盾最为突出，两者相差 1 000 km² 以上。虽然大部分产业集聚区规划占用的土地属未利用地范畴，但仍将占用新增建设用地指标。由于各地市重点产业发展用地日趋紧张，相当一部分地区将滨海滩涂、苇地、盐田等具有一定生态功能的海岸带湿地作为产业发展基地进行开发建设，

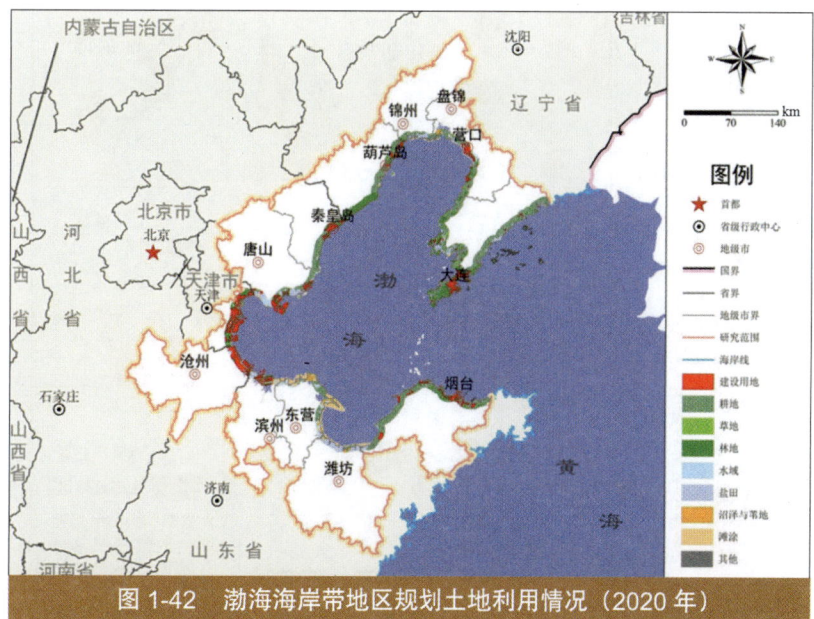

图 1-42　渤海海岸带地区规划土地利用情况（2020 年）

虽然从一定程度上缓解区域用地紧张局面，但也对海岸带自然生态保护造成了负面影响。

目前，环渤海沿海地区产业集聚区土地粗放利用问题较为突出，容积率、建筑密度较低，甚至远低于全国平均水平，其土地利用集约化水平还有较大提升空间。参考国内产业集聚区用地先进水平，按土地利用效率年均提高 5% 计算，到 2020 年除西岸产业带滨海新区、唐山、沧州，以及南岸产业带烟台外，环渤海沿海地区其他地市土地可供给量将能满足重点产业的用地需求。

5.2.2 海岸线整体上向海域延伸，自然岸线比重持续下降

随着环渤海沿海地区重点产业发展，围海造地、人工建设等大量人类活动将进一步影响现有海岸线空间形态和构成。北岸产业带沿海经济带一线众多产业集聚区，西岸产业带唐山湾"四点一带"产业基地、天津滨海新区、沧州渤海新区，南岸产业带滨州北海新区、东营港经济开发区、潍坊滨海经济开发区等均位于海岸带地区，将使得人工岸线长度大大增加，海岸线出现整体向海域延伸趋势。

预计到 2020 年，渤海海岸线总长将达到 2 849.9 km，比现状增长 3.9%；人工岸线达到 968.9 km，比现状增长 45.7%；自然岸线长度降低至 1 880.9 km，比现状减少 9.5%。未来自然岸线占海岸线总长的比例将由目前 76% 下降到 66% 左右。其中，西岸产业带人工岸线长度增长最为突出，沧州、滨海新区、唐山分别达 7 倍、2 倍、0.6 倍以上。沧州、滨州、滨海新区、盘锦自然岸线长度分别减少 100%、80.5%、67.5%、59.9%。

预计未来产业集聚区建设将占用重点保护岸线 23.8 km，占重点保护岸线总长 28.6%，主要集中在北岸产业带大连长兴岛和锦州西海工业区，以及西岸产业带秦皇岛至渤海新区一线（表 1-15）。今后建设活动中应当避开重点保护岸线，已占用的部分应逐步退出并开展生态恢复。

表 1-15   未来规划建设产业区占用重点保护岸线情况

未来规划建设产业集聚区	占用重点保护岸线 /km	重点岸线保护目标
大连长兴岛临港工业区	3.8	斑海豹国家级自然保护区
锦州西海工业区	0.3	砂质岸线
秦皇岛沿海	7.3	砂质岸线
唐山湾"四点一带"	9.7	砂质岸线
天津滨海新区	1.5	古海岸与湿地国家级自然保护区
沧州渤海新区	1.2	海兴湿地、南大港湿地

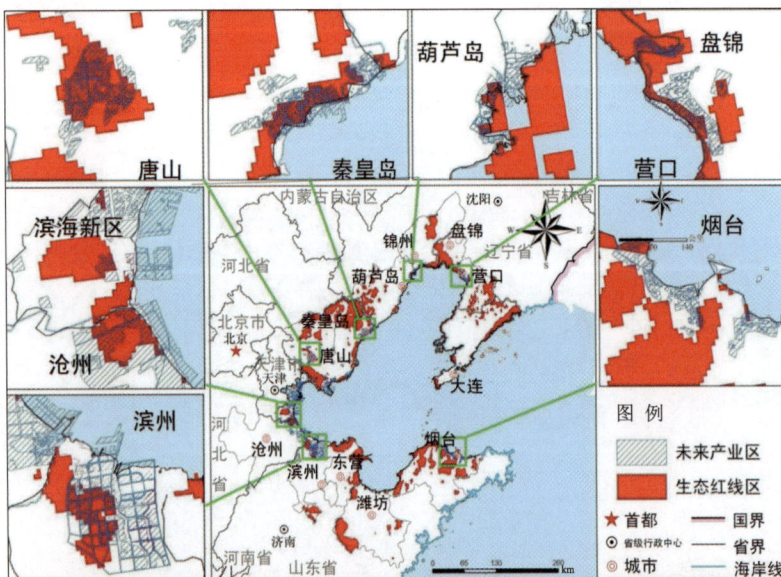

图 1-43   重点产业集聚区发展用地规划与生态红线区的空间冲突

5.2.3 沿海产业集聚区与生态红线区的空间冲突加剧

2020 年环渤海沿海地区重点产业聚集区用地规划与生态红线区存在一定空间冲突（图 1-43）。

总体来看，2020 年重点产业集聚区规划用地与生态红线的空

间冲突不大，从维持生态系统功能和结构稳定性的角度来说是可行性的，但部分重点产业集聚区规划应当做适当调整，尽量避开生态红线区域。其中，盘锦辽滨沿海经济区位于红线区内，海水入侵、风暴潮等灾害风险较为突出，且对大辽河口芦苇湿地保护造成一定影响。秦皇岛北部沿海产业区与红线区有所重叠，海水入侵风险较为突出。唐山中部产业区与红线区冲突较明显，综合自然风险和灾害风险水平相对较高。沧州渤海新区规划与南大港湿地保护区、海兴湿地保护区存在一定冲突。滨州北海新区易受海水入侵、风暴潮影响，且与古贝壳堤岛与湿地保护区存在一定冲突。葫芦岛北港工业区、天津滨海新区、烟台沿海产业发展用地与生态红线的冲突相对较小。

5.3 规模快速扩张导致区域用水紧张态势和水污染加剧

5.3.1 重点产业需水量持续增长，区域用水紧张态势更趋严峻

根据水利部全国主要流域水资源配置方案和环渤海三省一市有关规划，2020 年环渤海沿海地区可供水量为 203.8 亿 m³，比 2007 年增加 36.2%；外调水量达到 41.8 亿 m³（不包括环渤海沿海地区内各市之间的调水量），比 2007 年增长 1.1 倍，占总可供水量 20.5%，比现状增加 7 个百分点。到 2020 年三大产业带中，南岸产业带可供水量最大，可达 80.2 亿 m³，主要是依赖于南水北调水量和引黄水量，二者占南岸产业带外调水量的 70% 以上；西岸产业带使用再生水、海水等非常规水源的比例最高，将达 5.5 亿 m³，占可供水量的 8.0%；北岸产业带可供水量主要由入境水提供（图 1-44）。

不同情景条件下，2020 年重点产业需水量将达到 27.4 亿～42.2 亿 m³，比现状增加 1.4～2.2 倍。其中，北岸产业带重点耗水行业是石油、装备制造和能源，主要包括大连的石油、装备和能源行业，锦州的石油行业。西岸产业带冶金、能源、装备行业用水量大，主要包括唐山的冶金、能源，滨海新区的装备制造。南岸产业带集中了化工、造纸、纺织、农产品加工等耗水型行业，重点产业用水量在三个产业带中居于首位，装备、化工行业用水量大，两者用水占环渤海南岸产业带重点产业用水近一半。

未来环渤海沿海地区用水紧张态势将进一步加重。即使考虑外调水量，区域水资源承载力也只能支撑情景一条件下的重点产业发展，且重点产业供水系数 2015 年、2020 年分别提高至 0.20、0.22，比现状增加了 0.06～0.08。通常情况下，工业供水系数小于 0.2，如超出这一阈值，工业发展与农业、生活等其他部门争水局面将不可避免，还可能造成生态用水被大量挤占，河流水体环境容量降低等一系列负面影响。就此而言，未来区域重点产业发展情景一，将达到环渤海沿海地区水资源承载力上限。情景二条件下，葫芦岛和烟台的水资源均不能承载重点产业发展规模，其他地区也仅能勉强支撑。情景三条件下将全面突破区域水资源的承载能力。

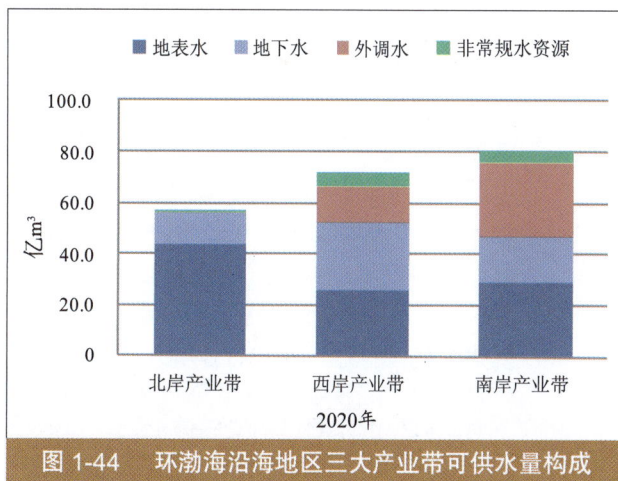

图 1-44　环渤海沿海地区三大产业带可供水量构成

5.3.2 COD 污染排放大幅增加，河流水体容量仍将全面超载

不同发展情景下，2020 年环渤海沿海地区排放 COD 污染物总量 176 万～210 万 t。其中，点源排放量 78 万～111 万 t，比 2007 年增长了 51.4%～80.0%，工业污染排放增长 46.3%～93.4%（表 1-16）。由于生活源排放基本得到有效控制，全区域点源 NH_3-N 排放总量较现状年降低 20% 以上。

2020 年环渤海沿海地区点源排放 COD 入河量 60 万～85 万 t，情景一与现状基本持平，情景二、情景三分别比现状入河量增加 18%、41%，超出整个区域河流水体环境容量的 40%～110%（表 1-17）。2020 年区域 NH_3-N 入河量 3.3 万～4.1 万 t，为现状的 62%～77%，但由于污染排放基数较大、环境容量相对有限，河流水体 NH_3-N 容量超载倍数仍达到 0.4～0.8。

表 1-16　环渤海沿海地区三个产业带点源 COD 排放量预测　　　　　单位：万 t

区域	2007 年		2015 年				2020 年			
	生活	工业	生活	工业			生活	工业		
				情景一	情景二	情景三		情景一	情景二	情景三
北岸产业带	13.7	15.3	7.8	16.5	18.1	21.1	8.3	16.2	19.8	24.7
西岸产业带	17.2	11.0	6.7	18.3	20.3	26.7	8.3	17.7	23.8	34.2
南岸产业带	12.3	10.2	7.4	19.0	21.6	22.8	7.6	19.5	24.6	27.6
环渤海沿海	43.2	36.5	21.9	53.8	59.9	70.6	24.2	53.4	68.2	86.6

表 1-17　环渤海沿海地区水环境容量超载倍数（2020 年）

区域	情景一		情景二		情景三	
	COD	NH_3-N	COD	NH_3-N	COD	NH_3-N
北岸产业带	0.6	0.5	0.8	0.5	1.1	0.7
西岸产业带	0.9	0.7	1.3	0.9	2.1	1.2
南岸产业带	0.1	0.3	0.3	0.4	0.4	0.6
环渤海沿海地区	0.4	0.4	0.7	0.6	1.1	0.8

从空间来看，不同情景条件下三大产业主要污染物排放仍将超出水环境容量。其中，西岸产业带水体超载问题尤为突出，COD、NH_3-N 容量超载分别高达 0.9～2.1 倍、0.7～1.2 倍，情景二和情景三仅重点产业排污就可导致水体 COD 容量超载，主要污染源为唐山造纸行业、滨海新区化工、装备制造行业等。如果按滨海新区最新规划，到 2020 年将达到 550 万人口，水污染控制和基础设施建设要求更高。北岸产业带水环境 COD 和 NH_3-N 容量超载倍数分别达到 0.1～0.4、0.3～0.6，其中，盘锦、营口水环境容量较小，主要污染源包括化工、石油行业等。南岸产业带规划发展较大规模的化工、纺织、造纸等重点产业 COD 和 NH_3-N 排放量较大。其中，潍坊的化工行业、纺织行业、农产品加工业，烟台的纺织行业、化工行业，滨州的化工行业、纺织行业等水污染排放强度较大的重点产业发展将导致环境容量超载。

5.3.3 近岸海域污染总体上减轻，但重点海湾污染仍然严重

假设预测水平年内流域上游污染物入海量与现状相同，三种情景条件下，2020 年 COD

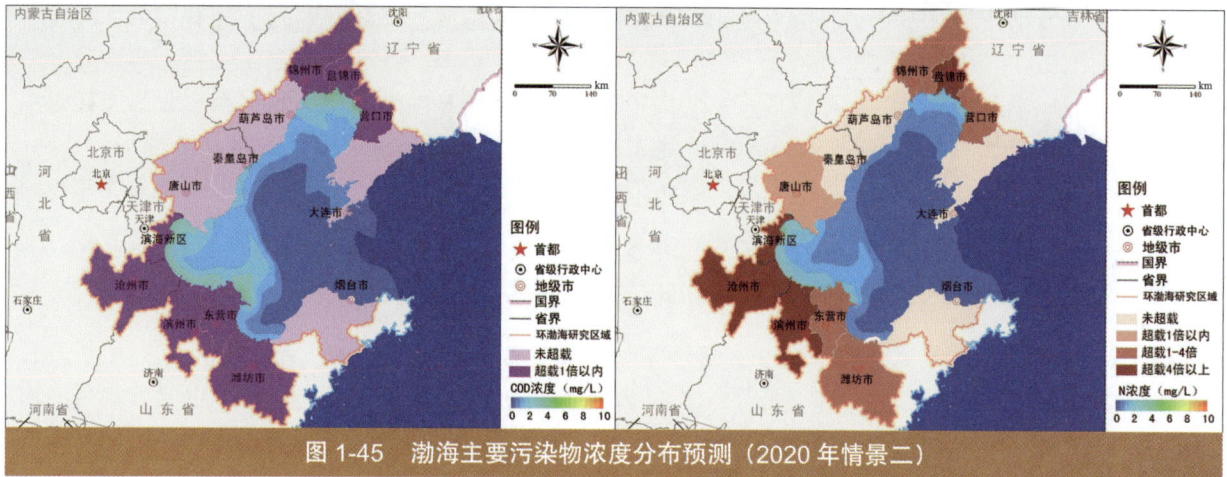

图1-45 渤海主要污染物浓度分布预测（2020年情景二）

入海量将分别比现状年增长 1.2%、6.6%、12.1%，其中进入莱州湾和渤海湾的 COD 增幅最高可达17.5%；TN 入海量则下降10% 左右。

2020 年，渤海全海域污染物浓度分布与现状基本一致，浓度高值区主要集中在辽东湾顶部、渤海湾和莱州湾沿岸，以及黄河口附近水域；从三个海湾向海盆中央，浓度依次

表1-18 渤海海洋水质功能区面积变化		清洁（一类）	较清洁（二类）	轻度污染（三类）	中度污染（四类）	严重污染（劣四类）
情景一	2020年/km²	44 813	7 934	5 126	4 375	35 851
	绝对变化/km²	1 012	1 029	−522	620	−2 139
	相对变化/%	2.3	14.9	−9.2	16.5	−5.6
情景二	2020年/km²	44 617	7 591	5 387	4 326	36 177
	绝对变化/km²	816	686	−261	571	−1 812
	相对变化/%	1.9	9.9	−4.6	15.2	−4.8
情景三	2020年/km²	44 324	7 428	5 534	4 245	36 569
	绝对变化/km²	522	522	−114	490	−1 420
	相对变化/%	1.2	7.6	−2.0	13.0	−3.7

注：表中"绝对变化"和"相对变化"均指2020年各类水质面积与2007年相应面积的比较。

降低，渤海中部海区水质状况维持良好。在主要河流入海口处，污染物浓度相应增加（图1-45）。

由于环渤海沿海地区陆源排放 TN 入海量降低，渤海水质污染状态总体上呈减轻趋势。不同情景方案下，2020 年达到清洁和较清洁海水水质标准的水域面积均比 2007 年有所增加，增幅为 8.8%～17.2%，严重污染水域面积减少了 3.7%～5.6%，中度污染海域面积增加了13%～16.5%（表1-18）。

5.4 重点产业结构重化造成区域性大气污染加重

5.4.1 区域能源消耗和碳排放量上升，重点产业比重降低

未来环渤海沿海地区能源消耗总量和碳排放总量持续增长。2020 年，三种产业发展情景下的能源消费量将达到 2007 年的 1.5～2.8 倍，碳排放量达到 2007 年的 1.7～3.0 倍。唐山、滨海新区、大连三个发展极点的能源消耗和碳排放量较大。其中，唐山冶金行业能耗与碳排放最为突出，三种方案下均占全区域冶金行业能耗和碳排放总量的 60%、70% 以上，约占整个环渤海沿海地区重点产业能耗和碳排放总量的 13%、14%。工业能耗和碳排放占全社会的

比重有所下降。其中，情景二 2020 年工业能耗和碳排放占全社会能耗和碳排放 63% 左右，相比 2007 年下降了 6% 左右。

环渤海沿海地区高耗能行业主要集中在石油、冶金、能源和化工等重点产业，能耗比重和碳排放比重在 80% 左右，与 2007 年主要高耗能行业能耗和碳排放比重基本持平。其中，冶金行业依然是地区能耗和碳排放最高的行业，加上石油行业两者占区域重点产业能耗和碳排放一半以上。

5.4.2 主要大气污染物排放量增加，大气环境容量超载更为严重

2020 年环渤海沿海地区 SO_2 排放量将达 172 万～301 万 t，NO_x 排放 102 万～177 万 t，粉尘排放 58 万～112 万 t，烟尘排放 87 万～151 万 t。三种产业发展情景下主要大气污染物排放量均呈增长趋势，其中情景一增幅较小，2020 年增幅小于 20%，情景三主要污染物排放增幅接近 1 倍。

2020 年，三个情景条件下整个区域 SO_2 排放量分别超出环境容量 0.5 倍、1.2 倍、1.7 倍，NO_x 排放量超出环境容量 0.1 倍、0.6 倍、1.0 倍（表 1-19）。情景一条件下，PM_{10} 排放量未超出环境容量，情景二、情景三 PM_{10} 排放分别超载 0.2 倍、0.6 倍。西岸产业带大气环境容量相对较低，冶金、非金属、能源等重点产业规模快速扩张，SO_2、NO_x 排放占全区域 40% 以上，造成西岸产业带超载问题更为突出，2020 年 SO_2、NO_x 超载倍数将分别达到 2.3～5.4 倍、1.3～3.4 倍；三种情景方案条件下，仅重点产业污染排放就超出 SO_2、NO_x 大气环境容量

表 1-19　环渤海沿海地区主要大气污染排放超载倍数（2020 年）

区域	情景一		情景二		情景三	
	SO_2	NO_x	SO_2	NO_x	SO_2	NO_x
北岸产业带	－ 0.2	－ 0.4	0.2	－ 0.1	0.5	0.2
西岸产业带	2.3	1.3	3.8	2.3	5.4	3.4
南岸产业带	0.4	－ 0.03	0.7	0.2	1.0	0.4
环渤海沿海地区	0.5	0.1	1.1	0.5	1.7	1.0

的 1.3～2.7 倍和 0.6～1.6 倍。预测水平年内，南岸产业带 SO_2 污染排放超载 0.4～1.0 倍，NO_x 排放未超出环境容量。北岸产业带在情景二、情景三条件下，SO_2 排放分别超出环境容量 23%、52%。

预测水平年内，重点产业污染排放占全社会的 60% 以上，其中，电力、冶金、非金属行业是环渤海沿海地区的主要污染排放行业贡献率占重点产业排放量的 80% 以上。情景一条件下，区域重点产业污染物排放将得到一定控制，重点产业 SO_2 排放量比现状年下降了 16%，其他污染物增幅较小，重点产业对大气容量的占用控制在合理水平。情景二、情景三条件下，2020 年重点产业排污量较现状年增幅在 7% 以内。

5.4.3 大气污染程度加重，高污染区域进一步扩大

到 2020 年，北岸产业带的营口，西岸产业带的唐山、滨海新区，南岸产业带的滨州、东营等现状高污染区污染程度将加重，高污染区域还将进一步扩大（图 1-46）。

与现状相比，SO_2 年均浓度值增幅较大地区包括唐山、营口、东营，年均浓度超标区域面积将增加 1 倍以上，主要分布在唐山、营口和滨州，烟台、潍坊的 SO_2 污染面积将有明显扩张。NO_x 增幅较大的地区为唐山、滨州，唐山年均浓度超标，营口、滨海新区、东营也接近于国家二级标准。PM_{10} 增幅较大的地区为营口、东营、烟台，营口、唐山、东营 PM_{10} 年均超标，PM_{10} 超标面积大幅增加。

2020 年 SO$_2$ 年均浓度分布

对比 2007 年 SO$_2$ 年均浓度增量

2020 年 NO$_x$ 年均浓度分布

对比 2007 年 NO$_x$ 年均浓度增量

2020 年 PM$_{10}$ 年均浓度分布

对比 2007 年 PM$_{10}$ 年均浓度增量

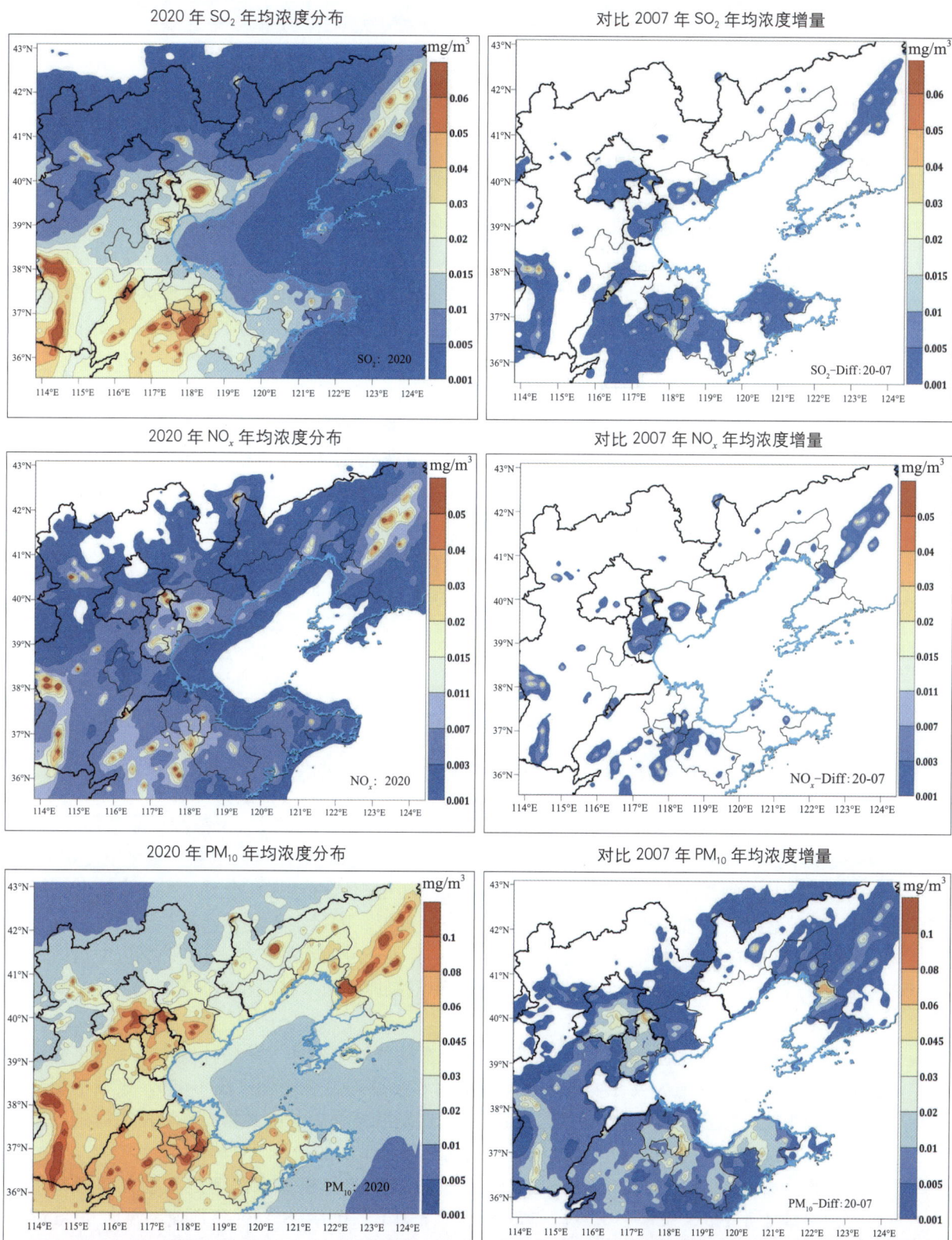

图 1-46　环渤海沿海地区大气污染物年均浓度及增量分布（2020 年）

5.5 极端环境风险和区域性生态风险态势严峻

5.5.1 极端水文气候条件将造成水系统平衡极为脆弱

在环渤海沿海地区范围内发生极端干旱气候／水文条件下，本地水资源量将显著减少。在 95% 保证率条件下，环渤海沿海地区的水资源量仅相对于多年平均条件下的 38.7%（表 1-20）。

由于环渤海沿海地区对外调水依赖性大，在一定程度上将受到调出水源区可调水量波动变化的影响。一旦调出水源区出现极端干旱气候／水文条件，可调入水量将大幅减小，在 95% 水文频率下可调水量将减少 50% 以上。如果环渤海沿海地区与调出水源区同频率极端气候同时发生，或者连续多年经历枯水年，将对环渤海沿海地区重点产业发展和经济社会正常运行造成重大影响。

在环渤海沿海地区范围内发生极端干旱气候／水文条件下，如果区域内十三个地市同时发生 95% 水文频率下的干旱气候／水文条件，即同时出现特枯年，区域水环境容量仅为多年平均的 40%，点源 COD 排放量将超出水环境容量的 3.9 ～ 5.3 倍，比多年平均水文条件下高出 3 倍以上，其中北岸、西岸、南岸三大产业带分别超载 7.8 ～ 9.9 倍、4.4 ～ 6.6 倍、2.6 ～ 3.4 倍。点源 NH_3-N 排放将由不超载转变为全面超出水环境容量 2.3 ～ 3.0 倍，北岸超载倍数最高，达到 5.2 ～ 5.9 倍，西岸产业带超载 2.1 ～ 3.0 倍，南岸产业带超载 1.7 ～ 2.4 倍。

表 1-20 不同水文条件下环渤海沿海地区本地水资源量变化		
水文条件	区域水资源 /亿 m^3	占多年平均比重 /%
50% 保证率	204.7	96.8
75% 保证率	125.0	59.1
90% 保证率	87.6	41.4
95% 保证率	81.7	38.7
多年平均（1956—2007 年）	211.4	100.0

5.5.2 极端不利气象条件下大气环境严重污染风险显著增加

大气中的污染物浓度在污染源基本稳定的前提下，主要受天气形势和气象条件的影响，重污染的形成更是与特殊的环流形势和气象条件密切相关。在极端的气象条件之下，如高温、高湿、静风、逆温等条件下，极易形成严重空气污染。近百年来，全球气候正经历着一次以变暖为主要特征的显著变化，在高温的条件下、高湿、静风等不利于污染扩散的气象条件的发生的概率和强度也将增加，这种条件下十分不利于污染物的扩散。IPCC 报告中指出，自 20 世纪 70 年代以来全球温度波动上升，环渤海沿海地区未来气温也将升高 3 ～ 4℃，降水将增加 10% 以上。

在全球气候变化背景下，环渤海沿海地区极端气候事件和气象条件发生概率将可能有所增加，由此导致区域大气环境重污染事件概率和强度均显著增加（图 1-47）。极端不利气象条件与电力、冶金、石油等高能耗重点产业快速发展相叠加，势必将对环渤海沿海地区未来大气环境造成巨大压力，大气环境严重污染的风险显著增加。

采用冬季典型污染天（2007 年 1 月 13—16 日）的气象数据，通过数值模拟可知，在地面风速小于 5 m/s 条件下，点源排放 5 万 t、8 万 t、10 万 t SO_2 可分别使下风向 90 km 处、150 km 处、200 km 处增加 10 $\mu g/m^3$ 的 SO_2 浓度，NO_x 和 PM_{10} 的同一浓度范围也与排放量显著相关。

　　根据 2005—2009 年国家气象数据观测资料中污染物浓度与超标天数和大气能见度的关系，基于大气模式预测得到主要大气污染物浓度增加 $10\ \mu g/m^3$ 条件下可能导致的大气环境风险（表 1-21）。结果表明，在冬季典型污染天气象条件下，未来重点产业发展所导致的污染物排放量增加将造成西岸产业带、南岸产业带的污染范围扩大，北岸产业带的超标天数增加相对更为显著，整个区域大气能见度将降低 0.2～1.1 km，其中西岸产业带唐山—滨海新区一带能见度可能降低 0.8～1.4 km。

表 1-21　主要污染物排放增量导致大气环境风险变化

地区	SO_2 超标区域范围 /km	SO_2 超标天数增量/d	PM_{10} 超标区域范围/km	PM_{10} 超标天数增量/d	年均能见度增量 /km
大连	180	4～6	100	6～8	−0.4～−0.6
营口	160	5～8	170	6～10	−0.3～−0.5
盘锦	40	4～6	40	4～6	−0.5～−0.8
锦州	90	4～6	100	8～10	−0.5～−0.8
葫芦岛	100	2～4	40	3～6	−0.4～−1.0
秦皇岛	95	3～5	40	4～8	−0.6～−0.9
唐山	800	6～8	850	6～10	−0.8～−1.4
滨海新区	230	6～8	80	6～10	−0.8～−1.4
沧州	150	2～4	80	10～12	−0.3～−0.5
滨州	230	3～5	80	5～8	−0.3～−0.7
东营	150	4～6	50	6～8	−0.2～−0.6
潍坊	400	2～4	200	4～7	−0.4～−0.7
烟台	230	0～1	170	5～8	−0.7～−1.1

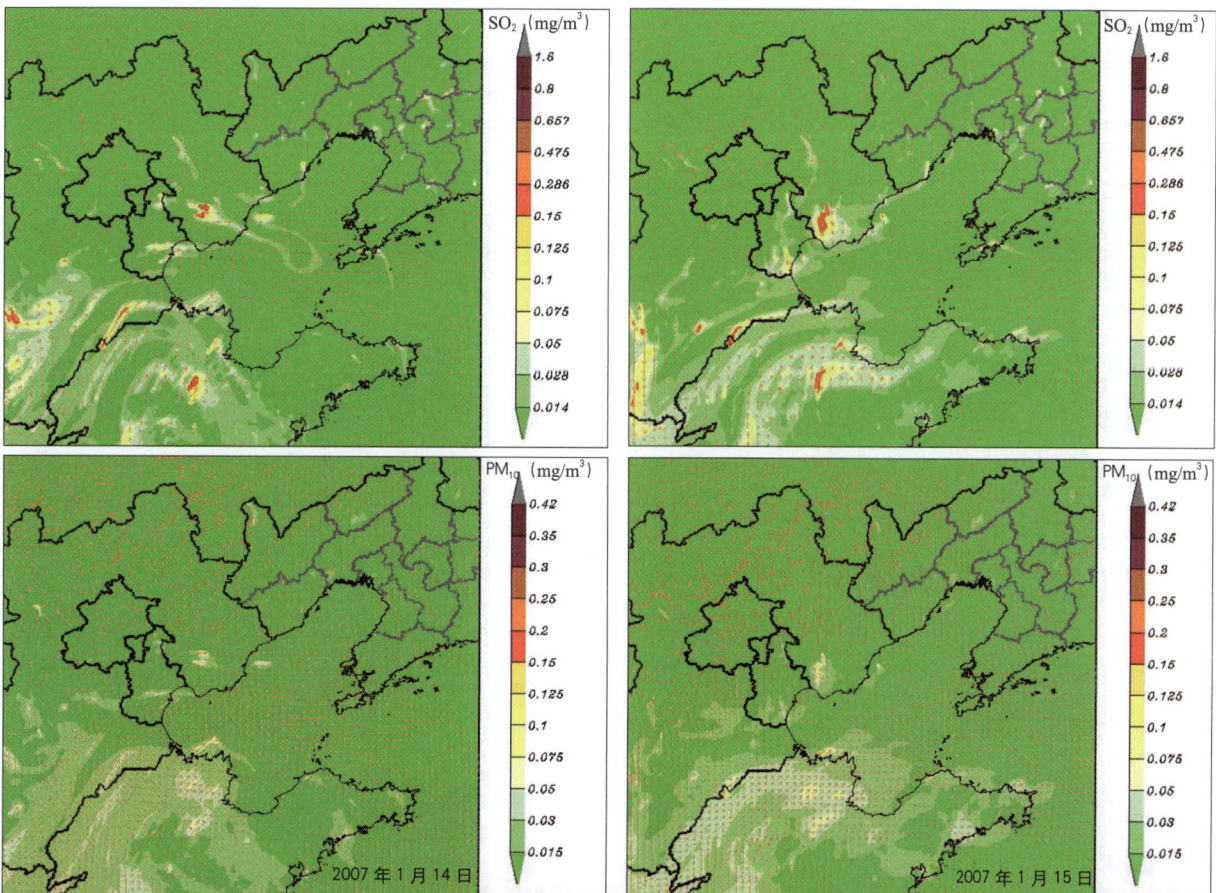

图 1-47　环渤海沿海地区冬季典型重污染个例中区域污染物扩散态势

5.5.3 海上溢油风险水平显著增加，严重威胁近岸海域环境安全

渤海是我国海上石油开发与勘探活动最集中的区域。截至 2007 年渤海累积技术可采储原油量 3.7 亿 t，占全国海上原油储量 58.6%，主要分布在渤海湾盆地、渤海中部海域盆地，剩余技术可采储量 2.8 万 t，占全国海区 77.9%。渤海从事海上石油勘探开发的单位 17 家，勘探钻井、作业平台 36 座，海上采油平台 155 座，生产油井 1 187 口。根据国内外统计测算，仅海上采油活动就可造成原油泄漏事故平均每 2 年发生 1 次，平均每次溢油量为 2 300～3 400 t。

环渤海沿海地区是国家战略重点发展的石化产业集聚区。现有炼油和石化生产能力已达到一定规模，但空间分散布局态势明显。十三个地市除秦皇岛、烟台外都将炼油、石化项目列为重点发展产业，到 2020 年将形成 1.8 亿～2.1 亿 t 炼油能力、1 300 万 t 乙烯生产能力，千万吨炼油、百万吨乙烯的大型炼化项目环围渤海的局面逐渐形成。

重化工业规模扩张拉动港口和海上运输业高速发展，天津、大连、营口、秦皇岛、黄骅、烟台等主要港口规划原油、钢铁、集装箱吞吐分别能力增加 2.0 倍、1.8 倍、2.8 倍，港口和船舶运输将导致漏油污染事件风险成倍增长，整个渤海湾、秦皇岛港周边、辽东湾两侧风险显著增大（表 1-22）。

表 1-22　渤海湾、辽东湾、黄河口溢油事故情况对比

地点	季节	影响范围/km²	污染岸线/km	抵岸时间/h	海岸累积原油/t	受威胁敏感目标	受威胁集聚区
渤海湾	夏	348	16	42	8 638	古海岸与湿地保护区	南港工业区
	冬	552	13	34	8 652	海兴鸟类保护区 贝壳堤岛与湿地保护区	渤海新区、北海新区
辽东湾	夏	—	17	52	8 134	锦州大笔架山保护区	西海工业区、北港工业区
	冬	1 044	—	—	—	—	—
黄河口	夏	813					
	冬	—	15	11	10 934	黄河口湿地保护区	东营港产业区

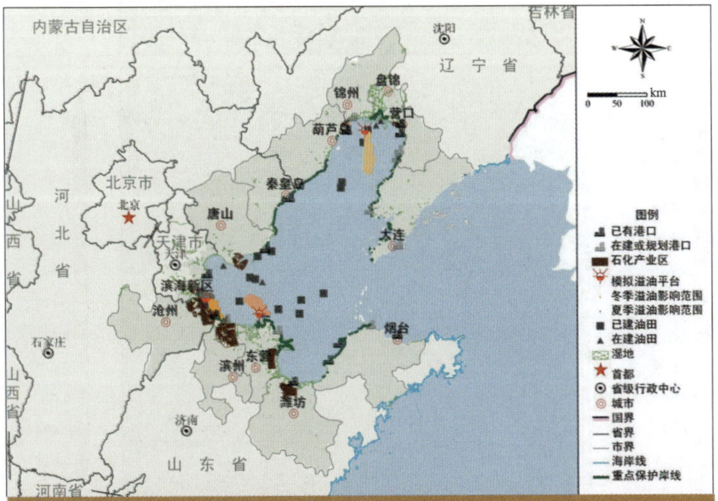

图 1-48　渤海石油开采平台典型溢油风险的影响范围模拟

综合考虑渤海区域盛行风向、风速和气温、潮流场特征等因素，分别在辽河口、渤海湾、黄河口等溢油风险较大的区域选取一个石油开采平台，采用"油粒子"方法模拟典型溢油风险事故对海洋生态环境的影响。根据全国海域近 14 年来发生溢油事故的类型和溢油量，设定平台溢油量为 1.4 万 t。考虑到溢油事故发生后，有关部门将迅速采取应急措施，因此仅对事故发生后 72 h 内溢油的时空分布变化情况进行模拟预测（图 1-48）。

在冬季盛行北风时，若溢油初始时

刻平台处于高潮位，渤海湾、黄河口平台的溢油将分别在 34 h、11 h 抵达海岸，72 h 后污染岸线长度分别达 13 km、15 km，海滩上将积累原油 0.9 万 t、1.1 万 t。渤海湾平台溢油将全面污染滨州北部的贝壳堤岛与湿地保护区的受保护岸线 8 km 左右，黄河口平台的溢油将全部堆积于东营北部的黄河三角洲保护区境内，对当地珍稀动植物、渔业资源、旅游资源等造成不可挽回的损失。辽河口平台的溢油油膜将逐渐向南偏移，油膜的面积不断扩大，影响范围达 1 044 km²，72 h 后油膜直径达到 12 km，海上原油经蒸发后剩余 0.9 万 t。

在夏季盛行东南风时，若溢油初始时刻平台处于高潮位，辽东湾、渤海湾平台溢油将分别在 52 h、42 h 抵达锦州湾、天津滨海新区海岸，72 h 后污染岸线长度分别达 17 km、16 km，海岸上将积累原油 0.8 万 t、0.9 万 t。辽河口平台溢油将造成锦州大笔架山保护区的整体污染，威胁当地海岛景观、珍稀动植物资源等；滨海新区沿岸的古海岸与湿地保护区，以及沿岸滩涂湿地将被原油侵占。黄河口平台溢油油膜将随潮流与东南风向西北方向漂移，影响范围达 813 km²，72 h 后油膜直径达到 13 km，海上原油经蒸发后剩余 0.9 万 t。

以渤海湾平台模拟结果为例说明溢油油膜的时空分布。在冬季盛行北风时，若溢油初始时刻平台处于高潮位，油膜在潮流和北风作用下向东南方向运动，约 6 h 后油膜直径为 3.8 km 左右，油膜中心距平台约 8.6 km；34 h 后，溢油到达岸边，油膜直径约 10 km；72 h 后，大部分溢油停留在海岸上，海面上只有原油 14 t，海岸上有原油 0.9 万 t，污染岸线长度达 13 km，对沧州南部海兴鸟类保护区、滨州北部贝壳堤岛与湿地保护区构成严重威胁（图 1-49）。

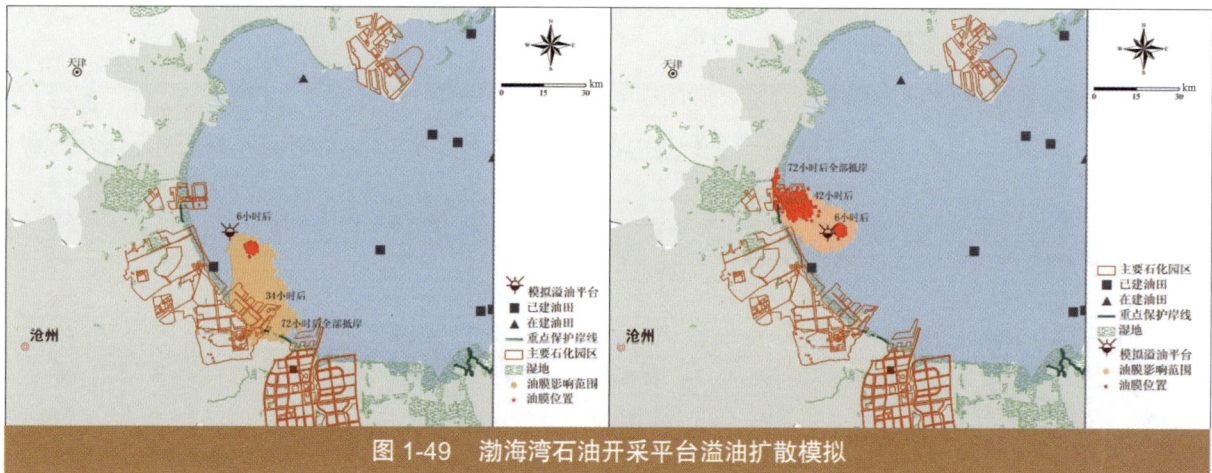

图 1-49　渤海湾石油开采平台溢油扩散模拟

（左：冬季盛行风向下；右：夏季盛行风向下）

在夏季盛行东南风时，若溢油初始时刻平台处于高潮位，油膜在潮流作用下首先向东运动，大约 6 h 后随潮流转流而转向西运动，油膜直径约 4 km。随后，在东南风的作用下，油膜有明显的向西北海岸运动的趋势，42 h 后，溢油到滨海新区附近海岸，油膜扩大到直径 12 km 左右，72 h 后，大部分溢油堆积到海岸，海面上只有原油 28 t，海岸上有原油 0.9 万 t，占溢油总数 64.3%，污染岸线长度达 16 km，威胁滨海新区北大港湿地及古海岸与湿地保护区。

流入海洋中的油及含油物质随着风流、潮流漂移扩散，漂流至海岸，将对滩涂或沿岸设施造成损害，致使渔场和养殖场受到损失，使海滨风景游览区、海水浴场、港区码头等遭受污染，对海洋环境和自然资源造成严重破坏。溢油中的多环芳烃属于持久性环境荷尔蒙污染物，具有高毒、持久、长距离迁移和高生物蓄积性等特点，具有致癌性、致突变性，对人类健康造成的危害严重而持久的。溢油事故一旦发生，几乎不可能彻底清理油污，只能靠海洋自身的修复能力，但在各种污染长期作用下，渤海近海海域的自身修复作用本来就非常有限，溢油事故的环境影响是长期且无法挽回的。

5.5.4 生态风险由局部向全局演变趋势加快

重点产业集聚区的急剧扩张导致区域生态脆弱性整体加剧、脆弱区面积不断扩大，进而造成生态风险水平持续升高。部分产业聚集区在空间上与生态红线区的接近或重叠，将导致滨岸景观格局的破碎化、重要物种的生境减小、部分珍稀濒危物种迁移廊道被阻断以及滨岸植被覆盖率的降低，降低区域生物多样性，并在不同程度上加剧了森林景观斑块消失、盐田盐土景观面积扩大、沼泽富营养化以及景观廊道受损等生态风险。其中，大连市多个国家级重点产业园区位于森林—耕地景观廊道边缘，钢铁基地唐山市重点产业集聚区多位于草地—水体—沼泽过渡区域，生态脆弱度较高。

沿海产业聚集区发展占用滨岸湿地和滩涂，使得天然湿地面积减少，造成海岸交汇带生态系统服务功能下降，生态风险等级上升。其中，长兴岛、营口鲅鱼圈、盘锦辽滨经济区、秦皇岛沿海产业基地、渤海新区、北海新区、东营港经济区等毗邻重要海岸带生态敏感区，将可能对区域重要生态功能单元保护造成一定影响，尤其是石油、化工等重点产业发展与辽河三角洲湿地、黄河三角洲湿地保护之间的矛盾将进一步凸显。

总体来看，重点产业发展将导致环渤海沿海地区景观斑块破碎化更为严重，连通性不断降低，局部地区人工生态系统占据主导，整个区域的生态服务功能将呈现下降的趋势，区域性生态风险水平持续增加（表 1-23）。

表 1-23　环渤海沿海地区主要区域生态风险变化趋势预测

	位置	生物污染物富集	赤潮	污染海域	溢油风险	暴雨山洪	海水入侵	风暴潮
重点海湾	辽东湾	—	★★	★★★	★★	—	★★★	★★
	渤海湾	★★	★★★	★★★	★★★	★★	—	★★
	莱州湾	★★★	★★	★★★	★	—	★★	★
海陆交汇带	大窑湾—大连港	—	—	★★★	★★★	—	—	★★
	蛇岛—老铁山	—	★★	—	★★★	—	—	★★
	营口鲅鱼圈	★	★★★	★★★	★★	—	★★★	★★★
	盘锦海岸带	★	★	★★★	★	—	★★★	★★
	锦州海岸带	★	—	★★	★★	—	★★★	★
	葫芦岛连山湾	★★	★★	★★★	—	—	★★	★
	唐山海岸带	★★★	★★	★★	—	★★	—	★★★
	滨海新区海岸带	★★★	★★★	★★★	★★★	★★	—	★★★
	滨州潮河入海口—黄河入海口	—	★	★★★	★	—	★★★	★★
	东营—潍坊海岸带	★★	★★	★★★	★	—	★★	★
	烟台龙王湾	—	★	★	—	—	★	—

注：★表示风险低；★★表示风险中；★★★表示风险高；—表示无该类风险。

5.6 资源环境综合承载力利用水平总体上仍将超载

综合考虑预测水平年区域用水和环境容量利用，三种情景方案的资源环境综合承载力利用水平分别为119%、145%、172%，相比综合承载力现状利用水平，情景一资源环境总体压力下降18%，情景二、情景三分别上升8%、35%（表1-24）。

环渤海西岸产业带资源环境压力依然突出（图1-50），重点产业发展大幅超出区域承载能力。其中，滨海新区、唐山大气污染物排放均超出环境容量2倍以上，导致西岸产业带综合承载力利用水平超载0.9～2.3倍。北岸产业带承载力利用水平总体趋于改善，重点产业发展与水环境容量、近岸海域容量制约因素之间矛盾仍然较为突出，主要超载区域集中在辽东湾顶盘锦和营口。南岸产业带环境容量相对较大，资源环境现状压力相对较低，但是未来重点产业发展将可能突破环境容量制约，综合承载力利用水平接近饱和甚至超载（图1-51）。

综合考虑重点产业用水以及水污染物和大气污染物排放，三种情景方案下，重点产业对区域综合承载力的利用水平均达到70%以上，其中西岸产业带仅重点产业就超出了综合承载力的35%～114%，主要制约因素为高水耗行业规模扩张较快，能源、化工、冶金行业大气污染物排放对环境容量的占用比例较高。南岸产业带重点产业占用综合承载能力65%～94%，主要影响因素为化工、造纸行业水污染物排放占用水环境容量，以及能源行业对大气污染物的贡献较大。北岸产业带重点产业占用49%～77%，主要影响因素为石油、化工两大行业的水污染物排放。

表1-24	环渤海沿海地区资源环境综合承载力利用水平			
	（2020年）		单位：%	
	2007年现状	情景一	情景二	情景三
北岸产业带	154	123	141	160
西岸产业带	267	199	258	331
南岸产业带	93	97	114	126
环渤海沿海地区	137	119	145	172

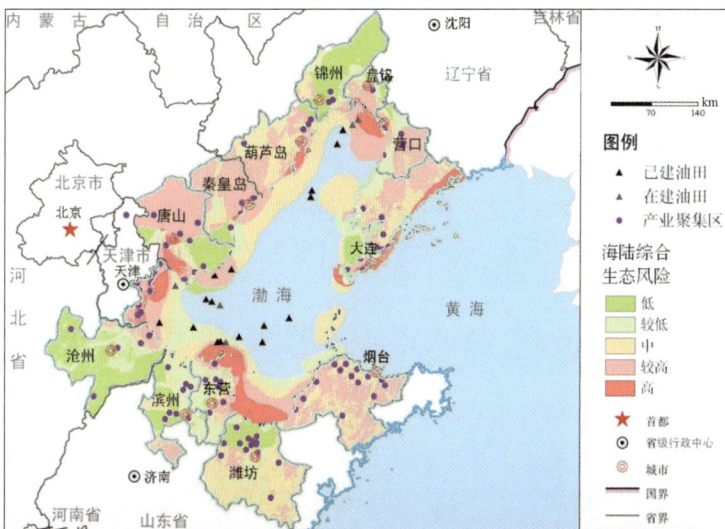

图1-50　环渤海沿海地区综合自然生态风险与重点产业集聚区叠加

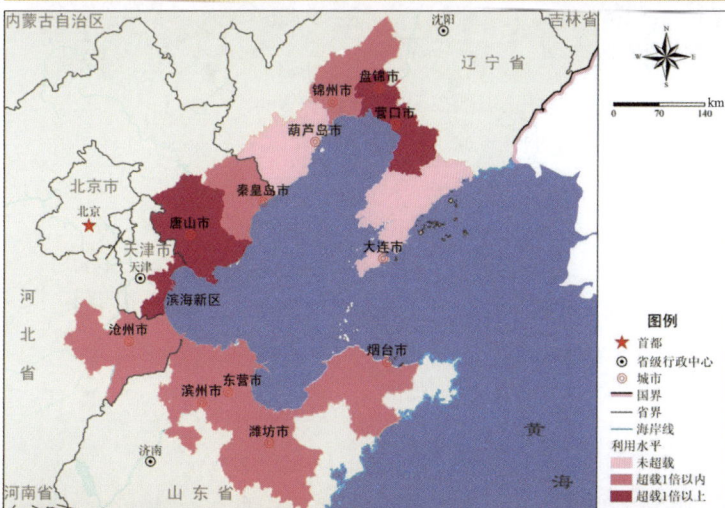

图1-51　环渤海沿海地区条件下资源环境综合承载力利用水平（2020年情景二）

6 区域重点产业优化发展的调控建议

6.1 重点产业优化发展的调控思路

　　环渤海沿海地区面临着水土资源日趋紧缺、地表水和近岸海域水质安全降低、大气复合型污染加重、海岸线和滩涂湿地破坏等一系列重要的区域性、累积性生态环境问题，如不从根本上转变发展方式，延续规模粗放扩张、结构重型化依赖、布局分散蔓延的发展方式，仅靠技术进步和末端治理，有限的资源环境承载能力和脆弱的生态空间将无法支撑未来环渤海沿海地区重点产业发展。

　　为了保证环渤海沿海地区的环境质量不持续恶化，局部地区有所改善，保障重点产业发展空间，必须依据生态空间约束和资源环境综合承载能力，坚持以环境保护促进重点产业结构优化，统筹重点产业空间布局，合理控制重点产业发展规模。根据不同地区重点产业发展特征和面临的生态环境约束，按照"北岸提升、西岸集约、南岸转型"的总体思路，以环境保护优化经济发展，实施"控规模、调结构、优布局、严标准、保底线"战略对策，提升区域资源环境对重点产业发展的支撑能力，逐步扭转重点产业粗放式、外延式和分散式的发展方式，促进环渤海沿海地区经济与环境协调发展。

6.2 区域重点产业优化发展的调控原则

　　以环境保护优化经济增长，坚持"生态功能不退化、水土资源不超载、污染物排放总量不突破、环境准入不降低"四条"红线"，确保环渤海地区社会经济整体发展不突破区域生态环境底线的目标（表1-25），实现重点产业与生态环境保护的协调、同步发展。

表 1-25	环渤海沿海地区资源环境底线控制目标		
分类	指标	2015 年目标值	2020 年目标值
生态空间管制	生态红线控制区面积 / 万 km^2	3.5	3.5
	自然岸线比例 /%	66.8	66.8
	重点保护岸线比例 /%	30.3	30.3
生态用水量	河道最小生态需水量 / 亿 m^3	105	105
	入海淡水量 / 亿 m^3	375	400
污染物排放总量（点源）	SO_2 / 万 t	128	110
	NO_x / 万 t	75	70
	COD / 万 t	65	60
	NH_3-N / 万 t	5.0	3.8
入海污染物通量	COD / 万 t	144	140
	无机氮 / 万 t	14.6	13.4

注：入海污染物通量包括上游污染输入。

6.2.1 保障生态功能不退化

　　生态红线控制区面积不减少。生态红线控制区涵盖各类法定海陆自然保护区、生态敏感性极高的区域以及生态高风险区，是环渤海沿海地区发展不可逾越的空间约束（图1-52）。环渤海沿海地区生态红线控制区总面积3.5万 km^2，其中陆地和海洋自然保护区面积分别为1.8万 km^2、0.9万 km^2，其余生态敏感性极高的区域和生态高风险区共0.8万 km^2。

　　生态红线控制区严格按照法律法规规定和相关规划实施强制性保护，严格限制不符合生态环境功能定位的开发建设活动，确保现有自然保护区面积不减少。

　　主要生态红线控制区功能不退化，

保护等级不降低。确保环渤海沿海地区主要生态红线控制区（包括全部自然保护区）生态系统功能不退化，自然保护区等级不降低（表 1-26）。重点区域包括辽河三角洲湿地生物多样性保护三级功能区，冀北及燕山落叶阔叶林土壤保持三级功能区，辽河平原、西辽河上游丘陵平原、辽东半岛丘陵、冀东平原农产品提供三级功能区，京津冀大都市群人居保障三级功能区，辽中南城镇群人居保障三级功能区的生态功能不退化。加强辽东半岛西部海域、辽河口邻近海域、辽西—冀东海域、天津—黄骅海域、辽河湾及黄河口毗邻海域、庙岛群岛海域、渤海中部海域等重要海域保护。

保障现有自然保护区等级不降低，部分重要的保护区要进一步提高等级。按照优先保护海岸带重要湿地的原则，结合地方发展意愿，建议将天津北大港湿地保护区、河北唐海湿地和鸟类保护区、河北南

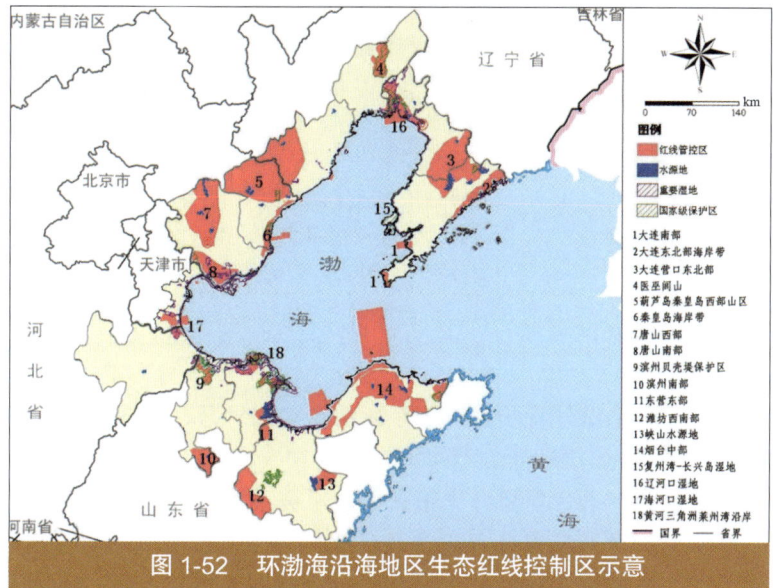

图 1-52　环渤海沿海地区生态红线控制区示意

表 1-26　环渤海沿海地区生态红线控制区名录

区位	生态保护目标
大连南部海岸带	蛇岛—老铁山、城山头、大连斑海豹国家级保护保护区、旅顺口风景名胜、金石滩森林公园等重要景观单元所在地，具有较高的生物多样性保护、休闲娱乐价值
大连东北部海岸带	风暴潮高风险区
大连营口东北部山区	碧流河水库、朱家傀子水库、英那河水库等主要城市水源地所在地，植被状况良好，暴雨山洪等生态风险较高
盘锦辽河口湿地	双台河门国家级自然保护区所在地，也是风暴潮、盐渍化、海水入侵等生态风险较高区域
锦州国家级保护区	医巫闾山国家级自然保护区、森林公园和风景名胜区所在地
葫芦岛—秦皇岛西部山区	天然森林分布地，重要城市水源地乌金塘、桃林口、洋河水库、柳江盆地国家级自然保护区所在地，森林生态系统分布区
秦皇岛海岸带	水土流失、风暴潮发生的高风险区。北戴河、山海关、黄金海岸等高娱乐和人文价值区
唐山北部	潘家口、大黑汀、陡河等主要水源地所在地，森林分布地
唐山南部海岸带	湿地分布主要区域，分布有唐海等湿地保护区
海河三角洲湿地	地面塌陷、海水入侵和风暴潮高发地区。分布有滨海新区古海岸与湿地国家级自然保护区、北大港和南大港等湿地保护区
滨州东营海岸带	黄河三角洲国家级保护区、滨州贝壳堤岛与湿地国家级自然保护区所在地，分布有大量滩涂湿地和苇田，具有很高的生态系统服务功能，是珍稀濒危物种迁徙的重要廊道，对维护生态系统的稳定性有很高的价值，该区域还是海水入侵和风暴潮的高风险区
东营莱州湾西岸	分布有国家级海洋保护区
潍坊南部	山地区，植被覆盖率较高；分布有青州风景名胜区等
烟台中部	分布有门楼、庵里等一级水源地、昆嵛山国家级自然保护区，并且植被状况良好，生态系统服务价值较高

表 1-27　环渤海沿海地区重要湿地名录

重要湿地	保护目标
复州湾—长兴岛湿地	面积 11.7 万 hm²，我国第二批被列入的国际重要湿地。国家二级保护水生动物斑海豹保护区，多种经济贝类的分布区
双台河口湿地	位于辽东湾北部，面积约 12.8 万 hm²，我国高纬度地区面积最大的芦苇沼泽区，第三批被列入的国际重要湿地，是丹顶鹤、白鹤、黑嘴鸥、雁鸭类、鹭类以及多种雀形目鸟类的栖息地和繁殖地、全球斑海豹繁殖的最南限、我国河蟹的主要繁殖地和栖息地、重要经济贝类文蛤的主要栖息地和苗种基地
海河三角洲湿地	滦河口—沧州近岸，总面积 10 万多 hm²，主要包括滦河口湿地、石臼坨月坨湿地、唐海滨海沼泽湿地、天津滨海湿地、南大港—沧州沼泽湿地等，是渤海湿地野生植物、鸟类、潮间带生物种类多样性最丰富的区域，也是候鸟南北与东西迁徙带的交汇点
黄河口与莱州湾湿地	黄河三角洲及莱州湾沿岸，是我国华东沿海保存最完整、面积最大的湿地自然植被分布区、东南亚内陆和环太平洋鸟类迁徙的"中转站"、繁殖地和越冬栖息地

大港湿地保护区、山东牙山自然保护区、山东福山银湖湿地自然保护区等省级自然保护区升级为国家级自然保护区。

确保重要海岸带和湿地不被占用。严格保护重要海岸带、重要滩涂湿地。海岸带重点保护空间主要分布在大连东部和南部、盘锦南部、锦州西部、唐山南部、葫芦岛—秦皇岛—唐山西部、滨海新区南部、沧州滨海、滨州北部、东营和烟台的沿海区域（表 1-27）。建议研究建立复州湾—长兴岛、海河三角洲湿地自然保护区，逐步修复湿地的生态功能。加强辽河三角洲湿地、黄河三角洲湿地的生物多样性保护。各级开发区、工业园区布局建设应以重要湿地及生态功能区保护为前提，防止重点产业发展大面积占用自然湿地，协调盘锦辽滨沿海经济区与大辽河口湿地保护的关系。

控制围填海规模，防止自然岸线无序开发。围填海工程原则上不占用重点保护自然保护区内岸线以及砂质岸线，限制滩涂、苇地等自然湿地大规模开发，适度控制废弃盐田等生态敏感度高的未利用地类型转化。受保护岸线总长 830 km，占海岸线总长比例 30.3%，占自然岸线比例的 44.1%（图 1-53）；维持自然岸线长度 1 880 km，占海岸线总长比例不低于 66.8%。重点加强大连渤海侧、盘锦辽河入海口、葫芦岛南部至秦皇岛一带、滨海新区滨海湿地保护区、滨州北部古贝壳堤、东营黄河入海口以及烟台部分砂质岸线地区自然岸线保护力度。控制大连长兴岛临港工业区、锦州西海工业区、秦皇岛、唐山湾"四点一带"、天津滨海新区、沧州渤海新区、烟台等地区的岸线开发活动，应保证预留出一定比例的自然岸线不开发。

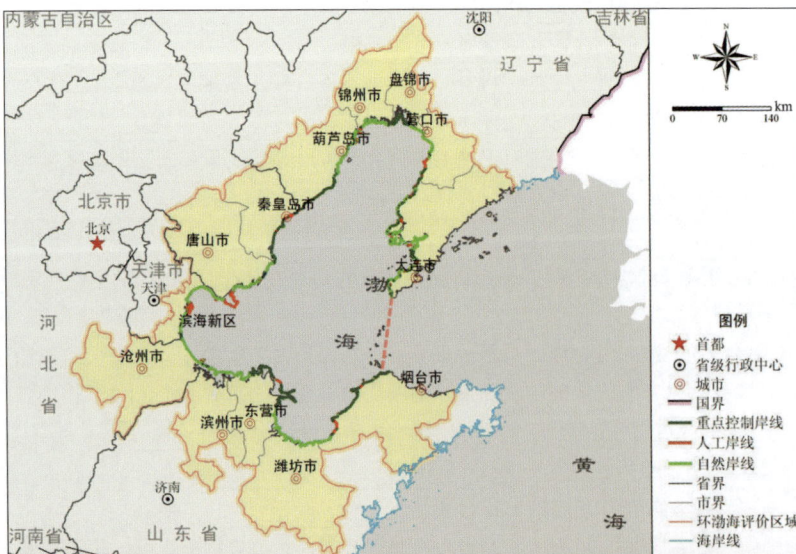

图 1-53　环渤海沿海地区重点保护岸线空间分布

6.2.2 保障水资源不超载

确保河道和渤海生态用水量。维持河道内最小生态用水，保证渤海入海淡水量，对于稳定环渤海地区地表水和渤海生态功能、增加环境承载能力具有重要意义。2020 年保证河道内最小生态用水量 105 亿 m^3，综合考虑生态基流量、自净需水和输沙需水量，建议河道内生态适宜用水量达到 271 亿 m^3。加大近岸海域水环境支撑能力，保障渤海近岸河口鱼类产卵场生态功能的稳定，河口低盐区总面积维持在 6 000 km^2 左右，确保 2015 年渤海入海淡水总量达到 375 亿 m^3，2020 年达到 400 亿 m^3。

6.2.3 保障基于环境保护目标的排放总量不突破

环渤海沿海地区主要污染物排放量已经超出环境承载能力，未来产业和城市仍将继续持续快速发展，必须积极推进以保证环境质量为目标的总量控制与逐步削减，以保证环境质量不恶化，局部地区得以改善。

2007 年，环渤海沿海地区水环境主要污染物已经远超出环境容量，整个区域污染物排放量必须在现状基础上削减 50% 以上才能满足环境容量要求。综合考虑环渤海沿海地区重点产业发展压力、地表水质状况和日益增大的污染减排难度，确定 2020 年以丰水期内水环境容量不超载、枯水期超载倍数控制在 1.5 倍为目标。由此，到 2015 年，环渤海沿海地区点源 COD 排放总量控制在 65 万 t，比现状量排放减少 18%；点源 NH_3-N 排放总量控制在 5.0 万 t，比现状量削减 32%；到 2020 年点源 COD 排放总量应控制在 60 万 t 左右，比现状排放量减少 25%，其中工业和生活 COD 排放总量分别控制在 36 万 t 和 24 万 t，分别比现状削减 17% 和 34%。点源 NH_3-N 排放总量控制在 3.8 万 t，比现状削减 48%，其中工业和生活 NH_3-N 排放总量分别控制在 1.1 万 t 和 2.7 万 t，分别比现状削减 21% 和 54%。

根据"责任分担、共同削减"原则，力争到 2020 年农业面源主要污染物排放量在现状基础上削减 5%。

扩大城市污水处理规模，完善污水收集管网，提高污水处理标准，普及县级行政区、产业聚集区、中心镇污水集中处理设施。2015 年区域城镇（包括县、区）生活污水处理率应不低于 70%；2020 年区域城镇（包括县、区）生活污水处理率应达到 80%，重点乡镇和现状人口 1 万人以上乡镇驻地均建成污水处理厂并达标排放。新建城市污水处理厂应达到《城镇污水处理厂污染物排放标准》一级 A 标准。

2015 年，环渤海沿海地区 SO_2 排放量控制在 128 万 t，比现状排放量削减 21%；NO_x 放量分别控制在 75 万 t，比现状排放量削减 12%。2020 年，SO_2 排放量控制在环境容量以内，相当于在现状基础上削减 32%，其中，重点产业 SO_2 排放量控制在 100 万 t 以内，比现状削减 34%；NO_x 和 PM_{10} 排放量分别在现状基础上削减 18% 和 35%。

到 2020 年，陆源入海污染物总量得到合理控制，保证近岸海域环境功能区划水质达标。在上游入境污染物不增加，本地点源 COD 控制在 60 万 t、NH_3-N 控制在 3.8 万 t 的前提下，渤海纳污量将可控制在 COD 140 万 t、无机氮 13.4 万 t，在现状基础上分别削减 10% 和 20% 左右，主要海洋环境功能区水质达标面积比例达到 60%，比现状提高 7 个百分点。

在常规污染物控制基础上，进一步加强非常规污染物、有毒有害和持久性污染物的防治。重点控制辽河流域砷、汞、多氯联苯（PCBs）和 DDTs 等特征污染物排放，控制海河流域、黄河流域砷、锌、铅等重金属排放。实现对新兴石化产业集聚区、油田开采区、污灌区等区域的镉、铅、砷、铜、汞等重金属污染控制，适时开展环渤海沿海地区已有化工园区的土壤修复。

6.2.4 保障环境准入要求不降低

逐步提高行业资源环境效率准入门槛，确保到 2020 年使环渤海沿海地区整体资源环境效率达到国内先进水平。其中，重点产业水资源利用效率总体达到国际先进水平，工业 COD、SO_2 排放强度在现状基础上分别降低 63%、72%，达到国内先进水平，能耗强度降低 48%，碳排放强度降低 45%。南岸产业带重点提升石化产业资源环境效率，控制非金属产业水耗及能耗，提高能源行业脱硫、脱硝技术水平。北岸产业带应全面提高整体水平，重点提高石化产业资源环境效率水平，降低大连、营口能源行业水耗和 SO_2 排放强度，提高能源行业、装备制造业用水效率。西岸产业带应重点提高沧州、秦皇岛整体资源环境效率水平，大力降低唐山 SO_2 和烟尘排放强度。

严格控制新建、改建、扩建项目资源利用率和污染物排放强度。国家审批项目的资源环境效率达到建设同期国际先进水平，省级和市级审批项目应至少应达到国内先进水平。区域内严格限制高水耗项目，原则上禁止审批以地下水为主要用水水源的工业项目，禁止在水源保护区、浅层地下水补给区、海水入侵区开采地下水。新建电力、化工、冶金项目应采取脱硫脱硝措施。新建重化工项目应集中在工业园区建设。制定产业集聚区节约用地标准，提高供地门槛，限制占地大、产出低的项目进入。严控在生态红线控制区内建设工业项目，已在生态红线控制区内的工业企业，原则上应逐步搬迁。省级以上重点产业聚集区应分批逐步通过国家生态工业园、循环经济示范区认证，西岸产业带新建大型重化工项目应全面推行清洁生产和循环经济。

推动将淘汰落后产能作为容量置换措施，鼓励"上大压小"，加快淘汰已有落后产能。按照资源环境承载力基础条件，制定差别化的环境准入要求。严格按照国家产业政策，加大化工、钢铁、造纸、水泥等行业落后产能的淘汰力度。

新建、改建、扩建钢铁项目应首先淘汰相应规模的落后产能，坚持钢铁产业集中布局原则，不鼓励发展钢铁产业的地区原则上不再审批新的钢铁项目。新建草浆、苇浆造纸项目须申报国家循环经济试点，同时需经过国家环境保护部审批后方可施工建设。2020 年环渤海沿海地区资源环境效率指标应达到（表 1-28）水平。

合理开发土地资源。加大城区产业用地调整力度，促进产业向园区集中发展，制定产业节约集约用地标准，提高供地门槛，限制"占地大、产出低"的项目进入，力争产业集聚区用地效率年均提高比例达到 5% 左右。

6.3 促进重点产业布局优化

环渤海沿海地区重点产业空间布局分散，重复建设和产业同构化发展趋势日趋加剧，区域性环境问题和布局性环境风险日益突出，必须根据产业发展区位优势，以及三大产业带资源环境承载能力及其空间分异规律，大力促进区域重点产业的优化布局。

北岸产业带依托东北老工业基地振兴和辽宁沿海经济带开发战略，以大连为龙头积极推进大连—盘锦一线石化、装备制造等重点产业统筹发展，加快提升重点产业聚集效应。西岸产业带围绕"津唐沧"统筹发展的思路，按照"高起点、高标准、严要求"的原则，发挥滨海新区大型装备制造业、现代制造业、电子信息产业等辐射和带动作用，形成曹妃甸—渤海

表 1-28 重点产业资源环境效率指标（2020 年）

行业	万元产值能耗强度 /（t 标煤 / 万元）	万元产值碳排放强度 /（t/ 万元）	工业重复用水率 /%	万元产值水环境污染物排放效率 /（kg / 万元）		万元产值大气污染物排放效率 /（kg/ 万元）			
				COD	NH₃-N	SO₂	NOₓ	粉尘	烟尘
石油行业	0.35	1.23	90	0.12	0.011	0.27	0.23	0.17	0.07
冶金行业	0.69	1.90	80	0.02	0.000 2	1.31	0.88	2.05	1.22
装备制造业	0.04	0.08	—	0.07	0.000 2	0.06	0.02	0.21	0.10
能源行业	0.54	3.25	97/35ª	—	—	14.99	9.73	0.13	4.18
化工行业	0.28	0.63	90ᵇ	1.12	0.044	1.60	0.58	0.14	0.51
非金属行业	0.53	0.95	65	—	—	3.87	2.72	4.11	4.50
农产品加工业	0.10	0.19	55	0.66	0.044	—	—	—	—
纺织行业	0.20	0.45	85	0.50	0.014	—	—	—	—
造纸行业	0.41	1.28	65	5.50	0.007	4.17	2.53	—	2.10

注：a.电力（循环冷却电厂和直流冷却电厂）的重复用水效率；b.化学原料及化学制品制造业的重复用水效率。

新区一线优势互补、错位发展格局，着力提高区域综合竞争力。南岸产业带围绕黄河三角洲高效生态经济区和山东半岛蓝色经济区建设，发挥装备制造、石化、轻纺等产业基础优势，加快新型工业化进程，率先实现产业生态化转型。

大力发展高端装备制造业，努力打造世界级的装备产业集群。提高装备制造业龙头地位，将环渤海沿海地区建成为国际重要装备制造业基地。提升滨海新区、大连、烟台、潍坊等地区装备制造业规模和技术水平，建设具有国际影响力的先进制造业集群。大力发展唐山、东营、秦皇岛、盘锦，形成国内重要的特色装备制造业集聚区。

按照炼化"一体化"的集约化发展模式，合理规划和统筹沿海石油、化工产业发展，遏制环渤海沿海地区遍地开花、竞相投资建设石化项目的局面。统筹考虑大型石化项目基地的集中布局，建设 2～3 个具有国际先进水平和生产能力的大型炼化"一体化"基地。支持产业基础相对较强、资源环境容量相对较大的大连、东营等大型沿海石化基地。以大连为龙头整合北岸产业带石化产业，集中建设大型炼化基地。西岸产业带资源环境承载力有限、污染排放压力突出，应根据环境容量错位分工、适度发展，积极整合滨海新区、唐山、沧州的原油加工能力，集约建设一个大型炼化一体化基地。南岸产业带以东营为基础，统筹滨州至潍坊一线石油化工产业布局。不宜在大连双岛湾、双台河口湿地、大辽河口湿地和黄河三角洲湿地等生态极度敏感区域布局石化项目。在沧州至烟台一线，大力发展海洋化工产业。煤化工产业原则上不适宜在环渤海沿海地区发展。

结合淘汰落后产能、企业重组和城市钢厂搬迁，推进环渤海沿海地区钢铁产业的布局优化和集约发展。加快环渤海西岸产业带钢铁产业集约化，优化资源配置，建设具有国际先进水平的唐山钢铁产业基地。适度发展营口冶金产业，并在鲅鱼圈钢铁基地集中布局。严格控制其他地区生铁、粗钢等钢铁产能的无序扩张。

6.4 深化重点产业结构调整

环渤海沿海地区产业发展重型化趋势突出，落后产能规模持续扩张，资源环境压力持续增大，仅靠提高技术工艺水平和末端处理能力已经无法满足生态环境底线。必须依据区域产业发展优势和技术水平特点，以及三大产业带的资源环境基础条件，深化产业结构调整，逐步降低重化工业比重，淘汰落后产能，大力发展新兴战略型产业和生产服务业，加快推进经济发展方式转变。

加快推进装备制造业规模化发展，大力提高现代制造业比重。重点发展滨海新区航空航天装备、汽车及配套加工，大连船舶制造、能源装备、高端精密机床，以及烟台海洋装备，唐山高速动车组，东营石油开采装备等。

延长石油化工下游产业链，大力发展高附加值的绿色化工产品，提高石化产业竞争力，适度控制炼油产能规模。发展大型炼化一体化项目，淘汰 100 万 t 及以下低效低质落后炼油装置，积极引导 100 万～200 万 t 炼油装置关停并转，防止以沥青、重油加工等名义新建炼油项目。到 2020 年，环渤海沿海地区总炼油能力控制在 1.2 亿 t 以内为宜。

加快推进钢铁企业重组，加大技术改造力度，促进钢铁产业全面升级与生态化转型。围绕淘汰落后、产品升级与产业链延伸，提高创新能力，提升工艺装备水平和深加工能力，优化产品结构，大力发展高端精品钢材。提高淘汰落后炼铁、炼钢产能标准，加快淘汰落后产能，分批淘汰 400 m^3 及以下高炉、30 t 及以下转炉、电炉。重点建设唐山钢铁产业基地，推进曹妃甸国家级循环经济示范区建设；围绕精品化、专业化，适度发展营口鲅鱼圈冶金产业；除精品钢材等高端产品外，滨海新区不宜扩大钢铁产能；区域内其他地市禁止新建钢铁企业。到 2020 年，环渤海沿海地区钢铁产能控制在 8 000 万 t 为宜，其中，唐山钢铁产业规模应控制在 6 000 万 t 左右。

积极发展清洁能源、可再生能源。除了城市生活热电厂和热电联产项目以外，西岸产业带要控制大型火电项目规模，原则上不再新增火电电源点，改扩建电厂及新建电厂必须同步建设脱硫、脱硝配套装置。

优化造纸原料结构和产品结构，进一步淘汰落后造纸产能。重点加快淘汰西岸产业带规模以下造纸产能，控制北岸、南岸产业带新增造纸产能。新建造纸项目应以淘汰落后进行容量置换，谨慎发展高污染的草浆、苇浆造纸项目。继续推动造纸企业的集约化、规模化发展，强化污染综合治理，加大淘汰小造纸和落后工艺，分阶段提高该行业的规模、技术与污染治理准入门槛。

大力发展新兴战略型产业、电子信息、生物技术、现代医药、现代生产服务业，以及港口物流业、现代商贸、金融保险、生态旅游、软件及信息服务业、文化创意产业等第三产业，提升高新技术产业及现代服务业的比重。

在提高环保准入标准、加强现有企业污染治理的基础上，大力发展地方特色产业，包括锦州光伏产业、秦皇岛生态旅游业、滨州轻纺工业等。

7 区域重点产业与资源环境协调发展的对策建议

7.1 重点产业与生态环境协调发展对策机制

7.1.1 推进渤海综合治理立法和制度建设

高度重视环渤海沿海地区发展所面临的重大生态环境困境和危机，制定《渤海环境保护法》，通过立法确立治理渤海的战略目标、责任主体、监管要求以及对渤海产生影响的所有利益相关方的责任和义务，为渤海及其沿海地区的区域性环境保护与统一监管提供法律保障。

研究制定《渤海海岸带开发与保护管理条例》，打破行政区域和部门管理的界限，划定海岸带空间管制区域，确立渤海自然岸线占用与海洋生态损害的补偿赔偿机制。

在国家标准的基础上，研究并从严制定环渤海沿海地区污染物排放标准。实行分区域差别化的环境准入政策，提高重点产业准入门槛。建立落后产能淘汰机制，对新建项目执行严格的导向性准入政策。

制定实施基于环境容量的污染物排放总量控制政策。以渤海近岸海域环境容量、河流水体环境容量和大气环境容量及空间分异规律为依据，制定污染物排放总量控制政策，在 COD 和 SO_2 总量控制的基础上，将 NO_x、$NH_3\text{-}N$ 等指标纳入总量控制范围，分别制定城市生活、工业、农村和农业的污染物削减目标。研究制定环渤海沿海地区重金属、大气细粒子、臭氧等污染物控制方案。

7.1.2 构建环渤海综合决策机制

在国家层面成立由发改、环保、国土、水利、农业、建设、林业、海洋等有关部门和地方政府共同组成的渤海海岸带开发管理委员会，统一对海岸带开发建设的规划和监管。

建立环渤海地区重大项目部门会商制度。针对环渤海沿海地区产业和城市发展需要，建立涉及经济、环保、土地、农业、水利、海洋等多个部门多层面的经济与环境综合决策机制。

建立环渤海西岸"津唐沧"地区重大项目通报机制。建立环渤海北岸、南岸产业带重大项目省内协调与相关地市会商机制。

完善环渤海市长联席会议制度，建立地市级区域产业优势互补、错位发展、合作互动的会商和协调机制，对环渤海地区整体的产业发展、环境建设，海域保护进行定期协商，推动统一协调的区域发展。

7.1.3 建立区域"四大"统筹协调机制

强化地方政府和有关部分的环保责任，进一步完善跨部门、跨区域的协调发展机制，确保产业发展和环境保护协调有效。

根据区域资源环境承载能力的整体要求，统筹考虑海陆关系、上下游关系、区域内外关系、以及生产与生活关系，统一协调环境基础设施建设和环境保护，对重大资源开发和建设项目进行区域整合，构建环渤海沿海地区产业发展区域统筹格局的整体框架。

以近岸海域生态环境保护为核心，统筹海陆关系。以保护渤海海域生境及近岸海域环境质量为目标，上下游结合、陆地服务海洋、统筹海陆、整体性地削减污染物排放量。针对目前入海河流与近海水质要求存在较大差异的问题，加强环保与海洋部门沟通协调，统筹处理地表水环境功能区划和海洋功能区划的匹配与衔接，通过合理划定河流入海口附近海域"混合区"，逐步提高陆地入海河流水质要求，有效改善河口与近岸海域水质。

以强化跨境水体的水质水量要求为抓手，统筹上下游关系。环渤海沿海地区上游来水径流量严重短缺，入境断面水质达标率不足 30%，上游输入污染物占全流域的 60% 以上，对环渤海沿海地区的产业发展形成重要约束。必须从全流域出发，统筹上游与下游，整体规划，建立跨境水体的水质水量要求与责任保障机制，逐步增加入境地表水径流量，减少上游污染物输入通量。

以污染物排放总量整体降低为基点，统筹生产和生活污染排放的关系。目前，环渤海沿海地区城镇生活和工业污染排放量相当，农业面源约占水污染总负荷的 1/3。在全力实施重点产业调控的同时，必须大力加强城镇环境基础设施建设，积极开展农业面源污染控制，以沿海地区地表水质改善为目标，按照等量削减、增产减污的原则，为重点产业的发展腾出容量空间。

以区域大气污染控制联动机制为依托，统筹区域内外影响作用的关系。由于区域气象场的传输作用，环渤海沿海地区大气环境质量受到各地市之间以及区域外污染传输影响。应根据《关于推进大气污染联防联控工作改善区域空气质量的指导意见》（国办发 [2010]33 号）文件要求，以区域大气环境质量整体达标为目标，由环境保护部牵头制定包括北京、天津在内的环渤海西岸地区大气污染控制联动机制和行动方案，实施有责任的共同减排。

7.1.4 推进资源和生态补偿制度实施

完善环渤海沿海地区资源税费征收。坚持"谁开发、谁保护，谁利用、谁补偿"的补偿机制。建立跨流域调水的资源补偿机制，由国家相关部门和省级政府协调，由受水区按照使用量提供相应的资源补偿费用。

建立环渤海沿海地区生态补偿机制。对具有重要生态功能和价值，并同时具有承接、净化境外其他区域污染物排放作用的海洋自然保护区和滩涂湿地等生态敏感区，相关省级政府应协调省内有关地市，兼顾发展与保护，稳步推进上下游之间的生态补偿。对于由于资源保护致使生产活动受到制约的区域，给予一定的经济补偿。以盘锦双台河口湿地、黄河三角洲湿地的可持续保护为目标，综合考虑上游和本地污染贡献水平，以及上下游地区、锦州—盘锦—营口一带重点产业发展统筹发展，尽快开展生态补偿试点工作。深入研究并适时推进油气田开发对湿地生态影响的补偿工作。

总结和推广子牙河、小清河生态补偿机制实施经验，全面建立环渤海沿海地区水环境污染奖惩机制。对于跨界断面超过水质目标要求的上游区域实行罚款，对提高水环境质量的区域实行奖励；将跨界水质保障纳入政府考核，从经济和行政两方面进行奖惩。逐步探索其他的生态补偿措施，通过新建保护区、保护自然海滨岸线、建立滨海湿地公园等手段，补偿围填海工程和岸线占用造成的生态功能损失。

7.2 区域重点产业"十二五"协调发展对策建议

7.2.1 统筹环渤海区域发展规划，发挥规划环评作用

建议由国家相关部门牵头编制环渤海区域发展总体战略规划，确定区域城市定位和产业

分工，避免产业"同构化"和恶性竞争。综合考虑全国炼化产能总体规模和空间发展战略，以及环渤海沿海各地市社会经济发展水平、产业发展定位和资源环境承载能力的差异，编制区域炼油石化产业发展规划，统筹安排区域内炼化大项目布局。

切实发挥规划环评作用。全面推进重点区域、临港工业区、重化工基地，以及"两高一资"重点行业的规划环境影响评价，尽快启动津唐沧、滨州—潍坊两个重点区域战略环境评价。省级以上产业集聚区规划应与规划环评同时展开，未通过规划环评的产业园区禁止开工建设。强化和落实规划环评中跟踪监测与后续评价要求。

7.2.2 加强环境基础信息能力建设，支持环境管理决策

强化区域性生态环境监测体系，建立环渤海沿海地区生态环境基础数据库。逐步统一海陆生态环境监测指标、监测点位、监测方法，建立环保、农业、水利、海洋等多部门协调的环境监测机制。重要跨界断面由国家环境保护主管部门统一安排监测。开展城市径流、农业面源监测试点工作。

开展渤海近岸海域和陆域生态调查，建立生态长期观测站。在污染严重水域、主要河口、近岸海域等地区建设长期生态观测站。尽快开展湿地、野生动植物的本底资源调查和研究。

将重金属纳入环境常规监测体系，定期监测重点产业集聚区周边生物、土壤、大气中污染物超标情况。

统一渤海环境信息公布。建立环渤海区域规划环评信息系统，加强环境监测基础信息建设，定期公布环境信息。支持对调控目标与污染物总量目标完成进展情况的评估监管与合理调整。

7.2.3 确保环境保护投入，加快环境基础设施建设

优先保证环保投入。到 2015 年，确保环渤海沿海地区环保投入总量翻一番；目前环保投入占 GDP 比重低于全国平均的地区 2015 年达到 1.5% 以上的要求，西岸产业带要力争达到 2% 以上。确保政府财政投入环保资金增长幅度高于同期财政收入增幅，到 2020 年环渤海沿海地区环保投入应达到 GDP 的 2% 以上。

提高城镇生活污水处理率，扩大污水处理规模。2015 年区域城镇（包括县、区）生活污水处理率应不低于 70%；2020 年区域城镇（包括县、区）生活污水处理率应达到 80%，重点乡镇和现状人口 1 万人以上乡镇驻地均建成污水处理厂并达标排放。

加强大气环境基础设施建设，所有新建能源、重化工项目必须同步配套脱硫、脱硝设备，已有项目逐步改建。通过能源结构调整等方式重点削减现有低架源和面源。

进一步加大对海水淡化技术创新的支持力度，提高海水淡化技术支撑能力和创新能力。

7.2.4 强化重要生态功能区监管，保护生态系统功能

禁止在生态红线控制区内的各类开发建设活动。红线内严禁破坏生态环境的建设开发活动，现有工业企业逐步迁出。限制生态黄线区的开发活动类型和强度，严格准入条件。

限制开发滩涂岸线，进行湿地立法，制定保护规划，保护重要生态功能区。禁止开发利用自然滨海湿地，严格控制湿地附近 5 km 以内的工业开发活动，禁止工业污染向湿地排放。滩涂、水域、沼泽、盐田以及苇地等生态敏感度高的未利用地，原则上不应随意改变土地利用类型，尽量保持原有生态状态和功能。逐步恢复海岸带天然植被，防止海岸带进一步被破坏。

加强防护林带的保护与建设、禁止沿岸采砂，预防和控制海岸侵蚀、海水入侵、风暴潮和海岸风沙等海洋灾害。

严格控制围海造地工程、小型港口和码头的兴建、垃圾和矿渣的贴岸堆置、岛陆或岛间连接等破坏海岸带生态系统的活动，尽可能保持海岸带、陆连岛以及岛屿的面貌，疏通潮汐水道，恢复海岛生态系统。

保证河道和渤海生态用水，根据实际需要，适时对河流、湿地进行生态补水。在地下水超采和海水入侵的主要河流中下游建设一批地下水库，拦截地下潜流，阻挡海水入侵。

在地下水严重超采和已出现海水入侵的区域严格限制开采地下水，限期关闭自备井，实现地下水的采补平衡，遏制地下漏斗区面积扩大，严防地面沉降。沧州、唐山等地重点加强地下水文和水资源开采的调查、监测和综合防治，严禁违章违法开采地下水，控制海水入侵和地面沉降。严格限制烟台夹河下游地区地下水开采，保证地下水位逐步回升。

7.2.5 依托科技创新，提高节能减排环保技术水平

结合产业结构升级和调整，积极促进产、学、研的技术研发平台建设，依托科技创新，鼓励自助创新，支撑区域经济社会的发展转型。大力推广可再生能源和清洁能源，清洁煤技术、节水技术及环保治理与生态修复技术的推广使用。提高资源节约，环境保护的能力。推进典型地区和重点行业开展低碳经济、生态城市、生态产业试点建设，带动区域循环经济、低碳经济发展。

7.2.6 运用经济手段，强化资源的有效开发利用

提高生态用地占用成本，把占用生态红线控制区面积作为产业聚集区规划审批的前置条件。研究制定生态用地占用补偿分级制度，提高占用滩涂、湿地等生态敏感性高的土地门槛，提高土地集约利用效率。

进一步加大水价改革力度，完善水价定价体系建设。提高外调水的水资源补偿费用，制定有利于节约用水（包括再生水使用）的水价机制。对居民实行超定额累进加价，推行阶梯水价。已经设立阶梯水价的城市，加强水价计量与实施。

理顺当地水资源与非常规水资源的价格关系、外调水与当地水的价格关系，确保实现"同区同价""同质同价""优质优价"。以补偿成本和合理收益为原则，结合再生水水质、不同用途等，按低于自来水价格的一定比例，合理确定再生水价格，鼓励使用再生水替代自然水源和自来水。对于公益性和基础性项目，应建立非常规水资源利用的补贴机制。

7.2.7 建立环境风险预警和应急体系，保障区域生态安全

建立环渤海沿海地区综合应急响应系统，对于风暴潮、台风、地震、暴雨等突发性自然风险以及水污染、大气污染、海域污染等突发性污染事故，及时进行预报预警，制定紧急预案处理措施，提前防护，减少损失。

建设沿海防洪防潮大堤与护岸工程，建设沿海防护林体系是改善沿海地区生态环境、减轻灾害损失的重要措施。加强重点产业聚集区及人口稠密区抗震工程、防洪排涝工程建设，增加投入，适当提高抗震标准和防洪排涝等级，降低自然灾害风险。

建立环境事故预警和应急体系，设立环境污染事故应急队伍，建设污染事故应急处理设施和工程，防范和处理环境污染事故；特别针对海上溢油事故、水源污染事故，建立多部门联动的综合预警和应急机制，确保环渤海地区环境质量安全。

分项目二

海峡西岸经济区重点产业发展战略环境评价报告

编 写 组

牵头单位 上海市环境科学研究院

协助单位 国家海洋局第三海洋研究所
南京大学
环境保护部南京环境科学研究所
河海大学
中国科学院地理科学与资源研究所
复旦大学
福建省环境科学研究院
广东省环境科学研究院
浙江省环境科学设计研究院
温州市环境保护设计科学研究

组　　长 黄沈发　高　晶　江家骅

成　　员 傅　威　吴依平　曹　键　陈长虹　林卫青　王　敏　林　涛
王海怀　严　培　徐伟民　周洁玫　刘　鑫　乔会芝　卢士强
陈明华　王　卿　吴耀建　王金坑　蒋金龙　林志兰　孙　琪
李宗恺　王勤耕　王体健　谢　旻　沈渭寿　张　慧　赵　卫
燕守广　逄　勇　蒋彩萍　周　琦　陈亚男　金凤君　胡志勇
唐志鹏　陈立民　马蔚纯　戴星翼　刘　建　徐　波　陈益明
刘怡靖　刘乙敏　张宏锋　叶　脉　张永波　余　堃　郑超海
麻素挺　刘　瑶

审　　定 祝兴祥

　　海峡西岸经济区是我国沿海经济带的重要组成部分，在全国区域经济发展布局中处于重要地位，尤其是对促进海峡两岸合作交流具有重要作用。2009 年 5 月，国务院出台《关于支持福建省加快建设海峡西岸经济区的若干意见》，明确了以福建省为主体的建设海峡西岸经济区的总体要求、战略定位和发展目标。"加快建设海峡西岸经济区"已上升为国家战略。同时，海峡西岸经济区生态环境优良，其中福建省生态环境质量长期位居全国前列。海峡西岸经济区是我国生物多样性资源丰富地区，对保障国家生态安全具有十分重要的作用。与长三角、珠三角等发达地区相比，海峡西岸经济区作为国家重点开发的区域和新的经济"增长极"，在重点产业发展上有很大潜力，但要在新一轮区域发展中把握主动权，需要以创新的理念打造产业发展新模式，避免在资源环境问题上重蹈先发地区的覆辙。

　　为深入贯彻科学发展观，促进区域经济、社会与环境的协调发展，充分汲取发达国家和我国先发地区资源环境代价过大的教训，确保区域经济发展过程中不走"先污染、后治理"老路，环境保护部组织开展环渤海、沿海地区、海峡西岸经济区、北部湾经济区沿海、成渝经济区和黄河中上游能源化工区等五大区域重点产业发展战略环境影响评价工作，旨在推动五大区域环境保护优化经济增长新格局的形成，实现区域经济可持续发展并确保中长期的生态环境安全。

　　根据环境保护部"五大区域重点产业发展战略环境评价工作方案"及总体技术要求，海峡西岸经济区重点产业发展战略环境评价（以下简称"海西分项目"）由上海市环境科学研究院作为技术牵头单位联合国家和地方 11 家科研院所组成的项目技术团队共同实施。项目设立了产业发展情景设计、水资源及水环境、空气资源及大气环境、海洋生态环境、陆域生态环境、综合评价等 6 个重大专题，并建立了相应的项目协调沟通机制。

　　海西分项目实施过程大致分为项目准备、集中攻坚和成果集成三个主要阶段。项目准备阶段（2008 年 6 月—2009 年 1 月），开展了专题调研，提出了项目可行性方案、实施技术方案。集中攻坚阶段（2009 年 2 月—2010 年 1 月），通过了环境保护部组织的海西分项目技术方案专家评审，组织开展了 3 次大规模现场调研活动和多次重点地区实地调查与研讨，全面收集了基础数据资料和相关研究成果，开展了环境质量特征因子的补充监测工作，参加了环境保护部组织的三次中期阶段评估和三次重大专题技术研讨，形成了海西分项目初步成果报告。成果集成阶段（2010 年 2 月—2010 年 7 月），参与了环境保护部组织的五大区项目初步成果讨论，通过了环境保护部组织的重点专题专家验收评估，多次开展与福建省、广东省、浙江省政府及相关部门、地市政府初步成果对接与交流，多方征询了专家和地方政府部门对初步成果的意见。

项目实施期间得到了福建省、广东省、浙江省人民政府及相关部门、各地市人民政府的大力支持与帮助，项目咨询专家顾问团队给予了悉心指导，项目技术团队的各参加单位给予了充分保障。在此，一并表示衷心感谢！

1 概 述

1.1 评价范围

海峡西岸经济区位于我国东南部、台湾海峡西岸地区,北邻长江三角洲,南接珠江三角洲,西连内陆,东与台湾岛隔海相望。

通常所指的海峡西岸经济区,是以福建省为主体并包括浙江南部、江西南部和广东粤东等周边地区,涵盖了福建全省9个地级市,浙江省温州、丽水、衢州,广东省汕头、梅州、潮州、揭阳,江西省上饶、鹰潭、抚州、赣州,共计20个地级市(图2-1)。陆域总面积28.28万km²,占全国国土面积2.95%;人口8 780万人,占全国比重6.64%;2007年国内生产总值(GDP)总量16 162亿元,占全国比重6.55%。

考虑到重点产业沿海布局总体态势,本次战略环评确定的海峡西岸经济区(以下简称"海西区")评价范围,包括福建全省9个地市、广东省汕头市、潮州市、揭阳市和浙江省温州市,共计13个地级市,陆域总面积16.08万km²,占全国国土面积1.68%;人口5 725万人,占全国比重4.3%;2007年国内生产总值(GDP)总量13 224亿元,占全国比重为5.58%。

图2-1 海峡西岸经济区地理位置

1.2 评价时段

评价基准年为 2007 年，中期评价年为 2015 年，远期评价年为 2020 年。

1.3 重点产业范围

重点产业筛选原则：一是污染物排放量高，环境影响较大；二是经济贡献比重较大；三是属于区域未来发展重点。

基于上述原则，确定本次战略环评的重点产业范围是石化、装备制造、电子信息、能源、冶金和林浆纸六大产业。

1.4 工作重点

以科学发展观为指导，针对海西区重点产业发展目标和定位，围绕产业发展规模、结构和布局三大核心问题，以区域资源环境承载能力为约束条件，全面分析区域产业发展现状、趋势及其关键性资源环境制约因素，深入评估区域资源环境承载力和重点产业发展可能产生的中长期环境影响和生态风险，提出海西区重点产业与资源环境协调发展的优化调控方案建议和对策机制，为区域产业发展战略及"十二五"相关规划编制等重大决策提供科学支撑，全面推进海西区经济又好又快发展。

表 2-1 海西区环境保护评价指标	
大气环境	主要污染物年均浓度占标率不超过 75%； 城市环境空气质量（API）优良率不低于 90%； 酸雨污染趋势得到控制，灰霾发生率不明显增加
地表水环境	集中式饮用水水源地水质达标率达到 100%； 重点流域水质达标率不低于 90%； 主要水系国控、省控断面水质全面达到功能区水质标准； 98% 的国控、省控断面水质达到或优于III类水质标准
海域环境	海洋生态环境质量总体维持现状，氮磷污染有所削减； 自然岸线保留率不低于 70%； 天然湿地保护率不低于 90%； 近岸海域环境功能区达标率不低于 80%
生态环境	生态系统结构和功能稳定； 植被覆盖指数、生物丰度指数和生态活力指数保持现状水平； 重要栖息地保护率达到 100%； 城市规划建成区绿化覆盖率达到 42% 以上
环境能力建设	工业固体废物综合利用率达到 95% 以上； 城镇污水处理率达到 80% 以上； 城市垃圾无害化处理率达到 95% 以上； 环境保护投入增加比例高于 GDP 增长比例

1.5 环境保护目标和评价指标

在海西区未来重点产业快速发展态势下，确保产业发展上水平、环境质量不下降，资源环境效率明显提高、污染防治水平全面加强、区域生态功能保持稳定，形成人居环境优美、生态良性循环的生态环境支撑体系，实现生态文明建设位居全国前列的总体目标。

为确保环境保护总体目标的实现，到 2020 年，海西区应达到以下环境保护指标（表 2-1）。

1.6 技术路线

技术路线见图 2-2。

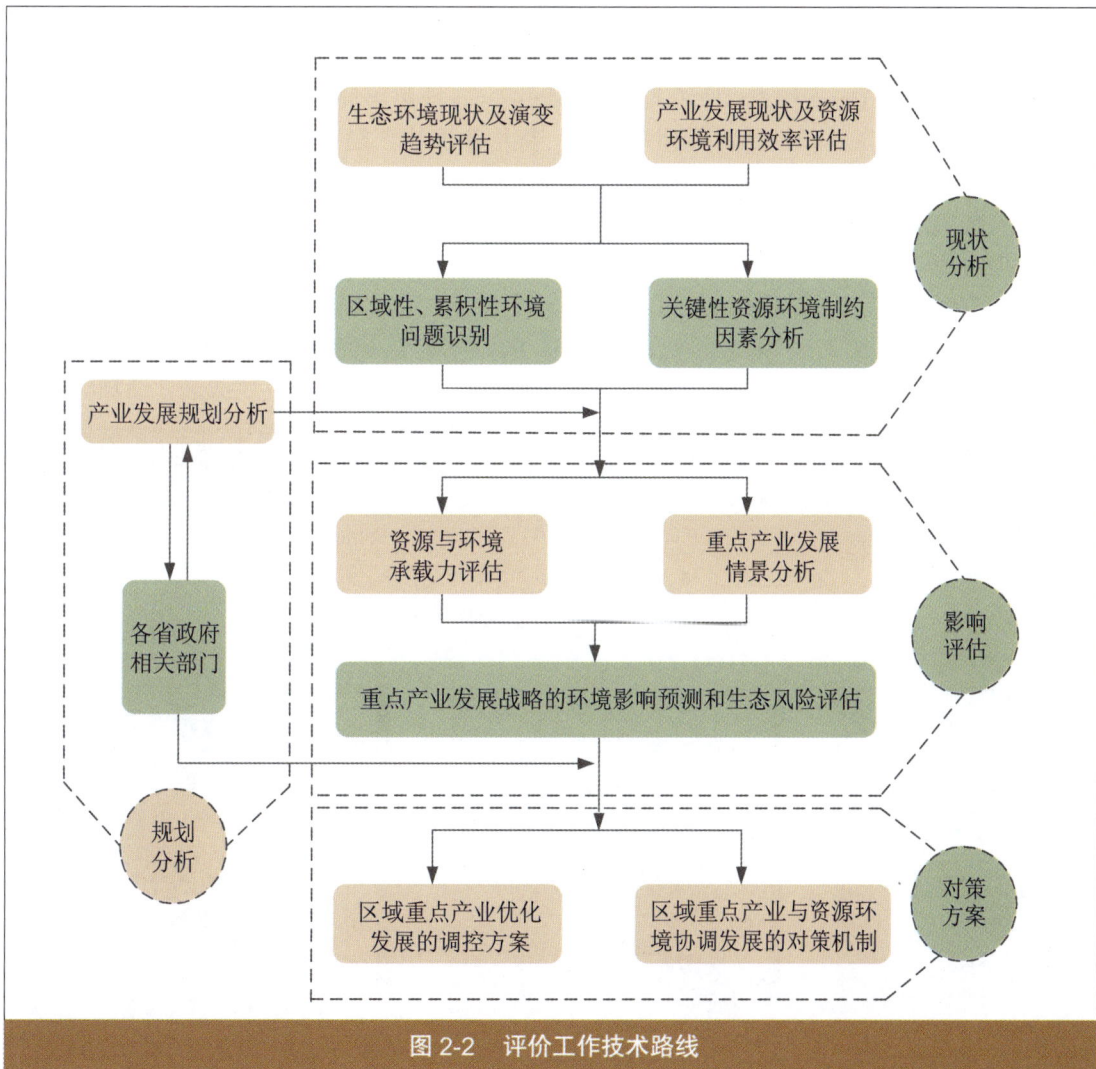

图 2-2　评价工作技术路线

2 区域生态环境现状及其演变趋势

2.1 生态环境现状及其历史演变过程

2.1.1 区域大气环境质量总体良好，局部地区略呈下降趋势

（1）环境空气质量总体良好，沿海地区优于内陆山区

海西区环境空气质量总体良好，大部分地区常规污染物年均浓度占标率低于60%，各地城市空气中臭氧、汞和苯系物浓度水平较低。沿海平原地区城市空气质量优于内陆山区城市，三明、龙岩等市区二氧化硫（SO_2）、可吸入颗粒物（PM_{10}）年均浓度呈现超标问题（表2-2）。

（2）颗粒物是首要污染物，沿海城市灰霾影响开始显现

海西区首要大气污染物为可吸入颗粒物。近年来各地市年均浓度占标率为46%～120%，内陆的三明、龙岩市区颗粒物污染问题突出，年均浓度均已超标。2007年三明、龙岩和泉州三市的工业烟尘和粉尘年排放量达15.7万t和9.7万t，占海西区排放总量的63%和41%，其中建材业为主要排放行业（图2-3）。

海西区沿海城市空气灰霾影响初现。温州市在20世纪90年代年均灰霾天32天，2007年达到105天。厦门在20世纪90年代年均灰霾天12天，2007年达到37天。2007年福州市灰霾天数为84天。汕头从2003年灰霾天数108天，增加到2008年的156天。沿海城市灰霾天气与地理及气象条件有关，高浓度海盐巨粒子与大气污染物反应容易生成酸性细颗粒物。

表2-2　海西区环境空气质量统计结果（2005—2007年）

气象场分区	统计类别	SO_2	NO_2	PM_{10}	酸雨频率/%
平原地区	年均浓度/（mg/m³）	0.003～0.047	0.014～0.060	0.046～0.087	0～96.6
	占标率/%	5～78	18～75	46～87	
内陆山区	年均浓度/（mg/m³）	0.024～0.076	0.021～0.030	0.067～0.120	19.1～62.2

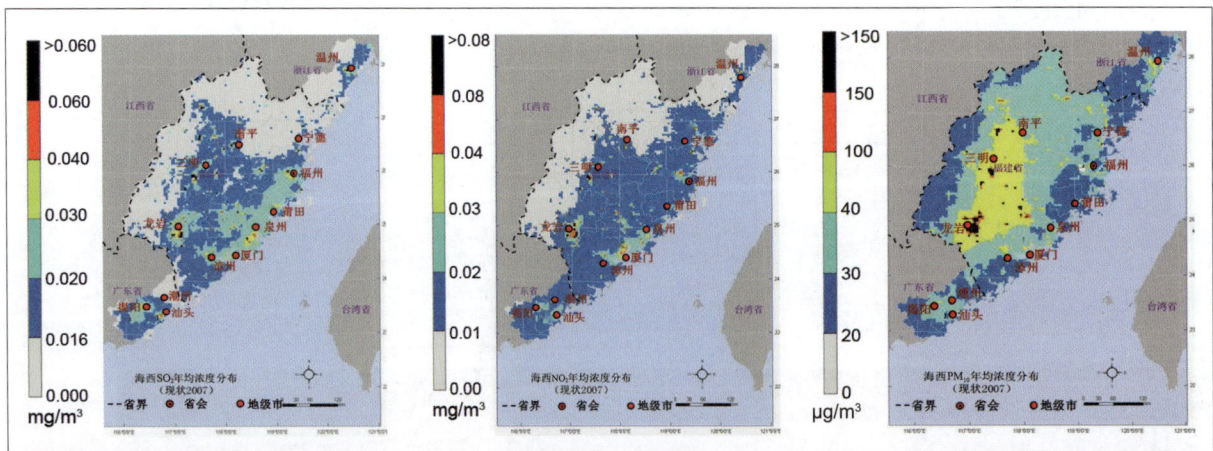

图2-3　海西区 SO_2、NO_2、PM_{10} 年均浓度模拟（2007年）

注：根据区域污染源调查数据进行模拟，并通过环境质量监测数据进行校核。

（3）酸雨问题不容乐观，近年来有持续加重趋势

海西区位于我国华东酸雨区南部，酸雨问题较为严重，除南部的漳州和粤东地区外，其余地区皆出现酸雨，且具有频率高、强度较大，形成机理复杂等特点。目前，海西区降水 pH 年均值为 4.35～6.34，其中北部的温州市为强酸雨区，年酸雨频率超过 90%；福建省南平、莆田、泉州和厦门等地区为中酸雨区，酸雨频率为 56.5%～82.1%；宁德、福州和三明等地区为弱酸雨区，酸雨频率为 28.7%～56.1%；龙岩、漳州和粤东地区为无酸雨区。近 10 年内海西区酸雨更有加重趋势，酸雨频率＞50% 的城市比例上升了 31%，属于中强酸雨区的城市比例上升了 23%（图 2-4）。

（4）大气污染物排放增加，空气质量总体呈下降趋势

近十年来，海西区主要污染物排放量都有不同程度的增加，2007 年，海西区二氧化硫排放量为 65.9 万 t，氮氧化物排放量为 47.1 万 t。与此相对应，环境空气质量总体上呈下降趋势。1998—2007 年，海西区二氧化硫排放量增加 162%，环境空气中二氧化硫年均浓度有所上升，污染物占标率十年间提高了近 30 个百分点（图 2-5）。

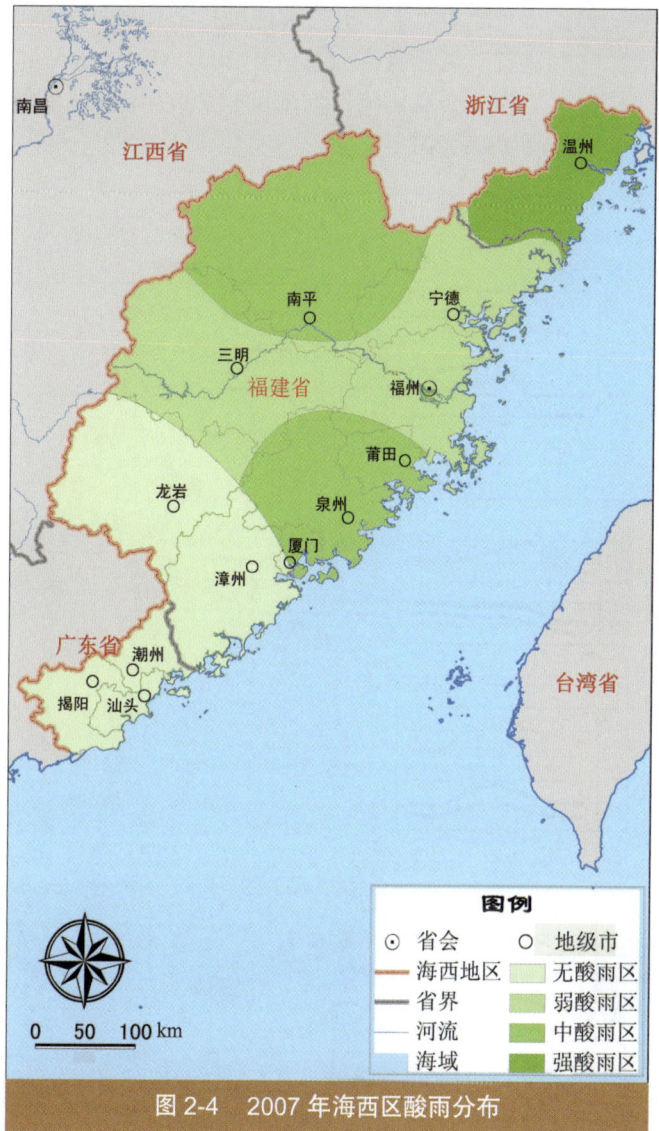

图 2-4　2007 年海西区酸雨分布

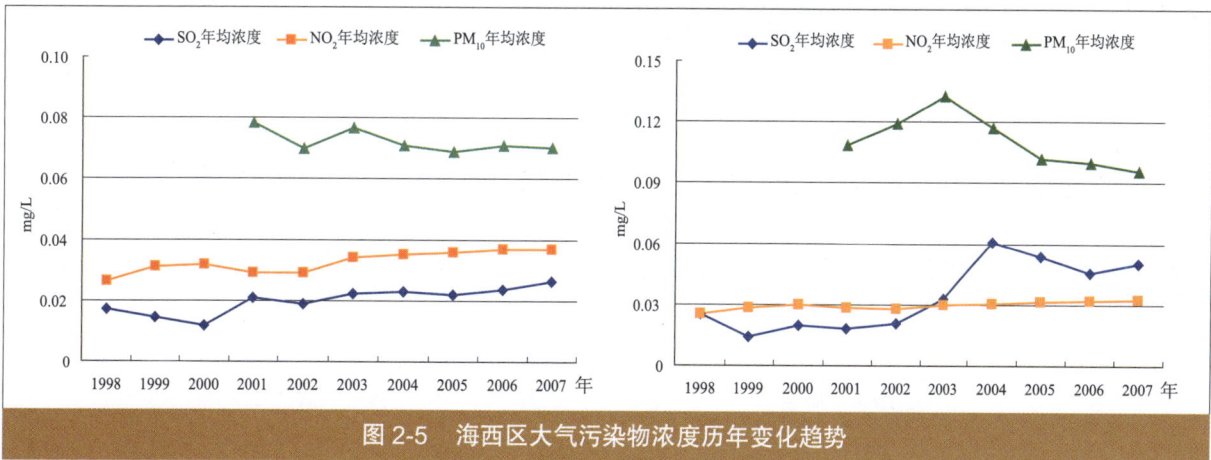

图 2-5　海西区大气污染物浓度历年变化趋势

　　随着"十一五"节能减排工作的持续推进，近年来二氧化硫排放量有所控制。2009 年福建省二氧化硫排放总量较 2007 年减少 8.6%，部分城市大气环境质量也随之改善，如福州和漳州的二氧化硫年均浓度较 2007 年分别下降 41% 和 31%，三明的可吸入颗粒物年均浓度下降 18%（图 2-6）。

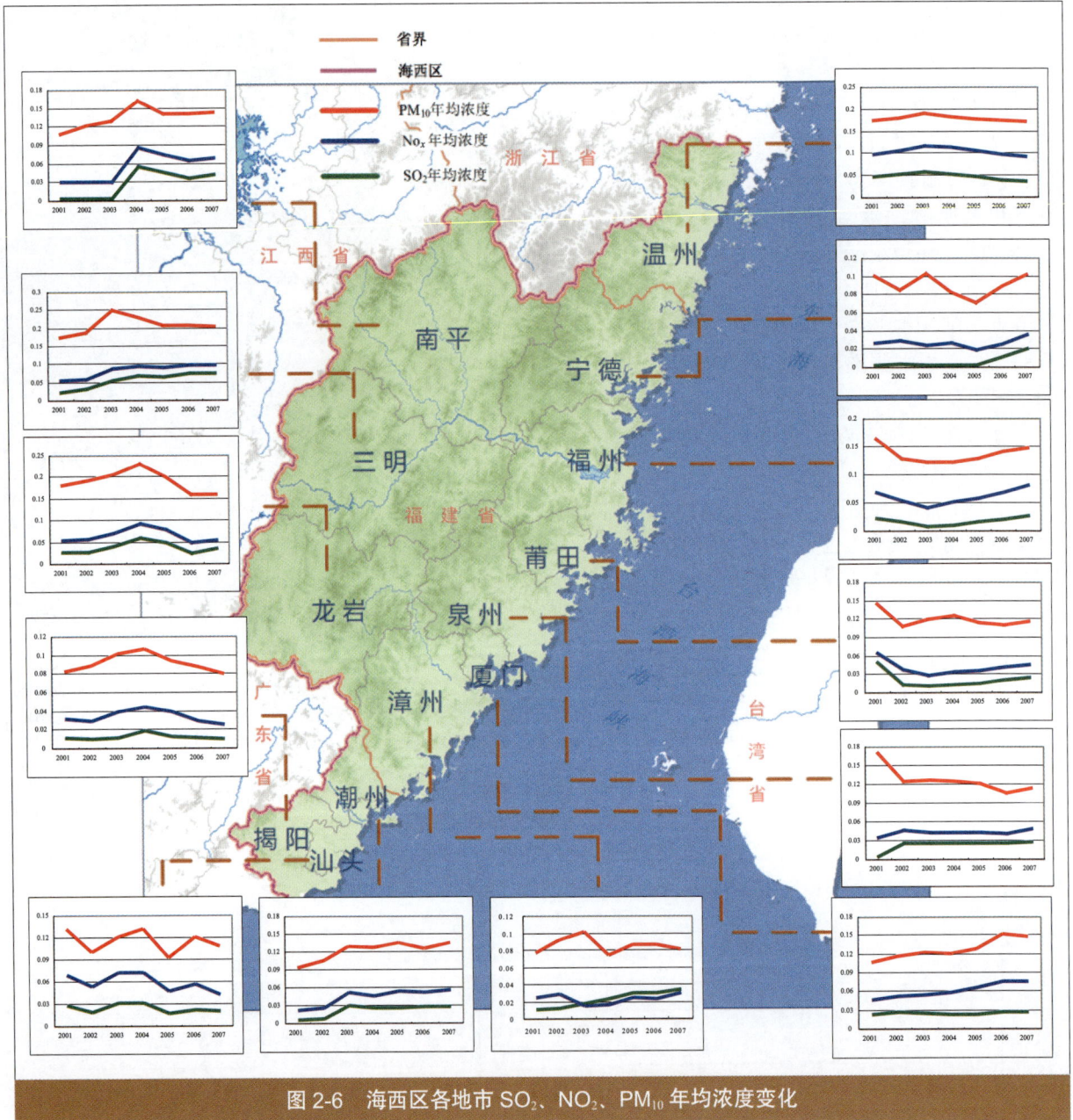

图 2-6　海西区各地市 SO_2、NO_2、PM_{10} 年均浓度变化

注：无台湾省地形（DM）数据。

2.1.2　流域上游水质优良，下游地区局部河段污染严重

（1）地表水环境质量总体良好，水质达标率整体呈提高趋势

海西区地表水环境质量总体良好，主要河流水质达标率79.3%。流域上游水质优良，温州瓯江、福建闽东和闽南沿海诸河，以及粤东韩江水系干流水质整体处于Ⅰ～Ⅲ类水平。主要湖泊和水库水质以Ⅲ类水体为主。各地集中式饮用水水源地水质整体较好，达标率93.2%～100%（图2-7）。

海西区17条重点水系中，近十年内水质达标率保持稳定的占58.9%，提高的占35.3%，下降的仅占5.9%。瓯江、飞云江、闽江、晋江、敖江、霍童溪、漳江等主要河道Ⅰ～Ⅲ类水体比例基本保持在70%～100%，且近年略有提高；粤东地区水质基本稳定，韩江Ⅰ～Ⅲ类水质比例保持在60%～70%。主要湖库近十年内水质达标率保持稳定的占45.4%，提高的占26.3%，下降的占18.1%（图2-8）。

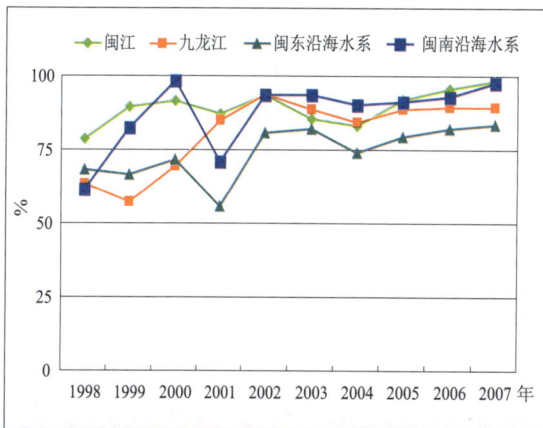

图2-7　主要水系达标率

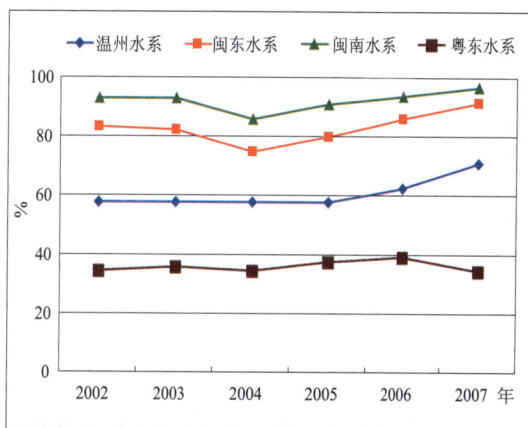

图2-8　Ⅰ～Ⅲ类水质比例历年变化

（2）下游地区少数河段出现不同程度污染

海西区部分流域下游河段水质达标率相对较低，出现不同程度污染。鳌江下游河段水质劣于Ⅴ类，水质呈重度污染；龙江水质达标率66.7%，下游河段水质劣Ⅴ类；榕江水质达标率42.9%，下游河段水质呈中度污染；练江水质长期处于重度污染状态，水质普遍劣于Ⅴ类（图2-8）。水质超标污染物普遍以溶解氧和氨氮、总磷为主。各地近年来逐步加大地表水环境整治力度，2009年部分流域水质有所改善，其中龙江水质达标率提高至75%，榕江下游河段由中度污染转为轻度污染（图2-9）。

（3）部分湖库富营养化程度有所上升

海西区主要湖库水质达标率为59%，温州地区和闽东南部分湖库存在超标现象，超标因子为氮、磷等湖库富营养化特征指标。近年来，70%湖库的富营养状态指数有所升高（图2-10和图2-11）。

2.1.3　近岸海域水质基本良好，海洋生态环境压力已显现

（1）近岸海域水质基本良好，局部海域水质不容乐观

海西区近岸海域环境状况基本良好，但乐清湾、罗源湾、泉州湾和厦门湾等海湾以及主要

图 2-9　海西区主要水系水质及超标河段情况

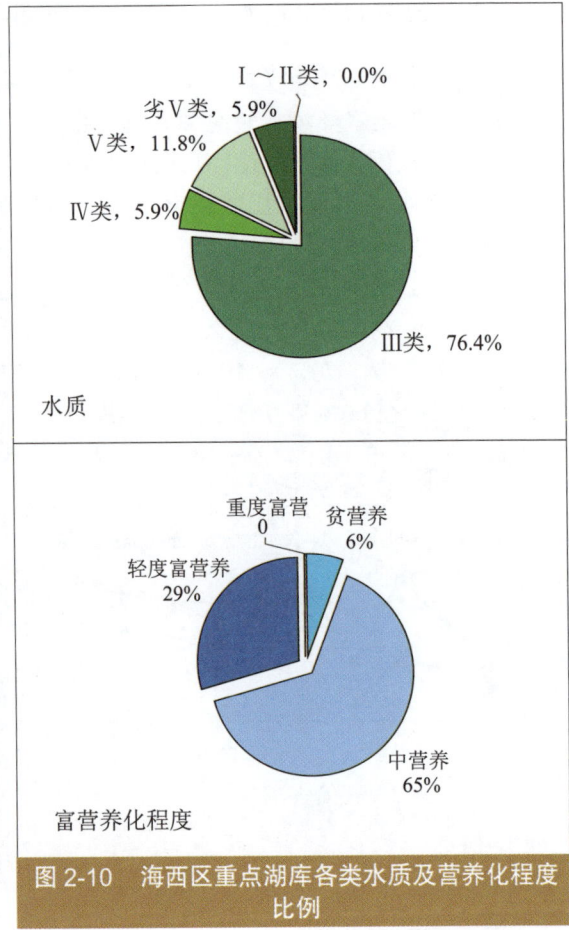

图 2-10　海西区重点湖库各类水质及营养化程度比例

图 2-11　海西区主要湖库营养状态指数

江河入海口和部分大中城市近岸海域局部水质不容乐观。近岸海域水质未达到一类海水水质标准的海域面积超过 1.15 万 km^2，其中二～三类海水（较清洁和轻度污染）面积约 0.94 万 km^2，四类海水（中度污染）面积约 0.10 万 km^2，劣四类海水（严重污染）面积为 0.11 万 km^2。

无机氮和活性磷酸盐是海西区近岸海域主要污染物（图 2-12），无机氮大部分为四类和劣四类海水；石油类含量总体水平较低，除三沙湾、泉州湾和东山湾外，都保持在二类海水水质。

三沙湾海水主要超标因子为无机氮、活性磷酸盐和石油类。湄洲湾仅个别监测站位无机氮略超二类标准，其余监测要素含量均符合国家海水水质二类标准。东山湾海水主要超标因子为无机氮、活性磷酸盐、石油类和汞。

（2）海水水质呈下降趋势，氮、磷污染有所控制

近十年来，海西区近岸海域水质呈下降趋势，清洁海域面积（达到一类海水水质标准）有所减少。高锰酸盐指数、石油类主要污染物浓度整体呈上升趋势；氮、磷污染有所控制，尤其是福建各海湾氮、磷浓度均有小幅下降；重金属铅、镉浓度上升，汞下降明显（表2-3）。

三沙湾近年来无机氮、活性磷酸盐和石油类含量呈持续上升的趋势，20世纪90年代开始出现超标情况后逐年加剧，2006

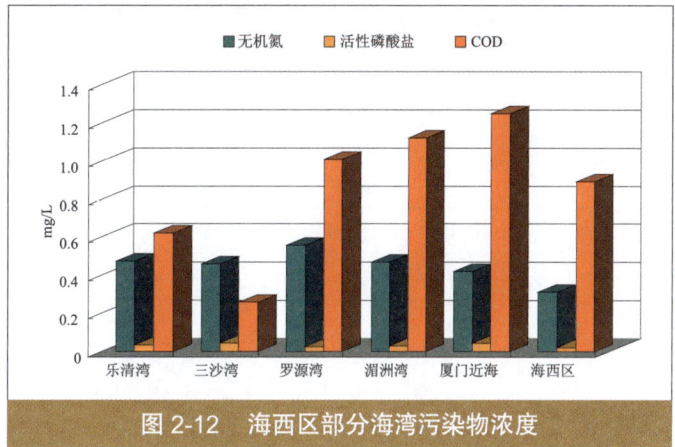

图2-12　海西区部分海湾污染物浓度

年超标现象十分显著，重金属中铜、铅、镉等含量显著升高。湄洲湾近年来无机氮和活性磷酸盐含量略呈逐年上升趋势，其他污染物含量无明显变化。东山湾近年来高锰酸盐指数年际变化不明显，无机氮、活性磷酸盐和石油类年均值大体呈持续增加趋势，铅污染有所控制，铜和镉污染略有所加重。

海西区点源污染物排放量有所增加。2007年，点源化学需氧量、氨氮排放负荷分别为74.6万t、8.1万t，比2001年分别增长1.2%和2.3%。

（3）海洋沉积物质量总体良好，累积性环境影响有所上升

海西区近岸海域底质总体良好，主要评价因子大都可以满足一类海洋沉积物质量标准。乐清湾、泉州湾、三沙湾及汕头近岸海湾等局部海湾沉积物存在重金属、石油类或多氯联苯超标的现象。近岸海域贝类生物体内累积效应不容忽视，各地牡蛎和缢蛏体内均存在铅或砷等重金属超过一类标准现象。乐清湾的电器电子行业、三沙湾的水产养殖、汕头近岸海域的电机产业以及日益发达的海洋运输对海洋沉积物存在的超标现象有密切关联。

海西区累积性生态风险有所上升。近年来随着航运、港口的发展，海水污染加重，部分近岸海域海洋沉积物中汞、铅、砷和石油类经常超过一类标准，铅、砷和石油类近年来呈明显上升趋势，尤其是石油类增加迅速，汞含量则有所下降（表2-4）。

（4）海洋赤潮时有发生，溢油、泄漏事故防范形势严峻

海西区海域2007年共发生赤潮31起（图2-13），累计影响面积1 573 km²，温州海域、

表2-3　海西区海域污染物浓度变化

污染物浓度	福建海域		粤东海域		温州海域	
	1998年	2007年	1998年	2007年	1998年	2007年
活性磷酸盐／（mg/L）	0.03	0.02	0.01	0.02	0.04	0.03
无机氮／（mg/L）	0.36	0.31	0.36	0.28	0.44	0.48
高锰酸盐指数／（mg/L）	0.63	0.89	1.26	1.56	0.88	0.89
石油类／（mg/L）	0.02	0.03	0.01	0.03	0.03	0.00
汞／（μg/L）	0.05	0.03	—	—	0.07	0.02
铅／（μg/L）	1.13	2.20	0.05	2.53	0.37	0.10
镉／（μg/L）	0.09	0.20	0.02	0.28	0.05	0.06

表 2-4   海西区海洋沉积物累积性污染趋势（1998—2007 年）

海域	砷	汞	铅	镉	硫化物	石油类
福建海域	—	↓	↑	↓	↓	↑
温州海域	↑	↓	↓	↑	—	↓
粤东海域	↑	↓	↑	↑	↓	↑

图 2-13   2007 年海西区赤潮分布

表 2-5   海西区红树林面积   单位：hm²

	广东	福建	浙江	总计
20 世纪 50 年代调查	21 289	720	0	22 009
1985 年	4 000	368	0	4 368
1995 年	3 813	260	8	4 081

宁德沿岸、罗源湾、厦门海域、东山湾、汕头港外等海域为赤潮多发地带。临港工业特别是石化工业快速发展，海上物流规模日益加大，各类海洋经济活动显著增加，海上溢油、危险化学品泄漏等污染事故多发，1987—2005 年海西区海域发生 4 起重大溢油事故，造成滩涂和浅海养殖等损失超过 3 000 万元，对海洋生态环境、海洋资源和海上活动等造成了一定安全隐患。

（5）局部海湾生态系统遭到破坏，海洋生物资源不断减少

随着港口和临港工业区的加速发展，使产业发展空间转向沿海滩涂，导致海湾滩涂和河口湿地等重要生态功能区水域面积减小，局部生态功能明显下降（图 2-14）。自新中国成立以来，海西区各重点海湾累计围填海面积近 900 km²，大量占用了生境敏感的海湾滩涂湿地资源。海西区特殊生态系统（红树林）面积一度急剧萎缩且呈零星分布，福建省红树林面积不到 20 世纪 50 年代的 1/3，广东省红树林面积减少了 80% 之多（表 2-5）。浮游生物、潮下带及潮间带生物种类减少、种群结构趋于简单化，生物栖息密度和生物量总体呈逐年下降趋势（图 2-15、图 2-16）。

由于海湾生态系统遭到破坏，近年来海西区近岸海域渔业资源锐减，许多优质经济鱼品已无法形成渔汛。海西区著名的海产品——大黄鱼，其历史最高年产量达 6 万 t，但 2000 年产量仅为 4 260 t，近年来更是难见踪迹。

2.1.4 陆域生态环境质量优越，景观破碎化趋势明显

（1）生物多样性丰富，具有重要生态功能

浙江、福建、广东三省生态环境综合质量列全国第 2 ~ 4 位，生态环境质量均属优等级。优越的气候条件和以山地、丘陵为主的地貌特征，造就了海西区生境类型的复杂性和生态系统的多样性。海西区生物资源丰富，动植物种数约占全国的 28.6%，其中国家重点保护野生植物 59 种、野生动物 157 种。昆虫分布着全国 32 目中的 31 目，计有近万种。

海西区拥有我国两个国家重要生态功能区。一是浙闽赣交界山地生物多样性保护重要区。

该区是我国生物多样性保护的关键地区，其中武夷山区是世界著名的模式标本产地和珍稀、特有野生动物的基因库。二是东南沿海红树林生物多样性保护重要区的主要分布区之一，建有漳江口红树林国家级自然保护区。漳江口两岸是中国红树林自然分布北界的重要分布区，红树林面积 117.9 hm²，具有重要的生物地理学意义。

（2）生态系统类型多样，拥有红树林特殊生态系统

森林生态系统是海西区的优势生态系统，森林面积占土地总面积的59.80%，亚热带常绿阔叶林是森林生态系统的主要植被类型，武夷山区原始森林保存较好；草地生态系统占土地总面积的23.86%，是海西区第二大生态系统，主要由热带、亚热带常绿落叶灌丛构成；湿地生态系统广泛分布于海西区沿海河口海湾，红树林是海西区特殊生态系统类型，占土地总面

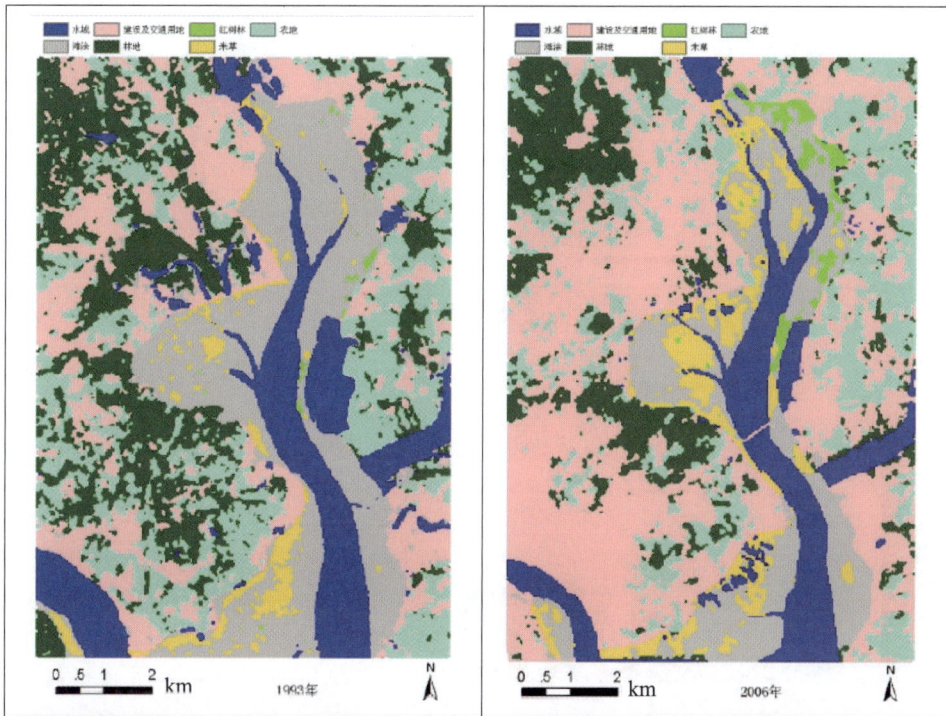

图 2-14　泉州洛阳江口滩涂湿地 1993 年与 2006 年对比

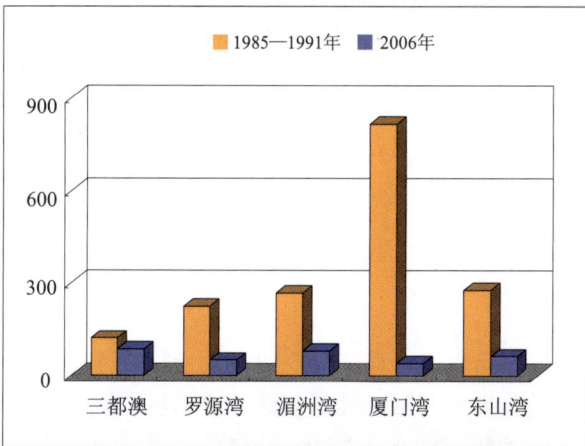

图 2-15　海西区主要海湾潮间带生物种类

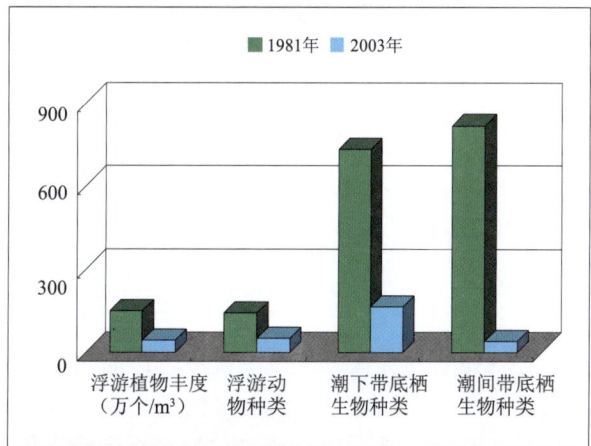

图 2-16　厦门湾生物多样性变化情况

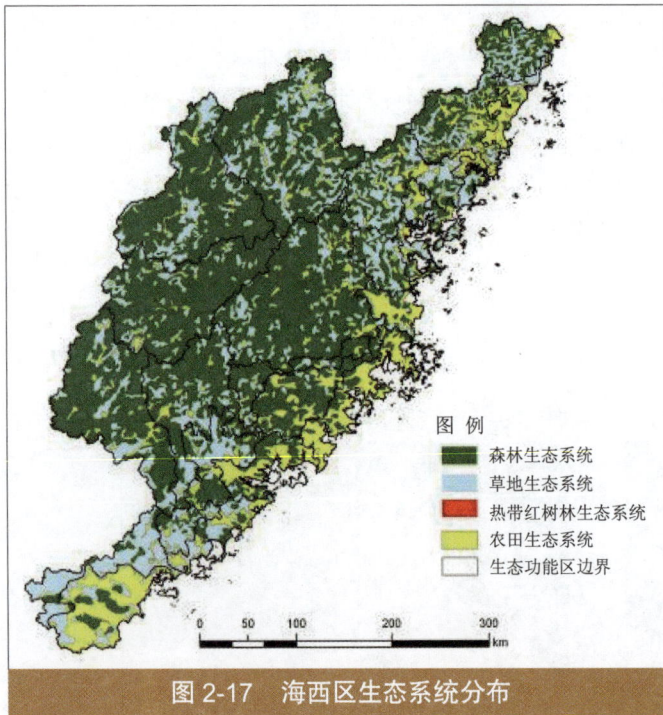

图 2-17　海西区生态系统分布

图例
- 森林生态系统
- 草地生态系统
- 热带红树林生态系统
- 农田生态系统
- 生态功能区边界

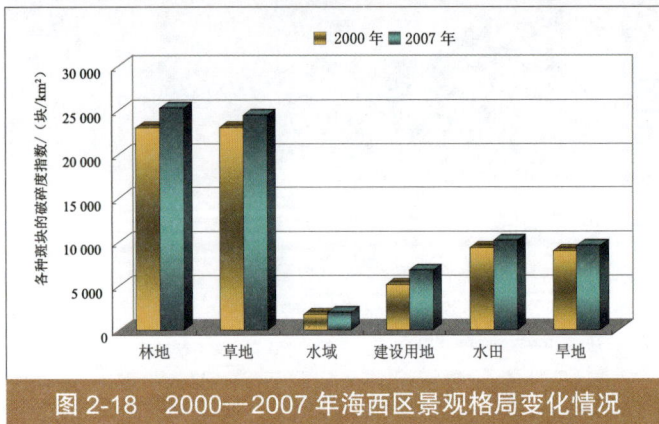

图 2-18　2000—2007 年海西区景观格局变化情况

积的 0.3‰，主要分布在漳江口、九龙江口、泉州湾、兴化湾、三沙湾、沙埕港；农田生态系统主要分布在沿海地带（图 2-17）。

（3）人为干扰不断增大，陆域生态系统景观破碎化趋势明显

海西区平均斑块面积不断缩小，斑块数量、斑块密度及破碎度均呈上升趋势，陆域生态系统景观破碎化趋势明显。尤其是森林、草地景观不仅面临着日渐萎缩，而且呈显著的破碎化趋势。1980—2007 年，海西区建设用地扩张了 30.2%，耕地面积递增了 5.15%。人为干扰日益加剧，导致高质量植被不断减少，近 30 年高质量植被面积锐减了 30.5%，斑块密度由 0.239 块/km² 增加到 0.407 块/km²（图 2-18）。

2.2　区域生态环境问题的成因分析

2.2.1　经济快速增长的同时，工业污染物排放持续增加

近年来，海西区经济社会持续快速增长，环境污染物排放量随着 GDP 的增长而持续增加。1998—2007 年，海西区 GDP 总量增加了 1.8 倍，人均 GDP 提高了 1.5 倍。海西区经济发展与环境污染物排放之间的环境库兹涅茨曲线（EKC）尚未出现倒"U"形趋势，尤其是工业废气、废水排放量与经济发展基本呈线性增加态势（图 2-19、图 2-20）。

海西区工业重型化趋势显现，轻重工业产值比例由 2000 年的 53∶47 转变为 2007 年的 45∶55。以钢铁、石化、装备制造等为代表的重化工业发展迅速，同时也带动了煤炭、电力的消费量。海西区 2007 年煤炭消费量为 5 033 万 t，是 1997 年的 3.98 倍，年增长率达到 30%，煤、电消费量的增加使得区域二氧化硫等大气污染物浓度呈增长态势（图 2-21）。"十一五"期间，各地加大了二氧化硫减排力度，环境空气质量总体稳定，内陆山区有所改善。

2.2.2　跨界输送对区域大气环境质量有一定影响

海西区处于我国高度发达的两大经济圈"长三角"和"珠三角"之间，而这两个地区在不同的季节都为海西区的上风区，区域大气环境质量不可避免地受到这两个地区的跨界输送影响。从二氧化硫排放量来看，长三角地区（16 个城市）的二氧化硫排放量高达 250 万 t/a，珠三角地区的二氧化硫排放量为 67 万 t/a，海西区为 66 万 t/a。二氧化硫的外源输入占海西区的

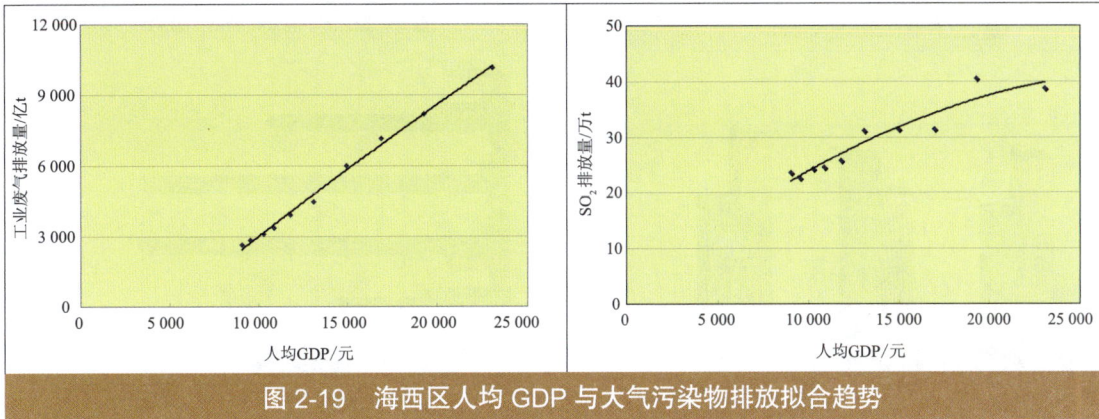

图 2-19　海西区人均 GDP 与大气污染物排放拟合趋势

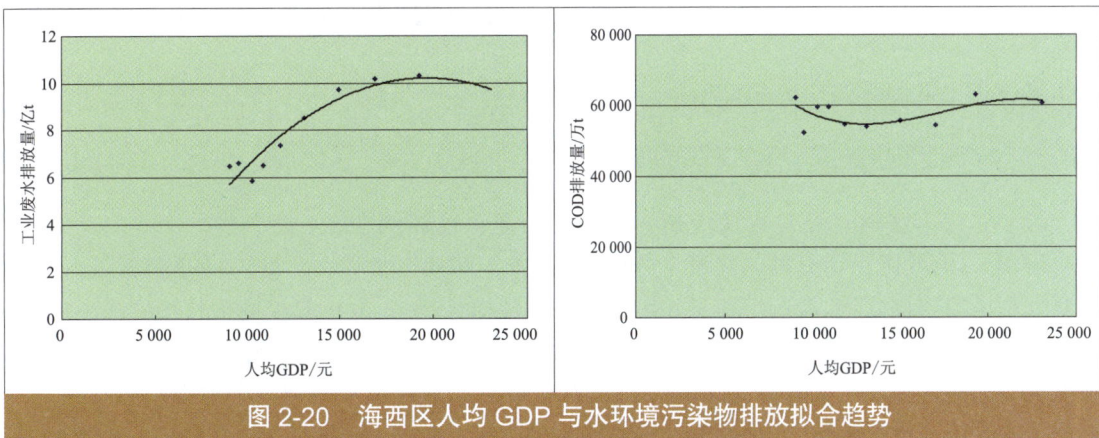

图 2-20　海西区人均 GDP 与水环境污染物排放拟合趋势

相当比例。经 CMAQ 模型计算，海西区外来源的硫沉降贡献占 60%～80%。

2.2.3　陆源污染物对海洋生态环境影响显著

海西区陆源污染物随径流入海对海湾水质影响明显。农业源是径流污染物中化学需氧量和总磷的主要来源，分别占 55% 和 61%。生活污水则是化学需氧量、总磷和总氮主要来源之一，约 55% 的总氮来自于生活源（图 2-22）。在各入海径流

图 2-21　海西区能源消耗、火电发电量与 SO₂ 浓度历年情况

中闽江、九龙江、晋江入海污染物负荷较大，如闽江排海污染物中油类和重金属占海西主要径流排海总量的 80%（图 2-23）。此外，海西区近 30% 的直接排海污染源存在超标排放现象，加之沿海地区人口相对密集，城镇污水大量排放，导致主要江河入海口海湾和部分

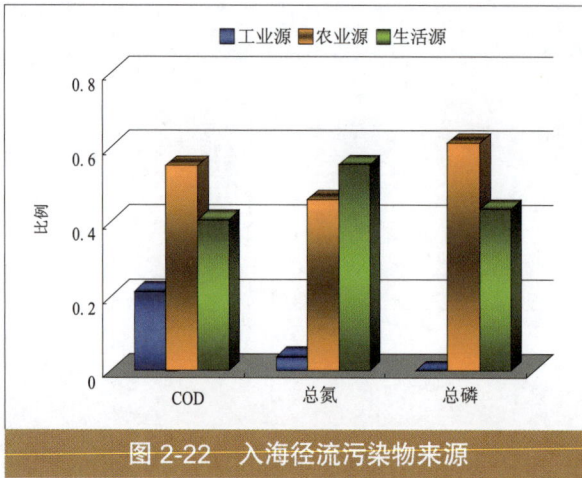

图 2-22　入海径流污染物来源

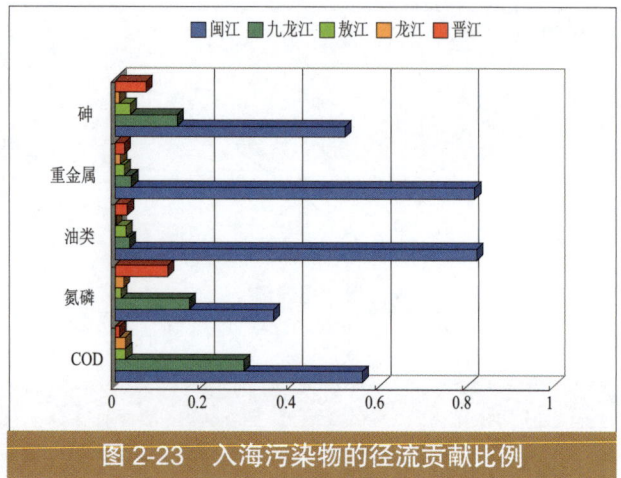

图 2-23　入海污染物的径流贡献比例

大中城市近岸海域多为污染多发地带。

2.2.4 产业发展造成一定的布局性环境问题

（1）沿海大型港口开发建设提速，增加海洋累积性环境风险

近年来，海西区港口开发与建设十分迅速。2007 年海西区货物吞吐量较 1998 年增长 5.4 倍，主要大型港口如福州港、厦门港和泉州港等都呈数倍增长态势，其中泉州港增长幅度最高达 5.6 倍。同期，近岸海域海洋底质中石油类含量增长近 10 倍。大型港口开发建设一方面促进了海运业的日益频繁；另一方面，由于含油类废水排放量和海洋溢油事故频率增加，对海洋生态系统的累积性环境风险也在不断增加（图 2-24）。

（2）建材、钢铁集聚内陆，加重部分城市大气颗粒物污染

地处福建内陆山区的三明、龙岩等地是海西区建材、钢铁等产业的集中区。2007 年内陆地区冶金产业增加值占海西区同产业的 31.3%，该产业多以能源消耗型为主导，由于技术水平、环保措施等问题导致三明、龙岩的工业废气排放量和能耗量位居海西区前列。基于此，上述两个城市降尘和颗粒污染物的污染程度高于其他城市，降尘超标率分别达到 60.9% 和 67.4%，

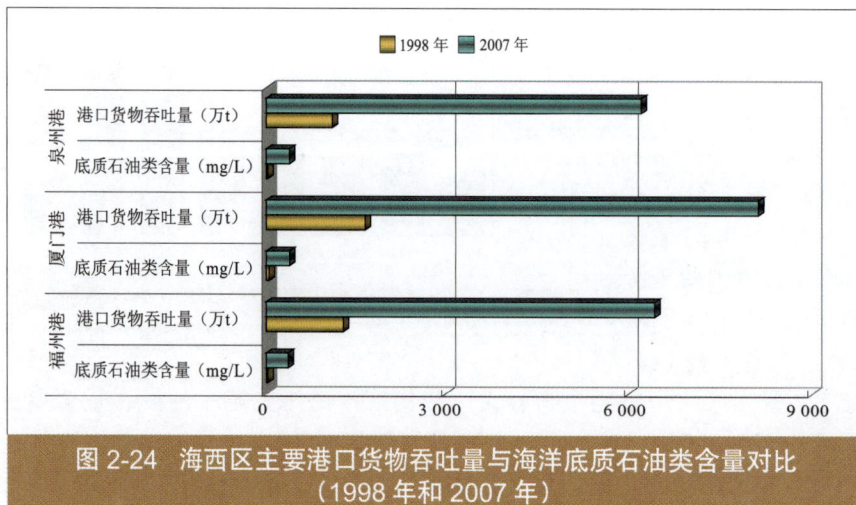

图 2-24　海西区主要港口货物吞吐量与海洋底质石油类含量对比
（1998 年和 2007 年）

是海西区颗粒物污染最严重的城市。

（3）能源火电多依海而建，加大沿海地区二氧化硫污染

海西区能源电力产业以火电为主，水电为辅。目前，海西区 30 多家火电厂大多数布局在沿海地区（图 2-25），沿海地区火电总装机容量和火电厂数量均在 80% 以上。近十年内沿海地区火力发电量增长近 4.7 倍，而周边地区二氧化硫浓度也相应增加 1.3 倍。近年来通过"上大压小"、脱硫改造和管理完善，二氧化硫污染排放得到有效控制，但对沿海地区环境空气质量尚有较大的贡献。

（4）电镀、皮革、纺织和畜禽养殖等产业密布流域下游，造成部分流域下游河段水质严重污染

地处鳌江流域的温州皮革制造业、龙江流域的福清畜禽养殖业、榕江流域的揭阳电镀业和练江流域的普宁印染纺织业都是下游地区的传统产业。这些产业的主要特征为"小而散"，以中小型企业为主，污染控制水平不高，环境管理能力较弱。如鳌江流域有超过 800 家中小皮革企业，龙江流域有上千家畜禽养殖企业，榕江流域有近百家电机电镀企业，练江流域有 2 000 多家纺织服装企业。近年来各地陆续开展了流域水环境综合整治，大量重污染企业开始关停和迁出，水环境质量有所改善，如龙江流域已拆除畜禽养殖场 90% 以上。但鳌江、练江传统产业污染物排放量仍占较高比例，对流域下游水质产生较大的影响（图 2-26）。

（5）水电梯级开发强度大，带来长期性生态环境影响

海西区河流梯级水电站的建设迅速发展，流域干流和各级支流水电站遍布（图 2-27）。2005 年小水电清理整顿前，海西区各流域已建成的水电站达 6 000 多座，其中 2001—2005 年间建设的小水电达 1 642 座。如闽江一级支流的吉溪，79 km 长的河道上已建设的水电站就有 11 座，在枯水期造成河道减水、断流的河段约占 30%；闽江梯级电站建成后下泄泥沙量的大幅度减少，加上下游河

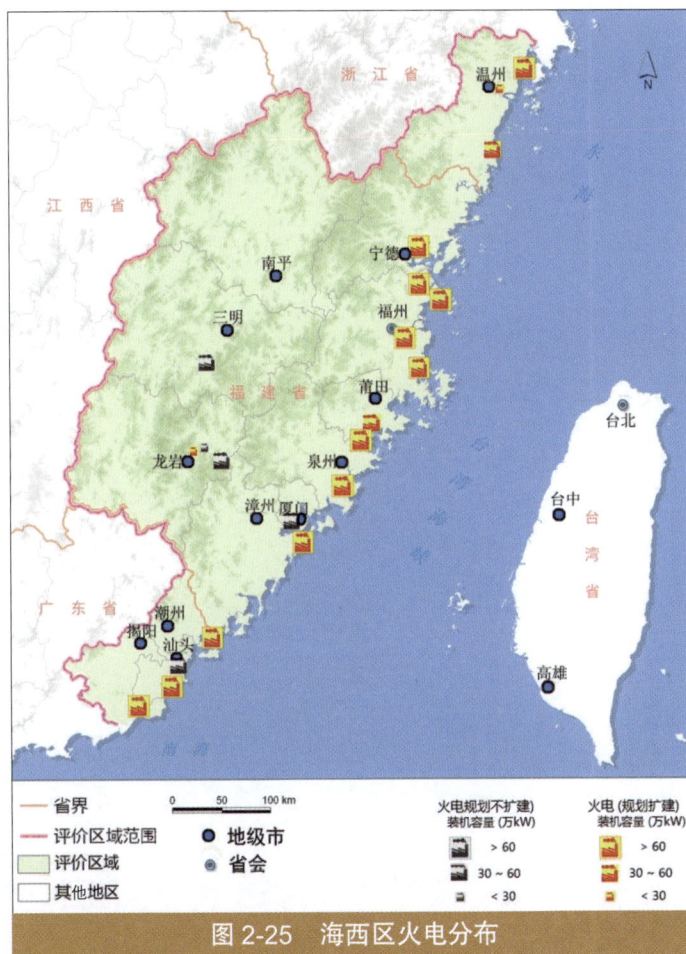

图 2-25　海西区火电分布

注：无台湾省地形（DM）数据。

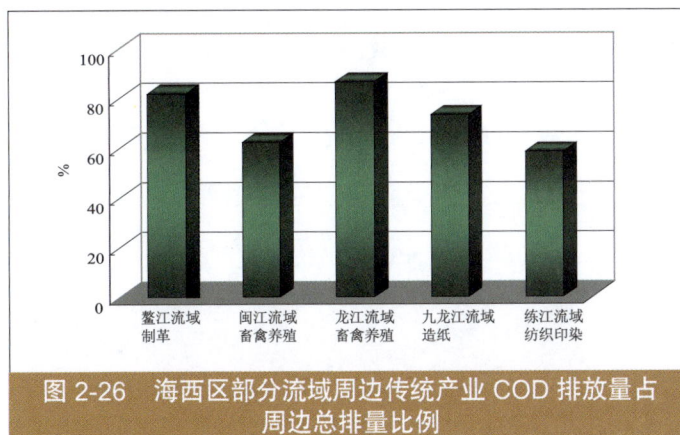

图 2-26　海西区部分流域周边传统产业 COD 排放量占周边总排量比例

图 2-27　海西区主要水电站分布

道过量采砂，造成河床不断下切，使潮界上延、咸潮上溯，枯水期闽江河口的潮区界上移了 12 km，潮流界上移了 6 km；由于梯级开发改变了河流的水动力条件，使河流流速变缓，自净能力降低，库区和部分河段富营养化程度加剧。

2.2.5　环境基础设施建设相对滞后，制约城市环境质量改善

近年来，海西区城市化进程明显加速。1978 年海西区城镇化水平不足 14%，2007 年城市化水平提高至 52.9%，城市建成区面积达到 1.44 万 km²，较 1978 年增加 8 倍。海西区人口总规模相对稳定，在产业经济的带动下，海西区人口呈现向沿海地区集聚态势。2007 年沿海地区人口密度为 584 人 /km²，比 1978 年增长了 50.1%。城市化进程的加速，促使对生活能源的需求增加，同时，排放的生活污染物也将有所增加（图 2-28）。

　　同时，海西区环境基础设施建设滞后于快速发展的城市化进程。2007 年，海西区城镇污水处理厂仅 63 座，部分地区城镇污水集中处理率较低，大量生活污水未经处理直接排入河道，加剧了地表水环境的污染。近几年海西区城市环境基础设施建设步伐明显加快，截至 2009 年，福建省建成污水处理厂 71 座，城市污水处理率已达到 75%；2010 年揭阳市有 9 家污水处理厂建成并投入运行（图 2-29）。

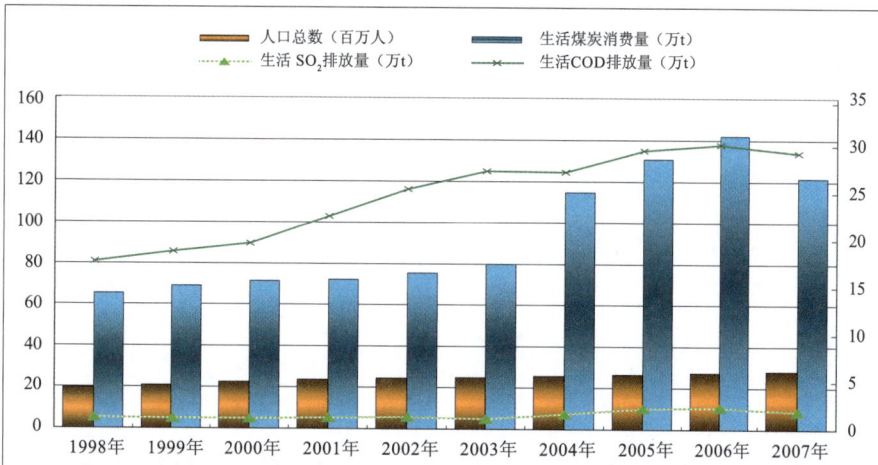

图 2-28　海西区城镇人口与生活能源消耗、生活污染物排放量变化

图 2-29　海西区城市污水处理率

3 区域产业发展现状及资源环境效率

3.1 经济发展历程及特征

3.1.1 区域经济快速增长态势明显，总体发展水平有待提高

2007年，海西区GDP总量13 224亿元，占全国比重5.58%，人均GDP约2.3万元，高于全国平均水平24%。近10年来海西区经济持续平稳快速增长，2007年增幅达到12.83%（表2-6）。

表2-6 海西区及其他地区经济横向比较（2007年）			
区域	GDP/亿元	占全国比例/%	人均GDP/元	GDP增幅/%
海西区	13 224.25	5.3	23 058	12.8
长三角①	46 672.07	18.9	55 778	15.2
珠三角②	25 606.87	10.3	54 721	16.1
台湾③	28 226	—	127 032	5.7
全国	249 529.9		18 934	11.4

注：①长三角是指上海、江苏南部和浙江北部在内的区域，具体包括上海、苏州、无锡、泰州、扬州、南京、镇江、常州、南通、杭州、嘉兴、舟山、宁波、湖州、绍兴、台州，共计16个城市；

②珠三角是指珠江沿岸的广州、深圳、佛山、珠海、东莞、中山、惠州、江门、肇庆，共计9个城市组成的区域；

③台湾2007年GDP按2007年12月31日汇率1元人民币＝4.46元新台币折算。

海西区处于长三角、珠三角、台湾地区等经济圈的联接部，经济总体发展水平低于周边经济区。海西区人均GDP不足长三角、珠三角地区的1/2，仅为台湾地区的1/5。各城市间发展不均衡，泉州、温州、福州和厦门发展相对较快（图2-30至2-33）。

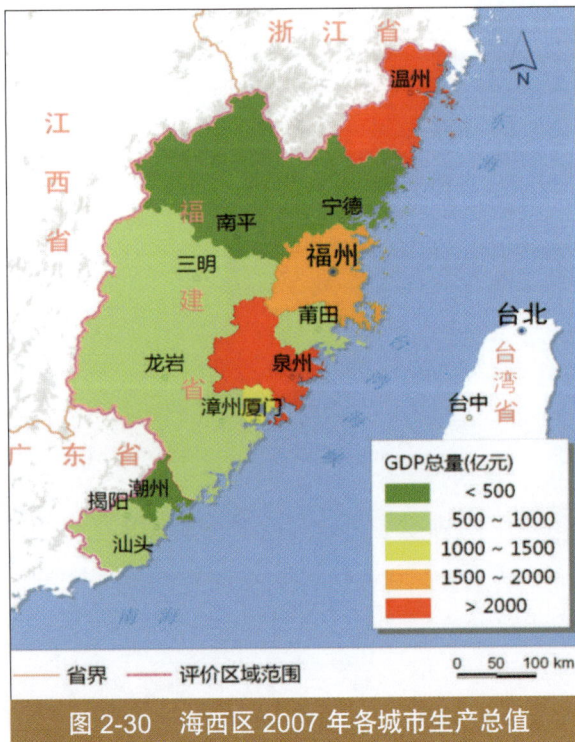

图2-30 海西区2007年各城市生产总值

注：无台湾省地形（DM）数据。

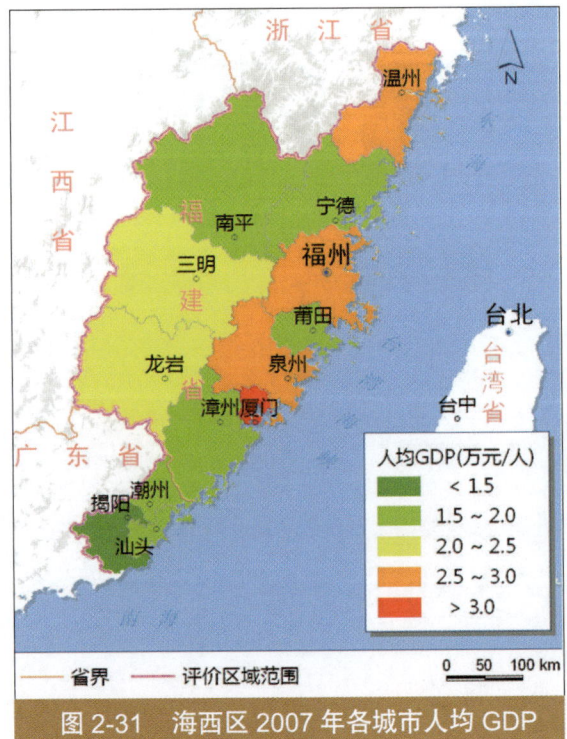

图2-31 海西区2007年各城市人均GDP

注：无台湾省地形（DM）数据。

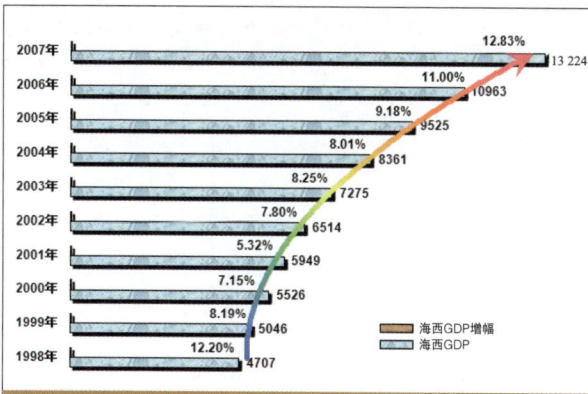

图 2-32　海西区 GDP（亿元）变化趋势

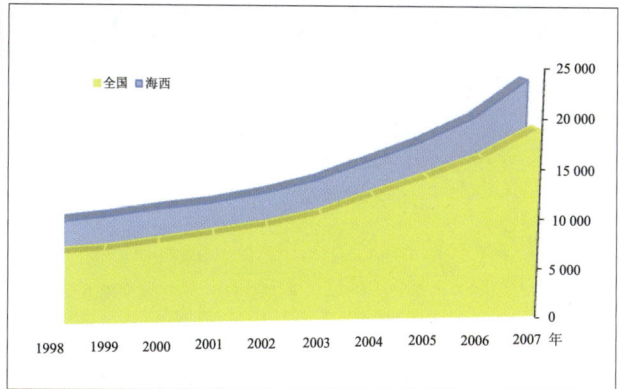

图 2-33　海西区人均 GDP（元）变化趋势

3.1.2　第二产业占主导地位，工业化水平处于中期阶段

近十年来，海西区三次产业结构总体呈现"二、三、一"格局。第二产业在地区经济发展中始终占有主导地位，其比重呈逐年上升趋势，2007 年达到 50.6%；第三产业缓慢上升，对地区经济贡献逐年提高，2007 年为 39.8%；第一产业比重则逐年下降（图 2-34）。海西区产业结构总体上与全国平均水平基本接近，与已进入工业化后期阶段的台湾相比，海西区工业化发展进程明显滞后，两岸产业合作的互补性较强。

海西区工业化水平略高于全国平均水平，整体处于中期阶段。依据经济发展水平、产业结构、工业结构、就业结构和空间结构等五个

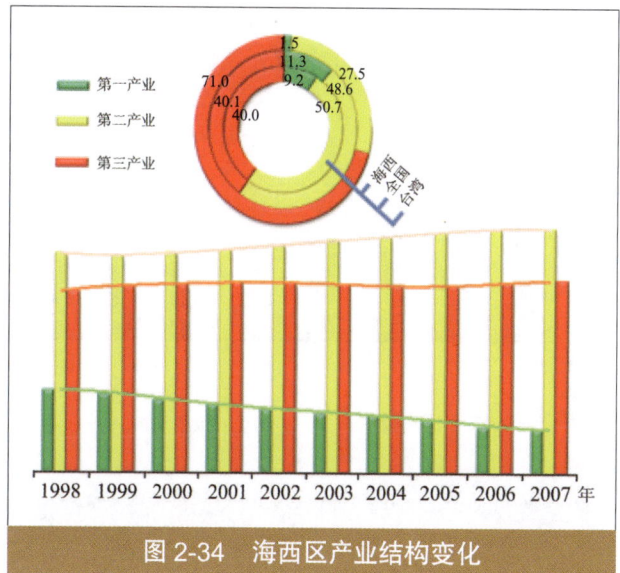

图 2-34　海西区产业结构变化

方面的评价指标来综合衡量区域工业化发展水平，海西区工业化水平综合指数为 58，达到工业化中期后半阶段发展水平，略高于全国平均水平（56），但与周边珠三角、长三角等发达地区相比，海西区的工业化发展水平相对落后。

3.1.3　工业结构逐渐转向重化工业，资源环境压力增大

海西区工业门类较多，涵盖国家统计分类的全部 33 个工业行业。以纺织、服装、鞋帽制造为代表的出口加工型、劳动密集型等产业具有一定的先发优势，但进一步发展空间不大（图 2-35）。随着海西区工业化、城市化的加速推进，对能源、资源密集型产业的需求加大，工业结构逐渐向重化工业偏移。2000—2007 年，重工业比重从 2000 年的 47% 转变为 2007 年的 55%，装备制造、石油化工、电力、冶金、建材等主要产业占区域工业总产值的比重已达 52%。装备制造、石油化工、电子信息已经成为海西区支柱产业，年均增幅超过 30%，工业增加值占海西区的比例达 33.4%，占全国同行业的比例达到 13.7%（表 2-7）。

表 2-7　海西区及全国不同地区轻重工业比重变化历程

统计范围		2000 年		2004 年		2007 年	
		轻工业	重工业	轻工业	重工业	轻工业	重工业
海西区	生产总值	1 988.63	1 764.51	4 378.05	5 298.22	8 125.22	9 831.66
	轻：重	1.13		0.83		0.83	
长三角	生产总值	10 995.4	13 084.1	20 733.2	37 427.58	36 248.97	76 249.9
	轻：重	0.84		0.55		0.48	
珠三角	生产总值	5 739.56	4 938.55	10 895.5	14 021.45	18 366.12	29 528.9
	轻：重	1.16		0.78		0.62	
全国	生产总值	34 094.50	51 579.20	62 654.00	124 566.70	119 640.0	285 537.0
	轻：重	0.66		0.50		0.42	

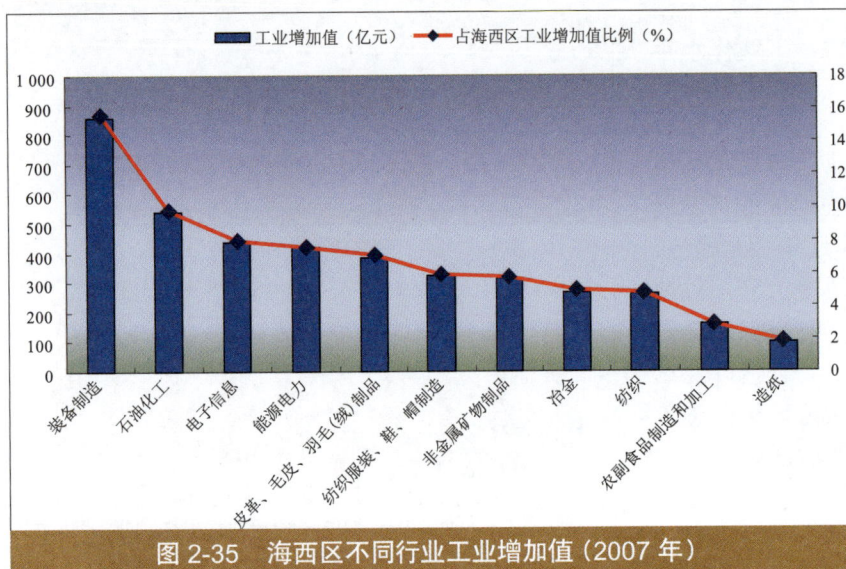

图 2-35　海西区不同行业工业增加值（2007 年）

3.1.4　区域经济发展的主要驱动力

对外开放是海西区经济发展的第一驱动力。改革开放以来，海西区外商投资主体及民营经济迅速崛起，外向型经济地位日益突出，已经成为区域经济发展的第一驱动力。2007 年进出口总额占 GDP 总量的比重接近 60%，出口依存度为 38%（国内出口总值占国内生产总值），高于全国 35% 的平均水平，其中外商投资主体和民营企业占八成以上。

周边经济圈是带动海西区经济发展的第二驱动力。长三角、珠三角对海西区形成了南北"挤压带动"效应，两个经济区的"升级换代"策略将传统制造业及劳动密集型企业逐步向海西区转移，形成了海西区经济发展的第二驱动力。但海西区接纳的多为劳动力要素和中间原材料投入最为集中的产业段，造成了高消耗、高污染的局面，区域性产业发展仍未摆脱数量型的增长方式。

区域性国家战略提升是海西区经济发展的第三驱动力。由于地理位置特殊，海西区经济发展与台海形势有着密不可分的关系。20 世纪 80 年代末，随着两岸形势的良性化及台资企业进入大陆，拥有"五缘"优势的海西区迎来了第一次经济飞跃，GDP 增长速度超过了 15%。后来由于两岸关系发生转折，海西区吸引台资的力度大大削弱，其经济发展速度开始放慢。近年来，台海形势再度良性化发展，海西区的战略高度从国家层面上迅速得到提升，区域 GDP 增速再度超越全国平均水平。

3.2 重点产业发展现状特征分析

3.2.1 初步形成 "一带四圈" 及山区重工业的发展格局

改革开放前，海西区内陆山区依靠资源优势发展冶金、建材、煤炭和造纸等资源密集型产业，成为海西区的重工业基地。改革开放后，在全方位的对外开放政策引导下，产业发展重心逐渐向沿海地区转移，现已呈现 "一带、四圈" 辐射周边的发展格局（图 2-36、表 2-8）。

（1）沿海产业带

在外资因素、经济中心优势和便利交通的作用下，海西区产业空间布局逐渐向沿海转移，形成以中心城市（温州—福州—泉州—厦门—汕头）为中心的沿海产业带。改革开放之初的1983 年沿海中心地区（温、福、泉、厦、汕）与其他地区经济总量之比为 0.86：1；到 1995 年，两者之比为 1.53：1，而到 2007 年年末，两者之比为 2.0：1，经济重心逐渐向沿海中心地区转移。海西区 108 个国家级、省级开发区中有 88 个分布在沿海一带。

（2）闽江口产业圈

以福州为中心，联动莆田、宁德的产业发展圈，是海西区沿海产业带的重要地区，借助中心城市福州的地域优势，产业发展起步较早，已经形成装备制造、电子信息、食品、石化、能源电力等五大支柱产业，占闽江口所有产业工业增加值的 65%，并建成了福州（马尾、福清）电子产业基地、青口汽车产业基地、宁德电机电器等一批特色产业集聚区。2007 年闽江口产业圈实现工业增加值 1196.71 亿元，占海西区 20.1%；其中，装备制造、电子信息、食品、石化、能源电力五大支柱产业工业增加值占海西区的比例分别为 22.7%、37.3%、35.7%、47.2%、24.5%。

（3）厦漳泉产业圈

以厦门为中心，联动泉州、漳州的产业发展圈，是构筑海西区沿海产业带的龙头。优越的区位条件和人文优势，使其成为台资企业投资最为集中的地区。海沧台商投资区是我国最早最大的国家级台商投资区，拥有 107 家台资企业；集美（杏林）台商投资区是台资企业最为集中的开发区，拥有 280 多

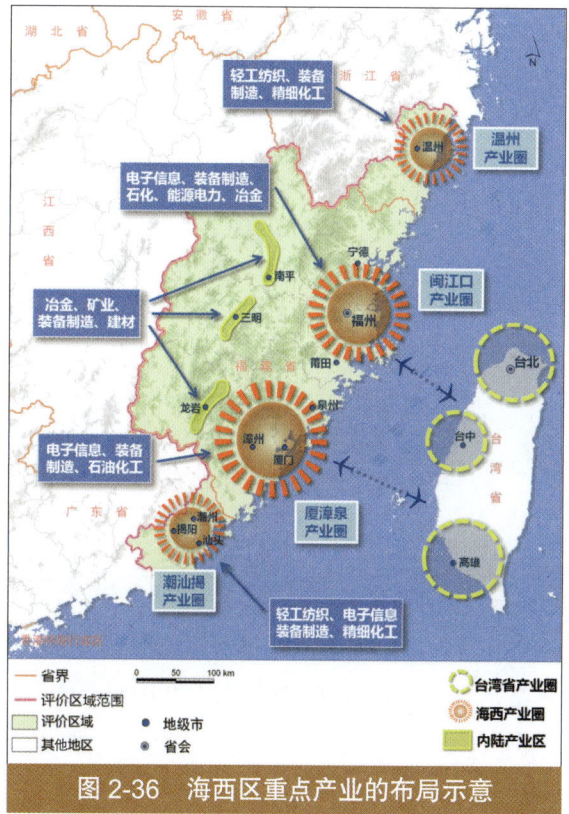

图 2-36 海西区重点产业的布局示意

注：无台湾省地形（DM）数据。

地区	人口/万人	面积/万 km²	GDP/亿元	人均 GDP/万元	主导产业
内陆山区	826	6.83	1 566	1.90	装备制造、木材加工、冶金、建材
沿海中心城市	2 959	5.38	8 646	2.92	电子信息、装备制造、化工、能源电力、冶金
沿海地区	4 899	9.25	11 658	2.38	石油化工、电子信息、装备制造

表 2-8 海西区不同区域经济发展状况

注：内陆山区包括龙岩、三明、南平；沿海中心城市包括温州、福州、厦门、汕头、泉州；沿海地区指沿海十城市。

家台资企业。厦漳泉产业圈以技术密集型、资本密集型产业为主，已经形成电子信息、装备制造、石油化工三大支柱产业，并建成了厦门国家级电子信息产业基地、工程机械产业集群和湄洲湾石化基地，呈现出良好的发展势头。2007年厦漳泉产业圈实现工业增加值 2 203.28亿元，占海西区 36.9%；其中，电子信息、装备制造、石油化工三大支柱产业工业增加值占海西区同行业的比例分别为 54.1%、29.3%、33.3%。

（4）温州产业圈

以温州市城镇为中心，辐射周边山区地带，是我国民营经济最为发达的地区。已经形成鞋革、低压电气、纺织服装、装备制造以交通运输设备为主、塑料化工等五大优势产业，其中装备制造业占所有产业工业增加值的比重达到 41.2%。2007年温州产业圈实现工业增加值 1 064.6 亿元，占海西区 17.8%。总体而言，温州产业圈以传统轻工业为主，呈现小型民营企业为主体的产业集群发展模式，劳动密集型产业仍占较大比例，产业结构有待进一步优化。

（5）汕潮揭产业圈

以汕头为中心，辐射潮州、揭阳的产业发展圈，是海西区与珠三角的衔接点，属于经济落后地区，也是广东省境内重点发展的地区。支柱产业大多为传统产业，已经建立了以轻工业为主的工业体系轻、重工业比为 71.8∶28.2，形成了纺织服装、工艺玩具、电子信息、五金机械、化工塑料等一批有地方特色的支柱产业和优势产业。2007年，汕潮揭产业圈实现工业增加值 916.71 亿元，占海西区 15.4%。但该区域企业规模较小，尚未形成有较强竞争力的产业集群和带动作用强的龙头企业，现有支柱产业难以改变工业发展水平偏低的现实。

（6）内陆山区重工业产业带

改革开放前，福建被列为海防战备前线，投资重点倾斜于闽西北的"小三线"建设，依靠其丰富的石灰石、煤炭、铁矿、森林等资源，大力发展冶金、煤炭、装备制造、建材和造纸等工业，成为海西区早期工业的支柱和经济增长点。2007年，内陆山区（三明、龙岩、南平）的冶金、建材、采矿业工业增加值占海西区比例分别达到 31.3%、43.2%、71.1%。随着改革开放和市场经济的引入，沿海地区产业集群发展，而内陆山区受交通条件、人才优势和技术水平的限制，经济总量所占比重逐渐减少。2007年，内陆山区实现工业增加值 583.82 亿元，占海西区 9.8%。

3.2.2 重点产业集聚效应逐步显现

（1）湄洲湾石化基地初具全国重要石化基地雏形

湄洲湾石化基地是我国《石化产业调整和振兴规划》中的 20 个千万吨炼油基地之一。目前拥有原油加工能力 1 200 万 t/a，乙烯生产能力 80 万 t/a，已有石化及港口物流企业 39 家、总投资约 530 亿元，在建项目 20 多个，总投资超过 1 000 亿元。未来随着大型炼化一体化项目的落地和石化专区建设的不断推进，湄洲湾石化基地将成为我国重要的石化基地。

（2）初显国内第四个电子信息产业集聚区雏形

海西区拥有国家首批认定的九个"国家信息产业基地"之一，目前已形成了以厦门特区、福州市区、马尾开发区等信息产业基地，是全球最大的显像管生产基地、全球第二大彩色显示器生产基地、全球第四大液晶显示器生产基地，成为世界电子信息产业链的重要组成部分。海西区电子信息产业高度集中，主要分布在厦门和福州两大城市，2007年厦门和福州电子信息产业总产值占海西区 86%，占全国同行业比重 5.6%，初步显现国内第四个电子信息产业集聚区雏形。

（3）初步形成一批特色鲜明、竞争力强的装备制造产业集群

海西区装备制造业主要集中在厦门、福州和温州，其工业总产值占海西区 68%，初步形成了一批特色鲜明、辐射力大、竞争力强的产业集聚区域和产业集群，如温州的汽摩配和电器产业、厦门的大中客车产业和工程机械产业、福州青口汽车及零部件产业等。厦门的民用飞机维修与改装规模和技术水平居亚洲第一，工程机械的主力机种装载机在国内市场占有率接近 40%；厦门的工程机械、龙岩的环保机械、泉州的纺织机械、宁德福安的电机电器在全国有一定的知名度。

3.2.3　产业结构不尽合理，技术水平有待提高

（1）石化产业结构性矛盾突出，尚未形成集约发展格局

海西区石化产业起步较晚，基础薄弱，炼化企业属燃料化工型原油炼制。湄洲湾石化基地的炼化一体化工程乙烯、丙烯原料直接加工成聚乙烯、聚丙烯石化终端产品，属短流程石化产品延伸，对石化中下游产业带动作用尚未充分发挥，难以形成上游、中游、下游项目配套的石化产业集约化发展格局。

（2）装备制造产业基础比较薄弱，技术创新能力有待提高

海西区装备制造产业基础还比较薄弱，大多数属附加值低的加工型企业，在国内有影响力的企业较少且规模不大，比较知名的金龙客车和厦工、龙工的工程机械分别占全国市场份额的 26%、13% 和 15%，总产值不足长三角的 12%，占全国的比重也仅为 3.3%，相对落后于海西区 GDP 占全国的比例 5.58%。

海西区装备制造产业主要集中在电器行业和交通运输制造业，分别占装备制造业总产值的 40% 和 20%。虽然高技术含量产品的比重不断增加，但总体仍处于产业链中偏于低端的地位，在技术水平处于国内中等，且技术创新能力有待进一步提高。

（3）电子信息产业以加工贸易为主，高端领域技术匮乏

海西区电子信息产业技术水平相对较低，结构性矛盾比较突出，与长三角、环渤海地区差距较为显著。电子信息产品结构主要集中在中下游，以显示终端、计算机及网络产品等为主，且以加工贸易为主，在国际产业分工中处于价值链低端，上游产品如集成电路设计及制造领域匮乏，关键技术和高端配套产品主要依赖进口，"空芯"现象较为突出。

（4）钢铁产业结构单一，技术水平相对落后

2007 年，海西区粗钢产量 600 万 t，钢材产量 1 300 万 t，生铁产量 650 万 t，分别占全国总量的 2%、3% 和 3%。三钢集团是海西区唯一年产粗钢达 500 万 t 的钢铁企业，2008 年钢铁产量在全国排名 22。海西区有色金属生产种类较少，但钨和黄金的产能分别占全国 28% 和 9%（钨全国第一，黄金全国第二）。

海西区钢材以建筑用材为主，钢材板管比为 26.5%，低于全国平均水平 45.7%。冷轧薄板、中厚板、冷轧硅钢板等附加值高的生产用材产量较少，大部分靠区外采购和进口。由于海西区冶金产业小企业众多，其技术层次参差不齐，小规模粗犷经营模式仍较为普遍。

（5）能源结构不尽合理，火力发电比重较大

目前海西区的火电比重较大，约占总发电量的 71%；其次为水电，约占总发电量的 25%（已经基本开发完毕）；核电和其他新能源基本在初步启动阶段，约占总发电量的 3%。海西区目前能源结构不尽合理，根据国家能源发展的总体战略，核电等新能源及可再生能源发电是海西区能源电力产业发展的方向。

（6）造纸企业规模偏小，与全国平均水平差距较大

2007 年，海西区纸和纸板产量 276 万 t，纸浆生产主要集中于福建南平、三明地区，产量 57 万 t。除南纸、青山纸业、青州纸厂、恒安集团、优兰发集团等国内大型造纸企业以外，大部分企业规模较小，规模以上造纸企业的平均规模为 1.36 万 t，与全国平均水平 2.28 万 t 尚有相当差距。

3.2.4 资源环境效率总体好于全国平均水平，不同产业差异明显

海西区资源环境效率总体上好于全国平均水平。从资源能源消耗来看，2007 年，海西区万元工业增加值综合能耗远低于同期全国平均水平，但工业用水重复利用率与万元工业增加值水耗与全国平均水平有一定差距。从排污情况来看，2007 年，海西区污染排放普遍稍好于同期全国平均水平，但与国内先进水平仍有不小差距（表 2-9）。

应用关联度指数方法评价，海西区不同城市的资源环境效率存在一定的差异（图 2-37）。厦门、福州、温州和莆田的资源环境效率在海西区属于相对较高水平。

海西区电力、冶金产业能耗较高，综合能耗占海西区 65%。能源电力、造纸和石化产业是主要耗水产业，用水量占海西区 46%（图 2-38）。化学需氧量排放集中在造纸、装备制造和石化产业，占海西区 47%。二氧化硫排放主要集中在火电行业，占海西区 66%（图 2-39）。

海西区各重点产业资源环境效率差异明显（图 2-40）。装备制造业发展态势较好，资源环境效率水平相对较高；石化产业资源环境效率与国内先进水平差距较大；电子信息产业结构偏于后端，涉及前端制造较少，资源环境效率总体优于国内平均水平，但工业用水重复利用率偏低；冶金产业基础薄弱，企业规模总体偏小，资源环境效率为中等水平；能源电力产业综合能耗较高，资源环境效率与国内先进水平差距明显；造纸行业取水量较大，资源环境效率一般。

表 2-9　海西区资源环境利用效率评估结果

类　别	海西区	全国平均	全国先进
万元工业增加值综合能耗 /（标煤 / 万元）	1.18	1.62	1.09
工业用水重复利用率 /%	33.73	52	67.5
万元工业增加值用水量 /（t/ 万元）	202.3	119.86	—
万元工业增加值 SO₂ 排放量 /（kg/ 万元）	12.25	18.28	6.12
万元工业增加值 COD 排放量 /（kg/ 万元）	5.72	4.37	—
工业固废循环利用率 /%	77.19	62.1	94.21

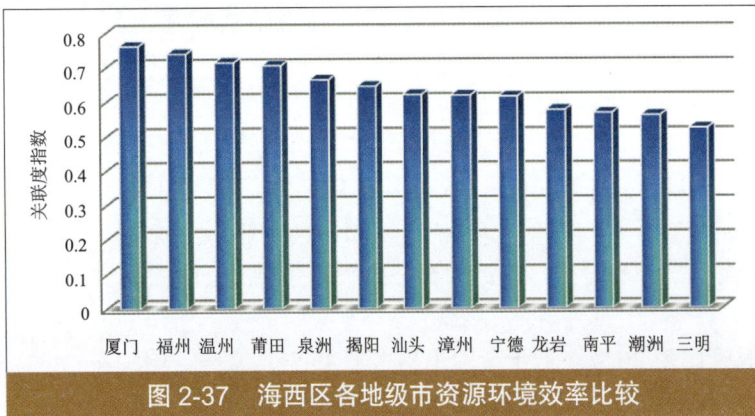

图 2-37　海西区各地级市资源环境效率比较

图 2-40 注：1 装备制造、石油化工、电子信息和冶金为万元工业增加值能耗，单位为 tce/ 万元；能源电力行业为单位发电量综合能耗，单位为 kgce/（kW·h）；纸浆造纸行业为单位产品能耗，单位为 tce/t 产品。

2 装备制造、石油化工、电子信息和冶金为万元工业增加值取水量，单位为 t/ 万元；能源电力行业为单位发电量取水量，单位为 kg/（kW·h）；纸浆造纸行业为单位产品取水量，单位为 t/t 产品。

3 装备制造、石油化工、电子信息和冶金为万元工业增加值 SO₂ 排放量，单位为 kg/ 万元；能源电力行业为单位发电量 SO₂ 排放量，单位为 g/（kW·h）。纸浆造纸行业主要排放水体污染物，未考虑 SO₂ 排放情况。

4 装备制造、石油化工、电子信息和冶金为万元工业增加值 COD 排放量，单位为 kg/ 万元；纸浆造纸行业为单位产品排放量，单位为 kg/t 产品。

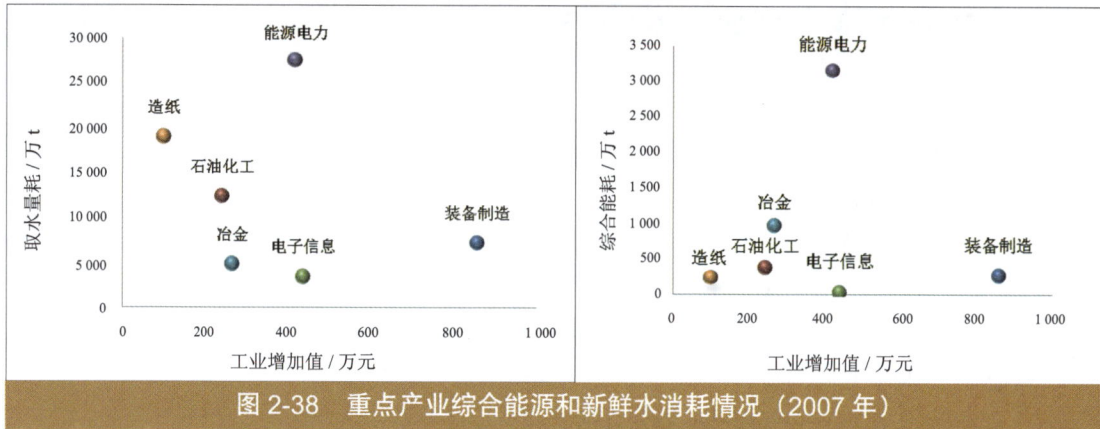

图 2-38　重点产业综合能源和新鲜水消耗情况（2007 年）

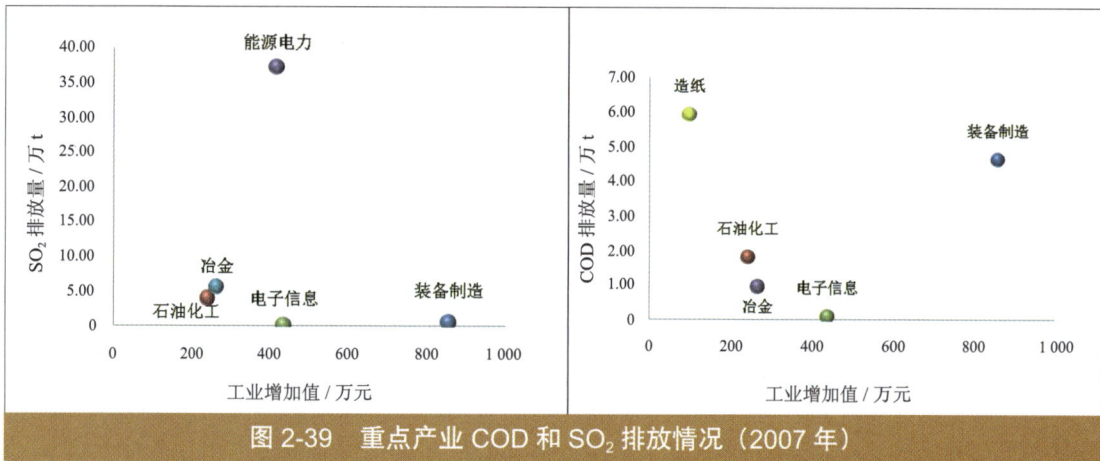

图 2-39　重点产业 COD 和 SO₂ 排放情况（2007 年）

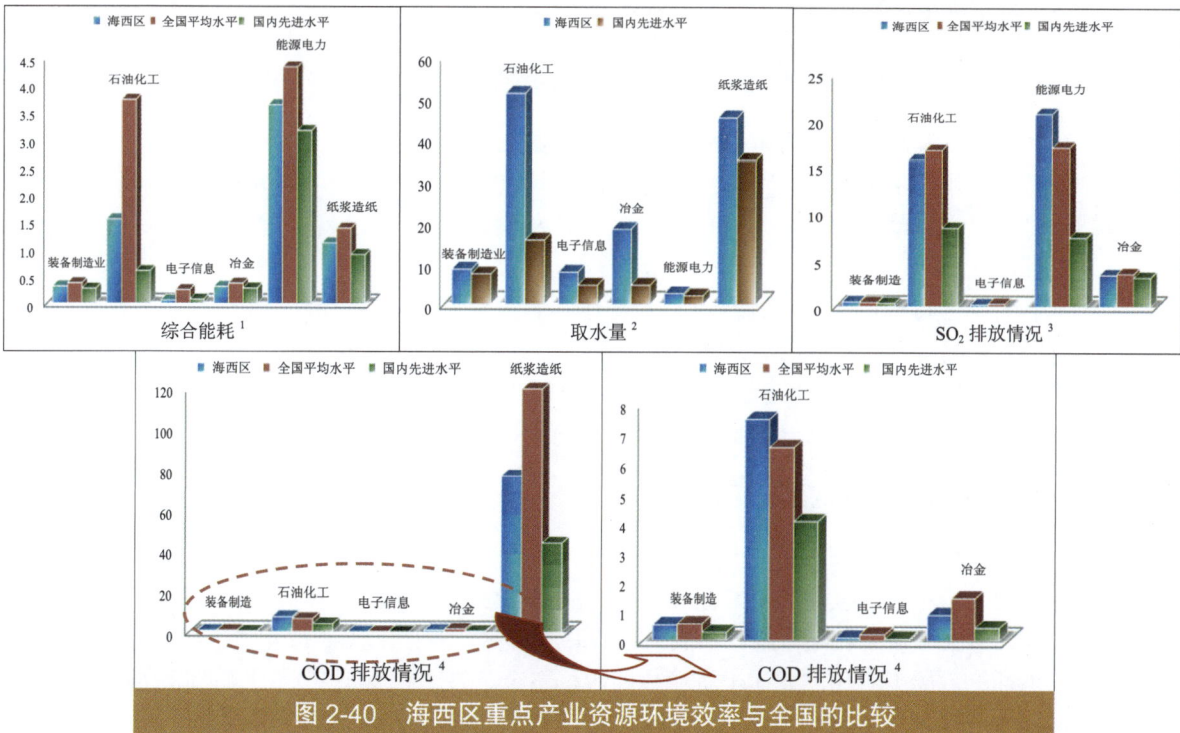

图 2-40　海西区重点产业资源环境效率与全国的比较

3.3 重点产业发展愿景及趋势

3.3.1 区域发展定位

按照《国务院关于支持福建省加快建设海峡西岸经济区的若干意见》，海西区将建设成为与台湾地区交流合作的先行先试区域，服务周边地区发展新的对外开放综合通道，东部沿海地区先进制造业的重要基地，我国重要的自然和文化旅游中心。

立足现有制造业基础，加强两岸产业合作，积极对接台湾制造业，重点发展电子信息、装备制造、石油化工等产业；加快形成科技含量高、经济效益好、资源消耗低、环境污染少、人力资源优势得到充分发挥的在全国具有竞争力的先进制造业基地。

3.3.2 我国区域经济发展新的"增长极"

随着两岸关系出现积极转变，中央鼓励东部地区率先发展和支持海西区建设的相关意见出台，海西区发展迎来了新的历史契机。建设海西区是加强两岸交流合作，推进祖国和平统一大业的战略部署。从区位优势等条件综合分析，海西区具备成为继长三角、珠三角、环渤海经济区之后，我国区域经济发展新"增长极"的条件。

3.3.3 三大产业成为海西区经济增长的主动力

随着我国产业布局的调整，钢铁、石化、船舶等大型重化工业布局将向沿海沿江地区转移，海西区发挥比较优势，利用现有基础，积极培育发展石油化工、装备制造和电子信息三大主导产业，将以专业园区为载体，促进产业集群化。随着海西区新一轮建设的启动，大型国企纷纷进驻海西区，厦门湾、闽江口和湄洲湾台湾产业对接区承接台湾石油化工、电子信息和装备制造等优势产业转移的步伐加快。海西区未来石化、装备制造和电子信息产业将进一步发展，成为经济增长的主动力（图 2-41）。

3.3.4 沿海产业带是海西区未来发展的主要承载区

随着建设海西区上升为国家战略，海西各地纷纷出台各类规划和政策，进一步发展沿海产业带。产业发展空间布局将由以传统中心城市为主体的"城市"带动，转向城镇和港湾互动的"双重"带动。海西区现有的"点状"开发模式也将开始转向"沿线"拓展的"带状"开发模式。

沿海地区将形成"一带、双核、十基地"的发展格局。"一带"即沿海产业带；"双核"是以福州、厦门为中心构筑两大现代服务业中心；"十基地"是指依托瓯江口、环三都澳、罗源湾、闽江口、兴化湾、湄洲湾、泉州湾、厦门湾、东山湾、汕潮揭等重点建设的十大重点产业集聚区。内陆山区引导产业集聚发展（表 2-10）。

3.3.5 石化产业布局呈沿海分散态势

从地方发展愿景来看，海西区已开始出现各地争设石化基地，建设炼油、乙烯大石化项目的局面。沿海地区从北到南筹划布设大小门岛、溪南半岛、江阴工业区、湄洲湾、古雷半岛和揭阳惠来等六大石化基地，形成一条沿海大石化产业带（表 2-11）。

炼油、乙烯等石化产业属于资源、能源、资金、技术密集型产业，又是高污染产业，对环保和安全性要求极高，需要根据区域资源环境承载能力和市场需求，合理布局石化产业基地及发展规模。

3.3.6 发展重化工产业意愿强烈，呈现规模持续扩张的态势

按照海西区各地的发展愿景，石化、钢铁、能源等资源密集型产业将呈持续快速扩张的发展势头。到 2020 年炼油能力将达到 8 500 万 t，是 2010 年的 7.1 倍；粗钢生产能力达 1 950 万 t，是已建和在建产能的 2.2 倍；火电总装机容量将达到 8 333 万 kW，是已建和在建装机容量的 2.2 倍。

海西区火电发展势头迅猛，近期、远期均有较大幅度增加，最终达到 8 333 万 kW 的装机能力。核电及其他新能源的比例迅速增大，由现阶段占总供电量的 3% 增加到 20%，其中核电将从无到有，占到规划总供电量的 15%。总体而言，清洁能源发电总量明显增加，将达到现状的 3.7 倍左右。区域燃煤电厂将延续现有状况，依托已有电厂，呈现沿海分散布局态势；新增核电则集中在沿海，包括宁德、福清、三明、南平、揭阳、漳州、莆田、温州苍南等核电基地。

图 2-41 海西区重点产业发展布局态势示意

注：无台湾省地形（DM）数据。

表 2-10　海西区重点产业布局及产业导向

产业基地		依托工业区（基地）	产业导向
瓯江口		温州市经济技术开发区、乐清经济开发区、半岛产业基地、状元岙临港基地、大小门岛石化基地等	装备制造、石化、冶金、能源、电子信息
环三都澳		宁德三都澳经济开发区、福安经济开发区和闽东物流集散中心等	装备制造、冶金、能源、石化
罗源湾		罗源湾经济开发区、福州台商投资区、福州客们港经济区等	冶金、装备制造、能源、石化
闽江口		福州经济技术开发区、长乐滨海工业集中区、福州保税区、福州出口加工区、福建长乐经济开发区、福州元洪投资区等	装备制造、电子信息
兴化湾		融侨经济技术开发区、江阴工业集中区、江阴保税物流园区、福清出口加工区、涵江高新区、兴化湾临港产业、莆田台商投资区和兴化湾南岸经济开发区等	电子信息、装备制造能源和石化（基础化工、精细化工）
湄洲湾		湄洲湾北岸经济开发区、东吴石化工业区、泉港石化工业园区、泉惠石化工业园区等	石化、造纸、装备制造、能源
泉州湾		泉州经济技术开发区、泉州高新技术产业园区、泉州出口加工区、泉州台商投资区、晋江国家级体育产业基地、晋江—南安装备制造业基地、南安—鲤城光电信息产业基地、南安经济技术开发区、南安滨海工业区、石湖物流园区等	电子信息、装备制造
厦门湾		厦门台商投资区、厦门火炬高新技术产业开发区、象屿保税区、物流园区、翔安工业集中区、漳州龙海经济开发区、招商局经济开发区等	装备制造、电子信息
东山湾		古雷经济开发区、东山经济技术开发区等	石化、装备制造
汕潮揭		汕头高新技术产业园区、汕头金平工业园区、汕头龙湖工业园区、潮州经济开发区、饶平潮州港经济开发区、揭阳惠来国际石化综合工业园等	石化、能源、装备制造
内陆山区	龙岩	龙岩经济开发区、龙州工业园区、连城工业园区、永定工业园区、上杭工业园区、武平工业园区等	装备制造、冶金
	三明	宁化华侨经济开发区、三明高新技术产业园区、梅列经济开发区、三元经济开发区、将乐经济开发区、泰宁经济开发区、龙溪经济开发区等	装备制造、冶金、造纸
	南平	南平工业园区、武夷新区、闽北经济开发区、邵武经济开发区等	造纸、装备制造、冶金

表 2-11　海西区石化产业发展愿景　　　　　　　　　　单位：万 t/a

地点	基地名称	规划面积 /km²	基地情况	炼油能力	乙烯能力
瓯江口	大小门岛石化基地	30	规划	1 000	100
环三都澳	溪南半岛石化基地	40	规划	原油储备	
兴化湾	江阴工业石化基地	8	现有	重油深加工（乙烯 30）	
湄洲湾	湄洲湾石化基地	58	现有	4 000（现有 1 200）	310（现有 80）
古雷港	古雷石化基地	28	在建	1 500（规划）	200（规划）
汕潮揭	惠来石化基地	72	规划	2 000	
合　计				8 500	640

3.4 重点产业发展的情景设计

基于国家发展战略、地方规划愿景以及区域资源环境约束，设计海西区未来重点产业发展的三种情景方案（表 2-12）。

3.4.1 情景一：基于国家发展战略的重点产业发展情景

该方案依据《国务院关于支持福建省加快建设海峡西岸经济区的若干意见》（国发 [2009]24号），重点考虑国际市场需求等外部环境的不确定性、产能过剩和国家宏观调控对海西区未来重点产业发展的可能影响（表 2-13）。

当前国际金融危机对我国实体经济的影响已经使得一些重点产业出现产能过剩现象。一方面，我国成品油市场由供应紧张转变为过剩，与此同时，我国的炼油能力却在迅速增长。

表 2-12　三种情景方案下海西区重点产业发展规模

方案	产业	2015 年		2020 年	
		产能	产值 / 亿元	产能	产值 / 亿元
情景一	石化	炼油 2 400 万 t 乙烯 200 万 t	7 222.38	炼油 4 400 万 t 乙烯 200 万 t	12 139.67
	电力	火电 2 184 万 kW 核电 700 万 kW	676.48	火电 2 584 万 kW 核电 1 000 万 kW	848.48
	冶金	粗钢 1 000 万 t 铜冶炼 80 万 t 铝加工 70 万 t	2 855.73	粗钢 1 000 万 t 铜冶炼 80 万 t 铝加工 70 万 t	6 217.47
	装备制造	—	4 166.87	—	7 507.01
	造纸	—	832.96	—	1 665.09
情景二	石化	炼油 4 400 万 t 乙烯 200 万 t	7 447.53	炼油 8 500 万 t 乙烯 640 万 t	16 162.53
	电力	火电 5 817 万 kW 核电 1 100 万 kW	1 782.28	火电 8 333 万 kW 核电 2 100 万 kW	2 529.72
	冶金	粗钢 1 350 万 t 铜冶炼 80 万 t 铝加工 120 万 t	3 796.73	粗钢 1 950 万 t 铜冶炼 80 万 t 铝加工 150 万 t	7 887.61
	装备制造	—	9 370.41	—	19 593.98
	造纸	—	1 174.68	—	2 438.35
情景三	石化	炼油 4 400 万 t 乙烯 200 万 t	7 382.39	炼油 6 000 万 t 乙烯 440 万 t	15 006.02
	电力	火电 4 227 万 kW 核电 700 万 kW	1 387.6	火电 5 557 万 kW 核电 2 000 万 kW	1 945.9
	冶金	粗钢 1 350 万 t 铜冶炼 80 万 t 铝加工 120 万 t	3 796.73	粗钢 1 950 万 t 铜冶炼 80 万 t 铝加工 150 万 t	7 887.61
	装备制造	—	7 786.87	—	14 459.88
	造纸	—	981.02	—	1 882.63

表 2-13 海西区重点产业产能发展态势				
区域名称	钢铁 / 万 t	炼油 / 万 t	乙烯 / 万 t	火电 / 万 kW
现状产能（2010 年）	900	1 200	80	3 766
发展态势（2020 年）	1 950	8 500	640	8 333

注：表中数据为2010年海峡西岸经济区重点产业已建及在建项目产能总和。

另一方面，经过 20 世纪 90 年代产能的急速扩张，我国目前钢铁供需已经出现不平衡现象。根据国家统计局数据，2008 年我国粗钢、钢材产量分别达到 5 亿 t 和 5.8 亿 t，消费量仅为 4.5 亿 t 和 3 亿 t，面临严重的产能过剩。

未来国家对重点产业新上项目的审批将更为严格。国家宏观产业政策逐渐从推动总量增长向控制总量、调整结构和空间布局的方向转变，经济增长将进一步放缓，未来的成长趋势面临大幅下调的压力。随着国务院支持福建加快建设海峡西岸经济区若干意见的出台和一系列配套支持措施的贯彻落实，未来海西区经济仍将以超过全国平均增幅的速度加速增长。假定未来海西区与全国保持 2 个百分点的年均增长速度差距，确定海西区 2015 年前年均增速为 9.5%，2016—2020 年均增速为 8.5%。

3.4.2 情景二：基于地方产业发展规划的重点产业发展情景

该方案主要考虑海西区各地市的综合发展规划及相关产业发展规划，经过汇总、梳理和分析，得出的重点产业未来在该区域的趋势性判断。

福建省相关重点产业主要发展规划：《海峡西岸城市群发展规划（2008—2020 年）》，福建省人民政府（2009.10）；《福建省建设海峡西岸经济区纲要（修编）》，福建省发改委（2010.1）；《福建省钢铁及有色金属等八大重点产业调整和振兴实施方案》，福建省经贸委、发改委（2009.10）；《环三都澳区域发展规划（2008—2020）》，福建省发改委（2008.9）；《湄洲湾石化产业发展规划（2008—2020）》，福建省发改委（2008.5）；《漳州古雷区域发展建设规划》，福建省发改委（2008.8）。

广东省相关重点产业主要发展规划：《关于促进粤东地区实现"五年大变化"的指导意见》，广东省发改委（2010.5）；《广东省石化产业调整和振兴规划》，广东省人民政府（2009.12）；《广东省工业九大产业发展规划》，广东省发改委（2005.2）；《广东省东西北振兴计划（2006—2010 年）》，广东省发改委（2007.7）；《粤东地区发展产业与重大项目规划》，广东省发改委（2007.4）。

浙江省相关重点产业主要发展规划：《浙江省石化产业发展布局规划（2006—2020 年）》，浙江省发改委（2007.12）；《温台沿海产业带发展规划（2004—2020 年）》，浙江省发改委（2004.9）；《温台沿海产业带发展规划温州市实施规划》，温州市人民政府（2008.9）。

3.4.3 情景三：基于资源环境约束的重点产业发展情景

该方案基于资源环境承载力等主要制约因素，能够满足一定环境保护目标情况下重点产业发展的合理规模、结构和布局。根据环境保护法律法规、节能减排以及环保、土地、海洋等规划，梳理区域产业发展在结构、布局、规模等方面的可能约束，综合区域资源环境承载能力和重点产业发展的中长期生态环境风险评估结果，重点考虑区域社会经济的协调发展、产业空间集聚的规模效应以及产业空间布局的优化。

4 区域资源环境承载力

4.1 污染气象及大气环境承载力

4.1.1 近地层大气输送特征空间差异明显，部分海湾和内陆地区扩散条件较差

海西沿海地区地面主导风向为东北风，内陆地区受山地地形影响，流场分布较不规则（图 2-42）。地面年均风速从沿海地区向内陆地区呈梯度递减，沿海地区一般在 4～6 m/s，在部分山区风速降至 2 m/s 以下。总体上沿海地区大气扩散条件优于内陆。

除环三都澳和罗源湾外，沿海地区海湾地形对湾内及其周边地区的风场不产生明显影响。环三都澳及罗源湾周边大部分地区被山地丘陵所包围，且海拔较高，湾内近地面风速明显低于湾外地区，使得该地区大气扩散稀释能力较弱。

内陆山区气象场因地形高度、开阔度以及上层梯度风速、风向的变化而有较大的差异。近地面静小风频率增高，部分地区甚至达到 60% 以上，不利于污染物扩散稀释。

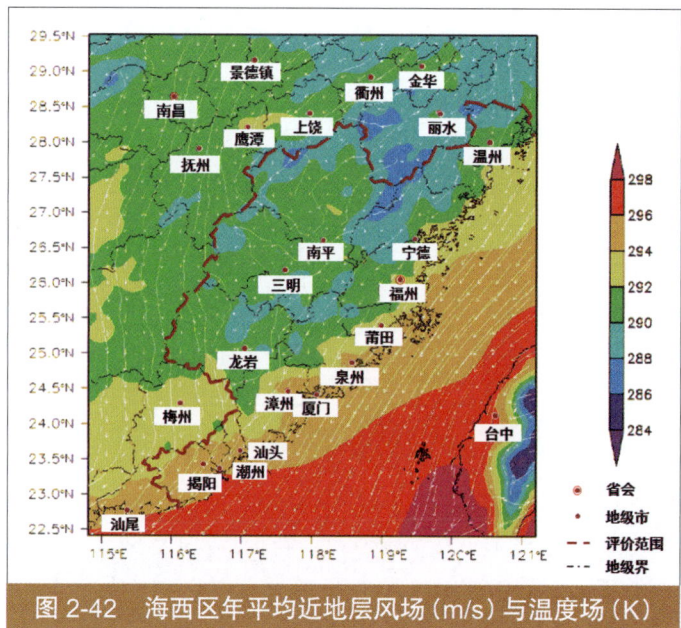

图 2-42　海西区年平均近地层风场（m/s）与温度场（K）

4.1.2 大气环境容量总体充裕，个别城市二氧化硫总量控制任务艰巨

海西区大气环境容量总体上比较充裕，二氧化硫为 91.51 万 t/a，二氧化氮为 103.58 万 t/a，可吸入颗粒物为 37.10 万 t/a，均高于现状排放量。从大气环境容量的区域分布来看，沿海地区比内陆山区较为充裕。大部分城市均有较多容量剩余，仅三明城市超容量，2007 年二氧化硫排放量超出容量 2.4 万 t（表 2-14）。

4.1.3 情景二方案下大部分地区大气环境承载率超过控制目标

根据大气环境承载率（实际或预测的排污量与环境容量之比）评估结果，海西区大气环境承载率总体上呈现出"中间紧、南北松"和"内陆紧、沿海松"的特征。2007 年，除三明、南平的二氧化硫承载率分别达到 135%、94% 外，其他各地区二氧化硫承载率均低于 90% 的控制目标。到 2015 年，情景二方案下各地二氧化硫、二氧化氮、可吸入颗粒物承载率均有较大幅度提高，福州、泉州的二氧化硫承载率超过 90%，三明、莆田、南平二氧化硫承载率则超过 100%。到 2020 年，情景二方案下福州、莆田、泉州、漳州、三明、南平的二氧化硫承载率均超过 100%，温州的二氧化硫承载率也将超过 90%。

4.1.4 大气环境承载力有条件地支持情景三方案

根据大气环境综合承载率（单因子大气环境承载率等权平均）评估结果，情景一方案基本能满足大气环境保护目标要求（仅三明略有超载）。情景三方案下，2015 年仅有三明和南平大气环境综合承载率超过 90%，2020 年三明、南平、泉州和漳州大气环境综合承载率超过 90%，需要在上述地区进一步加大污染治理与减排力度，在保持区域经济较快增长的同时，实现预定大气环境保护目标（表 2-15）。

表 2-14　海西区大气环境容量综合评估结果（2007 年）　　　　单位：万 t/a

地区	SO₂			NO₂			PM₁₀		
	容量	现状	盈亏	容量	现状	盈亏	容量	现状	盈亏
温州	8.49	5.05	3.44	10.70	6.20	4.50	3.61	2.39	1.22
宁德	4.51	2.33	2.18	7.36	1.24	6.12	2.76	0.78	1.98
福州	15.04	12.51	2.53	17.55	6.68	10.87	5.11	2.60	2.51
莆田	3.90	3.45	0.45	4.28	2.66	1.62	1.01	0.50	0.51
泉州	14.20	10.63	3.57	13.78	7.81	5.97	5.85	4.23	1.62
厦门	5.02	3.67	1.35	7.69	1.99	5.70	2.22	1.45	0.77
漳州	4.67	2.18	2.49	9.24	1.94	7.30	2.10	1.81	0.29
龙岩	7.21	5.44	1.77	6.18	3.86	2.32	2.19	1.75	0.44
三明	6.92	9.32	− 2.40	5.74	2.56	3.18	3.03	2.89	0.14
南平	4.65	4.35	0.30	2.66	1.59	1.07	1.75	1.48	0.27
潮州	3.27	0.57	2.70	6.88	4.98	1.90	2.61	2.15	0.46
揭阳	5.96	1.92	4.04	5.15	1.91	3.24	1.95	1.27	0.68
汕头	7.67	4.46	3.21	6.37	3.70	2.67	2.91	2.24	0.67
总计	91.51	65.88	25.63	103.58	47.12	56.46	37.10	25.54	11.56

表 2-15　各地区大气环境综合承载率评价结果

地区	现状	中期（2015 年）			远期（2020 年）		
		情景二	情景三	情景一	情景二	情景三	情景一
温州	0.63	0.80	0.75	0.64	0.92	0.78	0.67
宁德	0.37	0.78	0.70	0.43	0.82	0.67	0.47
福州	0.59	0.85	0.72	0.63	0.95	0.85	0.66
莆田	0.64	0.88	0.69	0.63	0.99	0.81	0.66
泉州	0.66	0.88	0.81	0.71	0.98	0.91	0.75
厦门	0.72	0.85	0.80	0.73	0.92	0.86	0.78
漳州	0.76	0.92	0.85	0.77	1.08	0.92	0.80
龙岩	0.67	0.83	0.75	0.68	0.87	0.81	0.73
三明	1.00	1.14	1.04	0.94	1.17	1.07	0.97
南平	0.85	0.99	0.91	0.82	1.04	0.95	0.87
潮州	0.60	0.82	0.70	0.64	0.90	0.72	0.66
揭阳	0.47	0.75	0.71	0.51	0.84	0.74	0.54
汕头	0.61	0.77	0.71	0.61	0.85	0.76	0.66
全区	0.66	0.87	0.78	0.67	0.96	0.84	1.71

4.2　地表水资源及水环境承载力

4.2.1　地表水资源相对丰富，但时空分布不均

海西区地表水资源总量相对丰富，在 90% 保证率下，水资源总量达到 1 061 亿 m³，其中闽江、韩江、瓯江、九龙江四条河流水资源总量占海西区 78%，流域面积覆盖了海西区 79%。

海西区水资源季节性差异明显，汛期（4—9 月）降水量占全年 75% ～ 80%，同期主要河流地表径流量占全年的 77% 以上。海西区水资源空间分布不均，上游内陆地区水资源相对充裕，人均水资源占有量 6 780 ～ 7 040 m³。沿海地区水资源则相对贫乏，大部分地区人均水资源占有量低于 2 000 m³，最高的宁德地区 4 190 m³，而洞头、平潭等海岛地区低于 600 m³，人均水资源拥有量远不及全国平均水平（2 400 m³），跨地区、跨流域的水资源调配是保障海西区可持续发展的关键。

4.2.2　地表水环境容量空间差异明显，部分地区总量控制压力大

海西区地表水环境容量区域内分布差异较为明显，内陆山区高于沿海地区。区域地表水化学需氧量容量为 133 万 t/a，氨氮容量 11 万 t/a，总磷容量 2.1 万 t/a。除厦门、汕头和揭阳三市以外，其他地区地表水环境容量均有盈余。

厦门市废水主要排海，汕头市大部分废水排入近岸海域，部分废水排入地表水水体，虽然两市地表水环境容量不足，但可以充分利用近岸海域的自净能力，以缓解重点产业发展对地表水环境的压力。揭阳市仅有惠来县临海，地表水环境容量对区域重点产业发展有一定制约，需要重点加大截污管网及污水处理厂建设力度，以减缓区域发展对地表水环境的影响。

4.2.3　通过合理配置水资源可支撑重点产业发展

瓯江口产业基地：情景二方案温州市供水区最大需水量为 39 亿 m³。通过赵山渡引水工程、泽雅水库引水工程、楠溪江引水工程建设，温州市供水能力到 2020 年达到 51 亿 m³，能够满足瓯江口产业基地及区域生活、农业对淡水资源的需求。

环三都澳产业基地：情景二方案最大需水量为 6.6 亿 m³。通过杯溪供水工程、穆阳供水工程、茜洋供水工程、官昌水库供水工程、黄土岩水库供水工程、霍童溪供水工程、上白石水库供水工程建设，环三都澳区域的供水能力达到 12 亿 m³，能够满足环三都澳产业基地及区域生活、农业对淡水资源的需求。

罗源湾产业基地：情景二方案最大需水量为 3.7 亿 m³，通过敖江傍尾水库调水工程建设，区域供水能力可达到 7.8 亿 m³，能够满足罗源湾产业基地及区域生活、农业对淡水资源的需求。

闽江口产业基地：情景二方案最大需水量为 9.7 亿 m³。通过大东线跨流域调水，区域供水能力达到 15.8 亿 m³，能够满足闽江口产业基地及区域生活、农业对淡水资源的需求。

兴化湾、湄洲湾、泉州湾产业基地：情景二方案最大需水量 52 亿 m³。通过大樟溪及晋江联合供水，区域供水能力达到 62.7 亿 m³，能满足湄洲湾石化产业、林浆纸产业（湄洲湾产业基地）及泉州市装备制造业（泉州湾产业基地）、莆田市装备制造业（兴化湾产业基地）对淡水资源的需求。

厦门湾产业基地：情景二方案最大需水量为 22 亿 m³。通过九龙江流域西水东调工程、枋洋调水工程、莲花水库供水工程、汀溪供水工程建设，厦门市供水能力达到 24 亿 m³，能

够满足厦门湾产业基地及区域生活、农业对淡水资源的需求。

东山湾产业基地：情景二方案最大需水量为 9.2 亿 m³。漳江全流域、东山县、妈祖林水库上游及白沙水库上游总体水资源总量达到 9.8 亿 m³，能够满足东山湾产业基地及区域生活、农业对淡水资源的需求。

汕潮揭产业基地：情景二方案最大需水量为 2.2 亿 m³。韩江流域及内陆地区水资源充裕，无须调水即可满足汕潮揭产业基地及区域生活、农业对淡水资源的需求。

内陆山区：水资源相当充裕，可以支撑社会和产业发展对水资源的需求。

4.3 岸线资源及近岸海域生态环境承载力

4.3.1 海岸线资源丰富，岸线资源利用效率有待提高

海西区大陆海岸线 4 435 km，规划明确利用的岸线长度为 595 km，占岸线总长度的 13.4%，目前已利用岸线主要集中在温州港、厦门港、福州港和泉州港。除温州、厦门、泉州外，其他港湾岸线资源开发利用率相对较低，具有较高的开发潜力。

尽管海西区岸线资源丰富，但宜港深水岸线资源有限。部分港口建设点多线长，布局分散，岸线资源集约化利用程度低。港口开发建设的岸线资源应实行"深水深用、浅水深用"的原则，结合资源环境特点以及经济社会发展趋势，海西区应严格控制岸线开发规模，重视生活岸线和旅游岸线的保护和开发，特别是沙滩岸线的保护利用。严格红树林和基干林的保护，特别是沙（泥）岸线林带的保护。海西区沿海港口及临港工业利用岸线应控制在规划利用岸线以内。

4.3.2 近岸海域生境敏感，重要海洋生物物种栖息地分布广泛

海西区海岸线曲折率高，海湾连续分布，海域生物多样性丰富。海西区由北到南分布有 27 个海洋自然保护区、渔业资源繁殖保护区和海洋景观保护区等重要的生态敏感区域（图 2-43）。其中，福建省沿海地区有五个近岸海域生物多样性保护重要生态功能区，分别是三沙—罗源湾水产资源保护和港口发展生态功能区（图 2-44）、闽江口渔业和湿地保护生态功能区、泉州湾河口湿地和水产资源保护生态功能区、东山湾典型海洋生态系统保护生态功能区（图 2-45）、厦门湾港口发展和海洋珍稀物种保护生态功能区（图 2-46）。

4.3.3 湾内环境容量有限，湾外海域自净能力较强

海西区海岸曲折复杂，海湾多为半封闭性，三沙湾、罗源湾、湄洲湾、东山湾等口小腹大，湾内水动力条件相对较弱，自净能力差，如三沙湾是湾中有湾、港中有港的复杂海湾，口门宽度仅为 3 km，30 天水体交换率仅为 0.496。

目前，海西区重点港湾氮、磷浓度普遍超标，湾内环境容量有限（图 2-47、图 2-48）。但湾外水动力条件普遍较好，水质良好，对污染物稀释扩散能力较强。为避免重点产业与城镇发展争夺有限的海湾环境容量资源，应引导重点产业基地废水集中湾外深水排放。

图 2-43　海西区近岸生态敏感目标分布

注：无台湾省地形（DM）数据。

图 2-44　三沙湾主要生态敏感目标

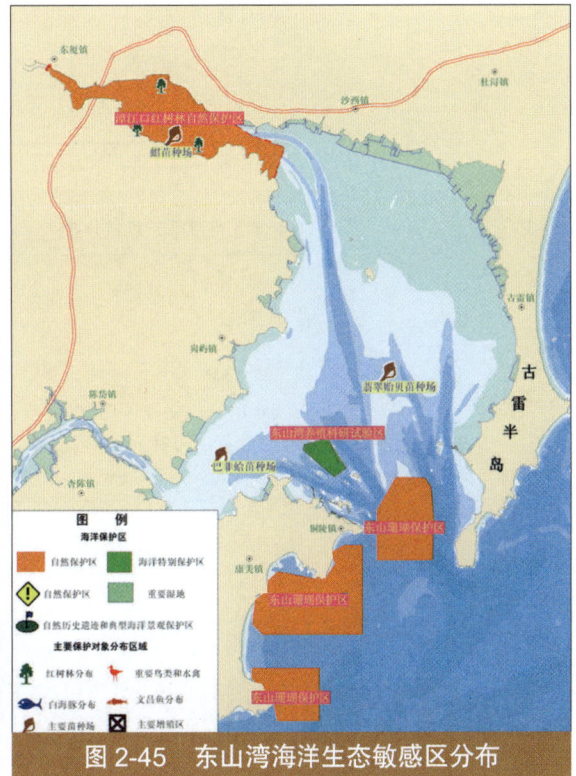

图 2-45　东山湾海洋生态敏感区分布

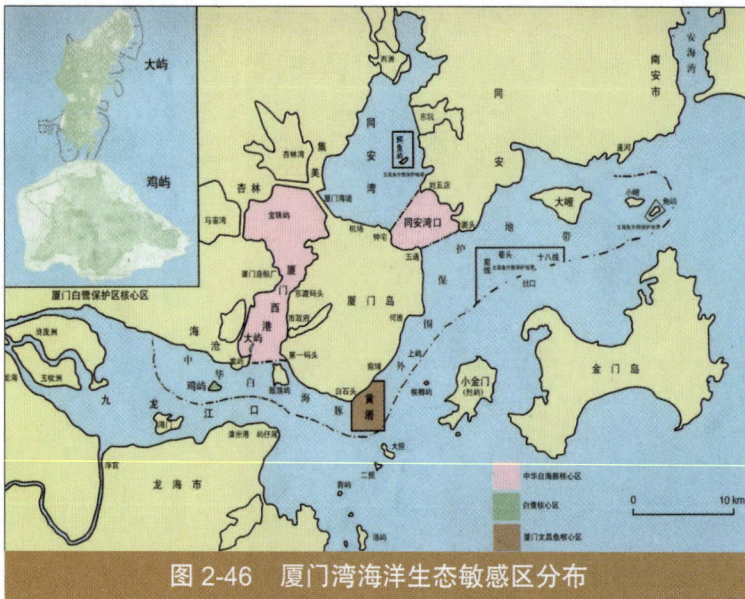

图 2-46　厦门湾海洋生态敏感区分布

4.3.4　围填海改变区域水动力条件，导致湾内环境容量下降

海湾内围填海活动直接导致海域面积缩小，区域水动力条件发生改变，纳潮量下降，湾内水体交换能力削弱，从而影响了入海污染物的稀释和扩散能力，导致湾内环境容量降低（图 2-49）。在可行工况的围填海方案下，三沙湾、湄洲湾和东山湾湾内化学需氧量环境容量将分别下降 5.3%、6.6% 和 3.2%。

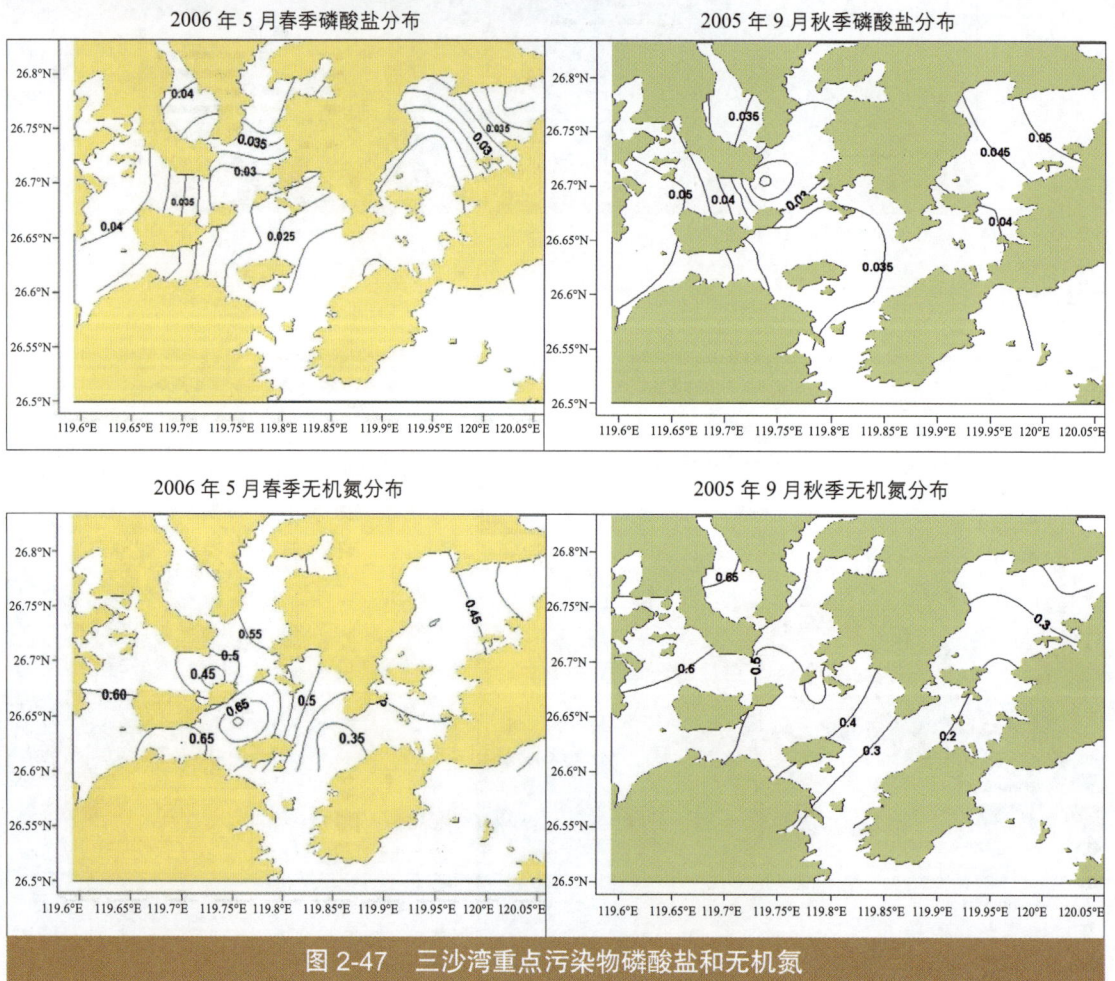

2006 年 5 月春季磷酸盐分布　　　2005 年 9 月秋季磷酸盐分布

2006 年 5 月春季无机氮分布　　　2005 年 9 月秋季无机氮分布

图 2-47　三沙湾重点污染物磷酸盐和无机氮

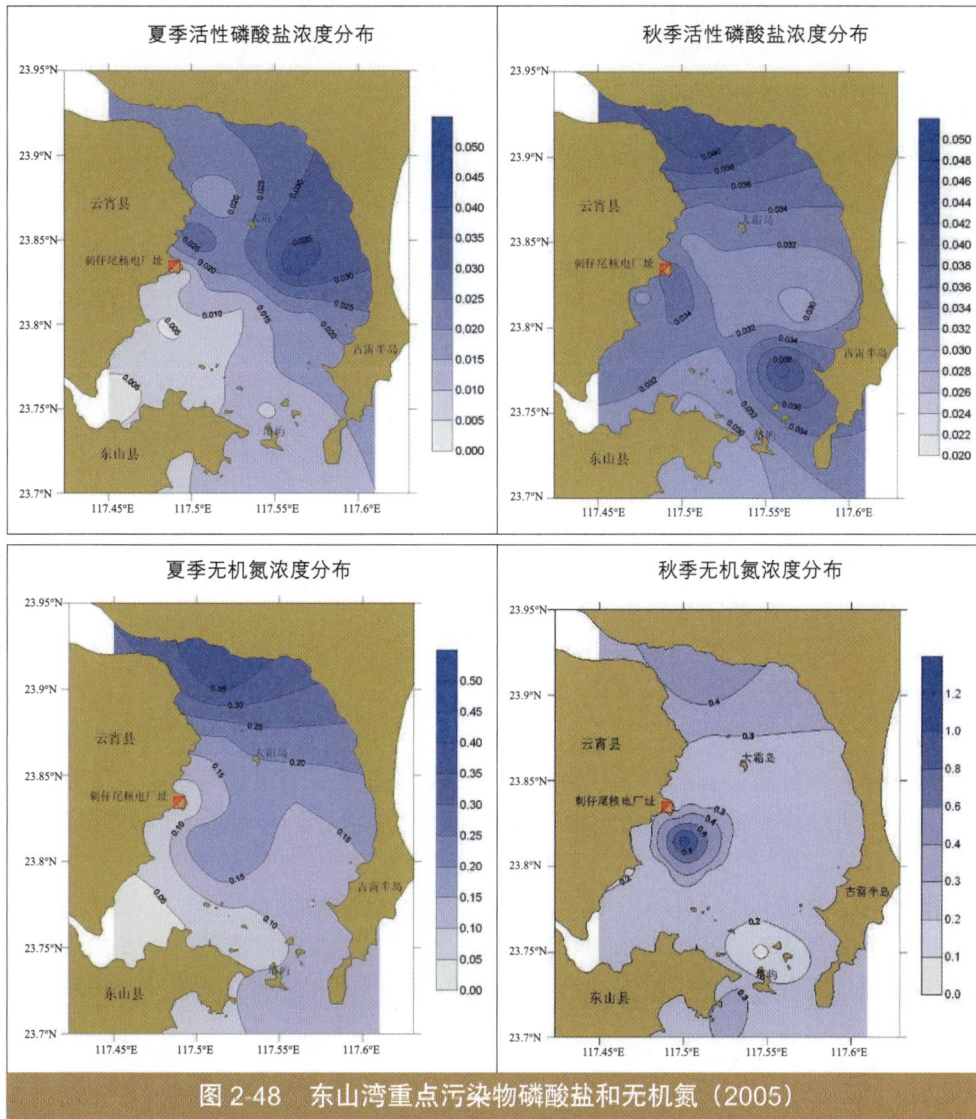

图 2-48 东山湾重点污染物磷酸盐和无机氮（2005）

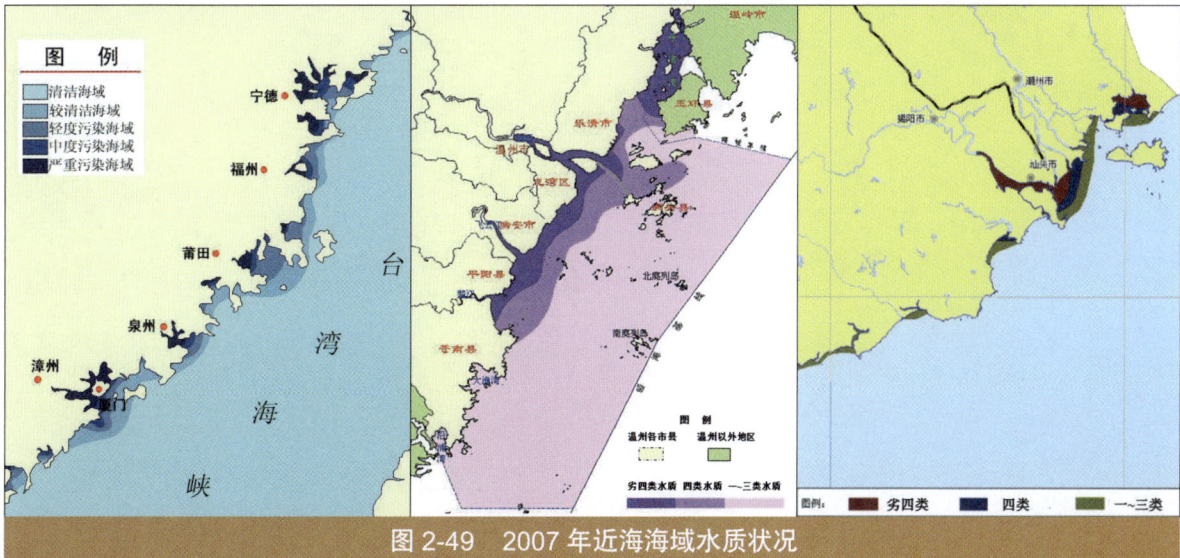

图 2-49 2007 年近海海域水质状况

4.4 土地资源承载力

4.4.1 土地开发强度差异明显，沿海地区明显高于内陆

受交通条件和对外开放程度等因素影响，海西区土地资源开发强度表现出显著的区域差异。沿海地区土地开发强度高于全国平均水平 3.44 个百分点，特别是温州的土地资源开发强度高达 18.09%，已超过长三角 17.4% 的平均水平。内陆地区土地资源开发强度普遍低于 2.4%，对于海西区生态安全格局的维护和水土资源的保护提供了重要保障。

4.4.2 提高土地资源利用率是实现区域经济发展目标的重要途径

海西区后备土地资源相对有限，人地矛盾突出。受山地、丘陵等地貌的制约，使得宜耕、宜园及宜居、宜于开发建设的土地资源较少。目前尚未开发的土地，多为湿地、裸土地和裸岩石等，开发条件较差。

海西区现有土地产出率水平仅为 1.2 亿～ 2.9 亿元 /km^2，大多数区域现有土地资源总量无法满足重点产业发展用地需求。到 2020 年，土地产出率如能达到 5.0 亿元 /km^2，绝大多数区域可以满足情景二方案的用地需求，实现区域经济发展目标。

4.5 资源环境综合承载力

海西区在资源禀赋方面具有显著优势，尤其是福建省更为突出。海西区大气环境容量总体上比较充裕，通过合理配置后可缓解地表水资源时空分布不均的矛盾，岸线资源较为丰富。海西区土地资源量和重点海湾湾内水环境容量尚不能满足重点产业发展的需求，缓解并扭转这一矛盾的基本途径在于大幅提高土地资源产出率和废水湾外排放。

海西区的资源环境综合承载力可支撑情景一方案或有条件支撑情景三方案。从重点产业布局的资源环境承载条件来看，沿海地区好于内陆山区，其中湄洲湾产业基地和汕潮揭产业基地相对最好（表 2-16）。

表2-16　资源环境承载力综合评估

产业基地	重点产业	生态敏感区	环境质量现状	大气扩散条件	大气环境容量	水资源	地表水环境容量	近岸海域环境容量	岸线资源	围填海适宜性	生态敏感度	综合评级	
瓯江口	装备制造、石化、能源、冶金、电子信息	西门岛海洋特别保护区（国家级），海水养殖，滩涂贝类苗种基地	●●	●●●●	●●●	●●●	●●	●●●	●●●	●●●	○○○	★★	一般
环三都澳	装备制造、冶金、能源、石化	官井洋大黄鱼水产种质资源保护区（国家级），海水养殖	●●●	●●●	●●●	●●●	●●	●●●	●●●	●●●	○○○○	★★	一般
罗源湾	冶金、装备制造、石化、能源	海水养殖	●●●	●●●	●●●	●●●	●●	●●●	●●●	●●●	○○	★★	一般
闽江口	装备制造、电子信息	闽江河口湿地自然保护区，长乐海蚌资源繁殖自然保护区	●●●	●●●●	●●●	●●●	●●	●●●	●●●	●●●	○○○	★★★	较适宜
兴化湾	电子信息、装备制造、能源和石化（基础化工、精细化工）	木兰溪河口南部海域鳗鱼苗保护区，哆头蛏苗增殖区，海水养殖	●●●	●●●●	●●●	●●●	●●	●●●	●●●	●●●	○○	★★★	较适宜
湄洲湾	石化、造纸、能源、装备制造	湄洲岛生态特别保护区，海水养殖	●●●●●	●●●●	●●●	●	●●	●●●	●●●	●●●	○○	★★★★	适宜
泉州湾	电子信息、装备制造	泉州湾河口湿地自然保护区	●●	●●●●	●●●	●	●●	●●●	●●●	●●●	○○○	★★★	较适宜
厦门湾	装备制造、电子信息	厦门海洋珍稀物种自然保护区（国家级），龙海九龙江口红树林自然保护区	●●●●●	●●●●	●●	●	●●	●●●	●●●	●●●	○○○○	★★	一般
东山湾	石化、装备制造	漳江口红树林保护区（国家级），东山珊瑚自然保护区	●●●	●●	●●	●●●	●●●	●●	●●●	●●	○○○○	★★	一般
汕潮揭	石化、能源、装备制造	南彭列岛生态自然保护区，澳候鸟自然保护区	●●	●●	●●	●●●	●●●	●●●	●●●	●●	○○	★★★★	适宜
南平	造纸、装备制造、冶金	武夷山国家自然保护区等	●●●	●●	●●	●●●	●●●				○○○	★★	一般
三明	装备制造、冶金、造纸	三元国家森林公园等	●●	●●	●●	●●●	●●●				○○○	★★	一般
龙岩	装备制造、冶金	龙岩国家森林公园等	●●●	●●	●●	●●●●	●●●				○○○	★★	一般

注：●：单指标生态适宜性，共分五级。●不适宜，●●一般，●●●较适宜，●●●●适宜，●●●●●最适宜；
○：单指标生态敏感感度，共分五级。○不敏感，○○较敏感，○○○一般，○○○○敏感，○○○○○极敏感；
★：资源环境承载力综合评级，共分四级。★较差，★★一般，★★★较适宜，★★★★适宜。

5 重点产业发展的中长期环境影响和生态风险

5.1 重点产业发展的环境压力

根据海西区重点产业中长期发展战略设计的三种情景，近期按各行业国内先进水平，远期按国际先进水平进行排污预测，同时考虑产业发展带动城市发展的排污预测，估算得到发展重点产业的废气、废水污染物排放量（表 2-17、表 2-18）。按照情景二方案，远期二氧化硫排放量比 2007 年增加约 42%，化学需氧量增加约 37%，污染物减排压力将进一步加大。

表 2-17　中长期大气污染物新增排放总量预测结果汇总							单位：t/a
情景方案	规划期	SO$_2$	NO$_x$	烟粉尘	VOC	CO	HC
情景一		73 458	64 960	15 922	3 000	20 274	5 599
情景二	2015 年	189 030	167 256	53 547	5 250	20 274	5 599
情景三		145 517	135 072	43 178	5 100	20 274	5 599
情景一		77 435	90 827	16 529	3 000	43 593	12 022
情景二	2020 年	273 739	261 666	73 165	16 650	43 593	12 022
情景三		217 619	201 843	54 295	6 500	43 593	12 022

表 2-18　中长期水污染物新增排放总量预测结果汇总					
情景方案	规划期	废水量 /（万 m³/a）	污染物排放量 /（t/a）		
			COD	NH$_3$-N	石油类
情景一		373 288	223 386	24 531	8 926
情景二	2015 年	399 910	241 224	26 941	9 790
情景三		396 491	238 975	26 379	9 301
情景一		486 547	302 166	31 154	11 344
情景二	2020 年	494 695	308 512	32 099	11 658
情景三		490 077	305 063	31 537	11 471

5.2 中长期大气环境影响与生态风险

5.2.1 污染物排放总量大幅增加，部分城市不能满足大气环境保护目标

海西区重点产业集中布置在沿海地区，就中长期大气环境影响而言，沿海城市大于内陆山区。情景二方案沿海城市的二氧化硫和二氧化氮浓度增幅较大，三明、温州的二氧化硫和厦门、福州的二氧化氮年均浓度占标率将大于 75%，不能满足大气环境保护目标要求。情景三方案情况有所缓解，仅三明、温州的二氧化硫年均浓度占标率大于 75%；情景一方案对环境影响最小。

　　情景二方案下，到 2015 年二氧化硫年均浓度增长较快的有厦门、福州、宁德和温州，增幅接近 30%，到 2020 年增长较快的为揭阳、厦门、福州、宁德和温州，增幅分别在 32% ～ 45% 不等。预测结果显示，宁德、罗源、可门等新建电厂对福州和宁德地区的影响较大，温州苍南、乐清电厂对浙南地区有较大影响；潮州和惠来电厂对潮汕平原有较大影响；此外，湄洲湾和东山湾分别新建了两大石化基地，对漳州、厦门、泉州和莆田等地区的空气污染有较大影响（表 2-19、图 2-50）。

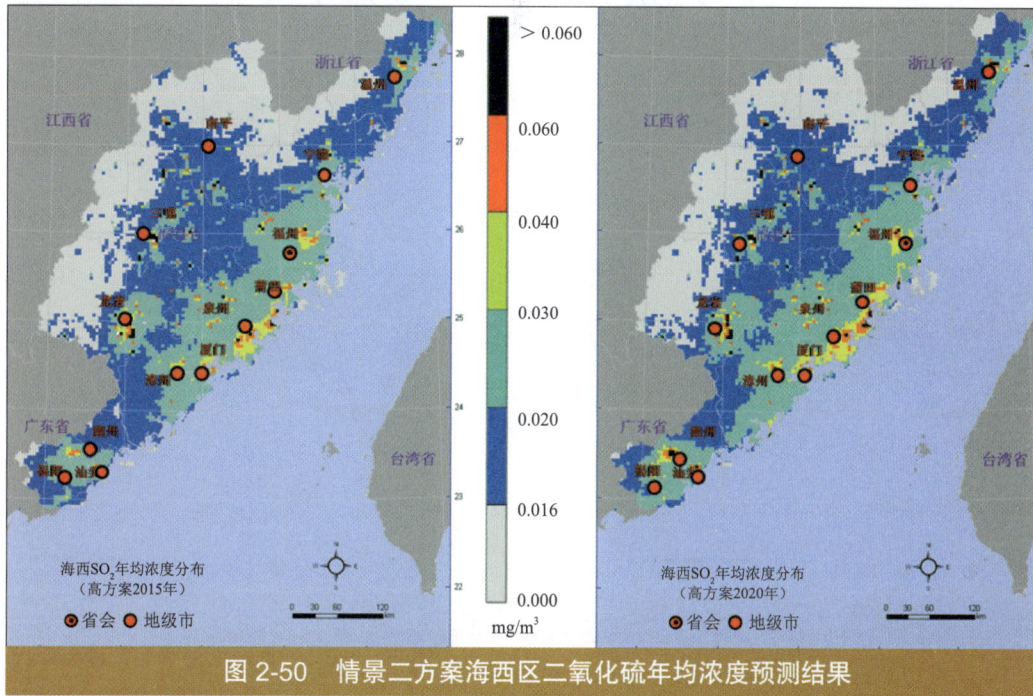

图 2-50　情景二方案海西区二氧化硫年均浓度预测结果

表 2-19　情景二方案不同地区的二氧化硫年均浓度变化

城市	年均浓度 /（mg/m³）			相对现状增长率 /%		占标率 /%		
	现状	2015 年	2020 年	2015 年	2020 年	现状	2015 年	2020 年
汕头	0.022	0.026	0.027	16.8	23.7	36.7	43.3	45.0
揭阳	0.019	0.028	0.028	45.0	45.6	31.7	35.0	46.7
潮州	0.011	0.013	0.014	9.6	19.2	18.3	21.7	23.3
厦门	0.021	0.027	0.029	29.2	38.1	35.0	45.0	48.3
漳州	0.032	0.036	0.038	13.0	17.3	53.3	60.0	63.3
泉州	0.033	0.037	0.039	12.2	17.7	55.0	61.7	65.0
龙岩	0.019	0.02	0.02	2.3	3.0	31.7	33.3	33.3
莆田	0.029	0.033	0.035	11.6	18.2	48.3	55.0	58.3
福州	0.033	0.042	0.043	28.2	32.8	55.0	70.0	71.7
三明	0.077	0.079	0.079	1.5	1.9	128.3	131.7	131.7
南平	0.013	0.014	0.014	7.7	8.6	21.7	23.3	23.3
宁德	0.01	0.013	0.014	29.6	32.8	16.7	21.7	23.3
温州	0.043	0.056	0.058	29.9	33.4	71.7	93.3	96.7

与现状相比，情景二方案下二氧化氮年均浓度增长比例最大的是揭阳，2015 年和 2020 年增幅分别达到 38% 和 41%。沿海地区新增的机动车交通是海西地区二氧化氮浓度增高的主要原因。此外，宁德钢铁基地、湄洲湾石化基地和揭阳石化基地分别对宁德、莆田以及潮汕的二氧化氮浓度影响较大（表 2-20、图 2-51）。

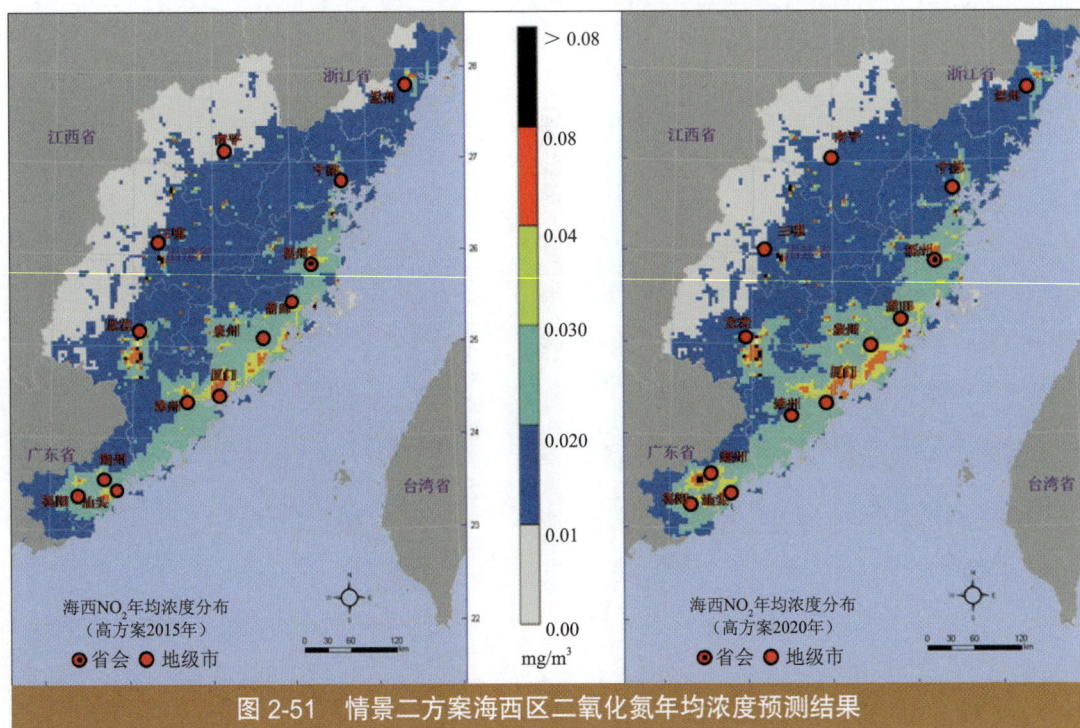

图 2-51　情景二方案海西区二氧化氮年均浓度预测结果

表 2-20　情景二方案不同地区的二氧化氮年均浓度变化

城市	年均浓度 /（mg/m³）			相对现状增长率 /%		占标率 /%		
	现状	2015 年	2020 年	2015 年	2020 年	现状	2015 年	2020 年
汕头	0.031	0.034	0.036	9.7	14.5	38.8	42.5	44.4
揭阳	0.022	0.030	0.031	38.2	40.9	27.5	38.0	38.8
潮州	0.017	0.019	0.020	10.6	17.6	21.3	23.5	25.0
厦门	0.054	0.058	0.060	7.8	11.1	67.5	72.8	75.0
漳州	0.037	0.041	0.042	10.5	14.6	46.3	51.1	53.0
泉州	0.035	0.040	0.042	13.7	18.9	43.8	49.8	52.0
龙岩	0.021	0.021	0.021	1.4	1.4	26.3	26.6	26.6
莆田	0.027	0.030	0.031	10.0	14.4	33.8	37.1	38.6
福州	0.053	0.058	0.061	10.2	14.2	66.3	73.0	75.6
三明	0.050	0.052	0.053	4.2	5.4	62.5	65.1	65.9
南平	0.013	0.014	0.015	6.9	11.5	16.3	17.4	18.1
宁德	0.012	0.013	0.014	10.0	12.5	15.0	16.5	16.9
温州	0.036	0.040	0.041	10.8	15.0	45.0	49.9	51.8

5.2.2　颗粒物污染持续加重，增加部分地区灰霾发生风险

部分城市存在灰霾发生风险。重点产业的发展将导致海西地区 $PM_{2.5}$ 有一定程度的增加，大多数地区增加幅度均在 10% 以内。三明、龙岩、温州、泉州等城市地区，$PM_{2.5}$ 的浓度相对较高，在特殊气象条件下日均浓度可超过 65 $\mu g/m^3$，加大灰霾发生风险（图 2-52、图 2-53、表 2-21）。

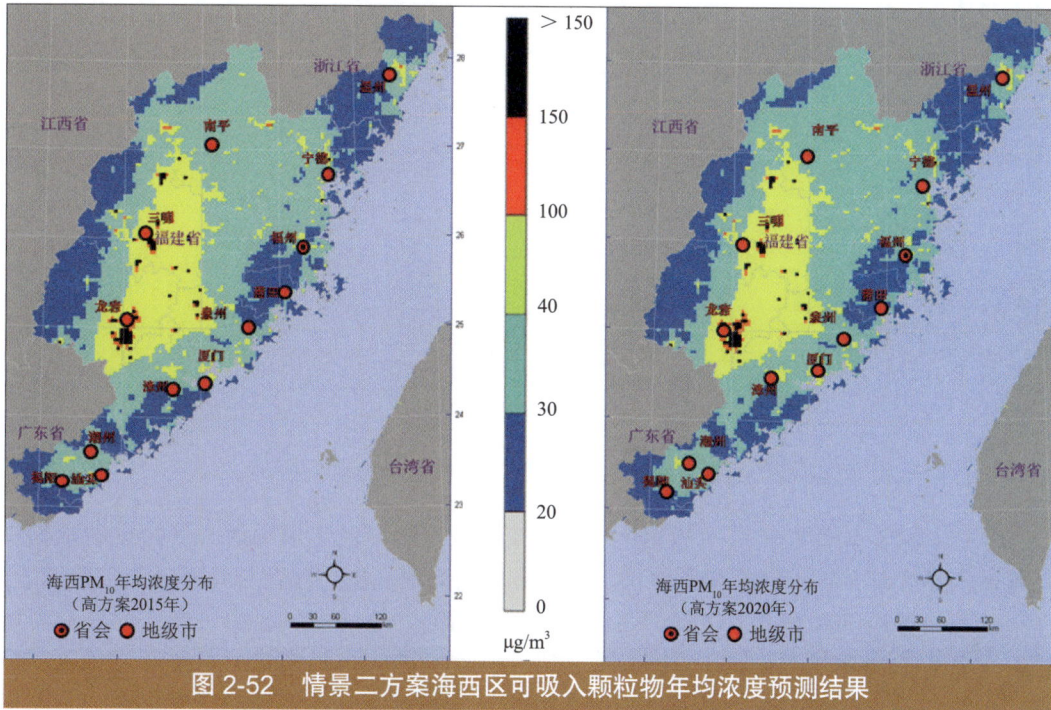

图 2-52　情景二方案海西区可吸入颗粒物年均浓度预测结果

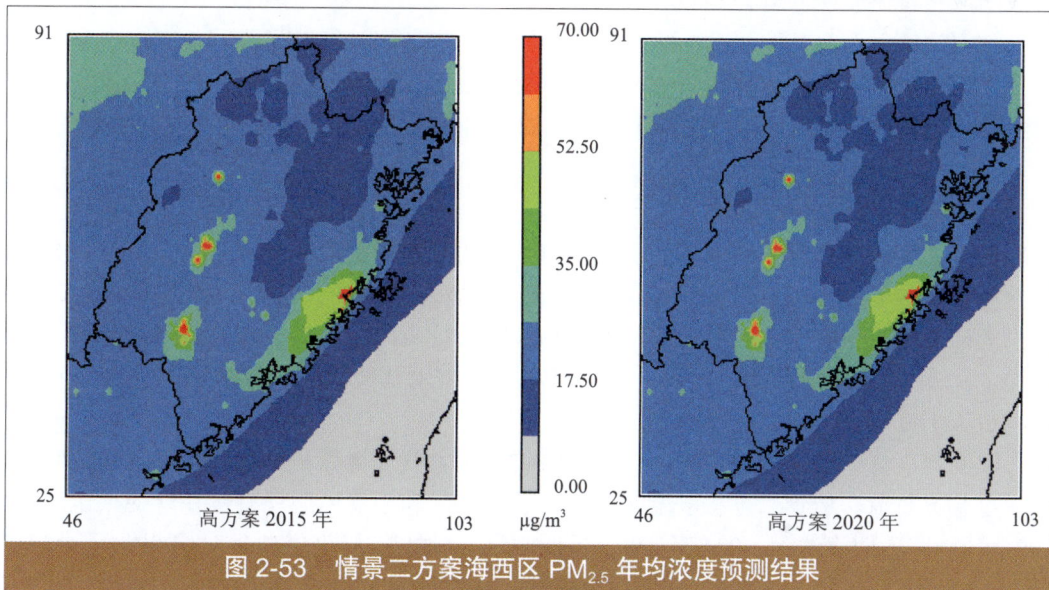

图 2-53　情景二方案海西区 $PM_{2.5}$ 年均浓度预测结果

表 2-21　情景二方案不同地区的可吸入颗粒物年均浓度变化

城市	年均浓度 /（mg/m³）			相对现状增长率 /%		占标率 /%		
	现状	2015 年	2020 年	2015 年	2020 年	现状	2015 年	2020 年
汕头	0.042	0.045	0.045	5.4	6.4	42.3	44.6	45.0
揭阳	0.036	0.038	0.039	4.0	8.7	35.5	37.0	38.6
潮州	0.031	0.032	0.032	4.1	4.9	30.6	31.8	32.1
厦门	0.066	0.070	0.070	5.5	6.2	65.9	69.6	70.0
漳州	0.055	0.058	0.058	4.9	5.4	54.9	57.6	57.8
泉州	0.041	0.043	0.044	6.8	7.4	40.5	43.3	43.5
龙岩	0.063	0.068	0.067	7.1	5.4	63.4	67.8	66.8
莆田	0.035	0.037	0.037	6.1	6.8	34.6	36.7	36.9
福州	0.053	0.057	0.057	7.6	8.4	52.9	56.8	57.3
三明	0.119	0.123	0.123	3.3	3.6	118.7	122.6	123.0
南平	0.039	0.041	0.041	4.2	4.5	39.2	40.8	40.9
宁德	0.030	0.032	0.032	8.0	8.3	29.5	31.9	32.0
温州	0.087	0.093	0.093	6.5	7.1	86.8	92.5	93.0

5.2.3　布局大型钢铁、石化基地，容易造成局地污染和累积影响

环三都澳布局钢铁和炼油一体化等重污染产业基地可能造成局地大气污染和累积影响。三都澳周边大部分被山地丘陵所包围，偏东方向的海拔高度一般在 200 m 以上，偏西方向的海拔高度一般在 500 m 以上，由于地形的隔挡与阻碍，近地面风速明显低于湾外沿海地区，湾内大气扩散稀释能力较弱。钢铁、石化等重点产业的大规模集聚不利于常规污染物扩散，加重一次污染，同时，容易造成持久性有机污染物和难降解污染物的空间集聚、时间积累，形成区域性累积性环境影响。

如果钢铁、石化基地同时在此布局，不同污染物之间可能发生协同效应，产生灰霾等复合型大气污染。石化行业排放的挥发性有机物和钢铁行业排放的氮氧化物将导致臭氧、细颗粒物的浓度增加，从而使得产业集聚区及其周边地区发生灰霾等复合型大气污染的概率增加。

5.2.4　局部地区硫沉降明显超过临界负荷，酸雨污染进一步加重

局部地区硫沉降明显超过临界负荷。海西区的酸雨影响以硫沉降为主，情景二方案使海西区硫沉降增幅在 10% ～ 19%。参考"九五"科技攻关项目"酸雨控制国家方案研究专题"提出的硫沉降临界负荷，温州、莆田地区和长泰天柱山国家森林公园的硫沉降超过临界负荷的 7% ～ 24%（表 2-22、图 2-54）。酸沉降对土壤和水体酸化会产生累积性效应，将对生态环境造成不良影响。

温洲地区集中布局火电项目，二氧化硫将超过大气环境保护目标。温州地区现状硫沉降已超过临界负荷，情景二方案下温州电厂、苍南电厂和乐清电厂现有及在建的火电装机容量599 万 kW，远期将达到 1 024 万 kW。预测表明，集中布局火电项目对温州地区影响较大，到 2015 年和 2020 年，二氧化硫年均浓度增加 29.9% 和 33.4%，占标率达到 93.3% 和 96.7%，超过大气环境保护目标，使温州面临更严峻的酸雨污染。

表 2-22　情景二方案海西区不同地区硫沉降量的变化

城市	硫沉降 /[g/(m² · a)]			与现状相比增长比例 /%	
	2007 年	2015 年	2020 年	2015 年	2020 年
汕头	0.296	0.326	0.326	10.0	10.0
揭阳	0.157	0.183	0.187	16.0	19.0
潮州	0.331	0.364	0.364	10.0	10.0
厦门	0.188	0.207	0.208	10.3	10.4
漳州	0.175	0.193	0.193	10.4	10.6
泉州	0.223	0.248	0.248	11.3	11.5
龙岩	0.290	0.319	0.319	10.1	10.1
莆田	0.442	0.489	0.490	10.7	10.9
福州	0.204	0.227	0.228	11.3	11.7
三明	0.219	0.246	0.246	12.0	12.2
南平	0.303	0.336	0.337	11.0	11.3
宁德	0.216	0.242	0.243	12.0	12.5
温州	0.406	0.447	0.447	10.0	10.0

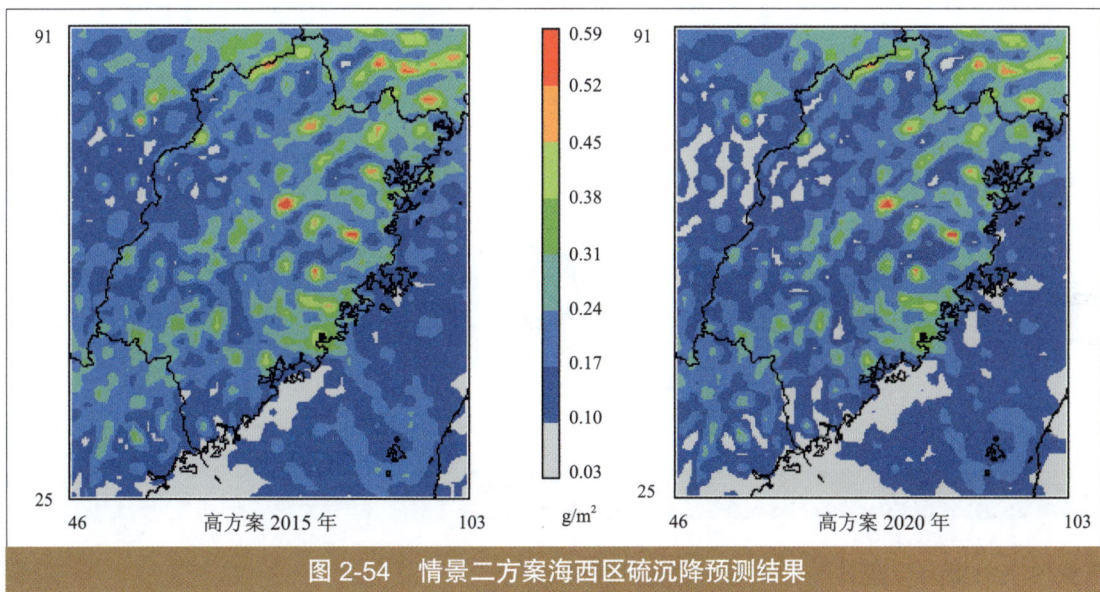

图 2-54　情景二方案海西区硫沉降预测结果

5.2.5　内陆山区部分地区大气扩散能力较差，发展建材、冶金等行业将增加环境质量改善的压力

内陆山区近地层大气扩散能力较差，易形成局地污染。海西内陆山区地形起伏差异大，地面风速小，静小风频率高，如邵武、永安等山区年平均风速仅为 2 m/s 左右，静风和小风总频率超过 60%。山谷地区还会出现因局地热力环流引起的高污染等一些特殊空气污染过程。如三明城区 2007 年二氧化硫、可吸入颗粒物浓度最大值占标率已达 123% 和 109%。受自然条件影响，内陆山区发展建材、冶金等产业将会进一步加重部分地区大气污染，预测结果表明，到 2020 年，三明二氧化硫、可吸入颗粒物、PM$_{2.5}$ 浓度占标率将分别达到 131.7%、123%、

170.3%，龙岩 $PM_{2.5}$ 占标率达到 110.9%。因此，三明、龙岩发展建材、冶金产业，必须加强大气环境综合整治，在改善区域环境的同时，提升传统产业，实现增产减污，改善大气环境质量，满足大气环境目标要求。

5.3 中长期地表水环境影响与风险

5.3.1 区域水资源调配对下游水源地及城市内河水质影响较小

区域水资源调配方案实施后，对闽江、韩江和环三都澳地区调水取水口的下游水源地水质影响较小，调水后水源地水质都能满足要求。

调水对下游城市内河水质影响有限，调水前后水量变化造成取水口下游城市内河水质主要污染物浓度增量高锰酸盐指数为 0～1.433 mg/L，氨氮 0～0.163 mg/L，总磷 0～0.023 2 mg/L。

5.3.2 闽江过度调水将导致咸潮上溯，加剧对闽江下游取水口的影响

调水会导致入海河流咸潮上溯距离增加。目前闽江的潮汐界已经上移到闽侯竹岐附近，咸潮已上溯到福州市南港城门 6 号和义序水厂 5 号取水口附近，多个水源保护区受到咸潮侵害。当闽江调水量为 100 m^3/s 时，咸潮上溯距离增加 2.1 km，将加剧对闽江下游取水口的影响（图 2-55）。

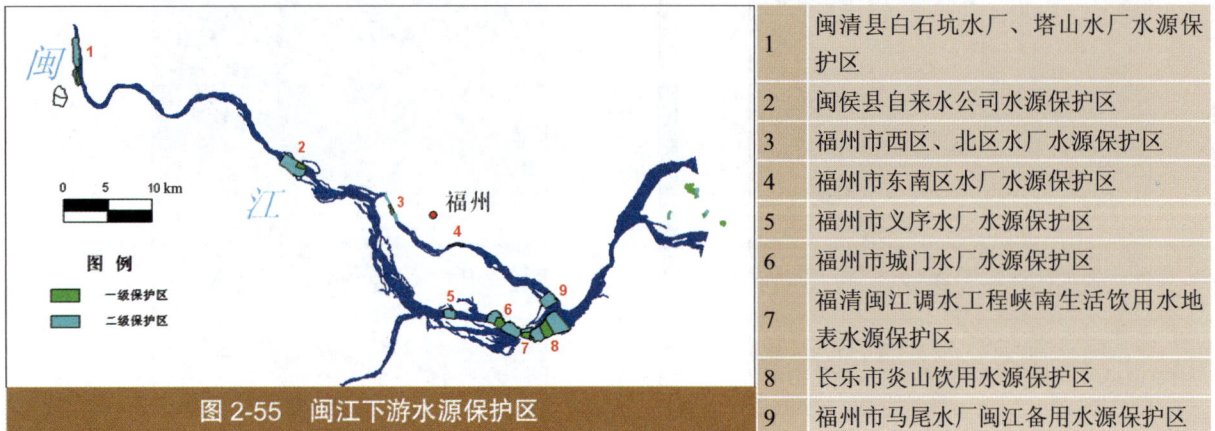

1	闽清县白石坑水厂、塔山水厂水源保护区
2	闽侯县自来水公司水源保护区
3	福州市西区、北区水厂水源保护区
4	福州市东南区水厂水源保护区
5	福州市义序水厂水源保护区
6	福州市城门水厂水源保护区
7	福清闽江调水工程峡南生活饮用水地表水源保护区
8	长乐市炎山饮用水源保护区
9	福州市马尾水厂闽江备用水源保护区

图 2-55　闽江下游水源保护区

5.4 中长期海洋环境影响与风险

5.4.1 重点产业集聚带动城镇发展，城镇污水激增将进一步加剧近岸海域水质污染

重点产业向沿海集聚带动城镇化发展，沿海地区城镇污水排放量激增，化学需氧量增加 37%，河口海湾水质普遍下降。闽江口、泉州湾晋江河、九龙江等河口水质浓度增量相对较高，其中闽江口化学需氧量、石油类水质类别降等级。同时，海西区各港湾内分布较多敏感目标，污水排放将进一步加重湾内环境压力。

如采取湾外排放，近岸海域水质化学需氧量浓度增量基本上小于 3 mg/L，浓度增量大于 2 mg/L 的海域可控制在 9 km^2；无机氮浓度增量基本上小于 0.3 mg/L，浓度增量大于 0.2 mg/L 的海域可控制在 6 km^2；石油类浓度增量基本上小于 0.1 mg/L，浓度增量大于 0.03 mg/L 的海域可控制在 19 km^2（表 2-23）。

表 2-23　不同规划方案主要污染物浓度增量及扩散面积

工况	COD		无机氮		石油类	
	浓度增量 / (mg/L)	全潮最大面积 / km²	浓度增量 / (mg/L)	全潮最大面积 / km²	浓度增量 / (mg/L)	全潮最大面积 / km²
情景一 近期	0.1	3 533	0.01	5 182	0.002	3 484
	0.2	1 535	0.05	486	0.01	492
	0.5	450	0.1	60	0.03	16
	1	43	0.2	2	0.1	0
	2	3	0.3	0	—	—
情景二 远期	0.1	4 739	0.01	6 276	0.002	6 276
	0.2	1 942	0.05	699	0.01	699
	0.5	558	0.1	113	0.03	113
	1	119	0.2	4	0.1	4
	2	5	0.3	0		0
情景三 远期	0.1	4 445	0.01	6 276	0.002	6 276
	0.2	1 916	0.05	699	0.01	699
	0.5	552	0.1	113	0.03	113
	1	119	0.2	4	0.1	4
	2	5	0.3	0		0

5.4.2　电厂温排水湾内集中排放，将导致局部海域温升明显

海西区火电、核电行业基本布置在沿海地区，按情景二方案，罗源湾布局罗源电厂和可门电厂，兴化湾布局江阴电厂和核电厂，湄洲湾布局南埔电厂和湄洲湾电厂。电厂温排水湾内集中排放造成兴化湾的最高温升约 4℃，远期罗源湾的最高温升约 3℃，湄洲湾最高温升为 2℃，温升相对较高。

海西区海域表层水温变化范围在 10 ~ 30℃，夏季温排水导致海湾温升 3 ~ 5℃，会引起蓝、绿藻数量增加和硅藻明显减少。温升在 3℃ 以上时，虾、蟹类早期幼体的生长会受到抑制，对鱼类的危害比较明显；温升 3 ~ 4℃ 区域时，夏季渔获量将明显减少。同时，海域表层水增温将促进有机物的分解，增加无机营养盐浓度，使水体发生赤潮风险增大。

5.4.3　大型石化、冶金基地排放有毒有害物质，将对敏感海湾产生累积性的不良环境影响

按情景二方案，海西区的瓯江口、环三都澳、罗源湾、兴化湾、湄洲湾、东山湾、汕潮揭均规划布局石化基地，在瓯江口、环三都澳和罗源湾还同时规划布局冶金产业（表 2-24）。

石化、钢铁产业是高能耗、高污染产业，即使采用国际上最先进的技术也难以做到零排放。我国已经布局十多个大型炼油基地，主要集中在沿海、沿江地区，炼油基地周边海域（水域）生态环境日趋下降已是不争的事实，如杭州湾北岸化工石化集中区和广东大亚湾石化园区。在海域自净能力差、环境敏感海湾布局大型石化、冶金基地，累积性的不良环境影响更明显。

杭州湾北岸化工石化集中区分布有上海石化和上海化工区，上海石化规划面积 9.7 km²，

	污染物		乐清湾	三沙湾	闽江口	湄洲湾	泉州湾	厦门湾	东山湾	粤东海域
COD	现状	浓度	0.62	0.32	1.92	0.43	0.6	0.78	0.87	1.56
		类别	一类	一类	一类	一类	一类	一类	一类	一类
	规划后	增量	0.6	0.2	1.5	0.5	1.5	0.75	0.1	0.6
		浓度	1.22	0.52	3.42	0.93	2.1	1.53	0.97	2.16
		类别	一类	一类	三类	一类	二类	一类	一类	二类
无机氮	现状	浓度	0.476	0.539	1.201	0.183	0.643	0.65	0.155	0.284
		类别	四类	劣四类	劣四类	一类	劣四类	劣四类	一类	二类
	规划后	增量	0.2	0.05	0.1	0.1	0.15	0.1	0.02	0.08
		浓度	0.676	0.544	1.301	0.283	0.793	0.75	0.175	0.364
		类别	劣四类	劣四类	劣四类	二类	劣四类	劣四类	一类	三类
石油类	现状	浓度	0.003	0.073	0.036	0.009	0.095	0.009	0.071	0.028
		类别	二类	三类	二类	二类	三类	二类	三类	二类
	规划后	增量	0.038	0.01	0.02	0.02	0.03	0.02	0.01	0.02
		浓度	0.041	0.083	0.056	0.029	0.125	0.029	0.081	0.048
		类别	二类	三类	三类	二类	三类	二类	三类	二类

表 2-24　主要海湾污染物叠加影响分析（情景二，远期）　　　　单位：mg/L

拥有炼油能力 880 万 t/a、乙烯能力 85 万 t/a，其工艺技术达到国内先进水平；上海化工区规划面积 29.4 km²，拥有乙烯能力 120 万 t/a，其工艺技术达到国际先进水平。两大化工园区的建设，带动了周边城镇的快速发展，区域环境问题也日益显现。根据《上海市杭州湾北岸化工石化集中区区域环境影响报告书》，近十年来，近岸海域大部分水质指标的浓度均有所增加，包括氨氮、活性磷酸盐、化学需氧量、石油类、铜、锌、总镉和挥发酚。其中，活性磷酸盐、铜和锌浓度的增加幅度较大，活性磷酸盐的增加幅度为 4～8 倍；重金属铜和锌增加幅度为 3～10 倍和 3～15 倍。生物多样性明显降低，评价海域生物体（虾类）镉、铜和锌残留量呈现出明显的上升趋势，2006 年分别为 1997 年的 9.4 倍、2.8 倍和 1.4 倍；挥发酚残留量的增幅也很明显，2006 年为 1997 年的 6.4 倍。

广东大亚湾石化园区规划面积 27.8 km²，2006 年 11 月，中海壳牌 80 万 t 乙烯项目投产运行，2009 年 3 月，中海油 1 200 万 t 炼油及其配套项目投入试运行。尽管大亚湾石化区实行集中供热、污水集中处理，且清洁生产水平已经达到国际先进水平，但生产运行中产生的大量废气、废水等污染物，对大亚湾区的环境质量还是产生了一定的影响。根据《惠州大亚湾区近期发展规划环境影响报告书》，石化区的开发建设除了对区域的环境空气质量产生影响外，也对石化区污水排放口三角洲附近海域的环境质量产生一定程度的影响。

在海西区规划布局石化基地的七个海湾中，三沙湾、罗源湾和东山湾均属于腹大口小的海湾，区域海水水动力不足，海域的自净能力差，对污染物质和营养物质的输入敏感，污染物容易在湾内形成累积。

三沙—罗源湾是福建省近岸海域生物多样性保护重要生态功能区。官井洋大黄鱼繁殖保护区是我国著名的大黄鱼繁殖场，也是我国唯一的内湾性大黄鱼产卵场，被列为近岸海域重要渔业水域敏感区域中的极敏感区域，从 20 世纪 80 年代初开始，进入洋内产卵的群体明显减少。为拯救大黄鱼资源，福建省于 1985 年建立了"官井洋大黄鱼繁殖保护区"（1997 年修订后为 314 km²），并出台了省级地方法规《官井洋大黄鱼繁殖保护区管理规定》。2007 年农业部在原有"官井洋大黄鱼繁殖保护区"基础上又批建了"官井洋大黄鱼国家级水产种质资源保护区"，这对保护湾内生态环境和恢复官井洋大黄鱼产卵场功能，发挥了积极作用。

东山湾是福建省近岸海域生物多样性保护重要生态功能区，湾内有漳江口红树林国家级自然保护区、东山珊瑚省级自然保护区，均被列为近岸海域重要海洋物种生境敏感区域中的极敏感区域。漳江口红树林自然保护区是福建省迄今为止种类最多的红树林群落，也是北回归线北侧种类最多、生长最好的红树林天然群落。

三沙湾和东山湾生态环境敏感，生态功能重要，海域的自净能力均较差，布局大型石化、钢铁基地，即使基地污水实施湾外排放，产业基地带动周边城镇发展将增加大量城镇生活污水湾内排放，基地排放的有毒有害污染物随地表径流排入周边海域，也将对海域生态环境造成累积性不良环境影响。

5.4.4 油品、化学品大宗物流海域运输，溢油、泄漏事故将对敏感海湾产生生态风险影响

海西区在瓯江口、环三都澳、罗源湾、兴化湾、湄洲湾、东山湾、汕潮揭均规划布局石化、钢铁、油气储备等有大量油品、化学品物流运输的重点产业。随着港口建设及临港工业开发，码头航运的事故风险概率会随之增加，一旦发生油品、化学品溢漏事件，将对湾内及周边生态环境造成较大影响，特别是对海洋生态敏感区造成重大危害。

原油泄漏导致大面积的海洋污染已被国际上公认为是生态灾难，如 2010 年 4 月 22 日发生的墨西哥湾原油泄漏事故已造成 9 900 km² 海域污染；2010 年 7 月 16 日发生的大连新港原油泄漏事故已造成污染海域 430 km²，其中重度污染海域面积约 12 km²，事故附近海面形成了厚达 20 cm 的油污层。

我国海上运输化学品泄漏事故频发，1973—2002 年，仅船舶、码头 50 t 以上溢油事故共 62 起。而福建省海域 2009 年就发生 3 起海域污染事故，其中 2009 年 5 月 16 日发生在莆田辖区的"兴龙舟 277"与"鑫源 36"轮碰撞事故，造成了约 132 t 工业燃料油外漏。大型石化、钢铁基地储运物品多为有毒性、难降解的化学品，其泄漏事故风险具有危害毒性大、环境污染严重的特征。

三沙湾官井洋大黄鱼繁殖保护区面积占据了三都澳近一半的海域面积（314 km²），基本覆盖整个三都澳口门。在三沙湾同时布局石油储备、钢铁和炼化一体化基地，随着进出辖区水域危险品船舶的高通量及大型化的趋势日益显现，区域生态风险将持续增加。对官井洋大黄鱼繁殖保护区的保护带来严重的威胁和压力。

东山湾古雷石化基地在规划排污口时，已充分考虑到周边生态环境的敏感性，将其设置湾外，可以有效避免石化废水事故排放的环境风险。但是石化基地依托的港口设置在湾内，航道紧邻东山湾内敏感的东山省级珊瑚自然保护区，一旦在运输、装卸过程中发生原油及有毒化学品的泄漏事故，将直接影响东山湾敏感的海洋生态环境，加大区域生态风险。东山湾码头航道溢油事故环境风险模拟预测表明，一旦发生溢油事故，东山珊瑚礁试验区、东山湾养殖科研试验区都会受到影响。码头船舶溢油在潮流与风的叠加作用下，低潮时刻溢油 3 h 后可影响到东山珊瑚保护区。在古雷航道和东山支航道交会处航道发生溢油，高潮时刻溢油 2 h 后影响到东山珊瑚保护区边界，对珊瑚保护区造成污染影响。

5.4.5 大规模围填海，对海湾生态环境影响显著

大规模围填海将进一步加剧红树林湿地资源减少。海西区历史围海造地、工程开发等已造成红树林湿地资源急剧减少，20 世纪 50 年代，福建省红树林面积有 720 hm^2，至 80 年代仅存 368 hm^2，至 90 年代中期剩下 260 hm^2，且群落类型单一。广东省红树林面积同期从 21 289 hm^2 锐减到 3 813 hm^2，重点产业发展大规模围填海将进一步加剧红树林湿地资源减少。

三沙湾历史围填海已占用滨海湿地 40.83 km^2，占海湾总面积的 5.6%，纳潮量减少 6.5% ～ 12%，环境容量损失已达 17.3%，海域湿地面积的减少，以及水动力环境、水质环境等变化导致海洋生物生境破坏，环三都澳湿地水禽红树林自然保护区、官井洋大黄鱼繁殖保护区日渐衰退。

罗源湾围填海已占用滨海湿地 55.82 km^2，占海湾总面积的 25.8%，原有的红树林已随着围填海逐渐消失，养殖区面积也因围填海而减少，导致苍鹭、白鹭等觅食区域减少，使区域容纳的海鸟数量降低。大面积围填海活动以及水环境的改变必然会对罗源湾海湾生态系统造成较大的影响。

兴化湾围填海已占用滨海湿地 79.8 km^2，占海湾总面积的 11.3%，纳潮量减少约 4.5%。大面积围填海已对鸟类栖息湿地及天然苗种资源分布区产生负面影响。过桥山北部的缢蛏天然苗区迅速淤积形成大片滩涂，该缢蛏种质资源区遭受完全破坏；内箬杯至江阴岛南侧壁头的巴菲蛤天然苗场，由于过桥山垦区的围垦、江阴工业区开发，水动力改变，种质资源退化严重。

湄洲湾围填海已占用滨海湿地 94.52 km^2，占海湾总面积的 17.1%，由于大面积的滨海湿地占用，湄洲湾原来广布的红树林已破坏殆尽，湾内水动力及水体理化性质发生变化，使得湄洲湾鱼类产卵场、洄游场以及天然苗种场遭受严重破坏，资源量逐渐缩减。

厦门湾围填海已占用滨海湿地 110.03 km^2，占海湾总面积的 8.6%，90% 以上的红树林已遭破坏，厦门西海域和同安湾的历史围填海造成纳潮量的损失也分别高达 32% 和 20%，围填海活动对水动力条件影响较为明显，以及湿地面积减小和水环境质量下降，导致厦门湾海洋生物生境破坏，中华白海豚的种群数量日益减少，活动区开始向其他海域移动；同安湾淤积增大，底质环境由粗砂和砾砂为主转变为砂质泥或泥质砂为主，由于生境的改变，湾内的厦门文昌鱼资源已发生明显的退化。

东山湾围填海已占用滨海湿地 20.4 km^2，占海湾总面积的 7.2%，部分红树林遭到破坏，滩涂生产力下降，泥蚶和锯缘青蟹等水产资源明显衰退，养殖的贝类生长期延长，质量下降。围填海活动对水动力条件影响较为明显，纳潮量和流速改变对水质和底质环境的影响将不可避免地对迁徙和洄游性的鸟类和鱼类产生较大负面作用。另外，海域开发活动对海水透明度、水动力条件等影响，会对珊瑚的生长产生不利影响。

大规模围填海将导致赤潮发生的风险增加。围填海降低了海水交换能力，减弱了海水自净能力，以及因产业发展诱发区域生活污水排放量增加导致局部海域富营养化程度有所提高，可能造成叶绿素浓度升高，将加剧海湾污染和赤潮频繁发生风险。厦门西海域是历史围填海活动集中的区域，也是赤潮发生的主要地区，2001 年发现赤潮 2 次，2002 年 3 次，2003 年 6 次，2004 年 3 次，2005 年发生 6 次。大规模围填海对海域纳潮能力的累积性影响可能是造成海域水质不断恶化的一个重要因素，与海域赤潮的发生频率也有一定的关联。

5.5 中长期陆域生态环境影响与风险

5.5.1 按照建设用地产出率的现状水平发展，陆域生态保护压力较大

按照目前海西区重点产业建设用地的产出率水平，到 2020 年，情景一、情景二和情景三方案下分别有 12 个、13 个和 13 个生态分区出现陆域生态系统健康等级降低的现象，从而对陆域生态系统结构、功能稳定和陆域生态环境质量造成威胁。

按照建设用地产出率的参考水平 5.0 亿元 /km²，陆域生态系统健康指数的上升和下降趋势并存，多数分区维持陆域生态系统健康现状等级，陆域生态保护底线得到保障。

5.5.2 重点产业集聚沿海地区发展，对自然生态系统影响较小

海西区重点产业规划布局集中在沿海地带，多属人类活动强烈干扰区。在产业发展基地 10 km 范围内，耕地、林地、草地和建设用地分布广泛，在近距离范围内，耕地和建设用地所占比例最大。重点产业中长期发展对耕地和建设用地的影响较明显。可能影响的植被类型主要包括亚热带针叶林、亚热带常绿阔叶林、亚热带和热带竹林及竹丛、常绿落叶阔叶灌丛和栽培植被，其影响对象以栽培植被和人工复合生态系统为主，对自然植被和自然生态系统的影响较小（图 2-56、图 2-57）。

在海西区重点产业规划布局 10 km 范围内，分布着 11 个生态敏感区，包括省级森林公园、省级自然保护区、国家重要湿地和其他类型湿地。受火电、核电、石化和冶金产业的影响，个别生态敏感区受影响较大。其中，龙海九龙江口国家重要湿地、龙海九龙江口红树林省级资源保护区和福清湾国家重要湿地距离重点产业规划布局区不足 7 km，重点产业发展的废水排放可能会对这类生态敏感区的野生动植物资源产生一定的影响。

海西区在珍稀濒危物种的重要分布区均建立了自然保护区、森林公园等，有效地保护了 90% 以上的野生动植物物种。海西区野生动植物资源及珍稀濒危物种多分布在中西部山区，远离人类活动聚集区。海西区重点产业主要布局于沿海地带和内陆人类强烈干扰区，重点产业中长期发展可能影响的植被类型以栽培植被为主，所涉及的生态系统多属于人工复合生态系统，对生物多样性和珍稀濒危物种的影响较小。

5.5.3 林浆纸产业速生丰产林生产基地，将会增加森林生态系统风险影响

随着林浆纸一体化产业规划实施，海西区人工速生桉树林面积将新增 143 万亩。在林浆纸一体化工程推进过程中，速生丰产林（主要以桉树人工林为主）的原料林生产基地如果选址不当，将会增加对陆域森林生态系统的风险影响。如大面积种植速生林可能毁坏原有的森林有林地，人工速生桉树林会大量消耗土壤层水分和养分导致地下水位降低、土壤肥力下降，另外，速生丰产林的单一化、纯林化会增加病虫害的发生率，降低森林生态系统的抗干扰能力。

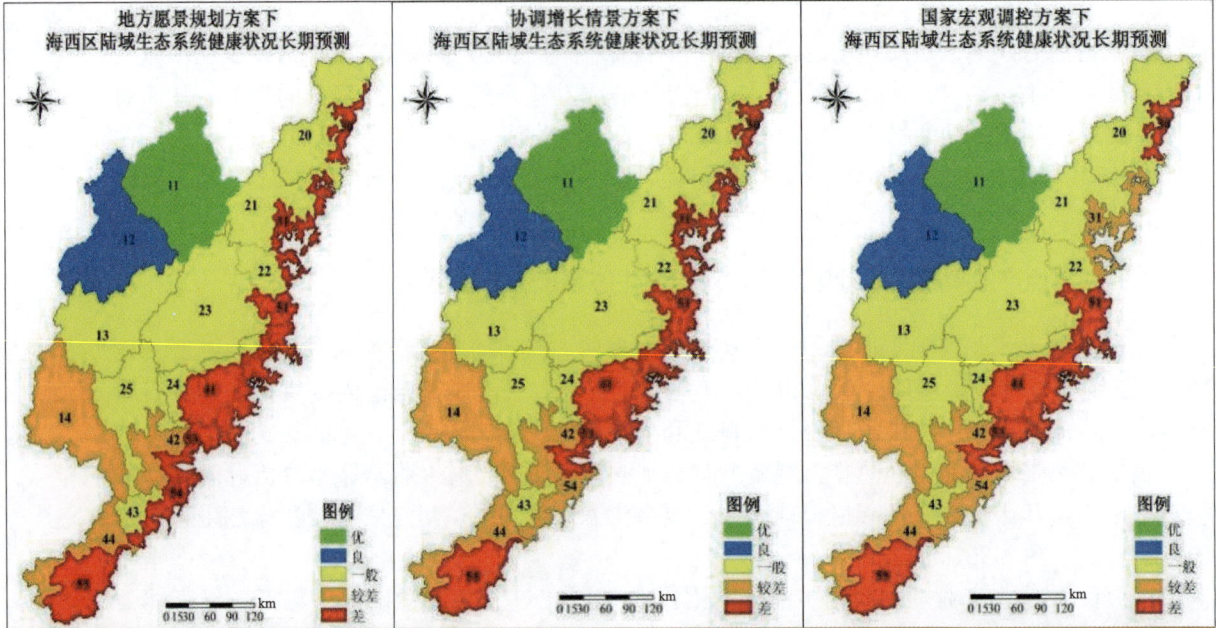

图 2-56　重点产业发展不同情景远期对陆域生态系统健康的影响

注：按照海西区现状建设用地产出率水平发展。

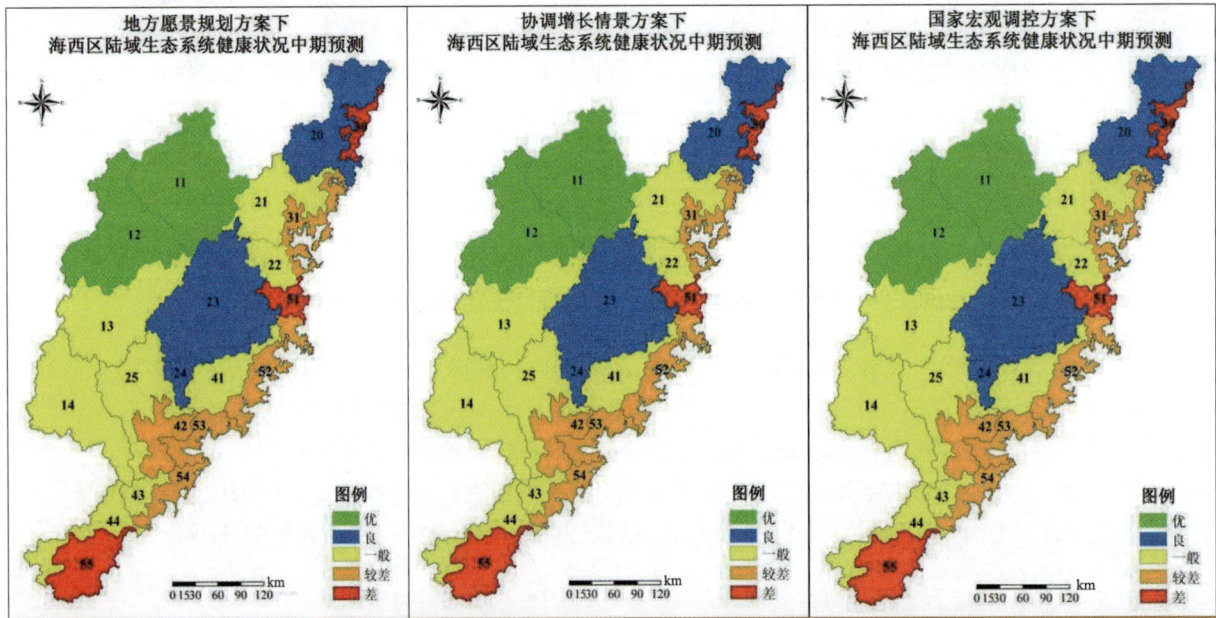

图 2-57　重点产业发展不同情景对陆域生态系统健康的影响

注：提高土地产出率，按参考水平 5.0 亿元 /km² 发展。

6 区域重点产业优化发展的调控建议

6.1 调控思路

海西区生态环境质量总体优良，但部分地区生态环境问题已经显现，酸雨污染严重，沿海部分城市出现了灰霾污染，局部海湾生态系统已遭到一定破坏，海洋生物资源不断减少，赤潮灾害影响日益增大。根据重点产业发展的中长期环境影响和生态风险预测，如果按照规模快速扩张、布局无序分散的发展方式，将对区域生态环境造成累积性的不良影响。

为了保证海西区在未来发展中保持优良的生态环境，保障重点产业发展，必须依据区域资源环境承载力、中长期环境影响和生态风险，坚持以环境保护促进重点产业优化发展。按照"沿海地区集聚发展，内陆山区优化发展，承载调控规模，发展适度超前，加快建设我国东南沿海先进制造业基地"的总体思路，以加快经济发展方式转变为指导思想，大力推进环境保护的宏观调控作用。通过"保底线、优布局、调结构、控规模、严标准"等五大战略对策，提升区域资源环境对重点产业发展的支撑能力，在科学布局、优化结构、提高效益、降低消耗、保护环境的基础上，推动区域经济的快速增长。

6.2 调控原则

以环境保护优化经济增长，坚持"生态功能不降低、水土资源不超载、污染物排放总量不突破、环境准入不降低"四条红线。到 2020 年，确保海西区经济社会整体发展不突破生态空间、生态用水和污染物排放总量等区域生态环境底线控制目标，实现重点产业与生态环境保护的协调、同步发展（表 2-25）。

表 2-25　海西区资源环境底线控制目标

分类	指标	控制值
生态空间	重要生态敏感区面积 / 万 km²	1.22
	自然岸线比例 /%	70
	天然湿地保护率 /%	90
	重要栖息地保护率 /%	100
	海洋保护区面积不少于领海外部界线以内海域面积的比例 /%	8
生态用水	河道最小生态需水量 / 亿 m³	166
	最小入海径流量 / 亿 m³	142
排污总量	大气污染物排放总量不超过环境容量的比例 /%	90
	排入陆域地表水环境的点源污染物最大允许排放量不超过环境容量的比例 /%	80

6.2.1 生态功能不退化

重要生态功能区面积不减少。重要生态敏感区是海西区重点产业发展不可逾越的空间约束，涵盖各类省级以上的自然保护区、森林公园和重要湿地等区域（图 2-58）。海西区重要

图 2-58 海西区重要生态敏感区分布

注：无台湾省地形（DM）数据。

生态敏感区面积约 1.22 万 km²，其中陆域、近岸海域重要生态敏感区面积分别为 1.07 万 km² 和 0.15 万 km²（表 2-26、表 2-27）。

重要生态敏感区严格按照法律法规规定和相关规划实施强制性保护，严格限制不符合生态环境功能定位的开发建设活动，确保现有重要生态敏感区面积不减少。

主要生态系统服务功能不降低。保证海西区以水源涵养、生物多样性保护和洪水调蓄、土壤保持、防风固沙五类主导生态功能。重点保护浙闽赣交界山地、南沿海红树林生物多样性保护重要区，以及西部大山带、中部大山带和沿海地带。重点保护乐清湾海域生态系统、三沙—罗源湾水产资源、闽江口渔业资源和湿地、泉州湾河口湿地和水产资源、厦门湾海洋珍稀物种、东山湾典型海洋生态系统和粤东海域南澳候鸟。

表 2-26　海西近岸海域主要的重要生态敏感区

序号	名　称	位　置	面积 / hm²	保护对象
1	南麂列岛海洋自然保护区	平阳县东南部海域	20 100	海洋贝藻类物种资源及其生态环境
2	乐清市西门岛海洋特别保护区	乐清市西门岛	3 770	红树林、珍稀鸟类及滨海湿地环境
3	宁德官井洋大黄鱼繁殖保护区	宁德市官井洋	31 464	大黄鱼
4	闽江河口湿地自然保护区	福州长乐市、马尾区	3 129	滨海湿地、野生动物、水鸟
5	长乐海蚌资源增殖保护区	福州长乐市梅花至江田海域	4 660	海蚌
6	泉州湾河口湿地省级自然保护区	泉州湾	7 046	滩涂湿地、红树林及其自然生态系统、中华白海豚、中华鲟、黄嘴白鹭、黑嘴鸥等一系列国家重点保护野生动物，中日、中澳候鸟保护协定鸟类
7	深沪湾海底古森林遗迹自然保护区	泉州晋江市深沪	2 700	古树桩遗迹、古牡蛎礁、变质岩、红土台地等典型地质景观
8	厦门珍稀海洋物种自然保护区	厦门海域	12 000	中华白海豚、厦门文昌鱼、白鹭
9	龙海九龙江口红树林自然保护区	漳州龙海市浮宫、紫泥、角尾、港尾	420	红树林生态
10	漳江口红树林自然保护区	漳州市云霄县东厦镇	2 360	红树林生态
11	东山珊瑚省级自然保护区	漳州市东山县马銮湾、金銮湾	3 630	珊瑚
12	南澳候鸟自然保护区	南澳岛	256	候鸟
13	广东南澎列岛海洋生态自然保护区	南海东北端	61 357	海底自然地貌水域环境
合计			152 892	

表 2-27　海西区陆域主要的重要生态敏感区

序号	名称	位置	面积/hm²	保护对象
1	福建武夷山国家级自然保护区	武夷山市	57 000	中亚热带森林生态系统、珍稀野生动植物资源与丰富多样的地质地貌，拥有福建柏、华南虎、云豹、金斑喙凤蝶等国家重点保护动植物
2	福建闽江源国家级自然保护区	三明市建宁县	13 022	森林生态系统与珍稀野生动植物资源，拥有南方红豆杉、钟萼木、云豹等国家级保护动植物
3	福建龙栖山国家级自然保护区	三明市将乐县	15 693	中亚热带森林生态系统、珍稀野生动植物资源、野生动物及其栖息地，拥有南方红豆杉、华南虎、金钱豹、云豹等国家级保护动植物
4	明溪君子峰国家级自然保护区	三明市明溪县	18 060	中亚热带基带原生性常绿阔叶林和珍稀、濒危野生动植物及其栖息地，拥有福建柏、华南虎、云豹等国家级保护动植物
5	永安天宝岩国家级自然保护区	三明市永安市	11 015	主要为长苞铁杉林、猴头杜鹃林、泥炭藓沼泽等森林生态系统和珍稀濒危野生动植物资源
6	福建戴云山国家级自然保护区	泉州市德化县	9 732	河流发源地、亚热带森林生态系统与野生动物资源，拥有黄山松群落、云豹、黄腹角雉、蟒蛇等国家级保护动植物
7	福建梅花山国家级自然保护区	龙岩市	22 168	福建柏、长苞铁杉、钟萼木，以及华南虎、金钱豹、大灵猫等森林生态系统与野生动物资源
8	福建梁野山国家级自然保护区	龙岩市武平县	14 365	大面积红豆杉林等天然原始森林生态系统与生物资源
9	福建虎伯寮国家级自然保护区	漳州市南靖县	3 001	南亚热带雨林生态系统与生物资源，野生兰花、华南虎、云豹等国家级保护动植物
10	浙江乌岩岭国家级自然保护区	温州市泰顺县	18 861.5	南方红豆杉、伯乐树、莼菜，黄腹角雉、白颈长尾雉、云豹、金钱豹、黑麂等国家保护动植物
11	德化石牛山国家森林公园	泉州市德化县	8 411	古火山地质地貌与森林景观
12	诏安乌山国家森林公园	福州市诏安县	90 000	燕山时期地质地貌与植物资源
13	福建支提山国家森林公园	宁德市蕉城区	2 300	森林景观与佛教古迹
14	泰宁猫儿山国家森林公园	三明市泰宁县	2 560	森林景观、丹霞地质地貌
15	漳平天台国家森林公园	漳平市	3 987	森林景观、文化古迹
16	长泰天柱山国家森林公园	漳州市长泰县	3 081	南亚热带森林景观与生物资源
17	永定王寿山国家森林公园	龙岩市永定县	1 667	森林与人文景观
18	厦门莲花国家森林公园	厦门市同安区	3 824	南亚热带雨林景观与生物资源
19	福建九龙谷国家森林公园	莆田市城厢区	152 649	森林景观、生物资源与佛教古迹
20	福清灵石山国家森林公园	福清市东张镇	2 275	森林景观与佛教古迹
21	平潭海岛国家森林公园	福州市平潭县	1 296	南亚热带海岛森林景观与生态旅游资源
22	福州国家森林公园	福州市	859	以福建树种为主的国内外珍贵植物
23	福州旗山国家森林公园	福州市闽侯南屿	3 587	自然森林景观与生物资源
24	华安国家森林公园	漳州市华安县	131 500	自然森林景观、生物资源与文化古迹
25	三明三元国家森林公园	三明市	4 573	森林景观、旅游资源与文化遗产
26	上杭国家森林公园	龙岩市	4 666	森林景观与文化、旅游资源
27	福建武夷山国家森林公园	武夷山市	7 118	中亚热带森林景观与生物资源
合计			607 270.5	

控制围填海规模，规避敏感岸线。严格控制围填海，加大海岸带生态保护力度，切实保护红树林、湿地保护区等重要敏感生态系统。重点保护自然保护区内岸线及河口敏感岸线。确保自然岸线比例不低于 70%，海洋保护区面积不少于领海外部界线以内海域面积的 8%。严格控制围海造地，规避敏感岸线，特别控制三沙湾、厦门西海域和同安湾围填海，鼓励重化工业朝湾口布置，减少湾内围垦需求。

6.2.2 水土资源不超载

合理开发土地和岸线资源。引导内陆地区产业集中发展，强化沿海地带重点产业集约发展。充分保障林地、草地和湿地生态用地，保护自然生态岸线，坚持严格的耕地保护制度，全面提高建设用地和开发岸线的资源利用效率。2020 年确保海西区自然岸线比例不低于 70%，天然湿地保护率不低于 90%。

确保河道和河口湿地生态用水量。维持河道内最小生态用水，保证入海淡水量，对于稳定海西区地表水和河口湿地功能，增加环境承载力具有重要意义。保证河流多年平均径流量的 10% 为生态基流底线，2020 年保证河道内最小生态用水量 166 亿 m³。保障海西区近岸海域生态功能的稳定，确保 2020 年海西区最小入海径流量 142 亿 m³。

6.2.3 基于环境保护目标的排放总量不突破

确保海峡西岸经济区人居环境优美、生态良性循环、生态文明建设位居全国前列，应强化污染物排放控制。区域大气污染物排放总量二氧化硫排放总量控制在 87.7 万 t/a 以内，氮氧化物排放总量控制在 67.3 万 t/a 以内。陆域水环境点源化学需氧量排放总量应控制在 105.1 万 t/a 以内、点源氨氮排放总量控制在 9.2 万 t/a 以内。

预计到 2020 年海西区部分地区二氧化硫和氮氧化物排放将超载。其中，福州、莆田和泉州的二氧化硫排放总量将超载，需要在治理现有污染源和提高资源环境利用效率的基础上，控制新建项目的排污量。三明市二氧化硫排放总量现状已经超载，需要在现有排放量基础上进一步削减。

在加大治理水环境面源污染的基础上，严格控制点源污染排放。根据海洋环境保护法的要求，落实海域入海污染物总量控制制度，鉴于海西区近岸海域大部分海湾无机氮和活性磷酸盐超标，建议海西区重点加强陆源污染物入海控制，沿海地区城镇污水处理厂实施脱氮除磷，严格控制滩涂水产养殖；沿海地区重点产业集聚区以及大型钢铁、石化等产业基地污水处理达标后，应通过统一的污水排放系统，采用深水排放方式，排放口形成的污水混合区不得影响鱼类洄游通道和邻近海域环境功能。

6.2.4 环境准入标准不降低

为进一步推动海西区"环境保护优化产业发展"战略的实施，通过实施更为严格的环境准入与淘汰标准，从严控制"两高一资"产业，加大小化工、小钢铁、小造纸、小水泥等行业落后产能的淘汰力度。推动淘汰落后产能作为容量置换措施，鼓励"上大压小"，促进规模经济发展、优化产品结构升级。

严格按照国家现行产业政策，逐步完善环境法规和标准、严格环境准入制度、提高行业准入门槛，逐步建立新建项目能效评估制度，提高资源环境效率。制定产业集聚区节约用地标准，提高供地门槛，限制占地大、产出低的项目。到 2020 年，确保海西区整体资源环境效率达到国内先进水平。

严格限制不符合环境战略和功能区划的项目落地，禁止环保基础设施不完备、区域污染物排放总量超过控制指标的工业园区引进新项目，工业项目应随着产业结构调整逐步向工业园区集中。应以区域循环经济和企业清洁生产为目标，积极倡导生态工业示范园区建设。优先引进清洁生产水平处于国际先进水平的项目，淘汰或禁止引进落后技术、工艺和设备。引进项目的资源环境效率应达到引进国（或地区）的先进水平。

6.3 加快建设闽江口、湄洲湾、厦门湾、潮汕揭四大产业基地

6.3.1 闽江口产业基地重点发展装备制造、电子信息产业和高新技术产业

闽江口是福州港的主体，是沟通东南亚各国发展经济往来的重要门户，已逐步形成以电子信息产品制造业和汽车制造及配件产业为主导的两大产业集群，形成了福清、马尾百亿电子城、青口百亿汽车城，成为两岸产业对接主要集中区。

闽江口海域生态环境较敏感，建有河口湿地自然保护区，是福建省近岸海域生物多样性保护重要生态功能区。装备制造和电子信息产业能耗及排污相对较小，但产业集聚带动城市化步伐加快，城镇污水排放量将大幅增加，对海域生态环境有一定影响。

闽江口产业基地发展电子信息、装备制造产业和高新技术产业，可以强化服务功能和国际化进程，发挥台商集中投资区优势，培育发展闽台产业对接合作区，促进两岸产业对接进一步集聚、构建两岸产业对接先导区。为保护闽江口渔业资源和湿地生态功能区，应重点加强陆源废水污染物的治理，提高污水处理标准。

6.3.2 湄洲湾产业基地重点发展石化、装备制造、能源及林浆纸产业

湄洲湾产业基地深水泊位条件较好，港口发展初具规模，已经形成较好的临港重化工业发展条件。石化基地建设初具规模，具备进一步做强做大的产业基础和发展前景。湄洲湾产业基地重点发展石化、装备制造、林浆纸和能源产业，规划建设台湾石化专区和装备制造业园区，将成为承接台湾产业转移的前沿平台。

湄洲湾海域水动力条件较好，是福建省典型海湾型港口发展和污染控制生态功能区，主要敏感区有湄洲岛生态特别保护区。随着湄洲湾产业基地建设的不断推进，排入湄洲湾的污染物不断增加，可能导致局部海域水环境质量下降，水体面临富营养化的威胁。

建议湄洲湾石化基地在努力建设具有国际竞争力的石化产业基地的同时，应做好周边区域城镇发展的规划控制。同时，应加大环保基础设施建设，加强海洋污染防治力度，建立突发性污染控制和应急处理机制。

6.3.3 厦门湾产业基地重点发展装备制造、电子信息产业

厦门湾目前已经形成较好的临港产业基础，是海西区电子信息和装备制造产业的主要集聚地区，也是台商在海西区投资最为集中的地区。

厦门湾海域生态环境敏感，建有珍稀海洋物种自然保护区，被列为近岸海域生物多样性保护重要生态功能区。装备制造和电子信息产业能耗及排污相对较小，但产业集聚带动城市化步伐加快，城镇污水排放量将大幅增加，对海域生态环境有一定的影响。

建议厦门湾产业基地以高端制造业占据产业链（群）技术制高点的理念，积极引进先进、高端装备制造业和电子信息产业，选择性地发展冶金（钨、钼）产业链中下游的产品。适时调整化学工业布局，现有石化企业可在结构升级调整中逐步过渡和转移，引导企业向湄洲湾石化基地或古雷石化园区集聚。

6.3.4 汕潮揭沿海产业基地重点发展石化、能源和装备制造

广东省粤东地区产业基础比较薄弱，多为中小型民营企业，专业化生产水平较低，也缺乏对整个经济发展起支撑作用的龙头企业。汕潮揭沿海产业基地将重点发展石化、能源和装备制造产业。

粤东海域建有南澳候鸟自然保护区、南澎列岛海洋生态自然保护区。受传统纺织产业影响，练江下游水质污染严重。汕潮揭沿海产业基地临近外海，港口及排水条件有一定的优势。

建议揭阳石化产业基地按照"基地化、一体化、集约化"的原则规划建设，重视发展循环经济，侧重产业链延伸，促进下游产业发展。潮州在提升传统优势产业、加强水污染综合整治的基础上，重点发展装备制造和能源产业。汕头立足现有产业优势，发展装备制造和石化下游产品，积极探索和推进废弃电器、电子产品集中处理办法，解决贵屿镇电子废物污染问题。

6.4 优化、调整瓯江口、环三都澳、罗源湾、兴化湾、泉州湾、东山湾产业基地产业结构和空间布局

6.4.1 瓯江口产业基地重点发展装备制造、电子信息产业及石化中下游产品

温州是我国民营经济最为发达的地区，装备制造业有一定的基础，已经成为我国汽摩配制造和低压电器中心。建设瓯江口产业基地有助于温州市转变经济增长方式，促进产业集聚发展。

乐清湾海域生态环境较敏感，分布有西门岛国家级海洋特别保护区。瓯江口近岸海域水质污染严重，酸雨污染压力较大。

建议瓯江口产业基地在环境综合整治的基础上，立足于温州市传统产业结构调整与升级换代，促进重点产业的集聚、集约发展，大力发展装备制造和电子信息产业。同时，加快温州现有化工企业的整合和升级改造，逐步推进化工企业向大小门岛化工区集中，以提供轻工原材料为契机，发展有一定产业基础和市场潜力、附加值较高、污染相对较轻的石化中下游产品。

6.4.2 环三都澳产业基地重点发展装备制造、冶金、能源产业及油气储备

宁德市电机电器和船舶修造两大产业发展较快，初步形成集群式发展格局，被列入福建省重点培育扶持的产业集群。未来宁德市全力推进"环三都澳"区域发展，重点发展能源、冶金、石化、造船等临港重化工业，布局大型钢铁基地。

海西区钢铁产业主要分布在内陆山区，仅三钢集团粗钢产能超过 500 万 t，其他炼钢企业的产能则在 10 万～100 万 t，存在规模小、能耗大、污染重等问题。福建省规划淘汰落后的钢铁产能，引进国内大型企业与三钢重组，在沿海布局大型钢铁基地，符合我国钢铁产业布局向有利于利用国外资源和市场容量大的沿海地区转移的战略。

环三都澳区域大气扩散稀释能力有限，湾内水动力条件不理想。同时，三沙湾海域是福建省近岸海域生物多样性保护重要生态功能区，宁德官井洋大黄鱼繁殖保护区被列为我国近岸海域重要渔业水域敏感区。在环三都澳湾内布局重污染产业将可能对区域环境质量造成不良影响，并增加海域生态环境风险。

因此，建议环三都澳湾内重点围绕建设电机电器和船舶修造两大产业集群大力发展装备制造业，按照国家总体布局适度发展污染较少、环境风险小的临港工业；建议进一步研究宁德钢铁、石化等重污染产业优化布局方案，根据区域环境条件，选择大气扩散条件较好、远离城区、海域生态环境敏感度不高、排水条件较为理想的沿海地区布局。

6.4.3　罗源湾产业基地重点发展装备制造，适量发展冶金、能源

罗源湾产业基地临港工业开发已近十年，基本形成了以冶金、建材、能源、装备制造等为重点的临港工业，主要冶金企业有亿鑫钢铁、三金钢铁和德盛镍业。

罗源湾相对封闭的海湾地形不利于污染物扩散，湾内海域自净能力有限。规划的鉴江湾石化区临近官井洋大黄鱼繁殖保护区，布局建设污染较重的大型石油化工项目将可能增加海域生态环境累积性不良影响和海域生态环境风险。

建议罗源湾产业基地依托罗源经济开发区、台商投资区和可门港经济区，重点发展装备制造产业，适量发展冶金、能源产业和污染相对较轻的石化中下游产品。

6.4.4　兴化湾产业基地重点发展电子信息、装备制造、能源和污染相对较轻的化工产业

兴化湾产业基地主要依托融侨经济技术开发区、江阴工业区莆田台商投资区和兴化湾南岸经济开发区等，重点发展电子信息、装备制造、能源和石化。融侨经济开发区是海西区电子产品的主要集聚区。江阴工业区石化专区承接福州市区的化工企业战略性搬迁转移，成为福州市调整产业布局、提升化工产业技术能级的重要依托。

兴化湾滩涂湿地是海域生物多样性保护的重要区域。由于前期规划和基础设施建设滞后问题，江阴工业区环境问题和居住区布局问题已显现。

建设兴化湾产业基地必须尽快统筹解决江阴工业区企业与居民交错分布问题，形成化工区和居民区的合理布局。同时应加快推进环保基础设施建设和企业污染治理，重点发展电子信息、装备制造和能源产业，适度发展附加值较高、污染相对较轻的化工产业，不宜发展重油深加工等污染较严重的项目。

6.4.5　泉州湾产业基地重点发展电子信息和装备制造产业

泉州湾产业发展基础较好，港口发展初具规模，已形成纺织鞋服、机械制造、食品等传统优势产业，是海西区主要台商投资区。未来将进一步培育发展闽台产业对接合作区，促进两岸产业对接进一步集聚和提升。

泉州湾生态环境较敏感，建有河口湿地自然保护区，被列为近岸海域生物多样性保护重要生态功能区。装备制造和电子信息产业能耗及排污相对较小，但产业集聚带动城市化步伐加快，城镇污水排放量将大幅增加，对海域生态环境有一定影响。

建议泉州湾产业基地在立足于整合提升现有纺织鞋服等传统优势产业的基础上，重点发展电子信息和装备制造产业，并应严格控制陆域废水排放。

6.4.6 东山湾产业基地重点发展石化和装备制造产业

东山湾产业基地依托古雷经济开发区和东山经济技术开发区重点发展石化和装备制造产业。古雷经济开发区已被福建省列为大型石化产业基地，将作为推进两岸石化产业深度对接的重要平台。

东山湾海域生态环境敏感，建有漳江口国家级红树林湿地保护区和东山省级珊瑚自然保护区，是福建省近岸海域生物多样性保护重要生态功能区。在古雷布局炼油基地，将大幅增加原油、成品油等化学原材料的海上运输量，可能对东山湾及周边海域造成一定的环境风险，对漳江口红树林国家级自然保护区和东山省级珊瑚自然保护区可能造成一定的累积性不良影响。

建议古雷石化基地近期优先发展石化中下游产业，今后国家炼油布局总体需要在古雷布局炼油基地时，应进一步充分研究和论证降低海域环境风险的物流方案。

6.5 鼓励、加快内陆山区钢铁、建材等重污染行业结构调整、技术升级并逐步向条件较好的地区集中

内陆山区是海西区生态环境优良区域，生态环境较敏感，是水源涵养和生物多样性保护的重要区域。受大气扩散条件和钢铁、建材等行业排污影响，局部地区出现了二氧化硫和颗粒物超标问题。

建议内陆山区钢铁、建材等重污染行业以调整结构、技术升级为主，并逐步引导产业向条件较好的地区集中发展。重点做好生态环境和资源保育，鼓励发展无污染、轻污染的绿色农业、林产加工、食品加工、生物技术产业和旅游产业等，限制容易造成生态破坏和水污染的产业。

龙岩市：重点发展机械装备和有色金属产业，扶持发展新能源、新材料、生物医药和电子信息等产业集群。建设新罗、漳平、永定、上杭、长汀等产业集中区，形成以环保产业、机械、机电、建材、有色金属及深加工、稀土和光伏新能源等产业为主的产业集中区。建材、冶金等传统产业以提升产业结构为主，实现增产减污。

三明市：重点促进冶金及金属压延、机械及汽车、林产、矿产和生物医药产业加快集聚发展。建设梅列、三元、永安、沙县等产业集中区，形成以生物医药、机械、金属压延及深加工、建材、林产化工等产业为主的产业集中区，冶金、建材、造纸等传统产业以提升产业结构为主，加大污染治理力度，实现增产减污。

南平市：重点整合提升机械（装备）制造、纺织服装、食品加工、林产加工、冶金建材等五个传统产业，培育发展创意、生物、旅游（养生）等三个新兴产业，着力推进武夷新区建设。建设延平、邵武、浦城以及闽北产业集中区，形成以生物医药、造纸、机电、光电、铝精深加工、纺织等产业为主的产业集中区。造纸、有色金属、纺织等传统产业以优化提升产业结构为主，实现增产减污。

6.6 推进重点产业结构升级

6.6.1 调整装备制造和电子信息产业结构，承接台湾高端产业转移

海西区装备制造业产能过于集中在制造环节的劳动密集工序，现代服务业严重不足，产

品结构仍以低端为主。从我国装备制造业的产品档次来看，低端生产能力过剩，中端生产能力正迅速扩大，而高端产品还存在很大空白。机械产业是台湾的支柱性产业之一。传统机械装备制造业逐渐成为台湾的"夕阳产业"，部分被转移到中国大陆继续发展。而精密机械等处于成长期产品的生产制造，为适应市场需求，也被部分外移到中国大陆。台湾的金属模具、中高档数控机床、轻工机械、输变电设备、修造船及环保设备具有一定优势，海西区应积极承接台湾优势产业，扩大中高端产品比例，增强装备制造业竞争实力。

电子信息产业利润率存在两头大中间小的"U"形曲线，而资源需求和污染物排放则是两头小中间大的格局，即研发和品牌及营销环节的资源需求及污染物排放很小，制造环节的资源需求和污染物排放均较大，尤其是前段制造。随着两岸经济交流的深入和延伸，海西区将成为承接台湾电子信息产业转移的主要平台之一。海西区从电子信息产业结构上应壮大已具优势的产品集成业，大力发展初具雏形的软件产业，积极引导前景良好的研发和品牌业，适度发展用水量较大的前段制造业。

6.6.2　以节能、减排、低碳为发展方向，优化能源电力结构

海西区能源电力结构不尽合理，目前煤电、水电、其他能源的比例为71∶25∶4，情景二方案实施后，煤电、水电、其他能源的比例为74∶6∶20，结构有所优化，但火电比重仍较大，大量燃煤造成的环境污染问题将日益突出，能源发展面临环境容量制约。

在保证海西区域内电力供需平衡的前提下，应以节能、减排、低碳为发展方向，进一步优化能源结构。以加快发展核电、合理开发水电、鼓励开发风电、太阳能和垃圾焚烧发电、优化煤电布局为策略，按照"上大压小"原则，支持超临界、超超临界火电机组建设，逐步减少火电在能源电力结构中的比例，增加清洁能源比重，特别是新型能源发电的比重，使煤电、水电、其他能源的比例调整为67∶8∶25。

6.6.3　整合提升优势产业，与重点产业协调发展

经过多年的发展，纺织服装、制鞋、建材和食品产业已成为海西区的传统优势产业，海西区在大力发展石化、装备制造和电子信息等重点产业的同时，需要整合提升优势产业，使重点产业和传统优势产业协调发展。

挖掘优势产业，整合提升传统优势产业集群。海西区已经形成了一些纺织服装、制鞋、建材和食品产业集群，这些产业工业增加值已占海西区的20.7%。纺织服装产业主要集中在温州、泉州、福州、厦门、粤东地区；制鞋产业主要集中在泉州、温州和莆田；建材产业主要集中在内陆山区；食品产业主要分布在漳州、宁德和粤东地区。总体而言，绝大部分属于劳动密集型产业，技术水平不高、产品附加值低、资源消耗大，企业"低、小、散"的特征明显。海西区应突出比较优势，坚持特色发展，加大对传统产业技术改造力度，增加产品技术含量，整合优化一批传统优势产业集群。引导企业逐步向专业化园区集中，实现园区资源低成本共享。鼓励中小企业与龙头企业建立互为依存、互相补充的生产协作关系，促进产业集群发展。

加强印染、制革和电镀废水治理，改善地表水环境质量。纺织服装业（包括印染）是废水排放量较大的产业。海西区纺织服装业和制鞋业发达，废水排放量约占工业废水排放量的36%。印染废水和制革废水污染物大多是难降解的染料、助剂和有毒有害的重金属、甲醛、卤化物等，所排废水对水环境影响较大。海西区印染和制革行业主要集中在温州、泉州和粤

东地区，在带动地方经济发展的同时也对当地的地表水环境造成了污染。

鳌江流域因众多中小型皮革企业排放的废水影响，水质处于劣五类；榕江主要受电镀废水污染，水质处于劣五类。主要原因是这些中小型企业的污染控制和管理能力都较弱，污水收集处理率较低，应加强印染废水、制革废水和电镀废水治理，推进电镀专业园区的建设。

6.7 推动重点产业发展转型

6.7.1 促进产业集聚发展，优化经济要素集约化配置

海西区正处于产业发展的转折期，转变经济增长方式是实现经济快速发展的根本保证。产业集聚发展有利于经济要素的集约和优化配置，有利于资源的共享和循环利用，是实现工业结构调整和合理布局、转变经济发展方式、实现可持续发展的有效途径。

国内外成功经验证实，重化工业普遍呈现集聚发展的格局，在产业集聚发展的同时，对生态环境的影响减少到最低限度和可控状态，最为典型的是石化产业，世界上一些成功的石化基地都呈现集聚发展模式（表 2-28）。

6.7.2 创建生态型石化工业园区，发展循环经济低碳经济

湄洲湾石化基地有三个工业园区，分属泉州和莆田，应做好基地统筹规划，并积极推进生态工业园区创建。揭阳石化基地尚处于规划阶段，高起点的"一体化"规划可确立石化基地"专业集成、投资集中、资源集约、效益集聚"的整体优势，缩短新生的石化基地与世界成熟的石化基地之间的距离。湄洲湾和揭阳石化基地应采用"上游带动下游、下游促进上游"的发展模式，形成"上、中、下"完整的石化产业链，以及公用工程、环境保护、物流传输

表 2-28　国内外主要石化工业区集聚发展成功经验

名称	范围 /km²	产业规模和基本情况	成功经验
美国得克萨斯州休斯顿化工区	12	世界最大石油化工中心，340 家制造工厂和 60 家跨国企业，炼油能力为 2.5 亿 t/a，乙烯生产能力超过 500 万 t/a	最为集中的石化基地，循环经济成效显著
比利时安特卫普化工区	35	世界第二大石油化工中心，世界最大 20 家化工企业中一半落户于此，5 家炼油厂，年原有加工能力 4 000 万 t，4 套乙烯裂解装置，总能力 250 万 t	一体化管理，生产装置互联、上下游产品互供、管道互通，投资互渗
新家坡裕廊化工区	34	世界第三大石油化工中心，66 家企业，年炼油 6 000 万 t，生产乙烯 200 万 t	一体化管理，远离居民区，发展空间较大
德国路德维希港化工区	7	已有 135 年历史，是巴斯夫总部所在地，化工区内的企业都是德国巴斯夫公司独家投资，内有 350 套装置	产业链最长，产品类别最多，单位土地产出效率最高
台湾麦寮石化工业园区	32	台湾最大的石化基地，包括三座轻油裂解厂在内的 80 多座工厂。年炼油能力 2 300 万 t，乙烯生产能力 280 万 t，石化主要产品规模跻身世界前五大公司	精细化程度较高，环境保护设施完善
上海化学工业区	29	成功吸引英国石油化工、德国巴斯夫、德国拜耳、德国德固赛、美国亨斯迈、日本三菱瓦斯化学、日本三井等跨国公司以及中石化等国内大型化工企业落户区内，是吸引外资最为集中的化工园区。乙烯年生产能力 120 万 t	"五个一体化"的先进理念，融入到园区的开发建设过程中，资源环境利益效率最高

和管理服务一体化发展格局，建成产业共生、资源共享的具有国际先进水平的石化基地。

创建化工类生态工业园区是石化产业转变经济发展模式、实现产业升级的重要途径。在生态工业园区创建过程中，石化基地将通过各种措施引进新技术、新工艺和新项目，鼓励企业实施技术改造，优化装置工艺水平，降低资源消耗。创建生态工业园区可促进废物资源化，推动石化工业跨越式发展。

6.7.3 培育战略性新兴产业和海洋特色产业，提升区域经济发展水平

海西区的发展态势表现出对资源型重化工产业的依赖倾向，面临的资源与环境约束日益增强。随着一系列重大技术突破，以先进信息技术和生物技术为代表的战略产业迅速形成，成为国民经济发展的强大动力。作为经济后发地区的海西区，在发展重化工的同时，应培育和发展一批科技含量高、潜在市场大、带动能力强、综合效益好的新兴产业，依托海洋资源大力发展海洋特色经济，进一步拓展发展空间。

同时，应加快发展新能源、生物医药、节能环保、新材料等战略性新兴产业。新能源产业重点扶持发展清洁能源、可再生能源利用和设备制造，培育核电、风电、太阳能、生物质能等产业。生物医药及新药产业重点培育基因工程药物、现代中药等，推进生物资源系列开发。节能环保产业重点推广应用大气、水污染防治和节能新技术、新装备、新产品。新材料产业要加快光电材料、催化及光催化材料、稀土材料等的产业化，壮大化工轻纺新材料、新型建筑材料、特种金属及陶瓷材料等产业。

立足海西区海洋与渔业资源优势和特色，加强海洋资源保护和开发利用，培育海洋高技术产业群。促进先进生物技术、信息技术在海洋产业中的应用，着力提高海洋产业科技含量，提升海洋资源集约化利用和海洋产业竞争力，实现海洋产业经济增长方式的转变。重点发展海水养殖、海洋功能食品、海洋药用物质和海水资源利用。

6.8 开展两岸合作综合实验，推进平潭综合试验区先行先试

海西区 2007 年三种产业结构比为 9：51：40，规划到 2020 年调整比为 8：47：45，虽然第三产业的比重上升 5%，但仍未改变二三一的格局，与台湾地区三种产业结构比为 1：28：71 的差距较大。推进产业结构优化升级，促进信息化与工业化融合，巩固第一产业，做大第三产业，提升第二产业，发展现代产业体系是海西区转变经济发展方式的需要。

根据《海峡西岸城市群发展规划（2008—2020）》，建设福州（平潭）综合实验区，加快中央支持海峡西岸经济区建设的政策在平潭先行先试，开展两岸区域合作综合实验，推进多种形式的民间交流合作，成为两岸交流合作先行先试的示范区，海峡西岸经济社会协调可持续发展的先行区，海峡西岸生态宜居的新兴海岛城市。平潭综合试验区重点发展电子信息、高端机械设备、海洋生物科技、低碳科技示范及清洁能源等高新技术产业，以及商贸加工业、海洋产业、旅游养生、现代服务业等，并与福清市江阴工业集中区、长乐空港工业区实现产业配套、功能互补。

7 区域重点产业与资源环境协调发展的对策机制

为实现海西区经济可持续发展并确保中长期生态环境安全，海西区重点产业发展过程中应该充分汲取西方发达国家和我国先发地区资源环境代价过大的经验教训，确保海西区在经济发展过程中不走"先污染、后治理"老路。因此，建立以环境保护优化经济增长的机制，进一步完善区域性的中长期环境政策体系，制定重点产业发展的环境保护行动方案是十分必要的。

7.1 中长期环境管理战略

7.1.1 实施环境管理方式的战略转变

为了促进海西区重点产业和环境保护协调发展，必须实施环境管理方式的战略转变，以环境保护优化经济发展方式，以资源环境承载力引导产业的布局、结构和规模，实施分区域的差别化调控政策，积极探索以环境保护优化经济增长的机制，包括以环境政策、法规和标准构建保障机制，以资源环境利用效率构建引导机制，以环境准入和节能减排要求构建约束机制。

7.1.2 以资源环境承载力引导重点产业空间布局

国务院关于支持福建省加快建设海峡西岸经济区的若干意见指出："把海峡西岸沿海具备条件的地区作为全国主体功能区的重点开发区域"，而内陆山区"贯彻以保护为主、开发为辅的原则，最大限度地保护山川秀美的生态环境"。以区域资源环境承载力和生态功能为依据引导发展布局是一项基本原则。第一类是重要生态敏感区，包括省级以上自然保护区、森林公园和重要湿地等区域，属于禁止开发区，陆域重要生态敏感区面积约 1.07 万 km^2，占土地面积的 7.44%，近岸海域重要生态敏感区面积约 0.15 万 km^2。重要生态敏感区的主要功能就是：生产和保护优质的水资源和大气资源，是野生动植物资源、珍稀濒危物种及生物多样性保护的重点地区。第二类是一般敏感区，包括重要生态功能区，以热带雨林、亚热带常绿阔叶林等地带性植被分布区为主的区域，总面积 28 250 km^2，占土地面积的 19.67%。在一般敏感区应强调对水土保持、水源涵养、生物多样性保护等重要生态服务功能的维护，是以生态保护为主、开发为辅的地区，鼓励经营生态旅游业、生态林业与特色生态农业，引导其他产业的适度发展。第三类为集约优化发展区，是推行城市化的区域，主导产业是工业与第三产业，就是以"一带四区十基地"为核心的区域。按照"区域统筹、布局集中、产业集聚"的原则，提高第二类一般敏感区、第三类集约优化发展区各自的产业集中度，重点产业向十基地集中，进一步优化海西区国土空间开发格局。

建议海西区各省政府有关部门按照国家主体功能区规划和全国生态功能区规划的相关要求，研究制定具体的重要生态敏感区和一般敏感区标准，作为硬性指标进行考核、监督和检查，作为产业布局、项目审批的前置条件予以刚性执行。

7.1.3 促进经济发展方式的根本转变

制定向战略性新兴产业转移的重点产业发展战略。海西区目前规划的重点产业，保持了我国各地区原有的石化、钢铁、能源等资源型产业持续快速扩张的基本思路。这种趋势的延伸和强化，对海西区而言，无助于提升海西区在全国的核心竞争力，同时还会对海西区的资源环境承载力形成日益增长的压力；就全国而言，将继续加剧我国基础产业产能过剩，形成了大量的重复建设，从而不利于国家基础产业在国际上的核心竞争力和市场控制力。因此，摆脱过于依赖重化工的传统产业发展路径，重点产业向战略性新兴产业转移，已是十分现实的发展需求。建议海西区三省政府合理控制石化、钢铁、能源等资源型产业的发展规模，进一步提升新能源、新材料、节能环保、生物医药、信息网络、高端制造业等战略性新兴产业的发展规模。

建立国民经济体系与自然环境资本相关的所有因素的控制指标体系。每一时期新出台的各类指标一般可先列为引导性指标，待企业与市场适应后再逐步转为强制性指标。通过指标的不断更新，引导经济与环境的协调发展，实现更大的环境效益。

在进行区域环境容量与环境承载能力系统分析的基础上，制定污染物允许排放量，这对现行的管理目标总量将是改革。在其引导下，经济社会的布局将主动与环境特征相协调，企业也将不得不在规定的范围内将环境外部成本纳入其经营成本体系之中。

努力实现各行业的生态化转型，海西区计划发展的重点产业化工、冶金、能源都是对环境资源消耗较大的行业，环境管理的最有效途径是推进这些产业以低碳经济、清洁生产与环境审计为基础的生态化转型，这是海西区实现节能减排、使环境与经济发展相协调的根本出路和核心动力。

7.1.4 统筹海西区区域发展规划

建议由国家相关部门牵头编制海西区区域发展总体战略规划，确定区域城市定位和产业分工，避免区域间的产业"同构化"和无序竞争。

综合考虑全国炼化产能总体规模和空间发展战略，以及海西区各地市经济社会发展水平、产业发展基础及产业发展定位、资源环境承载力的差异，建议由国家相关部门牵头编制区域炼油石化产业发展规划，统筹安排区域内炼化项目布局。

切实落实规划环评作用职能。全面推进十个重点产业发展基地、临港工业区、重化工基地，以及"两高一资"重点行业的规划环境影响评价，尽快启动湄洲湾产业基地和汕潮揭沿海产业基地两个炼化一体化重点区域的规划环境影响评价。

7.2 中长期环境政策体系

以促进人与自然的和谐发展、促进区域经济结构调整和增长方式的转变为基本目标，遵循综合协调、环境优先、区域差异三大基本原则，构建海西区环境政策体系的基本框架，包括环境管理政策、环境经济政策和环境技术政策。

基于不同区域的资源环境承载能力、现有开发密度和发展潜力等，实施分类管理的区域政策。

7.2.1 环境管理政策

基于本项战略环评对重点产业发展提出的空间布局的战略构想，重要敏感区应严禁建设工业项目。凡属于石油炼化、冶金、火力发电等重污染的产业，其环评审批权上收至省级以上环保部门。对内陆山区以水源涵养、资源培养、生态保护为主、开发为辅的区域，宜严格按省级政府批复的产业发展规划进行控制。

7.2.2 环境经济政策

实行系统的环境经济政策，为区域超常规发展提供有效保障。海西区已具有实施排污权交易制度的必要性。建议在湄洲湾和揭阳产业基地先行试点。以试点方案为基础，以试点经验为检验，以试点中出现的问题为反馈，然后再进一步推广到重点开发区域。应积极推行环境保险、绿色信贷和绿色融资等制度，促进经济和环境的和谐发展。绿色保险可在石化产业强制先行，绿色信贷和绿色融资应适用于所有的重点产业。

7.2.3 环境技术政策

环境技术政策应集中在环境准入的制度上。海西区重点产业环境准入制度基于以下三个层次建立，首先是其属性应符合国家产业政策和海西区产业布局战略；其次，选址地区环境基础设施完善、已有或经区域调控后有富裕总量指标；第三，以资源环境利用效率来审核行业及企业入驻海西区产业集聚区的可行性，应作为强制性的环境准入制度。

建议新建、改扩建大中型项目达到国内先进水平。鉴于加快建设海峡西岸经济区已上升为国家战略，台湾产业转移至海西区的力度和速度将会显著增强。台湾产业转移在近期和中长期均应该符合我国的产业发展政策和海西区的重点产业战略布局要求，鼓励战略性新兴产业转移至海西区。对其工艺技术和污染防治措施的先进性要求，整体资源环境效率应达到国内先进水平。对于我国大陆还没有制定相应政策和环境标准的工业行业，在引进时可参照台湾地区现行有效的政策和标准执行。

7.3 海西区重点产业发展的环境保护行动方案

7.3.1 制定区域性、流域性生态补偿机制

海西区的沿海重点开发区域和以保护为主、开发为辅的内陆山区是实施不同的产业发展战略的两类地区，地区间的不平衡发展，势必带来地区间的经济落差。因此，有必要建立并强化这两大区域间的生态恢复和补偿机制。海西区13条主要河流流域内上游和下游各市、县共同建立流域生态补偿基金，建立入海污染物溯源与补偿机制。根据海西区的实际情况，建议采取以定量确定补偿基金为基础，采取上下游地区协商的方式确定补偿标准。

海西区生态补偿应该综合应用多种补偿方式，拓宽补偿渠道，通过流域内各县市的财政支付转移实现。同时应积极探索流域上下游通过"异地开发"等形式开展经贸合作，以及实行水资源利用和水能资源开发的有偿转让等基于市场机制的流域生态补偿手段。除了资金补偿，海西区还应该从政策、项目开发、人才培养、技术咨询等方面加强对上游地区的补偿。

在上游地区完成环境保护和生态建设职责任务的前提下，下游相对发展地区应通过合适的途径直接对特定上游地区给予相应生态补偿。同时，如上游地区污染控制不力，造成下游

地区环境质量恶化，则上游地区应按规定承担相应生态补偿责任。

7.3.2　实施近岸海域重要生态功能区有效保护

近岸海域是海西区生物多样性保护的重要区域，对保障海西区生态安全和可持续发展具有关键作用。根据福建、浙江和广东三省生态功能区划，海西区近岸海域共有 6 个重要生态功能区（其中福建省 5 个，浙江省 1 个），省级以上海洋自然保护区集中分布在这些区域。本项战略环评所提出的 10 个重点产业基地中，有 7 个基地发展所产生的环境影响与这些重要生态功能区直接相关。因此，海西区重点产业发展必须高度关注近岸海域重要生态功能区的保护，加强对沿海排污口、温水排放口附近海域环境质量的长期动态监测和管理，避免对海域生态造成累积性不良影响。建议：

① 在重要生态功能区内建立国家级或省级重要生态功能保护区，以强化重要生态功能区的保护、管理和建设。

② 加强海域自然保护区和各类海洋生态特别保护区的建设，实施强制性保护。

③ 涉及近岸海域生物多样性保护重要生态功能区的产业基地，必须先期制订重点产业发展规划和专项基地环境保护规划，开展基地重点产业发展规划环评。重点产业基地的生产过程必须严格规避对近岸海域生物多样性保护重要生态功能区的环境污染影响，大宗物品的海上物流组织必须采取切实可行的生态保护措施。

7.3.3　建立跨流域和跨行政单元的环境综合管理模式

为了提高环境综合治理效率，规避跨流域和跨行政区的环境矛盾，需要构建跨流域和跨行政区的环境管理协调机制，其形式及职责应以满足实际需要为目标，不同层次、不同类型、不同地区的协调机构应根据实际情况确定（表 2-29）。

表 2-29　省际环境管理协调机构及其职能

序号	机制	职能
1	联席会议	落实高层组织方式，统筹管理各项合作事宜
2	省际协议	落实高层责任的方式，在环境保护部备案
3	规划协调	在制订可能存在跨界环境影响的法规时，进行协调合作
4	联合制定规划	制订区域生态环境规划以及跨界污染防治专项规划
5	跨界环境问题	建立行政边界环境交接标准，解决具体的跨界环境问题
6	信息沟通	建立数字化环保平台，联合监测与通报环境信息
7	协调解决纠纷	共同解决跨界环境纠纷
8	项目决策咨询	为存在跨界环境影响的项目审批、决策提供专业咨询
9	监督保障机构	监督环境法规和规划的实施，监督各省落实协议情况
10	应急机构	负责跨界突发环境事件的通报和处理

7.3.4　确立中长期节能减排战略目标

到 2015 年，海西区经济增长方式转变要取得重大进展，节能降耗和生态环境继续保持全国领先水平。到 2020 年，基本建成资源节约型、环境友好型、生态文明的低碳经济区。

由于地区能源资源赋存条件限制，海西区短期内难以改变以煤为主的能源消费结构。因此，海西区能源结构调整应以推进多元化、清洁化为主要目标，建议海西区煤电、水电、核电等新能源的比例由现状的 71：25：4，调整为 67：8：25。海西区碳汇潜力巨大，保持现有的林业用地面积和森林覆盖率，继续大力发展生物碳汇技术，在一定程度上减轻温室气体压力。

7.3.5 基于环境保护目标的总量控制建议

为了确保海西区环境质量达到控制目标，需对主要污染物执行严格的总量控制政策。海西区未来重点产业快速发展态势下，减排压力将进一步增大，需要持续提高资源环境利用效率。

为实现海西区环境保护目标，建议区域大气污染物排放总量最高不超过环境容量的 90%，排入陆域地表水环境的点源污染物最大允许排放量不超过环境容量的 80%。

在总量分配方式上，建议允许福建省按照海西经济区发展先行先试要求，将福建省新增排放总量的 30% 预留在省里，作为承接台湾产业转移、建设大项目、好项目所需新增污染物排放总量的调配量，使省级政府在促进科学发展中具有一定的主动权和调控权。

分项目三

北部湾经济区沿海重点产业发展战略环境评价报告

编 写 组

牵头单位 环境保护部华南环境科学研究所

协助单位 中国水产科学院南海水产研究所

水利部珠江水利科学研究院

北京师范大学

南京大学大气科学学院

中国科学院地理研究所

海南省环境科学研究院

广东省环境监测中心站

广西自治区环境科学研究院

海南省环境监测中心站

广西自治区环境监测中心站

广西自治区北海海洋环境监测中心站

组　　长 韩保新

成　　员 谢文彰　张玉环　桑燕鸿　杨　静　宋巍巍　陈作志　刘芳文

龙颖贤　王　琳　金凤君　李　巍　瞿　群　岳　平　陈丹青

余婉丽　贺新春　卞国建　李　禺　赵　伟　黄报远　洪　滨

蒋维楣　王成金　刘红年　刘艳菊　邹　伟　邓超冰　赖春苗

邱永松　陈可飞　张　弼　王学远　李清贵　颜为军　张洁茹

陶　俊　孙典荣　马兴华　范群芳　庞少静　林积泉　张汉华

于　群　赵侣璇　林燕春　王　林　黄梓荣　解河海　陈表娟

林树权　郭庆荣　王少波　蔡文贵　龙晓红　林昭进

审　　定 祝兴祥

北部湾区域是我国面向东盟的重要门户和前沿地带，是我国重要国际区域经济合作区，是国家开发南海战略的前沿。随着国家一系列发展规划和意见的出台，北部湾区域的开放开发已上升为国家发展战略，成为我国沿海经济发展新的增长极。同时，北部湾区域拥有"最后的洁海""最具生物多样性的湾区""最重要的热带海岛生态系统""最重要的黄金渔场"等优越的自然与生态环境条件，其生态环境质量的好坏将直接关系到我国南部沿海地区的中长期生态安全格局。

近年来，北部湾区域重化产业快速发展的浪潮高涨，传统路径锁定的发展方式致使有限的资源环境面临着巨大的压力，区域性、流域性环境风险进一步加大的隐忧不容忽视。如不及时优化、引导和调控，将进一步恶化环境质量，降低生态功能，加剧生态风险，威胁区域可持续发展。

因此，处理好北部湾区域产业发展与生态环境保护的关系，是国家中长期经济社会可持续发展的战略性问题。为了充分汲取我国先发地区在发展中资源环境代价过大的经验教训，摆脱传统的发展思路和粗放型的发展模式，合理利用有限的环境资源，继续保持北部湾沿海地区良好的海陆生态环境，防止出现区域性、流域性的生态风险隐患，亟需从区域的角度和生产力合理布局的高度，梳理产业的布局、结构和规模等发展思路，预测分析产业发展的中长期环境影响和生态风险，从资源环境承载力出发，科学优化区域的国土空间开发格局和经济结构，保证区域社会、经济和环境的可持续发展和中长期生态环境安全。为此，环境保护部于2009年2月正式启动五大区域重点产业发展战略环境影响评价（以下简称"五大区域战略环评"）工作。

环境保护部华南环境科学研究所（以下简称"华南所"）联合国家和地方11家科研院所站等组成项目技术工作组，承担了北部湾经济区沿海重点产业发展战略环境评价工作，设立了产业与压力、大气环境、水资源、地表水环境、海域生态环境（含渔业资源）、陆地生态、土地与岸线资源、产业调控与对策等8个专题以及广东、广西和海南三个子项目。2009年4月，评价技术方案通过环境保护部组织的专家评审。项目系统收集了1985年、1990年、1995年、2000—2007年度区域的社会经济、发展规划、污染源、地表水环境、海洋环境、水文气象、海陆生态等大量数据资料，全面完成2009—2010年海陆生态环境补充调查监测任务。在此基础上，系统辨析了评价区生态环境现状及演变趋势，准确获得了该区域重点产业发展与资源环境压力，弄清了区域面临的突出生态环境问题及关键制约因素，创建了环北部湾区域中尺度生态环境演变模型，深入预测了重点产业发展对生态环境的影响和可能的生态风险，定量研究了区域的资源环境承载力，科学评价了区域重点产业发展的生态环境适宜性，提出了沿海重点产业发展的调控建议和相关的环境保护对策。在评价工作中，通过了环境保护部组织的三次阶段评估，分别与粤、桂、琼三省（区）人民政府进行了二次成果意见对接，2010 年 5 月顺利通过五大区域战略环评项目管理办公室组织的海洋生态、大气环境和陆地生态 3 个重点专题的验收，7 月完成其余 6 个一般专题验收，8 月 18 日圆满完成环境保护部组织的本项目验收。

在此，对粤、桂、琼三省区人民政府及其有关厅局部门和地市政府等的大力支持，对咨询专家顾问团队的悉心指导，对主要承担单位的鼎力协助，一并表示衷心的感谢！

1 概 述

1.1 地理位置

北部湾区域地处南海北部的北部湾沿海和琼州海峡至湛茂沿海地区（图 3-1）。北部湾为中国第二大海湾，北临广西"南北钦防"，东临雷州半岛和海南岛，西临越南，南与南海相连。

该区地处华南经济圈、西南经济圈和东盟经济圈的结合部，是我国西部大开发地区唯一的沿海区域，也是我国与东盟国家既有海上通道、又有陆地接壤的区域，是面向东盟的重要门户和西南腹地的出海大通道。

北部湾区域土地总面积 8.21 万 km²，约占桂、琼、粤三省区国土总面积的18.2%。

图 3-1 环北部湾区域地理位置

1.2 评价范围

北部湾经济区（以下简称"北部湾区域"）的行政区范围包括广西的南宁、北海、钦州、防城港，广东的湛江、茂名，海南西部组团及海口市。按照地理特征和行政区划划分，东部（东翼）为茂名和湛江，西部（西翼）为防城港、钦州和北海，北部为南宁，南部为海南的儋州、临高、昌江、东方、乐东、洋浦经济开发区和海口市区及澄迈，中部从北海银滩至雷州半岛西侧至海南临高。重点评价范围包括上述全部行政区及其近岸海域（图 3-2）。

1.3 评价时段

评价基准年为 2007 年（部分数据更新到 2008 年和 2009 年），特征指标利用补充调查结果；评价中期水平年为 2015 年，评价远期水平年为 2020 年。

1.4 重点产业范畴

按照如下原则对重点产业进行识别和筛选：

① 占区域经济比重较大的产业。选取其工业总产值占区域工业总产值比重超过 5% 的产业。

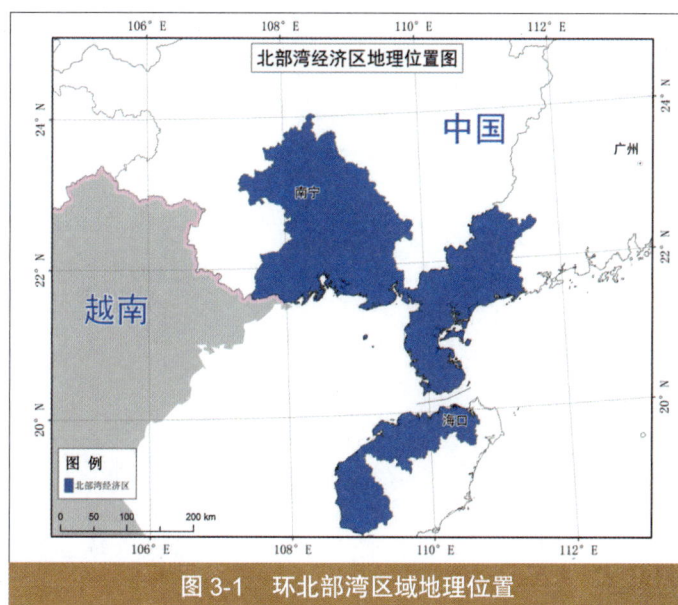

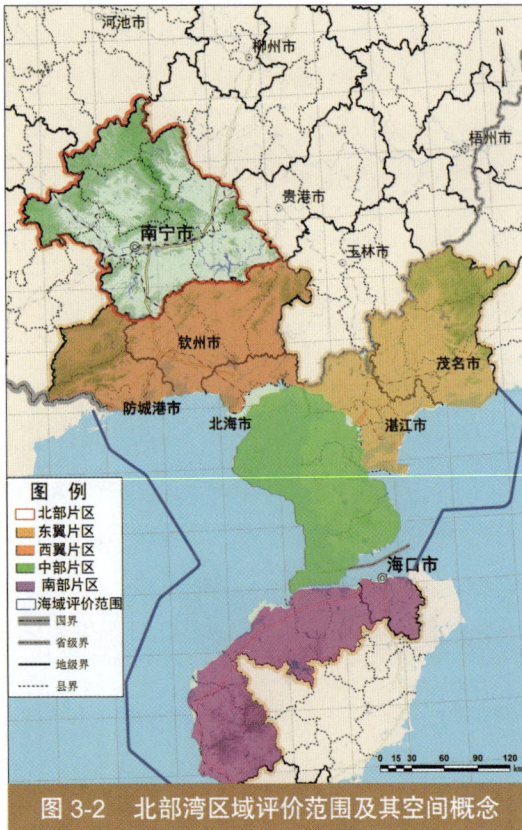

图3-2　北部湾区域评价范围及其空间概念

② 对生态环境污染影响较大的产业，考虑废气、废水、废渣等污染物排放和生态破坏。根据各产业的等标污染负荷确定，按照水、气等标污染负荷分别筛选，分别选取污染负荷比大于0.05的行业或排在前5位的行业；以及改变原有生态环境和占地、占用海域较大的产业或工程。

③ 区域未来规划重点发展的产业。据此，确定出的北部湾区域沿海重点发展产业为：石油化工、冶金、林浆纸（造纸）、能源、生物化工、铝加工业、食品、制药、建材、船舶修造业和港口物流等。

1.5　工作目标和评价重点

根据区域重点产业发展的目标和定位，围绕产业的规模、结构和布局三大核心问题，全面分析产业发展现状、趋势及关键资源环境制约因素，评估重点产业发展可能产生的环境影响和潜在生态环境风险，以区域资源环境承载力为约束，以累积性影响和生态风险评价为基础，保护生态过程的完整性，提出重点产业发展规模、结构、布局的优化协调方案，以及区域重点产业与资源环境协调发展的对策机制，为国家和地方的"十二五"发展规划提供环保决策依据，为把北部湾区域建成我国南方及东盟地区经济与环境保护协调发展的示范区提供技术支撑。

① 摸清区域生态环境现状及其演变趋势，识别经济社会发展中出现的区域性、累积性环境问题以及关键制约因素。

② 分析区域重点产业的发展特征，分析区域资源环境压力，辨识中长期生态环境影响特征和关键影响因素。

③ 评价区域的资源环境承载能力和空间分布特征，获得区域支撑产业发展的综合资源环境承载力，分析产业发展的适宜性。

④ 预测分析重点产业发展的中长期生态环境影响特征，评估中长期重大生态风险，评价重点产业发展对区域生态环境的的长期性、累积性影响。

⑤ 提出区域产业发展规模、结构和布局的优化调控方案及其相关配套措施建议等。

⑥ 提出支持区域重点产业发展的对策机制。

1.6　区域生态功能定位与环保发展目标

1.6.1　区域生态功能定位

北部湾区域具有五种主要生态功能：生物丰富多样性保护、水源涵养与水土保持、热带海岛生态系统保护、热带亚热带农林产品供给、南海海洋生物资源和生态安全屏障。

1.6.2 环保发展总目标

确保海陆综合生态环境质量继续保持全国前列，扭转生态环境退化的趋势，区域空气、水土环境质量总体优于功能区划要求，近岸海域较清洁及其以上海域的面积基本保持不变；自然保护区生态功能基本稳定和区域生物多样性保持不下降，生态系统服务功能不下降，"黄金渔场"恢复明显，最具生物多样性湾区的地位保持不变，为南中国海海洋生态安全重要屏障区；区域污染防治水平和产业资源环境效率名列前茅，节能减排效果显著，循环经济形成较大规模；社会经济发展在资源环境承载范围之内，基本形成节约能源资源和保护生态环境的产业结构、增长方式、消费模式，率先走出一条低投入、高产出，低消耗、少排放，能循环、可持续的发展道路，成为环境友好、经济效益显著的可持续现代生态型经济区。

1.7 技术路线

在深入评估北部湾区域资源环境演化规律、资源环境和产业发展耦合关系基础上，辨识生态环境影响特征和关键影响因子，综合考虑国家、区域和地方发展等三种情景，预测分析产业发展的中长期环境影响和潜在生态风险，评价对关键生态功能单元和环境敏感目标的长期性、累积性影响，提出区域重点产业优化发展的调控方案（情景四）和对策建议，具体技术路线见图 3-3。

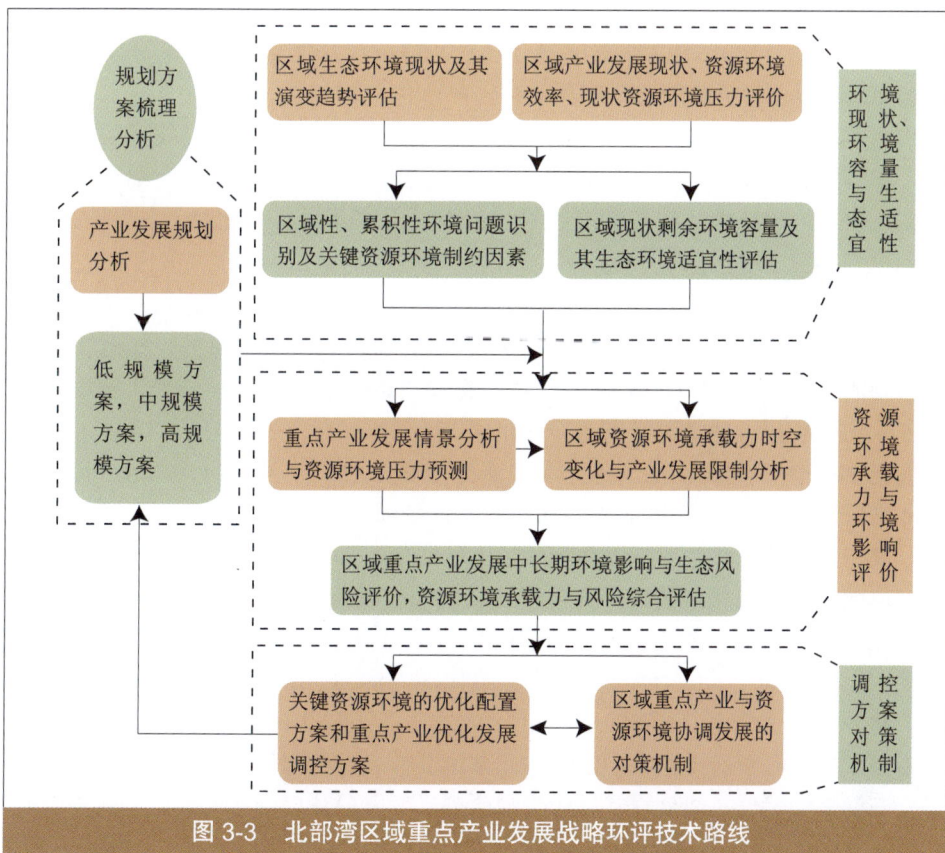

图 3-3　北部湾区域重点产业发展战略环评技术路线

2 区域生态环境现状及其演变趋势评估

2.1 自然地理与区域资源特征

2.1.1 热带与亚热带的自然环境

本区南部属北热带海洋性季风气候区，其余地区属亚热带季风气候区。"南、北、钦、防"四市，属湿润的亚热带季风气候；"湛、茂"二市，既受大陆性又受海洋性气候影响；海南属热带季风海洋性气候。冬季主要受到来自北半球中高纬度天气系统的影响；夏季主要受到低纬度天气系统的影响，高温多雨。南部地区为热带季风海洋气候，四季不分明，但有明显的干湿季。

北部与云贵高原东南边缘接壤，地势北高南低，北部以山地丘陵和台地为主，沿海地段以低洼平地为主；南部地势从中部山体向外，由山地、丘陵、台地、平原顺序逐级递降，构成层状垂直分布和环状水平分布带。北部湾北面海岸线蜿蜒曲折，西面越南及东南面海南岛两侧岸线比较平滑。区域海岸线长 4 147.4 km，其中，广西岸段 1 628.6 km，广东岸段 1 738.5 km，海南岸段 780.3 km；海湾多分布于北岸；南部有海南岛，北部有涠洲岛和斜阳岛，东北部有中国第五大岛东海岛。海底地形呈北高南低的特征，等深线基本与岸线平行，北部广西沿海有大片滩涂，10 m 等深线离岸最远超过 10 km，占北部湾绝大部分面积的湾中部海底平原水深 20～80 m，至海南岛西岸和琼州海峡水深陡然增加 20 m。

北部和西部属"西南石灰岩山地"的一部分，土壤以红壤为主，土质黏度高，透水性差，肥力不高。东部属粤西南低丘台地平原，土壤类型主要有砖红壤。南部土壤类型多，按照地势由低至高，依次为砖红壤→砖红壤性红壤→黄壤→山地灌丛草甸土。

2.1.2 区域资源环境特征

土地资源有限，可利用空间不大。土地利用现状以农业和林业为主，林地和耕地分别占区域土地面积的 52% 和 34%，工矿、未利用、建设用地等低于 20%，未来工业用地利用空间有限，区内人均可利用土地资源量仅为全国的一半。

岸线资源和受保护岸线较多。海洋岸线资源丰富，总长度为 4 147.4 km，其中，人工岸线总长为 432 km，占岸线总长度的 10.4%，但受保护海岸线较多。沿海港口现共有生产性泊位 401 个，其中，万 t 级以上泊位达 94 个，30 万 t 航道直达湛江港。总体看，东部和西部的工业与港口岸线开发程度相对较低，南部岸线的港口开发程度相对较高。

水资源较丰富。主要河流有鉴江、九州江、郁江干流、左江、右江、南流江、钦江、大风江、茅岭江、防城河、北仑河、南渡江、昌化江。1978—2007 年，区域多年平均降雨量 1 616 mm，多年平均水资源总量 659.9 亿 m³，人均水资源量 2 109.9 m³。

矿产资源丰富，开发潜力巨大。南海和北部湾具有良好的储油条件，蕴藏着丰富的石油天然气资源，石油、天然气、油页岩储量居全国前列，开发前景广阔；海底沉积物中含有丰富的砂矿，主要有钛铁矿、金红石、锆英石、独居石、板钛矿等；西北部和南部已发现矿产约 130 种，东北部已发现各类矿藏 33 处，矿产地 155 处。其中，石碌铁矿储量占全国富铁矿储量的 71%，平均品位为全国第一（51.5%），钛、锆、石英、蓝宝石、化肥灰岩储量居全国之首。

海洋能源及可再生资源开发潜力大，但陆域能源储量少。琼州海峡和北部海域潮汐能和潮流能具有较大开发价值，年发电量可达 10.8 亿 kW 时；该区是我国光热资源最丰富的地区之一，可再生光热资源开发潜力很大。但陆地一次常规能源资源探明储量较少。

旅游资源丰富。旅游资源涵盖了跨国海湾、海岛海岸、边关风情、生态山水、民风民俗、历史文化等多种类型，其中自然类旅游资源有 351 种，约占旅游资源种类的 23.7%，人文类旅游资源 1 132 种，约占 76.3%。

2.2 区域生态环境功能及现状趋势评估

2.2.1 生态环境功能分区与主要生态敏感保护目标

按照《广西壮族自治区生态功能区划》《海南省生态功能区划》和《广东省环境保护规划纲要（2006—2020 年）》，结合区域空间分布特征、生态系统服务功能与生态敏感性空间分异规律，确定出不同地域单元主导生态功能，将区域划分为渔业资源维护与海洋生物多样性保护功能区、水土保持与生物多样性保护功能区、农林产品提供功能区、城镇开发功能区、水源涵养与林产品提供功能区等五个主导生态功能区（图 3-4）。主要生态敏感保护目标见图 3-5。

2.2.2 生态环境质量现状

（1）大气环境质量总体良好，南部区域最优

2007 年大部分城市的 SO_2、NO_2、PM_{10} 年平均浓度占标率低于 50%，近 3 年 SO_2、PM_{10} 浓度逐步下降，2009 年主要城市的 SO_2、NO_2、PM_{10} 年平均浓度占标率均低于 75%。南部城市的大气环境质量明显优于北部，北部和东西部个别城市 SO_2、NO_2 已出现超标现象。酸雨主要出现在东西部和北部，其中茂名和南宁酸雨频率分别为 60% 和 36.8%，南部

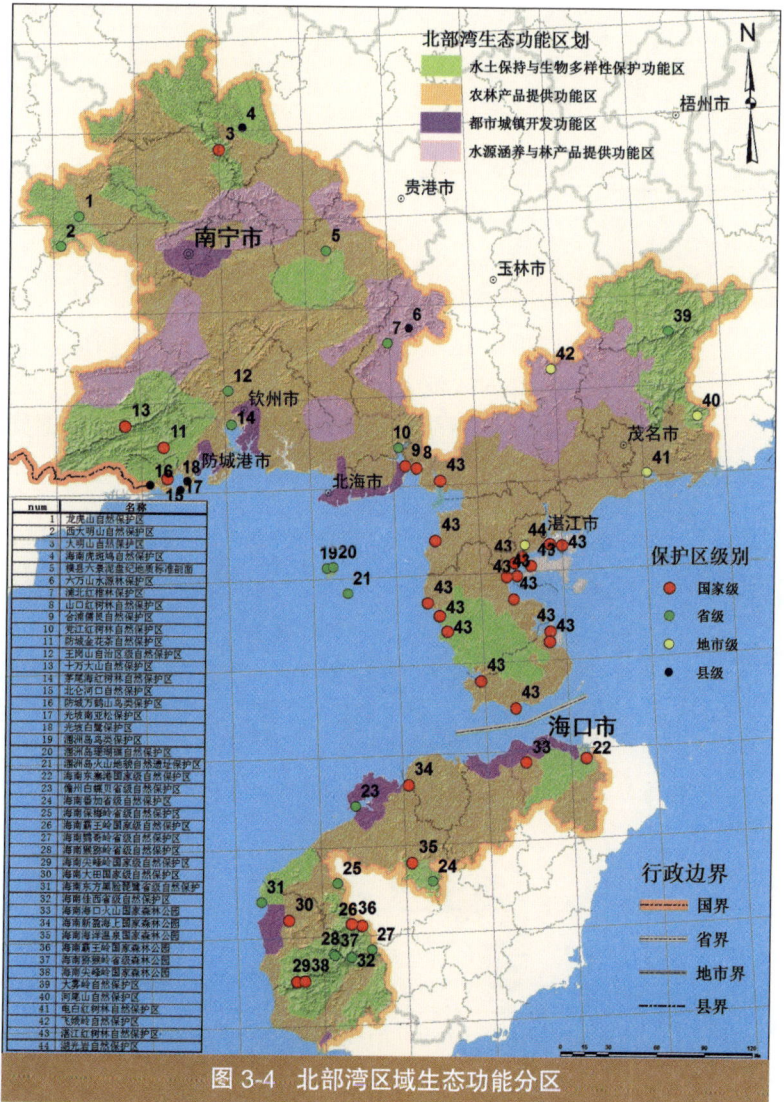

图 3-4 北部湾区域生态功能分区

图 3-5　主要生态敏感保护目标分布

酸雨频率低于 20.0%。

补充监测表明：北部及东西部的部分城市 $PM_{2.5}$ 浓度超 75 μg/m³ 参考标准，个别城市同时出现臭氧超标。北部城市能见度小于 5 km 的观测次数所占比例达 16.5%，出现灰霾天气征兆；南部 $PM_{2.5}$、臭氧环境质量良好。部分石化区的特征污染物（TVOCs 或苯乙烯）超参考标准。

现状计算结果表明：由于城市城区内工业发展过于集中，大气污染浓度高值区主要出现在城市市区范围，广大的乡村地域浓度较低（图 3-6）。SO_2、NO_2、PM_{10} 污染主要集中在北部和东西两翼，但能达到二级标准；南部地区浓度低，能达到一级标准（图 3-7）。比较而言 PM_{10} 污染相对较重、SO_2 次之、NO_2 较轻。

（2）海域环境质量总体优良，局部受生活和养殖污染严重

拥有中国最大比例的清洁和较清洁海域，占现状监测海域面积（约 2.96 万 km²）的 92.6%，中度和重度污染海域面积仅占 0.7%（图 3-8）。区域水质综合指数总体呈东高西低、中高南低的规律。

陆源污染对入海河口和部分港湾水质影响明显，主要污染物为粪大肠菌群和无机氮。北部的廉州湾部分海域、茅尾海海域和东北部湛江港部分海域出现四类、劣四类水质，中、重度污染海域面积约 220 km²；西部钦州湾、南部海口和东方近岸海域、东部的水东港和雷州

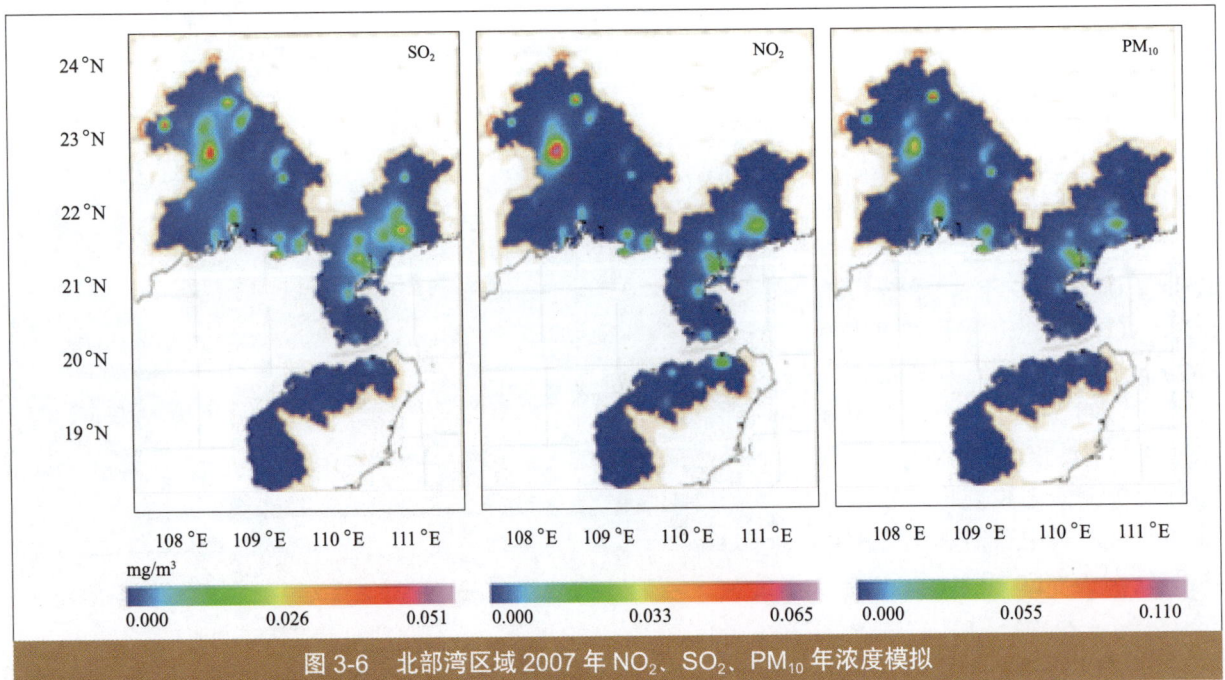

图 3-6　北部湾区域 2007 年 NO_2、SO_2、PM_{10} 年浓度模拟

湾内排污区出现三类海水（图3-9）。钦江、白沙河、北仑河、南渡河、九洲江等入海河流携带的大量陆源污染负荷已对入海河口水域的水质造成明显影响。部分生态敏感水域水质超标，茅尾海、英罗港和银滩的环境功能达标率分别为8.3%、33.3%和33.3%。

无机氮是近岸海域富营养的主要来源。近岸局部海域营养状况处于富营养状态，主要在茅尾海、湛江港等河口和港湾水域。

表层海洋沉积物质量现状优良。一类质量比例占87.0%，环境功能区达标率为94.2%，超标水域主要为防城港局部海域，超标因子主要为石油类。

海域鱼类生物质量良好，部分海域贝类生物体的粪大肠菌群、锌、铜出现超标。广西片区除铁山港个别站点铜、锌和粪大肠菌群超过海洋生物质量二类标准外，其余各指标情况较好；广东片区鱼类生物质量较好，仅东海岛附近海域的样品铜、锌含量轻微超标；海南片区除铜、锌和粪大肠菌群含量超标外，其余指标均达到或优于海洋生物质量二类标准。

（3）地表水环境质量总体一般，部分水体受生活型有机物污染严重

河流水质现状一般（图3-10和图3-11）。Ⅱ类及以上水体占22.3%，Ⅲ类水体占39.9%，Ⅳ类水体占17.9%，Ⅴ类和劣Ⅴ类水体占19.8%。监测河段达标率为61.4%，以有机—营养盐污染为主，污染因子包括高锰酸盐指数、BOD_5、氨氮、总氮、总磷和DO等；超标水体主要为流经城镇和市区河段，如西北部钦江横丰段、南部海甸溪、南渡江永发桥、攀丹和儒房段、东部小东江、袂花江、鉴江等河流水质均曾出现劣Ⅴ类，主要污染因子为总氮。地表水环境容量利用率COD为179%，氨氮为633%。

水源保护区面积2 953.2 km²。主要饮用水源地水质基本良好，78.2%水源地

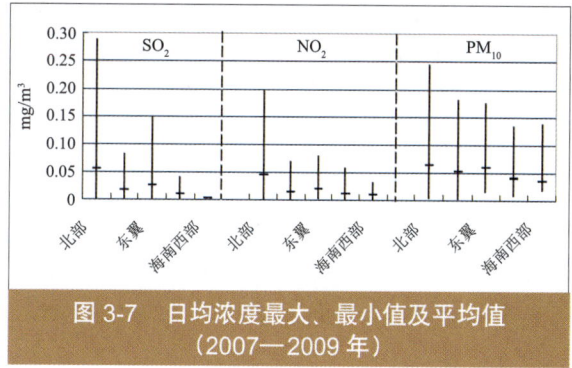
图3-7　日均浓度最大、最小值及平均值（2007—2009年）

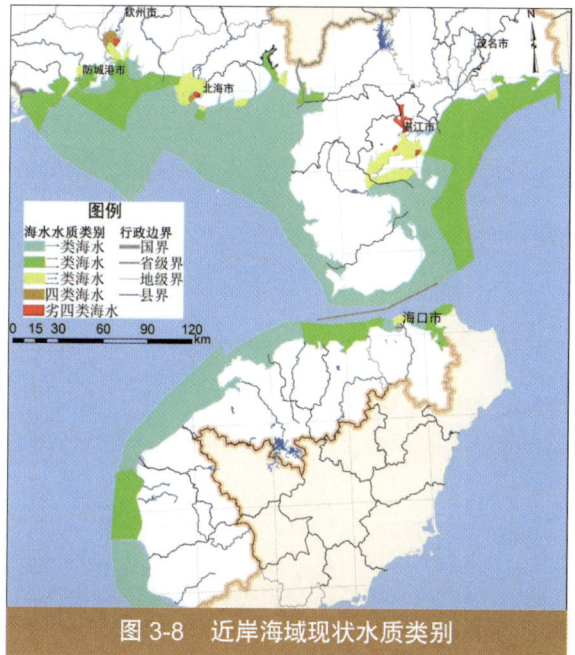
图3-8　近岸海域现状水质类别

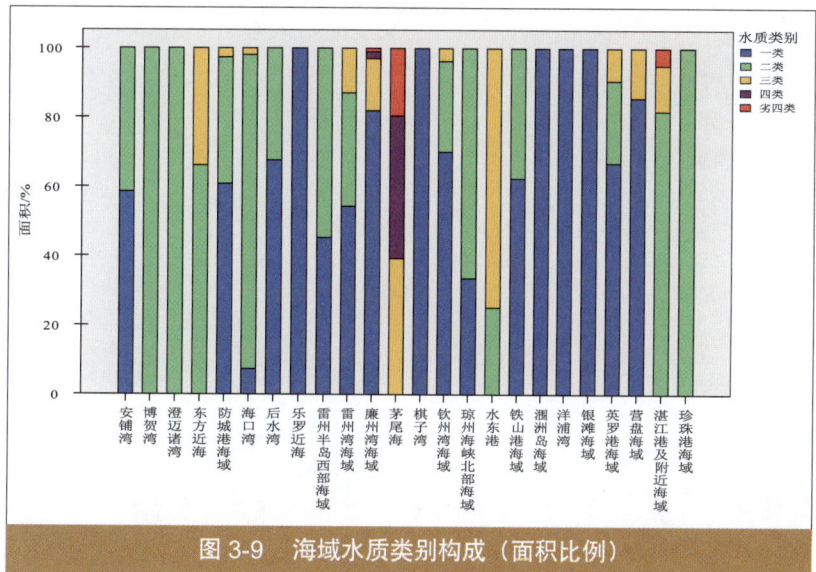
图3-9　海域水质类别构成（面积比例）

水质满足Ⅲ类标准，4%为Ⅳ类，4.9%为Ⅴ类，其余为劣Ⅴ类水质；南宁的陈村、西郊等饮用水源地水质受粪大肠菌群影响出现超标。

湖库水质总体良好。87.3%的湖库水质不低于Ⅲ类，Ⅳ类水质占3.9%，Ⅴ类水质占2.9%，劣Ⅴ类水质占5.9%。湖库水质达标率为52.3%，其水质呈营养盐—耗氧型污染，受面源和生活污水的影响明显，丰水期污染大于枯水期污染。

主要河流入海段水质较差，Ⅴ类及劣Ⅴ类水质占34.6%，Ⅲ类占42.3%，Ⅳ类占23.1%。入海河段水质呈典型有机物污染特征，超标因子主要为高锰酸盐指数、总氮、氨氮、总磷、DO和石油类。受总氮污染，南流江、大风江、钦江、北仑河等入海河段的总氮出现劣Ⅴ类水质（图3-11）。

河流底泥环境质量现状良好，除袂花江塘口断面底泥中汞含量偏高外，其余主要河段均符合《农用污泥中污染物控制标准》和《海洋沉积物标准》第一类标准。

（4）海洋生态现状良好，渔业资源丰富，海域生态系统处于健康及亚健康状态

海域初级生产力高，为高生物量和高生物多样性海域。叶绿素a、初级生产力属高水平级。其中，叶绿素a变化范围为0.30~5.80 mg/m³，平均1.58 mg/m³；初级生产力变化范围为37.72~501.97 mg（以碳计）/（m²·d），平均为152.42 mg（以碳计）/（m²·d）。共鉴定浮游植物4门191种（类），硅藻门种类最多，秋季浮游植物丰度平均为1 227.09万个/m³。共出现浮游动物224种（类），浮游动物栖息密度秋季平均为131.39个/m³，生物量为85.83

图 3-10　北部湾区域地表水环境质量现状（考虑总氮）

图 3-11　北部湾区域地表水环境质量现状（不考虑总氮）

mg/m³；冬季栖息密度均值 163.40 个 /m³，生物量均值为 105.47 mg/m³。秋冬季共出现底栖生物 180 种，总平均生物量 92.06 g/m²，平均栖息密度 173.87 个 /m²；潮间带生物 241 种，平均生物量为 311.69 g/m²，平均栖息密度为 521.99 个 /m²。鱼卵仔鱼样品出现 28 个种类，隶属于 28 属，24 科，平均密度为 1 279 粒 /km³，仔稚鱼平均密度为 49.0 尾 /km³。游泳生物有 224 种，其中，鱼类 157 种，甲壳类和头足类分别为 53 种和 14 种，秋冬两季平均资源密度为 318.15 kg/km²。

南中国海北部陆架海域渔业资源生产力最高的海域、我国重要的黄金渔场。主要渔业资源种类有鱼类、头足类和甲壳类等，其中，经济鱼类 500 多种，主要经济鱼类有 60 多种，贝类 50 种，虾类 28 种，还有各种蟹类、鱿鱼、乌贼、藻类等，其种类数约是东海的 1.5 倍，黄、渤海的 2.5 倍。鱼类资源的年生产量约为 140 万 t，潜在渔获量约为 70 万 t。

海域生态系统类型丰富，汇聚珊瑚礁、红树林和海草床等典型的海洋近岸生态系统。红树林生态系统基本保持稳定；珊瑚礁生态系统健康状况略有下降，处于健康及亚健康状态；海草床生态系统大体保持稳定，但海南西北部和铁山港附近海域海草破坏较严重。

（5）森林资源丰富，生物多样性丰富，局部土壤受到污染

森林资源丰富、类型多样、森林覆盖率高。区内具备典型的热带、亚热带植物成分，发育并保存了中国最大面积的热带亚热带雨林、季雨林、阔叶林、针叶林、灌丛、草丛等植被类型及丰富的生物多样性。2007 年，区域森林覆盖率 46.92%，其中，亚热带陆地区域森林覆盖率 44.87%，热带海岛区域森林覆盖率 55.6%。

生物区系成分复杂，生物物种丰富。东部分布有野生高等植物 195 科，703 属，1 452 种，其中国家级重点保护植物 20 种，如桫椤、猪血木、马蹄参等。西部和北部现有野生陆栖脊椎动物（含亚种）916 种，约占国内已记录野生脊椎动物总数的 37.2%；拥有国家重点保护珍惜濒危植物 123 种，占全国保护总数的 31.6%；国家Ⅰ级保护植物有 4 种（金花茶、银杉、桫椤、望天树），占全国保护总数的 50%。南部拥有国家重点保护植物 36 种，占全国保护总数的 10%，均为热带特有种。

土壤重金属含量保持清洁状态。重金属污染情况总体相对较轻，但局部受到污染，如广西片区土壤监测点位出现重金属和有机污染物超标。

（6）滩涂湿地红树林生态系统典型，岸线资源丰富

滩涂湿地红树林生态系统广布、典型。滩涂湿地资源丰富，总面积约 2 000 km²，主要分布在东部和西部沿岸。红树林在区内广布，尤以雷州半岛周边的红树林生态系统最为典型，其中湛江是我国红树林分布面积最大、种类最多、分布最集中的地区，2002 年成为中国 21 个被列入《拉姆萨公约》的国际湿地名录之一。保护区内有鸟类 11 目 27 科 194 种，其中列入国际保护协定名录的有 82 种，并在雷州红树林区内两次发现全球濒危水鸟——黑脸琵鹭（全球仅约 1 000 只）。

岸线资源丰富，区域岸线总长度约 4 147.4 km，利用方式空间差异大。东部海岸线约 1 738.5 km，港口和临港工业占用岸线约占东部海岸线的 1.0%；西部海岸线约 1 628.59 km，港口和临港工业占用岸线约占西部海岸线的 1.1%；南部海岸线约 780 km，港口和临港工业占用岸线约占南部海岸线的 7.6%。

区域多年平均水资源总量为 659.90 亿 m³，水资源可利用总量为 256.04 亿 m³，其中，地表水可利用量为 238.73 亿 m³，地下水可利用量为 112.08 亿 m³；现状总供水能力为 203.9 亿 m³（不包括海水直接利用量），实际总供水量为 153.23 亿 m³，其中，工业用水量为

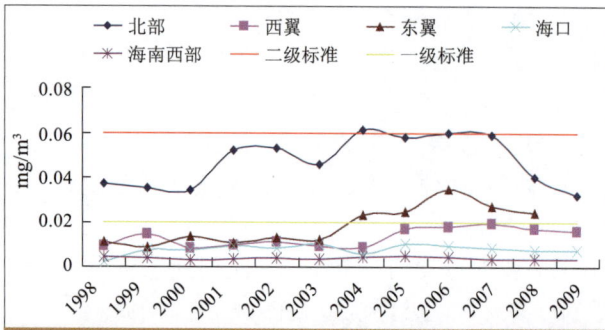

图 3-12　SO$_2$ 年均值变化趋势

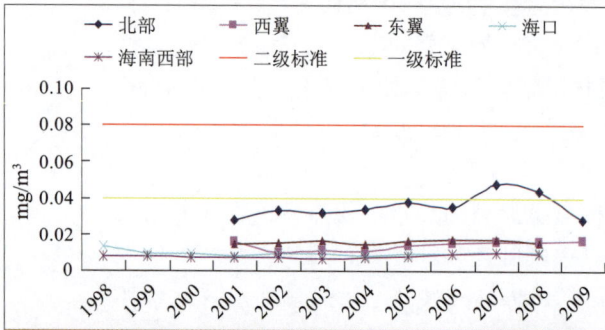

图 3-13　NO$_2$ 年均值变化趋势

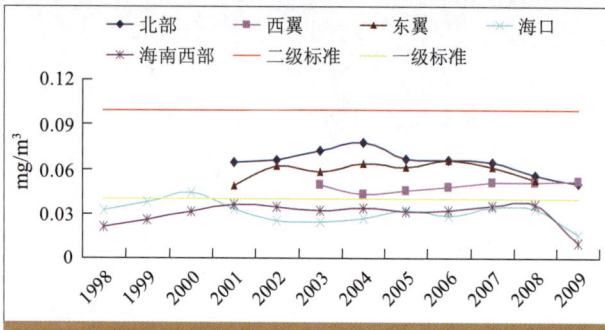

图 3-14　PM$_{10}$ 年均值变化趋势

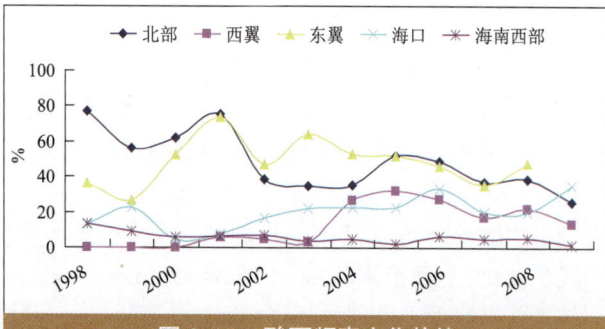

图 3-15　酸雨频率变化趋势

16.83 亿 m^3，占总用水量的 10.98%。现状供水能力和总供水量占水资源可利用总量的比例分别仅为 53.89% 和 39.86%。受供水工程限制，湛江市东海岛及雷州半岛地区、南宁市马山县、钦州市灵山县、海南儋州等地区现状供水能力较小，可通过完善工程措施进一步提高供水能力。2007 年，万元 GDP 用水量为 341m^3，万元工业增加值用水量为 118 m^3，远高于珠三角水平，也高于珠江片区和全国平均值。

2.2.3　生态环境演变的时空规律及发展态势

（1）大气环境质量恶化的趋势得到初步扭转

北部及东西部城市 1998—2006 年 SO$_2$ 和 NO$_2$ 呈上升趋势，2007—2009 年 SO$_2$ 下降明显、NO$_2$ 基本平稳；北部及东部城市 PM$_{10}$ 呈下降趋势，西部城市保持稳定；南部城市 SO$_2$、NO$_2$ 和 PM$_{10}$ 基本保持低浓度，无明显变化（图 3-12 至图 3-15）。

（2）部分海域营养化水平呈波浪式上升，区域海水重金属污染平缓下降

1990—1998 年，环北部湾西北部近岸海域和东北部湛江湾附近海域海水富营养化状态指数 E 基本呈明显下降趋势；2000 年后，除西北部茅尾海、廉州湾和钦州湾海域，东北部湛江港及附近海域、水东湾海域外，其他海域海水持续处于贫营养化状态，富营养化指数总体呈波浪下降趋势；2007 年东北部湛江港、水东港海域，西北部茅尾海海域呈富营养化状态（图 3-16 至图 3-18）。空间分布上，东北部的湛江港、水东港海域，西北部的茅尾海海域、廉州湾海域 E 值持续较高，其他海域 E 值相对较低。

重金属综合污染指数总体平缓下降，2002 年后各海域重金属污染指数 P 值持续维持在未污染水平，空间分布差异较小。

（3）北部湾的生物体质量稳定在较好水平

对比 2001—2009 年南海贻贝观察和第二次全国海洋污染基线调查历史资料，北部湾的生物体质量稳定在较好水平。其中广东片区海域贝类体内砷和石油烃表现为明显上升趋势，尤其是茂名海域的石油烃和砷含量上升趋势尤为明显；广西片区海域，铁山港贝类生物体质量中铜、镉、汞、砷和石油烃有所升高，铅和锌

含量则明显降低；防城港样品中汞、砷和石油烃含量明显比历史资料有所升高；钦州湾的石油烃和镉含量上升明显；海南海域贝类体内砷和镉含量有所上升。

（4）海洋生物资源衰退严重，种群趋向小型化

生物资源量得到初步恢复，但衰退严重，仍处于较低水平。海域渔业资源在20世纪70年代已达到充分利用的状态，随后资源量开始逐步下降，90年代的资源量仅为60年代的1/4。自1999年实施南海伏季休渔、人工鱼礁和增殖放流等生物资源养护措施以后，生物资源有了一定恢复，目前的资源量与20世纪90年代初期基本持平，但仍处于较低水平。

由于长期的粗放型、掠夺式捕捞，造成北部湾海域现有的海洋渔业捕捞能力已大大超过资源的再生能力，现存资源密度大致只有最适密度的1/3，生物资源种间更替更加频繁，渔获组成向小型化、低龄化和低值化转变，许多优质经济鱼类几乎从渔获物中消失（图3-19）。20世纪60年代优质鱼和劣质鱼的比例为8∶2，70年代为6∶4，90年代下降为2∶8。目前的渔获物组成主要以经济价值低、个体小、寿命短的低营养级种类占优势。主要经济种类所占比例比20世纪80年代下降了50%以上，且主要由年龄不足1龄幼鱼组成。原有经济价值较高的优质鱼类，如红鳍笛鲷、灰裸顶鲷、银鲳等，目前在渔获物中的出现率不足5%，优质鱼类资源的更新能力严重缺失。局部海域生物多样性开始下降，浮游生物、底栖生物、潮间带生物种类组成发生明显演替。

（5）沿海滩涂和重要生态功能单元面积减少趋势明显，生境退化和破碎化程度加剧，珍稀海洋生物状况总体持续衰退

根据1990年、2000年和2007年海岸线遥感数据解译结果（图3-20），区域重

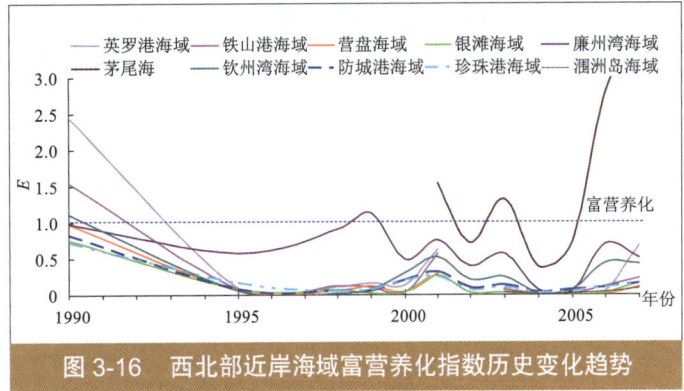

图3-16 西北部近岸海域富营养化指数历史变化趋势

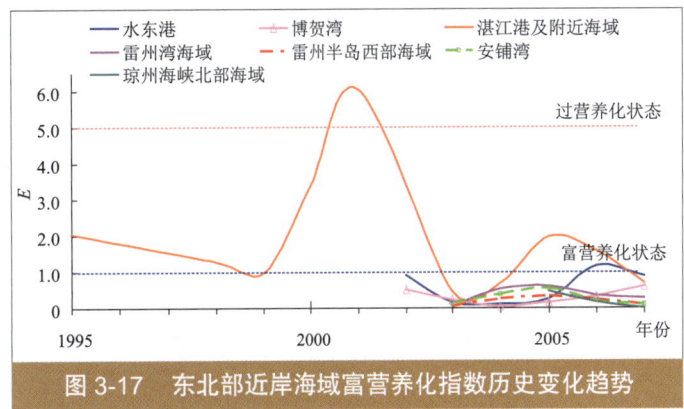

图3-17 东北部近岸海域富营养化指数历史变化趋势

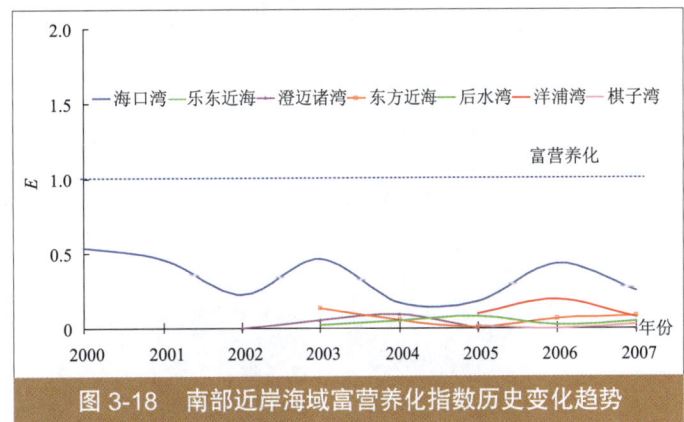

图3-18 南部近岸海域富营养化指数历史变化趋势

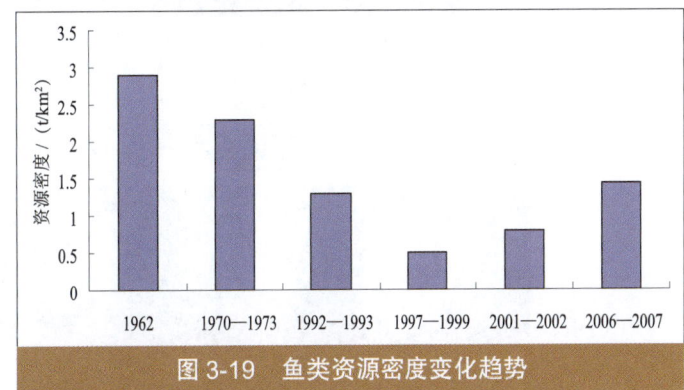

图3-19 鱼类资源密度变化趋势

点产业临海布置及码头港口规模扩大和城市建设等填海造陆所带来的海岸线形态明显变化，改变了区域内局部地区的自然岸线，带来了沿海滩涂湿地重要生态功能单元面积减少、生境退化，红树林、珊瑚礁、海草床和白蝶贝覆盖面积减小明显（图3-21），局部砂质岸线受到侵蚀，自然岸线人工化，生境缩小和破碎化程度加剧。由于近岸红树林的破坏以及沿岸海防林的断带，北部湾经济区沿海地区局部岸线受到海岸侵蚀，其中茂名电白沙尾岸线、海口海甸岛、新埠岛、新海角、洋浦湾等地海岸侵蚀严重。

1995—2007年，区域建设用地共利用滩涂面积超过6 013 hm²，其中，广西片区占52.9%为最高，广东片区占42.1%为其次。广西防城港、钦州港和铁山港近17年间港口规模不断扩大，岸线变化明显；茂名市电白县因城市发展建设、湛江市因湛江港建设，1990—2000年填海造陆面积持续增加；海南海口市城市化、洋浦经济开发区因产业发展在2000—2007年填海造陆，进行港口建设，由此带来滩涂湿地生境的改变。近50年来，广东省红树林面积减少了80%之多，北海、湛江等地的红树林面积比20世纪50年代减少了一半。

1950年以来，海南历史上拥有的珊瑚礁80%～95%已受到不同程度的破坏，其中近岸珊瑚礁破坏严重。目前海南岸礁面积比1960年减少55.6%，仅剩222.17 km²，岸礁长度减少了59.1%，为717.5 km。近20年来广西涠洲岛珊瑚礁种类组成变化大，多样性低，活的造礁石珊瑚覆盖率低，特别是造礁石珊瑚的死亡率高，2005年平均死亡率31.4%，珊瑚礁严重退化，

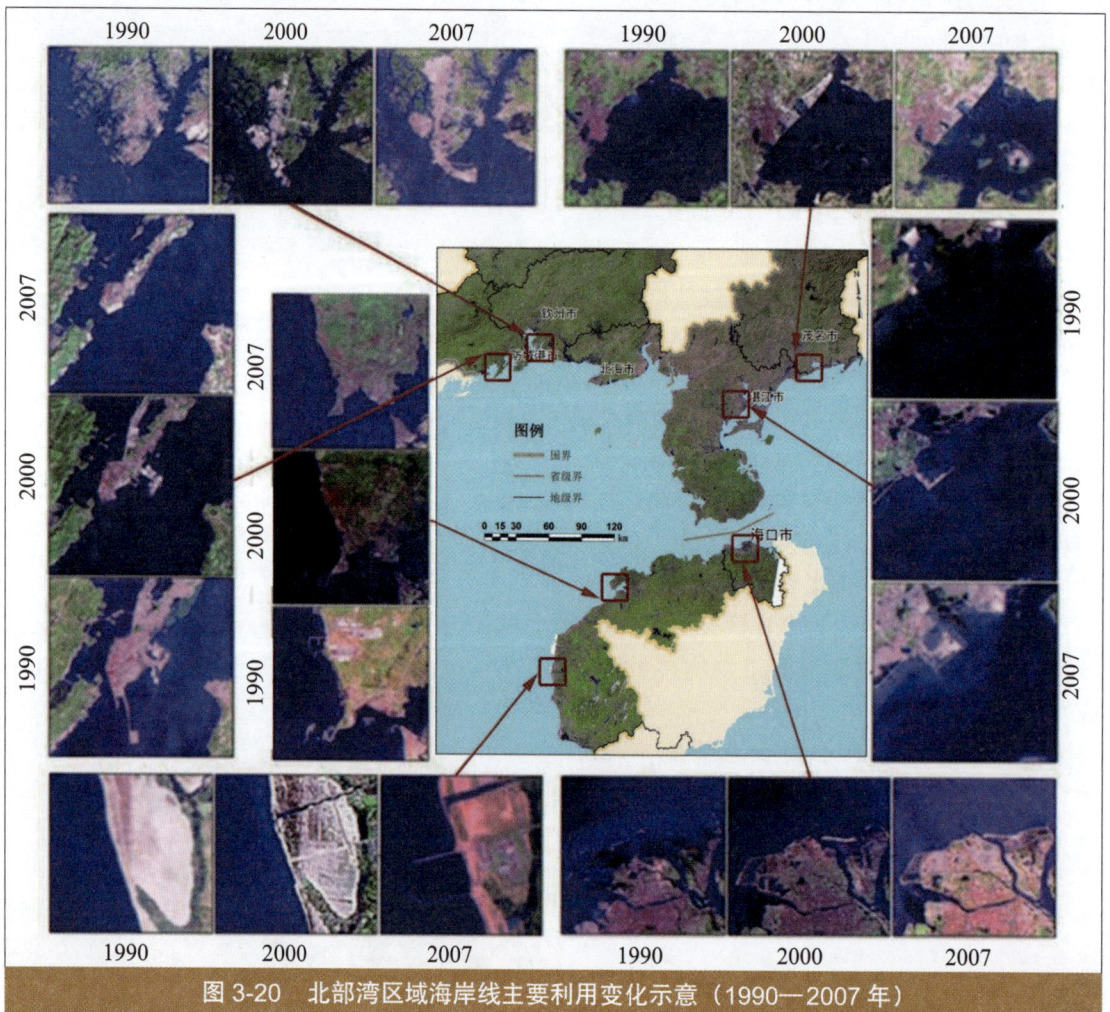

图3-20　北部湾区域海岸线主要利用变化示意（1990—2007年）

造礁石珊瑚种类数从 1984 年的 35 种减少到 2005 年的 14 种。广东徐闻珊瑚礁覆盖率呈明显下降趋势，从 2000 年的约 35% 大幅减少到 2004 年的约 10%，至 2008 年进一步减少到约 8%。

近几年调查和监测结果表明，中华白海豚种群数量处于稳定状态，重要栖息地为湛江雷州湾（约 300 头）和广西三娘湾（100～120 头）。中国南海特有的珍珠贝种白蝶贝的资源状况不容乐观，洋浦海域白蝶贝资源严重衰退。2008 年，雷州半岛西部沿海平均资源密度为 1～4 个 /m²，2010 年 4 月，临高近岸海域的栖息密度为 0.05～0.25 个 /m²；洋浦近岸海域的栖息密度为 0.10～0.05 个 /m²。据 2004—2008 年连续监测结果表明，适于文昌鱼栖息的沉积物类型生境缩小和破碎化，文昌鱼数量呈减少趋势，文昌鱼分布区和文昌鱼拟建保护区内资源数量持续衰退，处于不稳定状态，但在茂名放鸡岛附近海域、湛江硇洲岛西部浅海和广西沿岸等的密集分布区，其密度可达 500～760 尾 /m²。国际濒危保护动物儒艮资源极度衰退，濒临灭绝。1978—1994 年，儒艮活动出现次数为 56 头次，1997—2001 年共发现 31 头次，其中活的 28 头次，死的 3 头，最近虽多次发现儒艮的活动踪迹，但没发现其实体的科学依据。

（6）海洋生态灾害初显

赤潮爆发频率不高，但增加趋势明显。根据 1980—2008 年监测资料，统

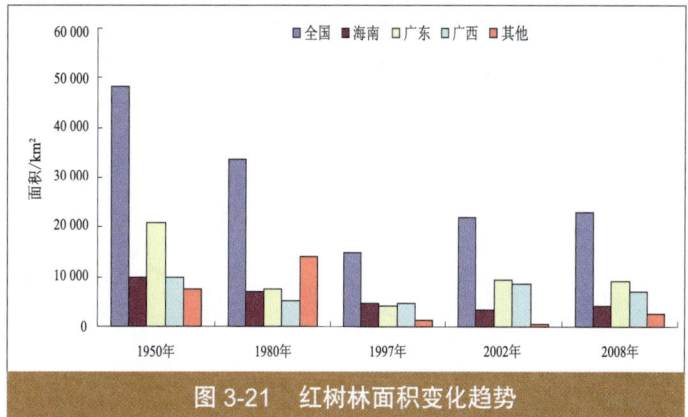

图 3-21　红树林面积变化趋势

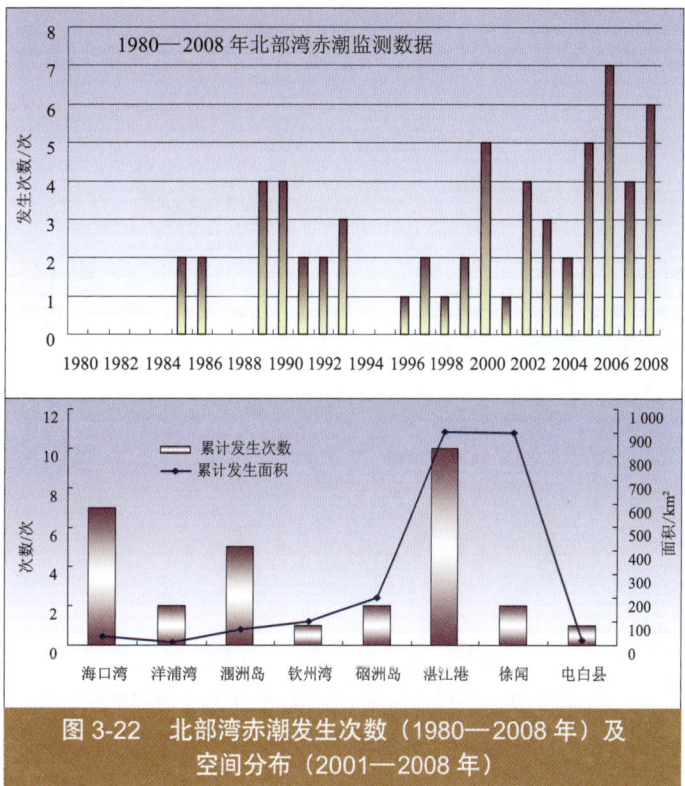

图 3-22　北部湾赤潮发生次数（1980—2008 年）及空间分布（2001—2008 年）

计时段区内海域共发生赤潮事件 71 次，占南海赤潮总数的 6% 左右，属赤潮低发水域。2001—2008 年本区赤潮爆发的空间分布见图 3-22 和图 3-23，赤潮发生较多的海域为湛江港和海口附近海域，其次为涠洲岛和茅尾海附近海域。

2001—2008 年，共发生大小海上溢油事故 7 次，发生最多的海域为涠洲岛西南海域。2008 年 8 月发生 1 次溢油事故，影响较大，其他溢油事故影响范围较小，没有造成明显经济损失。

（7）地表水污染物年均浓度变化不显著，但部分水体质量呈下降趋势

1998—2007 年，区域河流水质变化趋势总体呈下降趋势；2002—2005 年，Ⅳ类及劣Ⅳ类的水质比例最大，2005 年后有所改善，主要河流水质总体保持稳定，但局部河段出现水质

南宁市

钦州市

防城港市

北海市

湛江市

海口市

茂名市

发生海域	发生时间	影响范围km²
湛江港	2005年2~3月	10
	2005年3~5月	300
	2006年5月	300
	2006年7月	95
	2007年1月	80
	2008年1月	15
	2008年3月	100

发生海域	发生时间	影响范围km²
涠洲岛附近海域	2002年	小
	2003年	小
	2004年	200

发生海域	发生时间	影响范围km²
茂名 电白县	2008年4月	20

发生海域	发生时间	影响范围km²
茅尾海	2007年	小

发生海域	发生时间	影响范围km²
北海涠洲岛	2002年5月	0.3
	2002年6月	20
	2003年	34
	2004年	40
	2008年	小

发生海域	发生时间	影响范围km²
龙吟镇至雷州乌石	2005年11月~06年4月	700

发生海域	发生时间	影响范围km²
徐闻角	2005年11月	200

发生海域	发生时间	影响范围km²
海口市近岸海域	2005年	0.3
	2006年2月	1.5
	2006年4月	8
	2007年2月	1

发生海域	发生时间	影响范围km²
洋浦湾海域	2002年	10
	2007年2月	小

图 例
国界
省级界
地级界
县界

0 12.5 25　50　75　100 km

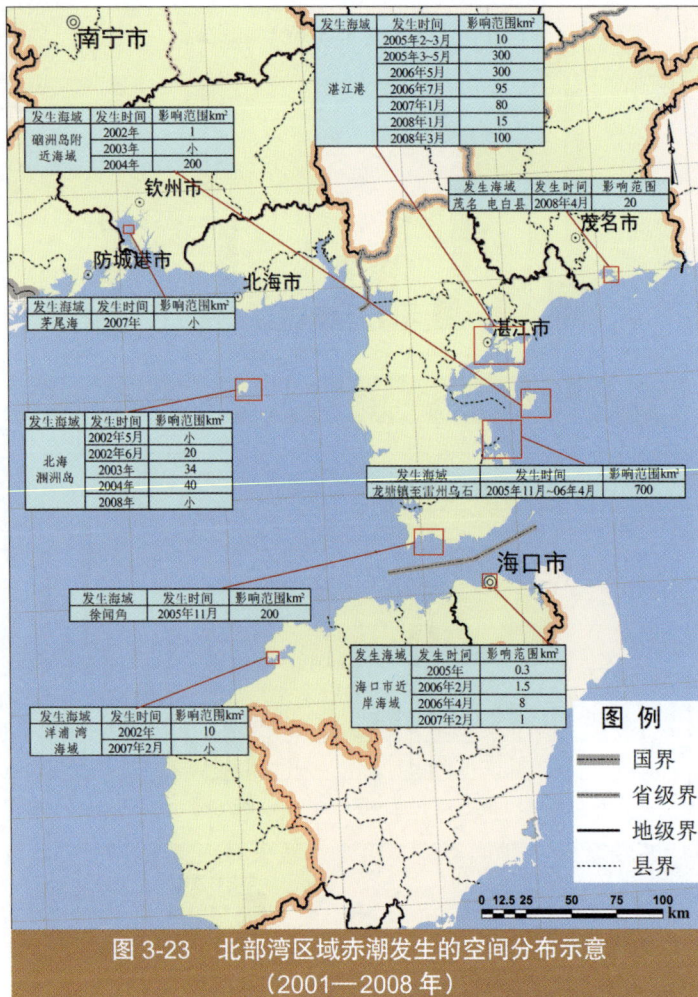

图 3-23　北部湾区域赤潮发生的空间分布示意
（2001—2008 年）

下降。其中，九洲江石角段、南渡江定城和定城下段、昌化江大风段、石碌河、北门江南茶桥段和北仑河等河段的氨氮年均浓度显著增加，南流江南域段、南渡江和北门江的高锰酸盐指数年均浓度也呈上升趋势；郁江、北仑河、昌化江抱由段、珠碧江、北门江溶解氧浓度则显著下降；南流江南域、亚桥和江口大桥等河段高锰酸盐指数 2006 年达最大，2007—2009 年呈逐年下降趋势。

1998—2007 年，北部湾区域饮用水源地水质变化趋势总体保持稳定，主要污染指标年均浓度变化不显著，但部分水源地水质氮、磷呈下降趋势。其中，赤坎水厂取水段和南渡江海口市龙塘水厂取水段近 10 年总磷年均浓度呈上升趋势，永庄水库高锰酸盐水平有所下降，石碌水库氨氮年均浓度显著增加。

1998—2007 年，湖库水质变化趋势总体呈波动变化，氮、磷营养盐含量是主要影响其水质类别构成的因素。其中，高州水库和永庄水库高锰酸盐指数的年均浓度显著上升，春江水库、石碌水库、大广坝水库氨氮污染水平显著上升，春江水库、沙河水库总磷年均浓度也呈上升趋势。

2004—2007 年，主要入海河段水质变化趋势总体呈下降趋势，主要是钦江、鉴江、九洲江安铺段等部分河流的氨氮年均浓度总体上升。

（8）森林资源丰富、森林覆盖率稳步上升；生物重要物种栖息地破碎化和退化，生物多样性下降趋势明显

森林资源丰富、森林覆盖率稳步上升。森林资源在区域空间分布上呈现南北高，中间低的空间格局。过去 20 年中，除沿海地区森林覆盖率较低外，区域森林覆盖率稳步上升。东部自 20 世纪 80 年代末至 2000 年年初，森林覆盖率由 19.2% 增加至 43.1%。西部和北部自 2000 年年初至 2007 年，森林覆盖率维持在 43.8% 以上，2007 年森林覆盖率达 45.9%。南部 20 世纪 90 年代以前，因乱砍滥伐、毁林开荒及森林火灾等原因使天然林逐年减少，1994 年 1 月 1 日实施天然林保护工程后，使森林覆盖率由 "九五" 期间的 51.3% 提高到 2007 年的 55.6%。

树种较为单一，森林生态系统趋于简单化，沿海区域人工植被比重较大，生态系统功能有所降低，生物多样性下降趋势明显。目前树种主要为橡胶林、马尾松、桉树等，物种较为单一；防护林比重偏低，部分海防林地段出现断带，断带长度 2000 年年初超过 100 km；天然林郁

闭度降低，由 20 世纪 50 年代的 0.8 下降到目前的 0.4 ～ 0.5；针叶纯林比重较大，森林生态系统趋于简单化；沿海区域主要为人工植被，森林生态系统趋于简单化，防风固沙、保持水土、涵养水源和保护生物多样性的生态功能有所降低。人为活动带来生物物种栖息地生境的破碎化和退化，改变了植物群落结构和物种成分，物种濒危化速度有所加快。

　　人工桉树林种植规模逐年增大，种植经营过程中监管不利，局部区域出现水土流失、生物多样性降低、涵养水源能力减弱。2000 年后林浆纸项目带来速生桉树种植面积的逐年增加，区域内规划面积为 10 047 km^2，占区域林业用地的 22.6%，占商品经济林面积约 42%，个别地区（如北海）商品林几乎全部转为桉树速生林；部分山林用地和经营权限多为农村集体和个人掌控，种植和养护过程中监管不利，导致部分大于 25º 山体、江河两侧和上游地区经营种植速生林，带来局部地区的水土流失、生物多样性降低、涵养水源能力减弱。

　　人为活动干扰、栖息地破坏和外来物种入侵，带来区域不少野生物种处于濒临灭绝状态，物种逐渐减少，生物多样性变化趋势不容乐观。

　　根据全国野生动植物调查结果，海南区国家重点保护植物数量基本未变，国家重点保护Ⅰ级动物物种 8 种中有 6 种明显减少（鼋、圆鼻巨蜥、蟒、海南山鹧鸪、灰孔雀雉和云豹），2 种增加（坡鹿、黑长臂猿）；国家Ⅱ级动物 82 种中除褐鲣鸟和斑嘴鹈鹕增加外，其余 80 种都明显减少。广西区野生动物资源发生了较大变化，89 种重点保护植物资源中共发现了 75 种，14 种未发现。国家Ⅰ级保护动物黑颈长尾雉、黄腹角雉的数量显著下降，黑颈长尾雉从 20 世纪 90 年代的 2 000 只左右下降到 400 ～ 450 只，黄腹角雉目前已减少到 980 ～ 1 300 只。兽类资源下降明显，国家Ⅰ级保护动物白头叶猴已从 20 世纪 80 年代的 1 000 只左右减少到现在的 600 只左右；过去资源较多的蛇类和龟类，资源数量下降了 60% 和 70% 左右。

　　（9）耕地和林地逐年减少，城乡建设用地不断增加；耕地用途不稳定，转出转入频繁；人均可利用土地资源量很低

　　1986—2007 年，土地利用方式中耕地、林地、未利用地面积减少，草地和水域面积基本保持，城乡用地面积增幅较大（图 3-24、图 3-25）。比较 2007 年和 1986 年，城乡用地面积增加 1 118 km^2（34.3%），亚热带陆地区耕地面积约减少 1 350 km^2，热带海岛年林地面积减少约 210 km^2，草地面积减少 510 km^2，耕地面积增加 390 km^2，居民点等建设用地面积增加 200 多 km^2。

　　2000—2007 年，耕地转出因子中林草地占用耕地的比例最大，占耕地减少量的 78.4%，城镇建设用地占 14.8%，水域面积占 6.2%。其中耕地转化为林草地和水域主要源于国家"退耕还林、还草、还湖"的生态退耕政策。2000—2007 年，因开垦林地增加的耕地占 77.3%，因开垦草地而增加的耕地面积占 5.8%。

　　土地利用中林地占土地总面积最大达 52%；其次是占总面积 33.5% 的耕地，平均仅 8.6 km^2/万人，低于全国平均 10 km^2/万人；区域土地承载人口数为 1 163 人/km^2，高于全国的 975 人/km^2；区域平均可利用土地资源量仅 16 km^2/万人，大大低于全国 32 km^2/万人水平。

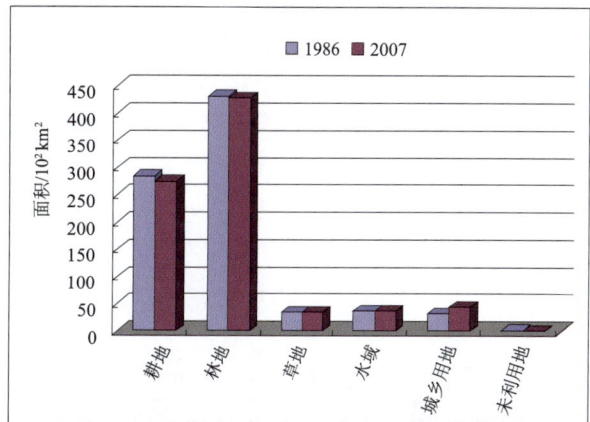

图 3-24　1986 年、2007 年土地利用现状比较

表3-1　点源废水及污染物排放总量年均增长率　　　单位：%

废水			COD			NH₃-N		
合计	工业	生活	合计	工业	生活	合计	工业	生活
8.2	5.49	16.6	12.1	0.93	24.6	7	−1.23	9.2

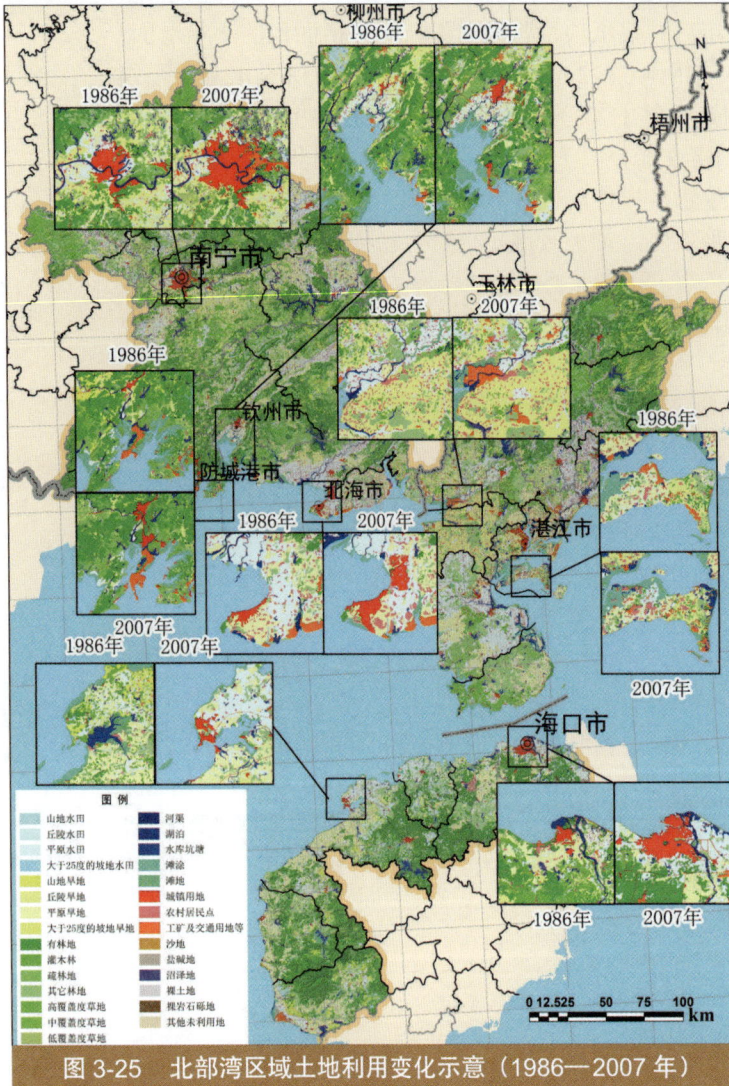
图 3-25　北部湾区域土地利用变化示意（1986—2007 年）

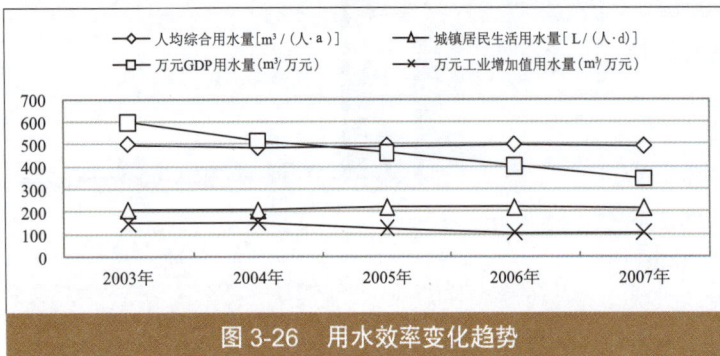
图 3-26　用水效率变化趋势

（10）水资源总量多年变化较平稳，但年内和空间分布不均，用水效率呈提高趋势

水资源总量多年变化较平稳，呈微增长趋势（图 3-26）。但年内分布不均，丰水期大都集中在 4—9 月，丰水期径流量约占年径流量的 70%～80%；水资源量空间分布不均，降雨高值区主要分布在防城、钦州、北海、海口、澄迈和茂名，降雨低值区主要分布在乐东、东方、昌江。区域水资源利用效率呈提高趋势，2003—2007 年，万元 GDP 用水量由 597 m³ 下降至 341 m³，下降 42.7%；万元工业增加值用水量由 152 m³ 下降至 118 m³，下降 22.4%；人均综合用水量、城镇居民人均生活用水量基本保持平稳趋势。但与珠三角等发达地区相比，用水效率仍较低，仍有较大提高空间。

（11）水污染排放负荷逐年增高

2001—2007 年，污水排放量均呈上升趋势，年均增长 8.2%；点源化学需氧量和氨氮排放负荷有所增长，增长率分别达到 12.1% 和 7%（表 3-1）。

2.2.4 当前面临的突出生态环境问题及关键资源环境制约因素

（1）北部和东西部局部地区酸雨问题相对突出，南部轻微

近 10 年来，区域的能源消耗与 GDP 同步增长，带动区域大气污染排放量逐年上升；区域年主导风为东北气流，冬春季常在东西部和北部形成静止锋，较易形成酸雨，酸雨频率达到 35%～93.5%（图 3-27）；酸雨类型为硫酸、硝酸的混合型；酸雨污染具有跨区域特征，但本地排放是其主要成因，外地输送是其次要成因。

（2）灰霾污染初显端倪，人群健康面临威胁

北部和东西部城市已出现10%左右灰霾频率，南宁市相对严重；气体污染物转化成细粒子对灰霾形成具有重要贡献；PM$_{2.5}$样本化学组分分析表明：SO$_2$、NO$_x$、挥发性有机物排放占PM$_{2.5}$的50%～70%，因此，如超规模发展冶金、石化、火电等重点产业，将大量增加SO$_2$、NO$_x$、挥发性有机物排放，增加区域灰霾发生频率。

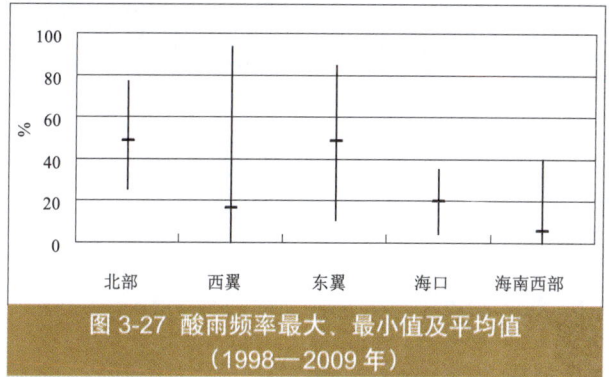

图 3-27 酸雨频率最大、最小值及平均值
（1998—2009 年）

（3）部分地表水受生活、养殖和工业等的有机类污染严重

由于城镇污水处理率低和过度利用土地，部分流经城镇河段的水质恶化，主要受到氮、磷营养盐和大肠菌群等的污染，其中，受总氮重度污染，鉴江米急渡、江口门段、袂花江飞马桥段、小东江山阁、镇盛、石碧段，南渡江攀丹段、海甸溪，以及钦江的横丰段等和河段水质出现劣Ⅴ类；受粪大肠菌群重度污染，南宁的西郊、中尧等水源地水质出现过劣Ⅴ类。

（4）生活和养殖型污水排放造成部分海湾氮污染严重

港湾水域由于其输运扩散条件相对较差和承接了来自集水区域内河流的污染物，加上毗邻区域的城市化快速发展和城镇污水处理设施建设的滞后，密集的围塘养虾，致使大量的生活污水及养殖废水、残饵直接或间接排入近岸水域，造成茅尾海海域、湛江港和廉洲湾等局部海湾和入海河流的污染问题突出，主要污染因子为无机氮和粪大肠菌群，并呈富营养化状态。

（5）密集分布的自然保护区和重要湿地等环境敏感区与重点产业沿海集聚发展的矛盾凸显

由于区域平均可利用土地资源量仅16 km^2/万人，发展涉及的填海造陆工程将会加速破坏自然岸线和沿海滩涂，栖息地将加快破碎化，这将影响沿海地区密集分布的各类自然保护区、水产资源保护区和风景名胜区等，致使大型海藻场、天然红树林面积减少，珊瑚礁的覆盖度和健康度进一步下降。

（6）填海造陆和航道工程等致使沿海滩涂湿地重要生态功能单元面积减少、生境退化，降低近岸海域的净化能力

填海和航道工程建设以及围垦养殖等资源开发利用一方面造成生物多样性的降低，另一方面造成滩涂、红树林、海防林等重点生态功能单元面积减少和退化等生态问题；还造成局部岸线受到海岸侵蚀，其中茂名电白沙尾岸线、海口海甸岛、新埠岛、新海角、洋浦港等地海岸侵蚀严重。主要临海产业聚集区及城市建设的快速发展，将加快自然岸线人工化，部分产业集聚区和人工岸线临近自然保护区和重要滩涂湿地，如铁山港工业区临近国家级红树林保护区和国家级儒艮保护区，钦州港开发区临近省级茅尾海自然保护区和三娘湾白海豚聚集区、旅游区，临高和洋浦开发区临近白蝶贝省级保护区等。

（7）陆地生态系统服务功能减弱制约林浆纸产业的发展

2000年后随着海南、湛江、北海和钦州林浆纸项目的批复实施，规划区内约42%（10 050 km^2）的商品林用地用来种植速生桉树林，由此带来区域景观单一、水资源消耗较大、林下物种数量减少、物种多样性下降、局部水土流失、土壤肥力降低等生态问题显现，将导

致局部生态系统的涵养水源、生态调节等生态服务功能呈减弱趋势,成为未来林浆纸一体化重点产业发展的关键制约因素。

（8）整体用水和水资源利用效率较低,局部地区资源型缺水和水质型缺水严重

区域水资源总量较丰富,但时空分布不均匀,水资源调控能力不足,大中型以上有一定调节能力的蓄水工程的兴利库容仅占该区域多年平均径流量的 12% 左右,沿海水资源开发利用难度大。需水急剧增加,供水安全保障压力大。区域用水结构不合理,整体水资源利用效率较低,2007 年万元 GDP 用水量为 341 m^3、万元工业增加值用水量为 118 m^3。部分流域水污染呈加剧态势,局部水生态环境恶化,水资源配置效率低下。

2.3 生态环境演变与区域发展的关系

2.3.1 生态环境在经济社会发展不同阶段的特征

20 世纪 80 年代以来,区域经济社会发展阶段由以农业、海产品加工业为主的粗放型经济发展阶段向工业、服务业和特色农业等综合型经济发展阶段逐渐过渡。经济社会环境发展历程呈现三个阶段特征。

（1）20 世纪 80 年代中期以前为粗放型经济发展原始阶段,生态环境压力较小,呈良好态势

20 世纪 80 年代中期以前为以农业发展为主的粗放型经济发展模式,该阶段社会经济发展打破了计划经济模式,市场经济的注入带来社会经济结构的逐渐变化,GDP 年度增长率较为缓慢,1985 年三产比例大致为 42∶36∶22,形成以农业为主、农产品和热带特色产品加工为辅的产业结构。

该阶段农业生产方式落后,以热带亚热带特有的"刀耕火种、轮歇种植、广种薄收""毁林开荒、陡坡种植、围海造田和养殖"为普遍特征,生活砍伐致使局部生态破坏严重。

（2）20 世纪 80 年代后期至 2000 年为粗放型经济发展转型阶段,生态环境压力有所增加,生态环境功能基本良好

20 世纪 80 年代后期至 2000 年为以旅游开发、农产品和海产品加工、制糖和化工产业为主的经济发展模式,该阶段随着改革开放、人口流动、房地产和旅游带动了第三产业的发展,部分能源、食品、化工产业形成一定规模,GDP 年度增长率逐年增大,三产比例由 1990 年的 37∶28∶35 发展到 2000 年的 29∶31∶41,经济发展处于转型时期。

经济转型带来资源的开发和高消耗,同时伴随高污染物的排放,有城镇和工业集中发展地区的水环境受到明显污染;围海造陆、天然岸线、耕地、林地占用依然存在,生态环境破碎度增加。

（3）2000—2007 年为综合经济发展初期阶段,生态环境压力增大,局部区域生态环境功能呈下降态势

2000—2007 年,形成以热带亚热带特色农业、特色旅游以及石化、林浆纸、钢铁等产业为主导发展势头,社会经济进入综合发展初期阶段。三产比例由 2001 年的 27∶32∶41 发展到 2007 年的 20∶39∶41,随着工业和第三产业的发展,GDP 产值年度增长率超过 15%。

至 2007 年,森林覆盖率有所增加,但人工林比例增大。如北海、海南,速生林面积增大,导致生物多样性下降;填海造陆造成沿海滩涂湿地面积减少;局部水源地水质下降;SO_2、

NO_x、气态颗粒物的排放带来部分城市大气环境质量呈下降趋势；入海污染物的增加引起海洋生态环境累积污染；生态环境压力增大，局部区域生态环境功能呈下降态势。

2.3.2　生态环境问题与产业发展类型的关系

20世纪80年代以来，区域产业类型逐步由单纯的农业生产为主向工业、第三产业等综合发展，生态环境问题也随之变化。

（1）农业经济为主的较为单纯的产业结构，造成局部生态破坏，但整体生态环境良好

20世纪80年代中期，依靠本地资源优势，主要为农业和以农/海产品加工为主的加工业，对生态环境压力较小，整体生态环境良好。然而，为追求农业产量出现了大面积的毁林开荒、挖塘养虾、围海造田等破坏生态环境的现象，加之制糖、制胶等传统工业污染，造成了局部污染问题。

（2）工业化和农业生产的集约化，使得农业污染和工业污染物显著增加，造成栖息地破坏和生物多样性减少

随着农业经济向工业经济的逐渐转型，第二产业比重逐步增加，工业污染排放量也逐年增高。与2001年相比，2007年工业 SO_2 排放量增加了0.4倍，工业废水 COD 排放量增加了0.1倍，期间2005年最高，为23.5万 t，生态环境承受的压力增大（图3-28）。

为追求农业效益最大化，农业生产方式向规模化养殖转变，同时大量使用农药化肥等，由于利用率不高，70%左右的农药化肥进入水体污染河流及海洋，造成局部水产养殖水域如茅尾海及部分地表水体水质超标。

（3）高污染、高资源能源消耗产业和日益增大的第三产业综合产业结构，生态环境主要凸显为水污染、大气污染、资源消耗等综合环境问题

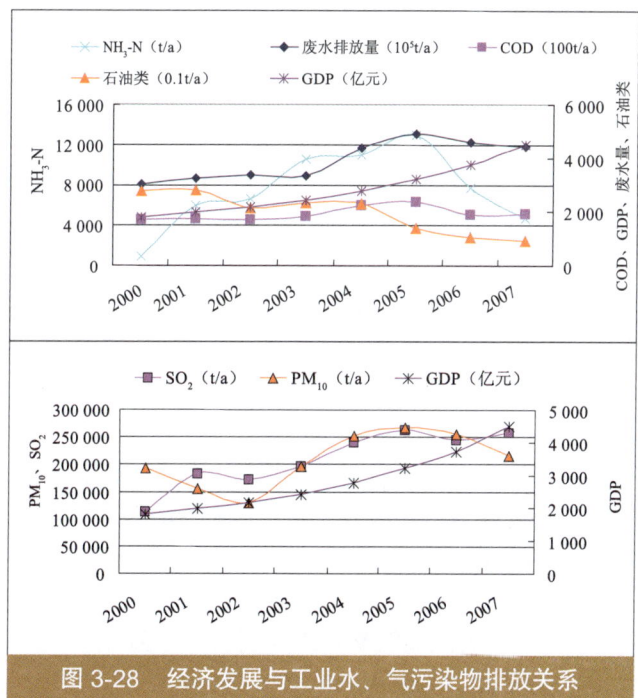

图3-28　经济发展与工业水、气污染物排放关系

20世纪90年代以后，能源产业和石化产业快速发展，带动了第三产业的相应发展，逐步形成第二产业和第三产业共同发展的综合产业结构。其中，高污染、高资源和能源消耗产业占据主导地位，主要有钢铁、石化、火电、造纸、水泥等，环境污染负荷增大，致使部分河流污染明显，局部海域污染较严重，部分城市大气污染相对突出，出现工程性缺水和部分地区水质性缺水，综合环境问题初显（图3-29）。

2.3.3　产业布局与生态环境问题的关系

（1）地区生态环境问题由陆地向海洋、由单一地表生态破坏逐步加速向综合污染与生态破坏演变

随着区域产业布局由内陆向沿海发展，生态环境问题亦由陆地向海洋发展，由单一的地表生态破坏逐步演变为海洋环境污染、岸线滩涂湿地破坏、生物多样性下降等海陆环境问题。

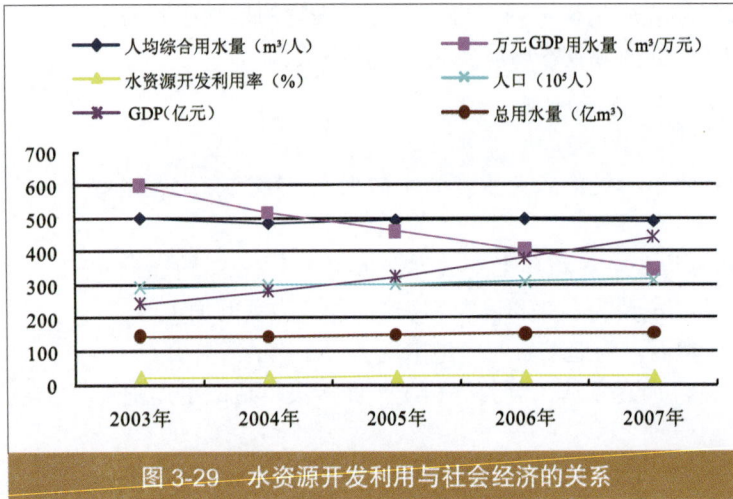

图 3-29　水资源开发利用与社会经济的关系

1984 年湛江经济技术开发区的开发建设，标志着区域产业布局逐步由内陆向沿海扩展。随后，大批沿海工业园区陆续出现，呈点状发展，随之带来港口码头建设高潮。20 世纪 90 年代以后，沿海工业园区、八大港口附近自然岸线逐渐缩减，加之毁林开荒、挖塘养虾等仍未有效遏制，纸浆林种植面积扩大，生物多样性下降，陆海综合环境问题开始显现。

（2）产业布局由点向区域、由城市向乡村扩展，生态环境问题亦由单一的局部污染向区域型复合污染演变

20 世纪 90 年代以后，产业由单个企业逐步向园区发展。至 2007 年，北部湾区域国家级和省级产业集聚区已达 40 个，规划面积达 1 500 km²，沿海岸线拓展，生态环境压力由点状向面状变化。同时工业化和城市化进程加快，导致污染问题由单一的局部点源污染向区域性复合污染演变。如东部部分城市，产业由单个石化企业发展为石化园区，以及城市规模扩大，地表水环境污染较严重，灰霾出现，区域性生态污染初现端倪。

（3）产业布局由城市人口密集区向乡村空旷地带扩展，已有生态环境问题尚未能完全遏制，新的生态环境问题相继出现

随着经济发展的深入和扩展，城市工业向农村及沿海转移。40 个产业集聚区中，多个选址于沿海或乡村空旷地带。加之"农村工业化"步伐加快，乡镇企业蓬勃发展，但配套环保设施落后，农村生态环境压力增加，生态环境问题由城市向农村转移。与此同时，环境污染控制设施并未随着工业化、城市化的加快同步建设。截至 2007 年，区域投入运行 10 座生活污水处理厂，总设计处理能力为 118.95 万 t/d，实际处理量仅达 77.58 万 t/d，实际城镇污水处理率为 38.9%，水环境压力未能有效减少；区域内共建设 31 座垃圾处理厂，实际垃圾处理量为 224.29 万 t/a。

（4）部分城市大气污染较严重

过去，由于火电、化工、建材等产业地处茂名和南宁等城区的空间布局，导致其大气污染相对严重。2004 年以来，南宁市逐步关停了小火电、电解铝、水泥，茂名、海口等逐步关停了小火电等企业，环境质量有所好转。

3 重点产业发展和资源环境效率分析

3.1 区域社会经济发展态势

3.1.1 区域整体发展水平较低，产业发展迅速

　　长期以来，区域整体发展水平不高，经济发展处于全国中下游水平。20 世纪 90 年代中期以来，开始持续平稳发展，经过多年尤其近年来的快速发展，目前已具备一定的经济基础。2007 年，生产总值 4 491.38 亿元，占三省区 11.74%；人均生产总值 1.4 万元，低于全国平均水平 1.89 万元，比珠三角和长三角相去甚远。2007 年，区域总人口约 3 209 万人，占三省区20.97%，城镇化率约 32.39%（表 3-2）。

表 3-2　　2007 年区域特征与珠三角、长三角和全国的对比								
	东部	西部和北部	南部	区域小计	粤、桂、琼三省区	珠三角	长三角	全国
土地面积 / 万 km²	2.39	4.25	1.55	8.21	45.28	5.5	11	960
常住人口 / 万人	1 461.4	1 279.14	469.14	3 209	15 300	4 680	8 876	132 129
GDP/ 万亿元	0.19	0.18	0.08	0.45	3.82	2.6	4.7	24.7
人均 GDP/ 万元	1.3	1.4	1.7	1.4	2.56	5.72	5.58	1.89
GDP 增速 /%	13.2	22.85	19.69	18.5	19.5	23.8	17.7	16

3.1.2 区位优势明显，战略地位突出

　　北部湾区域位于"中国 - 东盟自由贸易区""泛珠三角区域合作区""广西北部湾经济区""海南国际旅游岛建设区""西部大开发地区""大湄公河次区域经济合作区"六大国家战略的交汇地，拥有国家战略政策集聚优势，成为国家开放开发的重点地区和中国最具发展潜力的地区。

　　北部湾区域是面向东盟重要门户，西南腹地出海大通道，是中国与东盟的结合部；既是西南地区最便捷的出海大通道，又是中国通向东盟的陆路、水路要道；在中国 - 东盟、泛北部湾、泛珠三角等国际国内区域合作中具有不可替代的战略地位和作用。

　　由于历史原因区域在过去很长一段时间被限制发展。该区既有我国少数民族人口最多的自治区，又是国家开发南海的战略前沿，同时还拥有较丰富的土地、水和矿产等资源，发展条件好、潜力大、优势强。

3.2 产业发展现状及特征

3.2.1 产业结构、规模及布局

（1）已形成一定经济规模，东部和北部经济相对发达

在经济格局中，东部和北部经济较为发达、总量相对较高。其中，东部是区域经济主体，

其经济规模占区域总量的 42.6%，人均 GDP 1.31 万元。北部次之，经济规模占区域总量的 23.75%，人均 GDP 1.56 万元。而西部和南部相对较低，经济规模分别占区域总量的 16% 和 17.7%，人均 GDP 分别为 1.19 万元和 1.7 万元。

（2）产业结构较协调，初步形成石化、农副食品加工、能源、造纸等重点产业

区域已形成相对协调的产业结构，三次产业结构为 19.54∶39.68∶40.78，第二产业比重较高，第三产业比重更高。区域已具备相对完整的工业结构，初步形成石化、农副食品加工和能源等主导产业，2007 年，区域规模以上工业产值为 4 335.58 亿元，居于前三位的是石化产业、农副食品加工产业、能源产业，其工业产值分别为 1 964.2 亿元、672.5 亿元和 242.4 亿元，占区域的比重分别为 45.3%、14.8% 和 5.6%，上述产业成为支撑区域发展的主要产业。产业布局现状见图 3-30。

（3）基本形成六大产业组团，沿海沿河布局产业特征显现

区域经济发展迅速，基本形成了南宁、钦防、北海、湛茂、海口和洋浦东方等六大产业组团的空间格局，六大产业组团承载了区域的主要工业实体。其中，南宁产业组团临近南宁港与西江干流，其余五大产业组团基本上沿海分布，沿海沿河布局产业特征初步显现。从内部来看，湛茂组团和南宁组团的经济总量较高，占区域经济总量的 66.5%。

（4）重点产业主要呈点状分布，但正向产业集聚区集中

区域内共有 40 余个产业集聚区（图 3-31、表 3-3），其中国家级开发区 8 个，省级开发区 32 个。

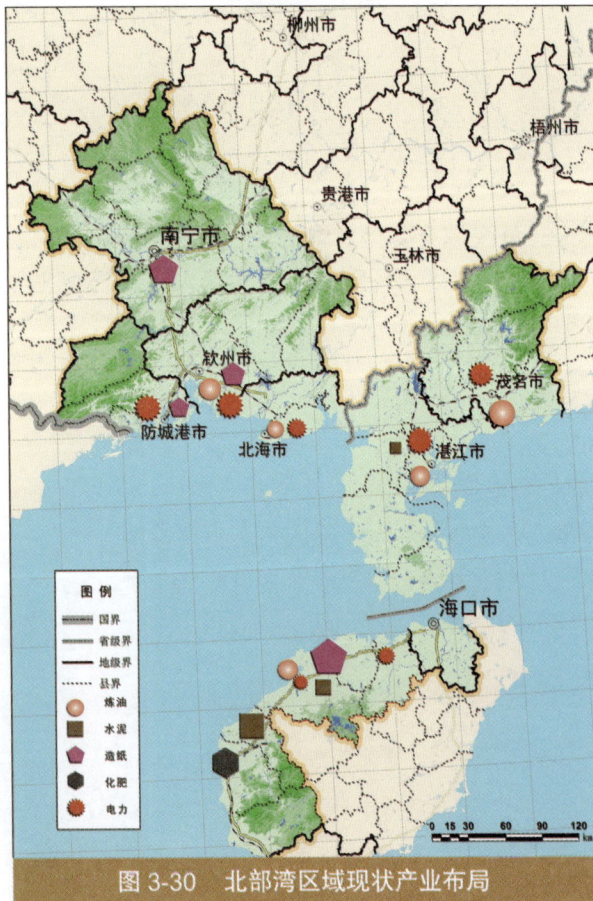

图 3-30　北部湾区域现状产业布局

图 3-31　北部湾区域范围及主要产业集聚区位置示意

表 3-3　北部湾区域部分重点产业集聚区建设现状

开发区名称	批准机关	控制面积 / km²	重点发展产业	开发现状
广西片区				
南宁高新技术产业开发区	国务院	8.5	生物及医药、电子信息、先进制造技术设备	
南宁经济技术开发区	国务院	10.8	电子、通信电缆、精细化工、制药	2007 年工业总产值 45.2 亿元；亿元企业增加到 15 家，累计开发面积达 8.5 km²，包括 10 万 t 浆纸、万吨六元醇生产基地等制药企业
南宁—东盟经济开发区	自治区政府	3.13	医药、农副产品加工	
南宁江南工业园区	自治区政府	5.12	铝材加工、水泥制品、剑麻纺织	
广西良庆经济开发区	自治区政府	2.63	食品、建材、有色金属深加工	
南宁仙葫经济开发区	自治区政府	11.3	印刷、食品精细加工	
南宁六景工业园区	自治区政府	13.86	制药、农产品加工、钢结构产品	已建成企业 26 个，在建 15 个包括 30 万 t 烧碱和 32 万 t 聚氯乙烯项目、20 万 t 浆纸、金龙钛白粉深加工等
北海出口加工区	国务院	1.45	电子信息、精密机械、生物制药、精细化工、新型建材	
广西北海高新技术产业园区	自治区政府	1.2	海产品深加工、感光材料、轻工机械	
北海工业园区	自治区政府	20	机械、轻工、海产品深加工	已经开发面积约为 1.2 km²
合浦工业园区	自治区政府	6.12	生物制药、饲料、变性淀粉	首期开发 3.3 km²，已建成企业涉及制药、塑胶、饲料等项业，包括 20 万 t 燃料乙醇。2007 年工业总产值 16.5 亿元
北海市铁山港工业区规划	自治区政府	131.55	化工、造纸、物流、火电	现有企业包括：2×300 MW 机组；60 万 t 纸林浆纸、制糖企业等
广西钦州经济技术开发区	自治区政府	300.7	能源、石化、冶金、生物化工等	处于开发初期，中石油 1 000 万 t 炼油、金桂林浆纸、国投（钦州）燃煤电厂正在建设；50 万 t 生物乙醇、150 万 t 大豆综合加工项目已经投产
防城港钢铁基地和企沙工业区	国务院	126.3	粮油加工、钢铁、化工、电力、制糖、制药和农产品加工等	初步形成规模：包括防城港火电厂、中粮集团已经入驻，千万吨级钢铁正在建设
东兴镇边境经济合作区	国务院	4.04	边境贸易、产品进出口加工、边境旅游	

开发区名称	批准机关	控制面积/km²	重点发展产业	开发现状
海南片区				
海口高新区（下分四个园区）	国务院	39.5	汽车制造、电子信息产业、生物制药产业、环境保护产业、能源材料、服装加工、旅游工艺品加工业、食品加工	已开发 7.58 km²，海马汽车 30 万台发动机项目，14 家配套厂，6 家建成，6 家在建，2 家将建。海口药谷：12 家企业入园。二期规划 2 700 亩，基础设施已完成
海口保税区	国务院	1.93	生物制药、汽车制造、电子信息、机电、加工	现已全部建成 1.93 km²，实现七通一平，共有企业 20 多家
海口桂林洋经济开发区	省政府	41.3	高等教育后勤服务业、农产品加工出口、制药、旅游度假、房地产业、现代农业、物流	现有外引内联企业 100 多家
金盘工业区	省政府	3.06	汽车、电子、制药、纺织、建材、家具、仪器、饮料，珠宝加工	已完成基础设施，引进项目近 200 个，吸引投资 30 多亿元，完成工业产值近 30 亿元
老城工业开发区	省政府	44.6	油气、精细化工、电力、机电工业、纺织、食品饮料为主、电子、信息、制药	已实现七通一平，共引进 389 家企业 570 个项目，其中年产值达到 500 万元以上的大型企业有 34 家
临高金牌港经济开发区	省政府	10	修造船项目、生物能源、西部再生资源、太阳能光	正在进行前期基础设施建设
洋浦经济开发区	国务院	69.0	石化、造纸、原油储备、轻工、机械、边境贸易、物流、保税港区	基础设施建设 已经基本完成，16 家已建，6 家在建，包括 100 万 t 木浆、中国石化 800 万 t 炼油、8 万 t 苯乙烯
昌江循环经济工业区	国家发改委等 6 部委、省政府	20.46	建材、化工、冶金、农副产品加工、物流、生物药业	已开发 2.05 km²，产 441 万 t 铁矿石厂，年加工 110 万 t 低品位矿的铁精粉厂，年产 1.7 万 t 精铜的钴铜厂，年产 5 万 t 金属合金的镍铁合金厂，300 万 t 水泥厂
海南东方工业区	省政府	21.6	天然气化工业、能源工业、边境贸易	2 套合成氨 75 万 t/a 和尿素 132 万 t/a，甲醛 3 万 t/a、复合肥 5 万 t/a、60 万 t/a 甲醇
广东片区				
湛江经济技术开发区（霞山至东海岛）	国务院	9.2 +10	石油化工、钢铁、特种纸业、机电通信、生物医药、食品饮料、食品等产业为主的工业体系	已开发 2.3 km²，在基础设施建设阶段
广东湛江临港工业园区	国务院	5.43	石油化工	处于建设初期；包括东兴 500 万 t 炼油项目、广东湛化、中海油 80 万 t 重油燃料油项目等 5 家企业
湛江钢铁基地	国务院	12.85	钢铁及相关配套产业	起步项目 2007 年年底开工，基地计划 2012 年
广东省茂名石化工业区	广东省	43.9	石化	依托现有项目建设，现有 100 万 t/a 乙烯、100 万 t/a 的芳烃联合，90 万 t/aPTA 等
茂名茂南经济开发区	广东省	23	高科技、食品加工、乙烯后续加工等产业	处于正在开发阶段，已开发 3.2 km²，处于茂石化炼油厂和乙烯厂之间，现有企业约 58 家

石化产业沿海布局在东部、西部和南部。东部以茂名河西工业园片区和湛江临港经济技术开发区为载体，炼油能力达1 850万t/a，其中，湛江有500万t，茂名有1 350万t。西部则集中在钦州港工业区，2009年1 000万t项目已开始投产，而北海有60万t产能。南部以洋浦开发区为载体，炼油能力达800万t/a。北部则分布有部分精细化工产业。

农副食品加工业分散分布于各地，其中海产品加工多分布在湛江、钦州、北海等沿海城市；蔗糖作为传统产业，已有327万t的产能，主要分布在湛江、南宁等地；目前，多数企业未进入产业集聚区集中发展。

能源工业在东、西部和南部沿海呈点状分布，多数企业已进入或紧临集聚区发展。2007年本区火电产能为780万kW，占全国的1.43%。东部已有350万kW产能，但未入产业聚集区。西部已有300万kW火电产能，已进入或紧邻产业集聚区发展，包括钦州港工业区120万kW、企沙工业区120万kW和铁山港工业区60万kW。南部火电126万kW布局在澄迈老城工业区旁，天然气发电以洋浦开发区为载体，产能为44万kW。

林浆纸和建材行业也为本区域重点产业，但其工业产值占区域总产值不高。林浆纸主要分布在西部和南部，以工业聚集区为载体。西部以钦州港工业园为载体，纸浆规模已达30万t/a，林业基地布设在南宁、钦州；南部以洋浦开发区为载体，纸浆规模100万t，林业基地分布在海南省，已形成浆纸林772 km^2。建材以水泥和玻璃为主，生产规模分别为2 790万t和136万重箱，点状分散分布。其中，东部水泥规模为650万t，多分布在湛江和茂名；西部和北部的水泥产能分别为150万t和1 363万t；南部的建材业分布在昌江工业园和老城工业区，其中昌江有水泥产能为600万t，澄迈有玻璃产能36万重箱（图3-32）。

（5）现代港口物流业已初具规模

北部湾区域具有沿海的天然优势，发展现代港口物流业有巨大潜力。截至2007年，已形成众多港口，其中大型港口有湛江港、茂名港、防城港、钦州港、北海港、海口港、洋浦港、八所港，内河重要港口有南宁港。目前，沿海港口共形成码头岸线54.25 km，有生产性泊位401个，万吨级以上泊位达94个，占全国的8.7%，货物年通过能力2.17亿t，2007年实际吞吐量为2.51亿t，占全国沿海港口货物吞吐量的6.2%，其中集装箱吞吐量为108.26万国际标准箱。

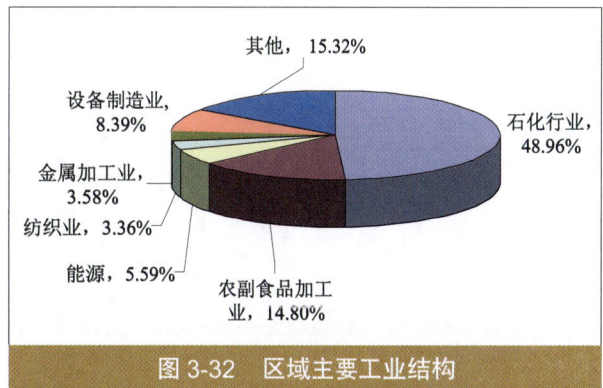

图3-32　区域主要工业结构

（6）区域资源环境效率整体水平略优于全国平均，重点产业资源环境效率炼油行业较高、林浆纸行业较低

除西部资源环境效率劣于全国平均水平外，东部及南部均优于全国平均水平。而万元GDP水耗341.16 t高于全国平均水平（222 t），万元GDP能耗（0.94 t标煤）则低于全国平均水平（1.2 t标煤）。除COD和NO$_x$外，其余指标万元工业增加值污染物排放量整体低于全国平均水平（表3-4）。

区域能源利用效率、大气污染排放强度优于全国平均水平，主要资源环境效率问题集中在水资源利用和水污染排放。万元GDP水耗、单位工业增加值水耗分别为341 m^3、118 m^3，均劣于全国平均水平，单位工业增加值COD排放强度14.8 kg，在五大区中排放强度最大，约为全国平均水平的3.3倍。

表 3-4　现状资源环境效率情况

	全社会资源利用水平（万元 GDP）		工业资源环境效率（万元工业增加值）					
	能耗 /t 标煤	水耗 /m³	能耗 /t 标煤	水耗 /m³	COD/kg	NH₃-N/kg	SO₂/kg	NOₓ/kg
北部湾	0.94	341.16	2.19	118.00	14.87	0.29	15.77	9.46
北部	0.74	318.43	1.60	204.41	31.42	0.39	20.85	9.34
西部	1.01	498.82	2.37	250.54	34.08	0.27	21.68	12.77
东部	0.99	292.44	1.84	44.15	7.95	0.18	7.27	2.87
南部	1.04	348.49	2.71	161.50	3.83	0.18	11.98	9.15
全国	1.2	222	1.6	57.9	4.4	0.3	18.3	9.2

区域现状水资源利用效率低下，用水浪费严重，为满足未来的清洁生产需求，迫切需要提高水资源利用效率。

区域现有重点产业炼油资源环境效率较高，可达到国内清洁生产水平一级水平。林浆纸行业资源环境效率水平较低，除单个指标废水产生量达到国内清洁生产一级水平外，其余指标如取水量和 COD 产生量等均高于国内清洁生产二级水平。其中，每吨风干浆取水量约高 14 m³，COD 产生量约高 11 kg。

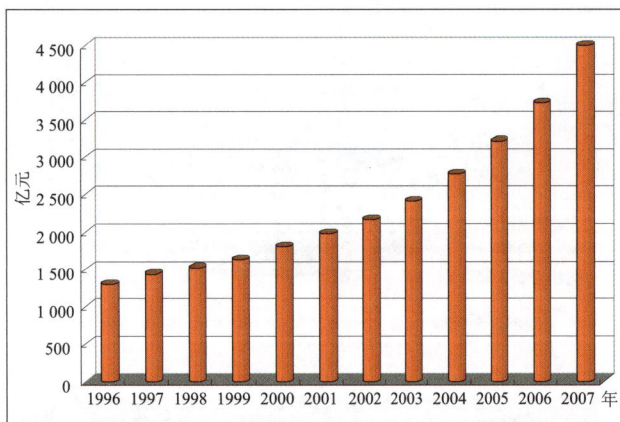

图 3-33　经济增长过程

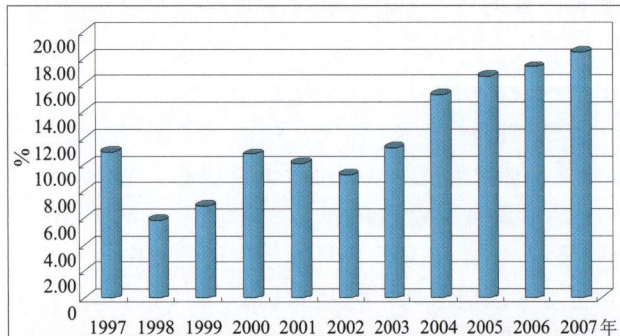

图 3-34　增长速度演变

3.2.2 主要产业发展演变过程

（1）经济发展迅速，经济总量逐年提高

20 世纪 80 年代以来，区域进入持续平稳的发展时期，尤其 90 年代后，经济发展迅速。近 10 年来，区域经济总量由 1996 年的 1 265.29 亿元增长到 2007 年的 4 491.38 亿元，增长了近三倍（图 3-33）。从发展速度来看，21 世纪以来，区域发展速度虽有波动，但总体呈明显高位状态，且发展速度不断提高，2007 年 GDP 增速为 18.5%（图 3-34）。

（2）经济结构逐步优化，三大产业协调发展

经过长期发展，区域的产业结构不断优化（图 3-35）。第一产业的比重逐步缩小，第二产业比重经过短时间的微小下调后，从 2000 年开始逐步上升，第三产业比重不断提高。1990 年，区域的产业结构为 33.99∶29.86∶36.15，2007 年优化为 19.54∶39.68∶40.78，第二产业比重低于全国水平，第三产业比重与全国相当。总体来看，三大产业开始协调发展。

（3）工业结构逐步偏向重型化

经过长期发展，区域产业结构由轻工业为主逐步转向重型化。区域轻工业产值由 2000

年 836 亿元增长至 2007 年的 1 763 亿元，重工业产值由 2000 年的 589 亿元增长至 2007 年的 3 096 亿元；轻工业和重工业产值的比值也由 2000 年的 59∶41 演化为 2007 年的 36∶64，工业重型化特征初现。

（4）石化、农副食品加工、能源等主导产业持续稳步发展

20 世纪 90 年代以来，石油炼制、石油化工、电力、农副产品加工等产业蓬勃发展，逐步成长为区域的主导产业，其产业产值占区域比例

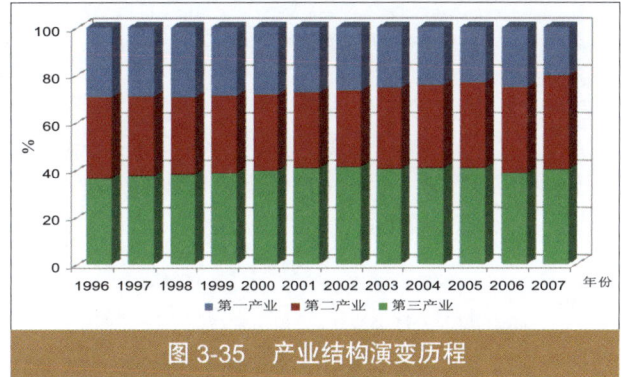

图 3-35　产业结构演变历程

维持在 2/3 左右（图 3-36）。第一，20 世纪 60 年代，石化产业开始发展。东部的茂名最早发展石油化工，然后北海和湛江形成小规模石油化工。新世纪以来，南部的洋浦和西部的钦州已建成大规模石油化工企业。近年来，石油化工产值总体呈稳定的增长趋势。第二，农副食品加工业依靠当地农产品资源，平稳发展，在各区域均有分布。2004—2007 年，农副食品加工业产值占区域工业产值的比例维持在 15% 左右。第三，能源产业作为支撑产业，近年来发展较快，工业产值不断提高，已由 2002 年的 41.7 亿元增加到 2007 年的 242.4 亿元，在规模以上工业产值中的比重也由 2002 年的 2.96% 增加 2007 年的 5.59%。

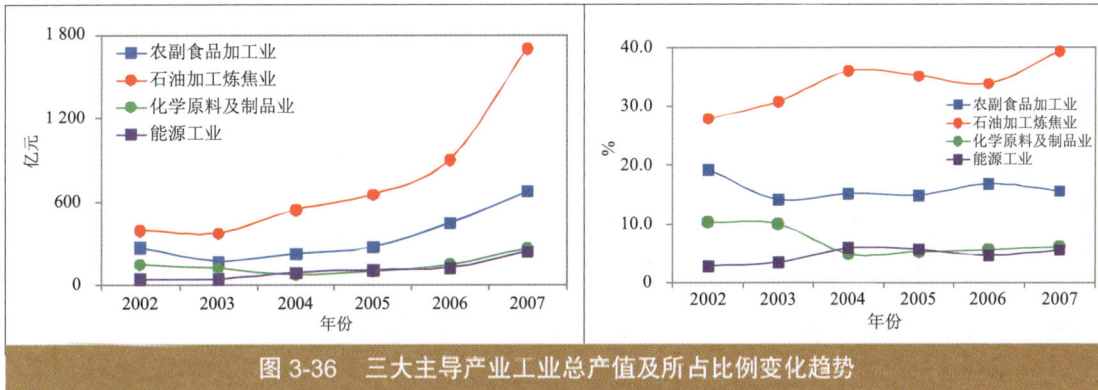

图 3-36　三大主导产业工业总产值及所占比例变化趋势

（5）国家战略和泛珠合作成为经济发展的重要驱动

长期以来，因区域的南疆地位，经济发展缓慢。随着地缘政治的稳定和国家开放开发战略的实施，区域进入稳步发展的时期。第一，国家开放开发战略是区域发展的最大动力。国家将区域定位于"重要国际区域经济合作区"，制定相关优惠政策，大力推动基础设施建设，促进区域快速发展。目前，该区域的开放开发已取得明显成效，2007 年 GDP 达 4 491.38 亿元，增长 18.5%。第二，泛珠合作、珠三角的产业转移是北部湾区域新的发展动力。东部已建设了大型工业园区，以承接珠三角的产业转移；西部、北部也规划了大型产业集聚区，准备承接东部产业转移。随着珠三角产业的持续转移，必将带动区域经济快速崛起。第三，西部大开发政策优势。1999 年西部大开发以来，其政策优势促进了区域的发展，"南北钦防"的 GDP 成倍增长，2007 年是 1999 年的 2.8 倍。随着西部大开发的深入推进，必将进一步带动区域的发展。

3.2.3 产业发展的突出问题

（1）区域经济总量偏低，工业生产效率低

区域的经济总量不高。2007年GDP仅占全国的1.8%，占三省区的11.8%；区域人均GDP为1.4万元，低于全国平均水平1.89万元，远低于珠三角（5.72万元）和长三角（5.58万元）（图3-37）。

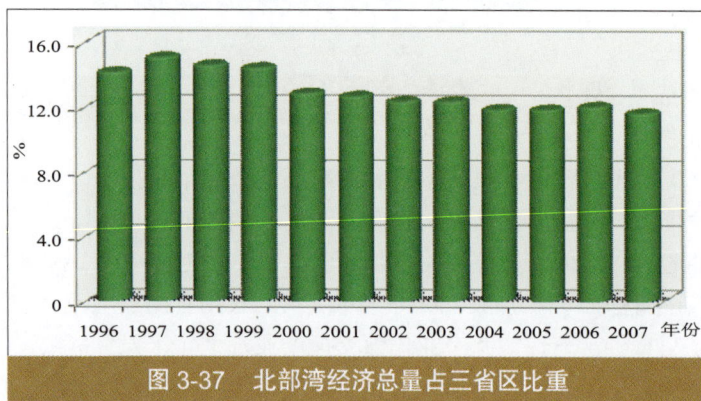

图3-37 北部湾经济总量占三省区比重

区域目前处于工业化初级阶段，工业基础薄弱，以传统产业为主，生产较为粗放，资源利用率低。如钢铁企业有近40家，但以中小企业为主；水泥产能为2 790万t，但70%企业的产能小于30万t/a。同时，区域产业布局分散，集聚度低，造成资源消耗大，污染物排放难以控制。

（2）工业化水平较低，结构不完善

根据人均GDP和钱纳里模型，区域目前正处于工业化起步阶段，低于全国工业化水平（重工业加速发展的工业化中期阶段），工业化水平较低，发展水平落后。同时对既有工业结构的分析表明，区域尚未形成完善的工业体系，产业间发展极不平衡，石化产业一枝独秀，农副食品加工业居次要地位，其余产业比例极低。目前区域缺乏支撑工业化快速推动的主导产业。

（3）生态环境约束较强，资源支撑力较弱

沿海生态保护区和敏感区较密集，产业空间结构向生态敏感区扩展布局的态势明显。同时，区域资源较为缺乏，基本农田保护区分布较多，可利用建设用地紧张。能源探明储量较少，煤、石油、铁矿石等战略性资源匮乏（尤其是煤炭资源），由此带来对产业发展的支撑力较弱，工业化和城镇化的快速发展所需能源有待于依靠区外大量调入。

3.3 重点产业发展战略定位

① 我国沿海经济发展的新增长区域，通过一段时间的快速建设，发展成为我国重要的沿海增长极，完善我国沿海经济带。

② 西部大开发新的战略高地，加快建设成为西南地区对外开放的重要门户和大通道，带动和支撑西部地区加快发展。

③ 参与东盟合作的前沿地带和桥头堡，扩大对外开放，强化区域合作，为深化我国与东盟国家全面合作作出独特贡献。

④ 我国先进的现代化制造业基地，依托区位优势和港口资源，适度发展冶金、石油化工、林浆纸、能源和建材等基础原材料产业，积极发展船舶修造、汽车制造、机械设备制造等现代制造业，加强电子信息、港口物流、休闲旅游等新兴产业发展，打造成我国先进的现代化制造业基地。

⑤ 重要的区域性港口群，依托深水良港和临近东盟的天然优势，打造我国重要的区域性

港口物流基地，发展为大西南地区的出海门户通道。

⑥ 我国南亚热带旅游基地，依托海南热带海岛、北海银滩等丰富旅游资源，加强泛北部湾和东盟的区域合作，打造成我国南亚热带旅游基地。

3.4 重点产业发展趋势及情景分析

按照不同层级在区域的发展愿景与目标进行重点产业发展情景的梳理：

情景一：基于国家战略目标的情景方案，梳理了涉及该区域国家层面的相关规划；

情景二：基于省规划目标的情景方案，梳理了涉及该区域省级以上的相关规划；

情景三：基于地市级发展愿景的情景方案，梳理了涉及该区域地市以上的相关规划；

情景四：基于综合资源环境承载力与生态环境风险安全的建议调控方案，此方案在文中单独叙述。

3.4.1 国家重点发展的战略区域

从全国格局和桂粤琼三省看，北部湾区域一直是我国经济发展的落后地区。2007 年区域 GDP 仅占全国的 1.8%，占桂粤琼总量的 11.7%，比重甚微。

该区域已成为国家大力扶持的重点开发区和战略部署区域。围绕国家意志，粤、桂、琼及其各地市也分别编制了相关发展规划，包括区域规划或振兴规划、工业规划、重点产业规划、行业规划（如港口、石化、燃料乙醇、林浆纸、铝工业、钢铁、能源），加大北部湾区域的发展。这些规划提出，积极发展钢铁、石化、林浆纸一体化、有色金属加工、机械设备制造、能源、制糖业、医药、农产品加工业，构建现代化工业体系。

根据上述规划，区域的钢铁、石化、林浆纸一体化、能源等产业得到了快速推进。部分产业已形成了一定的规模，已形成了茂名、钦州、洋浦、湛江的石化，洋浦、北海的林浆纸，南宁的铝工业，东方的天然气化工等基地；钦州 APP 林浆纸、北海道格拉恩索林浆纸、宝钢湛江千万吨钢铁、武钢防城港千万吨钢铁、中科炼化 1 500 万 t 炼化一体化项目等已落实了项目来源和投资；围绕上述产业集聚区，部分企业已开工生产，湛江东海岛钢铁基地等已经开始进行前期建设；洋浦经济技术开发区、钦州港工业区等已经形成了工业园区的雏形。未来，本区域将很快形成现代化的产业结构与工业体系，经济总量快速提高，远期约能占全国 GDP 的 3.8%，占桂粤琼三省的 21.1%，这将极大地促进区域的崛起，提高区域在全国经济格局中的地位。

3.4.2 "四基地"和"五片区、九重点"的总体发展格局

区域重点产业发展总体呈现为"四基地""五片区""九重点"的宏观发展格局（图 3-38）。

"四基地"指石化基地、钢铁基地、能源基地和林浆纸生产基地。石化成为各地区规划的重点发展产业，从广西的钦州、北海、防城港，到广东的湛江和茂名，再到海南的洋浦和东方，均有石化的规划和布局，形成沿海石化基地；作为支撑体系的煤电产业也在沿海各地均有规划和布局，形成沿海能源基地；防城港和湛江的钢铁产业形成大型钢铁基地；北海、钦州及洋浦的林浆纸一体化造就了大型林浆纸产业基地。"四基地"成为区域发展的战略方向。

"五片区"指北部、西部、中部、东部和南部五大板块。北部是广西产业调整的主要地区，重点发展精细化工、火电、制糖、建材业和铝型材；西部是广西的重点开发区域，重点

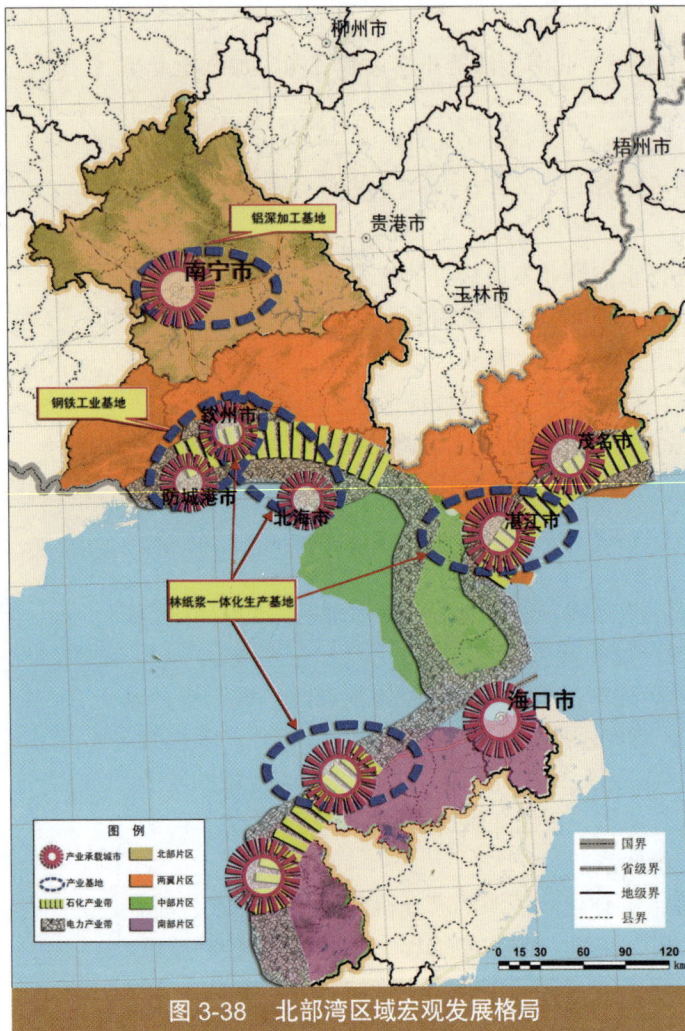

图3-38　北部湾区域宏观发展格局

表3-5　区域重点产业发展情景

行业	现状		中期	远期
	2007	2010		
原油加工量/万t	2 710	3 160	6 000～9 000	12 800
乙烯生产量/万t	100	100	370～500	700
钢铁/万t	290	1 290	3 000	6 500～8 000
纸浆/万t	150	210	380～430	760
能源/万kW	820	898	2 500～3 200	4 400～5 200
制糖/万t	320		420	430
水泥/万t	3 000		3 000～4 200	4 200
浮法玻璃/万重箱	136		300	440

注：1. 中期栏的低数值为情景一的规模数值，高数值为情景二和三中的最大值；远期栏因国家规划中无具体规模数值，因此其中的数值为情景二和情景三的规模数值；
　　2. 2010年现状值为区域内已建及在建项目产能总和。

发展石化、钢铁、林浆纸、能源、修造船和港口物流业；东部是广东的振兴区域，重点发展石化、钢铁、林浆纸、能源等；南部是海南工业发展的主要承载区，重点发展石化、林浆纸、能源、汽车制造、农产品加工业。

"九重点"指"南、北、钦、防""湛、茂"和"海口、洋浦、东方"等九个重点发展区，承担着区域的具体产业布局和发展。综合来看，各板块虽有不同的重点发展产业，规模也不同，但仍存在一定的产业雷同现象，尤其表现为石化、火电的分散布局，而林浆纸一体化的分布也较为分散。

3.4.3 区域工业化进程快速推进，重化工业将以数倍规模扩张

长期以来，区域主导传统工业包括：石油加工、农副食品加工、能源、化工、建材、造纸、铝工业、纺织等。按照桂粤琼三省及地方发展规划，各城市的发展定位透视出强烈的重化工业发展趋向，区域主要发展战略方向为重化工业，包括钢铁、石化、林浆纸一体化、能源（火电、核电）、铝型材、船舶修造、建材业（水泥和玻璃）。通过发展，将区域打造成为"我国新兴的大型林浆纸一体化产业基地""国家级临海石化产业基地""沿海大型钢铁工业基地""沿海大型的船舶修造基地"。

区域中期和远期重点产业发展情景见表3-5，其中情景三见图3-39、图3-40。区域远期将形成约1.28亿t原油、0.8亿t钢铁、760万t纸浆和1 067万t造纸、5 200万kW电力等规模。其中，炼油、乙烯、钢铁、纸浆、能源等分别比2007年扩张4.7倍、7.0倍、27倍、5.0倍、5.3倍以上。未来区域的经济体系将呈现明显的重化工业结构特征，并迅速推进其工业化进程。

图 3-39　北部湾区域中期重点产业发展情景　　　　图 3-40　北部湾区域远期重点产业发展情景

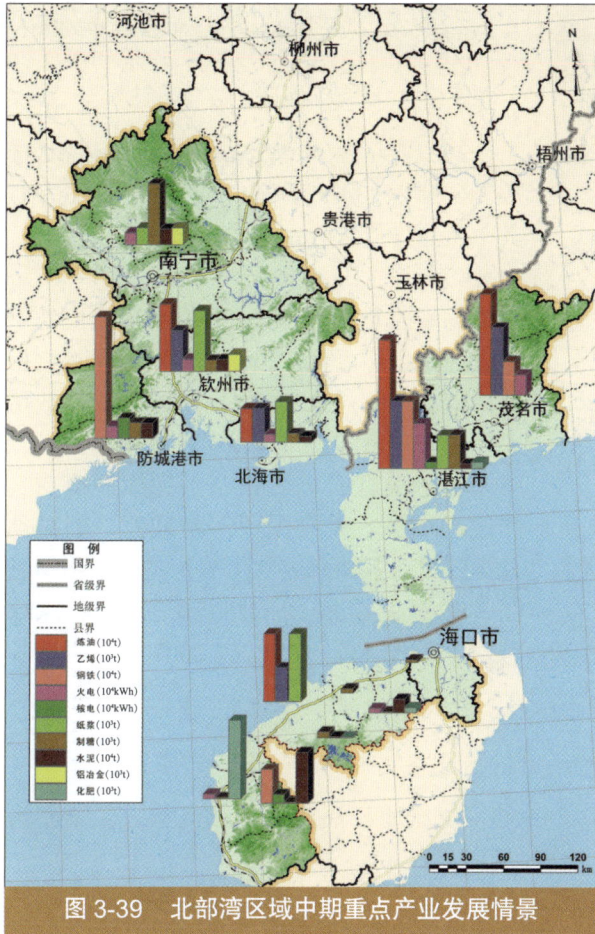

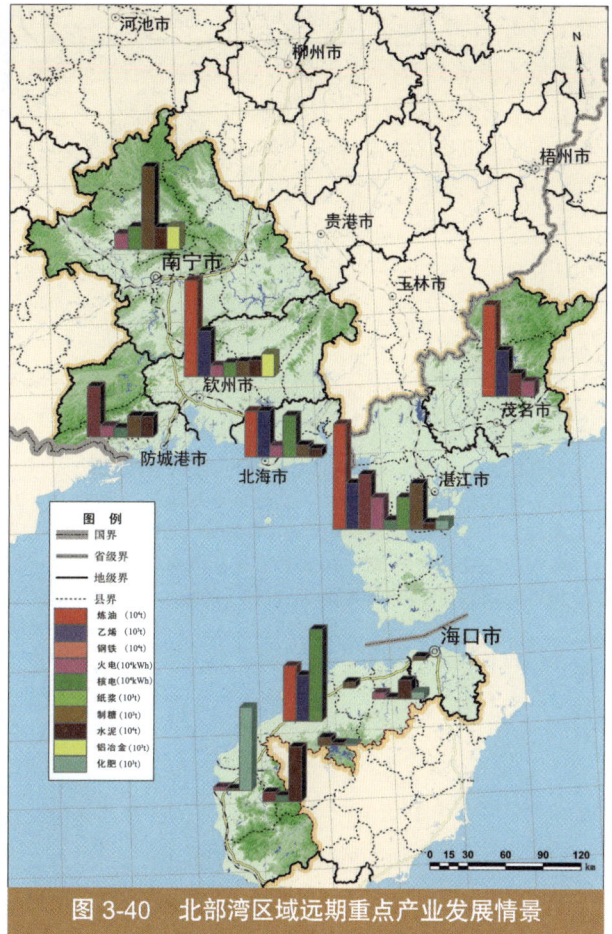

3.4.4　发挥深水良港的资源优势，建设我国重要区域性港口群

北部湾沿海具有建设优良深水港口的自然条件。北部湾区域是我国大西南地区的战略通道和门户地区，承担着大西南地区与国内外经济交流的重要任务。各类规划梳理表明，区域的港口群由粤西、广西沿海、海南港口组成，以湛江、防城港、海口港为主，相应发展茂名、北海、钦州、洋浦、八所等港口，重点从事集装箱运输、石油、天然气、铁矿石、粮食等大宗货物运输。中期其港口群的吞吐量为 5.9 亿 t，远期将达 7.88 亿 t，码头岸线总长为582.15 km，包括深水岸线 372.81 km。

3.5　规划人口及城镇化率分析

根据区域各省区和地级市的城市总体规划、城镇规划等，区域相关城市规划人口及城市化率见表 3-6。

表 3-6 区域重点城市发展规划				
城市	规划人口 / 万人		城市化率 /%	
	2015 年	2020 年	2015 年	2020 年
南宁	690～710	780～800	48～52	60～65
北海	230	380	68	84
钦州	353	370	40	52
防城港	135	180	66	71
湛江	870	920	60	65
茂名	733	805	53	58
海口	200	250	72	80
合计	3 211～3 231	3 685～3 705	40～72	52～84

注：表中数据来源于北海市城市总体规划（2008—2020）、南宁市城市总体规划（2008—2020）、防城港市城市总体规划（2008—2020）、广西北部湾经济区城镇群规划（2008—2020）、茂名市城市总体规划（2008—2020）、湛江市城市总体规划（2005—2020）、海口市城市总体规划（2008—2020）。

3.6 资源环境压力和效率分析

3.6.1 大气环境压力

2007 年，区域 SO_2、NO_x、PM_{10} 现状排放量分别为 23.41 万 t、22.88 万 t、16.41 万 t，其中工业排放量分别为 22.47 万 t、13.48 万 t、14.85 万 t。

总量控制指标方面，SO_2 排放量尚低于总量控制指标限值，但东部超过总量控制指标，南部才有盈余；NO_x、PM_{10} 各市排放量总体尚在环境容量可承受范围之内。

考虑现有火电机组全部完成脱硫 90% 和脱硝 80%、重点工业污染减排，削减部分排放量，各情景方案大气污染物净增量见图 3-41 至图 3-43。中期情景三 SO_2、NO_x、PM_{10} 较 2007 年分别增长 19.3%、67.3%、41.5%，远期 SO_2、NO_x、PM_{10} 较 2007 年分别增长 63.0%、135.7%、73.7%。

3.6.2 地表水环境压力

根据 2007 年全国污染源普查数据，区域 COD、氨氮和石油类现状入河排放量分别为 36.18 万 t、2.64 万 t 和 186.1 t。

对区域生活型污水实际有效处理率取："较理想情形"，中期达 65%、远期达 75%；"不理想情形"，按 2007 年处理水平，同时考虑 2008 年和 2009 年减排贡献。

"较理想情形"：区内 COD 与氨氮入河量实现增产减污，石油类入河量上升。中期情景三 COD、氨氮较 2007 年分别下降 13.6%、20.1%，石油类较 2007 年上升 29%；远期情景三 COD、氨氮入河量较 2007 年分别下降 13.3%、14.9%，石油类上升 42.5%（图 3-44 至图 3-46）。

"不理想情形"：区内 COD 与氨氮入河量大幅上升。情景三 COD 和氨氮，中期较 2007 年分别上升 17.1%、23.9%；远期较 2007 年分别上升 39.1%、58.8%（图 3-47 至图 3-48）。

3.6.3 海洋环境压力

根据 2007 年全国污染源普查数据，区域 COD、氨氮和石油类现状入海排放量分别为 15.58 万 t、1.36 万 t 和 160.8 t。

对北部湾区域生活型污水实际有效处理率取："较理想情形"，中期达 65%、远期达 75%；"不理想情形"，按 2007 年处理水平，同时考虑 2008 年和 2009 年的削减贡献。

"理想情形"：区内主要污染物入海量明显持续上升。情景三 COD、氨氮和石油类，中期较 2007 年分别增加 23.5%、30.1% 和 152.8%；远期较 2007 年分别增加 45.9%、57.3% 和 230.6%（图 3-49 至图 3-51）。

"不理想情形"：区内主要污染物入海量显著上升。情景三 COD、氨氮和石油类，中期较 2007 年分别增长 30.1%、57.9% 和 152.8%；远期较 2007 年分别增长 57.3%、95.7% 和 230.6%（图 3-52 和图 3-53）。

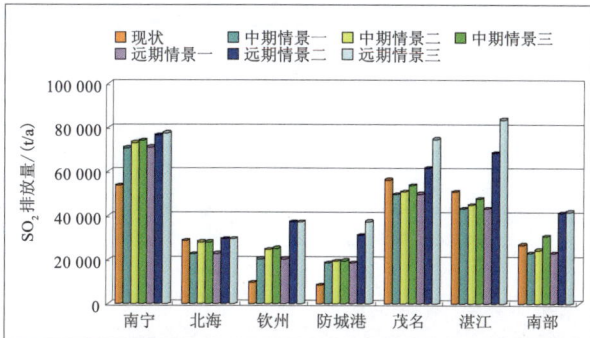

图 3-41　SO₂ 现状排放量及各情景下总排放量

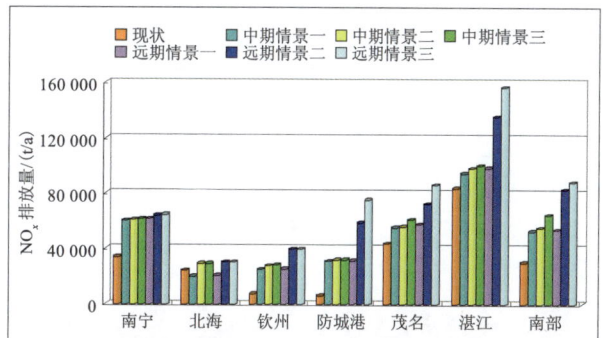

图 3-42　NOₓ 现状排放量及各情景下总排放量

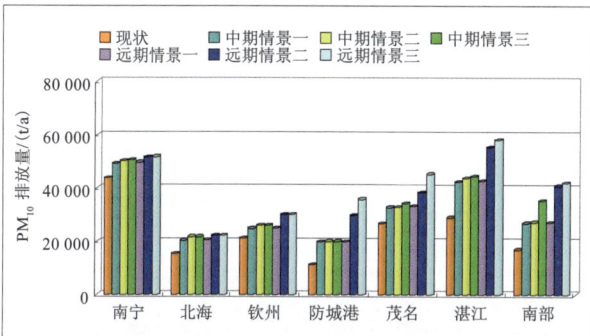

图 3-43　PM₁₀ 现状排放量及各情景下总排放量

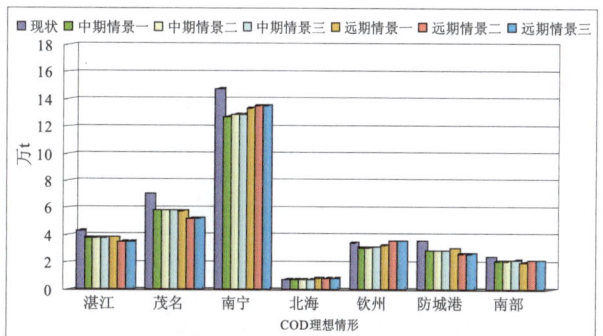

图 3-44　COD 现状及"理想情形"各情景下
入河总排放量

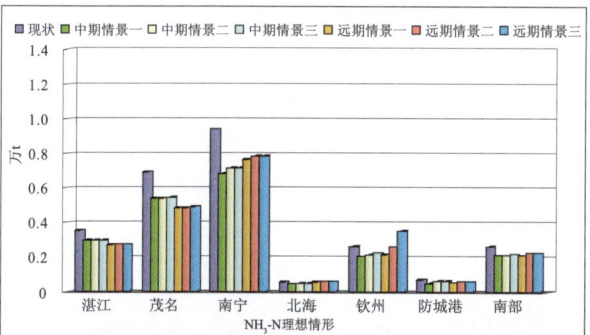

图 3-45　氨氮现状及"理想情形"各情景下
入河总排放量

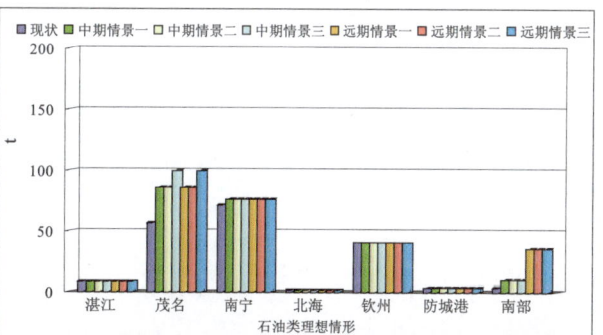

图 3-46　石油类现状及各情景下入河总排放量

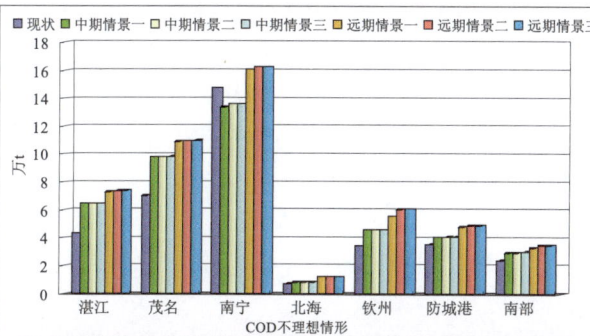

图 3-47　COD 现状及"不理想情形"各情景下
入河总排放量

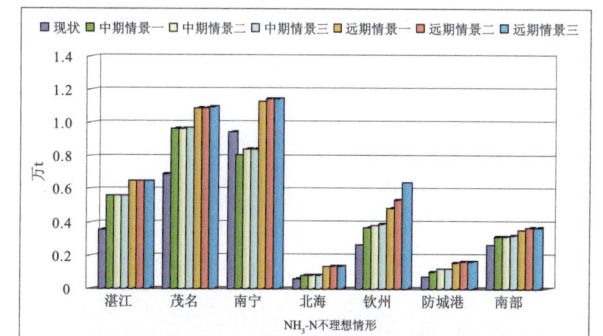

图 3-48　氨氮现状及"不理想情形"各情景下
入河总排放量

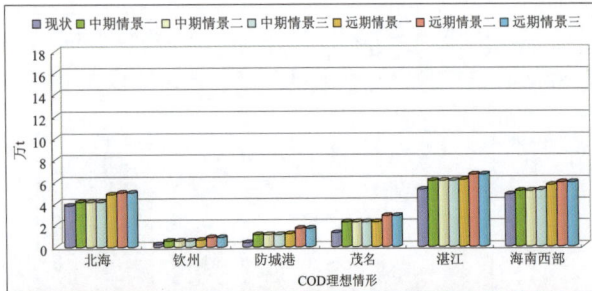

图 3-49   COD 现状及"理想情形"各情景下入海总排放量

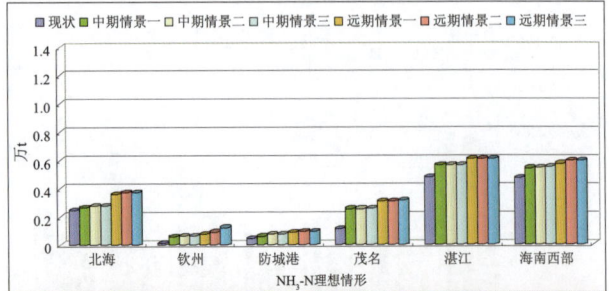

图 3-50   氨氮现状及"理想情形"各情景下入海总排放量

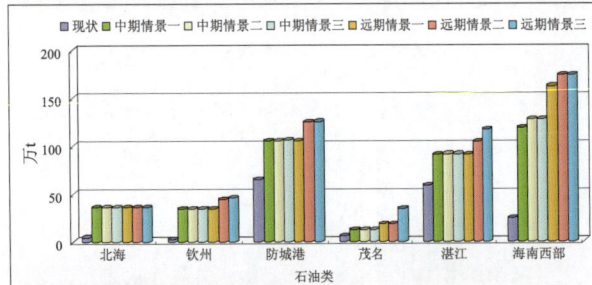

图 3-51   石油类现状及各情景下入海总排放量

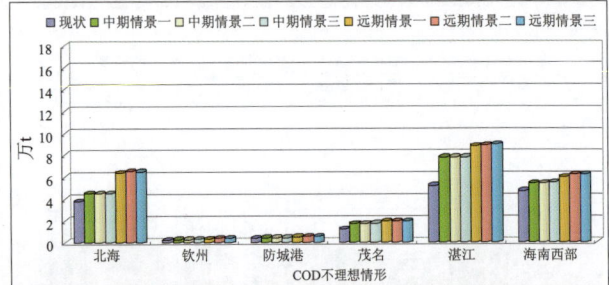

图 3-52   COD 现状及"不理想情形"各情景下入海总排放量

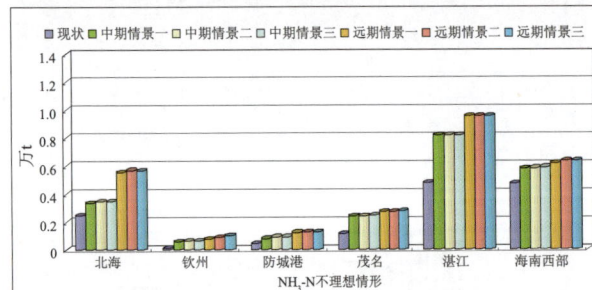

图 3-53   氨氮现状及"不理想情形"各情景下入海总排放量

3.6.4 陆地生态系统压力

区域长期林业资源的开发利用，造成林业资源总量不足，树种单一，森林资源质量变差。人工桉树林种植规模逐年增大，种植经营过程中监管不利，局部区域出现生物多样性降低、水土流失、生态服务功能下降。土地利用方式改变，工业用地比例增大，生态用地减少，土壤环境质量局部出现重金属污染，将进一步加剧现有陆地生态系统的压力。

陆地生态影响的规划重点产业有：林浆纸一体化造林、生物能源产业种植，产业集聚区以及配套的交通物流等基础设施等。

林浆纸产业原料基地：区域远期规划浆纸林基地面积约 10 047 km²，占整个区域林业用地约 23%，占商品经济林面积约 42%。其中广西北海地区浆纸林规划规模占商品林比例将高达 98%，南宁和钦州地区将达 50%，广东湛江地区达约 56%。大量的经济林地被占用，将不得不挤占热带亚热带其他经济林的用地，由此带来生态系统类型结构单一化、生物多样性降低、水源涵养功能减弱、土壤环境改变等生态影响和压力。

生物能源产业：木薯作为生物质能产业主要原料，大部分利用垦荒及坡地等粗放种植，部分占用农业用地。根据规划规模分析，远期年木薯规划种植面积 8 430 km²，占耕地面积的 30.7%。主要生态压力表现为耕地占用、土壤环境质量肥力降低。

产业聚集区和交通基础设施建设：集聚区和交通设施建设带来的生态影响主要集中在土地利用方式的改变（原有用地性质变为工业用地）、土地资源的占用、生物栖息地等生境的破碎化、视觉景观的改变、土壤污染等。

3.6.5　沿海生态系统压力

北部湾区域大规模的开发模式将引发大规模的港口、工业用地等填海和航道挖掘，导致沿海重要生态功能单元面积减少、功能退化、景观破碎、海防林断带等诸多生态问题。

（1）岸线资源利用压力

2020年区域规划码头岸线总长582.15 km，较现状58.4 km将增加9倍。规划港口岸线和填海利用岸线长度与非敏感性岸线长度的比值表明：本区域港口规划利用岸线压力最高为0.27，是规划填海利用岸线压力的5～6倍，岸线利用压力主要来自于港口规划；其中，茂名市和儋州市的岸线利用压力较高，高出区域平均岸线利用压力一倍以上（表3-7）。

（2）滩涂资源利用压力

按照海洋功能区划和相关填海规划，本区规划填海占用滩涂面积约25 158 hm²，其中广西片区占区域的82%。利用填海占用滩涂面积与相应的行政区滩涂面积的比值表征经济区岸线资源利用压力。填海利用压力茂名市和钦州市较高（表3-8、表3-9）。

3.6.6　土地利用压力

用建设用地预测需求量与规划新增量的比值表征三种情景下区域土地利用的压力（表3-10）。情景一，中期和远期压力总体较低；情景二，远期压力总体较高；情景三，中期和远期压力总体较高。

3.6.7　水资源压力

2007年区域水资源开发利用率为23.22%，略高于全国平均水资源开发利用率，低于珠三角水平（表3-11）。

未来需水量明显增加。按常规预测，中期50%来水保证率的毛需水预测量分别为213.28亿 m³和237.64亿 m³，远期90%来水保证率的毛需水预测量为239.45亿 m³和263.51亿 m³。

表 3-7　区域各市县岸线利用压力分析

| 地区 | 港口规划利用岸线压力 | 填海利用岸线 | | |
		海洋功能区划中填海利用岸线压力	其他规划中填海利用岸线压力	扣除重复岸线综合利用岸线压力
北部湾区域	0.27	0.04	0.03	0.05
湛江	0.24	—	0.03	0.03
茂名	0.70	—	—	—
北海市	0.36	0.13	0.11	0.13
防城港市	0.35	0.14	0.01	0.14
钦州市	0.18	0.02	0.02	0.02
海口市	0.06	—	—	—
澄迈县	0.36	—	—	—
临高县	—	—	—	—
儋州市	0.58	—	—	—
昌江县	—	—	—	—
东方市	0.09	—	—	—
乐东县	—	—	—	—

表 3-8　区域主要填海利用滩涂情景　　单位：hm²

地区	海洋功能区划中填海面积	其他规划中填海面积	扣除重复及已填海区域后总填海面积
湛江市	—	1 858	1 856
茂名市	—	2 856	2 671
北海市	3 812	4 192	5 182
防城港市	8 888	992	8 851
钦州市	1 859	7 009	6 507
儋州市	—	95	91
北部湾区域	14 559	17 002	25 158

表 3-9　区域主要市县滩涂利用压力分析

地区	海洋功能区划中填海利用滩涂压力	其他规划中填海利用滩涂压力	扣除重复区域综合利用滩涂面积压力
北海市	0.066	0.066	0.080
防城港市	0.093	0.009	0.095
钦州市	0.079	0.173	0.173
湛江	—	0.014	0.014
茂名	—	0.209	0.209
北部湾区域	0.033	0.044	0.057

情景三，区域高耗水重点产业（二级产品，下同）需用水量中期和远期分别达到 11.69 亿 m^3 和 16.22 亿 m^3，与现状年 3.53 亿 m^3 相比，高耗水重点产业需水量分别增加 8.16 亿 m^3 和 12.69 亿 m^3，占同期总需水量增长量的比例分别为 42.78% 和 32.47%。中期和远期总需水量增长的主要原因是人口增长和工业快速发展，而高耗水重点产业对总需水量增长的贡献最大。

表 3-10 区域规划年建设用地预测需求量与规划新增量的比值

地区	中期			远期		
	情景一	情景二	情景三	情景一	情景二	情景三
北部湾区域	0.87	0.97	1.05	0.89	1.07	1.32
湛江市	0.78	0.84	0.91	0.82	0.93	1.06
茂名市	1.36	1.47	1.81	1.43	1.61	2.27
南宁市	1.05	1.21	0.93	1.06	1.35	1.13
北海市	0.66	0.77	1.12	0.69	0.87	1.62
防城港市	0.72	0.83	1.25	0.69	0.88	1.75
钦州市	0.60	0.69	0.86	0.60	0.76	1.18
海口市	1.33	1.54	1.42	1.33	1.68	1.56
澄迈县	0.47	0.55	0.68	0.48	0.62	0.87
临高县	0.54	0.63	0.62	0.56	0.71	0.69
儋州市	0.32	0.37	0.43	0.33	0.42	0.53
昌江县	0.68	0.78	0.79	0.68	0.86	0.91
东方市	0.45	0.52	0.82	0.47	0.59	1.28
乐东县	0.26	0.31	0.44	0.28	0.35	0.63

表 3-11 区域高耗水重点产业需水情况   单位：万 m^3

产业形式	二级产品	现状	2015 年			2020 年		
			情景一	情景二	情景三	情景一	情景二	情景三
石油化工业	炼油	0.56	0.92	1.11	1.29	0.62	1.18	1.18
	乙烯	0.02	0.06	0.07	0.08	0.04	0.07	0.07
钢铁工业	钢铁	0.07	0.42	0.45	0.45	0.28	0.65	0.70
林浆纸一体化	纸浆	0.31	0.89	0.96	1.24	0.89	1.83	1.83
	纸浆（蔗浆）	0.10	0.14	0.15	0.15	0.14	0.15	0.15
	纸浆（竹浆）	0.01	0.06	0.10	0.10	0.06	0.10	0.10
	造纸	0.38	1.97	2.01	2.01	1.31	3.20	3.20
铝冶金	电解铝	0.00	0.03	0.03	0.03	0.03	0.03	0.03
	氧化铝	0.00	0.13	0.13	0.13	0.13	0.13	0.13
	铝型材	0.05	0.43	0.43	0.44	0.43	0.44	0.44
天然气化工	复合肥	0.10	0.22	0.22	0.22	0.15	0.25	0.25
	尿素	0.13	0.12	0.12	0.12	0.11	0.11	0.11
能源工业	火电	1.80	3.82	4.14	4.37	3.28	4.92	6.20
	核电	0.00	0.67	1.07	1.07	0.57	1.83	1.83
合计		3.53	9.87	10.99	11.69	8.02	14.88	16.22

3.6.8　区域能源需求分析

（1）区域能源发展现状

2007 年，桂、粤、琼三省区能源生产总量和能源消耗总量分别为 5 469.78 万 t 标煤和 24 496.94 万 t 标煤，三省区能源生产总量仅占能源消耗总量的 18.82%。

区域能源消耗总量为 4 233.32 万 t 标煤，占三省区能源消耗的比例为 14.57%；煤炭、石油、水电、天然气、其他消耗分别占区内能源消耗的 45.2%、32.0%、10.8%、6.0%、5.6%。电源结构方面，区域发电机组大部分为燃煤机组。

（2）区域能源需求预测

按照能源发展适度超前经济发展的原则，中期之前区域能源消费需求按经济发展实际可能达到年均增长 8.5% 考虑，中期至远期按 6.0% 考虑，综合考虑产业结构调整、人民生活水平、技术进步和节能降耗等因素，区域能源需求情况见表 3-12。

表 3-12　区域能源需求预测			
	2007 年	中期	远期
地区生产总值 / 亿元，2007 年价	4 491.38	9 627.66	14 146.2
能源消费总量 / 万 t 标煤	4 233.32	8 130.54	10 880.49
煤炭 / 万 t 标煤	1 911.44	3 821.34	4 896.22
石油 / 万 t 标煤	1 355.27	2 438.62	3 045.86
天然气 / 万 t 标煤	252.03	650.45	1 088.04
万元 GDP 能耗 /t 标煤，2007 年价	2.88	2.58	2.35
全社会用电量 / 亿 kWh	363.6	658.11	1 089.16
北部湾区域装机规模 / 万 kW	781.4	1 706.46	2 824.18

3.6.9　资源环境效率分析

（1）现状资源环境效率分析

区域能源利用效率、大气污染排放强度优于全国平均水平，主要资源环境效率问题集中在现状水资源利用效率低和单位工业增加值水污染物排放强度突出。万元 GDP 水耗、单位工业增加值水耗分别为 341 m^3、118 m^3，均劣于全国平均水平，单位工业增加值 COD 排放强度 14.8 kg，在五大区中排放强度最大，约为全国平均水平的 3.3 倍。可见，为满足未来的清洁生产需求，提高水资源利用效率的要求迫切。

（2）未来资源环境效率要求

区域中期规划重点产业石油炼制、钢铁和林浆纸的资源环境效率水平较现状有较大提升，达到国内清洁生产一级水平，基本达到目前国内先进水平。

规划的石油炼制行业综合能耗、新鲜水耗量（炼油装置新水消耗量 0.59 m^3/t）均低于石油炼制行业国内清洁生产一级水平，工业废水产生量以及各类污染物的排放量均优于国内清洁生产一级水平。

规划的防城港钢铁基地项目和湛江钢铁基地项目的单位产品综合能耗（单位产品综合能耗水平 646.4 t 标煤）和新鲜水用耗量均低于钢铁行业国内清洁生产一级水平，单位产品 COD、SO_2、烟尘排放量均优于国内清洁生产一级水平。

林浆纸行业中规划的洋浦本色木浆项目和北海漂白木浆项目资源环境效率水平均达到国内清洁生产一级水平。

4 区域资源环境承载力评估

4.1 区域大气环境容量及其承载力时空变化分析

4.1.1 大气环境容量总体上还有利用空间，有条件支撑产业发展

（1）大气环境容量"南、钦、湛、茂"较大

分别采用 A 值法和规划法计算大气环境容量，遵从保护良好环境、从严控制污染的原则，采用其中的最小值—A 值法结果用于承载力分析。区域总大气环境容量 SO_2 为 71.2 万 t/a，NO_x 为 94.0 万 t/a，PM_{10} 为 84.0 万 t/a（图 3-54）。

（2）现状大气环境承载度总体尚较低

现状大气环境承载度呈现"西部松、其他区域相对偏紧"的特点（图 3-55）。

4.1.2 未来氮氧化物承载力将是本区最主要的大气制约指标

（1）大气环境承载力有条件地支撑产业发展

考虑不可预见性和相关产业占用，对重点产业，大气环境承载度按 60% 控制使用。中期和远期情景的大气环境承载度分析结果见图 3-56 至图 3-59。未来大气污染物将呈大幅度增加趋势，大气环境承载能力消耗很快，如不严格控制，则区域大气环境将不堪负荷。

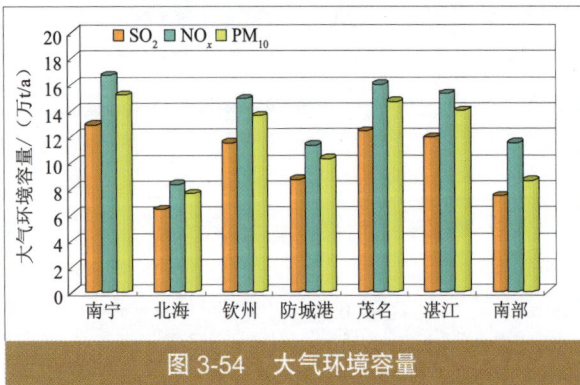

图 3-54 大气环境容量

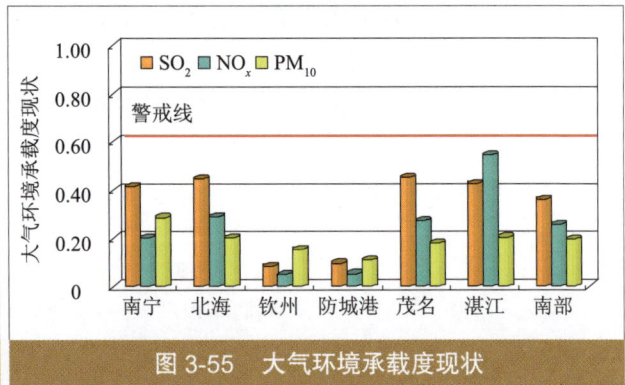

图 3-55 大气环境承载度现状

图 3-56 中期各情景下 SO_2 大气环境承载度

图 3-57 中期各情景 NO_x 大气环境承载度

图 3-58　远期各情景下 SO₂ 大气环境承载度

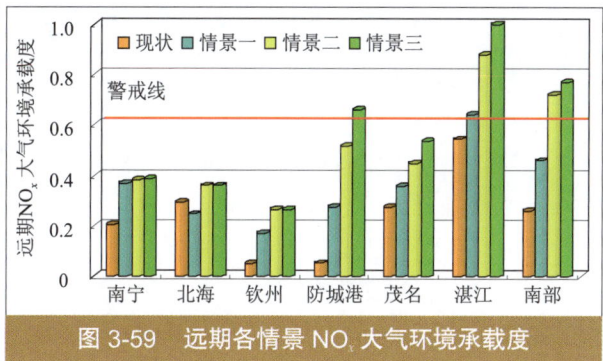

图 3-59　远期各情景 NOₓ 大气环境承载度

中期大气环境承载度：所有地区的 SO_2 承载度在各种景下都低于 0.6。湛江的 NO_x 承载度在情景一时接近 60% 警戒线，情景二、情景三略超过 60% 警戒线，需要适当减少排放 NO_x 产业的发展规模；其余地区各种情景下的 NO_x 承载度都低于 0.6，大气环境承载力可以支撑中期情景一、情景二、情景三发展规模。

远期大气环境承载度：在情景三：湛江的 SO_2 承载度明显超过 60% 警戒线，需要减少排放 SO_2 产业的发展规模；在情景二和情景三，海南的 SO_2 承载度略超 60% 警戒线，需要适当减少排放 SO_2 产业的发展规模。在情景一，湛江的 NO_x 承载度略超 60% 警戒线，需要适当减少排放 NO_x 产业的发展规模；在情景二和情景三，湛江、南部和防城 NO_x 承载度都明显超 60% 警戒线，需要较大幅度减少排放 NO_x 产业的发展规模。

（2）各情景方案下 NO_x 超警戒线情况

各方案大气污染物预测与容量计算分析结果见表 3-13。中期南部、湛江的 NO_x 环境容量利用率将超 60% 警戒线。远期防城港、湛江、南部需削减量分别为 7 120.1 t/a、64 538.9 t/a、19 018 t/a，削减率分别为 18.1%、41.3%、21.6%。

表 3-13　区域各情景方案下 NOₓ 剩余环境容量与超警戒线情况

地市	容量/万 t	警戒线/万 t	2007 年 /t	中期 /t			远期 /t		
				低	中	高	低	中	高
南宁	16.7	10.02	66 210	39 902	39 291	38 652	38 745	36 373	35 733
北海	8.3	4.98	25 442	29 905	20 550	20 550	29 233	19 704	19 704
钦州	14.9	8.94	82 102	64 439	61 740	60 980	64 148	49 866	49 866
防城	11.3	6.78	61 749	36 886	35 913	35 857	36 592	9 327	− 7 120
茂名	16	9.60	52 410	40 875	40 232	35 429	38 704	24 151	10 044
湛江	15.3	9.18	8 172	− 2 486	− 6 149	− 8 067	− 6 351	− 43 047	− 64 539
南部	10.9	6.90	39 077	16 548	14 289	4 732	15 595	− 13 775	− 19 018
区域	93.4	56.4	335 162	226 070	205 866	188 133	216 666	82 598	24 670

注：以各地 NO_x 环境容量的 60% 作为警戒线指标，"−"表示需要削减的 NO_x 排放量。

4.2 主要纳污河段环境容量及其承载力时空变化分析

4.2.1 主要纳污河段水环境容量较小，小东江超载突出

区域重点产业沿河布局主要分布在南宁的邕江（南宁高新技术产业开发区、南宁经济技术开发区、江南工业园、明阳工业园、良庆工业区）、郁江（南宁六景工业园），茂名的小东江（河西工业园），海南的昌江（昌江工业区）。

根据主要产业集聚区纳污河段地表水环境容量的核定结果（图 3-60 至图 3-63），2007 年，小东江高州北酒—石碧段 COD 和氨氮环境容量超载突出，COD 和氨氮超载倍数分别为 5.1 倍和 2.0 倍。南部的昌化江、石碌河和北部的邕江、郁江等重点产业集聚区的纳污河段 COD 和氨氮环境容量尚未超载。

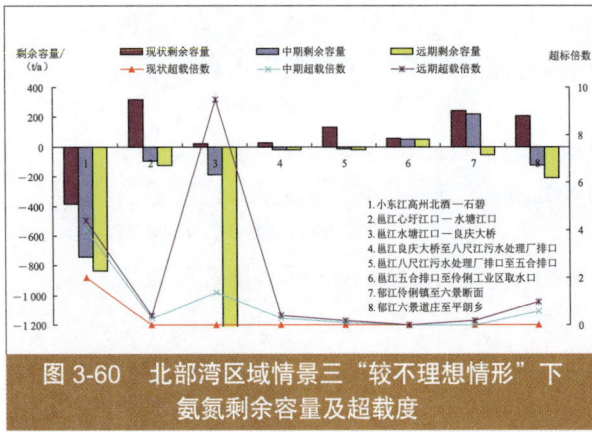

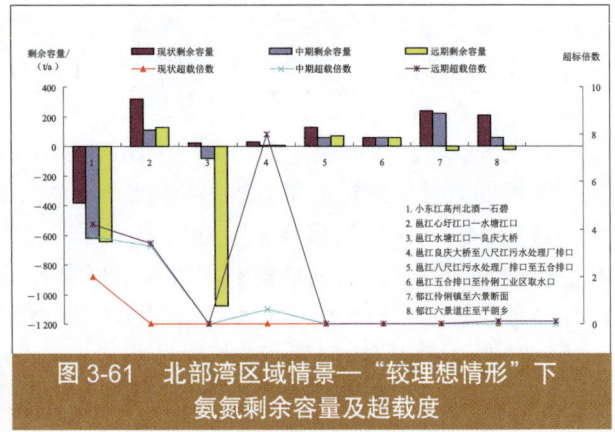

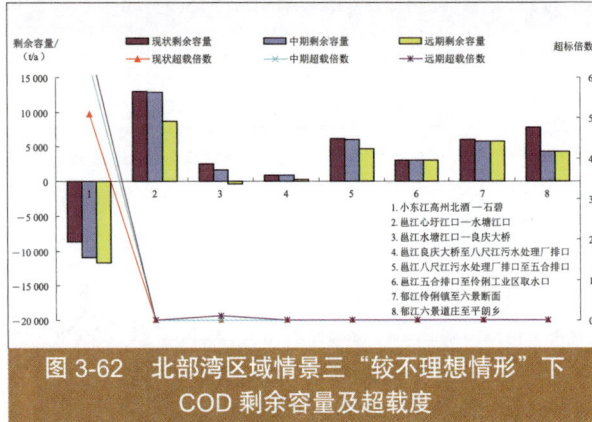

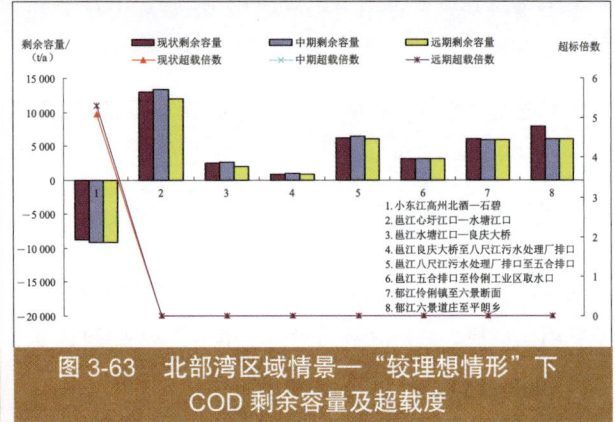

图 3-60 北部湾区域情景三"较不理想情形"下氨氮剩余容量及超载度

图 3-61 北部湾区域情景一"较理想情形"下氨氮剩余容量及超载度

图 3-62 北部湾区域情景三"较不理想情形"下 COD 剩余容量及超载度

图 3-63 北部湾区域情景一"较理想情形"下 COD 剩余容量及超载度

4.2.2 未来主要纳污河段承载力的超载将逐渐加重

考虑资源环境效率达到国内先进水平和近年减排成果、在区域生活污水处理为"较理想情形"，按照中远期情景二和情景三，主要纳污河段剩余环境容量普遍消耗亏空，未来少数河段超载严重。其中，小东江的高州北酒—石碧段，环境容量超载倍数 COD 为 5.4、氨氮为 3.5；邕江的水塘江口—良庆大桥段，氨氮超载倍数为 9.5；伶俐镇至六景断面，氨氮超载倍数为 0.2；郁江的六景道庄至平朗乡段，氨氮超载倍数为 1.0；石碌河石碌污水处理厂至叉河口，氨氮超载。但其余主要纳污河段 COD 容量尚有剩余。

4.3 海域排污区环境容量及其承载力时空变化分析

4.3.1 排污区环境容量基本满足发展要求，但部分海域受无机氮限制明显

（1）降解环境容量的指示性分布呈现南高北低、东高西低的特征

近岸海域单位面积水体对污染物的静态降解能力计算表明，南部琼州海峡及海南岛西部近岸海域的最大，东部的湛江和茂名近岸海域的排列第二，西部的防城港市近岸海域排列第三，钦州市近岸海域排列第四，北海市近岸海域位列最后。

（2）排污区海域环境容量东西两翼和南部的西北岬角较大

海洋模式建立与验证：北部湾海域的海流、水质模拟预测采用大、小区模型嵌套技术。南海大区的数值研究模拟区域选为：99°00′E～125°00′E，0°00′N～25°00′N，水平分辨率为1/6°×1/6°；垂直方向分25层，上层和底层加密；预报计算采用改进的ECOM-sed同化数值模式进行，其四个开边界分别设于卡里马塔海峡、吕宋海峡东南部、台湾岛东北部和台湾海峡。环北部湾小区三维海流、水质预测计算采用MIKE3 FM模式，大区输出的流（温、盐）数据作为小区边界输入。选取2005年1—2月、9月的实测海流和潮位资料验证结果总体较好。

排污区容量计算与结果：根据2001—2007年（海南至2008年）各水期污染物平均浓度变化，方法上取排污区临近站位近三年各水期监测平均浓度值中的最大值，并结合2007年北部湾近岸海域不同水期的浓度空间分布，综合确定不同排污区不同控制边界上的背景浓度。以排污功能区边界、外围海域高功能区边界和生态敏感目标要求的水质标准为约束，判断排污区控制边界模拟增值浓度叠加相应背景浓度后的水质目标符合性，并调整得出排污区环境量值。对于可能出现临近排污区相互影响的情形，则首先保证主要排污区的环境容量，其次保证现状实际排污的容量需求，最后优化出各分海区组合的最大环境容量。主要排污区环境容量计算结果见图3-64至图3-67。

排污区环境容量由大到小排前五位的为：COD为洋浦经济开发区排污区、防城港企沙工业区排污区、博贺港东南面排污区、钦州市三墩排污区、北海铁山港工业区排污区；无机氮为洋浦经济开发区排污区、博贺港东南面排污区、防城港企沙工业区排污区、红坎污水处理厂排污区、钦州市三墩排污区；石油类为博贺港东南面排污区、洋浦经济开发区排污区、红坎污水处理厂排污区、防城港企沙工业区排污区、湛江临港工业区排污区。

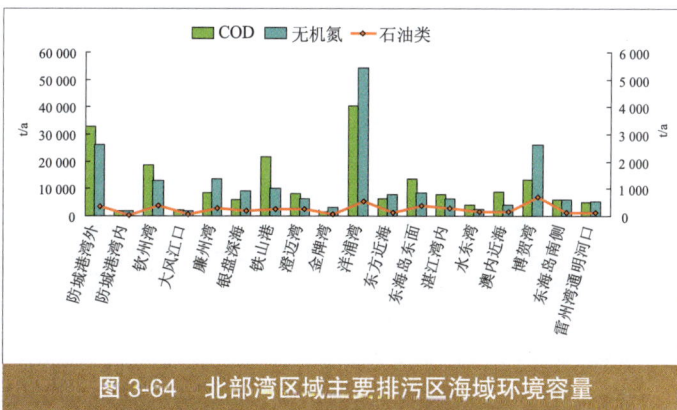

图 3-64　北部湾区域主要排污区海域环境容量

注：COD对应左坐标轴，无机氮和石油类对应右坐标轴。

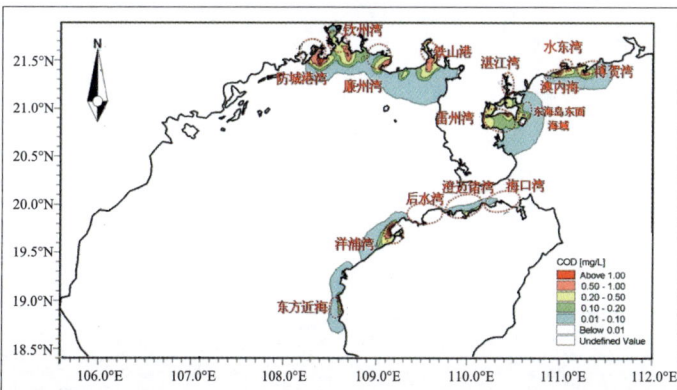

图 3-65　北部湾区域主要排污区海域 COD 容量计算浓度增值最大包络范围

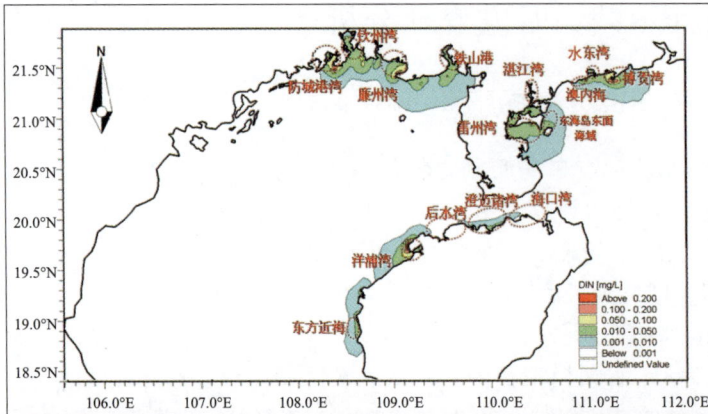

图 3-66 北部湾区域主要排污区海域无机氮容量计算浓度增值最大包络范围

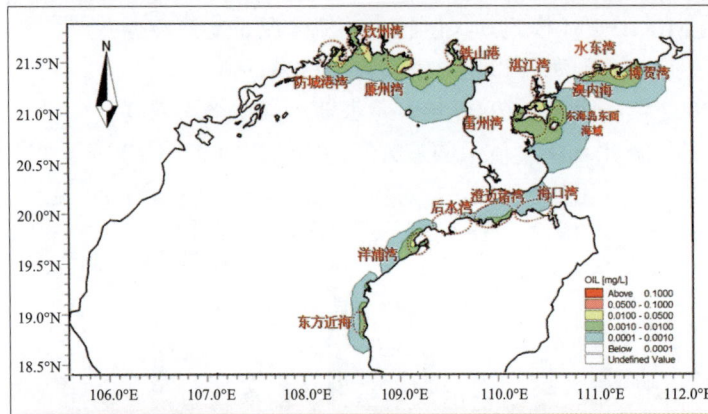

图 3-67 北部湾区域主要排污区海域石油类容量计算浓度增值最大包络范围

4.3.2 主要纳污海域环境容量基本满足中期方案，但远期个别海域超载较严重

考虑排污冲击负荷及不可预见性，排污区海域环境容量按 80% 控制使用。

在"较理想情形"（表 3-14）：中期，湛江湾内、廉州湾和澳内近海三个产业集聚区排污海域出现无机氮超载；远期，增加铁山港、钦州湾二个排污区海域无机氮超载。需减小上述 5 个纳污海域附近产业集聚区的发展规模或调整产业结构，使其水污染物排放量满足纳污海域的承载力。

在"不理想情形"（图 3-68 和图 3-69）：中期和远期分别有 43% 和 57% 的纳污海域无机氮超载。

在"较理想情形"和"不理想情形"：主要排污区海域环境容量对不同发展情景的支撑情况汇总见表 3-15。

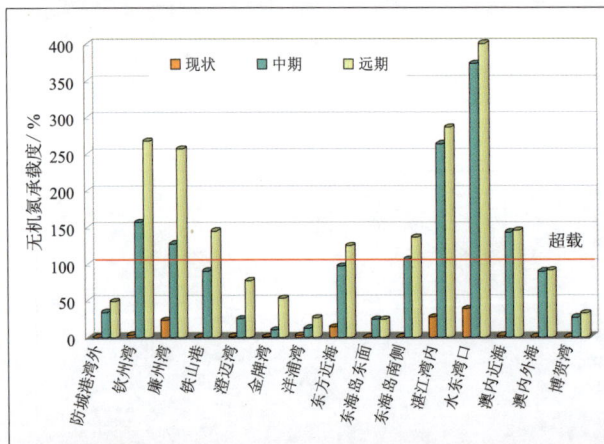

图 3-68 "情景三"+"不理想情形"重点产业集聚区纳污海域无机氮环境承载度变化

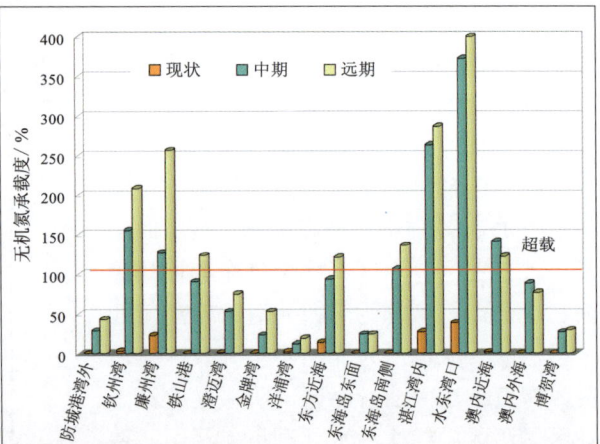

图 3-69 "情景一"+"不理想情形"重点产业集聚区纳污海域无机氮环境承载度变化

表 3-14 "较理想情形"排污区海域超载的重点产业排污量

情景	主要纳污海域	中期 /(t/a)	远期 /(t/a)
情景一	钦州湾		NH$_3$-N 8.4
	铁山港		NH$_3$-N 4.9
	廉州湾	COD 1 906.4	COD 6 118.9、NH$_3$-N 388.9
	湛江湾内海域	NH$_3$-N 340.4	NH$_3$-N 296.1
	澳内近海	NH$_3$-N 112.2	NH$_3$-N 340.4
情景二	钦州湾		NH$_3$-N 610.4
	铁山港		NH$_3$-N 157.6
	廉州湾	COD 1 906.4	COD 6 118.9、NH$_3$-N 388.9
	湛江湾内海域	NH$_3$-N 341.3	NH$_3$-N 297.0
	澳内近海	NH$_3$-N 112.2	NH$_3$-N 14.9
情景三	钦州湾		NH$_3$-N 630.8
	铁山港		NH$_3$-N 191.9
	廉州湾	COD 1 906.4	COD 6 118.9、NH$_3$-N 388.9
	湛江湾内海域	NH$_3$-N 341.3	NH$_3$-N 297.0
	澳内近海	NH$_3$-N 36.2	NH$_3$-N 67.7

注：数值表示规划年需消减的重点产业水污染物排放量，不需要削减的纳污海域省略。

表 3-15 沿海重点产业集聚区海域环境承载力评估

沿海重点产业集聚区或依托城区	主要排污区海域	情景三"较理想情形"承载力满足情况	情景三"不理想情形"承载力满足情况
企沙工业区	防城港湾外	满足	满足
钦州港开发区	钦州湾	远期 NH$_3$-N 超载	中期 COD 超载，中期、远期 NH$_3$-N 超载
北海近郊及合浦工业园区	廉州湾	中期、远期 COD 超载，远期 NH$_3$-N 超载	中期和远期的 COD、NH$_3$-N 超载
铁山港开发区	铁山港	远期 NH$_3$-N 超载	远期 NH$_3$-N 超载
澄迈老城开发区	澄迈湾	满足	满足
临高金牌港开发区	金牌湾	满足	满足
洋浦开发区	洋浦近岸	满足	满足
东方工业区	东方近海	满足	远期 NH$_3$-N 超载，深海排放满足
东海岛开发区（石化和钢铁）	东海岛东面海域	满足	满足
东海岛开发区（其他）	东海岛南侧近岸	满足	满足
湛江临港开发区	湛江湾内	中期、远期 NH$_3$-N 超载	中期、远期 NH$_3$-N 超载
茂名河西工业园片区	小东江/澳内外海	向澳内外海排放满足	向澳内外海排放满足
茂名乙烯区片区	澳内近海	中期、远期 NH$_3$-N 超载，向澳内外海排放满足	中期、远期 NH$_3$-N 超载，向澳内外海排放满足
茂名博贺新港区片区	博贺湾	满足	满足

4.4 区域岸线、近岸海域生态敏感程度与适宜性分析

4.4.1 生态敏感性岸线和近岸海域生态敏感适宜性分析

（1）半数岸线为生态敏感性岸线

将岸线按照生态敏感性岸线和可利用岸线进行划分。其中，生态敏感性岸线细分为禁止开发岸线和限制开发岸线，禁止开发岸线包括保护区及成片红树林岸线、海洋生态保护区岸线、重要旅游资源岸线，限制开发岸线包括旅游度假区岸线、养殖区岸线、增殖区岸线和人工鱼礁岸线等。根据 GIS 分析，禁止开发岸线长度为 1 209.7 km，限制开发岸线长度为 813.6 km，合计 2 023.3 km，占区域岸线总长的 48.8%，其中茂名市、湛江市、北海市、临高县、儋州市和昌江县等 6 市县的生态敏感性岸线比例超过 50%，分别为 52.9%、58.3%、53.2%、68.9%、64.6%、69.1%。

（2）半数产业集聚区近岸海域的生态适宜性较好，个别适宜性较差

根据产业集聚区占用生态敏感岸线和影响生态敏感海域的程度，得近岸海域与岸线利用的生态适宜性如下：茂名河西工业园（澳内外海）、东方工业区为适宜性好，企沙工业区、北海市区近郊工业园区、洋浦开发区、东海岛开发区（北侧近岸和东面）、博贺新港区、茂名乙烯区（澳内海）为适宜性较好，钦州港开发区、东海岛开发区（南侧近岸）、澄迈老城开发区为适宜性一般，临高金牌港开发区、铁山港开发区、湛江临港开发区、防城港市区为适宜性较差。

4.4.2 港口岸线开发的生态适宜性与岸线资源承载力分析

（1）港口岸线开发的生态适宜性分析

区域产业聚集区建设和港口岸线适宜性分析结果见表 3-16 和表 3-17。区域内各市县的港口规划岸线都存在与生态敏感性岸线相重叠或冲突的现象（共约 80 km），港口规划岸线规模偏大，应进行控制。

（2）岸线资源承载力

以生态敏感性岸线占各市县岸线长度的比例进行岸线资源承载力分析，生态敏感岸线主要分布在中部片区。岸线资源承载力由高到低排序为五级（表 3-18）：很高为乐东县，高为东方市、钦州市、海口市，一般为防城港市、北海市、茂名市、澄迈县，较低为湛江市、儋州市、昌江县，低为临高县。

根据岸线资源承载力与岸线敏感性的分析，岸线利用优先区：防城港市、钦州市、海口市、东方市和乐东县，岸线利用优化区：湛江市、茂名市、澄迈县、儋州市，岸线利用控制区：北海市、临高县和昌江县。

4.5 区域开发陆域生态适宜性分析

4.5.1 区域开发陆地生态适宜性

（1）区域开发生态适宜性分析

根据区域生态环境特征和生态评价指标，将北部湾区域划分为生态敏感区、中度敏感区和弱敏感区。结果表明，本区大部分处于中度敏感和弱敏感区，两者面积为 71 206 km^2，占整个区域的 92.1%。敏感区主要分布在自然保护区所在地和高海拔地区，其面积约占经济区总面积的 6.9%。

表 3-16 产业集聚区岸线与近岸海域生态敏感程度与适宜性

序号	重点开发地区	利用海域	占用生态敏感岸线情况和生态敏感海域影响评估	生态适宜性	要求
1	防城港其他	防城港湾内	湾内有红树林，西面北仑河口有国家红树林保护区，因此，沿海重化产业发展宜限制在企沙工业园区一带，保护港湾内	较差	限制开发
2	企沙工业区	防城港湾外	为可利用岸线，拟纳污海域非生态敏感海域，纳污水域为法定排污区，距离海洋生态敏感目标超过10 km	好	鼓励开发
3	钦州港开发区	钦州湾	主要为可利用岸线。西面临近茅尾海省级红树林自然保护区和七十二泾风景名胜区和南海近江牡蛎种子资源库，有赤潮发生，二个排污区为法定排污区，纳污海域非生态敏感海域，但排污可能对茅尾海和湾口东南外的中华白海豚密集区有生态风险影响，金鼓江排污区距离茅尾海红树林保护区约5 km，三墩排污区紧临三娘湾海豚密集区	一般	优化开发
4	北海市近郊工业区	廉州湾	为可利用岸线。拟纳污海域非生态敏感海域，纳污水域为法定排污区，但位于二长棘鲷种质资源保护实验区	一般	限制开发
5	铁山港开发区	铁山港	为可利用岸线。东面距离山口国家级红树林国家级自然保护区4.5 km，距离合浦国家级儒艮自然保护区4.1 km，西南部紧临方格星虫保护区和二长棘鲷种质资源保护实验区，重化项目排污对二个国家级自然保护区及临近敏感生态海域的环境风险高	较差	优化开发
6	涠洲岛	涠洲岛附近	涠洲岛附近海域有典型珊瑚礁海洋生态系统分布，同时有北部湾主要经济鱼类（二长棘鲷保护区核心区）的产卵场，因此应严格控制，并禁止工业开发。该海域赤潮发生较多，应控制污染物进一步排放	差	禁止工业开发
7	海口市区	海口港	由于赤潮的频繁发生，局部水体营养水平高，应进一步控制污水排放，减少陆源污染	一般	优化开发
8	澄迈老城开发区	澄迈湾	大多为可利用岸线。拟纳污海域非生态敏感海域，紧邻太阳湾红树林区、盈滨旅游度假区和东水新城及西侧红树林区	一般	优化开发
9	临高金牌港开发区	后水湾	有限的可利用岸线。西邻白蝶贝自然保护区，中部有红树林区，拟纳污海域可能对西侧的白蝶贝省级保护区产生影响	较差	限制开发
10	洋浦开发区	洋浦近海	大多为可利用岸线。纳污海域为法定排污区，排污区西南面距离省级白蝶贝自然保护区3.4 km，排污对白蝶贝有一定影响	较好	优化开发
11	东方工业区	东方近海	为可利用岸线。纳污海域为法定排污区和非生态敏感海域	好	优化开发
12	东海岛开发区（石化、钢铁）	东海岛东面	北侧为可利用港口岸线，南面部分为可以利用岸线。其北面11.5 km处特呈岛有小片的国家红树林保护区；其东面海域有法定排污区，距离国家红树林保护区超过20 km，但对外围水域水产资源增值区有一定影响	较好	优化开发
13	东海岛开发区（其他）	东海岛南侧	北侧为可利用港口岸线，南面部分为可以利用岸线。规划近岸排污区为法定排污区，但临近东侧红树林区，外围南面海域距离文昌鱼密集分布区约3.3 km	一般	限制开发
14	湛江临港开发区	湛江湾内	为可利用岸线。但湾内赤潮灾害发生较多，距离国家红树林保护区特呈岛子区约3 km	较差	限制开发
15	茂名河西工业园	澳内外海	为可利用岸线。拟纳污海域非生态敏感海域，纳污水域为法定排污区。中远期，调整澳内海排污渠为澳内外海排污渠，将茂名石化工业区污水集中排往澳内外海	较好	优化开发
16	茂名乙烯工业区	澳内外海		较好	优化开发
17	博贺新港区	博贺港东	为可利用岸线。拟纳污海域非生态敏感海域，纳污水域为法定排污区，但南面排污可能对西南南面的放鸡岛文昌鱼保护区产生一定影响	好	鼓励开发

表 3-17　北部湾区域港口岸线开发的生态适宜性分析

岸段		规划港口岸线规模的适宜性分析
东部	茂名	约 11.2 km 长的规划港口岸线与电白县东南部沿岸的限制开发岸线重叠，相关港口规划应核实调整
	湛江	约 21.2 km 长的规划港口岸线与角尾乡—覃斗镇、下六镇—营仔镇沿岸的禁止开发岸线、乌石镇—覃斗镇敏感性岸线重叠，相关港口规划应核实调整
西部	北海	部分规划港口岸线与铁山港北部禁止开发岸线、银海区南部的限制开发岸线重叠（约 3.3 km）或很接近，相关港口规划应核实调整
	钦州	约 15 km 长的规划港口岸线与三娘湾沿岸限制开发岸线重叠，相关港口规划应核实调整
	防城	约 10 km 长的规划港口岸线涉及北仑河口自然保护区禁止开发岸线
南部	海口	约 1.3 km 长规划港口岸线与海口西海岸滨海旅游区的禁止开发岸线重叠，相关港口规划应核实调整
	澄迈	约 5 km 长规划港口岸线与澄迈湾马岛沿岸的限制开发岸线重叠，相关港口规划应核实调整
	临高	约 2.3 km 长规划港口岸线与临高白碟贝保护区的限制开发岸线重叠，相关港口规划应核实调整
	儋州	约 2.6 km 长规划港口岸线与白碟贝保护区岸线重叠，相关港口规划应核实调整
	昌江	约 4.5 km 长规划港口岸线与昌江县北部沿岸的禁止开发岸线重叠，相关港口规划应核实调整
	东方	约 2.8 km 长规划港口岸线与八所镇北部和南部的限制开发岸线重叠，相关港口规划应核实调整
	乐东	约 1.2 km 长规划港口岸线与沙港北部沿岸的一般限制开发岸线重叠，相关港口规划应核实调整

表 3-18　按照行政区划的岸线资源承载力分析结果

岸线名称		禁止开发岸线占岸线段长度比例 /%	限制开发岸线占岸线段长度比例 /%	生态敏感性岸线占岸线段长度比例 /%	岸线资源承载能力
东部岸线	茂名市	29.05	23.85	52.90	一般
	湛江市	35.55	22.79	58.34	较低
西部岸线	北海市	46.60	6.57	53.17	一般
	钦州市	11.77	15.76	27.53	高
	防城港市	14.99	28.65	43.64	一般
南部岸线	海口市	27.75	0.00	27.75	高
	澄迈县	19.49	18.93	38.42	一般
	临高县	62.60	6.33	68.93	低
	儋州市	30.53	34.07	64.60	较低
	昌江县	48.86	20.20	69.06	较低
	东方市	0.00	21.19	21.19	高
	乐东县	0.00	9.92	9.92	很高

（2）产业集聚区开发建设陆地生态适宜性分析

根据生态环境现状和生态适宜性分析，将北部湾产业空间布局的生态适宜性分区划分为重点开发区域、优化开发区域、限制开发区域和禁止开发区域四类（图 3-70）。

本区 40 个产业集聚区，13 个临近敏感区，相距约 5 km 范围内。其中，西部和北部 15 个产业集聚区中，相距在 3 km 范围内有 2 个，分别为南宁六景工业区附近有六景中国海相泥盆系标准剖面（省级），距大明山环境中度敏感区距离在 1 km 以内；东兴镇边境经济合作区距十万大山中度生态敏感区距离在 1 km 以内。东部 15 个产业集聚区中，相距在 3 km 范围内的有 4 个，即湛江临港工业园区、徐闻经济开发区、茂名茂南经济开发区和茂港经济开发区，主要临近湖光岩风景名胜区、徐闻台地生态防护功能区和高州水土保持功能区等生态敏感区；广东高州金山经济开发区、茂名博贺新港区和广东信宜经济开发区 3 个开发区位于中度生态敏感区内，主要临近信宜生物多样性保护功能区等生态敏感区。南部 10 个产业集聚区中，昌江循环经济开发区（太坡园）位于敏感区附近相距在 3 km 范围内，主要临近保梅岭省级自然保护区等生态敏感区，相距在 3 km 范围内。

4.5.2　林浆纸产业规模适宜性分析

（1）基地用地要求

根据规划，林浆纸制浆产业重点开发区域集中在西部的钦州和北海、南部的海南、东部的湛江，结合区域生态功能分区和生态适宜性评价，浆纸林基地禁止布局在生物多样性保护功能区和水土保持重点监管区，即 25° 坡度以上的山地、自然保护区、水源保护区、生态公益林等生态敏感区。经营种植应主要集中于商品林用地即农林产品提供功能区内，在水源涵养与林产品功能区内可适度和限制发展。

（2）中长期发展情景所需基地规模分析

根据区域林浆纸制浆产业发展情景，估算制浆产能达到规划最大规模时需求浆纸林基地配套面积，2015 年约 1.05 万 km²，占区域林业用地的 25%，占商品林面积的 50%；2020 年约 1.56 万 km²，占区域林业用地的 37%，占商品林面积的 75%。

（3）浆纸林基地规模适宜性分析

从生态系统结构、生物多样性、景观、生态系统服务功能、林地的其他生产用途等综合考虑，结合海南浆纸林基地发展中期评估报告和其他地区桉树林生态调查类比资料，建议北部湾浆纸林基地规模控制在 0.57 万 km² 左右，约占区域农林产品提供功能区经济林地的 31%，占林业用地的 12.8%，占商品林的 25%（表 3-19）。

（4）浆纸林基地支撑制浆规模分析

按吨浆用材量估算，建议的 0.57 万 km² 浆纸林基地可支持 230 万 t 规模纸浆生产，如按照规划的制浆规模发展，不足部分建议进口纸浆、原料或从区域外发展浆纸林基地。

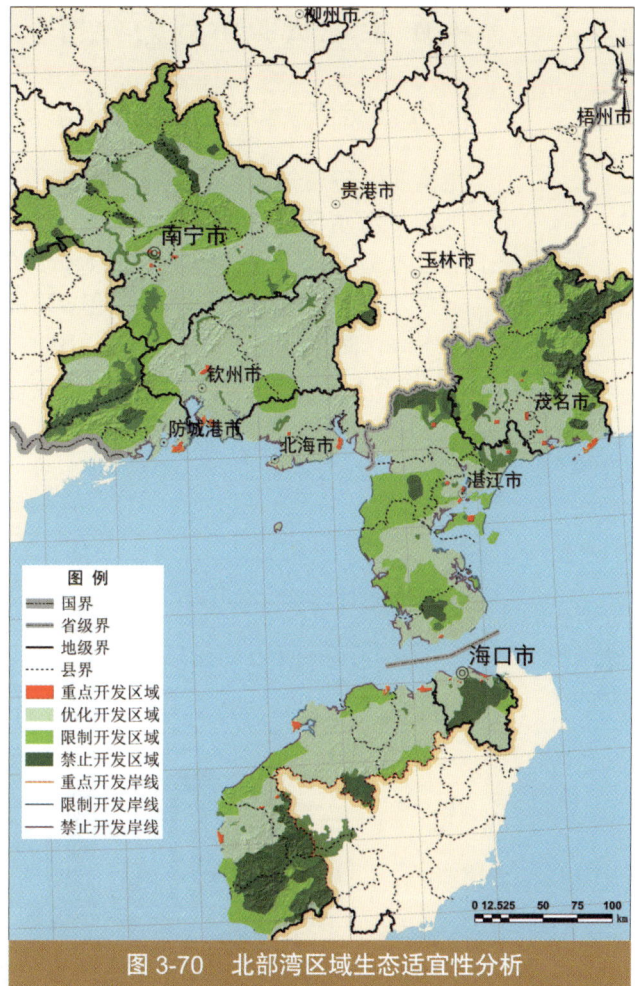

图 3-70　北部湾区域生态适宜性分析

表 3-19　浆纸林基地规模适宜性分析调整方案

地区	规划方案 / 万 km²	建议调整为 / 万 km²
南部	0.27	0.10
东部	0.20	0.10
西部	0.32	0.21
北部	0.28	0.16
合计	1.07	0.57

4.6 土地资源承载力分析

4.6.1 土地资源承载力现状与变化趋势

在重要生态用地面积不减少的前提下，利用"现状／各规划年人均可利用土地资源量"分析土地资源承载力，结果见图3-71。区内各市县平均可利用土地资源量为16 km²／万人，低于全国的32 km²／万人，其中，北海市最低，低于珠三角的9 km²／万人。

未来，各地土地资源承载力将呈不同程度下降。按发展规划，各地土地资源承载力呈不同程度下降，防城港市下降最明显，中期和远期降为与昌江县、东方市等相接近，分别为平均33 km²／万人和29 km²／万人；北海市土地资源承载力一直最低，由现状平均5 km²／万人降至远期2 km²／万人，且下降较快，与其他县市的差异进一步加大。

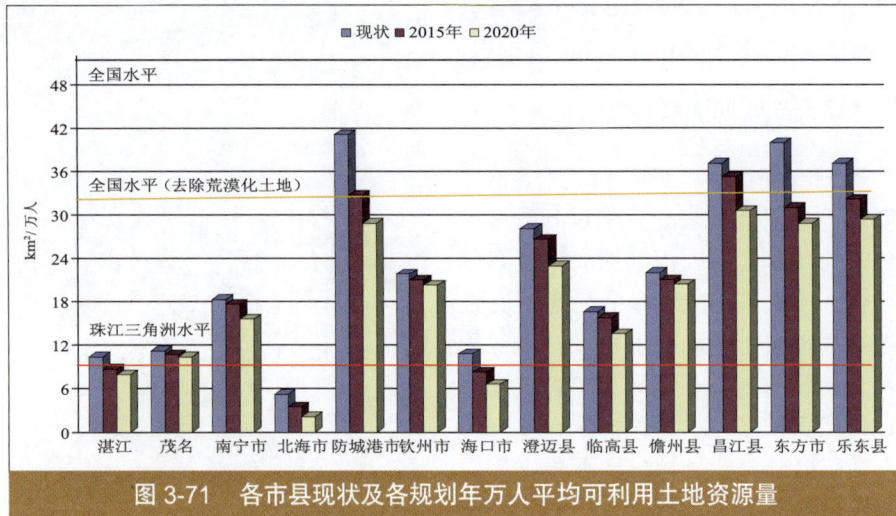

图 3-71　各市县现状及各规划年万人平均可利用土地资源量

4.6.2 重点产业集聚区土地利用效率分析

根据区域重点产业集聚区的批复面积及2007年的工业总产值，得各产业聚集区的单位面积工业产值。本区各产业聚集区的土地利用效率差异大，土地利用效率具有较大的提升空间。产业集聚区中的28个的单位面积工业产值不足10亿元／km²，远低于"十五"期末国家开发区单位面积工业用地工业产值的39.56亿元／km²（"十一五"目标为63亿元／km²）。

4.7 区域水资源承载力分析

4.7.1 水资源现状较充裕，但局部地区存在缺水现象

北部湾区域水资源量较丰沛，多年平均水资源总量为659.90亿m³，水资源可利用总量为256.04亿m³，远期水平年75%频率下需水总量为228.33亿m³（强化节水方案），水资源尚有一定的开发利用潜力。但现状是湛江市东海岛、南宁市马山县、钦州市灵山县等局部地区存在缺水现象，新建规划水利工程后，缺水地区供水不足的问题可以得到不同程度的缓解（图3-72）。

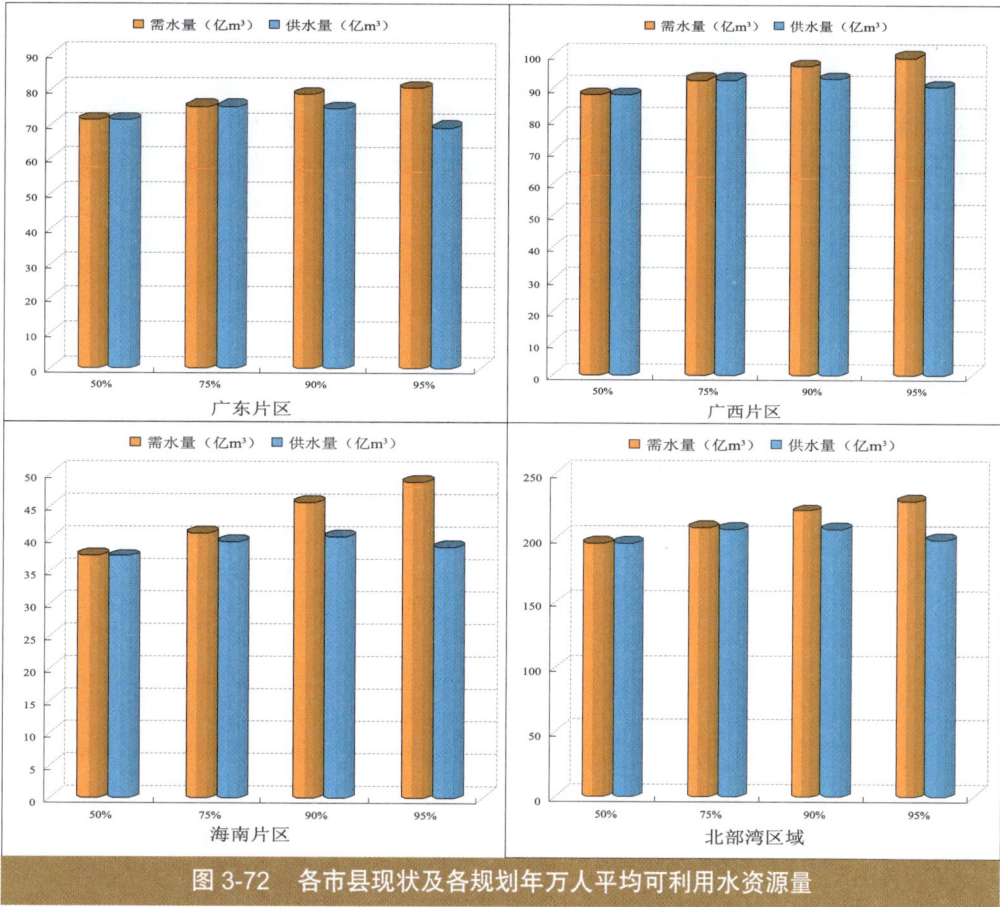

图 3-72　各市县现状及各规划年万人平均可利用水资源量

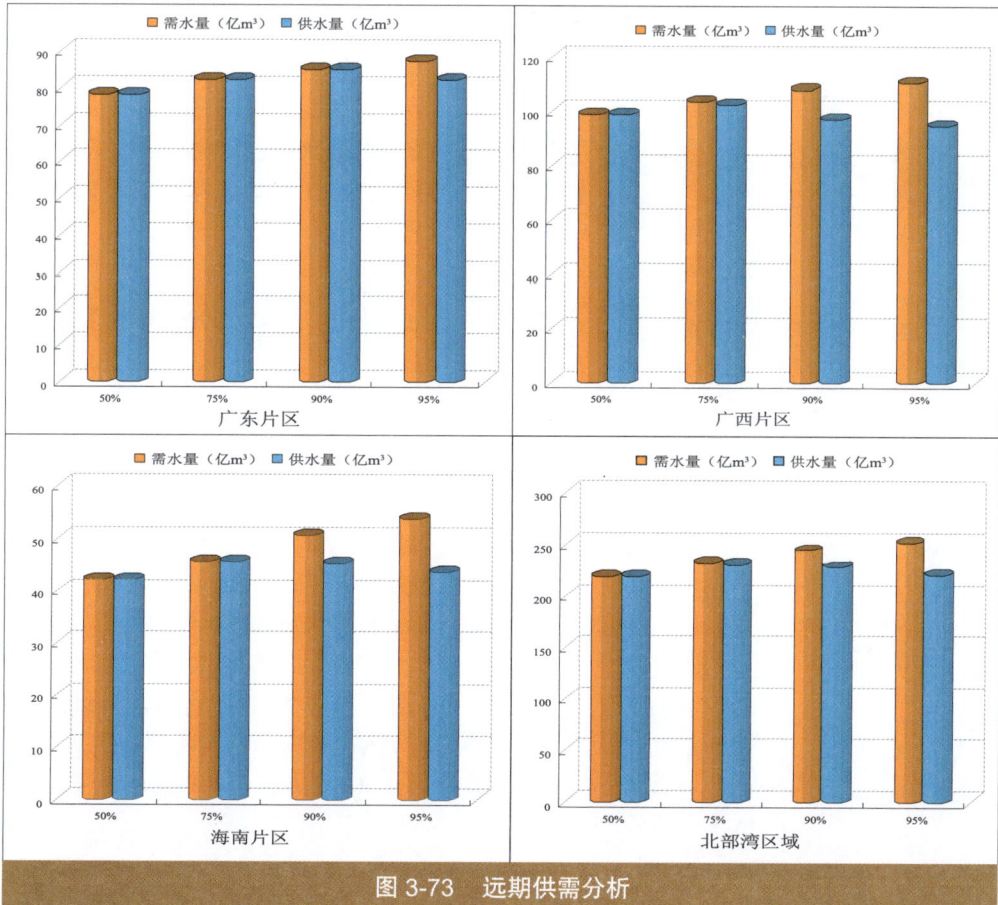

图 3-73　远期供需分析

通过构建的区域多目标水资源优化配置模型分析，现状年区域水资源供需基本平衡，但枯水年份存在缺水现象，广东片区的缺水量相对较大，远期 P=75% 频率的二次平衡下，湛江东海岛和儋州仍存在一定程度的缺水，需进一步采取区域内水资源统一调配措施以满足区域发展需水要求。

4.7.2 水资源承载能力分析

以 COIM 模型进行水资源可承载指标计算。以"维系生态系统良好循环"为控制约束，以"支撑最大社会经济规模"为优化目标，优化求解得到"最大社会经济规模"，即水资源承载力。

现状，区域内流域总体水资源较充足，各规划水平年 P=50% 和 P=75% 频率下可供水量基本满足需水量的要求。

在 P=75% 来水条件下，2015 年和 2020 年区域水资源总体能够承载社会经济发展，2015年局部地方（临高）因缺水而导致水资源承载能力低，存在工程型缺水现象；2020 年如果完成提高供水能力的工程，则区域缺水率可降为 0.6%。南宁水资源总体可承载社会经济发展，南宁市辖区及工业园区的需水要求基本满足，但局部地区如马山、隆安等山区缺水。

P=90% 来水条件下，2015 年因缺水加剧，区域总体水资源承载能力降低，不可承载的县市范围进一步扩大，缺水率较高的城市有临高、乐东、儋州、湛江；2020 年由于实施建设规划的调水工程，供水能力得到提高，但局部地方仍因缺水而导致水资源承载力低，如临高、乐东、昌江等地区存在工程型缺水现象（图 3-73）。

4.8 基于资源环境综合承载力的适应性评价

将水、气和海域环境容量作为刚性约束，将海陆生态敏感程度和生态适宜性作为限制性约束，将水资源和土地资源承载力作为控制性约束，得到区域重点产业集聚区的环境容量、生态适宜性与资源约束的综合承载力适应性见表 3-20（图 3-74）。综合资源环境承载力评价表明：茂名博贺新港区、防城企沙工业区为高承载区，洋浦开发区、钦州港

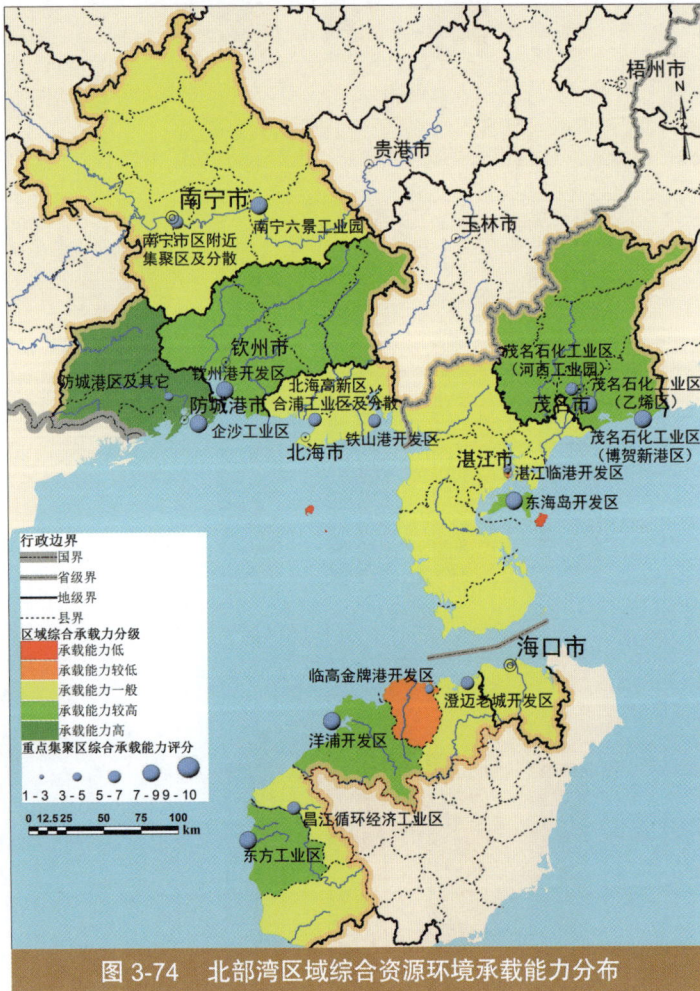
图 3-74 北部湾区域综合资源环境承载能力分布

开发区、东方工业区、东海岛开发区（石化、钢铁区）、茂名乙烯区、南宁六景工业区为较高
承载区，南宁市区近郊区、北海铁山港开发区、澄迈老城开发区、昌江循环经济工业区和茂
名河西工业园为一般承载区，其他地区为较低承载区。

地区	重点产业集聚区	环境容量刚性制约	海陆生态限制约束	水资源与土地资源控制约束	承载力适应性
南宁	南宁市区近郊区	中期、远期 NH_3-N 超载较严重	陆地生态适宜性一般		一般
	南宁六景工业园	远期 NH_3-N 超载	距陆域中度敏感区约1 km		较高
防城港	企沙工业区	远期 NO_x 超警戒线	海洋生态适宜性好	企沙半岛需较远距离调水	高
	防城港区及其他	远期 NO_x 超警戒线，远期无机氮超载	海洋生态适宜性较差		较低
钦州	钦州港开发区	远期无机氮超载较多	海洋生态适宜性一般	需较远距离调水	较高
北海	北海高新区、合浦工业区等	中期、远期 COD 超载，远期无机氮超载	海洋生态适宜性一般	远期在西水南调远距离调水工程前水资源不足；地区人均可利用土地资源量很低	一般
	营盘工业区	远期 NO_x 超警戒线	海洋生态适宜性较差		较低
	铁山港开发区	远期无机氮超载	海洋生态适宜性较差		一般
南部	澄迈老城开发区	远期 NO_x 超警戒线	海洋生态适宜性一般		一般
	临高金牌港开发区		海洋生态适宜性较差	中远期水资源不足	较低
	洋浦开发区	远期 NO_x 超警戒线、SO_2 临近警戒线	海洋生态适宜性较好		较高
	东方工业区	远期 NO_x 超警戒线、SO_2 临近警戒线；远期无机氮超载（深海排放不超载）	海洋生态适宜性较好		较高
	昌江循环经济工业区	远期 NO_x 超警戒线、SO_2 临近警戒线；地表水 NH_3-N 超载（但远距离排海不超载）	海洋生态适宜性较好；距陆域省级自然保护区约3 km		一般
湛江	东海岛开发区（石化、钢铁）	中期、远期 NO_x 和远期 SO_2 超警戒线	海洋生态适宜性较好	需较远距离调水，远期水资源不足；地区人均可利用土地资源量较低	较高
	湛江临港开发区	远期 NO_x 超警戒线；海域中期、远期无机氮超载	海洋生态适宜性较差；相距陆域风景名胜区约3 km		较低
茂名	茂名河西工业园片区	地表水超载严重（但向澳内外海排污不超载）		水资源适宜；地区人均可利用土地资源量较低	一般
	茂名乙烯区片区	远期澳内海排污无机氮超载（向澳内外海排污不超载）	海洋生态适宜性较好		较高
	茂名博贺新港区片区		海洋生态适宜性好		高

表 3-20 资源环境承载力综合适应性评价

5 重点产业中长期环境影响评价与生态风险评估

5.1 重点产业发展的中长期资源环境影响评价

5.1.1 大气环境影响预测评价

应用 CALPUFF 和 WRF-CHEM 空气质量模式预测表明：

（1）空气质量下降，部分地区不能满足大气环境保护目标

南宁中期和远期、东海岛开发区远期的 SO_2 年浓度占标率大于 75%。相对现状，园区的浓度增加比较迅速。中期园区最大增加 0.025 mg/m³（东海岛），城区最大增加 0.008 mg/m³（防城港）；远期园区最大增加 0.05 mg/m³（东海岛），城区最大增加 0.01 mg/m³（防城港）；调控方案情形，园区最大增加 0.025 mg/m³（东海岛），城区增加 0.007 mg/m³（钦州市、防城港）（图 3-75）。

东海岛开发区中期、远期 NO_2 年浓度占标率大于 75%。相对现状，园区的浓度增加比较迅速。中期园区最大增加 0.06 mg/m³（东海岛），城区最大增加 0.014 mg/m³（防城港）；远期园区最大增加 0.11 mg/m³（东海岛），城区最大增加 0.025 mg/m³（昌江）；调控方案情形，园区最大增加 0.05 mg/m³（东海岛），城区增加 0.001 ~ 0.007 mg/m³（钦州、防城港）（图 3-76）。

东海岛开发区 PM_{10} 年浓远期占标率大于 110%。相对现状而言，中期园区最大增加 0.05 mg/m³（东海岛），而城区最大增加 0.01 mg/m³（昌江）；远期园区最大增加了 0.095 mg/m³（东海岛），城区最大增加 0.03 mg/m³（昌江）；调控方案情形，园区最大增加 0.05 mg/m³（东海岛），城区增加 0.006 mg/m³（湛江）（图 3-77）。

相对现状，$PM_{2.5}$ 年浓度，各城区度将增加 5%，东海岛工业区、企沙工业区将增加 10%，其他工业园将增加 5%，即将增加灰霾的出现频率（图 3-78）。

（2）单位温室气体排放量大幅削减

2005 年我国万元 GDP 二氧化碳排放量为 2.74 t；经核算，北部湾区域万元 GDP 二氧化碳排放量，2007 年为 2.0 t，中期为 1.80 t，远期为 1.57 t，比 2005 年我国万元 GDP 二氧化碳排放量减少 42.7%。温室气体排放可满足我国国际减排承诺（表 3-21）。

表 3-21 生产总值、能源消耗、二氧化碳统计及预测			
指 标	2007 年	中期	远期
地区生产总值 / 亿元	4 491.38	9 627.67	14 146.21
CO_2 排放总量 / 万 t	8 991.23	17 357.86	22 246.62
煤炭 / 万 t	4 765.22	9 526.63	12 206.27
石油 / 万 t	4 012.49	7 219.91	9 017.75
天然气 / 万 t	213.53	611.32	1 022.60
万元 GDP CO_2 排放量 /t	2.00	1.80	1.57

5.1.2 地表水环境影响预测与评价

（1）各情景方案对小东江的影响评价

按照中期和远期茂名河西工业园的各情景方案，小东江镇盛断面、石碧断面的 COD 和氨氮仍然出现超标。如果仅考虑茂名河西工业区技改工程减排，则小东江茂名段的 COD 浓

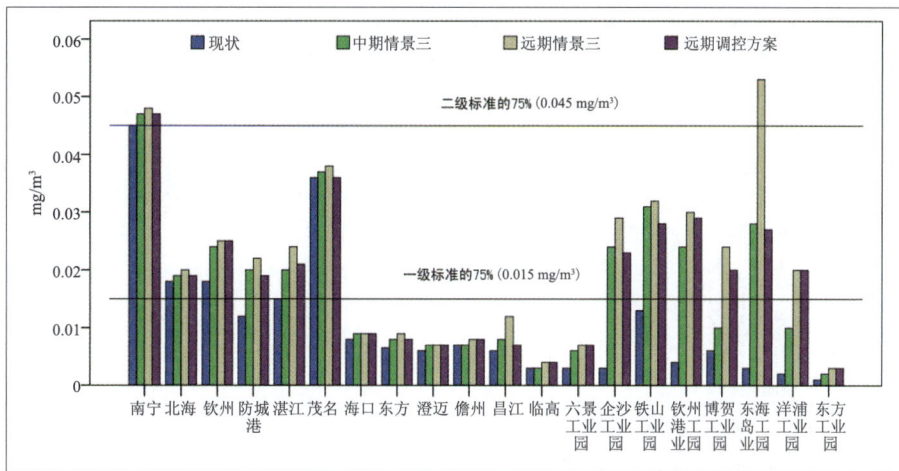

图 3-75　各情景下 SO_2 年浓度预测结果

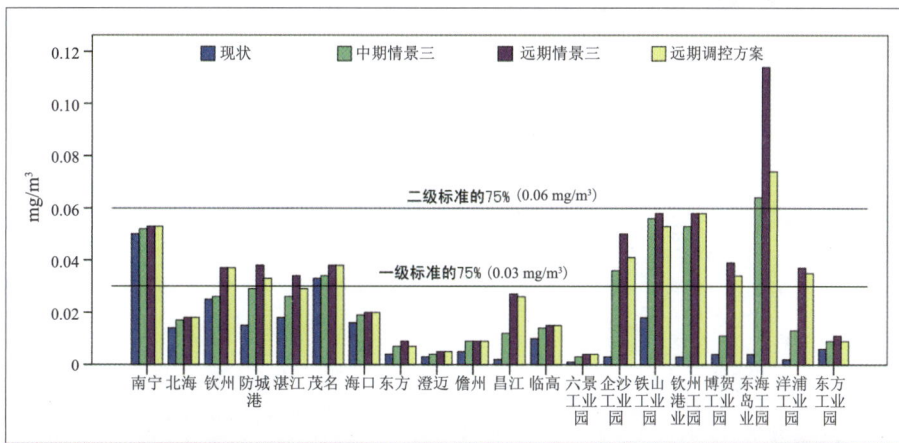

图 3-76　各情景下 NO_2 年浓度预测结果

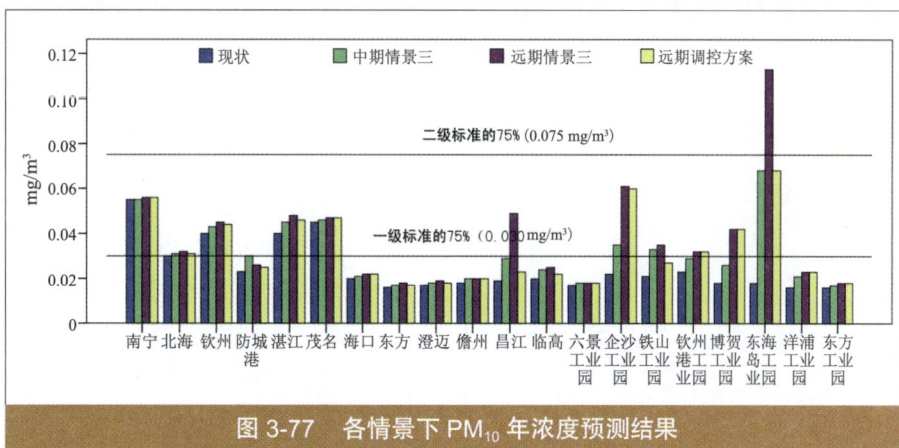

图 3-77　各情景下 PM_{10} 年浓度预测结果

度下降约 0.23 mg/L、氨氮浓度仅下降约 0.05 mg/L，但小东江镇盛和石碧断面的氨氮浓度依然不能达到相应的水质要求。因此，各规划方案情景下，如果不考虑流域综合治理和调运污水排海方案，茂名小东江镇盛断面、石碧断面的 COD 和氨氮浓度仍然不能达到相应的地表水体Ⅳ、Ⅲ水质要求。

（2）各情景方案对邕江和郁江的影响评价

考虑南宁近郊重点产业集聚区（南宁高新技术产业开发区、南宁经济技术开发区、南宁江南工业园、明阳工业园、良庆工业区）污水对邕江的贡献，COD 浓度基本可满足邕江水质目标，氨氮浓度除中期情景一外，其余情景二、情景三仍超标显著。

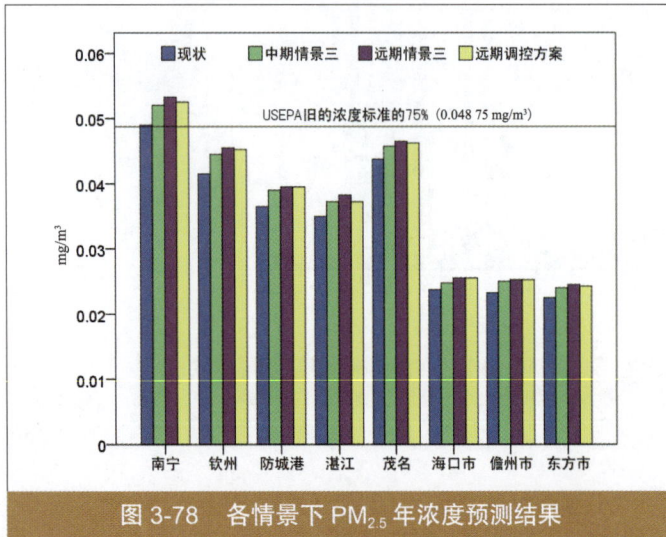

图 3-78 各情景下 PM$_{2.5}$ 年浓度预测结果

考虑南宁六景工业园污水对郁江的贡献，中期各情景方案 COD 仍符合水质功能要求，远期局部河段 COD 出现超标；但中期、远期各情景方案氨氮均出现超标。

（3）各情景方案对昌化江和石碌河的影响评价

考虑昌江工业园污水对昌化江和石碌河的贡献，各规划情景下，石碌河 COD 浓度均满足水体功能要求，但氨氮浓度超过Ⅲ类水质标准；昌化江 COD 和氨氮浓度均未超出Ⅱ类水质标准。

5.1.3 海洋环境影响预测与评价

（1）重点产业集聚区及其依托排污区海域环境影响评价

在"较理想情形"的较低风险状态，部分重点纳污海域有一定影响，部分临近的生态敏感水域受到一定影响。在情景三+"较理想情形"，中期和远期：茅尾海、钦州湾、水东湾内海域受到无机氮较严重污染，廉州湾、湛江湾、雷州湾内海域无机氮超标；北海铁山港工业区氨氮和石油类的排污，与钦州港工业区、澳内工业区的氨氮排污将影响附近的自然保护区或敏感水域。叠加背景浓度后，北海港附近廉州湾海域和茅尾海水质出现劣四类。

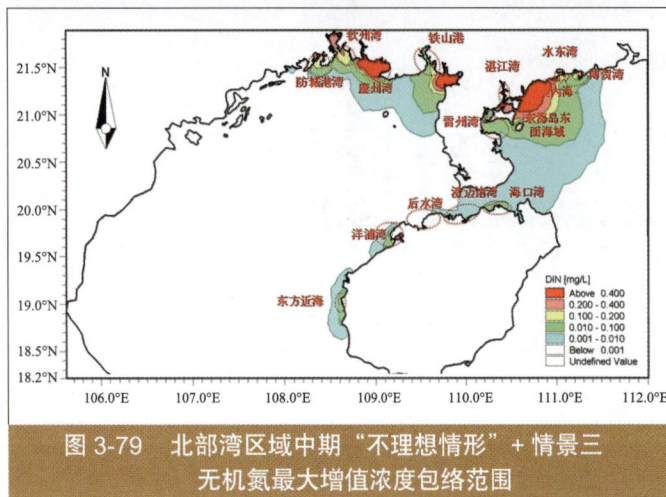

图 3-79 北部湾区域中期"不理想情形"+情景三无机氮最大增值浓度包络范围

在"不理想情形"的风险状态下，排污对纳污海域影响较大，对临近的生态敏感水域产生影响。情景三+"不理想情形"：中期（图 3-79）：湛江湾内海域和钦州湾海域受到无机氮严重污染，水东湾和澳内近海无机氮超标；北海铁山港工业区、钦州港开发区石油类和氨氮的排污将较显著影响纳污海域附近的自然保护区或敏感水域。

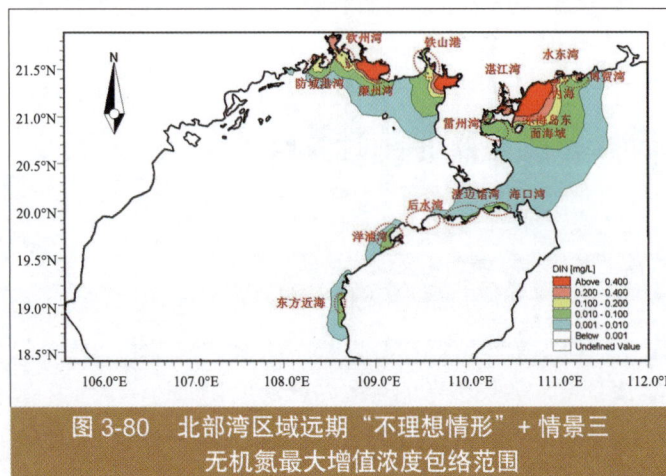

图 3-80 北部湾区域远期"不理想情形"+情景三无机氮最大增值浓度包络范围

远期（图 3-80）：增加茅尾海、廉州湾、水东湾、防城港湾内等纳污海域受到无机氮严重污染，增加铁山港海域无机氮不能满足相应功能区要求；北海铁山港工业区石油类和氨氮，钦州港工业区的氨氮、与湛江临港工业区 COD 和无机氮的排污将较显著影响纳污海域附近的自然保护区或敏感水域。

（2）海洋生态系统风险评估

生态缓冲容量高、风险状况总体处较低水平。根据海湾生态系统风险评价的指标体系框架（压力 - 状态 - 响应），以及北部湾生态系统的实际情况，

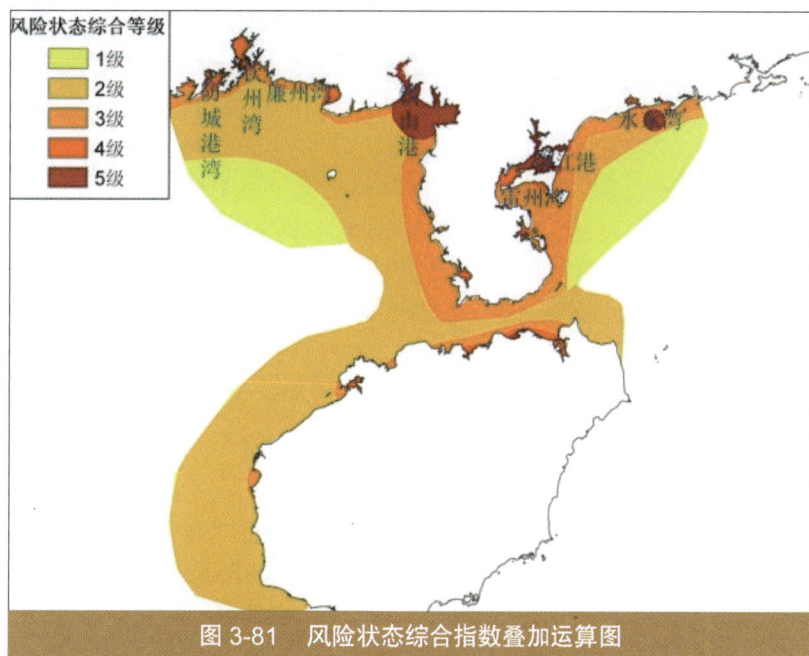

图 3-81　风险状态综合指数叠加运算图

构建北部湾生态系统风险评价指标体系。海洋生态系统风险评价结果表明，现状北部湾生态系统的风险综合指数整体处于"较低"和"很低"水平。北部湾生态系统的主要负面影响因子为综合水质指数和生物多样性指数，其他指标的正面影响作用较高，尤其是生态缓冲容量在整个指标体系中的正面影响表现最为突出，因此，在系统结构和系统整体应对外界压力时具有较强的响应能力，可最大限度的减轻环境恶化对整个生态系统所造成的负面影响。

风险状态综合指数较高的海域基本集中分布在沿岸港湾。对区域生态系统指标体系中各分指标分指数进行叠加运算，得到环北部湾海域风险状态综合指数分布（图 3-81）。风险状态综合指数较高的海域基本集中分布在沿岸的港湾。越靠近港湾内，风险状态综合指数越高，其中广西近岸海域、湛江港等潜在风险较高，局部港湾可能面临着向"临界"状态转化的风险。

5.1.4　陆地生态系统的影响态势与评估

（1）林浆纸产业对陆地生态系统影响评估

浆纸林基地建设对评价区域各土地利用类型比例影响不大。原有林地在桉树成林后仍为有林地，面积较大的疏林地、灌草地将转化为有林地。在浆纸林种植后，基地内植被覆盖率将有所增加，远期北部湾区域森林覆盖率约增加 5.2%。

浆纸林轮种周期短，导致水土流失增加，土壤肥力有所下降，对土壤生态存在着较大程度的影响。

以桉树林连栽对林下植被的生物量和生产力存在着显著的负效应，二代成熟林林分林下植被生物量和生产力比一代林林分显著下降，平均下降 70%。从幼龄林到成熟林，一代林林分林下植被的生物量和生产力表现为缓慢持续增长的趋势，而二代林林分林下植被表现为逐渐递减趋势。连栽桉树林将对林地的长期生产力影响较大。

林浆纸产业原料基地一般占用经济林中易荒易林地，灌木丛及次生林等，使生态系统区域结构单一，物种多样性有所降低。长期实验研究结果表明，桉树人工林连栽导致植物物种

多样性减少，第二代林植物多样性的减少率为 50%，从物种组成上看，第二代林较之第一代植物种类组成递减率为 30.99%，第三代林较之第二代林植物种类组成递减率为 16.32%。随着连栽代次的增加，桉树林下植物多样性指数、均匀度指数以及物种丰富度指数呈下降趋势，对应生态优势度呈增加趋势。

（2）生物质能产业对陆地生态系统影响分析

木薯为区域生物质能产业的主要原料。由于木薯适应性强和抗贫瘠等特性，常出现垦荒种植及坡地种植现象，导致区域生物多样性降低；另外，生产 1 t 鲜薯要吸收 8.20 kg 纯 N，1.47 kg P_2O_5，13.14 kg K_2O，长期单一种植木薯，将会消耗较多的土壤肥力，造成土壤的进一步贫瘠。此外，一般每生产 1 t 非粮乙醇须要消耗水 16 t，大量种植增加沿海的水资源压力。可见，随着生物质能产业加快发展，将造成用区域水土流失及土壤肥力下降和水资源压力增大等问题。

5.1.5 对水资源的风险评估

① 区域发展将致未来工业和生活需水量大幅增加，而高耗水重点产业对总需水量增长的贡献最大，情景三下贡献超过 40%，这表明未来重点产业的发展使得区域面临较大供水压力，未来局部地区仍面临缺水问题，枯水期或特枯年份缺水更为严峻。考虑现状供水方案和强化节水的需水方案和来水频率为 90% 的风险情形：远期区域缺水量为 52.49 亿 m³，其中，广东片区为 21.79 亿 m³，广西片区为 20.92 亿 m³，海南片区为 9.78 亿 m³；缺水率为 21.53%，其中，广东片为 25.59%，广西片区为 19.36%，海南片区为 19.31%。

② 高耗水、高污染产业的发展使得废污水排放量大幅增长，使得南宁、钦州等以河道为主要水源地的地区将面临更为严峻的水质型缺水风险。

③ 重点产业供水安全保障率要求达到 97% 以上。为保障重点产业供水安全，需要制定应对突发水污染事件、枯水期和特枯年份应急供水预案，未来应对突发水事件风险管理压力大。

5.2 中长期生态与环境风险评估

5.2.1 大气中长期将可能增加灰霾天气和加剧酸雨污染

若按远期情景三（火电、炼油、钢铁规模过大）发展，北部湾各城区的灰霾发生率将增加 5%，东海岛工业区、企沙工业区灰霾发生率将增加 10%，其他工业园灰霾发生率将增加 5%，灰霾天气的易见性可能成为受公众关注大气污染问题之一。同时，酸沉降量将随着北部湾区 SO_2、NO_x 排放量的增加而同步增加，势必增加酸雨的频率和酸度（pH）。

5.2.2 沿海开发将导致污染物累积效应增加、沿海生境破坏、海湾生态系统稳定性下降

（1）局部水域污染物累积效应明显，存在污染物跨界影响

区域 2003—2007 年的历史监测数据表明，北海地角排污区、铁山港水域、澳内近海水域的 COD 和无机氮的浓度持续上升。而预测结果亦表明：一重点产业发展及其周边城市发展的排污增加将使纳污水域主要污染物浓度明显增加；二在海流的长期输移作用下出现污染物跨界影响的趋势，即存在着排污区污染羽流侵袭临近敏感生态水域的情况，也存在着广东湛江排污与海南海口的相互影响和广西北海铁山港排污对广东雷州半岛西岸高等级水域的影

响等问题。值得注意的是，本区氮排放将继续增加，未来海洋的氮污染问题将日益显著。

（2）区域石化产业的发展将造成海洋生物生物量的减少，排污口附近海域的水体含有遗传毒性的化学物质将增加

石油化工行业产生大量的石油类、硫化氢、酚及其衍生物、苯乙烯、多环芳烃、氨氮及非挥发性有机污染物等特征污染物，其排放将影响海洋生物和海洋生态系统健康，一些对污染水质适应性较强的物种可能由非优势种变为优势种，一些适应性较弱的物种则有可能灭绝，从而损害水产养殖业和海洋渔业，并影响人类的健康。1993—2002 年杭州湾上海石化沿岸潮间带底栖动物生态环境受到两次明显的富营养化冲击，海水中 COD 含量的明显上升，引起潮间带底栖动物群落生物多样性和均匀度指数的明显下降。1984—2008 年大亚湾底栖生物群落结构简单化的趋势变化亦表明南海石化排污对大亚湾海域存在影响。分析表明，区域石化产业的发展，其纳污海域海洋生物多样性将降低，群落结构趋向简单化，排污口附近海域遗传毒性的化学物质将出现累积现象（表 3-22）。此外，石油化工生产和化工品运输易发生事故，一旦发生，污染物排放量将急剧增加，将造成紧急污染事故，对受纳海域水质造成灾难性影响，并可能导致临近海域生态系统功能的严重损失或丧失。

表 3-22　近岸 1997—2007 年贝类体内污染物残留水平变化趋势

近岸海湾 / 海湾	石油烃	总汞	镉	铅	砷	六六六	滴滴涕	多氯联苯
粤西近岸	有所上升	基本持平	基本持平	有所下降	有所上升	基本持平	有所上升	有所下降
广西	有所上升	基本持平	有所上升	基本持平	有所上升	基本持平	基本持平	基本持平
海南	基本持平	基本持平	有所上升	基本持平	有所上升	基本持平	有所下降	基本持平

注：↘显著下降；↘有所下降；↗显著上升；↗有所上升；↔基本持平。

（3）集聚区与港口岸线滩涂开发，将导致沿海生境退化、破碎、生物多样性减少和海洋生态风险凸显

北部湾沿海丰富的滩涂湿地和港湾资源是潮间带和浅海海洋生物重要的繁殖栖息地。近 50 年来环北部湾区域围海造地、开垦滩涂及涉海工程建设等活动直接破坏了北部湾典型的红树林生态系统和经济鱼类的产卵场。区域大约 69% 的红树林在 20 世纪遭到破坏，近年来分布在保护区内的白蝶贝资源也已经严重衰减。分析表明，随着沿海重点产业集聚区及其港口的大规模开发建设，围填海、航道疏浚和排污将导致近岸海域滩涂大量减少、生境破碎化和退化明显，最具生物多样性的"湾区"将加剧退化，"黄金渔场"将枯竭褪色。

（4）区域生态系统的稳定性下降、生态灾害开始增多

20 世纪 60 年代和 90 年代的 ECOPATH 模型分析结果表明，近 50 年来，由于过度捕捞、围海造地、陆源营养物质大量输入以及水产养殖等人类活动的胁迫，造成区域生物多样性下降，生态系统的稳定性减弱，生态系统呈明显衰退状态；虽经过近 10 年的生态修复，区域生态系统的成熟度和稳定性仍在下降，系统抵抗外力干扰的能力被严重地削弱。2000 年以前，北部湾海域赤潮发生频率较低，平均 1 ～ 2 次，面积较小；2000 年后发生频率有所增加，一个突出的特点是外来物种引发的赤潮明显增加。随着北部湾区域开发，排海污染物将逐步增加，港湾及沿海海域的营养水平将进一步提高；同时港口运输发展，赤潮爆发的风险将大大增加。此外，北部湾临海规划建设的炼油、石化等重化项目将增加海上溢油事故风险，对区域生态也将构成严重威胁。

5.2.3 浆纸速生林和木薯的大规模种植，将引发生态系统功能降低的风险

区域规划重点产业建设呈点状式逐步向带状发展趋势，生态压力主要集中在土地资源的占地、地表植被景观的破坏。发展强度和生态特征来看，主要存在浆纸速生林和木薯的大规模种植引发的生态系统功能降低的风险。

桉树林经营带来植被类型减少、林下生物量有所降低、涵养水源功能减弱、土壤退化、局部陡坡种植引发的水土流失等生态问题已日益体现，如在湛江种植几十年桉树后，林地土壤剖面难于区分 A 层和 B 层，原生 A 层变薄甚至消失，桉树人工林连栽第 2 代林植物多样性的减少率为 50%。就目前而言，速生林和木薯的经营种植面积占经济林地的比例相对较小，尽管降低了物种多样性、林相单一、景观破碎化，但还未导致区域生态系统的不稳定。随着产业规模的扩大，将加剧区域原有野生动植物生境、栖息地的破碎化以及活动场所的日益减少，挤占其他热带亚热带特有经济林的经营面积并降低其产品供应能力，如在北海地区规划桉树林种植面积将达到商品林面积的 97.7%，这将导致区域生态系统的生态生物多样性协调、气候调节、涵养水源、美化景观等生态服务功能的降低，引发区域生物种群的改变、生态系统稳定性和完整性受到破坏的累积风险。

5.2.4 重点产业集聚区水资源缺乏，区域局部地区供需矛盾突出，存在缺水和对下游水源区污染的风险

尽管区域水资源总量总体较丰沛，但由于调蓄工程的调蓄能力不足，河流独流入海，源短流急，水资源调控难度大。区域遭遇特枯年份时，北部湾区域局部地区存在一定的缺水风险。水资源供需平衡分析表明，未来需要实施供水工程保障供水安全，而重点产业集聚区需水量激增，将会导致湛江、南宁马山、儋州和临高局部地区面临缺水风险。对于南宁市沿河产业集聚区，规划将会加剧河流有机类等污染，并对下游的水源保护区造成更大的水污染压力和环境风险。

5.3 重点产业发展的资源环境适宜性综合评估

5.3.1 重点产业集聚区的生态环境与资源综合风险评估

根据重点产业集聚区所处环境的中长期大气污染累积风险、地表水污染累积风险、海域泄漏暴露风险、海洋生态系统风险和水资源风险等，得到表 3-23 重点产业集聚区的生态环境与资源综合风险评估。防城企沙工业区、茂名博贺新港区片区为较低风险，钦州港开发区、洋浦开发区、东方工业区、东海岛开发区、茂名乙烯区片区和南宁六景工业园为中度风险，茂名河西工业园片区、东海岛（南面）、昌江循环经济工业区、澄迈老城开发区、钦州市近郊、防城港近郊、南宁市近郊为较高风险，湛江临港开发区、临高金牌港开发区、铁山港开发区为较高风险。

地区	重点产业集聚区	大气污染	地表水污染	海域泄露	海洋生态系统	水资源	综合风险
	表 3-23　重点产业集聚区的生态环境与资源综合风险评估						
南宁	南宁六景工业园	★★★	★★★	—	—	★★	★★★
	南宁市近郊其他	★★★★	★★★★	—	—	★★	★★★★
防城港	企沙工业区	★★★	—	★★	★★	★★	★★
	防城港港区及其他	★★★★	—	★★★★	★★★★	★★	★★★★
钦州	钦州港开发区	★★★	—	★★★★	★★★★	★★★	★★★
	钦州市近郊其他	★★★★	—	★★★	★★★★	★★	★★★★
北海	北海高新区、合浦工业区等	★★★★	—	★★★★	★★★	★★	★★★★
	铁山港开发区	★★★★	—	★★★★★	★★★★	★★★	★★★★
南部	澄迈老城开发区	★★★★	—	★★★★	★★★	★★★	★★★★
	临高金牌港开发区	★★★	—	★★★★★	★★★	★★★★	★★★★
	洋浦开发区	★★★	—	★★★	★★★	★★★	★★★
	东方工业区	★★★	—	★★★	★★	★★★	★★★
	昌江循环经济工业区	★★★★	★★★★	★★★	★★★	★★★	★★★★
湛江	东海岛开发区（石化、钢铁区）	★★★	—	★★★	★★★	★★★★	★★★
	东海岛（南面）	★★★	—	★★★★	★★★★	★★★	★★★★
	湛江临港开发区	★★★★	—	★★★★★	★★★★	★★★	★★★★
茂名	茂名河西工业园片区	★★★★	★★★★	★★★	★★	★★	★★★★
	茂名乙烯区片区	★★★★	—	★★★	★★★	★★	★★★
	茂名博贺新港区片区	★★★	—	★★	★★	★★	★★

注：★★★★★表示高风险，★★★★表示较高风险，★★★表示中风险，★★表示较低风险，★表示低风险。

5.3.2　基于承载力适应性和风险性的重点产业发展适宜性与调控要求

综合基于资源环境综合承载力的适应性和重点产业集聚区的生态环境与资源综合风险评估结果，可得表 3-24 基于承载力适应性和风险性的重点产业适宜性与产业发展控制方案。表中，凡是综合环境适宜性不适宜的产业，则取消规划产业或限制已有产业；凡是较不适宜的行业，则控制规划产业或已有产业。

5.3.3　区域主要污染物总量控制指标对规划方案的调控分析

（1）SO_2 总量控制指标要求重点产业控制优化发展

将大气环境容量警戒线值和大气环境影响可接受作为刚性约束，则得表 3-25 的大气环境承载力控制指标优化配置方案。SO_2、NO_x、PM_{10} 承载力优化的容量总量控制指标分别为 35.57 万 t/a、56.4 万 t/a 和 50.4 万 t/a。2007 年，区域"十一五"SO_2 总量控制指标盈余 107 340 t/a；如按"十一五"总量指标实施，则远期 SO_2 总量控制指标将缺口最大达 32 408 t/a，出现缺口的地区为茂名、湛江、南宁和南部。但按照环办函 [2010]229 号，海南至 2010 年后 SO_2 排放控制指标允许为 2005 年的一倍量，如此，南部 SO_2 总量控制指标有盈余。

表 3-24   基于承载力适应性和风险性的重点产业布局适宜性

地区	重点产业集聚区	承载力适应性	风险性	重点产业发展的综合环境适宜性
南宁	南宁市区及近郊	一般	较高	适宜发展铝型材、电子信息，较适宜发展医药、制糖（含蔗渣浆），较不适宜发展水泥、燃料乙醇、木浆，不适宜发展火电、电解铝
	南宁六景工业园	较高	中	适宜发展制糖、火电，较适宜发展蔗渣浆和脱墨浆、精细化工、竹浆，较不适宜发展沥青、木浆
防城港	防城港企沙工业区	高	较低	适宜发展钢铁、修造船、核电，较适宜发展火电
	防城港区及其他	较低	较高	适宜发展农产品加工，较适宜发展建材，较不适宜发展燃料乙醇，市区及近郊不适宜发展火电
钦州	钦州港开发区	较高	中	适宜发展火电、粮油加工、石化中下游及精细化工，较适宜发展炼化一体化、林浆纸制浆、燃料乙醇
	钦州其他	较低	较高	较适宜发展制糖和建材
北海	北海高新区、合浦工业区等	一般	较高	适宜发展电子信息、制药，较适宜发展制糖、建材，控制发展燃料乙醇
	北海铁山港开发区	一般	较高	适宜发展铝型材、林浆纸制浆，较适宜发展火电、石化下游及精细化工
南部	澄迈老城开发区	一般	较高	适宜发展制糖、冶金机械、浮法玻璃、食品饮料、农产品加工、电子及特种行业，较适宜发展火电、精细化工、化纤纺织，不适宜发展钢铁和石化
	临高金牌港开发区	较低	较高	较适宜发展发展新能源、船舶修造、制糖，不适宜发展拆船业
南部	洋浦开发区	较高	中	适宜发展林浆纸制浆、气电、生物化工、炼油和乙烯及其化工，较适宜发展天然气化工
	东方工业区	较高	中	适宜发展天然气化工，较适宜发展精细化工、生物化工，适度发展火电
	昌江循环经济工业区	一般	较高	适宜发展农产品加工、制糖、建材、核电，较适宜发展水泥，较不适宜发展重化工（钛白粉、金属粉、化肥）、燃料乙醇，不适宜发展钢铁
湛江	东海岛开发区（石化钢铁）	较高	中	适宜发展钢铁，较适宜发展炼油和乙烯及其化工、火电
	湛江临港开发区	较低	较高	适宜发展船舶制造和修船、机械制造，较适宜发展石化中下游和精细化工，不适宜发展炼油、乙烯
	湛江其他		中	徐闻南部较适宜发展火电，麻章太平镇控制发展林浆纸造纸，市区及近郊不适宜大规模发展火电
茂名	茂名河西工业园	一般	较高	适宜发展石化中下游，较适宜发展油页岩发电，除技改外不适宜新扩建炼油
	茂名乙烯区	较高	中	适宜发展乙烯，较适宜发展石化中下游
	茂名博贺新港区	高	较低	适宜发展炼油、乙烯及其中下游、精细化工、火电、轧钢、装备制造和船舶以及农副产品加工

表 3-25   区域大气环境承载力总量控制指标优化方案   单位：万 t/a

地区	南宁	北海	钦州	防城港	茂名	湛江	南部	小计
SO_2	7.28	3.51	5.41	4.97	5.00	5.00	4.4	35.57
NO_x	10.02	4.98	8.94	6.78	9.60	9.18	6.54	56.04
PM_{10}	9.12	4.56	8.16	6.18	8.82	8.40	4.80	50.04

（2）"十一五"COD 总量控制形势严峻，减排压力很大

2007 年，茂名、湛江、南宁、北海、防城港和海口等 6 市 COD 排放量已超出总量控制指标，其中海口市、茂名市和湛江市现状排放量分别超出总量控制指标达 153%、92% 和 67%；按照情景污染源预测，COD 超总量控制指标的状况依然，远期，情景三 +"理想情形"条件下，区域 COD 排放量将超出总量控制指标 9.43 万 t，超幅 23%（表 3-26）。

表 3-26　区域情景三条件下 COD 总量控制缺口　　　　　单位：万 t

行政区	总量控制指标	2007 年现状	中期		远期	
			不理想	较理想	不理想	较理想
茂名市	4.3	－ 3.97	－ 7.27	－ 3.72	－ 8.61	－ 3.72
湛江市	5.7	－ 3.82	－ 8.53	－ 4.14	－ 10.62	－ 4.41
南宁市	11.8	－ 2.95	－ 1.78	－ 1.08	－ 4.45	－ 1.72
北海市	3.8	－ 0.70	－ 1.54	－ 1.04	－ 3.92	－ 1.96
钦州市	6.7	3.04	1.82	3.04	0.23	2.28
防城港市	3.3	－ 0.65	－ 1.22	－ 0.64	－ 2.15	－ 1.00
海口市	1.51	－ 2.30	－ 2.68	－ 2.68	－ 3.07	－ 2.91
澄迈县	0.7	0.17	0.11	0.29	0.08	0.30
临高县	0.58	0.06	0.03	0.16	0.01	0.17
儋州市（含洋浦）	1.62	0.29	－ 0.27	0.14	－ 0.79	－ 0.28
东方市	0.38	0.00	－ 0.18	－ 0.05	－ 0.23	－ 0.05
昌江县	0.35	0.11	－ 0.04	0.16	－ 0.17	0.12
乐东县	0.34	0.02	－ 0.01	0.13	－ 0.03	0.14
区域	41.08	－ 10.68	－ 21.57	－ 9.43	－ 33.74	－ 13.03

注：以"十一五"COD总量控制指标作为判断依据。正数表示剩余，负数表示缺口。

6 区域重点产业优化发展的调控建议

6.1 区域重点产业发展的总体要求与基本原则

6.1.1 区域重点产业发展的总体要求

　　根据重点产业资源环境承载力综合评估和中长期环境影响和生态风险评估结论，结合区域社会经济发展的实际，综合提出北部湾区域重点产业发展的差别化优化发展总体要求为："二翼择优重点开发，北部提升优化，南部集聚发展，中部保护控制"（图3-82）。

　　二翼择优重点开发：选择优势行业重点发展西部的防城港和钦州、东部的茂名和湛江东海岛。

　　北部提升优化：优化产业布局，调整和升级产业结构。

　　南部集聚发展：南部集约重点发展洋浦开发区、东方工业区，其他集聚区实施有选择发展。

　　中部保护控制：中部从北海银滩至雷州半岛西侧至海南临高，加强对各类保护区及风景名胜区的保护和建设，不宜发展污染累积影响和生态环境风险较大的产业。

6.1.2 区域重点产业发展的基本原则

　　按照"优布局，严标准，调结构，控规模，保红线"的总体策略，确保生态功能不退化、水土资源不超载、污染物排放总量不突破、环境准入不降低。坚持污染物总量控制与质量控制相结合，确保生态环境质量不降低；坚持产业发展与生态空间管制相结合，保证区域生态功能不下降，优化产业空间布局；坚持环境准入与产业升级相结合，加快构建现代产业体系；坚持规模增长与资源环境承载相结合，统筹配置区域环境资源。

图 3-82　北部湾区域重点产业总体发展与调控策略示意

6.2 重点产业发展必须坚守的"四条红线"

实现"以环境保护优化经济发展"的战略目标，区域重点产业发展必须坚持"生态功能不退化、水土资源不超载、污染物排放总量不突破、环境准入要求不降低"四条红线。

6.2.1 红线一：确保生态功能不降低

（1）重要生态用地面积不减少

保持和扩大重要生态用地面积。在现有 6 182 km² 陆地自然保护区的基础上，进一步增加陆地自然保护区面积和保持保护级别不降低，确保占林地总面积 40% 的天然林面积不减少，保证生态公益林面积中期扩大 5%、远期扩大 10%，水源保护区面积不减少。重点保护大明山、十万大山、防城金花茶、海南尖峰岭等自然保护区和森林公园中及其周边天然林的保护，控制海南、湛江、北海和钦州等地浆纸林基地单一物种速丰林面积在 5 670 km² 以内。

保持和增加重要生态用海面积。保证 1 407 km² 的重要海洋自然保护区及 11 286 km² 水产种质资源保护区的面积不减少和保护级别不降低，红树林保护区面积中期扩大 3%、远期扩大 6%。重点保护湛江徐闻、雷州、廉江和北海合浦、涠洲岛和钦州茅尾海、三娘湾和防城北仑河口、珍珠湾和海南临高、儋州等地的红树林、珊瑚礁、白蝶贝、海草床等典型海洋生态系统和白蝶贝、儒艮、文昌鱼等珍稀海洋生物。

（2）区域生态系统服务功能不降低

确保我国热带海岛和西南陆域生物多样性以及南海重要的海洋生物多样性湾区和渔场的地位不降低。保证水土保持与生物多样性保护、农林产品提供、水源涵养与林产品提供和城镇开发功能等主导生态功能，维护北部湾沿海地区现有重要生物多样性、热带海岛生态系统、热带亚热带农产品重要产区、水产种质资源提供等生态功能。使典型生态系统类型和国家重点保护野生动植物物种受保护率达 95% 以上，国家重点保护物种资源增加和恢复到 80%，珍稀濒危物种得到有效保护，近岸海域生态系统健康状况良好，渔业产量恢复明显、资源结构有所优化，渔业资源生物量力争 2015 年达 2.3 t/km² 和 2020 年达 3.0 t/km²。

6.2.2 红线二：确保水土资源不超载

（1）海陆生态环境质量继续保持全国前列

海陆生态环境质量继续保持全国前列，扭转生态环境退化的趋势。区域环境空气质量总体优于功能区划要求，主要污染物年均浓度占标率小于 75%，城市环境空气质量（API）优良率大于 90%，酸雨发生频率小于 30%。近岸海域环境功能区水质达标率不小于 85%，近岸海域较清洁及其以上水域的面积比例基本保持不变，中、重度污染海域面积比例小于 1.2%，海洋表层沉积物质量达标率不小于 90%；地表水环境功能区水质达标率大于 90%，集中式饮用水源地水质达标率大于 99%，轻度污染地表水占监测水体比例小于 18%。

（2）加强土地集约利用效率

合理开发利用土地资源，落实最严格的耕地保护制度和节约用地制度。加强区域的土地集约利用，避免盲目扩张占用土地，重点控制北海市的土地资源承载力不超载；促进产业聚集区产业升级，切实提高产业集聚区的建设用地利用效率指标，力争使产业集聚区每平方千米工业用地工业生产总值在中期和远期分别达到 30 亿元和 45 亿元。

（3）严格控制岸线资源使用

严格控制港口工业岸线开发。保持自然岸线长度不低于总岸线的 76%，其中生态与自然保护岸线长度不低于岸线总长度的 48.8%（约 2 023 km），规划港口工业利用岸线占总岸线比例小于 12.1%，严格控制北海银滩至湛江雷州半岛西侧、涠洲岛、硇洲岛、东海岛南侧、茅尾海、北仑河口、珍珠湾、临高沿岸、儋州沿岸等的港口工业岸线开发与利用。

（4）合理开发利用水资源

提高北部湾区域水资源利用效率，确保河流多年平均径流量 10% 的生态基流底线，保证主要河道内生态基流量大于 131.7 亿 m³，河道外生态用水量 2.85 亿 m³。全面实施节水措施，完善地区供水工程体系，适时建设引郁入钦、西水南调和鉴江供水枢纽的跨流域水资源调配三大工程。

6.2.3 红线三：确保基于环境质量目标的排放总量不突破

控制化学需氧量排放总量小于 41.08 万 t（入河量 26.70 万 t，入海量 14.38 万 t），比现状排放量 51.76 万 t 减 20.6 %，控制氨氮排放总量小于 3.59 万 t（入河量 1.20 万 t，入海量 2.39 万 t），比现状排放量 4.0 万 t 减 9.9 %，控制石油类排海总量小于 0.176 万 t，是现状排放量 346.9t 的 5.1 倍。

中期、远期 SO_2 总量控制目标为 33.2 万 t，比现状排放量 23.41 万 t 增 41.8%，NO_x 45.1 万 t，比现状排放量 22.88 万 t 增 97.1%。重点控制钦州港开发区、防城港企沙、湛江东海岛、茂名河西工业园和乙烯工业区、洋浦开发区等的苯并 [a] 芘、挥发性有机物、汞等特征污染物排放。

6.2.4 红线四：确保环境准入标准不降低

逐步实施更严格的污染物排放标准和清洁生产标准，确保区域污染防治水平和产业资源环境效率名列国内前茅。2015 年，区域重点产业资源环境效率达到清洁生产一级标准水平，石化、钢铁、林浆纸、能源等的资源环境效率应达到国际先进和国内领先水平；2020 年，区域整体资源环境效率达到国内先进水平。

与 2007 年相比，区域工业用水重复利用率 2015 年和 2020 年分别提高 15% 和 38%；2015 年万元工业增加值废水排放量、COD、氨氮、SO_2、NO_x 排放量分别减少 10.3%、18.9%、12.5%、20.3%、19.8%，2020 年万元工业增加值废水排放量、COD、氨氮、SO_2、NO_x 排放量分别减少 14.7%、27.8%、12.5%、28.5%、28.0%；万元生产总值能源消耗 2015 年和 2020 年分别减少 10.3% 和 18.4%，万元工业增加值用水量 2015 年和 2020 年分别减少 15.3% 和 19.5%，万元 GDP 用水量 2015 年和 2020 年分别减少 26.9% 和 56.1%。

提高造纸、生物燃料、炼油、钢铁、火电等行业的规模、技术与污染治理准入门槛。

6.3 重点产业发展的优化空间布局

根据区域资源环境承载力及其风险适宜性综合评估结果，提出区域重点产业发展的优化布局（情景四）如下：

东部：发挥地区产业基础和深水大港优势，主要发展炼化一体化、钢铁、装备制造、火电、修造船、港口物流和制糖业等重点产业。茂名，河西工业园片区应立足于现有石化升级改造，发展石化中下游产品，新建炼化一体化集中布局在博贺新港区片区，新增乙烯布局乙烯工业区片区，新增火电产业布局博贺新港区片区，油页岩发电产业选择在矿区附近建设，茂名城镇发展应远离博贺新港区片区和乙烯工业区片区布局。湛江，重点在东海岛的北部和东北部积极发展石化产业基地和钢铁基地，在湛江市区和近郊区积极发展装备制造业，在徐闻南面和雷州新增火电和核电建设，适度建设湛江林浆纸一体化项目，控制林浆纸制浆工程规模。

西部：利用地区的环境和港口优势，主要发展冶金、炼化一体化、林浆纸一体化、火电、生物能源和港口物流业等重点产业。防城企沙工业区着力发展冶金，积极发展火电，在红沙发展核电，控制性发展沥青，防城港港区积极发展修造船；钦州港开发区积极发展炼化一体化、火电，适度发展燃料乙醇、林浆纸，统筹解决石化基地与周边居民区的合理布局；北海，铁山港积极发展林浆纸一体化、火电、铝型材和建材业，石化应立足于对现有石化企业升级改造适当发展石化中下游产品，北海市区及其近郊发展电子信息、制药、制糖产业。

北部：利用资源优势和传统产业基础，提升和优化铝型材、建材、轻工等重点产业。南宁市在六景工业园重点发展蔗渣制浆、火电，木制浆和竹制浆应该立足于升级改造或搬迁改造，并做到增产减污；南宁市近郊重点发展铝型材、轻工（制糖、制药）、电子信息、建材业、重型机械设备制造等，对蔗渣制浆应采用先进的资源回收和污水处理技术，对木制造浆则实施升级改造，进一步消减水、气污染物排放量。

南部：集约、集中发展汽车制造、农产品加工、林浆纸一体化、石油化工、天然气化工、能源和港口物流业等重点产业。海口大力发展汽车制造、制药业、高新技术产业和交通物流业；澄迈老城开发区积极发展建材、浮法玻璃、冶金机械和高新技术产业，适度发展火电业；洋浦开发区积极发展炼化一体化、林浆纸一体化和生物化工，适度发展天气化工、建设国家石油战略储备基地；东方工业区着力发展天然气化工和生物化工、精细化工产业，适度发展火电业；昌江着力发展水泥、木薯制燃料乙醇、农副产品，积极发展核电；临高金牌港开发区积极发展电子、水产品深加工，适度发展修造船业。

中部：实施严格保护条件下的控制性发展。在各类保护区核心区和缓冲区外控制性发展旅游、海水养殖、渔港、风能发电、潮汐能发电等，确保现状无污染的原生态海滩不受影响，让中部沿海的敏感海陆生态系统休养生息。

北部湾区域应当鼓励优先利用当地资源，选择环境风险小、扩散能力强、远离环境敏感目标的地区集中布局有色金属冶炼。

6.4 统筹区域重点产业的发展规模

在区域资源环境承载力和资源环境效率条件下，建议远期区域重点产业发展规模（情景四）如下：

集约建设湛茂、钦州和洋浦大型炼化一体化项目及其延伸产业链石化基地，包括炼油产业链、烯烃产业链、芳烃产业链、塑料—橡胶加工产业链和精细化工产业链，优先发展石化中下游产品加工，提升高附加值、高技术、低污染的精细化工产品的比重。

东部：以现有中石化湛茂老石化基地为基础，湛江和茂名新增炼油规模分别约 1 500 万 t 和 1 450 万 t，新增乙烯规模分别约 135 万 t 和 100 万 t。

西部，在搬迁完毕中石油钦州 1 000 万 t 炼油项目周边 1 km 范围内的居住区和学校等后，才允许钦州开发区新增炼油约 1 000 万 t 和乙烯 120 万 t。

南部：改扩建洋浦千万吨级炼化一体化项目，形成石油加工和化学原料及制品制造产业的产业链，炼油新增规模宜控制在约 1 000 万 t/a。防止以沥青、重油加工等名义新建炼油项目。区域内原则上不适宜发展煤化工产业。到 2020 年，北部湾区域总炼油和乙烯规模控制在 8 500 万 t 和 550 万 t。

东西两部在符合国家"等量置换""减量置换""不新增钢铁产能"产业政策的前提下，适时建设湛江和防城港两个千万吨级钢铁基地，湛江主要发展精品钢，瞄准碳钢板材类等高端产品。防城钢铁项目规模控制约 2 000 万 t，湛江钢铁规模控制约 1 000 万 t。到 2020 年，北部湾区域总炼钢能力控制在 3 000 万 t。

拓宽能源利用途径，降低火电，尤其是煤电的比重，积极发展气电、核电、风电和垃圾发电等清洁和可再生能源。东部，约新增火电湛江 270 万 kW、茂名 500 万 kW、约新增湛江核电 200 万 kW；西部，约新增火电钦州 120 万 kW、防城 240 万 kW、北海 180 万 kW，约新增防城核电 600 万 kW；北部，约新增火电南宁 360 万 kW；南部，约新增火电澄迈 60 万 kW、东方 140 万 kW，约新增昌江核电 260 万 kW。改扩建电厂及新建电厂必须同步建设脱硫、脱硝设施。至 2020 年，北部湾区域总电力规模控制在煤电 2 480 万 kW、气电 160 万 kW、核电 1 060 万 kW 和风电 130 万 kW。

适度发展林浆纸一体化产业，推动循环经济型蔗渣制浆工程，促进区域造纸向集约、规模化发展。加大对区域小造纸与落后工艺的全面淘汰，重点加快淘汰北部、东部和西部规模以下造纸产能，控制北部和东部带新增木浆造纸产能。

东部，控制建设湛江麻章约 70 万 t 林浆纸一体化项目；西部，重点建设北海铁山港工业区约 120 万 t 林浆纸一体化项目，建设钦州港开发区约 30 万 t 林浆纸一体化项目；北部，建设蔗渣浆约 29 万 t 项目、化学浆约 27 万 t 项目和脱墨浆约 20 万 t 项目，控制木（竹）浆造纸产能；南部，重点建设洋浦港开发区约 225 万 t 林浆纸一体化项目。至 2020 年，北部湾区域总制浆规模控制在 500 万 t，浆纸林种植面积控制在 0.56 万 km^2。

加快推进小水泥企业技术改造和整合，淘汰落后生产设备和技术，鼓励集团化发展。2020 年，水泥规模控制在 3 600 万 t。

6.5 大力推进产业结构升级，切实转变经济发展方式

6.5.1 大力发展先进制造业和现代产业体系

加快发展和构建现代产业体系。大力发展以炼化一体化为主的石化、精品钢和碳钢板材类为主的钢铁、林浆纸为主的造纸、铝加工为主的有色金属、装备制造为主的机械制造、经济型轿车为主的汽车等支柱产业，促进产业链向精深加工延伸，打造知名品牌，建设全国重要的石化、冶金、造纸、铝加工、装备制造基地。以炼化一体化为基础积极发展石化中下游产品，形成石油加工和化学原料及制品制造产业的产业链，包括炼油产业链、烯烃产业链、芳烃产业链、塑料—橡胶加工产业链和精细化工产业链，优先发展高附加值、高技术、低污染的精细化工产品的比重；钢铁产业主要瞄准碳钢板材类、轿车和轨道交通用钢等高端产品；铝深加工产业主要发展高精度铝板、铝带、铝箔等铝型材；加快推进装备制造业规模化发展，重点扶持高技术、高附加值的大型装备和机械设备等行业，主要发展海洋工程、港口工程等大型装备，支持国内大型企业在海南、湛江发展修造船、海洋工程设备等装备制造业。

6.5.2 大力发展战略性新兴产业

积极培育和大力发展新型电子信息、生物制药、新材料、软件研发、计算机、通信、新能源、新能源汽车和节能环保等战略性新兴产业。重点培育发展电子信息、软件研发、生物工程、新材料、现代中药、节能环保等高技术产业，积极发展新型电子元器件、生物基材料和稀土等高性能材料、生物质能源、节能环保材料及产品，建设中药材 GAP 基地。推进工业化和信息化融合。

加快建设海口、南宁、北海、湛江等高新技术产业园区，提升创新能力和孵化能力。加快海南生态软件园建设，加快海口药谷建设，增强南药、黎药、海洋药物的自主研发能力，积极推进昌江国家级循环经济工业区循环经济试点；重点建设南宁和北海的电子信息、生物制药、新材料、软件研发、计算机、通信等高技术产业基地，推进南宁生物国家高技术产业基地建设；支持茂名石化新材料基地建设和湛江国家级水产品加工高新产业基地建设；建设湛江、南宁和海口成为区域性国际现代物流基地，加快建设防城港、洋浦港、茂名港和钦州港成为区域性现代物流基地。

6.5.3 改造提升优势传统产业，推进产业升级

积极培育产业研发能力，加大对区域优势传统产业的技术改造力度，增加产品技术含量，推进污染型小企业的整合和加大技术改造力度，淘汰落后生产设备和技术，促进产业规模化发展，提升产业层次，打造形成区域优势主导产品。

重点发展海水养殖、海洋生物制药、海洋食品等海洋特色产业。采用先进制糖和蔗渣制浆及其资源回收技术，把制糖工业建成综合利用、循环发展的产业。积极调整能源结构，提高清洁能源比重，鼓励发展液化天然气、燃料乙醇、核电、风电、太阳能光伏发电、潮汐能发电等产业，推广农村沼气工程。

广东片区重点促进传统原材料产业向产业链高端发展，改造和提升机械、建材（陶瓷、水泥）、纺织服装、食品、食品包装等传统产业。广西片区重点推进行业结构调整，淘汰小规模或落后工艺的冶金、造纸、制糖、建材、火电等行业产能，加大对制糖、造纸（含蔗渣制浆）、建材、纺织、食品、铝加工等的技术升级和改造。海南片区积极发展农产品加工、旅游装备制造、特色旅游食品、服饰、工艺品和海洋特色产品等。

7 区域重点产业优化发展的对策与机制

7.1 区域重点产业发展的环境协调对策

7.1.1 水环境保护协调对策

① 重点抓好五大水污染控制工程。

1）强化工业污水治理工程。区域工业用水重复利用率中期应达到 75%，远期达到 90%；工业污水稳定达标排放率 2015 年达到 90%、2020 年达到 95%。产业园区污水集中处理处置率 2015 年应大于 90%、2020 年应大于 95%，产业园区污水纳管率 2015 年大于 90%、2020 年大于 95%。

2）加快建设城镇污水处理工程。2015 年以前，加快建设城镇污水处理厂并配套建设污水管网，全面实施县城镇污水处理工程和产业园区集中污水处理工程。提高区域城镇污水处理厂的处理率和收水率，城镇污水集中处理率 2015 年大于 75%、2020 年大于 85%，城镇污水收集率 2015 年大于 75%、2020 年大于 80%。农村卫生厕所普及率 2015 年大于 70%、2020 年大于 85%。中期上马的含生活污水集中污水处理厂要求配备先进的除氮设施，远期规划的含生活污水的集中污水处理厂要求配备先进的除磷除氮设施。

3）建设十大沿海重点产业集聚区污水处理与深海排放处置系统工程。近中期建设湛江东海岛、茂名博贺新港区、钦州开发区、防城企沙、北海铁山港、澄迈老城等集中污水处理与深海排放处置工程，同时完善海南洋浦、东方、海口等污水排放工程。中远期，建设茂名城市污水排海总管工程。

4）深入开展南宁邕江、茂名小东江等受污染河段的环境综合整治工程。

5）加强养殖废水治理工程。控制高位池养虾规模密度，建立高位池养虾废水循环利用清洁生产方式。到 2015 年，规模化畜禽养殖场废水排放达标率大于 80%。

② 对南宁左江、邕江、郁江流域和湛江鹤地水库流域、茂名小东江流域，执行更加严格的氮污染物排放标准。

③ 近岸排污口纳污海域环境容量受入海河流和直排入海综合排放口等影响明显，建议在未来发展中同步规划实施区域入海河流和直排入海综合排放口的污染负荷削减。

④ 建议对少部分排污区进行适当调整，具体调整建议如下：

1）对东方排污区，建议在现有排污混合区的西北方向约 1 000 m 处设置新的排污区，混合区面积 4 km²，同时取消现有石化排污混合区。

2）对洋浦开发区工业排污区，维持洋浦开发区一个集中工业排污区不变，但同时为满足未来洋浦开发区发展的排污要求，建议在不改变Ⅳ类水功能区面积的基础上整体向西移动 400 m，同时将Ⅳ类功能区外围的 500 m 范围作为Ⅲ类水功能区。

3）对钦州港开发区工业排污区，远期建议为三墩排污区。

4）对湛江东海岛东面工业排污区，为了充分利用已经批准的东海岛东面工业排污区，建议在其排污混合区边界外延 1500 m 左右设置二类过渡区，水质目标按照二类管理。

5）茂名澳内排污区环境容量较小，建议茂名河西工业园和乙烯区的污水于中期后向澳内外海的深海排放，即将现状的茂名澳内海工业排污区的中心点向外海东南面外延至 8 m 海图水深处。

⑤ 保证实施广西引郁入钦工程、西水南调工程，广东鉴江供水枢纽工程、西水南调工程等四大调水工程，加大非常规水资源（海水、雨水、污水回用水等）的利用，拓展开源途径。

⑥ 实现沿海水域的污染联防联控，重点监控无机氮、石油类、磷酸盐、COD、苯系物等污染物；加大广东岸段和海南岸段的近岸海域常规环境监测站点的密度、数目、监测频次，经常开展表层沉积物、海洋生物体质量和海洋生态的调查监测；建立化工项目的事故应急预防体系工程。

7.1.2 大气环境保护协调对策

① 加强对火电、钢铁、有色、石化、水泥等重点行业的监控力度，保证污染物排放量控制在允许范围内。

② 改扩建电厂及新建电厂必须同步建设脱硫、脱硝配套装置。

③ 提高区域燃煤（油）锅炉脱硫脱硝效率，中期 30 万 kW 以上的火电机组完成 90% 脱硫和 80% 脱硝，所有燃煤（油）锅炉完成 90% 脱硫；在具备条件的地方，把小发电机组升级改造成集中供热的热源，大力推进区域集中供热；限期完成所有重点大气排放源的深度脱硫改造；对采用海水冷却的电厂，可以考虑采用海水脱硫技术。

④ 淘汰高能耗、重污染的工业锅炉、窑炉，积极发展低能耗、轻污染或无污染的工业锅炉、窑炉；燃煤、燃油电厂及使用工业锅炉、窑炉的单位应当按照国家和地方的规定采取脱硫、固硫、除尘、脱硝或低氮燃烧技术。

⑤ 加大颗粒物污染防治力度。使用工业锅炉的企业以及水泥厂、火电厂应采用袋式等高效除尘技术。

⑥ 加强挥发性有机物污染防治。从事喷（刷）漆、石化、制鞋、印刷、电子、服装干洗等排放挥发性有机污染物的生产作业，应当按照有关技术规范进行污染治理。推进加油站油气污染治理，按期完成重点区域内现有油库、加油站和油罐车的油气回收改造工作，并确保达标运行；新增油库、加油站和油罐车应在安装油气回收系统后才能投入使用。

⑦ 禁止将废弃沥青、油毡、橡胶、塑料、皮革及其他焚烧后能产生有毒有害烟尘和恶臭气体的物质作为燃料使用；禁止以露天焚烧方式回收金属。

⑧ 加快规划和建设主要城市的燃气工程，实现居民和第三产业能源结构的改变；主要城市应加大对饮食业油烟的治理，饮食业应在灶头加装除油烟装置。

⑨ 加快车用燃油清洁化进程。推进车用燃油低硫化，加快炼油设施改造步伐，增加优质车用燃油市场供应。机动车必须 100% 达标排放，污染物超标排放的机动车一律禁止上路行驶；尽早限制主要城市摩托车等污染的交通源。

⑩ 鼓励生物能、风能、波浪能、潮汐能等清洁能源的发展，逐步提高清洁能源的使用比例。

⑪ 加快规划和建设南宁和海南岛环绕岛轨道交通系统，大力发展综合公共交通系统，考虑规划、建设绕岛的轨道交通系统，控制城区日益增长的交通污染。

⑫ 实现区域的大气污染联防联控，重点污染物控制 SO_2、NO_x、颗粒物、挥发性等有机污染物。建立北部湾区域联合动态的空气质量监测网络，加强对茂名、湛江、南宁等地灰霾天气的监控力度。

⑬ 对东海岛石化与钢铁、防城港冶金与钦州石化等重点产业基地的石化、冶金排污可能

诱发的大气相互环境问题，开展大气特征污染物、复合污染物等的监测和评价工作。

7.1.3 固废与危险废物处理协调对策

目前区域内除东部建设有危险废物集中处理场所外，其余地方均未建成。为重化产业的发展相配套，必须在中期前应加快建设西部及南部危险废物集中处理场并于中期投入运行；西部危险废物可运至粤西危险废物处理中心处理。完善茂名危废中心和建设完成广西南宁危废中心和海南危废中心等三个区域性危险废物集中处理处置基地，危险废物安全处理率达到100%。

2015年前，全面完善区县生活垃圾无害化处理工程。城镇生活垃圾无害化处理率2015年大于90%、2020年大于95%；医疗废物无害化处理率达到100%。

7.1.4 海洋生态保护协调对策

① 抢救性保护重要生态系统，恢复生态系统功能。

全面加强对环北部湾沿岸重要敏感海洋生态系统的保护，重点保护珊瑚及珊瑚礁生态系统、海岛及海湾生态系统、红树林湿地生态系统等较为典型的海洋生态系统，逐步恢复受损、破碎生态系统的功能，恢复海洋生物资源，全面提高海洋生态环境质量。对通过建立湿地公园、设立保护站等方式实施沿海重要湿地的抢救性保护，构筑湛江、北海等粤桂红树林湿地保护圈和湛江湾、三娘湾中华海海豚自然保护区的建设工作，成立海南临高—儋州白蝶贝保护区管理机构。到中期初步建成以国家级自然保护区为龙头、省级自然保护区为骨干、市县级自然保护区为通道的自然保护区网络，强化保护区严格执法，五年一次检查变为三年一次检查，自然保护区建设与管理工作继续走在全国的前列。

② 加大水生生物资源养护力度，保护和恢复北部湾海洋生物资源。

北部湾是我国南海北部最重要的海洋水产种质资源天然宝库，因此，要加大海洋生物人工增殖放流和人工鱼礁建设力度，严格执行休渔制度，严禁破坏海洋生物资源的行为，拯救海洋濒危、珍稀物种。尽快实施环北部湾水产种质资源保护工程，重点建设国家级北部湾二长棘鲷水产种质资源保护区和茂名文昌鱼、北海方格星虫和马氏珠母贝、钦州湾茅尾海近江牡蛎、海南西部蓝圆鲹、沙丁鱼等国家级水产种质资源保护区，重点实施适应当地环境的良种培育，保护白蝶贝种苗投放修复实施工程，保护和恢复海洋生物资源。加快推进现代渔业建设，转变渔业发展方式，实施现代沿海生态养殖。大力发展休闲渔业，借助区域旅游优势，高起点编制休闲渔业发展规划，分期分批建设集休闲、度假、观光、娱乐于一体的休闲渔业基地。

7.1.5 陆地生态保护协调对策

① 扩大生态公益林面积，提高水源涵养能力。加强涵养水源林等生态公益林、草地和湿地的管护和恢复，中期由现有约2.06万km^2扩大到2.17万km^2。

② 严格遵照生态环境规划、林业规划发展桉树林经营种植，减少速生桉树林（单一树种人工林）的种植比例，强化经济用材林的分类和多种经营。

建议桉树林种植面积不超过商品林用地的30%。根据本区林业用地和速生生态调查资料分析，桉树林营地占商品经济林用地的10%～20%，可保持其视觉景观、植物群落斑块结构、区域生态系统功能的保护和稳定性，避免单一物种的连续大片分布。

③ 以生物多样性保护为核心，健全生物多样性保护监控和管理体系。

坚持预防为主的原则，优先保护生物多样性热点和关键区域（如海南中部山地热带雨林与季雨林生物多样性区域、桂东粤西丘陵山地常绿阔叶林生物多样性保护区域、桂中喀斯特常绿、落叶阔叶混交林生物多样性保护区域、桂西南喀斯特热带季雨林生物多样性保护区域），高度重视海岸带植被和植物多样性保护，强化自然保护区的管理和监控，增强生态系统的生物多样性维护能力。按照国土功能区划要求，确保保障生态用地及生态用水量。

④ 开展重大生态工程，全面提升区域生态系统服务功能。

加强区域内大明山、十万大山、尖峰岭等自然保护区及森林公园中及其周边天然林保护工程；开展珍稀濒危野生动植物及其栖息地保护、河口湿地生态系统保护和恢复工程；实施土壤污染修复与土地复垦工程，确保局部受污染的生态系统健康；推进广西西北部石漠化综合治理工程，保障区域重要生态功能。

⑤ 制定岸线开发利用规划。控制自然岸线和天然湿地的无序利用或雷同利用，规范海岸开发秩序，提出沿岸的环境整治、保护与修复的举措，逐步恢复被破坏的滩涂湿地红树林的生态功能。

7.2 区域重点产业发展的环境管理对策机制

7.2.1 实施 NO_x 和氨氮、无机氮的排放总量控制

区域内南宁、湛江、茂名 O_3 已超标，部分城市的 $PM_{2.5}$ 已超参考标准；地表水和海水中无机氮为突出的超标指标，富营养化增加趋势明显。建议在本区域实施大气 NO_x 总量控制管理，对东部、西部和北部实施水的总氮和大气挥发性有机物、可吸入颗粒物的排放总量控制管理。

7.2.2 保护沿海栖息地，将生物多样性纳入省市生态保护规划

全面加强对区域沿海海洋生态系统的环境保护，重点保护珊瑚及珊瑚礁、红树林、海草床湿地、海岛及海湾等较为典型的海洋生态系统，逐步恢复受损、破碎生态系统的功能，加快进行广西合浦海草床保护区建设工作。将生物多样性保护纳入各省各市的"十二五"规划和生态环境保护规划。

7.2.3 林浆纸产业发展需"以地定林、以林定产、节能减排"，确保区域内生态系统的功能稳定和生物多样性

林浆纸一体化要通过"植树造林及制浆造纸的绿色大循环和废纸回收还原再生的小循环"，把污染严重的传统浆纸业打造为新型绿色环保产业。林浆纸一体化要以"低开采、高利用、低排放"为特征，"以地定林、以林定产、节能减排"，运用生态学规律指导植树造林、制浆造纸，确保区域内生态系统的功能稳定和生物多样性，提高企业清洁生产水平、降低能耗、物耗、水耗，并将造林、营林、采伐、制浆、造纸与销售结合起来，形成北部湾良性循环的林浆纸一体化产业链。

7.2.4 建立跨区域的生态补偿机制，统筹协调区域生态环境管理

制订符合区域社会、经济、环境协调发展的经济补偿制度，建立跨区域生态补偿机制、财政税收横向转移支付及其保障机制，为区域生态效益的经济补偿提供良好的制度环境。加强区域生态恢复、跨地区与跨流域生态环境综合治理。

建立区域生态环境联合管理机制框架，统筹协调区域环境管理。建立健全跨区域跨部门联防联控机制，统筹和协调各部门在污染防治的管理、监测等方面的职能，统一协调和管理区域大气环境、流域水环境，构建"统一规划、统一监测、统一监管、统一评估、统一协调"的区域联防联控工作机制，提升区域污染防治整体水平。建立多部门联动的综合预警和应急机制，制定突发性污染事故紧急预案处理措施，建设环境污染事故应急队伍，确保区域生态环境质量安全。

7.2.5 建立绿色经济制度，促进区域环境经济协调发展

制定相关环境经济政策，引导重点产业升级和淘汰落后产能。在高风险、高污染的石化行业优先推行绿色保险制度，实施对投保企业给予保费补贴的激励措施。通过调整信贷结构引导产业朝多元化方向发展，扶持旅游、电子信息、现代服务业以及新能源、新材料等高新技术产业，淘汰小造纸、小水泥、小炼油（沥青炼油）、粗钢等高污染高耗能项目，对于存在环境违法行为、不符合国家和地方产业政策的企业，提高其贷款利率，限制、停贷或回收已发放贷款。设立节能减排专项贷款等，激励企业进行升级改造。设立能效专项贷款，支持碳减排、清洁能源及开发可再生能源的新型产业。

对小造纸、小水泥、粗钢等高污染高耗能产业和资源环境效率低下的企业提高相关环境税费标准。对投资核电、风电等清洁能源以及环保基础设施建设、防护林建设、湿地保护、自然岸线保护等防治污染和生态环境保护项目的企业给予税收减免。

进一步推动企业上市环保核查工作，严格审查其环境治理能力及效果，对于不能满足所在区域环境管理要求的企业，限制其上市融资与扩大再生产。

7.2.6 建立高效的资源环境配置机制

① 实施资源优化调配，保障重点产业集聚区发展，保证区域生态、生活、生产用水平衡。建议中期适时兴建郁江调水等跨流域或跨区域调水工程，保障钦州、防城港和湛江等产业聚集区发展用水需要。

西水南调工程中引郁入钦工程设计引水流量 20 m^3/s，年平均调水量为 2.91 亿 m^3（取水口断面），可满足钦州市区及工业区远期用水要求；向湛江供水工程推荐调水规模为 40 m^3/s；向北海调水工程推荐调水规模为 6～11.5 m^3/s。

② 提高区域建设用地和产业聚集区土地利用效率。区域土地资源压力较大，为确保区域建设用地总量满足经济发展的建设用地需求，建设用地利用效率指标（单位面积建设用地GDP）在中期和远期分别达到 1.24 亿元 /km^2、2.12 亿元 /km^2。

建议在土地集约利用、提高土地利用效率的原则下扩大产业聚集区的产业规模，优先发展技术含量高、经济社会效益好、集约用地水平高的产业，促进产业聚集区产业升级并形成产业链，避免盲目扩张占用土地。

③ 合理配置能源资源，按能源需求控制发电装机规模，大力发展可再生资源，实现可持

续发展。区域中期和远期煤炭需求最大量分别约 4 810 万 t 标煤和 8 510 万 t 标煤。改变能源结构，大力发展可再生能源（风能、生物质能、潮汐潮流能、太阳能等）和核能，加大清洁能源的使用比例，建议远期可再生能源比例达 10% 以上。

④ 适当控制港口和岸线的开发规模。区域生态敏感岸线较多，应控制港口岸线发展对其占用或影响。沿海规划港口利用岸线中有约 13.7% 占用生态敏感岸线中禁止开发岸线和旅游岸线、增殖区岸线等限制开发岸线，建议对此部分规划港口岸线进行调整或取消，调整后港口岸线不超过 502 km。建议在避开生态敏感岸线的前提下，重点开发湛江港、防城港以及洋浦港等港口岸线。

7.3 环境准入政策与控制机制

在发展中应以环境友好、海陆统筹、技术管理先进、节能减排为指导原则，对于现有企业应革新技术、以新带老，积极进行产业结构的调整和技术改造，新进项目应符合区域规划和产业规划，以及环境准入条件。

（1）符合国家重点产业专项规划和产业政策

石化产业应符合《炼油工业中长期发展专项规划》和《乙烯工业中长期发展专项规划》；钢铁产业应符合《钢铁产业发展政策》《焦化行业准入条件》和等量替换要求。同时各重点产业应满足国家《产业结构调整指导目录（2005 年本）》和地方对产业结构调整的要求，严禁淘汰类和限制类企业或设备进入。

（2）国内领先的生产工艺、装备及管理水平是重点产业准入的基本要求

区域重点产业建设处于起步阶段，为和谐发展，从源头避免生态环境的问题，采用国内领先的生产工艺、装备及管理水平是准入的基本要求，同时应尽力追赶国际先进水平。

（3）应优先发展循环经济和实施清洁生产

区域各产业集聚区的污水防治应通过清污分流、污污分流、分类处理、循环利用等措施，达到降低新鲜水消耗，减少外排废水的目的。各产业应全面推进循环经济建设，延伸产业链，要构建产业内的循环经济，形成城市和区域层面上的循环经济体系。在高耗能、高污染的行业中推行强制清洁生产审核制度，原有企业的资源利用与污染治理整体须达到国内清洁生产先进水平，新上项目整体须达到国际清洁生产先进水平。同时，制定出完善而又可行的促进企业实施清洁生产的奖惩措施，开展企业内部的物流、能流的梯级利用，实现污染物排放的最小量化。

（4）提高资源环境利用效率，力求远期达到国际先进水平

重点产业资源环境效率应达到清洁生产一级标准，石化、钢铁、林浆纸、能源等产业资源环境效率应达到国际先进水平。

（5）建设和实施重点产业园区的"五个一体化工程"

产业布局与设计一体化，形成园区项目产业链和集约高效的产业布局结构；公用工程一体化，规划设置公共工程"岛"，集中布置供水、供电、供热及供气设施；物流传输一体化，通过园区的输送管网、仓库、码头、道路等形成园区内一体化的物流输送系统；环境保护一体化，园区环保中心，统一处理三废；管理服务一体化，园区有关管理部门一体化提供服务。

分项目四

成渝经济区
重点产业发展
战略环境评价报告

编 写 组

在国家西部大开发战略的推动下，成渝经济区正在发展成为国家经济增长的第四极，在全国区域经济格局中的战略地位日益显著；同时，成渝经济区位于三峡水库上游，属于长江上游生态屏障的重要组成部分。处理好成渝经济区产业发展与生态环境保护的关系，关系到我国中长期经济社会可持续发展的战略性问题，对于加快推进我国经济发展方式转变具有示范作用，对我国中长期生态环境的战略性保护具有重大意义。

根据我国区域经济发展的总体战略、产业发展趋势和生产力布局态势，环境保护部组织开展五大区域重点产业发展战略环境影响评价（以下简称"五大区域战略环评"）工作，旨在汲取我国先发地区资源环境代价过大的教训，推动五大区域环境保护优化经济增长新格局的形成，实现五大区域经济可持续发展并确保中长期的生态环境安全。

成渝经济区重点产业战略环境评价是五大区域战略环境评价项目的分项目之四。受环境保护部委托，中国环境科学研究院为分项目技术牵头单位。在总课题的统一部署下，2009年4月，分项目技术方案通过环境保护部组织的专家评审；2010年2月形成阶段性成果，多次组织专家咨询论证，征求国务院有关部门、相关省（区、市）的意见，形成了送审稿；2010年9月通过了专家论证验收，形成了报批稿；2010年12月14日通过了环境保护部第十二次常务会议审议，并经过修改完善，完成了《成渝经济区重点产业发展战略环境评价报告》。

在此，对重庆市、四川省人民政府及环境保护厅（局）等有关部门的大力支持，对项目咨询专家顾问团队的悉心指导表示衷心感谢！

1 概 述

1.1 项目背景

成渝经济区是我国经济发展的重要战略区域,在西部崛起中具有举足轻重的地位。在《全国主体功能区规划(草案)》中被列为国家层面的重点开发区域之一。成渝经济区是国务院批准的国家统筹城乡综合配套改革试验区,区内的重庆、成都、德阳、自贡、绵阳等地属于国家《西部大开发"十一五"规划》确定的重大装备制造业基地和国家级研发生产基地。

成渝经济区承接东部产业转移,将装备制造、电子信息、化工、能源等作为主导产业,以能源、矿产资源高强度开发为特征的重化工业为产业发展的重点,产业布局主要在长江干流沿岸城市和主要支流流经的重点城市。

成渝经济区经济快速发展的同时,由于不合理的产业结构和能源利用模式等,导致了局部区域地表水环境污染、酸雨污染严重;长江上游干支流大规模、高强度的水电、航电梯级开发以及水污染也导致了水生生物的原有生境发生改变,一些珍稀物种已经或正在消失;水体污染、水电开发、水土流失等影响三峡库区的水环境安全和长江干支流的生态功能维护。成渝经济区经济快速发展造成的生态环境破坏对于区域社会经济发展的制约作用已经日益凸显。

全面系统地研究成渝经济区重点产业发展战略的环境影响,围绕本区域重大、敏感的区域性环境问题,研究成渝经济区重点产业发展战略对区域性的资源、环境和生态的影响,以及相应的环境保护对策与措施,将对该区域"十一五"后期发展和"十二五"重点产业发展方向和布局等决策提供科学依据,对于区域社会经济的可持续发展和生态环境的持久保护具有直接的指导性作用,对川、渝两地乃至我国西部地区的可持续发展具有示范作用。

1.2 评价范围与时段和重点

1.2.1 评价范围

成渝经济区是指包括重庆、成都两大都市圈在内的四川盆地,范围大致包括:西至成都为中心的成—雅—乐沿线,东至重庆为中心的丰都—涪陵—忠县等长江沿线区域,北至成达铁路,南至长江上游的重庆—宜宾沿线的区域,与四川攀西、川西北及陕西、甘肃、湖北、贵州、云南接壤(图4-1)。

成渝经济区面积总计20.6万km²,占重庆市和四川省总面积的37%。其中,重庆部分面积5.1万km²,四川部分面积15.5

图 4-1 成渝经济区行政区划

万 km²。成渝经济区重庆地区包含主城 9 区、潼南、铜梁、大足、双桥、荣昌、永川、合川、江津、綦江、长寿、涪陵、南川、万盛、璧山、万州、梁平、丰都、垫江、忠县、开县、云阳、石柱 31 个区县；四川地区有成都、绵阳、德阳、内江、资阳、遂宁、自贡、泸州、宜宾、南充、广安、达州、眉山、乐山、雅安 15 个地市。

1.2.2 评价时段

本次评价的现状基准年为 2007 年（部分数据更新到 2008 年），中期评价水平年为 2015 年，远期评价水平年为 2020 年。

1.2.3 评价重点

- 区域生态环境现状及其演变趋势评估
- 区域产业发展现状及其资源环境效益分析
- 区域资源环境制约因素分析
- 重点产业发展的环境影响和环境风险分析
- 区域重点产业优化发展的调控方案

1.3 重点产业范围

根据对成渝经济区战略定位和产业发展的现状与态势的梳理，综合考虑各行业经济贡献比重、资源利用和污染物排放情况，确定成渝经济区重点发展产业包括能源、装备制造业、农副产品加工业、化工业以及高新电子技术业等五大产业；需要进行产业升级换代的传统产业包括冶金（含采掘）、非金属矿产业、造纸和纺织及其他。

按照国民经济行业分类标准，各重点产业和传统产业涉及的具体行业如表 4-1 和表 4-2 所示。

1.4 环境保护目标与评价指标

1.4.1 环境保护目标

目标 1. 全面加强水环境管理，有效控制重金属和持久性有机污染发展势头，维护长江上游干流和三峡库区水生态安全。具体指标为：

- 长江干流主要控制断面目标为 II 类，主要支流岷江、沱江、嘉陵江、乌江等入长江干流水质目标为 II 类，沱江入长江干流水质目标为基本达到 II 类，可接受的底线是干流水质不降低，主要支流不允许超过 III 类，持久性有机污染物和重金属在水生生物自然保护区内应满足"渔业水质标准"；
- 长江干流和三峡库区沉积物重金属生态危害水平目标为轻度生物危害水平，可接受底线是中度危害水平；沉积物持久性有机物不构成明显累积；
- 三峡水库水环境达到"安全"水平，氮、磷负荷得到大幅度削减，可接受底线是水环境保持在"一般安全"水平；
- 饮用水水源保护区水环境质量全面达标（基线）；

表 4-1　成渝经济区重点产业评价范畴

产业分类	序号	行业名称	行业代码
能源	1	煤炭开采和洗选业	6
	2	石油和天然气开采业	7
	3	电力、热力的生产和供应业	44
	4	燃气生产和供应业	45
农副产品加工业	5	农副食品加工业	13
	6	食品制造业	14
	7	饮料制造业	15
	8	烟草制品业	16
化工业	9	石油加工、炼焦及核燃料加工业	25
	10	化学原料及化学制品制造业	26
	11	医药制造业	27
	12	化学纤维制造业	28
	13	橡胶制品业	29
	14	塑料制品业	30
装备制造业	15	金属制品业	34
	16	通用设备制造业	35
	17	专用设备制造业	36
	18	交通运输设备制造业	37
	19	电气机械及器材制造业	39
	20	仪器仪表及文化、办公用机械制造业	41
高新电子技术业	21	通信设备、计算机及其他电子设备制造业	40

表 4-2　成渝经济区需进行产业升级换代的传统产业评价范畴

产业分类	序号	行业名称	行业代码
采矿	1	黑色金属矿采选业	08
	2	有色金属矿采选业	09
	3	非金属矿采选业	10
冶金	4	黑色金属冶炼及压延加工业	32
	5	有色金属冶炼及压延加工业	33
水泥	6	非金属矿物制品业	31
纺织	7	纺织业	17
造纸	8	造纸及纸制品业	22
其他	9	纺织服装、鞋、帽制造业	18
	10	皮革、毛皮、羽毛（绒）及其制品业	19
	11	木材加工及竹、藤、棕、草制品业	20
	12	家具制造业	21
	13	印刷业、记录媒介的复制	23
	14	工艺品及其他制造业	42

- 城市径流非点源、畜禽养殖和农田径流非点源污染得到有效控制；
- 河流流量不低于十年一遇枯水期月平均流量，最小生态流量不低于多年平均流量的10%。

目标 2. 巩固和发展生态建设成果，维护"一圈、四江、九节点"生态安全格局，提升区域生态系统服务功能。具体指标为：

- 生物多样性受到有效保护（水生生物和陆地生物），各类自然保护区和天然林的面积不减少；
- 水源涵养极重要区和重要区得到有效保护，整体水源涵养功能得到加强；
- 土壤退化趋势得到缓解，区域整体生态环境质量得到提升，达到优良水平；
- 水土流失敏感区得到有效保护；
- 矿山资源开采的水土流失控制和生态恢复的质量得到大幅提高。

目标 3. 优化能源消费结构，扭转酸雨污染发展的趋势。具体指标为：

- 城市环境空气目标达到或优于二级标准，可接受的底线是主要指标达到二级标准；
- 成渝都市圈环境质量持续改善，灰霾和光化学烟雾等潜在复合型大气污染趋势得到有效控制，可接受底线为满足环境空气质量二级标准；
- 工业化初—中期过渡的城市（区县）环境质量有所改善，可接受底线是满足环境空气二级标准；
- 区域性酸雨污染明显改善，可接受底线是酸雨污染趋势得到有效遏制；
- 区域主要大气污染物排放总量显著下降。

1.4.2 评价指标体系

（1）长江上游生态屏障

从生物多样性、生态保护关键区、水土流失、水源涵养等方面构建表征长江上游生态屏障的主要指标体系。

生物多样性：珍稀濒危物种数量、景观多样性指数。

生态保护关键区：自然保护区、风景名胜区、森林公园。及其与重点产业主要集中活动区域的邻近度。

水源涵养功能：森林覆盖率、植被覆盖率。

水土流失：水土流失强度、水土流失面积。

（2）三峡库区及上游水生态安全

分为内部指标和外部指标。内部指标项涉及水环境质量、水体富营养化水平、集中式饮用水有毒有机物、沉积物中有毒有机污染物、沉积物中重金属等；外部指标包括水土流失控制水平、水源涵养功能水平、有毒化学品风险的控制水平等。具体指标如下：

水环境质量（Ⅱ/Ⅲ类）：COD、氨氮、总磷、重金属等。

富营养化水平（基准）：总氮（TN）、总磷（TP）、透明度（TD）、叶绿素 a（Chl-a）、高锰酸盐指数（COD_{Mn}）、富营养化指数。

有毒有机物（集中式饮用水标准、饮用水卫生标准）：80 种有毒有机物中选取与重点产业关联度高的指标项。

沉积物中重金属（参考基准）：经现状评价确定的主要重金属（铬、铜、镍、锌、镉、铅、砷、汞）。

有毒化学品风险的控制水平：主要风险源风险概率、区域风险概率。

（3）大气污染与酸雨控制

以 SO_2、NO_2、PM_{10} 和酸沉降为评价指标。

1.5 技术路线

见图 4-2。

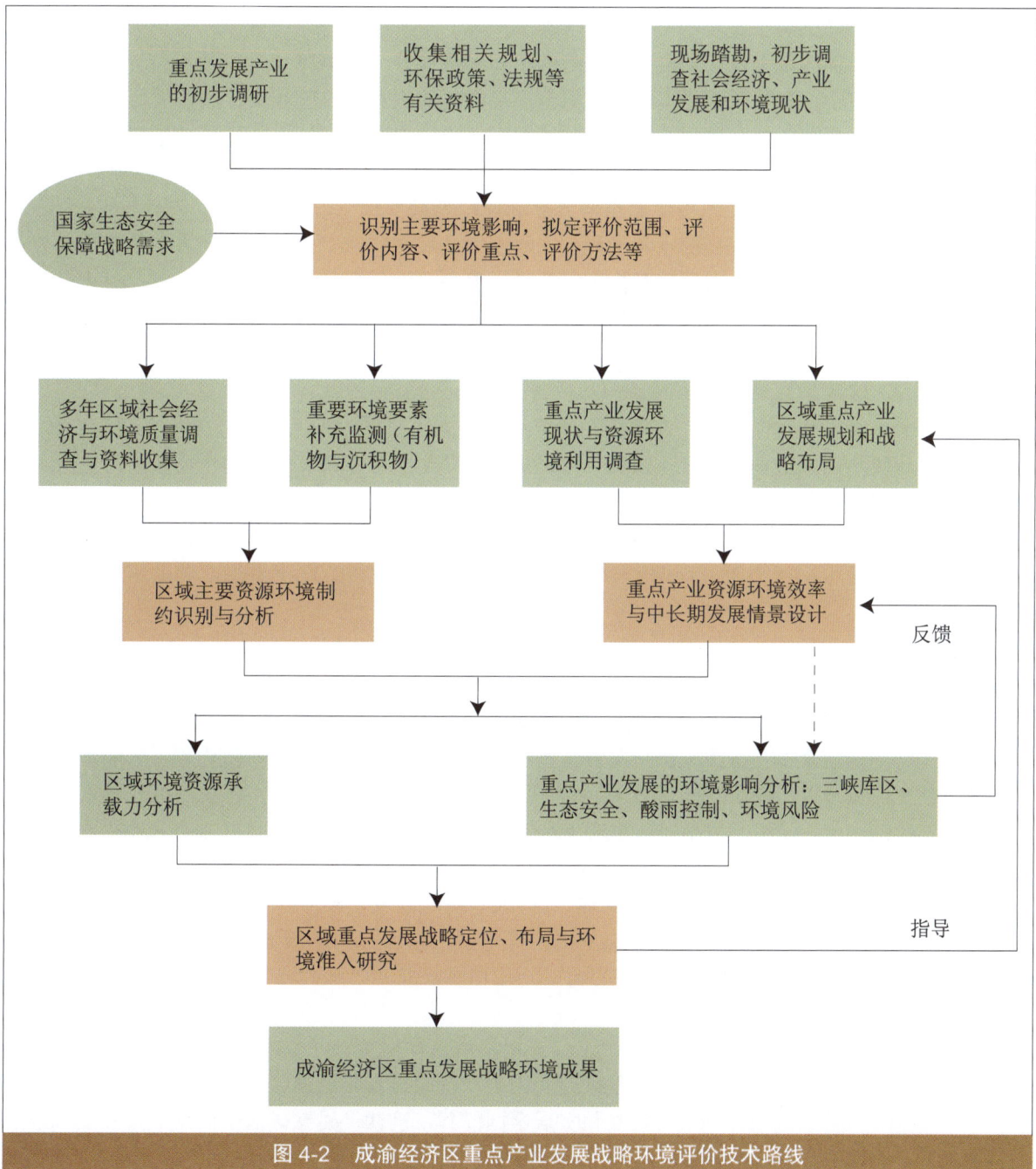

图 4-2　成渝经济区重点产业发展战略环境评价技术路线

2 区域资源环境与战略发展定位

2.1 成渝经济区资源环境特点

2.1.1 生态环境保护地位突出

（1）长江上游生态屏障建设的重要组成部分

成渝经济区属于长江上游生态屏障的重要组成部分，全国第一大河流长江干流及主要支流岷江、沱江、嘉陵江流经本区域，与全国最重要的水源涵养区相接，涵盖成都平原和低山丘陵传统农业区、盆东平行岭谷区、盆周山区、三峡库区，区域生态环境质量和演变在相当大程度上影响长江上游生态屏障功能的发挥。

（2）三峡库区是生态环境敏感与社会环境敏感的交织点

三峡水库是举世瞩目的水利工程。三峡水库在取得防洪、发电、航运等一系列综合效益的同时，导致了区域生态环境发生重大演变。生态建设与保护、移民安稳致富、地质灾害防治是当前三峡库区面临的三大问题。三峡库区已经成为区域生态环境敏感与社会环境敏感的交织点。

（3）盆周山区是生物多样性保护区与生态保护脆弱区

成渝经济区盆周山区生态系统由平原丘陵生态系统类型向高山高原生态系统急剧转化，盆周丘陵山地生物多样性分布极其丰富，是我国乃至全世界极其珍贵的生物基因库之一。重要的生物多样性保护区密集分布。加上水土流失、地质灾害交织在一起，盆周地带生态环境相当脆弱。成渝经济区也是我国自然和人文景观最为丰富、受到联合国保护的遗产最多的旅游资源富集带。"5·12"汶川特大地震产生的生态破坏使得长江上游生态屏障建设的任务更加艰巨。

2.1.2 资源优势明显

（1）我国可开发水能资源最富集的区域

四川河流众多，径流充沛，落差大，水能资源极为丰富，开发条件优越。水能理论蕴藏量达 1.43 亿 kW，占全国的 21.2%。经济可开发量达 7 611.2 万 kW，是我国可开发水能资源最富集的区域。除三峡电站外，重庆市水能理论蕴藏量 2 296 万 kW，其中可开发的水能资源 981 万 kW。

（2）川渝两地是我国天然气宝库、"西气东输"重要基地

川渝两地天然气储量占全国的 60%，其中四川累计探明地质储量为 1.61 万亿 m^3，重庆已探明天然气可开发蕴藏量 3 200 亿 m^3。川渝地区已成为中国天然气宝库，是国家"西气东输"的重要基地之一。

（3）钒钛、稀土、铜矿、磷矿、铝土矿、硫铁矿储量位居全国前列

成渝经济区及其周边的攀西地区是我国矿产资源最富集的地区之一，已探明的能源、矿产资源中，除石油资源稀缺外，其他多居全国前列，钒钛、磁铁矿居全国第一，稀土居全国第二，硫铁矿储量占全国的 1/4 以上，铜矿、磷矿、锰矿、铅锌矿等储量在全国占有重要地位，

是对区域冶金、有色金属、天然气化工、盐化工、硫化工、磷化工的重要支撑。

（4）农副产品资源丰富，是我国的粮食主产区和水果、肉、蛋、奶、木材等农产品的重要生产区

成渝经济区有悠久农业生产历史，是国家最大的粮、油、猪生产基地之一。农业生态系统地位突出，耕地面积 10.6 万 km^2，占成渝经济区总面积的 50.82%。成都平原及盆中丘陵区，农业生产条件优越，是同纬度地带农业生产条件最优越的地区之一，是我国的粮食主产区和水果、肉、蛋、奶、木材等农产品的重要生产区。近年来，成渝经济区农业产业结构调整步伐不断加快，粮食产量稳中有增，初步形成了具有优势特色、发展潜力较大的油菜、蔬菜、马铃薯、茶叶、蚕桑等产业板块，粮油、肉类和水产品产量均占川渝两地的 80% 以上。油菜、蔬菜、马铃薯、茶叶、蚕桑的面积和产量已进入全国前五位。

2.2 成渝经济区在西部地区的重要地位

2.2.1 人口稠密，经济总量大，中心城市综合实力强

成渝经济区总人口和地区生产总值占到西部地区的 1/3，人均地区生产总值均高于西部的平均值，是西部地区人口最稠密、经济总量最大的地区。重庆和成都是西部仅有的三个区域性中心城市中的两个，其综合经济实力居西部城市之首，区内拥有大中小城市共 35 座，是中国西部城市最密集区。

以重庆、成都两大都市圈为核心的成渝经济区是西部产业最为集中的地区。重庆为我国重要的综合性工业城市，钢铁、机械、汽摩以及加工制造业均具有较大规模；以成都为核心的平原经济区是全国电子信息产业、装备制造业、航空航天、光纤光缆制造业、化工及生物医药、食品饮料等产业的重要集中区域，是四川农业最发达的地区之一。

2.2.2 国家主体功能分区中重点开发区，西部大开发重要增长极

四川和重庆作为西部经济基础最好、发展潜力最大的重要区域，是国家深入实施西部大开发战略的重要板块。

在国家主体功能分区中成渝经济区是重点开发区。全国重要的高技术产业、先进制造业和现代服务业基地。成渝两地国家城乡统筹试验区。成渝经济区地处长江上游，是建设长江生态屏障的重要区域。

成渝经济区发展战略初定为五个方面的内容：①西部大开发的重要增长极；②国家重要的现代产业基地；③全国统筹城乡发展先行区；④国家内陆开放示范区；⑤国家生态安全保障区。

2.2.3 拟发展的优势特色产业

成渝经济区在装备制造、能源、矿产资源、旅游、高新技术产业以及农副产品深加工等方面都具有相当的优势。

拟发展的优势特色产业包括：①装备制造、汽摩及航空航天等优势产业；②种植业、水产业、林果花卉业等现代农业；③电子信息、生物医药、新材料、新能源等优势高新技术产业；④特色化工、轻纺食品产业；⑤旅游业、物流业、金融业等现代服务业。

296

2.2.4 未来重要经济发展带的产业集群特征

成渝经济区未来将呈现"双核五带"的经济发展格局（图4-3）。"双核五带"经济发展格局主要表现为：

① 双核之一重庆将重点以先进制造业、高技术产业、现代服务业为产业发展主体。"两江新区"可能成为重庆产业发展的重点区域。

② 双核之一成都将重点发展高技术产业、先进制造业、国防科技工业、现代服务业和特色农业。

③ 沿长江发展带将形成以重庆城区为中心，集聚装备制造、化工、冶金、轻纺、金融、商贸物流等产业。

④ 成绵乐发展带重点发展高技术产业、先进制造业、国防科技工业、现代服务业和现代农业。

⑤ 成内渝发展带重点发展精细化工、新型建材、轻纺食品、装备制造、商贸物流等支柱产业。

⑥ 成遂渝发展带连接双核，重点发展机械制造、轻纺食品、精细化工，大力发展商贸物流，积极发展特色农业。

⑦ 遂南达渝发展带形成以天然气及盐化工、机械制造、冶金建材、轻纺食品、新能源为重点发展工业，成为成渝经济区东北部重要的经济增长带。

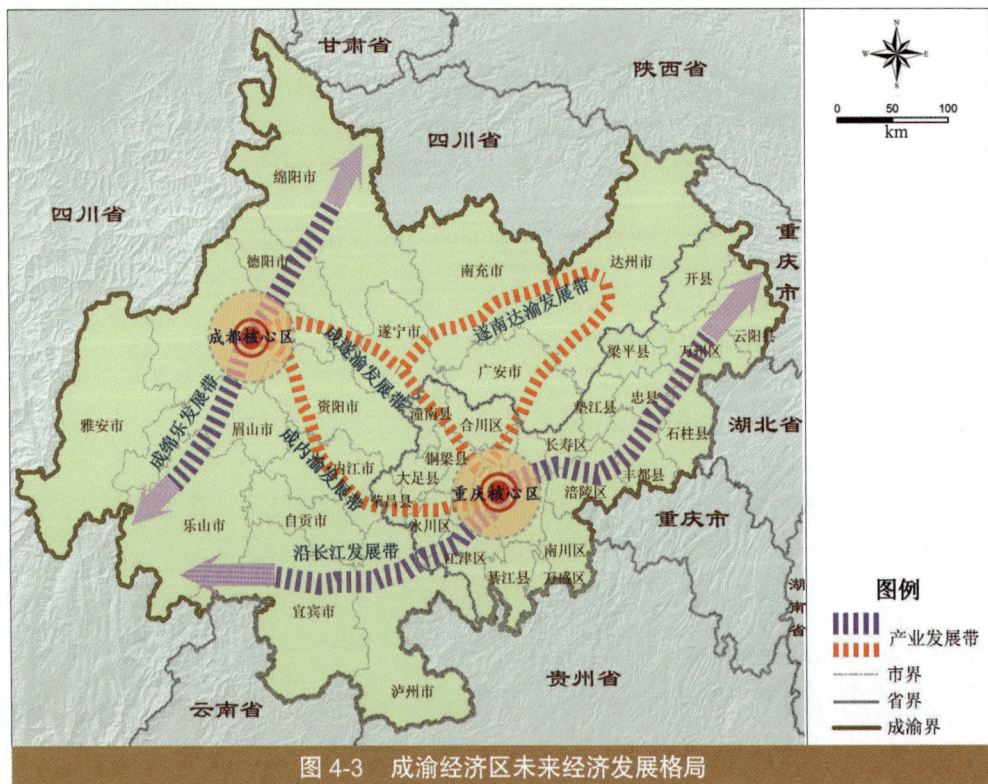

图4-3　成渝经济区未来经济发展格局

3 区域重点产业发展特征与资源环境利用效率分析

3.1 区域重点产业发展特征

3.1.1 人地矛盾突出、经济发展不平衡

（1）人地矛盾日益突出

2007 年，川渝两地实现地区生产总值分别为 1.05 万亿元和 0.41 万亿元，两地 GDP 占全国的比重为 5.86%。2007 年，成渝经济区地区生产总值为 1.31 万亿元，占川渝两地生产总值的 89.32%，占全国 GDP 的 5.24%。成渝经济区现状人口近 1 亿，其人口占西部的 32%，是西部人口密集度最高的区域。

川渝两地以不到 6% 的国土面积支撑全国 10% 的人口，产出不到全国 6% 的 GDP。随着人口和经济发展对土地资源需求的增长，人地矛盾日益突出。

成渝经济区人口近 1 亿，平均人口密度高于全国平均水平 37%，人口密度分布呈现两核突出，盆中高，盆周低的分布特征。区内城市密度高于全国平均水平，是西部城市最密集区。

土地资源紧张和大量剩余劳动力的就业问题是制约区域经济发展的重要因素之一。

（2）区内经济发展不平衡

2007 年成渝经济区经济密度的空间分布为：成都和重庆主城区的经济密度高，分别为 2 759 万元 /km² 和 3 309 万元 /km²，双桥和德阳经济密度分别为 3 020 万元 /km² 和 1 091 万元 /km²；其次是自贡、荣昌、永川、璧山、巴南和长寿，经济密度在 750 万～ 1 000 万元 /km²；经济密度最低的是雅安、丰都、石柱、云阳和开县，主要分布在盆周山区。

2007 年成渝经济区人均 GDP 的空间分布为：成都和重庆主城区的人均 GDP 高，分别为 2.65 万元 / 人和 3.07 万元 / 人；其次是德阳、永川、巴南、北碚、涪陵、璧山和长寿，人均 GDP 在 1.5 万～ 2 万元 / 人；最低的是三峡库区的丰都和云阳，人均 GDP 低于 7 500 元 / 人。

成渝经济区的经济密度和人均 GDP 空间分布呈现出"两高一低"态势：成都和重庆主城区密度高，三峡库区密度低，其他城市的水平位于两者之间。2007 年川渝两地与西部、东部、全国以及成渝经济区的经济发展情况见表 4-3。

综合判断，成渝经济区处于工业化中期阶段，进入重化工阶段。主要重化工业部门在区

表 4-3 成渝经济区 2007 年经济发展基本情况比较

地名	地区 GDP/亿元	第一产业 /亿元	第二产业 /亿元	第三产业 /亿元	三次产业结构	人口数 /万人	人均 GDP/（元 / 人）
四川	10 505	2 032	4 641	3 832	19.3：44.2：36.5	8 127	12 893
重庆	4 123	482	1 892	1 748	11.7：45.9：42.4	2 816	14 660
西部	36 307	6 291	16 053	13 964	17.3：44.2：38.5	30 145	12 044
东部	152 347	10 488	78 406	63 452	6.9：51.5：41.6	47 476	32 089
全国	249 530	28 197	121 272	100 062	11.3：48.6：40.1	132 129	18 934
成渝经济区	13 065	2 070	6 070	4 926	15.84：46.46：37.7	9 929	13 583

注：第二产业增加值占西部地区的 40.7%，人均地区生产总值均高于西部的平均值，但只有东部地区的 40%～46%。

域工业产值的比重近 60%，其中低端的资源密集型产业、相对低端的资本密集型产业占重化工业部门比重超过 50%。同时区域内部经济发展不平衡，成渝经济区的重庆和成都两个特大型城市处于工业化中期阶段，其他城市处于工业化初期或前工业化阶段，且大部分城市处于前工业化阶段。

成渝经济区城市的综合竞争力整体水平处于全国中等偏下，区域发展不平衡制约了整体水平的提高。产业层次竞争力、生活质量竞争力以及经济效率竞争力是制约其综合发展的短板，需要通过城乡统筹来改变这种经济不均衡的现状。

3.1.2 区域工业产业门类齐全

成渝经济区有良好的工业、交通和科技基础，已初步成为国家重要的装备制造业基地、水电能源基地、天然气化工基地、国防科技工业基地、高新技术产业基地和西部最富饶的农牧业区。成渝经济区工业基础雄厚，门类齐全，综合配套能力强。全国 40 个工业大类中，成渝经济区有 39 个，电子信息、冶金化工、汽车摩托车、输变电设备、工程机械、航空航天、铁路交通设备、数控机床、仪器仪表、彩色电视和通信设备、食品饮料和国防军工等产业具有相当的优势，特别是装备制造业、电子信息、生物医药、汽摩、清洁能源、食品饮料业、国防科技工业等，是成渝经济区具有全国领先地位的重要优势行业。

根据统计数据，2007 年成渝经济区工业总产值 1.54 万亿元，工业增加值为 4 471 亿元，轻重工业比为 32：68，按七大类产业划分（图 4-4），经济贡献最大的装备制造业和矿产采选及冶炼加工业，其工业产值分别占成渝经济区的 29.06% 和 19.14%；经济贡献相对较小的为轻工业和电子高新技术产业，工业产值分别占成渝经济区的 4.10% 和 4.14%。

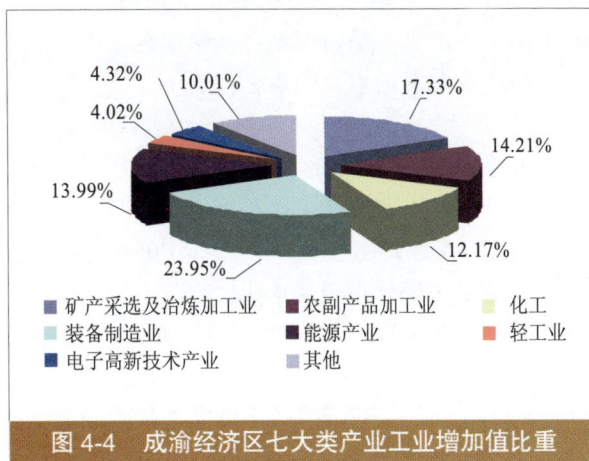

图 4-4 成渝经济区七大类产业工业增加值比重

饼图图例及数值：
- 矿产采选及冶炼加工业　10.01%
- 农副产品加工业　4.32%
- 化工　4.02%
- 装备制造业　13.99%
- 能源产业　23.95%
- 轻工业　12.17%
- 电子高新技术产业
- 其他　17.33%，14.21%

3.1.3 产业布局"双核两带"

成渝经济区的产业主要布局在"双核两带"（图 4-5），即重庆、成都两大都市区，成德绵城市经济带和沿长江城市经济带。装备制造业、高新技术产业高度聚集在两大都市区，冶金、化工产业沿成德绵乐和长江干流沿岸布局，能源产业沿盆周地带布局，成渝"双核"产业高地、中部产业洼地、三峡库区腹地产业空心的特点。

矿产采选及冶炼加工业。矿产采选及冶炼加工业主要分布在成德绵乐经济带和长江上游沿江城市群。成都都市圈和重庆都市圈是重点分布区，分别占成渝经济区矿产采选及冶炼加工业总产值的 13.3% 和 10.1%。

饮料制造和农副产品加工业。饮料制造和农副产品加工业比较分散布局在成渝经济区，成都、宜宾等地是重点分布区。

化工产业。化工产业主要分布在成德绵乐遂一线，以及长江沿岸的城市带。长江沿岸城市带化工产业占成渝经济区化工产业比重为 41.6%，成德绵乐化工产业占成渝区化工产业比重的 38%。

装备制造业。装备制造业聚集效果明显，主要分布在重庆主城区、成德绵。重庆主城区装备制造业产值占成渝经济区装备制造业产值总额的 15.7%，成都、德阳、自贡分别占 8.8%、5.5%、3.1%。

能源产业。能源产业主要分布在江津、合川、綦江、万盛、宜宾、成都、自贡、内江、广安、南充、达州等地。

轻工业。轻工业主要分布在成德绵乐一线，以及宜宾、自贡、铜梁、南充等地区。

电子高新技术产业。电子高新技术产业主要聚集在重庆主城区、成都、绵阳等地。

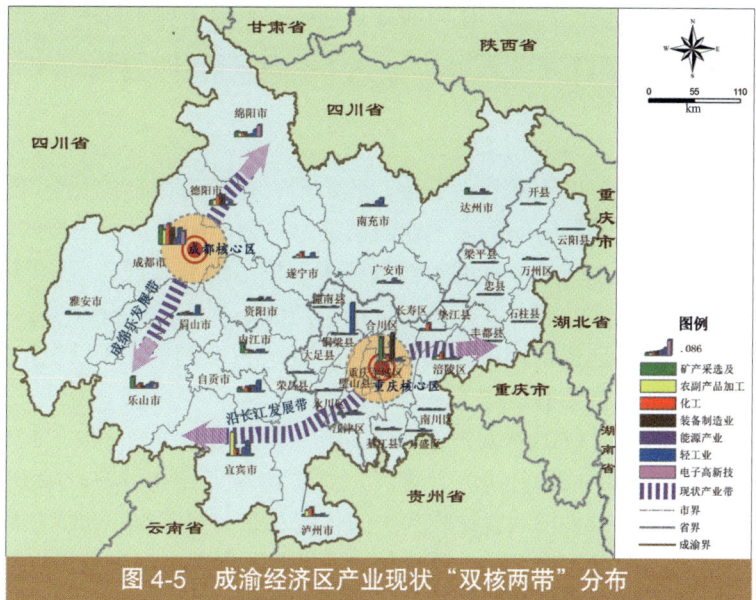

图 4-5 成渝经济区产业现状"双核两带"分布

造纸和纺织业。造纸和纺织业主要分布在嘉陵江和岷沱江流域，化工和农副产品加工业，主要分布在长江干流沿岸和岷沱江流域。

3.1.4 重要产业具备优势

改革开放以来，成渝经济区培育了一批在全国具有领先地位的重要优势产业。

（1）电子高新技术产业

以重庆主城区和成都都市圈为核心，电子高新技术产业近年来发展迅速，逐步从国民经济的先导产业上升为支柱产业，成为我国发展集成电路的热点地区之一；在航天电子、航空电子、信息安全等领域承担了大量的总体集成和整机研发生产任务；拥有国家数字视听产品产业园，形成了较为完善的数字视听产业链；建有国家软件基地，大型行业应用软件、嵌入式软件、数字娱乐软件等发展势头良好。2008 年重庆被批准成为国家信息产业高技术产业基地，进一步促进了该区域电子高新技术产业规模化、集聚化和国际化发展。

（2）装备制造业

装备制造业经过 30 多年的发展，已基本形成产业规模较大、技术装备较先进、研制水平较领先、配套体系较完善的装备制造工业体系。区内有德阳重大技术装备制造业基地和一批龙头企业，在清洁高效发电设备、冶金化工成套设备、工程机械、石油钻采、铁道机车车辆和航空航天等领域具有较强的竞争优势；船舶工业发展基础良好，拥有较完整的船舶、船用主机及各类配套件、船用仪器仪表和水中兵器为一体的科研生产能力；依托骨干企业，在内燃机现代设计技术、车用柴油机电控技术、配气系统技术、机外净化措施技术、车用发动机增压和增压中冷技术等高新技术的研发上有所突破，逐步使内燃机生产制造水平达到国内外先进水平；仪器仪表生产具有优势。

（3）汽车制造业

汽车制造业立足于良好工业基础及产业发展配套优势，依托汽车摩托车生产骨干企业为龙头，初步形成以重庆一小时经济圈和成都为中心、资阳和绵阳为次中心的汽车产业带，在国际国内新一轮产业结构调整中呈现出较大的发展空间和潜力。2008 年，四川省产销各类汽车整车 17.5 万辆；重庆汽车产量突破 100 万辆，成为中国汽车生产五大基地之一，摩托车产量突破 1 000 万辆。

（4）化工产业

以天然气、石油、硫、磷、盐等为原料的化学工业，经过几十年的建设发展，化学工业体系趋于完善，产业门类更为齐全，配套协作发展的产业格局正逐渐形成。

依托丰富的天然气资源和发达的高、低压天然气输配送管网系统，区内天然气化工发展迅速，产业基础雄厚、潜力巨大。除天然气化工外，区内硫、磷、钛化工产业在国内占有重要地位，饲料磷酸氢钙生产能力占全国的 1/3 以上，盐化工产业具有明显的特色优势，是全国重要的盐化工基地。

（5）农副产品加工业

成渝经济区（重庆）经过 10 余年结构调整，除渝中区没有农业外，其他 30 个区（县）正从以种植粮食作物为主的传统农业向都市农业和特色商品农业转变，经济作物及肉类、水产品等优势农产品产量增加，主城各区向都市观光农业发展的步伐不断加快，万州、开县、云阳优质柑橘产业蓬勃发展，丰都、忠县、石柱草食牲畜和中药材等特色农业产业优势正逐步形成。

成渝经济区（四川）是全国农业大省，是全国粮食、油料、柑橘、茶叶等多种经济作物的主要产区和五大牧区之一，有发展饮料食品工业的良好资源基础。随着骨干企业带动作用日益增强，大企业大集团跨地区、跨行业、跨所有制的资源整合、多元扩张步伐加快，成渝经济区（四川）在白酒、肉制品、粮油、卷烟、饲料、软饮料、茶叶等领域形成了同业聚集型和龙头带动型的产业链，主导产品在国内已具有较大市场份额。

（6）能源产业

煤炭储量占全国总储量的 1.55%，重庆煤炭资源主要分布在渝西、渝南、渝北三大供煤基地（现已形成了綦江、万盛、南川、永川、荣昌、合川等"百万吨级"的产煤区县），四川煤炭资源主要分布在川南地区的宜宾、泸州（占四川省煤炭储量的 65%），其中筠连矿区和古叙矿区属国家规划的重点矿区，两大矿区规划开采规模超过 3 300 万 t/a。目前煤炭生产以初级产品为主，综合开发利用强度不足，2007 年，重庆市火力发电煤炭消费量 1 400 万 t，占煤炭消费总量的 45% 左右；四川省火力发电煤炭消费量 3 238.9 万 t，占煤炭消费总量的 34%。

四川盆地天然气资源丰富，根据全国第二次油气资源评价结果，四川盆地天然气总资源储量 7.19 万亿 m³，截至 2007 年年底已探明储量 1.61 万亿 m³。区内天然气资源主要分布在渝西、渝北和川东北、川北、川西、川中等地区，是全国天然气的主产区，也是天然气的重要消费区。

（7）材料产业

近年来材料产业发展进一步加快，培育了大批骨干企业和重点产品。西南铝铝材产量居国内第一，在铝材深加工上形成了完整的产业链条。建材行业大力发展新型建材，新型干法水泥比重达到 50%。硫—磷—钛循环经济模式，新型硫酸法金红石钛白粉生产工艺解决了钛白粉生产的污染问题。在钒钛磁铁矿直接还原工艺技术和装备方面取得了突破性进展，形成了具有自主知识产权的产业成套工艺和装备。

3.1.5 工业园区广泛分布

成渝经济区现有工业园区 123 个（图 4-6），其中成渝经济区（重庆）范围内工业园区 40 个，成渝经济区（四川）范围内园区 83 个。这些工业园区是成渝经济区工业聚集和发展的主要载体。

成渝经济区（重庆）现有重庆高新技术产业开发、重庆经济技术开发区、重庆出口加工区等 3 个国家级开发区，以及 40 个市级特色工业园区。从分布上看，重庆两江新区和 15 个市级特色工业园区，主要发展汽车摩托车、电子信息以及仪器仪表、通信设备等装备制造业等产业，是重庆高技术产业集中地和现代制造业的主要承载地。重庆一小时经济圈其余 22 个区县集中了 25 个市级特色工业园区，其中长寿、涪陵等地的工业园区以发展石油天然气化工、冶金等为主，江津以装备制造业为主，南川以铝工业为主，万州以盐化工、天然气化工为主，其余则依托原有发展基础发展轻纺、建材、汽车摩托车零部件、机械加工等相关产业。

图 4-6 成渝经济区现有工业园区

成渝经济区（四川）现有国家级园区 4 个，分别为成都高新技术产业开发区、成都经济技术开发区、成都台商投资工业园区、绵阳高新技术产业开发区，还有各类省级开发区 50 余个。成德绵集中有工业园区 20 余个，发展电子高新技术产业、装备制造业、建材、化工等产业。在纳入成渝经济区的 15 个城市中，有 13 个城市的工业园区均将化工产业作为重点发展产业，化工产业分布在各种类型的工业园区。

3.2 区域工业发展水平与资源环境绩效分析

3.2.1 区域工业化进程与全国基本同步

成渝经济区的工业化进程总体上与全国的工业化进程基本同步。成渝经济区与东、西部地区工业结构的比较见表 4-4。

表 4-4 成渝经济区工业结构与东部、西部地区工业结构的比较				单位：%
地名	资源密集型	劳动力密集型	资本密集型	技术密集型
成渝经济区	5.61	17.91	28.58	23.95
重庆	5.11	11.41	26.38	39.29
四川	5.79	24.08	29.40	18.23
全国平均	12.24	17.93	28.53	25.64
东部地区	6.99	17.88	27.99	31.05
西部地区	21.68	20.11	28.93	13.24

注：1. 资源密集型产业（采掘业为主），包括煤炭、天然气、黑色金属、有色金属矿开采业等。
　　2. 劳动力密集型产业包括食品加工、食品制造、饮料制造、纺织、烟草加工、造纸及纸制品等，生产的主要是轻工业产品。
　　3. 资本密集型产业包括石油加工及炼焦、化学原料及化学制品、医药制造、化学纤维制造、非金属矿物品制造、黑色金属冶炼及压延加工、有色金属冶炼及压延加工、金属制品等。
　　4. 技术密集型产业，包括普通机械制造、专用设备制造、交通运输设备制造、电器机械及器材制造，生产的主要是高加工度产品。

　　成渝经济区内产业比重最高的是资本密集型和技术密集型产业，两者工业增加值占成渝经济区工业增加值的52.8%。同期全国比重最高的也是资本密集型和技术密集型，两者工业增加值占比54.17%。区内资源密集型产业占比重5.6%，以采掘业为代表的资源密集型产业在成渝经济区并不占优势。

　　与东部地区相比较，技术密集型产业比重低7个百分点。加快技术密集型产业的发展，是成渝经济区经济崛起的重点。

　　总体上劳动密集型产业比重与全国和东部相当，但成渝经济区的人口密集、人多地少，就业和安稳致富的压力巨大，现有劳动密集型产业的发展水平不能解决区内过剩劳动力就业问题。

3.2.2 区域资源环境绩效低于全国平均水平

　　2000—2007年川渝两地的能源绩效、SO$_2$和COD绩效变化趋势，及与全国和东部地区的比较分别见图4-7至图4-9。

　　成渝经济区川渝两地与全国和东部地区的资源环境绩效对比情况见表4-5。

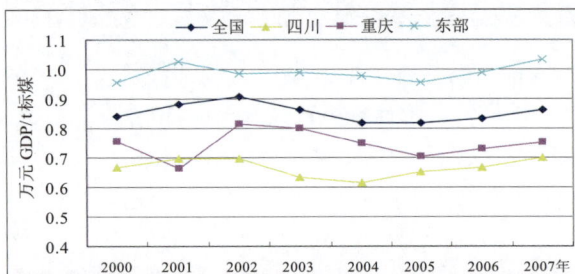

图4-7　成渝经济区2000—2007年能源绩效与全国和东部地区的比较

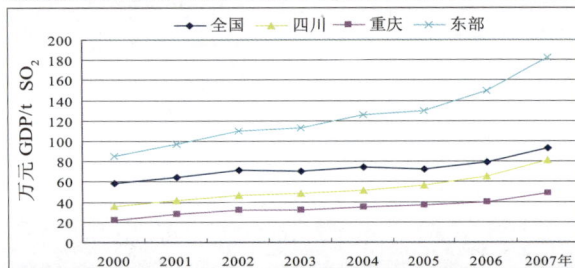

图4-8　成渝经济区2000—2007年SO$_2$排放绩效与全国和东部地区的比较

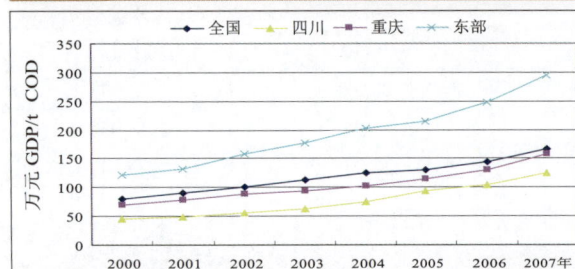

图4-9　成渝经济区2000—2007年COD排放绩效与全国和东部地区的比较

表4-5　川渝两地与全国和东部地区的资源环境绩效对比

	能源绩效	SO$_2$排放绩效	COD排放绩效
演变趋势	与全国趋势一致，现状与2000年水平相当，重庆好于四川	与全国趋势一致，逐年提高，四川好于重庆	逐年提高，与全国平均水平的提升速度相当，重庆好于四川
全国水平	现状低于全国2000年水平，同比重庆、四川仅有全国平均水平88%和81%	现状重庆仅有全国平均水平的一半，四川落后全国平均水平约1年	重庆同比较全国平均水平差距较小，四川落后全国平均水平为1～2年
东部地区	现状低于东部2000年水平，同比重庆、四川仅有东部水平72%和68%	呈现差距显著拉大的趋势，同比重庆、四川约为东部水平的25%和33%	呈现差距拉大的趋势，同比重庆、四川约为东部水平的58%和41%
原因	高耗能产业比重过大、技术水平落后、清洁能源利用比重偏小	区内清洁水电资源外供，清洁能源利用比例偏低。区内能源消费以煤炭为主，煤炭资源以高硫煤、中高硫煤为主	纺织造纸业技术水平落后、清洁生产水平低下，城镇污水处理设施建设配套不足

3.3 区域重点产业资源环境效率现状分析

3.3.1 高能耗产业主要集中在矿山、冶金、建材和化工、能源

2007 年成渝经济区工业能耗的产业结构见图 4-10，其中占工业能耗总量 90% 的行业组成见表 4-6。区内能耗较高的产业主要集中在矿山、冶金、建材、化工、能源等产业，这些产业能耗占地区工业部门能耗的 81.12%，而工业增加值占地区工业增加值的 36.18%。

成渝经济区 12 个高耗能行业中有 3/4 的行业单位工业增加值能耗水平超出全国平均水平，分布在矿山、冶金、建材产业、能源化工产业、轻工、农副产品加工、以及装备制造业。高能耗的行业单位能耗水平偏低，对区域工业增加值的贡献不大是成渝经济区工业能耗的特点。这些行业具有较大节能空间，对地区工业部门的节能影响较大，应列入节能降耗的重点行业。

表 4-6　成渝经济区 2007 年占 90% 工业能耗总量的行业组成结构

产业	能耗比重 / 工业增加值比重	行业	能耗比重 /%	工业增加值比重 /%	与全国平均水平的比值
化工	23.15%/8.42%	化学原料及化学制品制造业	20.12	7.29	1.55
		石油加工、炼焦及核燃料加工业	3.03	1.13	1.33
能源	24.43%/13.0%	电力、热力的生产和供应业	18.45	8.77	2.1
		煤炭开采和洗选业	5.98	4.23	1.92
矿山、冶金、建材	33.54%/14.76%	非金属矿物制品业	18.11	5.80	1.55
		黑色金属冶炼及压延加工业	12.71	5.41	0.92
		有色金属冶炼及压延加工业	2.72	3.55	0.67
轻工	4.11%/4.06%	纺织业	2.24	2.74	1.35
		造纸及纸制品业	1.87	1.32	1.51
农副产品加工	3.52%/12.79%	农副食品加工业	1.82	6.01	1.26
		饮料制造业	1.70	6.78	1.0
装备制造	2.06%/12.22%	交通运输设备制造业	2.06	12.22	1.37
合计			90.81	65.25	

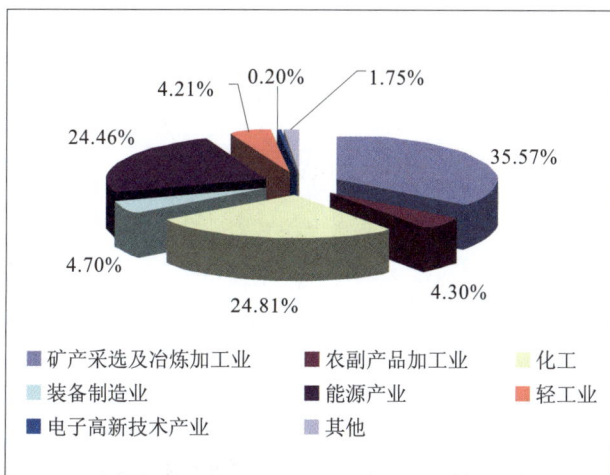

图 4-10　成渝经济区能源消耗总量产业组成结构

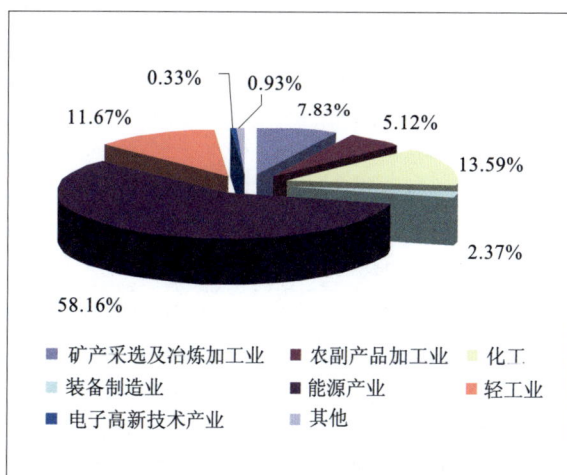

图 4-11　成渝经济区新鲜水消耗总量产业组成结构

3.3.2 高水耗产业为轻工、化工、能源及矿山、冶金和建材业

2007 年，成渝经济区新鲜水耗的产业组成见图 4-11，其中占新鲜水耗总量 90% 的行业组成见表 4-7。区内能源、轻工和化工这三个产业水耗占地区工业部门新鲜水耗的 82.11%，而工业增加值仅占地区工业增加值的 27.74%。

成渝经济区 9 个高水耗行业中，5 个行业万元工业增加值新鲜水耗水平超出全国平均水平。能源产业占地区工业增加值总量的 13%，却占据地区水耗总量的 58%，属典型的高耗水低产出。这些产业的节水具有相当的潜力。

表 4-7　成渝经济区 2007 年占 90% 新鲜水消耗量的行业组成结构

所属产业	占水耗比重 / 工业增加值比重	行业	占水耗比重 /%	增加值比重 /%	与全国水耗平均水平比值
轻工	11.68%/4.06%	造纸及纸制品业	9.08	1.32	1.67
		纺织业	2.60	2.74	0.64
化工	12.47%/10.68%	化学原料及化学制品制造业	10.45	7.29	1.5
		医药制造业	2.02	3.39	1.26
能源	58.07%/13.0%	煤炭开采和洗选业	3.14	4.23	2.16
		电力、热力的生产和供应业	54.93	8.77	0.75
矿山、冶金、建材	6.28%/11.27%	黑色金属冶炼及压延加工业	4.33	5.47	1.15
		非金属矿物制品业	1.95	5.80	0.82
农副产品加工	2.17%/6.78%	饮料制造业	2.17	6.78	0.44
合计			90.67	45.79	

3.3.3 水污染物主要来自轻工、化工、能源及矿山、冶金、建材等传统产业

成渝经济区排放 COD、氨氮的产业组成见图 4-12，其中 COD、氨氮排放量占 90% 的行业组成见表 4-8。轻工、化工和农副产品加工三类产业的 COD 和氨氮排放总量分别占成渝经

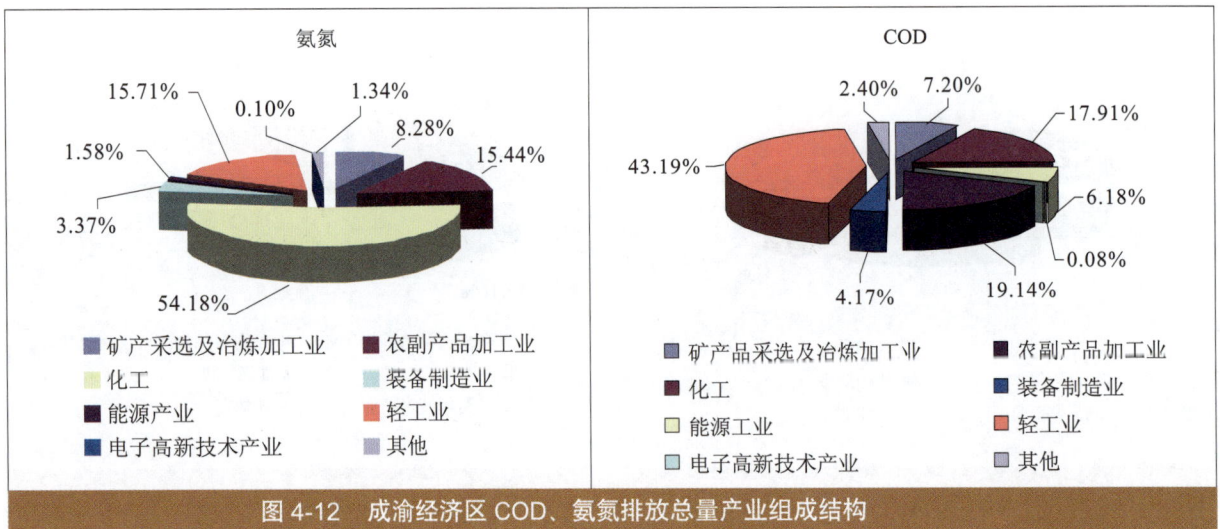

图 4-12　成渝经济区 COD、氨氮排放总量产业组成结构

表4-8 成渝经济区2007年占90% COD、氨氮排放量的行业组成结构

产业	行业	排放量比重/%		工业增加值比重/%	与全国平均水平比值	
		COD	氨氮		COD	氨氮
轻工	造纸及纸制品业	32.10	9.06	1.32	1.24	1.03
	纺织业	11.07	6.68	2.74	1.38	0.96
化工	化学原料及化学制品制造业	11.29	45.54	7.29	1.09	0.88
	医药制造业	5.45	6.62	3.39	1.05	1.30
农副产品加工	农副食品加工业	8.64	10.64	6.01	0.30	0.55
	饮料制造业	8.00	3.4	6.78	0.41	0.30
	食品制造业	2.54	—	1.49	0.85	0.32
能源	煤炭开采和洗选业	4.83	—	4.23	2.03	0.74
矿山、冶金、建材	黑色金属冶炼及压延加工业	2.64	2.64	5.41	1.42	0.87
	有色金属冶炼及压延加工业	—	2.69	3.55	1.20	1.19
	非金属矿物制品业	2.08	—	5.80	1.09	0.98
装备制造	交通运输设备制造业	1.78	2.27	12.22	1.10	1.57
合计		90.42	91.43			

济区COD和氨氮排放总额的79.09%和81.94%，这三类产业工业增加值总量仅占全区的近30%。区内COD最大排放量来自轻工，氨氮最大排放量来自化工。万元增加值水污染物排放量最大的是轻工和化工产业，其中轻工业的万元增加值COD排放量高达63.78 kg/万元，远高于其他产业的该指标值，是常规水污染防范的重点产业。

3.3.4 SO₂排放主要来自能源电力和矿山、冶金、建材产业

成渝经济区SO₂排放的产业组成见图4-13，其中SO₂排放量占90%的行业组成见表4-9。区内SO₂大气污染物主要来自能源电力和矿山、冶金、建材产业，占地区工业部门SO₂排放总量的80.4%，工业增加值占地区工业增加值的24.84%。轻工、化工、装备制造业及电子高新技术产业SO₂排放量的总和不足排放总额的20%。

2007年占成渝经济区工业部门SO₂排放量90%以上的9个行业，工业增加值占全区工业增加值的35%（表4-9）。该9个行业扣除水电后单位工业增加值的SO₂排放量亦高于全国平均值，高能耗下的高SO₂排放是该区域的污染特点之一。电力热力的生产和供应业、非金属矿采选业、非金属矿物制品业、造纸及纸制品业、化学纤维制造业、石油加工、炼焦及核原料加工业应列入SO₂减排的重点行业。

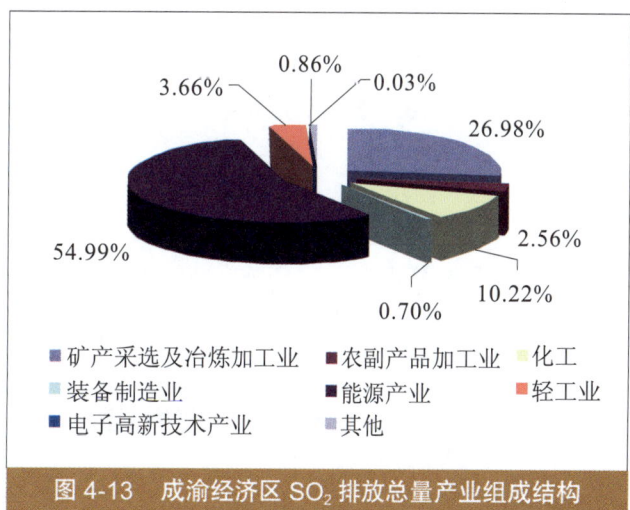

图4-13 成渝经济区SO₂排放总量产业组成结构

表 4-9　成渝经济区 2007 年占 90% SO₂ 排放量的行业组成结构

产业	SO₂ 排放比重 / 工业增加值比重	行业	SO₂ 排放比重 /%	工业增加值比重 /%	与全国平均水平的比值
能源	54.8%/13.0%	电力、热力的生产和供应业	53.3	8.77	0.73
		煤炭开采和洗选业	1.5	4.23	1.53
矿山、冶金、建材	25.6%/11.84%	非金属矿物制品业	17.0	5.80	1.12
		黑色金属冶炼及压延加工业	7.1	5.47	1.63
		非金属矿采选业	1.5	0.57	1.10
化工	9.5%/8.85%	化学原料及化学制品制造业	6.5	7.29	1.33
		石油加工、炼焦及核燃料加工业	1.5	1.12	3.01
		化学纤维制造业	1.5	0.44	6.36
轻工	2.5%/1.32%	造纸及纸制品业	2.5	1.32	1.57
合计			92.4	35.01	

3.4 重点产业发展情景

3.4.1 成渝经济区经济社会发展目标

成渝经济区经济总量占川渝两地近 90%，是"十二五"期间川渝两地经济布局的重点区域。区域的重点产业发展情景设计是基于川渝两地国民经济发展目标设计的，与国民经济发展目标相一致。

按照川渝两地的经济社会发展目标，到 2015 年，重庆市（全市）地区生产总值预期实现 1.4 万亿元，年均增长 14%，其中成渝经济区（重庆）31 个区县地区生产总值期望实现 1.3 万亿元，占全市 92.5%，一、二、三产业结构为 5.4：52.9：41.7；全市工业增加值预期实现 0.62 万亿元，其中成渝经济区（重庆）31 个区县实现工业增加值 0.59 万亿元，占全市 94.7%。

2015 年四川省（全省）地区生产总值预期实现 3.35 万亿元，年均增长 14%，三产比例为 14：49：37，其中成渝经济区（四川）15 个地市地区生产总值期望实现 3 万亿元，占四川省比重的 90%，三产比例为 13：48：39；全省工业增加值预期实现 1.45 万亿元，其中成渝经济区（四川）15 个地市实现工业增加值 1.28 万亿元，占全省的 88%。

结合川渝两地经济发展目标，预计成渝经济区 2015 年地区生产总值为 4.3 万亿元，三产比例为 10.7：49.5：39.8，其中工业增加值 1.9 万亿元。

2015—2020 年，成渝经济区地区生产总值增长按照年均增长 12% 预测，2020 年成渝经济区的生产总值期望实现 7.2 万亿元，工业增加值预期实现 3.2 万亿元。

3.4.2 重点产业发展的规模情景

根据川渝两地经济社会发展目标、国家发展战略需求，设计三个中期（2015 年）重点产业发展规模情景。

发展规模情景一：2015 年，成渝经济区重点产业预期实现 1.43 亿元，其中重庆 0.47 万亿元，四川 0.96 万亿元，相应的工业增加值年均增长率 20%。该情景主要反映地方需求。

表 4-10　成渝经济区中期（2015 年）重点产业发展情景

产业类别	情景一		情景二		情景三（资源环境调控）	
	工业增加值/亿元	比重/%	工业增加值/亿元	比重/%	工业增加值/亿元	比重/%
能源	2 608	18.2	940	12.0	1 100	9.8
农副产品加工	2 454	17.2	1 370	17.6	2 240	19.9
装备制造	4 925	34.4	3 160	40.5	4 800	42.7
化工	2 515	16.0	1 190	15.3	1 290	11.6
高新电子技术	1 800	12.6	1 140	14.6	1 800	16.0
重点产业合计/亿元	14 302		7 800		11 230	
年均增长率/%	20		11		14	

发展规模情景二：2015 年，五大重点产业工业增加值总量期望实现 7 800 亿元，工业增加值年均增长 11%。该情景主要反映国家战略需求（表 4-10）。

从产业结构看，情景二反映国家战略需求的发展目标情景，突出地方优势产业重大装备制造业、饮料食品产业的比重。反映地方需求的发展目标情景，强调在能源、化工产业的发展。情景二和情景一在能源产业、化工产业上的差异表现为：

① 国家战略需求主要发展水电、天然气开发，以及太阳能、核能、生物质能等新能源。地方愿景是在国家战略需求的基础上，发展相当规模的煤电。

② 国家战略需求主要依托当地丰富的天然气、盐矿资源等发展天然气化工、盐化工等，发展一定规模的炼油和乙烯生产基地，地方愿景是在此基础上发展煤化工、石油化工中下游产品等。

发展规模情景三：按照区域存在的主要资源环境制约和环境风险，需要对重点产业发展进行调控，预计在环境调控背景下，2015 年成渝经济区重点产业的工业增加值预期实现11 230 亿元，重点产业工业增加值年均增长 14%。该情景主要是反映现状主要资源环境制约对产业发展的调控需求、综合地方发展愿景和国家战略需求。

情景三与情景一的差异主要表现在能源和化工发展规模：能源产业需要对限制小煤矿发展、适当控制火电发展规模，加上对高耗能产业的技改和节能减耗，能源工业增加值由 2 608亿元可望调至 1 100 亿元；化工产业需要对传统化工进行技术改造、升级换代，产业发展主要反映国家战略需求，限制重污染、高风险，工业增加值可望由 2 515 亿元调至 1 290 亿元。

2020 年，重点产业工业增加值期望实现 23 922 亿元。与 2007 年相比，重点产业工业增加值期望净增 600%，其中，能源工业增加值净增约 550%，农副产品加工业工业增加值净增约 346%，装备制造业工业增加值净增约 555%，化工工业增加值净增 510%，高新电子技术产业净增 2 306%（表 4-11）。

3.4.3　重点产业的空间布局情景

从总体上看，成渝经济区未来重点产业发展显现"双核五带"的布局态势（图 4-14）。

重大装备制造业：预计形成渝北、九龙坡、江北、巴南、江津、双桥、璧山、永川汽摩产业和装备制造业集聚区，大足、永川五金产业集聚区；以德阳为中心的大型发电设备及输变电设备、大型冶金化工成套设备、大型专用设备和重装铸锻件制造的产业集群，以成都为中心的航空航天与空中交通管制系统成套设备、汽车和数控机床制造的产业集群，以资阳和眉山为中心的机车和重载车辆制造的产业集群，以自贡为中心的数控机床、特色基础元器件制造的产业集群，以宜宾、泸州为中心的大型工程施工成套设备制造产业集群。

能源：可能形成以万盛、綦江、南川、江津、合川综合能源产业集聚区；以绵阳和雅安为中心的水电产业集群；以宜宾为中心的生物质发电产业集群；以达州、广安和南充为中心的天然气开发产业集群。

表 4-11　成渝经济区远期（2020 年）重点产业发展愿景

产业类别	2007 年（基础）		2015 年		2020 年	
	工业增加值 / 亿元	比重 /%	工业增加值 / 亿元	比重 /%	工业增加值 / 亿元	比重 /%
能源	635	18.6	2 608	18.2	4 132	17.3
农副产品加工	754	22.1	2 454	17.2	3 362	14.1
装备制造	1 194	35.0	4 925	34.4	7 824	32.7
化工	637	18.6	2 515	16.0	3 888	16.2
高新电子技术	196	5.7	1 800	12.6	4 716	19.7
重点产业合计 / 亿元	3 416		14 302		23 922	
年均增长率 /%			20		11	

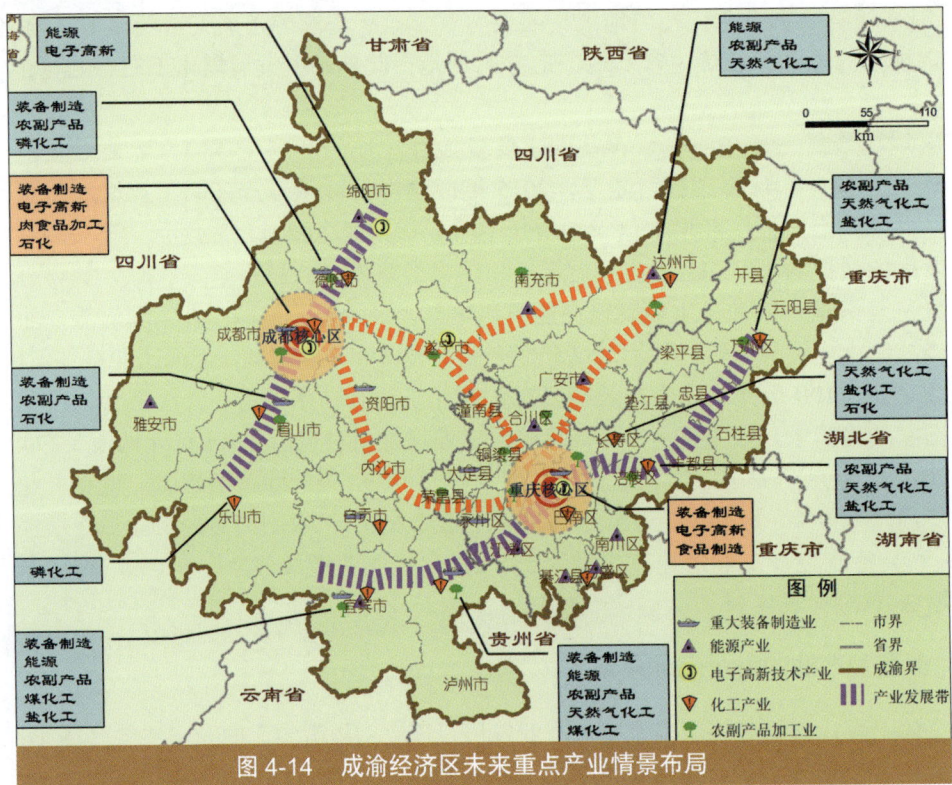

图 4-14　成渝经济区未来重点产业情景布局

电子高新技术产业：预计形成以绵阳为中心的数字家电产业集群；以成都为中心的集成电路、软件、网络通信产业集群；以遂宁为中心的电子元器件产业集群；以及两江新区高端产业集聚区、重庆北部新区、沙坪坝西永、南岸区茶园高新技术产业集聚区。

农副产品加工和轻纺产业：预计形成荣昌肉类饲料加工产业集聚区；以泸州、宜宾、德阳、遂宁为中心的白酒制造产业集群；以成都、遂宁、南充、资阳为中心的肉食品加工产业集群；以成都、德阳、眉山为中心的粮油加工产业集群；以成都、德阳为中心的软饮料生产产业集群；以南充、达州、宜宾为中心的果蔬加工产业集群；涪陵、万州、渝北、璧山、巴南、合川、铜梁轻纺食品制造产业集积聚区；以南充为中心的丝纺服装产业集群。

化工产业：可能形成长寿、涪陵、万州、万盛、川南（泸州、宜宾、自贡、乐山）、川东北（达州、南充、广安）等化工产业集聚区；以长寿、九龙坡、成都、自贡、泸州为中心的新材料产业集聚区；以成都、眉山、南充、长寿为中心的石油化工产业集群；以泸州、达州、南充、广安、长寿、涪陵为中心的天然气化工产业集群；以万州、宜宾、自贡为中心的盐化工产业集群；以宜宾、泸州、万盛为中心的煤化工产业集群；以德阳、乐山为中心的磷化工产业集群；以成都为中心的生物制品和生物医药新药生产产业集群。

在情景一（表4-12），反映国家产业战略需求的装备制造业和高新技术产业以成内渝发展带为重点，两类产业经济比重分别占成渝经济区的68%和76%，以成遂渝发展带为次重点。

化工、农副产品加工传统水污染产业主要分布在沿长江发展带，两类产业经济比重分别占成渝经济区的49%和41%。能源产业主要集中于遂南达渝发展带。

表 4-12 成渝经济区各经济发展带重点产业分布（情景一）

产业发展带		能源	农副食品加工	装备制造业	化工	电子高新技术	合计
重庆核心	工业增加值/亿元	32	112	1 100	55	830	2 129
	占成渝区比例/%	1	5	22	2	46	15
成都核心	工业增加值/亿元	373	406	1 365	408	522	3 074
	占成渝区比例/%	14	17	28	16	29	21
沿长江	工业增加值/亿元	745	1 008	1 674	1 222	955	5 604
	占成渝区比例/%	29	41	34	49	53	39
成绵乐	工业增加值/亿元	710	840	2 343	718	869	5 479
	占成渝区比例/%	27	34	48	29	48	38
成内渝	工业增加值/亿元	602	841	3 325	713	1 375	6 856
	占成渝区比例/%	23	34	68	28	76	48
成遂渝	工业增加值/亿元	627	626	2 591	602	1 377	5 824
	占成渝区比例/%	24	26	53	24	77	41
遂南达渝	工业增加值/亿元	1 046	466	1 259	485	853	4 110
	占成渝区比例/%	40	19	26	19	47	29

4 区域生态环境演变与主要资源环境问题

4.1 水环境质量演变与环境安全

4.1.1 区域水环境质量现状总体良好

成渝经济区地表水环境质量总体良好，长江干流水环境质量基本稳定，但由于非点源贡献较大等原因，尚未实现稳定达标。岷江、沱江等主要支流水环境质量呈现持续恢复和好转的趋势。

2008 年成渝经济区五大流域和三峡库区支流 174 个地表水环境监测断面（其中干流监测断面 58 个，支流监测断面 116 个）总体水质良好，75.8% 断面达标。其中，干流达标率 94.8%，支流达标率 72.4%（图 4-15）。

2008 年，在 174 个监测断面中，Ⅰ类水质断面 15 个，占 8.6%；Ⅱ类水质断面 72 个，占 41.4%；Ⅲ类水质断面 52 个，占 29.9%；Ⅳ类水质的断面 19 个，占 10.9%；Ⅴ类水质的断面 3 个，占 1.7%；劣于Ⅴ类水质的断面 13 个，占 7.5%（图 4-16）。

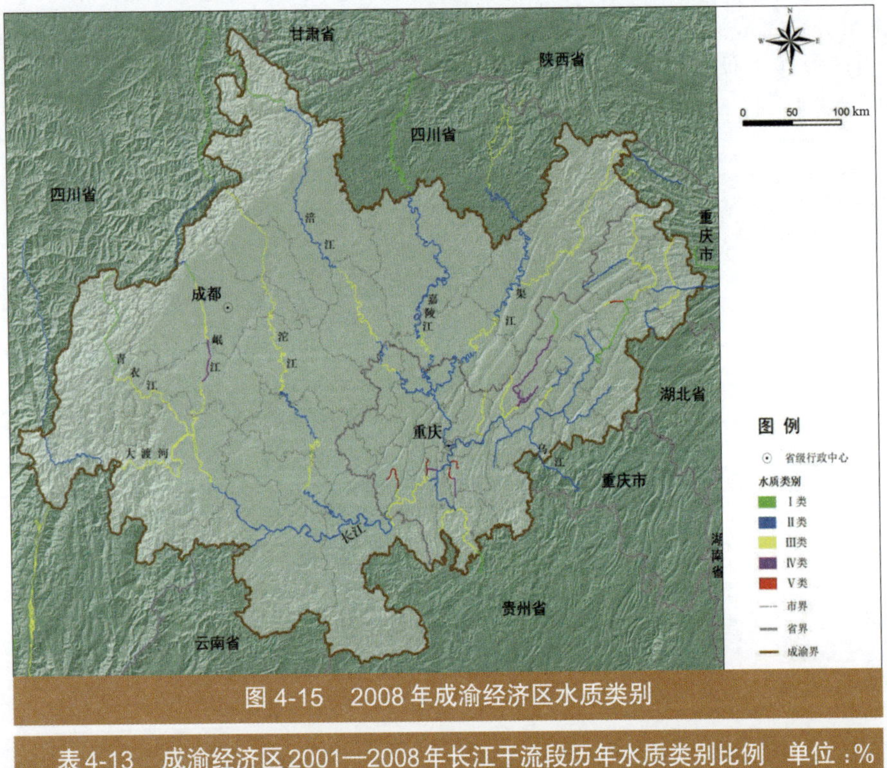

2008 年，长江干流 19 个监测断面中，Ⅰ类水质 1 个，Ⅱ类水质 16 个，Ⅲ类水质 2 个，水质达标率为 94.8%；岷江干流 11 个省控断面中，Ⅰ类水质 2 个，Ⅱ类 2 个，Ⅲ类 5 个，Ⅳ类 2 个，水质达标率为 81.8%；沱江干流 14 个省控断面中，Ⅱ类水质断面 6 个，Ⅲ类 8 个，水质达标率为 100%；嘉陵江干流达标率为 100%；乌江干流水质达标率 100%。

（1）长江干流水环境质量呈持续平稳趋势

长江干流 2001—2008 年期间水质总体优良，"十一五"期间，水

图 4-15　2008 年成渝经济区水质类别

表 4-13　成渝经济区 2001—2008 年长江干流段历年水质类别比例　单位：%

水质类别	2001	2002	2003	2004	2005	2006	2007	2008
Ⅰ						5.3	15.8	5.3
Ⅱ	17.6	64.7	76.5	64.7	82.4	84.2	73.7	84.2
Ⅲ	64.7	35.3	23.5	35.3	17.6	10.5	10.5	10.5
Ⅳ	17.6							
Ⅴ								
劣Ⅴ								

质稳定在Ⅱ类为主，具体情况见表 4-13。

长江水质现状评价标准，朱沱断面执行《地表水环境质量标准》（GB 3838—2002）Ⅱ类水质标准、其他断面执行Ⅲ类水质标准。

长江干流各断面 2000—2008 年耗氧类综合污染指数（P_1）、重金属类综合污染指数（P_2）较低（小于 1），变化平稳具体见图 4-17。

（2）岷沱江、嘉陵江水质呈波动状持续恢复

岷江干流呈波动状改善，沱江干流水质平稳恢复，嘉陵江水质变化小幅波动（图 4-18 至图 4-20）。

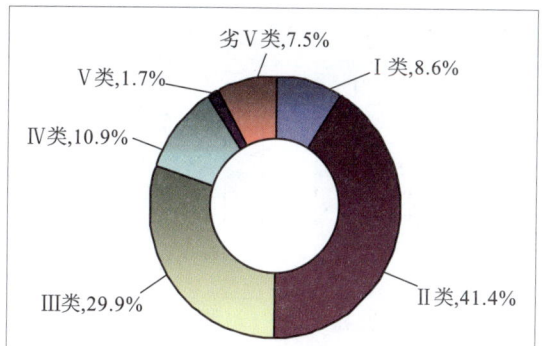

图 4-16　成渝经济区 2008 年地表水质类别比例

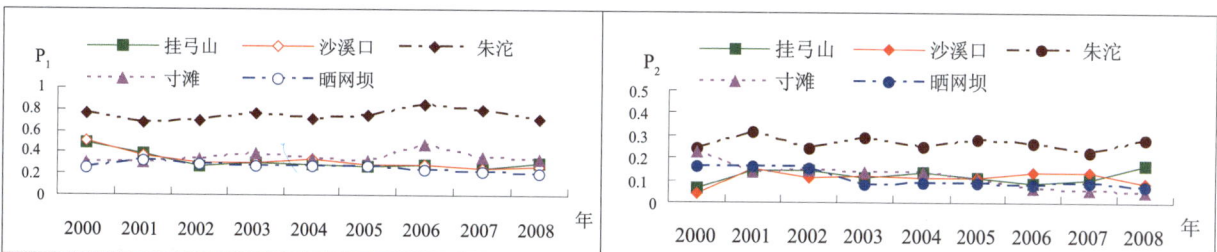

图 4-17　成渝经济区内长江干流综合污染指数

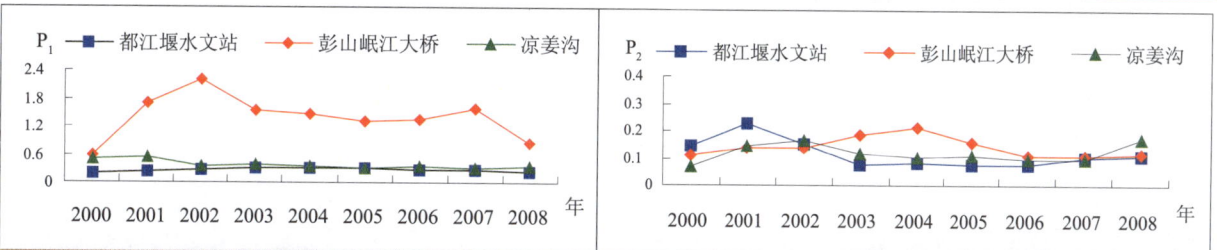

图 4-18　成渝经济区内岷江综合污染指数

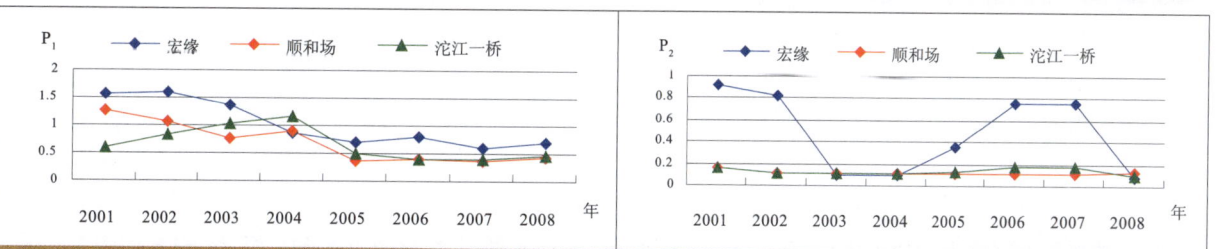

图 4-19　成渝经济区内沱江综合污染指数

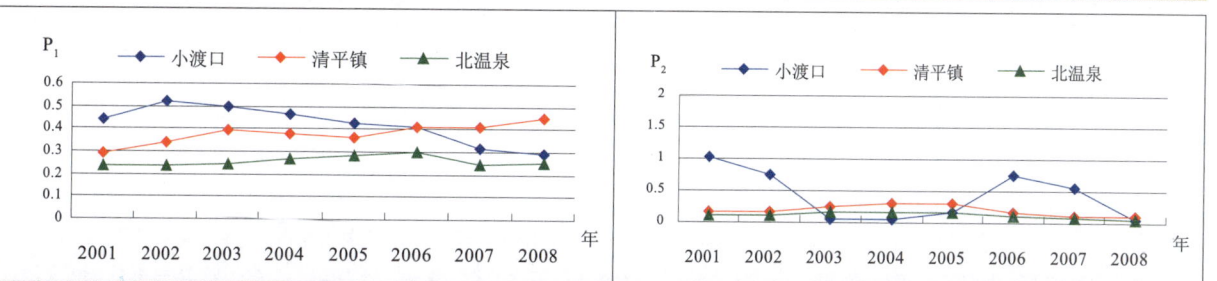

图 4-20　成渝经济区内嘉陵江综合污染指数

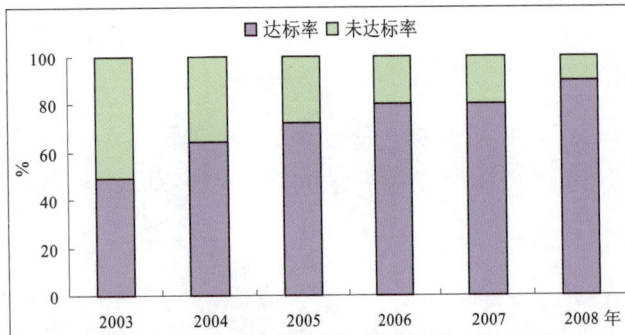

图 4-21　成渝经济区 2003—2008 年饮用水水源地水质评价

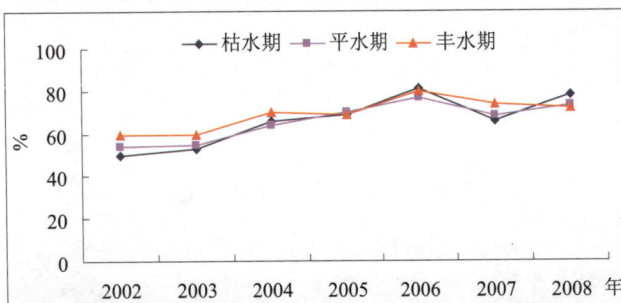

图 4-22　三峡库区主要支流优于Ⅲ类（含Ⅲ类）水质断面所占比例

表 4-14　成渝经济区 2005—2008 年库区一级支流营养状态比例统计　单位：%

年度 营养级别	2005	2006	2007	2008
贫营养	21.8	26.0	0	0
中营养	60.3	59.7	79.4	75.5
轻度富营养	9.0	6.5	13.2	18.5
中度富营养	3.8	6.5	7.4	3.0
重度富营养	5.1	1.3	0	3.0

4.1.2 饮用水水源地水质达标率持续提高

对纳入成渝经济区统计的 91 个集中式饮用水水源地水质进行评价。2003—2008 年区域饮用水水源地水质达标率逐年上升，2003 年达标率为 49.15%，2008 年达标率达到 90.11%（图 4-21）。

2008 年饮用水水源地 80 项特征污染物浓度均满足集中式饮用水水源地标准，67 项指标未达到检出限，检出指标有 13 项。

4.1.3 三峡库区部分支流营养状态呈加重趋势

在 2002—2008 年间，三峡库区主要支流水质呈持续改善，枯、平、丰三个水期优于Ⅲ类水质的断面均逐年增多（图 4-22）。纵观七年，丰水期水质要略好于枯、平水期。2006—2008 年，三峡库区主要支流枯、平、丰水期属于Ⅴ类和劣Ⅴ类水质的断面所占比例稳定在 15% 左右。

三峡库区一级支流回水区的富营养化呈加重趋势（表 4-14），河流营养特征为次级河流回水中段富营养化情况重于回水尾段。

4.1.4 河流沉积物中重金属和有毒有机物

（1）沉积物中重金属的潜在生态危害处于中、轻度水平

根据 2009 年 10—11 月的监测结果，区内河流沉积物中各重金属呈现出不同的富集特征。Hg 富集最严重，为平均土壤背景值的 2.96 倍。其次为 Cd，平均为土壤背景值 2.50 倍。其余重金属（As 除外）基本超出了平均土壤背景值。不同区域河流沉积物中重金属累积程度迥异，长江干流以 Cd 和 Hg 累积较为严重，沱江和岷江流域以 Cd、Hg 和 Zn 的累积较为严重。其他支流中重金属富集不明显，其中以渠江的污染水平最低。

从流域分布来看，沱江流域（$RI = 176.30$）＝岷江流域（$RI = 176.30$）＞长江干流流域（$RI = 174.07$）＞涪江流域（$RI = 149.57$）＞嘉陵江流域（$RI = 120.21$）＞渠江流域（$RI = 94.68$），所有流域的重金属生态危害指数均不高，基本为中度生态危害水平，嘉陵江流域和渠江流域均为轻度生态危害水平。

（2）沉积物有毒有机物有一定累积

根据 2009 年 10—11 月的监测结果，沉积物中邻苯二甲酸酯类化合物的总量范围 1.12 ～ 49.85 ng/g，主要污染物是邻苯二甲酸二正丁酯、邻苯二甲酸二 - (2- 乙基己基) 酯。与国内外水系比较，该区域河流沉积物中邻苯二甲酸酯类化合物污染水平中等偏下，累积程度较

轻（图 4-23）。

沉积物中硝基苯类化合物的总量为 3.26 ～ 20.15 ng/g。沉积物中硝基苯类化合物总量浓度的分布序列是：长江干流＞一级支流＞二级支流（图 4-24）。河流沉积物中硝基苯类化合物有一定累积，但污染水平不高。

沉积物中 16 种优控多环芳烃总量：48.2 ～ 723.1 ng/g。从流域来看，多环芳烃化合物总量浓度分布序列是：长江干流＞一级支流＞二级支流（图 4-25）。

河流沉积物中，2 ～ 3 环、4 环和 5 ～ 6 环 PAHs 所占比例范围分别为 15.0% ～ 52.3%、24.4% ～ 44.5% 和 3.2% ～ 56.9%，平均为 34.5%、35.0% 和 30.5%。PAHs 的风险因子值均小于 1，表明多环芳烃的生态风险很小，不会引起明显的生态毒害效应。

4.1.5 非点源负荷占优，水污染物排放总量呈下降趋势

（1）点源与非点源相比，非点源负荷占优

2007 年成渝经济区 COD 排放总量为 314.08 万 t，氨氮排放总量 42.26 万 t。非点源对污染物排放总

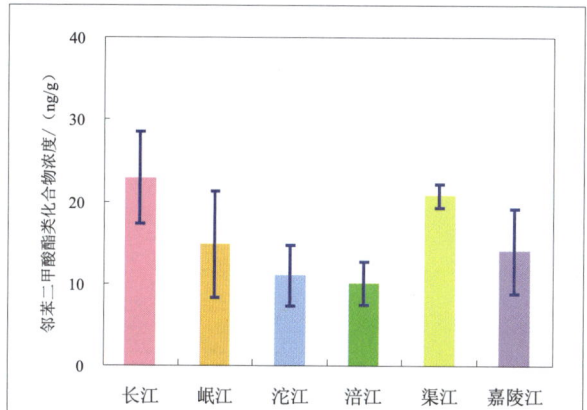
图 4-23　成渝经济区各流域沉积物中邻苯二甲酸酯类化合物的平均总量

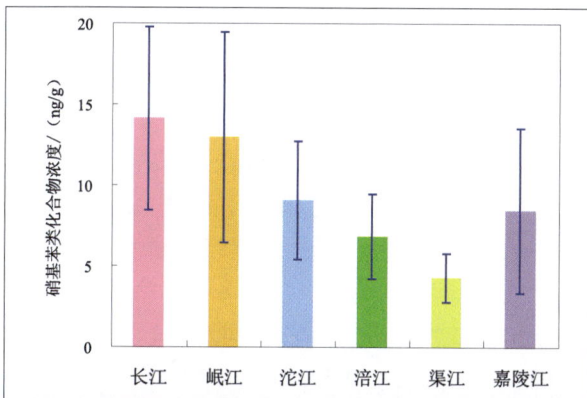
图 4-24　成渝经济区各流域沉积物中硝基苯类化合物的平均总量

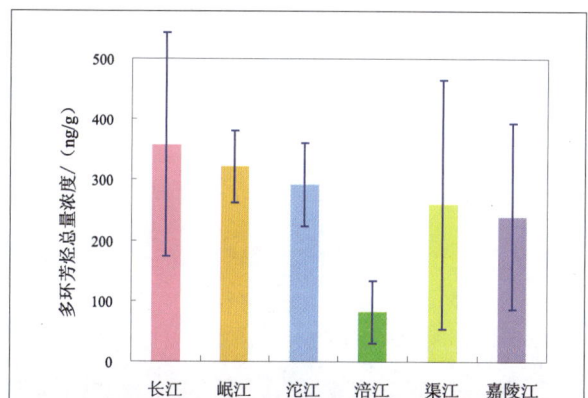
图 4-25　成渝经济区各流域沉积物中多环芳烃的平均总量

表 4-15　成渝经济区 2007 年水污染物排放量

污染源类型		COD 排放量 / 万 t	占总量百分比 /%		氨氮排放量 / 万 t	占总量百分比 /%	
点源	城镇生活	54.27	17.3		5.16	12.2	
	工业	33.25	10.6	28.5	2.38	5.6	18.6
	集约化养殖	1.99	0.6		0.32	0.8	
非点源	农村生活	104.07	33.1		9.43	22.3	
	农业非点源	100.21	31.9		18.79	44.5	
	畜禽散养	19.86	6.3	71.5	3.97	9.4	81.4
	城市径流	0.40	0.13		0.04	0.1	
	大气沉降				2.17	5.1	
合计		314.08	100		42.26	100	

表 4-16　成渝经济区各流域 2007 年污染源等标污染
负荷统计

流域	P_{COD}	$P_{氨氮}$	P_n	K_n	排序
长江	4.25	10.04	14.29	25.6%	2
岷江	3.35	8.50	11.85	21.2%	4
沱江	4.14	11.13	15.27	27.3%	1
嘉陵江	3.79	10.01	13.80	24.7%	3
乌江	0.18	0.44	0.62	1.1%	5

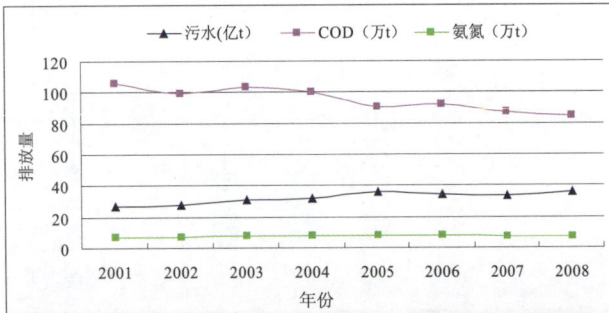

图 4-26　成渝经济区废水和污染物排放变化趋势

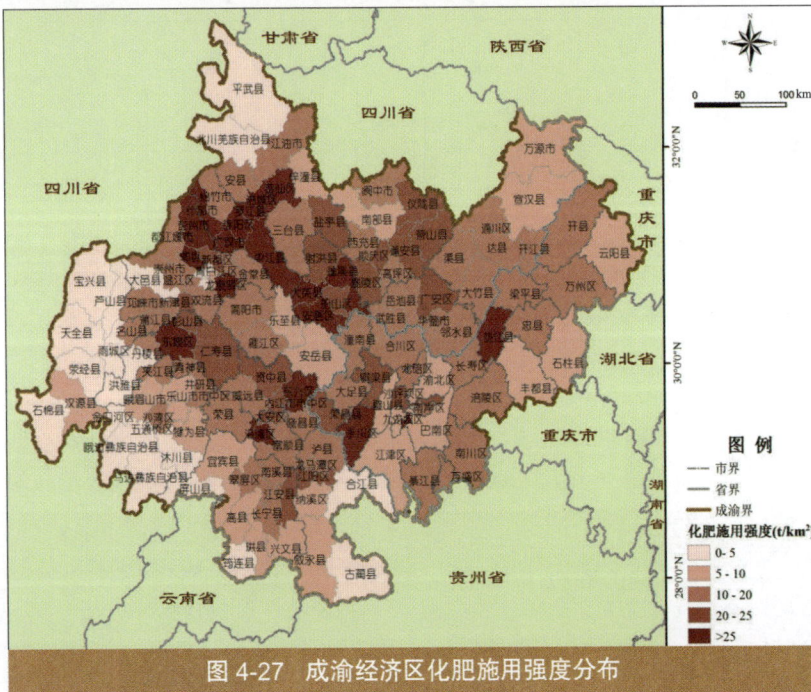

图 4-27　成渝经济区化肥施用强度分布

量的贡献最大，化学需氧量点源和非点源的比例约为 3∶7，氨氮比例约为 2∶8（表 4-15）。

2007 年，区域内各流域污染物等标负荷以沱江流域最大，长江第二，这两个区域的污染负荷比累积超过 50%。氨氮等标负荷均大于 COD 的等标负荷，成为流域的主要水污染物，见表 4-16。

（2）废水量呈增长趋势，COD 和 NH_3-N 排放总量呈下降趋势

2001—2008 年成渝经济区废污水排放总量总体上呈上升趋势，2008 年比 2001 年增长了 33.69%，增长率范围在 2.99% ~ 10.64%。COD 排放总量呈下降趋势，2008 年比 2001 年减少了 19.78%，降低幅度在 2.90% ~ 9.56%。氨氮排放总量呈现先增后降，2001—2003 年上升，2003 年以后排放量波动下降（图 4-26）。

（3）农田化肥流失是河流中氮、磷负荷重要来源

农田化肥流失成为河流氮、磷负荷的重要来源。如果未来粮食产量的增加单纯依靠化肥的投入，将进一步增大区域农业面源污染负荷。

成都平原平均化肥施用强度为 285 kg/hm²（以纯量计，下同），与全国平均水平 279 kg/hm² 相当；但在岷江中游、沱江流域、涪江上游地区，化肥施用强度达到 382 kg/hm²。在盆中丘陵地区平均化肥施用强度为 232 kg/hm²，略低于成都平原区化肥施用强度；但在涪江中下游地区化肥施用强度达到 363 kg/hm²；沱江中下游地区化肥施用强度达到 398 kg/hm²，成渝经济区化肥施用强度分布见图 4-27。

4.1.6　三峡水库水环境处于"一般安全"状态

采用《全国重点湖泊水库生态安全调查与评估》推荐的"4+1"湖泊水库生态安全评估

模式（生态健康评价、生态服务功能评价、社会经济影响评价、生态灾变评价四个单项评估和一个生态安全综合评估）评价三峡水库水生态健康状态。

目前，三峡水库干流水生态健康综合指数为 49.74，中等健康状态；生态系统服务功能综合指数为 73.6，属于较好的范畴；人类活动对库区干流生态系统影响指数为 47.16，属于一般影响级别；面源污染负荷、入库河流水环境状况影响综合指数值小于 45（指数越大越好）；生态灾害状况综合评分值为 1.1（百分制转化后为 78.0），属于轻灾类型。

三峡水库干流水生态安全综合指数为 67.08，总体上属于"一般安全"。从水生态健康、水生态系统服务功能、库区社会经济影响、生态灾变 4 类单项评估与综合评估的对比分析来看，社会经济影响、水生态健康状况对库区总体生态安全的压力较大；水生态系统服务功能、生态灾变对总体生态安全的影响相对略小。

4.1.7　水资源时空分布不均，存在多类缺水问题

尽管有岷江、沱江、嘉陵江和长江干流横贯成渝经济区，但由于人口高度集中，按人均水资源量计算仍属于中度缺水地区（图 4-28），主要缺水区域分布在人口集中、社会经济发展水平较高的平原、丘陵和低山地区。

按行政区域统计，2007 年成渝经济区总用水量为 307.6 亿 m³，占区域水资源总量的 24.4%。以区域水资源总量的 40% 作为发展上限判断，成渝地区仍有可开拓 196 亿 m³，水资源总量尚有开拓空间。但成都、自贡、德阳、遂宁、内江、资阳、重庆主城区等水资源利用率已超过 40%，有的地区高达 70% 左右，处于水资源过度开发状态。

由于有大量的过境水量（长江干流、四川东部大量水系过境），水资源承载力的抗风险能力较强。在采取一定工程措施后，供水安全保障率较高。

按照水资源利用率、人均供水量指标划分，缺水性质兼有以上两种或两种以上类型特征的，归入综合型或复合型缺水（图 4-29）。成德绵城市经济带是未来成渝经济区发展的经济高地，复合型缺水将对其发展带来严重的制约。未来缺水形势更趋严峻，将表现为偏资源型缺水、生态型缺水和水质型缺水。

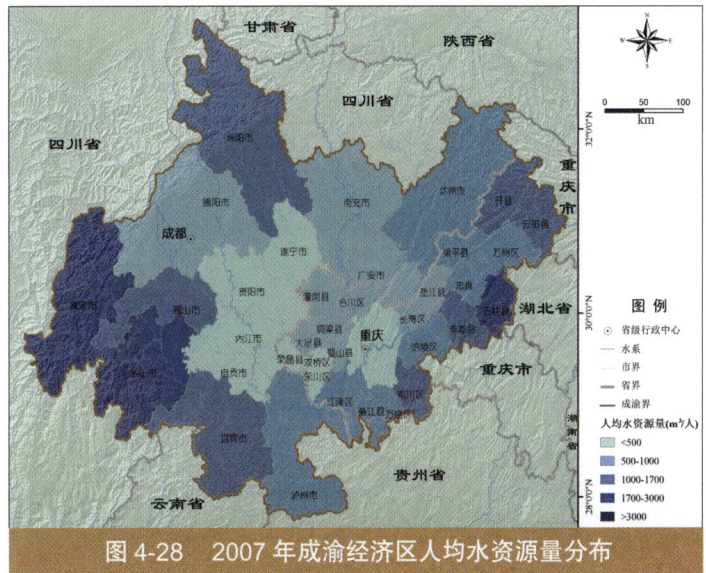

图 4-28　2007 年成渝经济区人均水资源量分布

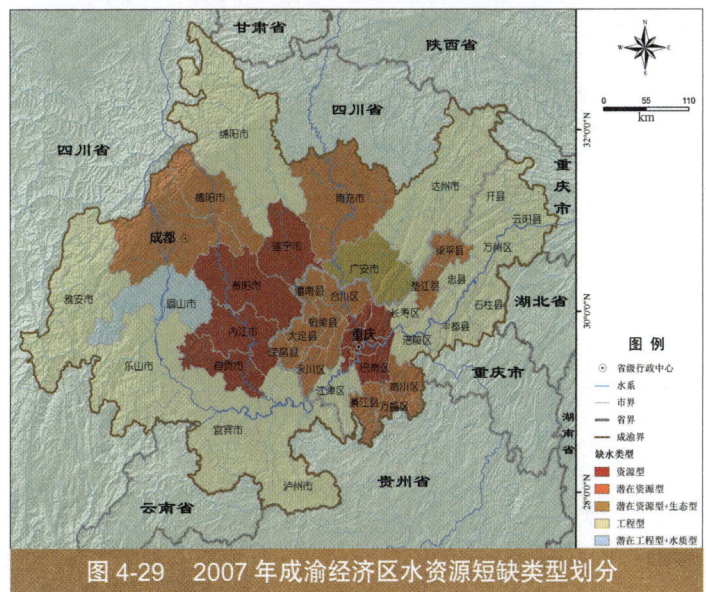

图 4-29　2007 年成渝经济区水资源短缺类型划分

4.2 环境空气质量演变与酸雨

4.2.1 大气污染物排放总量呈下降趋势，局部地区增加

2001—2008 年，成渝经济区 SO_2 排放总量呈现先增后降的特点（图 4-30）。2005 年 SO_2 排放量增至最高，随后逐年下降，但仍高于 2001 年排放水平。烟、粉尘排放量呈持续下降趋势，NO_x 从 2006 年列入统计以来基本保持稳定。

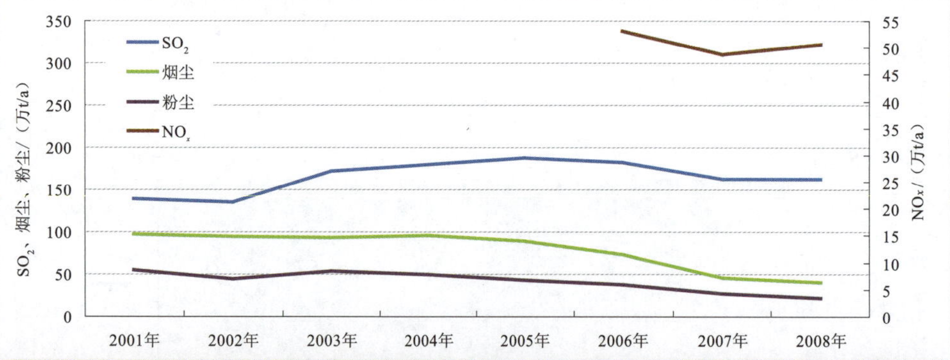

图 4-30 成渝经济区 2001—2008 年主要大气污染物排放量变化趋势

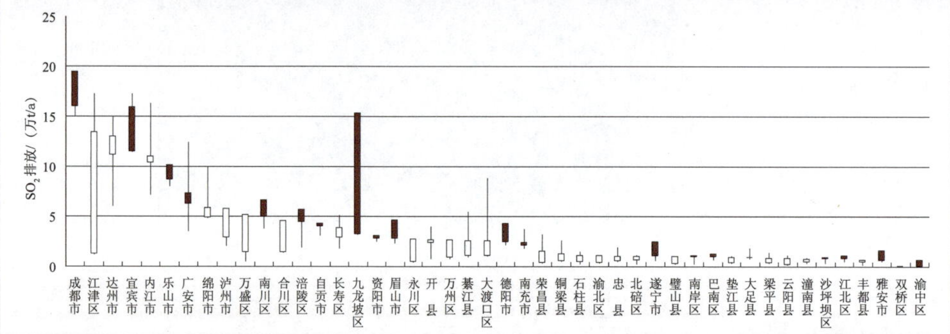

图 4-31 成渝经济区 2001—2008 年各地 SO_2 排放量变化特征

原排放量较高的成都、宜宾、绵阳等城市 SO_2 排放量显著减少，但是，江津、达州、内江和万盛区排放量显著增加（图 4-31 中浅色柱体）。

成渝经济区 SO_2 和 NO_x 高排放强度地区主要分布在沿长江上游城市带和岷江沿线成德绵乐城市带（图 4-32、图 4-33）。成渝经济区西部以及南部地区、重庆都市圈及西南部地区 SO_2 排放量较大。

2000—2007 年，成渝经济区的万元 GDP 二氧化硫排放水

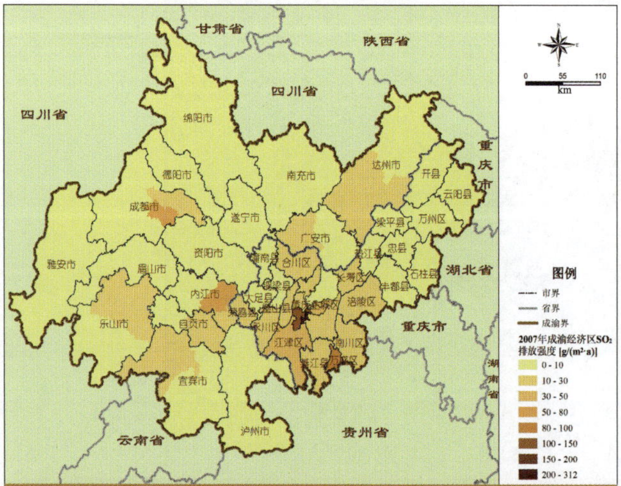

图 4-32 成渝经济区 2007 年 SO_2 排放强度分布

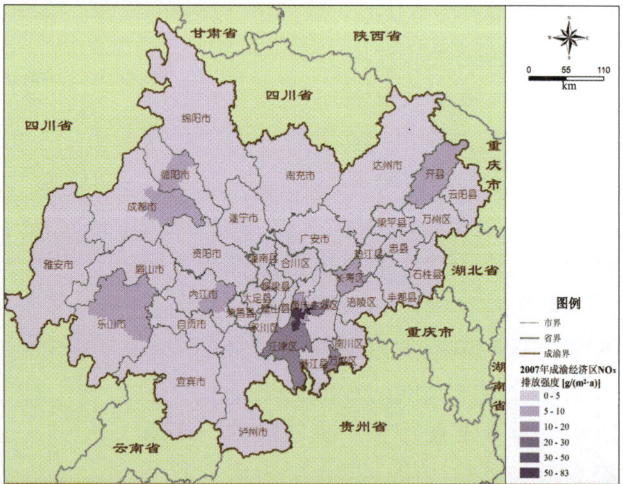

图 4-33 成渝经济区 2007 年 NO_x 排放强度分布

平总体上呈现下降趋势（图4-34），平均年下降速率13%。成渝经济区万元GDP的综合能耗水平总体呈现波浪形下降趋势，在2000—2002年为下降，在2002—2007年在出现少量增加后，近几年又开始下降。

4.2.2 东南和南部城市 SO_2 浓度持续超标，污染控制任务艰巨

成渝经济区环境空气质量有所改善，但局部区域控制 SO_2、NO_x 环境空气质量下降的任务还十分艰巨。

成渝经济区东南和南部——长江沿岸城市带的重庆主城区、南川区、涪陵区、永川区、宜宾市、泸州市和盆地西北的成都、德阳，环境空气质量相对较差。

1997—2008年，SO_2 年均浓度超过国家空气质量二级标准的市（区）数持续保持占成渝经济区市（区）总数的25%。2008年 SO_2 超标城市除德阳外，主要分布在沿长江城市带，包括泸州、宜宾、永川、重庆主城区、涪陵，以及万盛和内江。

成渝两核 SO_2 环境空气质量呈逐年好转趋势，但近三年约有50%的城市 SO_2 年均浓度有不同程度的升高，如泸州、德阳、眉山、南川等城市 SO_2 年均浓度已超过或接近国家二级标准（图4-35）。

1997—2008年，成渝经济区范围内 NO_2 年均浓度全部满足国家环境空气质量二级标准。从变化趋势来看，长江沿岸城市（除泸州外）NO_2 年均浓度呈略有下降趋势，成都、乐山、达州、泸州、自贡等8个城市年均浓度有所上升，其中上升幅度最大的为达州（图4-36）。

4.2.3 酸雨污染未得到扭转，沿长江城市带酸雨pH值持续较低

根据对成渝经济区降水中 SO_4^{2-} 和 NO_3^- 离子当量浓度监测分析，SO_4^{2-} 是降水中主导酸性离子，硫酸型污染是酸沉降的主要特征。NO_3^- 离子当量浓度占比由1997—2000年平均值4.0%上升为

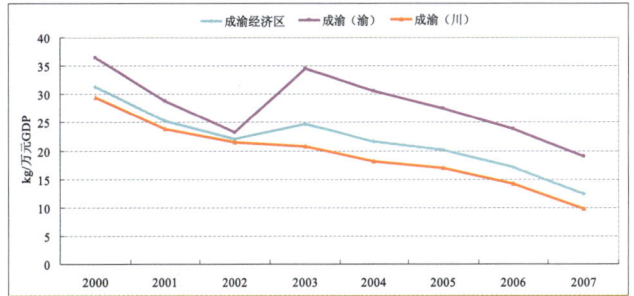
图4-34 成渝经济区万元GDP SO_2 排放量变化趋势

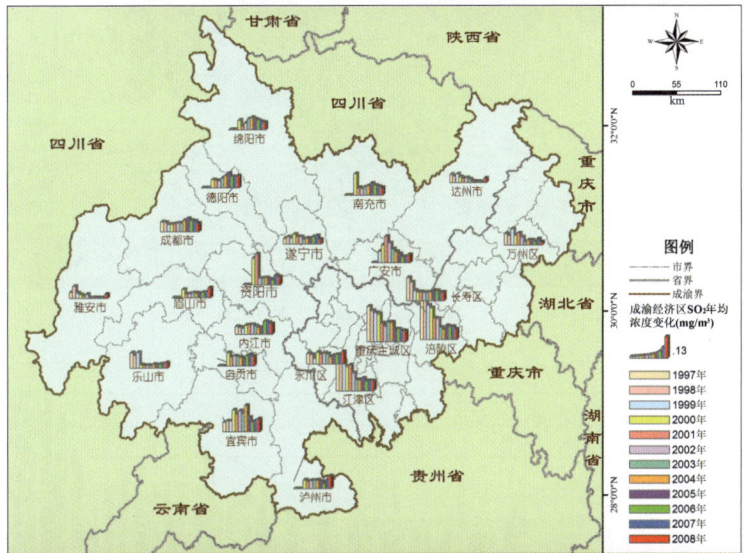
图4-35 成渝经济区主要市（区）SO_2 浓度年均变化趋势

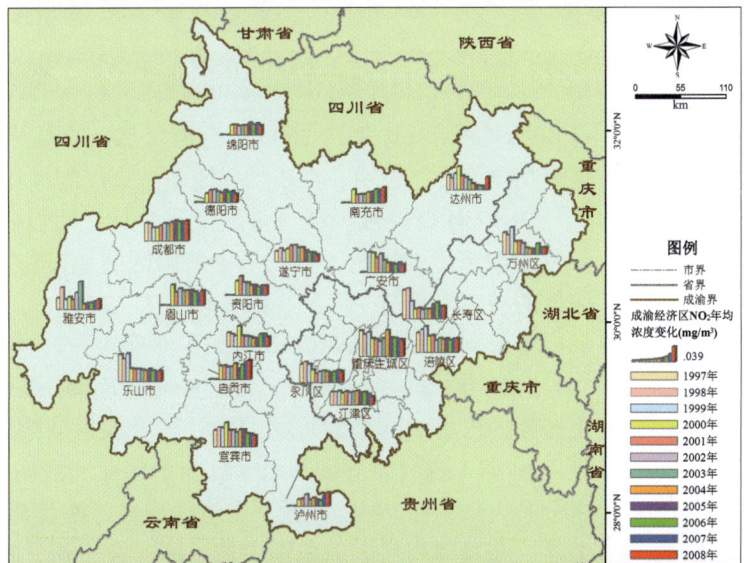
图4-36 成渝经济区主要市（区）NO_2 年均浓度变化趋势

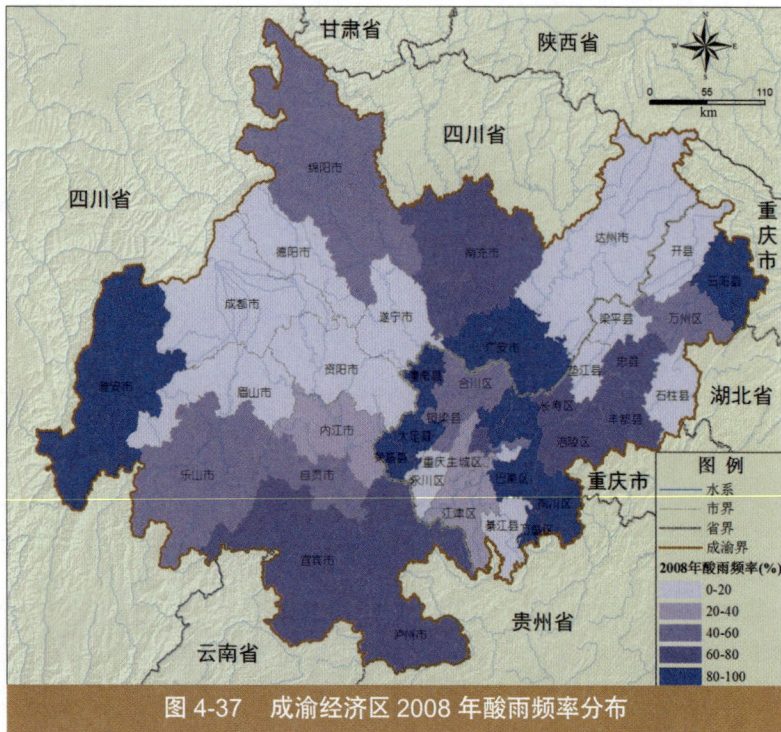

图 4-37　成渝经济区 2008 年酸雨频率分布

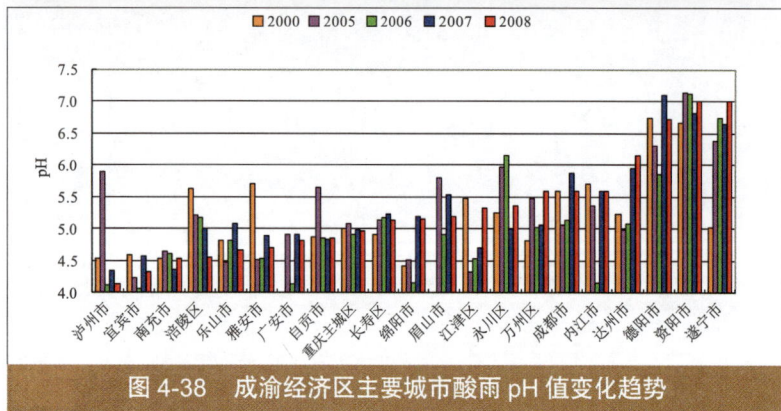

图 4-38　成渝经济区主要城市酸雨 pH 值变化趋势

2007—2008 年的 7.7%，对降水酸度影响呈增强趋势。评价区内属于国家酸雨控制区的市（区）共 33 个，占全区的 77%。

2008 年，成渝经济区 35 个市（区）出现酸雨，酸雨频率均值为 58.7%，降水年均 pH 值范围为 4.06（荣昌县）～ 7.42（垫江县）。酸雨频率大于 40% 的城市 26 个，占酸雨频率监测城市的 70%，广安、南川酸雨频率为 100%（图 4-37）。

成渝经济区内约有半数的地区属于中、重酸雨区，在空间分布上呈倒 "T" 字形，南部地区酸雨 pH 低，污染面积大，集中分布在宜宾、泸州及其周边乐山、雅安、江津、万盛等地。中部地区酸雨区呈条带状，主要分布在南充、铜梁、大足、荣昌等地。成渝经济区主要城市酸雨 pH 值变化趋势见图 4-38。

未列入国家酸雨控制区的雅安、南川，2008 年为中酸雨区，酸雨污染不容忽视。

（1）部分地区酸雨污染呈加重趋势

与 2000 年比较，2008 年约有 50% 的城市 pH 值比 2000 年有所降低。总体来说，近年来酸雨污染在长江沿岸城市带有逐步加重趋势，表明在上述区域酸雨污染控制形势相当的严峻。

酸雨 pH 值持续较低（重酸雨区）且无明显好转的城市主要是川南的泸州、宜宾；2000 年以来酸雨污染加重，且处于中酸雨区的城市主要有涪陵、乐山、雅安；近年酸雨 pH 持续偏低的城市为南充、广安、自贡和重庆主城区。

（2）部分地区呈超酸沉降临界负荷状态，对土壤和植被产生长期危害

2008 年成渝经济区中东部地区硫湿沉降明显较高，高值区主要分布在万盛、南川及重庆主城区的巴南、北碚、沙坪坝，其次，南充及以南的成渝中部地区硫湿沉降值也较高（图 4-39）。

2008 年成渝经济区降水硫沉降量超亚洲酸雨模型 80% 与超清华模型 80% 临界负荷的地区分布大体相似，超临界最严重地区均为万盛及其周边地区，南充及以南的内江、潼南、铜梁、大足、荣昌等为代表的成渝中部地区，及泸州、宜宾、乐山为代表的成渝南部地区均出现不同程度硫沉降超临界负荷现象（图 4-40、图 4-41）。

4.2.4 成渝两核已呈潜在复合型大气污染

成渝经济区重庆和成都两大都市以气溶胶、VOC、臭氧及细粒子等为特征的复合型大气污染已经显现，灰霾天气呈现出加剧趋势。

2009 年的大气环境质量监测表明，成都市 O_3 浓度与 NO_2 浓度具有典型的负相关，为消耗 NO_2 型光化学反应。重庆市 O_3 浓度与 NO_2 浓度和 VOC 浓度都具有一定的负相关性。重庆市、成都市 O_3 最大浓度值均为 $0.12 \, \text{mg/m}^3$，占标准的 60%，两市 O_3 污染水平相当，均存在潜在的光化学污染风险（图 4-42）。

成都、重庆两核大气环境中 $PM_{2.5}$ 与 PM_{10} 的比值大体在 65%，表现为以细粒子污染为主的大气污染。$PM_{2.5}$ 浓度与能见度存在比较明显的负相关，成都、重庆两地空气中细粒子浓度直接影响大气能见度，是霾形成的重要原因（图 4-43）。

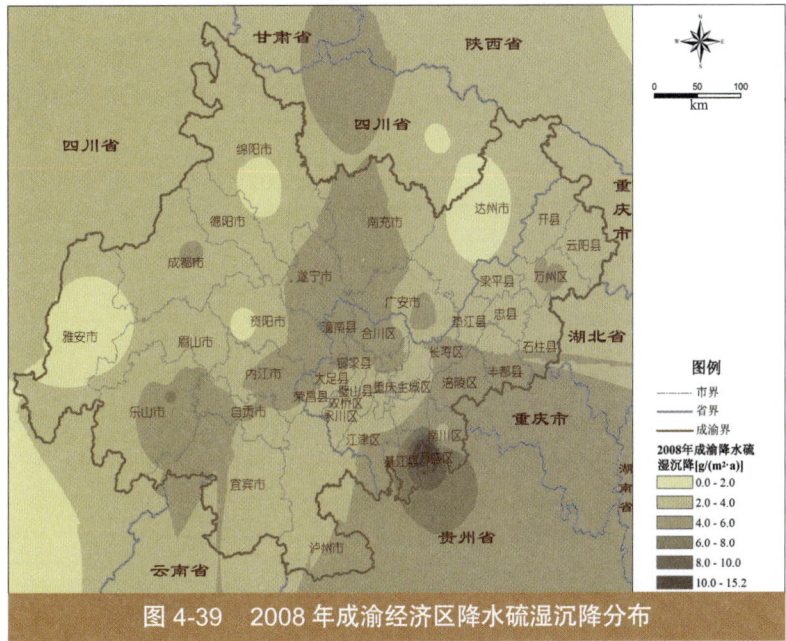

图 4-39 2008 年成渝经济区降水硫湿沉降分布

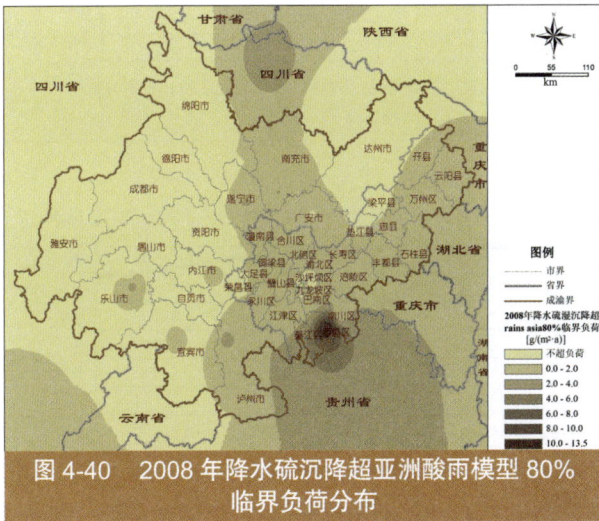

图 4-40 2008 年降水硫沉降超亚洲酸雨模型 80% 临界负荷分布

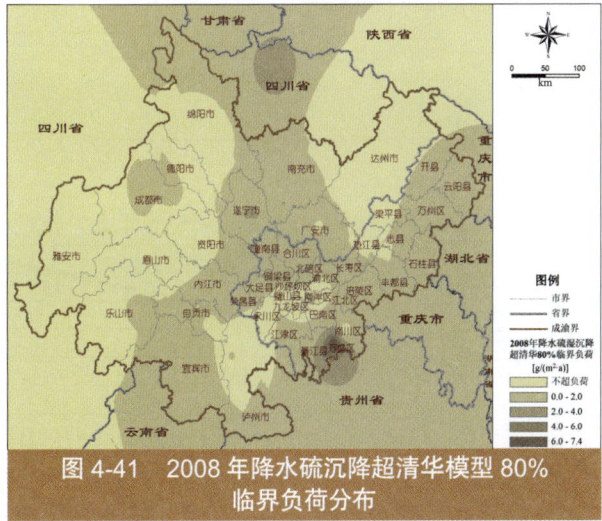

图 4-41 2008 年降水硫沉降超清华模型 80% 临界负荷分布

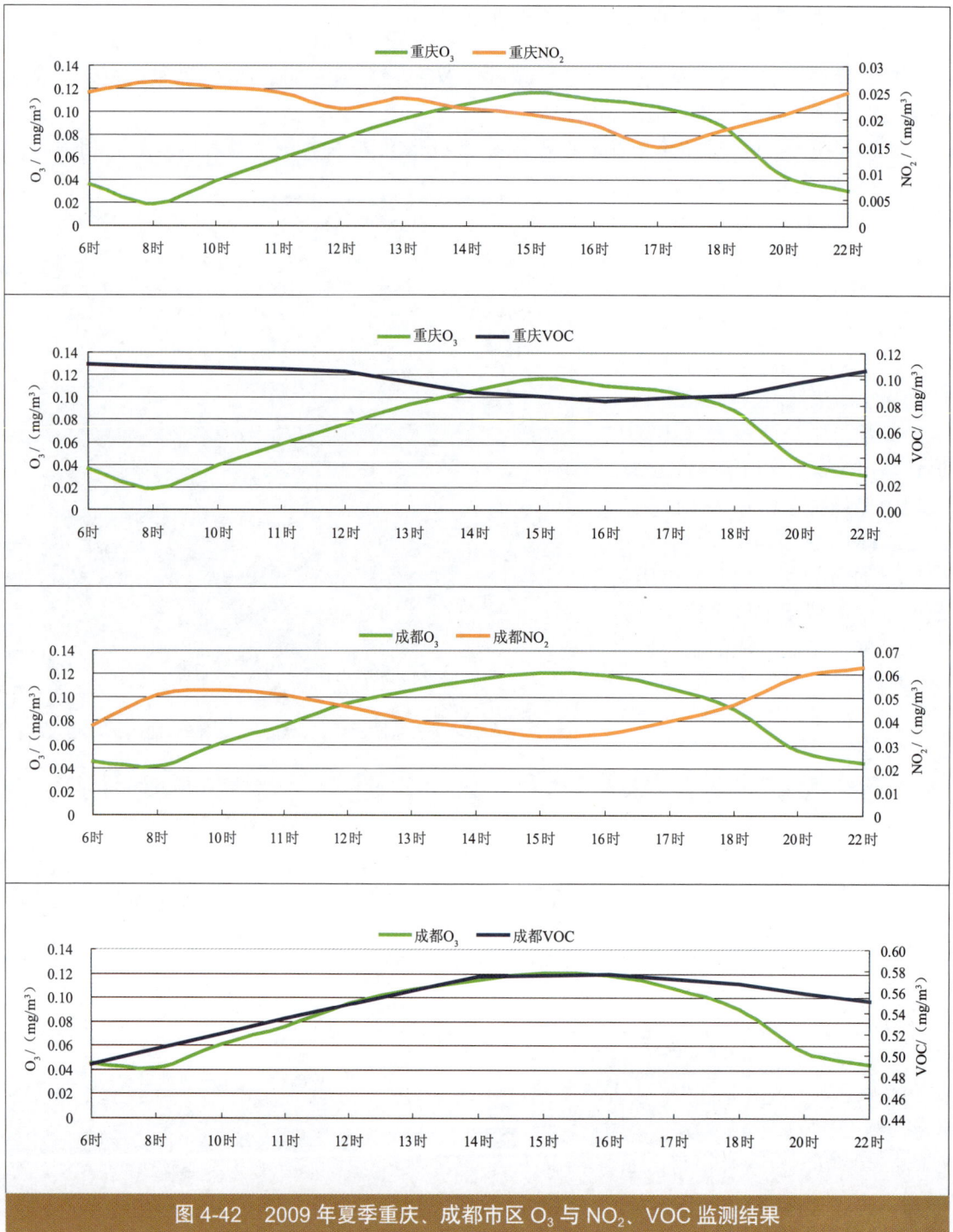

图 4-42　2009 年夏季重庆、成都市区 O_3 与 NO_2、VOC 监测结果

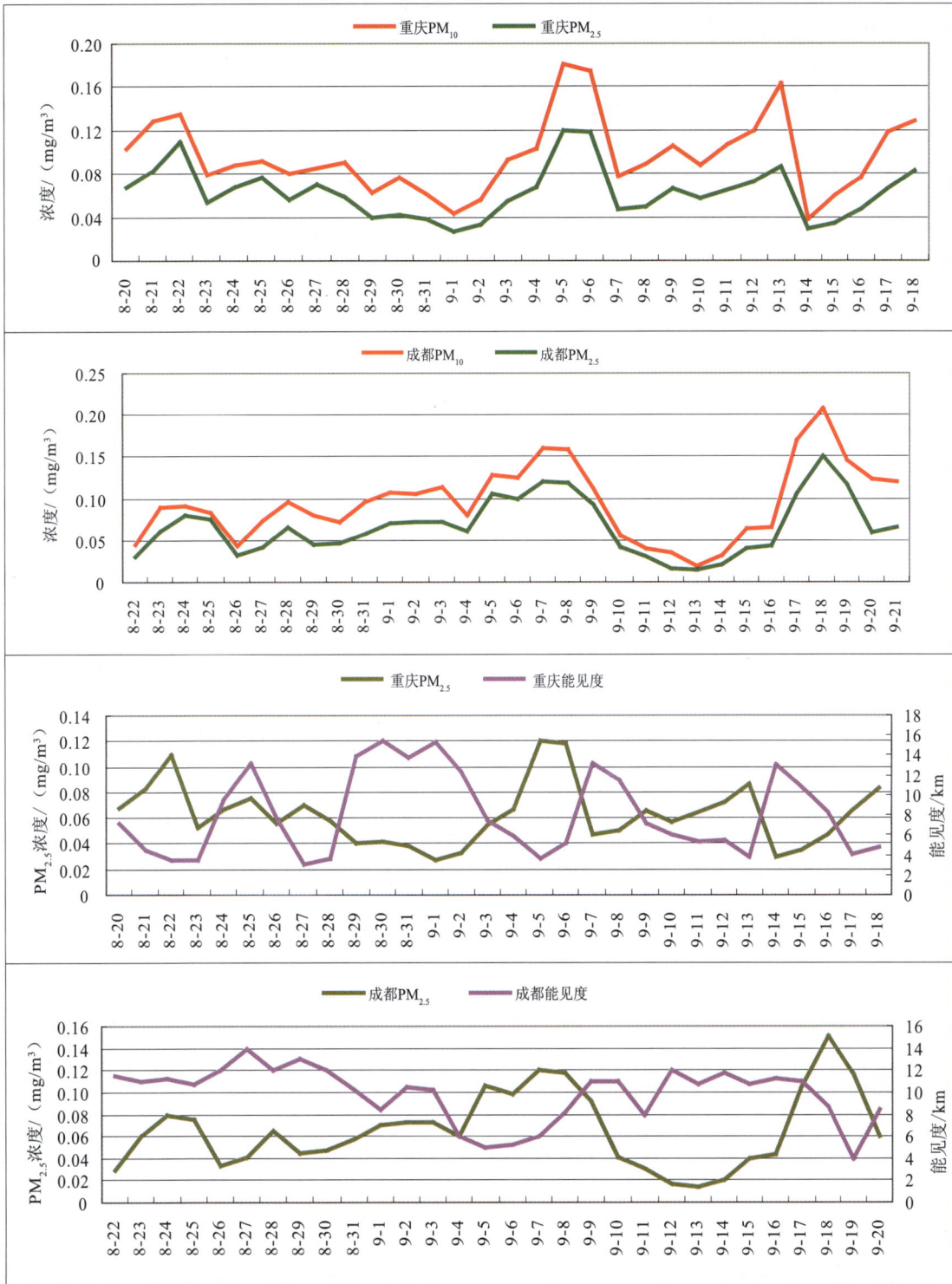

图 4-43　2009 年夏季重庆、成都市区 PM$_{2.5}$ 与 PM$_{10}$ 和能见度的监测结果

4.3 区域生态环境与长江上游生态屏障

4.3.1 生态建设取得成效，生态环境总体趋于改善

（1）农林复合型生态系统，景观格局未出现大的变化

成渝经济区是一个典型的以盆中低山丘陵区为主的农业生态系统和以盆周山区为主的林业生态系统为背景的复合生态系统。区域景观格局未出现太大的变动，区域内各种土地利用类型所占比例基本保持稳定。

2007 年耕地面积约占 50.8%，林地面积约占 40.6%，草地面积约占 4.4%，三者合计占区域总面积的 95.8%。水域约占 2.2%，城乡居民点和工矿用地约占 1.8%，未利用地约占 0.2%，土地开发利用程度高。

从 2000—2007 年，退耕还林、天然林保护工程的实施，使得林地的面积净增 8 278 km^2，年增加率约为 1.55%。耕地、草地、水域和未利用土地面积减少，城镇建设用地面积增加，年增长率约为 3.72%。景观破碎化指数从 2000 年的 3.17 增至 2007 年的 4.93，景观破碎化程度有所增加。

（2）生物多样性保护关键性区域得到有效保护

成渝经济区位于大尺度、复合性的生态过渡区范围内，生物种类、生境和生态系统类型复杂多样。主要生态系统类型包括森林、灌丛、草地、湿地等自然生态系统，以及城镇、农业等人工或半人工生态系统。生物多样性保护的关键性区域主要分布在盆周山区。

动植物物种资源丰富。野生维管植物有 6 000 余种，珍稀保护植物种类众多，共有国家重点保护植物 58 种，隶属于 22 科、39 属；区域珍稀濒危植物大部分分布在边缘山区，海拔 1 000 m 以上的山地。四川境内有陆生脊椎动物约 1 244 种，其中兽类约 171 种，鸟类约 752 种，爬行类约 82 种，两栖类约 74 种；重庆境内有陆生脊椎动物约 651 种，其中兽类约 139 种，鸟类约 402 种，爬行类约 60 种，两栖类约 50 种。成渝经济区中属于国家一级保护动物 30 种，国家二级保护动物 165 种。

区内鱼类种类约为全国淡水鱼种数的 2/5，为长江鱼类的 2/3。河流中分布有国家Ⅰ级、Ⅱ级重点保护水生动物 10 种，有省级重点保护水生动物 45 种，有 40 余种为四川省特有种和亚种，有 80 种鱼类属长江上游特有种类，有经济价值的鱼类 70 余种。

截至 2008 年年底，成渝经济区已建立 89 个自然保护区，包括 12 个国家级自然保护区和

表 4-17　成渝经济区自然保护区级别结构

成渝经济区	级别	数量		面积		总数
		总数量 / 个	占总数比例 /%	面积 /km^2	占总面积比例 /%	
四川	国家级	9	10.1	3 273	23.3	58
	省级	22	24.7	5 470	38.9	
	市级	11	12.4	649	4.6	
	县级	16	18.0	156	1.1	
重庆	国家级	3	3.4	555	3.9	31
	省级	9	10.1	993	7.1	
	县级	19	21.4	2 971	21.1	
合计		89	100	14 066	100	89

31 个省级自然保护区，具体情况见表 4-17，面积达到 140.66 万 hm²，占成渝经济区总面积的 6.75%。

通过较全面的各类自然保护区、风景名胜区及森林公园的建设，区内大熊猫、金丝猴、扭角羚、云豹、林麝、马麝等国家重点保护动物和红豆杉、南方红豆杉、珙桐、光叶珙桐、独叶草、银杏、苏铁、水杉等国家重点保护植物绝大多数得到较好保护。

现有的自然保护区、风景名胜区及森林公园基本涵盖了本地区天然林区生物多样性最丰富精华之地，使得各类生态系统类型得到有效保护。

汶川地震导致 6 万 hm² 生态系统的破坏使区域生态服务功能严重受损，野生动物栖息地毁损面积 9.2 万 hm²，廊道区域损伤 10.6%，区域生态系统景观的连通性显著降低，景观破碎程度显著增加，形成大量"岛屿式"斑块，"孤岛效应"对 10 种国家Ⅰ级保护动物和 23 种国家Ⅱ级保护动物影响重大。

表 4-18　成渝经济区土壤侵蚀强度分级

年份	单位	轻度侵蚀	中度侵蚀	强度以上侵蚀	合计
2000	面积 /km²	49 452	40 307	18 401	108 160
	比例 /%	23.7	19.3	8.8	51.8
2008	面积 /km²	51 920	15 412	26 255	93 587
	比例 /%	24.9	7.4	12.6	44.9

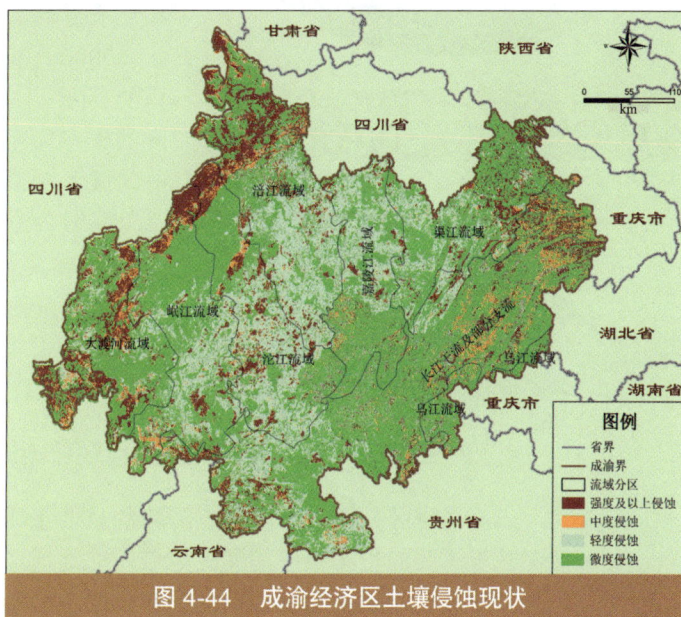

图 4-44　成渝经济区土壤侵蚀现状

（3）中度侵蚀面积减少，强度侵蚀未得到有效治理和控制

成渝经济区水土流失类型以水力侵蚀为主，水土流失的形式以面蚀为主，水土流失分布广（2008 年流域面积约占区域面积的 44.81%），强度及以上土壤侵蚀区域主要分布在龙门山、茶坪山、邛崃山南段、川西南山地和三峡库区（腹地），中度侵蚀区域在三峡库区分布较为集中（图 4-44）。

成渝经济区 2000—2008 年土壤侵蚀面积减少约 7.1%（表 4-18），其中中度侵蚀面积减少约 12.0%，强度及以上土壤侵蚀面积增加约 3.7%，中度土壤侵蚀得到了较好地控制，但强度及以上土壤侵蚀有所发展。强度以上土壤侵蚀主要集中在盆周地带的绵阳、达州、宜宾、雅安、乐山、开县、云阳、南川等地。属于强度及以上土壤侵蚀面积有明显增加的有绵阳、德阳、遂宁、雅安、梁平、荣昌、江津、垫江、丰都等。

汶川地震灾区土壤侵蚀显著加剧。土壤侵蚀面积增加约 33%，其中强度侵蚀面积增加 51.4%，极强度和剧烈侵蚀面积增加 663.4%，尤以彭州市、什邡市最为显著。

（4）森林覆盖率显著提高，森林管护有待加强

森林植被主要分布在盆周山区，盆地丘陵区分布较少。天然林主要分布在金沙江、雅砻江、大渡河、岷江等支流及其源头地区。退耕还林、天然林保护、长防林工程等重点生态建设工程的实施，使林地面积持续稳定增长，1997—2008 年，森林覆盖率由 21% 提高到 34%，显著提高。

森林生态系统以次生林和人工林为主，多属中、幼龄林，单位面积生物产量不高；退耕

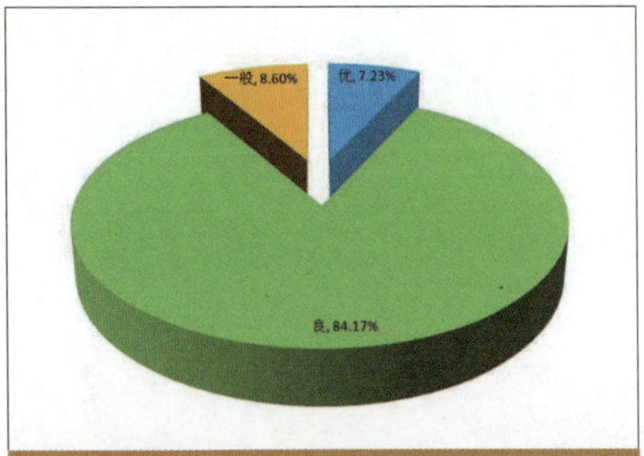

图 4-45 成渝经济区 2007 年生态环境质量状况分级比例

还林的生态林比重偏小，经济林比重偏大，造林树种单一，林分结构简单，防护功能和森林抗逆力差；林下缺乏灌木层和地被层，生物多样性水平低，未形成多样性丰富的复合森林群落，致使水土保持、水源涵养、削洪抗旱等生态服务功能不能得到充分发挥。森林管护有待加强。

（5）生态环境质量总体良好，土地退化是影响生态环境质量的问题

2000—2007 年，随着森林覆盖率的提高和土壤侵蚀面积的下降，区域总体环境质量趋于好转。2007 年成渝经济区的生态环境质量指数为 63.2，生态环境质量属于优、良的区域占 91.4%，总体表现为良好（图 4-45）。

2007 年，成渝经济区生态环境质量指数各分项中，以土地退化项目得分最低，仅为 9.26，其对生态环境质量指数的贡献率仅为 14.66%。土地退化成为制约区域生态环境质量提升的关键因素，需要加强土壤侵蚀强度及以上区域和潜在土壤侵蚀增强区域的土地退化的控制。

区域生态环境质量提升除重点控制土地退化外，仍然面临着植被覆盖质量的提升、生物多样性保护功能的加强和农村面源污染的有效控制等问题。

4.3.2 生态安全呈现"一圈四江九节点"格局

成渝经济区是长江上游生态屏障的重要组成部分，具有水源涵养、水土保持和生物多样性保护等重要的生态服务功能。区域内盆地低山丘陵区、盆周山区、成都平原区和三峡库区等具有不同的主导生态服务功能，在长江上游生态屏障中发挥不同的重要作用。在长期的生态演变过程中，逐渐形成了由"一圈四江"和九个关键区域构成的区域生态格局（图 4-46）。

"一圈"即成渝经济区的盆周山地，"四江"即长江（包括三峡库区）、岷江、沱江、嘉陵江，"九节点"主要包括龙门山生物多样性保护区、茶坪山生物多样性保护和土壤保持区、邛崃山南段生物多样性保护和水源涵养区、川西南山地生物多样性保护和水源涵养及土壤保持区、盆地南缘岩溶土壤保持区、渝南山地生物多样性保护区、方斗山—七曜山水土保持区、三峡库区水质保护—水源涵养区、大巴山水源涵养区等。

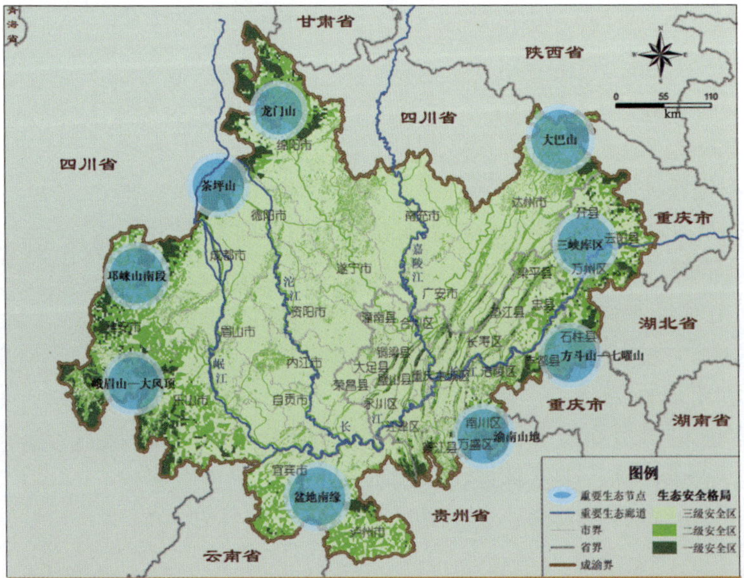

图 4-46 成渝经济区区域生态空间格局

当前，区域内水源涵养极重要区和重要面积占成渝经济区总面积的 43.9%，土壤保持极重要区和重要面积占成渝经济区总面积的 17%，生物多样性保护极重要区和重要面积占成渝经济区总面积的 32%（表 4-19）。保持极重要区区域生态服务功能不下降，强化重要性区生态服务功能，对于长江上游生态屏障建

设具有重要意义。

4.3.3 区域生态安全格局分区及其生态建设调控方向

（1）生态安全格局分区

区域生态安全格局是维护区域生态结构完整、生态过程流畅和生态功能充分发挥的关键，是区域环境支撑系统和区域可持续发展的重要保障。基于生态服务功能（土壤保持、水源涵养、生态多样性保护）重要性分区的生态安全格局（图4-47）。

区域生态安全格局一级区面积约1.94万 km²，占成渝经济区面积的9.3%，主要分布在四川盆地盆周区域，主要包括龙门山、茶坪山、邛崃山南段、川西南山地、盆地南缘、渝南山地、方斗山——七曜山、大巴山等关键节点，生态安全格局一级区内主要分布着一些重要的自然保护区和天然林区以及一些风景名胜区、森林公园等。

区域生态安全格局二级区面积约5.36万 km²，占成渝经济区面积的25.8%，主要分布在四川盆地盆周区域，主要包括龙门山、邛崃山南段、川西南山地、盆地南缘、渝南山地、方斗山——七曜山、大巴山等关键节点，涵盖三峡库区的大部分区域和川东平行岭谷区的山脊区域。

区域生态安全格局三级区面积约13.5万 km²，占成渝经济区面积的64.9%。成渝经济区内除一级区和二级区外的区域为生态安全三级区，主要包括成都平原、盆中丘陵平坝区、渝西方山丘陵区、川东平行岭谷间的平坝丘陵区等区域（表4-20）。

表 4-19 成渝经济区生态服务功能重要性分区

生态服务功能	单位	重要性分区		
		极重要区	重要区	一般区
水源涵养	面积 /km²	22 260	68 751	116 392
	比例 /%	10.7	33.2	56.1
土壤保持	面积 /km²	9 984	25 209	172 090
	比例 /%	4.8	12.2	83.0
生物多样性保护	面积 /km²	10 773	52 004	144 597
	比例 /%	5.2	25.1	69.7

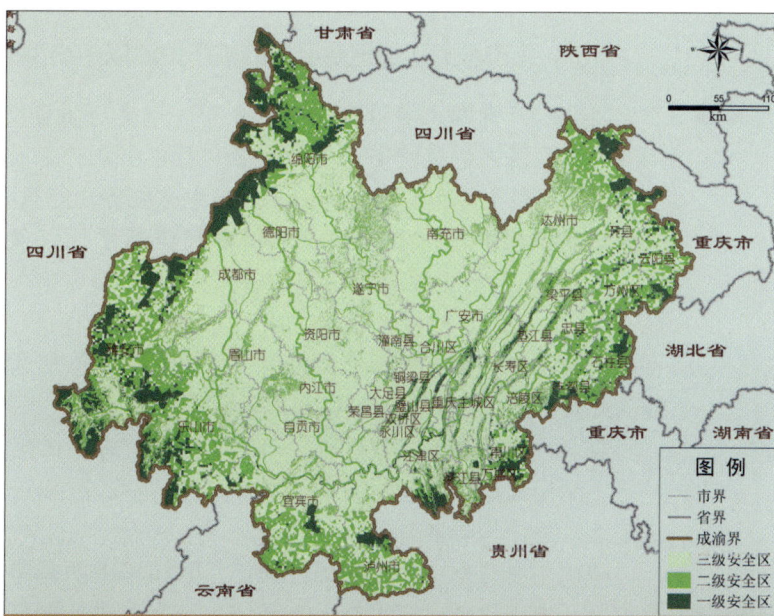

图 4-47 成渝经济区区域生态安全格局

表 4-20 成渝经济区综合生态安全格局分级统计

区域	单位	生态安全区		
		一级安全区	二级安全区	三级安全区
成渝区	面积 /km²	19 377	53 640	134 845
	比例 /%	9.3	25.8	64.9
重庆部分	面积 /km²	5 190	14 723	31 146
	比例 /%	10.2	28.8	61.0
四川部分	面积 /km²	14 187	38 917	103 699
	比例 /%	9.1	24.8	66.1

（2）保障和提升生态服务功能是生态建设调控方向

区域生态安全格局一级区为底线区域，以生态保育为主，保障自然保护区和天然林总面积不减少。巩固天然林保护成果和退耕还林成果，维护和提高其水源涵养、土壤保持等生态服务功能，保持区域生态系统的结构完整和功能高效。在龙门山和茶坪山区域，加强地震受损生态系统的生态建设与修复。

区域生态安全格局二级区是区域生态建设的重点区域，坚持生态保护优先、生态服务功能不下降的原则，维护区域生态系统结构和生态服务功能，优化经济发展方式，合理开发资源，控制开发建设强度。重点加强水土流失控制、巩固退耕还林成果，继续推进陡坡耕地的退耕还林，优先推进三峡库区及渝南山区采矿废弃地的生态修复以及盆地南缘的石漠化防治。确保 2020 年四川省森林覆盖率不低于 37%，重庆市不低于 45%。

区域生态安全格局三级区是区域农业生态系统的主要分布区域，以改善生态服务功能及合理引导产业发展为主。保障基本农田不减少，强化"国家粮食安全保障基地"的作用。围绕面源污染治理、农村环境综合整治、城镇生态建设、次级河流生态环境综合整治，重点加强区域城乡生态建设。根据资源环境条件，合理确定第二产业的空间布局、开发模式和规模。

4.3.4 生态服务功能重要区内的矿产资源以中小型矿为主

（1）矿产资源主要沿盆周山区分布，与生态服务功能重要区高度重叠

成渝经济区的优势矿产资源主要包括能源矿产、化工原材料、冶金矿产、建材矿产等，优势矿产资源主要分布在盆周山区，与生态服务功能重要区存在高度重叠。

天然气主要分布在盆东北、川南和成都平原。盆东北属大型气田（南充龙岗气田最大——7 000 亿 m^3，其次是达州的普光——3 560 亿 m^3，万州和梁平的天然气储量超过 1 000 亿 m^3），是正在开发和未来重点要开发的区域；川南多为小型矿，且是历史上的集中开采区，目前资源趋于枯竭；成都平原多为中型矿，资源总量远不及盆东北，且多已开采。天然气资源的开发重心正逐渐从南部向东部转移。

煤炭主要分布在古叙矿区、筠连矿区、芙蓉山矿区、华蓥山矿区和渝中平行岭谷的天府矿区、渝南的松藻矿区、南桐矿区等。除古叙矿区和筠连矿区为国家规划的十三个大型的煤炭基地之外，其余多为中、小矿区。

磷矿主要分布在德阳的绵竹什邡片区和乐山的马边片区，绵竹什邡片区是"5·12 地震"重灾区，地震前磷矿开采的重点区域，目前主要是恢复磷矿的开采；马边片区和恢复生产后的绵竹什邡片区将成为未来磷矿开采的重点区域。

岩盐主要分布在四川的乐山、自贡、宜宾、遂宁、南充和重庆市的万州区、忠县、长寿区。

铝土矿资源主要分布在南川和涪陵，资源点以大中型为主，目前采矿点主要在南川，少量资源点位于金佛山自然保护区内。

（2）矿产资源开采多以中小型矿为主，尤以小煤矿突出

现状矿产资源开发利用多以中小型矿为主。矿产资源开发利用已经对盆周山区的水源涵养、土壤保持和生物多样性保护等功能产生了较大影响。

成渝经济区重庆境内有矿区 276 个，大型矿山 121 个，中型矿山 13 个，小型矿山 2 110 个。尤以小煤矿开采比较突出。2007 年四川境内有小煤矿 277 家（15 万 t 以下），主要分布于川南山地区、成都平原与龙门山过渡区域、平行岭谷区域。重庆境内有小煤矿 200 余家，分布在除重庆主城区外的 22 个区县。

5 重点产业发展的中长期环境影响和生态风险

5.1 重点产业发展对水环境安全的影响分析

5.1.1 化工、造纸和纺织产业集聚导致水环境超载和风险"瓶颈"

（1）不合理的产业布局导致流域水环境超载

根据水环境承载力分析，成渝经济区河流系统的 COD、氨氮理论环境容量分别为 504.38 万 t/a 和 27.5 万 t/a。在现状空间布局条件下，COD 和氨氮环境容量的利用率分别为 24% 和 44%。通过区域产业布局和污染源布局进行优化调控，可提高水环境容量的利用率，可利用的 COD、氨氮环境容量分别为 338.52 万 t/a 和 21.0 万 t/a（表 4-21）。

2007 年，成渝经济区河流系统的 COD 和氨氮纳污总量分别为 120.41 万 t/a 和 12.0 万 t/a。现状布局条件下，长江干流（不包括主要一级支流）COD 环境承载力尚有一定的安全余量，但岷江、沱江对 COD、氨氮已处于超载状态。岷江、沱江的纳污负荷处于超允许纳污总量状态，各流域纳污量对比情况见表 4-22。

成渝经济区（四川部分）现状工业 38% 工业增加值来自岷江中游和沱江上游的成德绵地区。其中，造纸、纺织的 37.7% 工业增加值、化工行业的 46% 工业增加值来自岷江中游和沱江流域，主要水污染物 COD 排放量占全区工业部门的 24%。化工行业集中分布在沱江流域的源头区域，造纸行业集中分布在岷江中游，规模小、技术水平较低、污染控制措施不足，以及人口的高度集聚，是导致沱江全流域水环境恢复困难、岷江中游水环境质量超标的重要原因。

（2）水环境质量达标"瓶颈"区制约化工等行业布局

根据水污染负荷类型分布分析，在岷江、沱江存在水环境质量达标"瓶颈"区。

重度"瓶颈区"：岷江干流中游上段、沱江干流下游；限制因子：氨氮。

轻度"瓶颈区"：岷江干流中下游、沱江干流中上游、重庆长江干流下段；限制因子：氨氮。

在上述区段上游布局发展以氨氮为主要水污染的产业，将加

表 4-21	成渝经济区各流域水环境容量与允许纳污量				单位：万 t/a	
流域	理论环境容量		可利用环境容量		现状布局下允许纳污量	
	COD	NH₃-N	COD	NH₃-N	COD	NH₃-N
长江	194.3	12.36	129.43	8.76	33.52	3.64
岷江	92.84	4.05	61.87	3.9	34.82	3.06
沱江	41.08	2.59	37.50	2.18	18.44	1.77
嘉陵江	171.34	8.07	108.25	5.89	32.93	3.37
乌江	4.82	0.43	1.47	0.28	0.69	0.14
合计	504.38	27.50	338.52	21.01	120.41	12.00
环境容量利用率	100%	100%	67%	76%	24%	44%

表 4-22	成渝经济区 2007 年点源排放与现状布局下允许纳污量对比					
流域	2007 污染物排放量/（万 t/a）		现状布局下允许纳污量/（万 t/a）		安全余量/%	
	COD	NH₃-N	COD	NH₃-N	COD	NH₃-N
长江	32.57	3.7	33.52	3.64	2.8	-1.6
岷江	36.66	3.23	34.82	3.06	-5.3	-5.6
沱江	20.56	2.02	18.44	1.77	-11.5	-14.1
嘉陵江	30.39	2.95	32.93	3.37	7.7	12.5
乌江	0.23	0.11	0.69	0.14	66.7	21.4
合计	120.41	12.00	120.41	12.00	—	—

流域	断面数	2004 年	2005 年	2006 年	2007 年	2008 年	平均值
长江	8	1.82×10^{-4}	1.55×10^{-4}	1.08×10^{-4}	8.30×10^{-5}	1.04×10^{-4}	1.26×10^{-4}
涪江	4	2.86×10^{-4}	6.73×10^{-5}	8.16×10^{-5}	6.07×10^{-5}	4.32×10^{-5}	1.08×10^{-4}
嘉陵江	5	1.97×10^{-4}	2.27×10^{-4}	1.42×10^{-4}	1.02×10^{-4}	9.48×10^{-5}	1.53×10^{-4}
金沙江	2	2.12×10^{-4}	8.39×10^{-5}	8.72×10^{-5}	6.91×10^{-5}	5.02×10^{-5}	1.01×10^{-4}
岷江	7	2.37×10^{-4}	1.51×10^{-4}	1.34×10^{-4}	1.14×10^{-4}	1.29×10^{-4}	1.53×10^{-4}
渠江	2	6.53×10^{-5}	4.52×10^{-5}	2.83×10^{-5}	2.81×10^{-5}	3.73×10^{-5}	4.08×10^{-5}
沱江	6	4.25×10^{-4}	3.79×10^{-4}	1.17×10^{-4}	7.43×10^{-5}	1.87×10^{-4}	2.37×10^{-4}

表 4-23　成渝经济区 2004—2008 年各流域联合致癌物的风险率　　　　单位：1/a

剧下游河段氨氮指标超标状况。

从优化产业布局角度考虑，在上述"瓶颈区"大规模布局发展化工、食品等项目，发展相关产业需要以区域氨氮削减为前提。

（3）饮水健康风险区制约"三致"物质排放产业布局

采用美国 EPA 推荐的健康风险评估模型，选用区域内可作为饮用水水源地（水质类别为 III 类及其以上）的河流断面 2004—2008 年水质监测数据，根据水体污染物浓度进行健康风险评估评估。各流域化学致癌物质（Cd、As、Cr^{6+}）联合风险率在 10^{-4} 水平（表 4-23）。

美国环境保护署推荐的最大可接受风险水平为 1×10^{-4}，英国环境协会推荐的最大可接受风险水平为 10^{-6}。成渝经济区河流联合致癌风险率持续在 10^{-4} 水平，严重削弱了河流水体作为饮用水源的安全，应采取措施降低风险水平。

饮水健康风险区：长江上游中段（朱沱断面）、岷江中游上段（彭山岷江大桥断面）、嘉陵江上游段（沙溪断面）及下游段（大溪沟断面）、沱江中下游段（顺河场—沱江大桥）。2008 年联合致癌物风险率在 10^{-4} 水平，呈现较高的饮水健康风险。在产业布局阶段需特别注意对排放持久性有机污染物和重金属产业的控制和限制。

属于区域重点发展的化工、石油炼化、轻工以及有色金属采选、冶炼等都将导致上述化学致癌污染物排放量的增加，对于饮水健康风险具有叠加效应。对于三峡库区、长江上游河段、岷江中游上段、嘉陵江中下游，应加强对石油炼化、化工、金属矿采选、金属冶炼加工、造纸等行业的持久性有机污染物和重金属排放的治理和控制，有效降低风险水平。

5.1.2 现有产业发展方式难以根本缓解对水环境的强大压力

按照设计的产业发展情景和三个资源环境绩效水平，对重点产业发展的水环境压力进行测算，成渝经济区重点产业发展情景的水环境压力见表 4-24、表 4-25 和图 4-48。

虽然重点产业的水污染物排放量年均增长率明显低于工业增加值的年增长率，但排污环境绩效五年提高 20% 带来的环境效益将因产业规模快速增长而抵消。在持续保持 2005—2007 年工业水污染物减排力度的条件下，方能呈现重点产业快速增长，水污染物排放量略有增长或减少的局面。在大部分行业排污绩效低于全国平均水平的背景下，重点产业发展情景一对水环境构成强大的压力。

按照现有的工业结构发展、在岷江流域的中游和沱江流域继续布局发展化工、造纸产业等水污染严重的产业，将抵消近年在水环境整治上做出的努力，对水环境安全构成显著的不良影响。

表 4-24　成渝经济区重点产业发展情景的水污染物排放量　　单位：万 t/a

情景方案		环境绩效情景一		环境绩效情景二		环境绩效情景三	
		COD	NH$_3$-N	COD	NH$_3$-N	COD	NH$_3$-N
2007 年重点产业		13.14	1.14	13.14	1.14	13.14	1.14
2015 年	产业发展情景一	15.72	1.48	37.36	3.70	29.89	2.96
	产业发展情景二	8.58	0.18	19.12	1.83	15.30	1.46
	产业发展情景三	11.13	0.27	26.86	2.26	21.49	1.81
2020 年产业发展情景		19.98	0.39	45.05	4.53	36.04	3.62

环境绩效情景一：以2007年为基准，水污染物排放绩效年提高率13%。

环境绩效情景二：2007—2015年，2007年为基准，污染物排放绩效优于全国平均水平的产业，按提高10%计；低于全国平均水平的产业，按提高到全国平均水平计。2015—2020年：达到上述绩效水平基础上整体提高20%。

环境绩效情景三：对应环境绩效情景二，2015年、2020年污染物排污绩效整体提高20%。

表 4-25　成渝经济区重点产业发展情景的水污染物排放量年增长率　　单位：%

预测方案		环境绩效情景一		环境绩效情景二		环境绩效情景三		工业增加值年增长率
		COD	NH$_3$-N	COD	NH$_3$-N	COD	NH$_3$-N	
2015 年	产业发展情景一	2	3	14	16	11	13	20
	产业发展情景二	−5	−20	5	6	2	3	11
	产业发展情景三	−2	−16	9	9	6	6	16
2020 年产业发展情景		5	−23	4	4	4	4	11

注：—表示污染物排放量年均递减率；2015年增长率以2007年为基准，2020年增长率以2015年产业发展情景一为基准。

在重点产业工业增加值以年均 20% 的速度增长、排污绩效优于全国平均水平 20% 条件下，农副产品加工业、化工、造纸和纺织在各流域的水污染物排放量依然显著增加。在岷沱江流域，上述三类产业 2015 年 COD 排放总量将净增 100%，氨氮排放总量净增 200%；在长江干流，上述三类产业 2015 年 COD 排放总量将净增 85%，氨氮排放总量净增 94%。在嘉陵江流域，上述三类 2015 年 COD 排放总量将净增 218%，氨氮排放总量净增 75%（表 4-26 至表 4-28）。

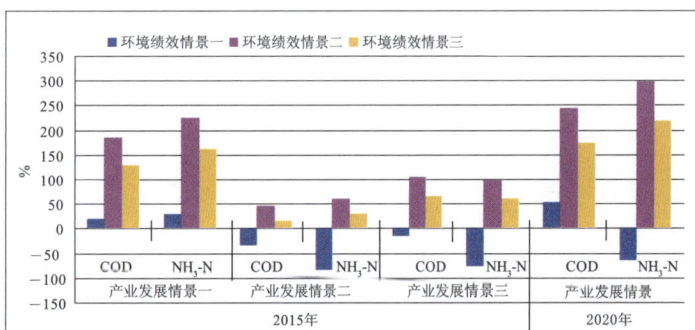

图 4-48　成渝经济区重点产业发展情景的水污染物排放环境压力

延续原有的发展方式，仅依赖技术水平的提高，在岷江、沱江流域还将可能导致付出重大的环境代价。需要调整产业经济结构、空间布局避免对水环境的长期压力和累积性影响。

5.1.3　持久性有机污染将对河流水环境安全构成潜在威胁

化工产业发展载体的各类化工园区，重点布局在长江上游沿岸和三峡库区、岷江中上游和沱江上游地区化工园区。大规模地、广泛布局的化工产业（天然气化工、石油化工、盐化工），流域内重金属和持久性有机污染物负荷将普遍增加，水环境安全、饮水健康风险将进一步复杂化。

按照产业发展情景一，化工产业在各流域将有显著的增长（表 4-29）。岷沱江流域的化

表4-26　成渝经济区主要水污染物排放行业工业增加值的空间分布

单位：%

	农副产品加工业		化工		造纸和纺织	
	现状	2015年	现状	2015年	现状	2015年
岷沱江流域	35.3	43.0	46.1	35.9	37.8	36.1
嘉陵江流域	13.9	19.6	12.3	20.0	43.4	45.8
长江流域	50.8	37.4	41.6	43.7	18.9	18.1

表4-27　成渝经济区主要水污染物排放行业COD排放的环境压力

单位：万t/a

	农副产品加工业		化工		造纸和纺织	
	现状	2015年	现状	2015年	现状	2015年
岷沱江流域	1.40	4.76	1.61	4.05	4.96	7.38
嘉陵江流域	0.91	2.17	0.52	2.30	3.57	11.47
长江流域	2.88	4.13	2.82	4.93	3.11	7.23

表4-28　成渝经济区主要水污染物排放行业氨氮排放的环境压力

单位：万t/a

	农副产品加工业		化工		造纸和纺织	
	现状	2015年	现状	2015年	现状	2015年
岷沱江流域	0.05	0.22	0.28	0.78	0.07	0.23
嘉陵江流域	0.06	0.10	0.06	0.44	0.10	0.32
长江流域	0.12	0.19	0.48	0.95	0.07	0.17

表4-29　成渝经济区各流域化工产业工业增加值的增长概况

区域	2007年工业增加值/亿元	2015年情景一的化工工业增加值/亿元	工业增长比例/%
成渝经济区	637	2 515	295
岷沱江流域	294	903	207
嘉陵江流域	78	513	555
长江干流	265	1 099	315

工产业将增长约200%，呈现由以无机化工为主转化为无机化工和有机化工并重的格局。随着造纸、纺织、无机化工等传统产业的技术升级，未来工业水污染控制的重点转化为有机化工、无机化工行业。

石油化工等化工产业将在沱江上游和岷江中游地区的聚集发展。嘉陵江流域中、下游地区（达州、南充、广安）将成为天然气化工为主导的新兴工业基地，石化下游产业亦将得到发展。

来自化工原料、辅料、产品生产过程的废水中有机污染物和重金属种类和数量将骤增。石化产业的基础化工原料（如乙烯、丙烯、丁二烯、苯、甲苯、二甲苯等）和有机化工原料（如氯乙烯、苯乙烯、PTA等）生产过程产生大量难处理的持久性有机污染物，将导致岷江中、下游和沱江水环境呈现耗氧性＋持久性有机污染特征。

化工产业在嘉陵江流域崛起，将导致河流中持久性有机污染物和重金属的影响逐步突出。长江上游干流沿岸的化工产业将增长约250%，聚集于已经布局的化工园区。具备资源优势的天然气化工、盐化工将继续处于主导地位，石油化工中下游产业、煤化工成为地方期望发展的重点。叠加岷沱江流域、嘉陵江流域呈现的耗氧性＋持久性有机污染状况，长江干流和三峡库区持久性有机物指标将会上升，水环境安全形势变得复杂化。

5.1.4　沱江上游化工产业布局潜在水安全风险问题

沱江上游化工产业布局的潜在生态风险主要来源于位于沱江流域源区的磷化工和石油化工基地。

在沱江上游源头地区布局大型石化基地，发展石化产业带，不符合一般的布局原则，存在一系列的生态环境隐患和风险。废水排放将导致自沱江上游源头区开始的包括持久性有机污染物在内的复合型水污染。液体化学物泄漏或废水事故性排放都会对水安全产生显著的影响。源头区总体上是区域地下水的补给区，化工区雨水径流携带可溶性污染物下渗，将对地下水产生长期累积性的影响。

当前，岷江中游成都段、沱江流域水污染负荷已经接近或超过水环境承载能力，并存在水环境质量达标"瓶颈"和饮水健康风险区。在成德绵乐城市经济带发展石化产业的布局战略进行适当调整是必要的，为其他重点产业的发展腾出环境容量，同时有效降低饮水健康风险水平。

"5·12"汶川特大地震使位于沱江流域上游源头地区的磷矿化工产业受到重大损失，矿山生态恢复重建任务十分艰巨。震前，该地区的磷化工企业存在规模小、分散布局、技术水平不高、水环境污染、大气环境污染、生态破坏等复合型的环境问题。需要调整磷矿化工发展战略，磷矿化工产业必须以循环经济建设为基点，进行升级改造，向精细化工发展，否则磷化工带来的不利环境影响可能将影响到城市和其他产业的发展。

5.1.5 长江上游和三峡库区布局化工产业面临相似环境敏感问题

按照地方发展愿景，在位于长江干流上游的宜宾、泸州等地重点发展以天然气化工、盐化工、煤化工为代表的化工产业，在位于三峡库区的长寿、涪陵、万州等地重点发展以天然气化工、盐化工、石化下游产品为主的化工产业。在长江沿岸的化工产业布局上，呈现重庆上游和重庆下游均成为化工产业重点发展区域的局面。

成渝经济区具有天然气、岩盐资源优势，发展天然气化工、盐化工产业，总体上符合利用开发优势资源深加工的发展定位。但不具备大力发展煤化工的资源优势。在长江沿岸多点布局、大力发展煤化工，将加重长期累积性水环境风险和饮水健康风险，增加环境风险防范的难度。

城市饮用水水源地安全、饮水健康风险、三峡库区水生态安全是长江干流沿岸（宜宾、泸州、长寿、涪陵、万州）大规模发展化工产业面临的突出环境敏感问题（表4-30）。从水环境安全等多个方面进行比较，在位于重庆上游的"宜宾、泸州"大规模发展化工产业和在位于三峡库区的"长寿、涪陵、万州"大规模发展化工产业均不具相对优势。

表 4-30　三峡库区上游和三峡库区布局化工产业面临的环境问题

环境条件/敏感问题	三峡库区上游	三峡库区
水生态系统	将受向家坝、溪洛渡水电站运行发生演替，涉及长江上游珍稀特有鱼类保护区	水生态系统急剧演替阶段，栖息条件变化频繁，水生态环境脆弱
水环境质量	总氮、总磷对三峡库区具有重要的控制作用	总氮、总磷超过水环境承载能力
饮水健康风险率/（1/a）	10^{-4}	10^{-5}
风险事故	下游有特大型城市重庆主城区、大、中城市，社会影响显著	位于三峡库区，万州位于三峡库区腹地，社会影响显著
饮用水水源地安全	废水排放构成长期累积影响，涉及特大城市、大、中城市等饮水安全	废水排放构成长期累积影响，涉及中等城市等饮水安全

5.1.6 工业园区水污染控制体系缺陷将导致长期性水环境风险

工业园区废水处理效率不高、风险防范措施存在重大疏漏、缺乏对化工园区地面雨水径流的有效处置和管理，加上管理水平落后，化工园区与城市主要水源地呈现交叉分布。对水源地安全构成威胁，对水环境安全构成长期累积性的不良影响。

长江上游沿岸地区较普遍地存在化工园区污水处理工艺与实际工业废水特征不适应，所采取的废水处理工艺大多数是照搬城市污水处理工艺，处理效率达不到预期效果，有些甚至不能正常运行。化工园区污水处理厂普遍地不能有效地去除化工企业工业废水中的特征污染物，同时又缺乏对特征污染物的监测和控制，缺乏特征污染物超标排放影响园区污水处理效率时的应对措施；对于特征污染物的控制与管理严重地缺位，难以估计特征污染物带来的长期累积影响。

当前的化工园区普遍缺乏对化工园区地面径流的有效管理，以及缺乏对"三级风险防范"中事故后处置体系的建设等，对水环境特别是下游水源地构成长期的安全风险。

5.1.7 水资源短缺将演变为潜在资源型缺水，并衍生水污染风险

根据区域水资源承载力分析，随着成渝经济区人口增长和经济发展，区域人均可利用水量低于 500 m³/人，到 2020 年，成渝经济区将呈现潜在资源型缺水的状态（表 4-31 和图 4-49）。

过度的水资源开发，将降低子流域的径污比、环境容量，缩小生态流量的安全空间。资源型缺水和工程型缺水均将衍生出下游地区的水质型、生态型缺水，存在长期性水污染风险。

对于上述资源型和潜在资源型缺水地区，采用工程措施调入水资源解决供水需求的同时，潜在着由于污水排放量增加、河流径污比降低，导致部分河段的水质型缺水。

在设计枯水流量和最小生态流量条件下，2007—2020 年成渝经济区主要支流径污比呈下降趋势（表 4-32）。岷江中游、沱江的径污比均小于 5，极有可能出现流域性的复合型缺水局面。

根据现状和潜在缺水区域的分布，结合未来重点产业发展布局，预计河流的水环境压力进一步加剧。

5.1.8 水电梯级开发叠加影响导致珍稀特有鱼类生境逐渐丧失

流入成渝经济区的主要河流金沙江、大渡河、岷江流域水能资源丰富，具备水电梯级开发的优越条件，是水电清洁能源"西电东送"的重要输出地。目前，成渝经济区内及周边的主要江河（包括长江干流上游、金沙江、大渡河、嘉陵江、沱江、岷江上游）均已被水电梯级枢纽工程截断，对"长江上游珍稀特有鱼类保护区"形成了"合围"的态势（图 4-50），长江上游干流自向家坝至三峡水库库尾仅剩 350 km 的畅通江段。发展水电清洁能源与珍稀特有鱼类保护的矛盾比较突出。大坝阻隔、下游河床冲淤变化、长江干流港口和码头建设及航道疏浚、废水排放等影响叠加，长江上游珍稀特有鱼类的生境条件将进一步退化、缩小、丧失。目前，岷江干流中下游、赤水河依然保持着自然河流系统特征，与长江干流保持着天然的水力连通状态，生物群落栖息

图 4-49　成渝经济区 2020 年水资源短缺类型区域

表 4-31 成渝经济区 2007—2020 年水资源紧缺状态

	2007 年	2015 年	2020 年
水资源利用率 /%	24.43	33.05	39.32
人均供水量 /m³	314	417	488
区域缺水类型	潜在工程型	潜在工程型	潜在资源型
资源型缺水地区	自贡市、遂宁市、内江市、资阳市、重庆主城区	自贡市、遂宁市、内江市、南充市、广安市、资阳市、重庆主城区和渝西地区	自贡市、遂宁市、内江市、南充市、广安市、资阳市、重庆主城区和渝西地区
潜在资源型地区	南充市、广安市、渝西地区	成都市、泸州市和德阳市	成都市、泸州市、德阳市和眉山市
工程型缺水地区	泸州、绵阳、乐山、宜宾市、达州市、雅安市和三峡库区	宜宾市、达州市、雅安市和三峡库区	宜宾市、达州市、雅安市

表 4-32 成渝经济区主要河流枯水期径污比

流域	设计枯水流量 30B3/(m³/s)	枯季径污比 /30B3/W			最小生态流量 $Q_{10\%}$/(m³/s)	枯季径污比 /$Q_{10\%}$/W		
		2007 年	2015 年	2020 年		2007 年	2015 年	2020 年
岷江中游彭山	75.8	4.1	2.7	2.4	41.6	2.2	1.4	1.2
沱江	91.7	4.2	2.9	2.5	56.9	2.6	1.7	1.5
嘉陵江流域	268.0	10.3	7.6	6.4	164.6	6.2	4.5	3.9
乌江流域	198.3	111.7	82.4	69.3	149.2	83.8	61.9	52.1

注：30B3 表示枯水期设计流量为允许平均期 30 天，重现期 3 年的流量；W 表示入河污水流量；$Q_{10\%}$ 表示河流多年平均流量的 10%，一般此流量为河流最小生态流量。

条件未发生重大变化。赤水河干流和部分支流、岷江下游和越溪河支流等，可能成为长江上游珍稀特有鱼类等重要生物完成其生活史的仅存的自然生境。

按照四川省《岷江下游（乐山—宜宾段）航电梯级开发规划》，在岷江下游将建设 6 级航电梯级枢纽工程，其中最末两级古柏和喜捷场航电枢纽在"长江上游珍稀特有鱼类国家级自然保护区"缓冲区内。规划实施后航道标准可由四级提高到三级，连通长江干流黄金水道，解决重大装备水路运输出川的问题。重大装备水运出川的目标与"长江上游珍稀特有鱼类自然保护区"矛盾冲突凸显，需要从长江上游珍稀特有鱼类保护和岷江下游重大装备出川通航的角度，将岷江下游航电梯级开发纳入国家"十二五"内河高等级航道建设规划，进一步研究论证。

除已建的葛洲坝水库和三峡水库外，长江干流三峡库区以上江段还规划建设石棚、朱杨溪和小南海水电站等三座水电枢纽，这些水电站布局将

图 4-50 成渝经济区水电项目分布与鱼类三场的相对关系

涉及现有的长江上游珍稀特有鱼类国家级自然保护区。根据《中华人民共和国自然保护区条例》，在自然保护区的核心区和缓冲区内，不得建设任何生产设施。在自然保护区的实验区内，不得建设污染环境、破坏资源或景观的生产设施。因此，在自然保护区内不宜规划建设水电、航电枢纽工程，以及开展与自然保护无关的建设活动。维护长江上游水生态多样性，是构建长江上游生态屏障的重要内涵。

5.2 矿产资源开发对长江上游生态屏障建设的影响

5.2.1 主要矿产资源的开采可能损害区域生态安全格局

支撑重点产业发展的主要矿产资源包括天然气、煤、磷、铝土矿和岩盐。这些矿产资源主要沿盆周山地分布，与水源涵养、土壤保持和生物多样性保护的重要区存在高度重叠，生态服务功能重要区覆盖的主要矿产资源见表4-33。区内55%的煤炭资源、79%的铝土矿资源和75%的磷矿资源均位于区域内的生态功能重要区。

表4-33 成渝经济区生态服务功能重要区覆盖的主要矿产资源

生态功能重要性分区		煤矿		磷矿		铝土矿	
		压覆量/万t	比例/%	压覆量/万t	比例/%	压覆量/万t	比例/%
水源涵养重要性分区	极重要区	57 327	4.0	14 500	11.1	150	0.8
	重要区	339 892	23.5	75 200	57.5	12 993	70.2
土壤保持重要性分区	极重要区	86 360	6.0	4 000	3.1	1 468	7.9
	重要区	622 562	43.1	11 700	8.9	3 465	18.7
生物多样性保护重要性分区	极重要区	12 973	0.9	14 000	10.7	3 413	18.4
	重要区	284 096	19.7	41 500	31.7	11 198	60.5

盆周山区是当前矿产资源开发利用的重点区域，也是未来矿产资源进一步开发利用的热点地区，同时又是维系生态安全格局的生态建设重点区域。

由于矿产资源的不合理开发，在局部区域已出现矿山生态破坏严重，诱发滑坡、地面塌陷等次生地质灾害，采矿破坏的土地和采矿废弃地相当部分未得到整治、修复，对水源涵养、土壤保持功能造成不利影响。

如果不采取有利措施，矿产资源的开采，特别是煤炭、铝土矿、磷矿的开采将持续对主要生态服务功能的极重要区和重要区产生累积性影响，并可能对区域生态安全格局造成损害。

5.2.2 矿产资源开发将对生态安全格局关键节点产生显著影响

主要矿产资源对区域安全格局的主要影响表现在对生态安全关键节点生态服务功能的损害，可能受影响的区域见表4-34。

（1）煤炭资源开发

煤炭资源开采主要集中在宜宾和泸州南部、三峡库区内部分区县，将对渝南山地生物多样性及水源涵养、三峡库区水源涵养及土壤保持、大巴山水源涵养及土壤保持、盆地南缘岩溶土壤保持生态服务功能产生长期累积性影响。在川南喀斯特岩溶地貌区域，由于煤炭开采及相应基础设施建设带来的土壤侵蚀增加，有可能加剧该区域石漠化进程。

表 4-34　成渝经济区主要资源开发区与可能受影响的生态服务功能区

生态服务功能	矿种	资源开采区域	生态安全格局的关键节点
水源涵养	煤炭	万州—云阳	三峡库区（腹地）水源涵养生态功能区
		开县	大巴山水源涵养生态功能区
		綦江—万盛	渝南山地生物多样性保护生态功能区
		南川—武隆	渝南山地生物多样性保护生态功能区
	铝土	南川	渝南山地生物多样性保护生态功能区
	磷矿	什邡绵竹	茶坪山生物多样性保护与土壤保持生态功能区
		马边	峨眉山—大风顶生物多样性保护与水源涵养生态功能区
土壤保持	煤炭	宜宾和泸州南部	盆地南缘岩溶土壤保持生态功能区
		万州—云阳	三峡库区（腹地）水源涵养生态功能区
		开县	大巴山水源涵养生态功能区方斗山—七曜山水土保持生态功能区
	铝土	—	—
	磷矿	什邡绵竹	茶坪山生物多样性保护与土壤保持生态功能区
		马边	峨眉山—大风顶生物多样性保护与水源涵养生态功能区
生物多样性	煤炭	綦江—万盛	渝南山地生物多样性保护生态功能区
		南川—武隆	渝南山地生物多样性保护生态功能区
	铝土	南川	渝南山地生物多样性保护生态功能区
	磷矿	马边	峨眉山—大风顶生物多样性保护与水源涵养生态功能区

在国家规划大型煤矿开发的同时，应加快对区内现有小型煤矿及煤硫共采矿的整治，整合资源、关闭小煤矿，实施以控制水土流失和石漠化为重点的矿山生态修复工程，促进区域土壤保持功能的恢复。

列入重庆市煤炭重点开采区的万州—云阳、开县、綦江—万盛、南川—武隆开采区等大部分属于中、小煤矿开采。加强资源整合、小煤矿整治和矿山生态修复，维护和提升水源涵养和土壤保持功能是这些煤炭开采区的当务之急。万州—云阳重点开采区应以三峡库区水源涵养和土壤保持优先为原则实施煤炭开采，结合森林工程建设和即将实施库周生态屏障建设做好生态保护。

（2）磷矿资源开发

磷矿资源开采主要集中在什邡、绵竹（德阳市）和马边（乐山市），将对茶坪山和大风顶生物多样性、水源涵养及土壤保持生态服务功能产生长期累积影响。

德阳的什邡绵竹位于沱江源区和"汶川 5·12 地震"的极重灾区，地震对茶坪山土壤保持和水源涵养生态服务功能产生了极大的破坏作用。目前该区域面临着恢复生产和加强生态屏障功能建设的双重任务。地震后该区域对土壤侵蚀更加敏感，磷矿恢复生产和进一步开采将对该区域的土壤保持和水源涵养形成较大压力，需要在恢复生产的同时，加强水土流失控制和生态修复。

乐山马边位于岷江支流马边河源区，属于峨眉山—大风顶生物多样性保护与水源涵养功能区，生物多样性保护、水源涵养和土壤保持一级重要区。与该区域紧邻的有大风顶国家级自然保护区，其主要保护对象为大熊猫等珍稀濒危物种和常绿阔叶林。该区域需要按照生态优先的原则实施磷矿资源的开发，强化生物多样性和水源涵养功能保护，避免无序开采，严格控制尾矿污染。

（3）铝土矿资源开发

铝土矿资源开采主要集中在重庆南川，将对渝南山地生物多样性保护和水源涵养产生长期累积影响。

铝土矿部分采矿点和资源点与金佛山国家级自然保护区重叠，金佛山是盆地低山丘陵区向云贵高原过渡的区域，生境多样，珍稀濒危动物种类多样，生物多样性高，有各种古老、孑遗物种分布。铝土矿的开采将可能对部分古老、绝迹物种及其生境或栖息地产生影响，从而引发生物多样性保护问题。需要对铝土资源开采和尾矿实施严格管理。

5.3 能源利用对区域酸雨污染趋势的影响

5.3.1 重点产业快速增长将导致大气环境容量超载进一步加剧

（1）区域现状 SO_2 环境容量超载

根据大气污染物排放总量优化分配模型，在大气环境质量（年均浓度值）达标的前提下，成渝经济区 SO_2 允许排放总量为 129.5 万 t/a，NO_x 允许排放总量为 70.2 万 t/a。

2007 年成渝经济区的 SO_2 排放总量为 163.6 万 t，处于大气环境容量超载状态，超过允许排放总量 34.1 万 t；NO_x 的排放总量为 48.9 万 t，按年均浓度值达标限制，成渝经济区的 NO_x 排放尚有约 30% 的安全余量（表 4-35）。

表4-35　成渝经济区大气环境容量与安全余量					单位：万 t/a	
区域	2007 年排放量		环境容量		安全余量 /%	
	SO_2	NO_x	SO_2	NO_x	SO_2	NO_x
成渝经济区	163.55	48.9	129.5	70.2	−26.3	30.3
四川部分	89.81	26.5	77.22	38.9	−16.3	31.9
重庆部分	73.74	22.4	52.28	31.3	−41.0	28.4

在工业部门中，火电行业 SO_2 排放总量 74.6 万 t/a，占成渝经济区 SO_2 排放总量的 45.6%，大量高硫煤的使用导致 SO_2 排放绩效远低于全国平均水平，是造成区域 SO_2 排放超载的重要原因。

为实现成渝经济区 SO_2 年均浓度值达标，需要在 2007 年基础上削减 SO_2 排放总量 34.1 万 t/a，削减率为 20.8%。SO_2 重点减排地区包括重庆市的九龙坡区、大渡口区、綦江县、万盛区、江津区、涪陵区、南川区等七个区县，四川省的成都市、内江市、宜宾市、广安市、达州市等五个城市。

（2）重点产业规模的快速扩张导致大气环境容量超载进一步加剧

按照设计的产业发展情景和三个资源环境绩效水平，对重点产业发展的大气环境压力进行测算，成渝经济区重点产业发展情景的 SO_2 排放环境压力见表 4-36、表 4-37 和图 4-51。

成渝经济区重点产业工业增加值以年均 20% 增长，在现状能源消费结构下，将不可避免地导致 SO_2 排放总量明显增加，仅重点产业的 SO_2 排放总量就占接近或超过区域 SO_2 环境容量，对区域大气环境形成强大压力。

2015 年，在对重点产业发展规模进行调控（产业发展情景三）、提高工业行业 SO_2 排放绩效的条件下，可以实现重点产业 SO_2 排放总量不增加。如果不进一步调整能源消费结构、加大清洁能源消费比例，优化产业结构，到 2020 年，重点产业 SO_2 排放总量仍将呈明显增加局面。

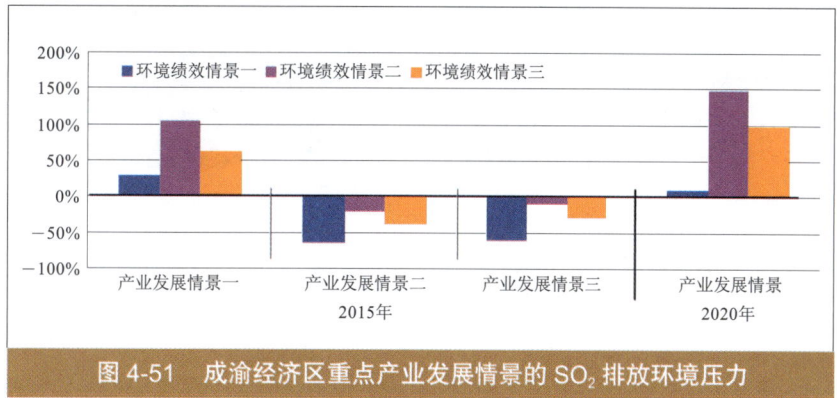

图 4-51　成渝经济区重点产业发展情景的 SO_2 排放环境压力

表 4-36　成渝经济区重点产业发展情景的 SO_2 排放量预测			单位：万 t/a
情景方案	环境绩效情景一	环境绩效情景二	环境绩效情景三
2007 年		95.41	
2015 年　产业发展情景一	122.90	195.85	156.68
2015 年　产业发展情景二	34.39	75.43	60.34
2015 年　产业发展情景三	38.16	86.52	69.21
2020 年产业发展情景	104.76	237.36	189.89

注：环境绩效情景一：以2007年为基准，SO_2排放绩效年提高率12%。

环境绩效情景二：2007—2015年，2007年为基准，污染物排放绩效优于全国平均水平的产业，按提高10%计；低于全国平均水平的产业，按提高到全国平均水平计。2015—2020年：达到上述绩效水平基础上整体提高20%。

环境绩效情景三：对应环境绩效情景二，2015年、2020年污染物排污绩效整体提高20%。

表 4-37　成渝经济区重点产业发展情景的 SO_2 排放量年增长率				单位：%
预测方案	环境绩效情景一	环境绩效情景二	环境绩效情景三	工业增加值年增长率
2015 年　产业发展情景一	+3	+9	+6	+20
2015 年　产业发展情景二	−12	−3	−6	+11
2015 年　产业发展情景三	−11	−1	−4	+16
2020 年发展情景	−3	+4	+4	+11

注：+表示污染物排放量年均增长率；—表示污染物排放量年均递减率。

2007—2015年增长率以2007年为基准；2015—2020年增长率以2015年产业发展情景一为基准。

5.3.2　2015 年能源消费结构改善，SO_2 排放总量增加，酸雨污染难以扭转

按照成渝经济区"十二五"经济发展目标预测，成渝经济区全社会能源消费总量预计在 2015 年达到 23 125 万 t 标煤，较 2007 年增加 67%。能源消费结构将得到改善，煤炭消费总量比例 55%，比 2007 年下降 9%（图 4-52）。预计煤炭消费总量较 2007 年增加 41%，天然气和石油的需求量较 2007 年增加一倍。

近十年成渝经济区万元 GDP 能源消耗在高位徘徊，近三年节能减排力度加强，万元 GDP 能耗有所下降（图 4-53）。

按照地方发展愿景预计的"十二五"经济社会发展速度和能源消费结构，2015 年万

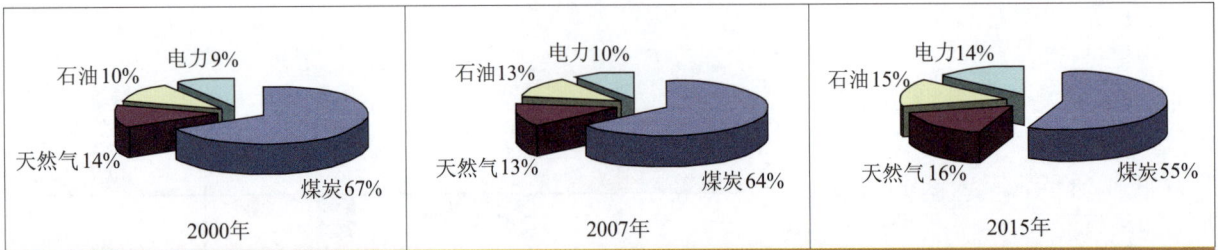

图 4-52　成渝经济区 2000 年、2007 年、2015 年能源消费结构

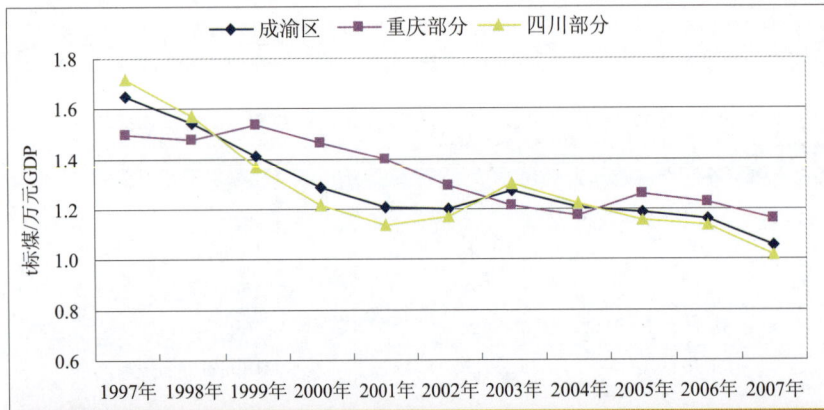

图 4-53　成渝经济区万元 GDP 能耗变化趋势

表 4-38　成渝经济区 2007 年、2015 年能源绩效指标与其他地区比较

绩效指标	2007 年			2015 年
	成渝经济区	全国平均	东部地区	成渝经济区
耗能 /（t 标煤 / 万元 GDP）	1.08	1.16	0.97	0.537
SO$_2$ 排放量 /（kg/ 万元 GDP）	12.98	10.75	5.5	4.68

元 GDP 能源消耗指标降至 0.537 t 标煤 / 万元 GDP，相应的万元 GDP 的 SO$_2$ 指标为 4.68 kg/ 万元 GDP，将净增 SO$_2$ 年排放量 38 万 t，比 2007 年区域 SO$_2$ 排放总量增加 23%。

若按 SO$_2$ 排放总量不增加测算，则要求万元 GDP 的 SO$_2$ 指标下降至 3.91 kg/ 万元 GDP，需要将煤炭消费占比由 55% 调整至 45%，相应增加水电清洁能源和天然气消费的比例。

地方发展愿景下的能源消耗和 SO$_2$ 排放水平跨度较大（表 4-38）。需要强有力的宏观调控和技术支撑。若要实现 2015 年成渝经济区耗能指标大幅度超越东部地区现状耗能指标，需要加大产业结构调整的力度，有效控制高耗能行业的发展规模；若要实现 2015 年成渝经济区万元 GDP 的 SO$_2$ 排放量优于东部地区现状水平，需要着力调整能源消费结构，改变以煤炭为主的消费格局。

在经济快速发展，产业结构、能源消费结构未进行大的调整背景下，区域 SO$_2$ 污染控制具有相当大的难度，区域 SO$_2$ 浓度超标在一定时期内依然存在，酸雨污染也将难以得到根本遏制。

实现万元 GDP 二氧化硫排放量降至 4.68 kg/ 万元 GDP 或 3.91 kg/ 万元 GDP，必须依靠产业结构调整、技术升级换代、能源消费结构优化等综合措施。调整能源消费结构，加大清洁能源消费比重是控制区域大气污染和酸雨污染发展的必由之路。

成渝经济区所属的川渝两地具有利用水电、天然气清洁能源的区位优势，在国家实施"西部大开发"的战略背景中，"西电东送""西气东输"能源战略应做出适当调整，增加三峡水电等"水电清洁能源"在成渝经济区的自留比例，增加天然气用于"煤改气"的配额资源，支持其能源消费结构中煤炭消费下调至 45%。从根本上改变以煤炭资源为主的能源消费结构。

低质、高含硫的煤炭使用，导致 SO$_2$ 排放指标与全国平均水平差距明显。成渝经济区应优化煤炭资源的利用，统筹自有煤炭资源的洁净化利用，研究解决高质、低硫煤炭输入，替代劣质煤利用，优先解决火电行业 SO_2 排放环境绩效低下的问题。

5.3.3 区域污染气象条件不利于高架源污染物的输送和扩散

成渝经济区地处中国西南部，含盖整个四川盆地，地势总体起伏大，高差悬殊。东部平原海拔 500 m 左右，最低处仅为 445 m；而西北部山地海拔达 5 000 m 以上，高低相差 4 000 余 m。整个经济区四面环山，具有风速小、静风频率高、逆温频率较高、云雾多、日照少、雨量充沛、湿度高的气候特征。

区域不利于污染物扩散的静小风和逆温天气状况出现频率较高，平均风速 1.2 m/s，静风频率高达 40%，贴地逆温出现频率为 13%，上部逆温出现频率为 2.5%。

旋涡型风场和旋转型风场是区域常见风场类型。污染物输送轨迹呈现大尺度系统影响型、风向汇聚型、风速汇聚型、小风型和其他不规则型轨迹。选择成都、重庆和宜宾 3 个代表性地点进行典型季节的输送轨迹分析统计，风向汇聚型、风速汇聚型和小风型等不利污染物扩散的输送轨迹占 65%。成渝地区典型季节输送轨迹类型见表 4-39。

总体上，成渝经济区不具备高架源污染物输送和扩散的良好气象条件，特别是在未解决

表 4-39　成渝经济区典型季节不利于高架源污染物输送的轨迹类型

轨迹类型	所占比例 /%	特征
风向汇聚型	27	由区域外围不同方向向内集中，可造成污染物在盆中堆积
风速汇聚型	14	风向一致，区外风速较大，区内风速较小，可造成污染物在中心地带堆积
小风型	24	风速很小，造成污染物输送极为缓慢

火电行业大气污染物排放环境绩效低下的情况下，大规模布局发展火电将造成严重的大气污染。

5.3.4 火电行业对区域酸雨污染的贡献突出

现有火电布局下，火电行业排放 SO_2 的年均落地浓度峰值基本落在盆周地带。长江沿岸城市带是 SO_2 高浓度分布区，宜宾和重庆主城区则是高浓度区中的高浓度区（图 4-54）。

2007 年成渝经济区有超过 2/3 市（区），特别是长江沿岸的重庆主城区、宜宾、涪陵、合川及成都、内江、泸州等，SO_2 年均浓度值 30% 以上来自火电行业。火电行业 SO_2 排放成为影响成渝经济区城市空气质量的重要原因。

成渝经济区内点源硫沉降分布的高值区［酸沉降大于 1.5g/（$m^2 \cdot a$）］主要在重庆主城区，以及宜宾、内江、成都、绵阳、南川的部分地区，最大值出现在重庆主城区西南部，达到 4.59 g/（$m^2 \cdot a$）。

在空间分布上，火电点源硫沉降量高值中心与全部点源硫沉降分布中的高值中心吻合（图 4-55、图 4-56）。火电点源硫沉降量占成渝经济区全部点源硫沉降量的 67.6%，是区域点源导致的硫沉降的最主要贡献者，主要影响区包括宜宾、泸州、乐山的一部分及重庆主城部分地区。

受区域地形和大气污染气象条件的影响，SO_2 高排放区域与中、高酸雨区的分布不完全吻合。其中，SO_2 排放强度超过 10 万 t/a 的成都、达州、内江、江津和绵阳等，表现为 SO_2 向外输送能力较强；SO_2 排放强度尚低的南充、雅安、自贡等城市，酸雨污染严重，表现为受周边污染物输送和远距离输送的影响。

火电行业大气污染物排放存在一定的跨界影响。2007 年区外火电的影响主要来自于贵州省，其次为陕西省。外省火电源硫沉降最大值为 1.17g/（$m^2 \cdot a$），高值区主要分布在贵州省

的遵义市、毕节市，及紧邻泸州市的东部及南部。

5.3.5 在火电行业发展情景下区域酸雨污染趋势尚难扭转

在地方发展愿景下，2015 年成渝经济区火电总装机容量达到 3 700 万 kW，比 2007 年现有 1 500 万 kW 的火电装机容量增加 130%。以 2007 年环统数据为基准，到 2015 年区域现有火电行业 SO_2 减排约 40 万 t，新增火电 SO_2 排放量预计为 18 万 t（区域火电行业 SO_2 排放总量较 2015 年净减 22 万 t）。

新增火电主要分布在长江沿岸城市带的宜宾、泸州、内江、江津、合川、石柱、奉节等地，形成成渝经济区 56% 火电装机容量分布在长江沿岸城市带的格局（图 4-57）。长江沿岸城市带新增火电规模将达到现状规模的 250%。在上述火电规模和布局情景下，将出现 SO_2 年均浓度降低区域和增加区域（图 4-58 中红色为净增加区域，蓝色为净削减区域）。

与 2007 年相比，SO_2 浓度峰值明显下降的地区包括：成都市中部地区、达州市与南充市的交界一带地区、重庆主城区、长寿区与涪陵区交界一带等。SO_2 浓度峰值区出现增加的地区：宜宾市南部地区、广安市西南部地区、重庆市西南部地区等。

与 2007 年相比，硫沉降的高值区分布没有明显变化，长江沿岸城市带区域的硫沉降依然是火电行业的显著影响。火电导致的硫沉降的强度有所下降，硫沉降极值为 3.1g/（$m^2 \cdot a$）（图 4-59）。

按照地方愿景发展火电和 SO_2 减排（包括脱硫工程、关闭淘汰小火电、采用低硫煤等），在对现有火电行业 SO_2 净减排 40 万 t 的前提下，依然存在 SO_2 年均浓度净增区域，部分市（区）的环境空气质量将呈持续增加趋势，酸沉降的高值区没有明显的变化，重庆主城区及周边依然是硫沉降高值区。总体上，在强化火电行业 SO_2 减排的基础上，酸雨污染恶化的趋势可能受到遏制，但仍难以实现扭转的局面。

在区域火电发展过程中，应优化电厂布局，必须加大力度对现有火电排放进行有效削减，同时严格控制新增火电装机规模，严格控制 SO_2 排放。

5.3.6 成都、重庆"双核"复合型大气污染风险加大

在成渝经济区重点发展产业中，挥发性有机物污染的排放也不容忽视。装备制造业、汽车制造业的喷漆工艺中、石化和化工产业、承接东部产业的制鞋业、高新技术的电子产业在生产过程中都会有排放挥发性有机污染物的生产工序。

目前，围绕成都、重庆两大都市圈显现潜在复合型大气污染。在地方产业愿景下，拟在成都和重庆主城区两大都市圈周边布局 70% 石化、医药和 30% 的装备制造业以及 80% 以上的电子产业。

石化行业、电子行业和汽车涂装工序排放的 VOC 和火电行业排放的氮氧化物将导致和增加臭氧和细颗粒物的产生，加之成都和重庆主城区已出现细粒子现状超标，将可能进一步加剧产业集聚区及其周边地区发生灰霾的几率增加。预计 2015 年这些地区 VOC 的排放量将进一步增加，加之盆地气象条件不利于大气污染物扩散，使已经显现出气溶胶、VOC、臭氧及细粒子等新型复合污染进一步加剧。继区域性酸雨污染后，成渝经济区的"双核"可能出现复合型大气污染。

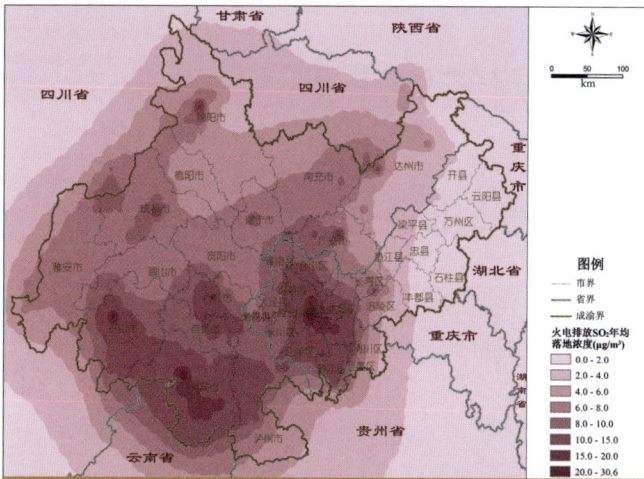

图 4-54　成渝经济区火电行业排放 SO₂ 年均落地浓度空间分布

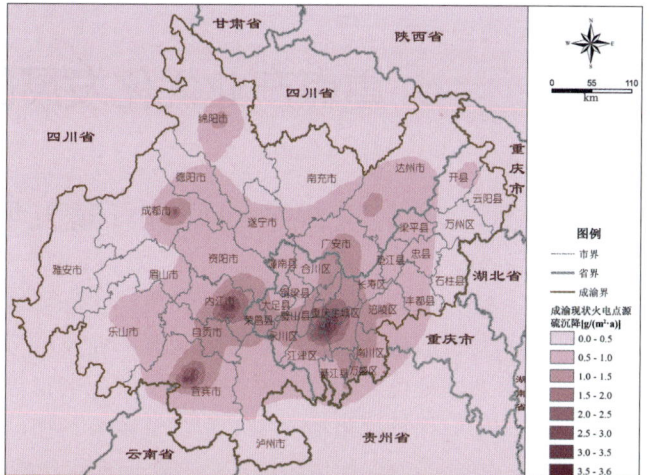

图 4-55　成渝经济区区内现状火电点源硫沉降分布

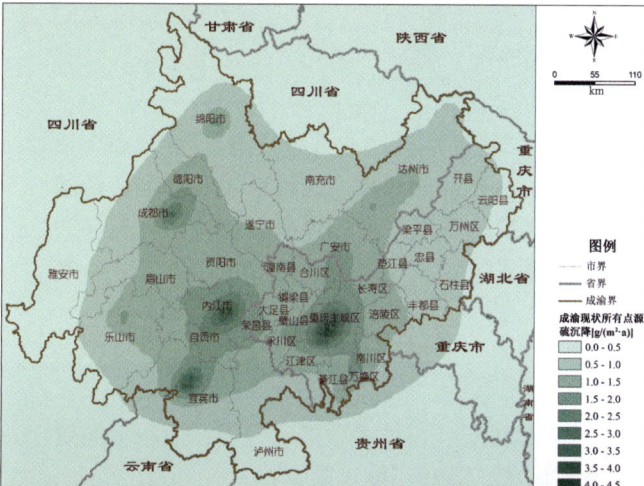

图 4-56　成渝经济区区内全部点源硫沉降分布

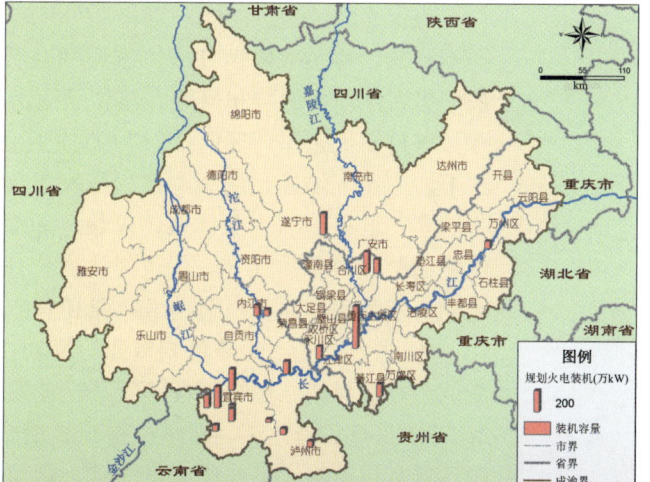

图 4-57　2015 年成渝经济区规划火电装机分布

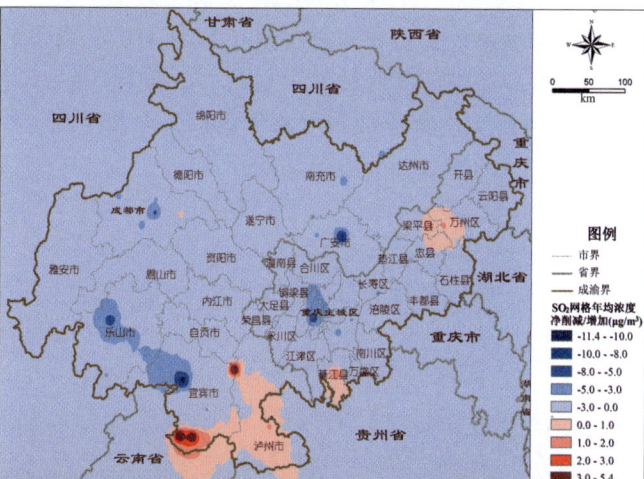

图 4-58　成渝经济区预测情景下的火电 SO₂ 网格年均浓度净削减 / 增加

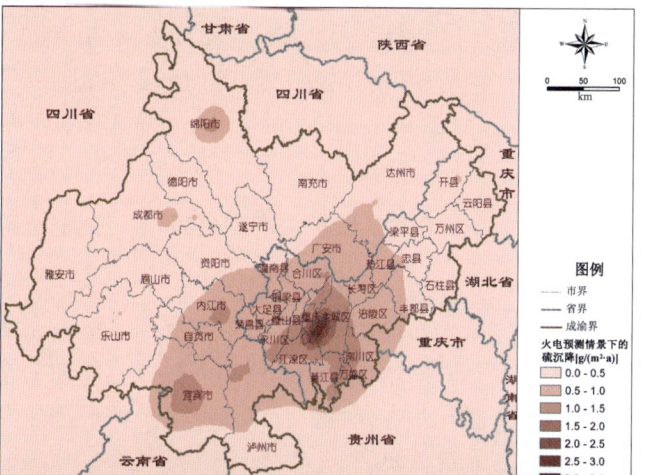

图 4-59　成渝经济区火电预测情景下的硫沉降分布

6 重点产业优化发展的调控对策与建议

6.1 资源节约型、环境友好型为主导，推进经济增长方式转变

成渝经济区经济社会发展和生态环境保护具有重要的战略地位。在大力推进"西部大开发"战略背景下，为有效缓解产业发展与环境保护战略目标之间存在的矛盾与冲突，规避长期性环境风险，必须在科学发展观的指导下，建设生态文明，实践环境保护"历史性转变"，环境保护优化经济为原则，资源节约型、环境友好型为主导，加快推进成渝经济区经济增长方式转变，优化区域重点产业规模、结构和布局。

坚持在产业发展中强化环境保护，在保护环境中寻求发展，避免"重开发（经济增长）轻保护"和"重保护轻发展"两种倾向，以环境保护优化经济增长。

确保"区域生态功能不退化""资源环境不超载""污染物排放总量不突破""环境准入标准不降低"四条战略性红线，规避和减缓对生态屏障功能、长江上游和三峡水库水环境区域长期累积性环境影响和风险，扭转酸雨污染趋势。

坚持"优先保证环保投入""优先环保能力建设""优先落实产业升级政策"，继续实施长江上游生态屏障建设的战略，巩固和发展长江上游生态建设的成果，建设环境友好型、资源节约型、低风险的工业体系，以绿色和循环经济方式推动重点产业发展的整体升级、布局的优化调整和效率的提升。促进经济的快速增长，实现我国经济发展重要增长极、先进装备制造业、现代服务业、高新技术产业和农产品基地目标。

① 优先发展产业装备制造业、高新技术产业、农副产品加工业等区域优势产业，并推动新能源、新材料、生物工程等新兴产业发展。

② 重点实施化工、造纸、纺织、冶金等高污染高耗能产业技术改造和升级，大幅提高资源环境利用效率；延伸化工产业链、构建循环经济体系、降低环境风险。

③ 优化化工产业战略布局，控制持久性有机污染发展势头、维系长江上游和三峡库区水安全。调整能源消费结构，提高清洁能源使用比例，遏制酸雨污染发展趋势、改善城市大气环境质量。维护区域生态安全格局，加快生态修复，以生态优先进行矿产资源开采。以解决"贫困问题"和建设生态工业体系、生态经济区为基点，发展三峡库区腹地和川东北革命老区经济。通过农产品深加工园区化，特色农业、养殖业基地化，全面实施改善农村环境和非点源控制基础工程建设，遏制土地退化趋势、提升三峡库区腹地的水源涵养服务功能。

6.1.1 维护生态安全格局，加强生态建设

维护"一圈、四江、九节点"区域生态安全格局，确保成渝经济区水源涵养、水土保持、生物多样性保护，以及农产品提供功能不削弱。

严格生态安全格局一级区（面积为 1.94 万 km^2，占成渝经济区总面积的 9.3%）的保护、强化生态保育。有序地退出各种不符合生态环境保护要求的活动，对区域内实行生态抚育和系统恢复。

重点提升生态安全格局二级区（面积 5.36 万 km^2，占总面积的 25.8%）的水源涵养、土壤保持生态服务功能，巩固退耕还林成果，加强矿山生态修复和生态建设，提升生态屏障服

务功能。

龙门山生物多样性保护生态功能区、茶坪山生物多样性保护与土壤保持生态功能区、邛崃山南段生物多样性保护与水源涵养生态功能区、川西南山地生物多样性保护与水源涵养生态功能区、盆地南缘岩溶土壤保持生态功能区、大巴山水源涵养生态功能区、三峡库区（腹地）水源涵养生态功能区、渝南山地生物多样性保护生态功能区、方斗山—七曜山水土保持生态功能区是保障区域生态安全的关键区。

四川区域内已有的 58 个不同级别、总面积 1.1 万 km^2 的各类自然保护区，重庆区域内 41 个不同级别、总面积为 2 839 km^2 的各类自然保护区得到严格保护，保护区总面积不减少。

保护长江上游珍稀特有鱼类和土著种群生境，维护水生态的多样性，保留赤水河、岷江干流（月波以下河段）与长江干流的连通性，确保自然保护区范围不缩小、功能不降低，为漂流性、洄游性鱼类提供生存空间。

6.1.2 强化土地资源和水资源高效节约利用，提升承载能力

加大城区产业用地调整力度，强化产业用地集约化；以生态保护优先的原则合理开发生态脆弱区、河流源区和三峡库区的矿产资源，遏制土地退化趋势，在"一圈"地带实行生态屏障建设和生态抚育与系统恢复；维护"四江"河岸带的自然形态，限制河岸带的开发。强化产业建设过程中的水土保持工作，严格控制人为水土流失，提高土地承载能力。

必须以河流多年平均径流量的 10% 为生态基流底线，大力推进节水建设，提高区域水资源利用效率。

6.1.3 坚持"基于环境质量目标排放总量不突破"促产业发展

区域内实施基于环境质量改善的污染物排放总量控制目标、"以新带老"推动技术改造、升级换代和循环经济建设。

"十二五"期间，传统产业（含化工、轻工、农副产品加工、冶金、建材）资源环境绩效达到全国同期水平。

实施二氧化硫和氮氧化物的排放总量控制，对有机废气 VOC，特别是氯乙烯、苯、多环芳烃等致癌物的排放进行有效管制。

在环境空气质量未达标的、以及酸沉降负荷持续居高不降且本地贡献为主的地区，控制火电、冶金等高耗能、高污染产业规模的盲目扩张，严格控制新建、扩建除"上大压小""优化布局"和热电联产以外的火电厂。通过脱硫技术、淘汰落后机组等措施，对现有燃煤发电机组的二氧化硫排放总量至少削减 40 万 t，为新增火电装机和重点产业生产工艺过程二氧化硫排放腾出指标。

建立包括营养盐、重金属、持久性有机物等污染物的排放控制体系，严格控制营养盐、重金属、持久性有机物等污染物的排放，促进节水型、低污染产业的发展，确保长江干流及主要支流汇入长江干流的水质目标为Ⅱ类，主要支流不超过Ⅲ类，持久性有机污染物和重金属在水生生物自然保护区内满足"渔业水质标准"。

6.1.4 严格技术水平"门槛"，有效控制特征污染物

按照国家主体功能区建设有关要求，以"不欠新账、多还旧账"为基本原则，在区域实行严格的环境准入政策，从严控制"两高一资"产业技术工艺水平、总体规模和空间布局。

大中型新改扩项目达到国际先进水平，小型项目达到国内先进水平。同时，要加快严格按照国家现行产业政策，加大小化工、小钢铁、小造纸、小水泥等行业落后产能的淘汰力度。

提高引进的重化工、冶金项目的准入"门槛"，要求清洁生产水平达到国际先进水平，实施区域级的"以新带老"。

在燃煤火电实施"脱硫"的基础上，新改扩燃煤火电厂必须实施"脱硝"，现有燃煤火电厂分阶段实施"脱硝"，2015 年前酸雨严重地区的燃煤火电厂全部实现"脱硝"，2020 年前成渝经济区燃煤火电厂全部实现"脱硝"。

6.2 重点产业优化发展的调控建议

6.2.1 全面实施燃煤污染控制工程，实现清洁能源利用战略

调整"西电东送""西气东输"配额，实施燃煤污染控制工程，2015 年将煤炭在能源消费结构中占比控制在 45%，天然气在能源消费中占比不低于 22%。

① 国家适度调整"西电东送""西气东输"配额，提高成渝经济区自留水电、天然气的比例。

② 大力推进"煤改气"工程。全面实施天然气替代城乡民用燃煤；实行价格倾斜政策，大幅度提高天然气在工业燃料结构中的比例。

③ 扶持和推进洁净煤技术的运用，支持满足总量控制目标约束的超临界、超超临界发电机组运用。

④ 加快成德绵城市经济带和长江干流沿岸现有燃煤电厂机组的脱硫改造；燃煤火电机组配套建设脱硫脱硝设施，淘汰能源环境绩效达不到全国平均水平的火电机组。

6.2.2 发展循环经济，促进传统产业全面实施技术改造和升级

"十二五"期间，大力推进化工、造纸、纺织、冶金、建材等高污染、高耗能的升级改造，产业发展必须走延长产业链的道路，严格控制以扩大资源消耗规模为特征的产业扩张。2015 年达到全国同行业同期水平行业。

化工产业突出延伸化工产业的产业链，通过建设循环经济示范园区的方式，对传统的天然气、盐卤化工产业进行技术升级，避免单纯的规模扩张。支持体现优势资源（天然气、盐卤、磷矿）的天然气化工、盐化工、磷化工在高技术水平上的规模适度增长，优先支持下游产品生产技术的升级换代。

关闭不符合国家产业政策、资源环境利用效率低下、污染严重的小型造纸。加大现有造纸特别是分布在岷沱江流域的造纸行业技术改造、淘汰落后生产工艺的力度，实现清洁生产。造纸行业发展应实现大型化生产，增产减污。

冶金行业应控制高载能（高耗能）产业的发展规模，着重产业链的延伸。铝业发展必须实施向下游产品链发展的战略，控制盲目地扩张初加工规模。铝合金精深加工重点是研发军用器材、舰船、装甲车辆、战机及导弹等新型高精度高性能铝合金材料以及航空航天、汽车摩托车、装备制造、印刷包装、建筑装饰、电子电器等六大铝加工业产品。

应着力加强化工园区的环保基础设施和环境风险防范能力建设，推动园区循环经济的发展，在长江干流和三峡库区现有化工区应率先打造循环经济和环境风险防范示范园区。

6.2.3 限制重污染、高风险产业的发展规模

在区域酸雨污染趋势未得到根本扭转的背景下，严格限制燃煤火电装机容量的增长。在关闭淘汰不符合国家产业政策、环境绩效低下、环境污染严重的小电厂 320 万 kW 的前提下，2015 年火电行业装机总规模应控制在 3 060 万 kW，其中新增火电控制在 1 880 万 kW 以内，实现增产减污，区域火电行业 SO_2 排放量应控制在 49.1 万 t，同时适度发展天然气发电。对于 2007 年大气环境质量超标或酸雨严重且硫沉降本地贡献比较大的地区，如：重庆主城区、江津、涪陵、南川、万盛、成都、泸州、德阳、内江、宜宾等区域在大气环境质量和酸雨污染未得到持续改善之前，除热电联产外，原则上不新建燃煤电厂电源点；该区域以优化布局为目标的新建燃煤电厂，必须在本地区实现"上大压小"和"增产减污"；改扩建燃煤电厂项目应做到本地区内"增产减污"。加快淘汰小火电、优先安排现有电源点的技术改造，提高环境绩效。

2015 年炼油生产能力控制在 1 000 万 t/a，乙烯生产能力控制在 80 万 t/a，石化产业中、下游产品规模应以与 1 000 万 t/a 炼油、80 万 t/a 乙烯相配套为原则。

电解铝、氧化铝产能规模应严格执行国家产业政策的要求，铝产业以向下游产品发展为主。淘汰不符合国家产业政策的小规模煤矿，严格限制高硫煤煤矿的开采。

6.2.4 以规避环境风险、减缓环境压力为基点，优化岷沱江产业布局

成德绵宜坚持以装备制造业、高新技术产业、现代服务业、现代中医药、军工产业重点发展战略。将化工、造纸、纺织等产业的向成德绵经济带的东部、南翼转移。建议统一规划建设 3 ～ 5 个产业转移示范园区，有序引导从成德绵和重庆主城区向区内其他区域的转移。

在生态环境敏感的沱江上游、岷江上游及中游的成都段，严格限制布局石油化工等高风险、高污染产业，"油头化工"不再进一步扩张规模。建议位于沱江上游源区的彭州大型炼油—乙烯基地保持现有规划，不再进行规模扩张。依托彭州大型炼油—乙烯项目中、下游产业链发展，应突破行政区界，选择生态环境风险相对小的地区布局，构建相对完整的石化工业体系，强化向下游深加工产品链的延伸。

优化资源配置，利用成渝经济区天然气资源优势和现有天然气化工发展基础，与石油化工产业衔接，优化发展下游化工产品。通过淘汰、搬迁、改造等措施，大力推进化工产业入化工园区；着力改变化工、造纸等重污染产业在岷沱江流域过度集聚格局。

6.2.5 水环境安全优先，优化长江沿岸化工产业布局

按照"重点发展、适度发展、有选择地发展"原则，调整发展方向、优化长江沿岸化工产业布局。长江沿岸化工园区的石化产业发展应与彭州石化基地 1 000 万 t 炼油、80 万 t 乙烯工程密切结合，以发展中下游产品为主，构建延伸工业园区化工产业链。

长寿化工园区应以资源优势和循环经济体系建设为基点，在环境风险可控的前提下，与天然气化工、盐化工产业链的耦合发展石油化工下游产品。建议不在该园区发展煤化工。

涪陵化工园区应以利用现有天然气化工、氯碱化工产业向下游产品延伸为重点，优化产业链。

万州化工园区应选择环境风险相对较低的产品发展；不宜同时重点发展盐化工和天然气化工，可选择具有相对资源优势的盐卤发展化工产业链。

支持宜宾、泸州以技术升级换代方向发展的天然气化工、盐化工产业。以产业链延伸为重点，提高产品附加值，完善工业园区产业链。根据资源环境约束条件，可以结合天然气化工与煤化工产业链的耦合的需要，适当发展煤化工产品。

优先支持具有天然气资源优势的川东北选择环境约束相对小的区域建设天然气化工基地；应选择附加值高、有利于带动落后地区经济发展和产业链延伸的产品发展。天然气化工布局和发展应规避对嘉陵江流域人群健康、饮水安全等的环境风险。

支持在南充建设工业园区，发展以石化下游产业和生物质能源为主导的产业，加快解决现有炼油化工与城市发展的矛盾。

6.2.6 实施财政扶持和生态补偿，推动区域生态经济建设

在成渝经济区进行资源税试点改革。采取财政扶持和生态补偿的方式，支持和扶持生态农业园区的基础设施建设，大力推动区域生态经济建设，加强水源涵养和水土保持。重点扶持的区域包括三峡库区（腹地）、地震灾区、川东北革命老区。

提高水源涵养林、水土保持林建设补偿标准。进一步延长天然林保护工程和退耕还林还草工程的补偿期限。实施天然气资源税改革试点，推进资源税改革，增强区域生态经济建设的地方财政支撑能力。设置"生态环境保护"转移支付，向生态环境保护重点地区、资源型地区经济转型提供财政补助。

三峡库区（腹地）：大力推动农业走廊建设，推动盆地东南山地特色农业基地的发展，加快发展绿色食品加工业、现代中药及生物医药加工业、丝麻纺织加工业等特色产业。

优先发展以优势特色资源深加工等绿色产业为代表的生态经济园区，安排财政专项资金配套建设污水处理、固废综合利用等环保设施。

坚持优势矿产资源的有序开发，在三峡库区环境适中的地区，加强生态保护与污染控制并重，扶持发展优势资源的就地深加工。

通过"生态环境保护"转移支付，加强三峡库区水源涵养林、滑坡和泥石流等地质灾害防治资金的扶持力度。

地震灾区：继续大力推进受损耕地的修复性建设和基本农田的恢复性建设，进一步加强农业基础设施的恢复和建设。大力扶持农村人居环境、环境基础设施的建设。扶持发展中药材原料基地、特色农副产品种植和加工业、生态旅游业。加强对自然保护区恢复和天然林保护的资金支持力度。

通过"生态环境保护"转移支付，加强地震灾区特别是龙门山、茶坪山水源涵养林的恢复和建设，以及滑坡和泥石流等地质灾害的防治。

川东北革命老区：大力推动川东北革命老区的农业基础设施建设，推动有机食品、绿色食品和中药材原料种植基地的建设，扶持建立以林为主，林农牧多种经营的生态产业模式。加大沼气工程扶持力度。大力发展生态旅游和红色旅游业。

通过"生态环境保护"转移支付，加强大巴山的水源涵养林建设和盆东平行岭谷区的矿山生态修复和环境治理。

6.2.7 盆周山区矿产资源开发实行生态保护优先

以生态环境保护优先实施矿产资源开发，加速矿山特别是小煤矿开采区生态治理、恢复的速度；加快淘汰和关闭浪费资源、污染严重的矿山开采企业。

德阳什邡绵竹和乐山马边的磷矿开采区、南川铝土矿开采区的矿产资源开采应以生态保护优先、以资源整合、小矿整治为前提，采取更严格的措施维护其水源涵养、生物多样性等生态服务功能。

6.2.8 进一步研究论证水电航电梯级开发规划

长江上游干、支流水电和航电工程梯级开发对于长江上游珍稀特有鱼类的繁殖、索饵、洄游产生了明显的叠加影响效应。目前，金沙江下游向家坝、溪洛渡水电在建，嘉陵江干流、沱江已基本完成了航电梯级开发，大渡河已建在建 6 级梯级水电，乌江等主要干、支流骨干工程相继建成，对"长江上游珍稀特有鱼类保护区"形成了"合围"的态势，截断了这些鱼类向上游的洄游走廊，产卵场也被肢解的支离破碎，它们被阻隔在狭小的"长江上游珍稀特有鱼类保护区"。

应从有效保护长江上游珍稀特有鱼类、提高航运能力和发展清洁能源的角度，结合国家有关规划的编制，进一步论证水电、航电梯级开发的环境合理性。

6.3 重点产业与资源环境协调发展的对策建议

6.3.1 加强环境保护基础能力建设

"十二五"期间，成渝经济区应重点建设四大环境保护基础工程，即区域酸雨联防联控能力建设工程，长江上游和三峡库区环境风险预警和联防联控应急工程，工业园区暴雨径流污染控制与处置示范工程，非点源控制示范工程。

环保科研和示范工程：设立国家公益项目专项研究长江上游和三峡库区环境风险预警和联防联控应急体系，建设预警和应急响应工程；研究平原地区和丘陵山区工业园区暴雨径流污染控制与处置方案，开展示范工程建设；研究区域间大气致酸污染物输送的相互影响和酸雨污染控制机制及配套能力建设；建设非点源控制示范工程。

加强环境监测能力建设，优先装备先进的水环境自动监测设备、数据网络和大型实时监控平台。全面加强大气、土壤环境监测能力建设。

6.3.2 提高环保投入，加强环保基础设施和应急能力建设

"十二五"期间，环保投入占 GDP 总量的比例的年增长速度不低于 15%。

2015 年"成、渝"都市圈城市污水处理率达到 90%，地市级城市污水处理率达到 85% 以上，各县级城市污水处理率达 80% 以上，各类工业园区废水处理率达 100%，地表暴雨径流污染物处置率达 80% 以上。

加强城镇生活垃圾收集和无害化处理设施建设，2015 年城镇生活垃圾无害化处理率达到 85% 以上。

2015 年完成长江上游和三峡库区化工园区环境风险预警和应急设施和能力建设，加强化工园区突发环境事件预防、快速响应处置能力。

6.3.3 对重金属和持久性有机污染物采取严格的控制措施

"十二五"期间，优先推动改进工业园区废水处理与管理，全面加强不同特征水污染物的

处理与控制。重新评估化工园区的"三级风险防范"中事故后处置体系有效性。

优先在长江沿岸选择 3 个不同类型的工业园区进行废水控制与管理改进的试点工程，建设包括工业废水处理、暴雨径流控制与管理、水环境风险事故防范、废水毒性评估一体的水污染控制管理体系，全面提升工业园区的废水管理水平。

对于有色冶金特色园区、化工园区、电子工业园区，必须建立加强企业级和园区级的工业废水中的重金属、持久性有毒有机物的控制和管理机制。

通过示范工程研究，全面建立地面径流污染物处置与管理体系，强化暴雨径流污染的控制与监测。

6.3.4 强化二氧化硫和氮氧化物控制

扶持和推进洁净煤技术的运用，支持满足总量控制目标约束的超临界、超超临界发电机组运用。优先支持"煤改气"的项目建设。

燃煤火电机组配套建设脱硫脱硝设施，淘汰能源环境绩效达不到全国平均水平的火电机组。

加快成德绵城市经济带和长江干流沿岸现有燃煤电厂机组的脱硫改造；淘汰能源环境绩效低下的火电机组。

6.3.5 实施非点源污染控制工程，加强城乡水环境综合治理

在巩固退耕还林成果、继续推进长江中上游水土保持的同时，将长江上游生态屏障建设工程从退耕还林等扩展到支持生态农业建设、非点源控制工程建设。

生态农业建设、非点源控制工程建设纳入未来十年生态屏障建设重点工程。制定十年发展规划，建议国家采取财政扶持和生态补偿的方式予以支持。

在盆中丘陵区和成都平原区，将农田径流非点源控制作为长江上游生态屏障建设的重要工程内容，加快推进以非点源控制为重点的加强农村环境综合治理工程，加大现代化养殖业的比重，引导畜禽集中饲养向现代化饲养转移。

重庆、成都两城市及区域性中心城市应加强城市污水处理基础设施建设，提高污水收集率和处理率。建设城市暴雨径流和初期雨水处置工程体系，有效减轻非点源污染负荷。

将三峡库区影响区范围内水土保持、非点源控制工程建设，以及发展区域生态型经济作为长江上游生态屏障建设的重要组成部分，加大国家财政支持力度。

分项目五

黄河中上游能源化工区
重点产业发展
战略环境评价报告

编 写 组

　　为促进区域经济又好又快发展，解决产业发展过程中的布局性、结构性环境问题，环境保护部于2009年启动五大区域重点产业发展战略环境影响评价（以下简称"五大区域战略环评"）工作，"黄河中上游能源化工区重点产业发展战略环评"作为五大区域战略环评的分项目之一，旨在实现区域可持续发展并确保中长期的生态环境安全。

　　受环境保护部委托，环境保护部环境发展中心作为技术牵头单位，组织近十家技术单位组成分项目技术工作组。2009年2月，正式启动"黄河中上游能源化工区重点产业发展战略环评"项目，同年4月和6月项目技术方案和山西区子项目技术方案通过评审。根据评价工作需要，项目设水资源、水环境、大气环境、生态、产业、对策机制等六个重要专题，以及宁夏、内蒙古、陕西和山西等四个子项目。项目组对评价区进行了五轮调研，召集行业及地方专家举行了六次技术研讨会，经过五大区域战略环评项目管理办组织的三次重大专题研讨和三次阶段评估，完成了基础数据资料收集、现场调查和征求意见、补充监测、技术攻关等工作，于2010年1月形成初步成果报告。2010年6月，在专家审查通过的重点专题成果基础上，征求多方意见形成《黄河中上游能源化工区重点产业发展战略环评环境评价报告》。

　　在此，对宁夏回族自治区、内蒙古自治区、陕西省、山西省人民政府及环境保护厅等有关部门的大力支持，对项目咨询专家、顾问团队的悉心指导，项目组的大力配合表示衷心感谢！

1 概 述

1.1 工作背景

黄河中上游地区涉及多个少数民族地区，经济基础薄弱。近年来，以煤炭资源开发及加工为主导的经济高速发展，实力显著提高，成为我国未来发展的重点支撑区域之一，是构建区域发展新格局的重要支点。同时，作为我国重要的生态功能区域和华北地区重要的生态屏障，黄河中上游地区生态环境质量的好坏，直接关系到国家中长期生态安全和环境质量的演变趋势。开展黄河中上游重点产业发展战略的环境评价，是探索建立以环境保护促进经济又好又快发展长效机制的有益尝试。

1.2 评价范围

黄河中上游能源化工区（以下简称"评价区"）地处我国内陆腹地，北纬 33°35′ ～ 42°47′，东经 97°10′ ～ 112°43′，西与青海、甘肃接壤，南部毗邻中原地区。行政范围包括：宁夏回族自治区、内蒙古自治区、陕西省、山西省沿黄河流域的 19 地市，区域面积约 52 万 km²。评价区范围见图 5-1。

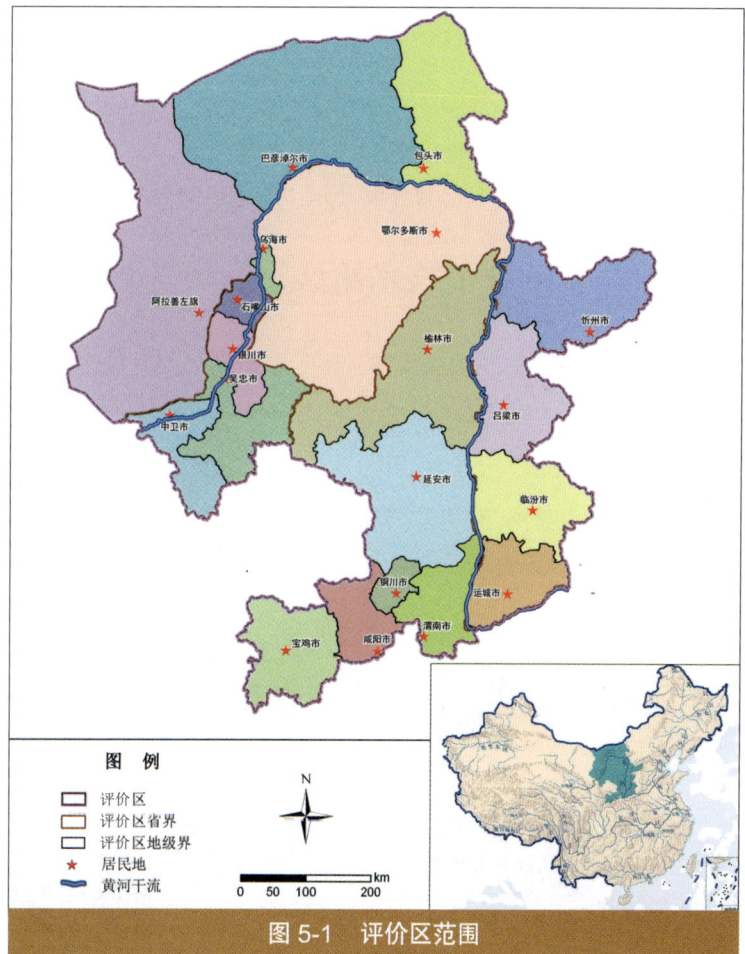

图 5-1 评价区范围

1.3 评价时段

评价时段拟定为：
基准年：2007 年，部分数据更新到 2008 年或 2009 年；
近期：2010—2015 年；
远期：2016—2020 年。

1.4 重点产业范围

区域现状重点产业筛选遵循两个条件：① 经济贡献比重较大；② 对环境影响较大。

根据经济贡献比重和对环境的影响程度综合分析，评价区重点产业筛选为煤炭开采业、电力行业、煤化工产业和冶金工业。

1.5 环保目标

① 促进黄河中上游地区可持续发展。

② 维护黄河中上游地区生态功能：保障华北地区生态防线功能，维持黄河流域生态安全廊道功能，改善人居环境保障功能。

③ 抑制水资源过度开发，改善区域煤烟型污染现状，遏制黄河支流水环境质量恶化趋势。

1.6 评价技术路线

评价以压力 - 状态 - 响应为基本思路，通过分析重点产业发展战略（压力）、进行生态环境评价（状态），提出产业优化及可持续发展对策（响应）。评价技术路线见图 5-2。

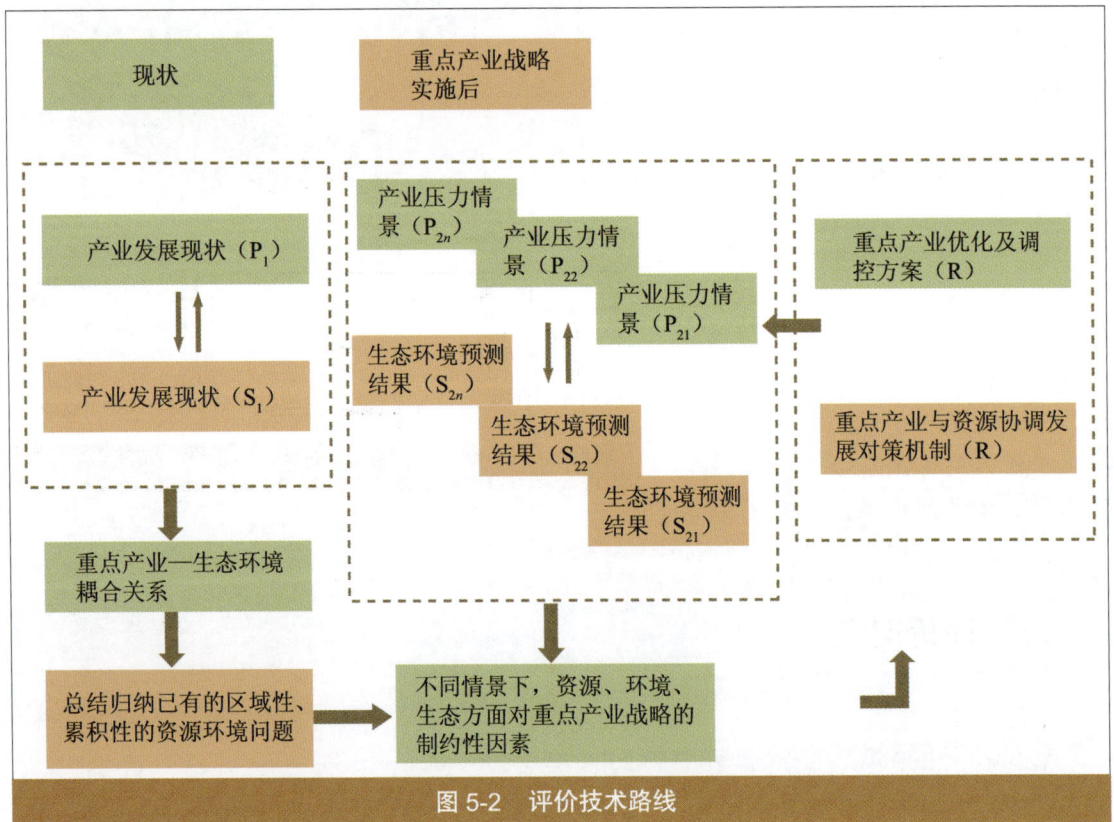

图 5-2　评价技术路线

2　生态环境演变趋势及现状评估

2.1　区域生态环境战略地位

2.1.1　华北地区的生态防线

评价区位于我国防风固沙、水土保持的关键区域，其生态环境状态直接关系到我国中长期生态环境演变格局，是维护我国生态安全的重点地区，在全国生态安全格局中占据着难以替代的突出地位。

评价区是全国重要的防风固沙功能区，西部的贺兰山阻挡腾格里沙漠向华东及黄河流域腹地侵袭，南部秦岭山脉则是阻挡了黄土高原库布齐沙漠、毛乌素沙地飞沙南扬的屏障。根据《全国生态功能区划》，腾格里沙漠、乌兰布和沙漠等是我国极重要的防风固沙生态功能区，也是我国重要的沙尘暴源区，其沙漠化控制水平在一定程度上影响了华北地区沙尘暴发生的强度和频率。全国防风固沙生态功能区分布见图5-3。

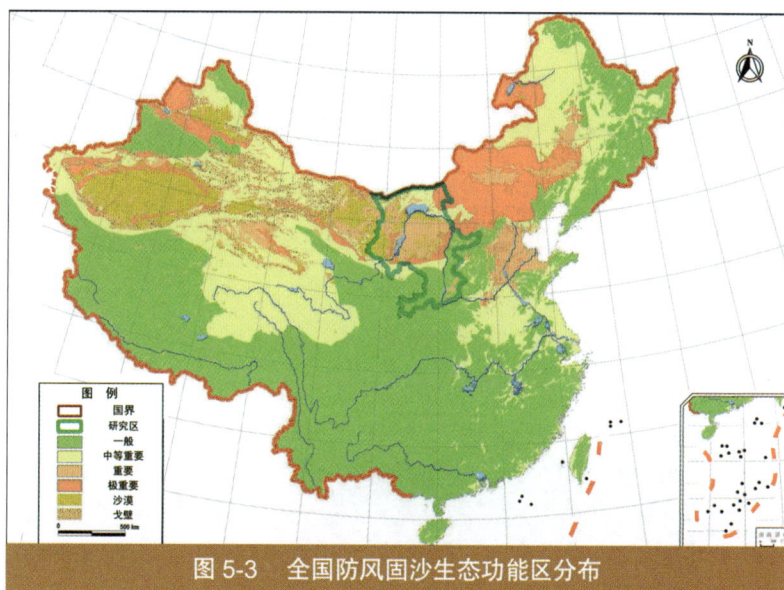

图 5-3　全国防风固沙生态功能区分布

评价区是全国水土保持的关键区域。分布于评价区东部的黄土高原，是世界上最大的黄土集中分布区，每年向黄河输送90%的泥沙，使黄河成为举世闻名的"地上悬河"，其水土保持对维护黄河下游生态安全具有举足轻重的作用，也是《全国生态功能区划》中极为重要的水土保持生态功能区。

2.1.2　黄河流域重要的生态安全廊道

评价区扼守黄河上中游河段，对黄河流域生态安全有重要影响。该段黄河支流众多，直接入黄流域面积大于100 km^{2}的支流有220条。众多支流和黄河干流将河源区草甸湿地、上中游库塘湿地、中游灌区湿地等不同景观生态单元有机联结，构成黄河流域重要的"生态廊道"。

2.1.3　人居环境保障区

评价区汾河流域、渭河流域人口密集、城镇密布，河套地区现状人口较少，但经济发展势头迅猛，人口聚集效应也日渐明显。保障人居环境成为区域在社会经济发展中必须高度关注的问题。人口分布情况见图5-4。

2.2 大气环境演变趋势及现状评估

2.2.1 大气环境质量现状特征

评价区局地煤烟型污染特征明显，主要污染因子为 SO_2 和 PM_{10}，尚未形成大规模二次污染。大气环境质量见图5-5。

2007年环境空气质量监测结果表明，评价区 SO_2 浓度超标现象普遍，47%的地市 SO_2 年均浓度值劣于二级标准。乌海—鄂托克—乌斯太—石嘴山地区和汾河流域（包括运城、吕梁、忻州、临汾）是典型的煤烟型污染区，1998—2007年 SO_2 年均浓度值不同程度地超标，其中运城和乌海2007年环境空气质量为劣三级。该地区历史上小型煤电、传统煤化工、小冶金的企业数量多，技术水平不高，环保设施落后，再加上煤炭矿区自燃及气象扩散条件较差等原因造成 SO_2 浓度超标。包头大气环境污染也呈现煤烟型污染特征，工业燃煤消耗量大，大气污染物排放量大，区域环境空气污染较重。近两年包头市通过淘汰落后、产业升级，SO_2 浓度下降较为明显，2009年 SO_2 年均浓度达到二级标准。

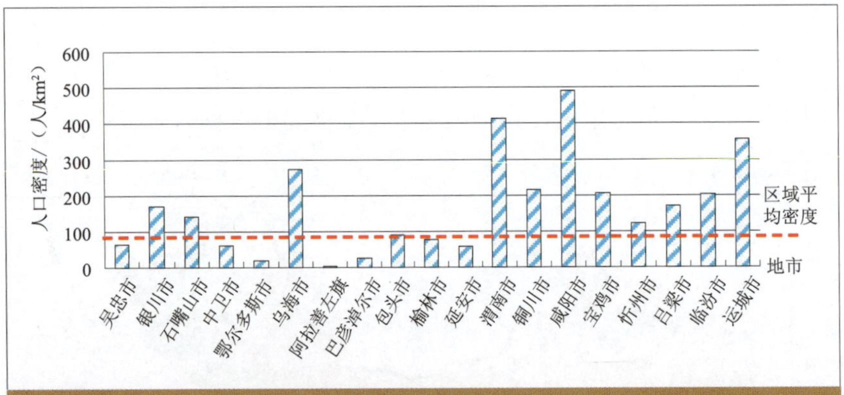

2009年陕西加大环境污染治理力度，铜川市、咸阳市、渭南市、榆林市空气综合污染指数有不同程度地下降。2007年 SO_2 超标的铜川市和渭南市，2008年和2009年 SO_2 年均浓度均可达二级标准，且铜川市2007—2009年 SO_2 年均浓度连续三年呈明显下降趋势。

受干旱、大风、沙化土地分布广泛等地域特点影响，评价区 PM_{10} 超标严重，58%的地市 PM_{10} 年均浓度值超国家二级标准。土地沙漠化率较高的地市（吴忠、中卫、乌海）和位于黄土高原的地市（陕西榆林、渭南、咸阳、延安、铜川）尤为突出。

2009年陕西加大了地面扬尘治理力度，

图5-4　评价区各地市人口密度分布情况

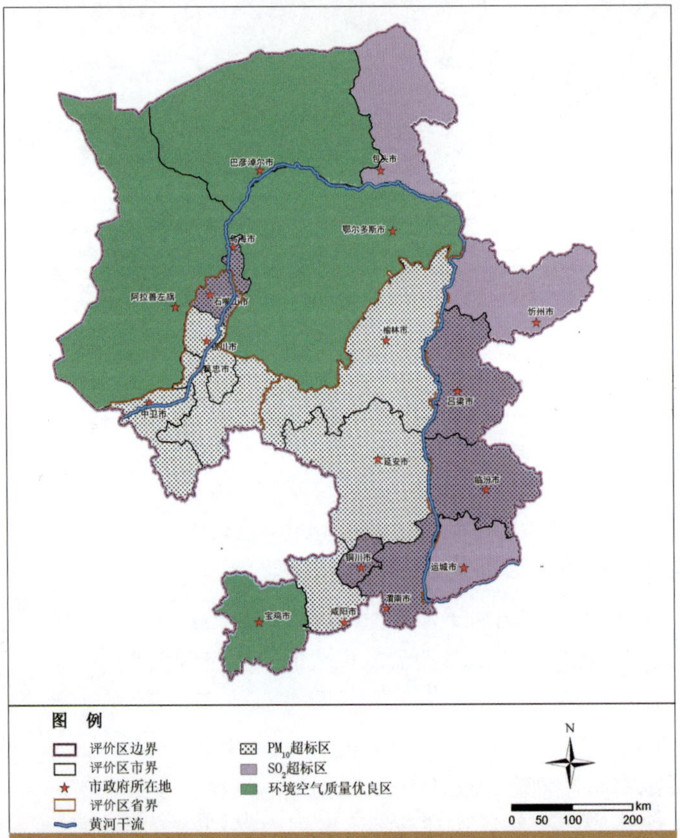

图5-5　评价区大气环境质量

PM_{10} 超标地市由 2007 年的 5 个（榆林市、铜川市、咸阳市、渭南市、延安市）减少为 2009 年的 4 个（榆林市、渭南市、延安市、宝鸡市）。

评价区 NO_2 浓度较低，渭南市、包头市、铜川市年均值可达到二级标准，其余 16 市均可达到一级标准。能见度水平整体较好，尚未出现大面积的二次污染及明显的灰霾天气。

2.2.2 评价区特征污染物分布特征

根据历史监测数据分析，氟化物是评价区包头市的典型特征污染物，多年来氟化物排放量呈下降趋势，2007 年氟化物年均值可达标，月均值超标率为 4.8%。另据 2009 年评价区各地市城区氟化物监测结果显示，19 地市氟化物均达到环境空气质量标准，吴忠氟化物最大占标率达80.4%，山西运城次之，达 39.5%。

同时，另一特征污染物苯并[a]芘监测结果表明，19 地市均达标，但大部分城市苯并[a]芘占标率较大，山西忻州最大占标率为 97%，内蒙古乌海为 92%。评价区特征污染物在工业区超标现象较普遍。根据山

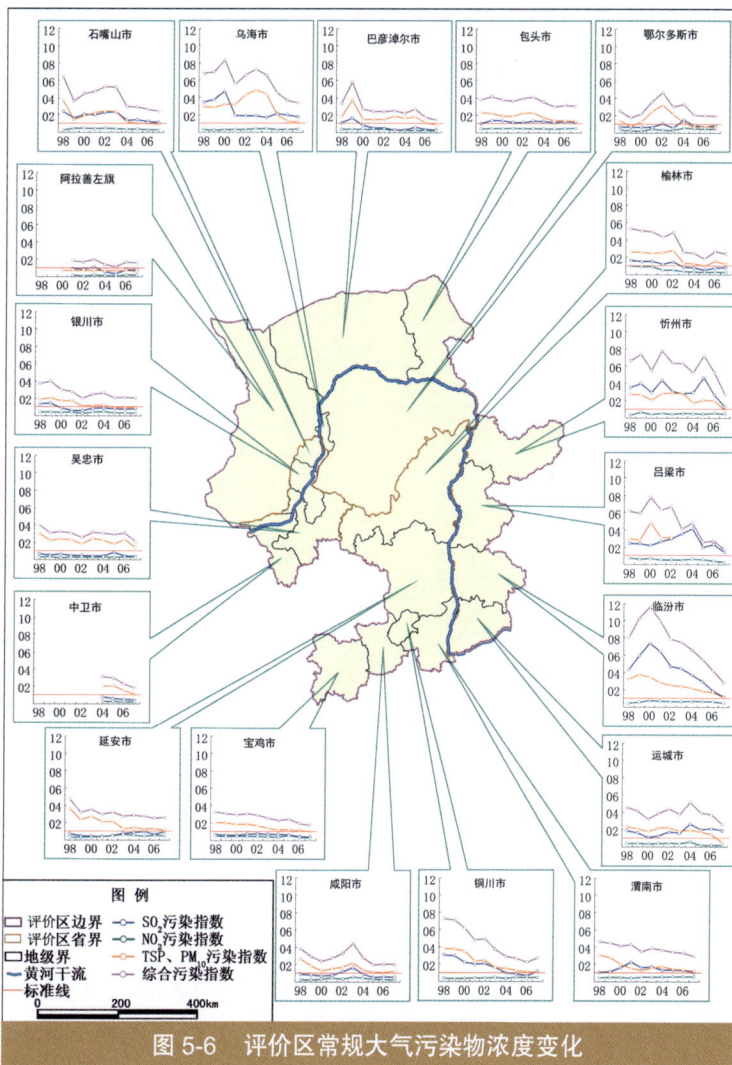

图 5-6 评价区常规大气污染物浓度变化

西 1999—2007 年苯并[a]芘的历史监测资料可知，山西四市焦化工业区周边苯并[a]芘污染较为严重，吕梁离石、孝义市、汾阳市、交城市，临汾洪桐县、襄汾县，运城河津市工业园区都出现过不同程度的超标。近年来随着焦化行业的技术改造升级，苯并[a]芘污染有所减轻，但焦化工业区周边仍有苯并[a]芘超标现象。

2.2.3 大气环境质量演变趋势

评价区常规大气污染物浓度呈下降趋势，但超标现象依然普遍。

1998—2007 年评价区各地市分阶段采取关停小机组、集中供热、严格燃煤锅炉大气污染物排放等措施取得一定成效，NO_2、SO_2、TSP、PM_{10} 等常规大气污染物浓度总体呈下降趋势。常规大气污染物浓度变化见图 5-6。但截至 2007 年，除 NO_2 外，大部分地市 SO_2、TSP、PM_{10} 超标现象依然普遍。

2008 年监测结果表明，评价区大部分城市环境空气质量继续改善，乌海、石嘴山、包头、阿拉善左旗和延安 SO_2 年均浓度超过二级标准，其余地市均实现达标。2009 年，乌海、石嘴山、延安 SO_2 年均浓度超过二级标准，其余地市均实现达标。

2.3 水环境历史演变及现状评估

2.3.1 流域水环境质量现状

流域水环境质量形势严峻，干流好于支流，上游好于中游。

根据 2007 年黄河水质监测结果，干流水质达标监测断面占 73%，支流达标监测断面仅占 22%，大多为Ⅳ～劣Ⅴ类，无法满足功能区水质目标要求。黄河干支流水质监测结果见图 5-7。主要污染因子包括氨氮、COD、氟化物、石油类、TN、Hg 等，有机污染和重金属污染特征明显。

黄河干流超标出现在三盛公、黑柳子、潼关断面，评价区外的三门峡断面水质也较差。

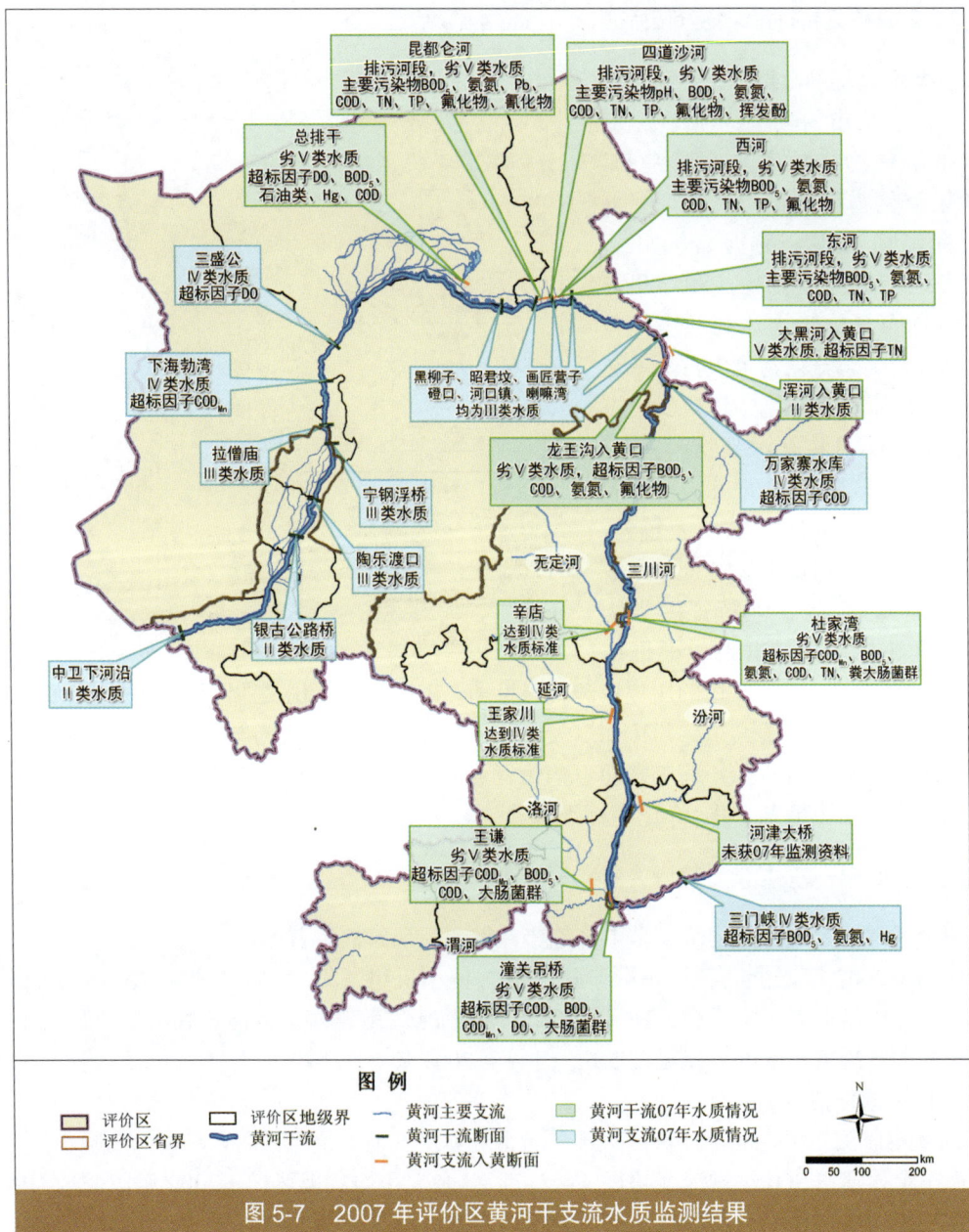

图 5-7　2007 年评价区黄河干支流水质监测结果

而在黄河上游，整体水质较好，可达Ⅲ类水质标准，下河沿断面还可达Ⅱ类水质。黄河干流水质上游明显好于中游。

另据四省提供的 2009 年监测数据，黄河干流水质改善最为明显，其中黄河干流宁夏、内蒙段所有监测断面均可达标，昭君坟断面水质甚至达到Ⅱ类水质要求，其余断面水质与 2007 年基本保持一致。黄河支流除渭河、无定河、延河 2009 年水质略有好转（如渭河潼关吊桥断面 COD 和氨氮分别由 2007 年的 76.2 mg/L、7.6 mg/L 降至 2009 年的 32.35 mg/L 和 5.54 mg/L；无定河辛店断面断面 COD 由 2008 年的 18.13 mg/L 降至 2009 年的 17.14 mg/L，但水环境功能区类别与 2007 年一致），内蒙古河套灌区总排干流、鄂尔多斯龙王沟水质提高一个类别外，其余支流均无明显改善，其中汾河临汾断面水质还明显变差，氨氮、挥发酚等超标因子浓度较 2007 年有明显增加。

另据 2009 年特征因子补充监测结果表明，黄河主要支流约有 40% 监测断面全盐量超过《农田灌溉水质标准》限值。

评价区集中式饮用水水源地水质总体良好，局部恶化。在约 170 个集中式饮用水水源地中，地下饮用水水源地占 75.3%，主要分布于山西四市；地表水饮用水水源地占 24.7%，主要分布于内蒙古和陕西黄河干支流。

根据 2007 年评价区 120 个集中式饮用水水源地监测结果，评价区水源地水质达标率为 79%，其中达标地下水源占所监测地下水源的 83%，达标地表水源地仅占所监测地表水源总数的 55%，水源地水质总体良好，局部恶化。内蒙古包头、鄂尔多斯地表水源地中高锰酸盐指数、COD、氨氮、石油类超标，山西地下水源中六价铬、氟化物、细菌总数和大肠杆菌超标。

另据陕西省、山西省及内蒙古自治区提供的 2009 年水源地水质监测资料，陕西省重点城市地表水集中式饮用水水源地水质达标率达 100%。内蒙古自治区重点城市地表水集中式饮用水水源地水质达标率达 95%（超标点位为包头地表水源 3 次、巴彦淖尔地下水源 1 次）。山西省重点城市地表水集中式饮用水水源地水质达标率达 93.4%。

2.3.2　流域水环境质量演变趋势

2003—2007 年黄河干流水质持续改善，水质监测达标断面由 2001 年的 0 增至 2007 年的 73.3%，超标项目由 2003 年的 12 项降至 2007 年的 7 项。

如表 5-1 所示，与 2001 年水质数据相比较，2007 年干流监测断面水质普遍提高一个等级，宁夏段水质改善显著，下河沿断面水质改善两个等级，内蒙古段水质也有一定改善，黑柳子至昭君坟段水质普遍由 2003 年的Ⅳ类提高到 2007 年的Ⅲ类。潼关至三门峡河段水质有所改善，但改善状况仍不稳定。

根据 2009 年各省（区）提供的最新监测结果显示，黄河干流水质改善明显，尤其是下海勃湾断面、三盛公断面和昭君坟断面水质提高一个类别，均符合功能区划要求。

2001—2007 年黄河支流水质改善幅度较小。2001—2007 年水质达标监测断面在 17.5%～38.9% 波动，55% 监测断面连续 7 年为劣Ⅴ类水质，支流水质持续严重超标，大多无法满足功能区水质目标要求，其中渭河和汾河污染尤其严重。2001—2007 年渭河和汾河水质评价结果见表 5-2。但 2007—2009 年黄河个别支流有较大改善，如渭河、无定河、延河水质略有好转；内蒙古河套灌区总排干流、鄂尔多斯龙王沟等支流水质改善提高一个类别。

渭河除宝鸡河段有所改善外，中下游干流普遍为劣Ⅴ类；汾河除上游断面有所改善外，中下游干流普遍为劣Ⅴ类。

2.4 生态环境演变趋势及现状评估

2.4.1 土地退化演变趋势及现状

评价区土壤侵蚀存在地域分异，风蚀带分布在内蒙古鄂尔多斯高原、阿拉善左旗地区，水蚀带分布于黄土丘陵地区和内蒙古阴山一带，侵蚀方式是面蚀和沟蚀。土壤侵蚀总体呈由南向

表 5-1　评价区黄河干流 2000—2007 年水质类别评价结果

序号	监测断面	水质目标	历年监测结果							
			2000 年	2001 年	2002 年	2003 年	2004 年	2005 年	2006 年	2007 年
1	中卫下河沿	III	V	IV	III	IV	劣V	III	II	II
2	银古公路桥	III	劣V	劣V	劣V	劣V	IV	III	IV	II
3	陶乐渡口	III	劣V	V	V	劣V	劣V	劣V	IV	III
4	宁钢浮桥	III	劣V	劣V	劣V	劣V	V	V	IV	III
5	拉僧庙	III		IV	V	V	劣V	V	III	III
6	下海勃湾	III		IV	IV	IV	V	V	III	III
7	三盛公	III					IV	IV	III	IV
8	黑柳子	III		V	劣V	IV	IV	IV	III	III
9	昭君坟	III		IV	III	IV	V	III	III	III
10	画匠营子	III		IV	IV	劣V	IV	V	IV	III
11	磴口	III		IV	IV	劣V	IV	V	IV	III
12	河口镇	III		IV	IV	IV	V	IV	V	III
13	喇嘛湾	III		V	III	IV	V	IV	IV	III
14	潼关					劣V	劣V	劣V	劣V	IV
15	三门峡	III				劣V	IV	IV	V	IV

表 5-2　评价区黄河主要支流 2001—2007 年水质评价

所属水体	断面名称	水质类别	2001 年	2002 年	2003 年	2004 年	2005 年	2006 年	2007 年
渭河	林家村	II	IV	III	III	II	II	II	II
	卧龙寺桥	III	劣V	劣V	IV	III	III	III	IV
	虢镇桥	IV	劣V	劣V	V	IV	IV	IV	IV
	常兴桥	III	V	V	IV	IV	IV	V	III
	兴平	III	劣V	劣V	劣V	劣V	劣V	劣V	劣V
	南营	IV	劣V	劣V	劣V	劣V	劣V	劣V	劣V
	沙王	IV	劣V	劣V	劣V	劣V	劣V	劣V	劣V
	树园	IV	劣V	劣V	劣V	劣V	劣V	劣V	劣V
	潼关吊桥	IV	劣V	劣V	劣V	劣V	劣V	劣V	劣V
汾河	雷鸣寺	II	II	II	III	II	II	I	I
	东寨桥	II	IV	IV	劣V	III	IV	II	IV
	静乐桥	II	劣V	劣V	劣V	劣V	劣V	III	IV
	石滩	IV	劣V	劣V	劣V	劣V	劣V	劣V	劣V
	甘亭	IV	劣V	劣V	劣V	劣V	劣V	劣V	劣V
	临汾	IV	劣V	劣V	劣V	劣V	劣V	劣V	劣V
	柴庄	IV	劣V	劣V	劣V	劣V	劣V	劣V	劣V
	新绛站	V	劣V	劣V	劣V	劣V	劣V	劣V	劣V
	河津大桥	V	劣V	劣V	劣V	劣V	劣V	劣V	劣V

北、自东向西逐渐加剧的分布格局。根据评价区 2007 年 MODIS 遥感影像解译结果，评价区极强度和剧烈土壤侵蚀占 10%，主要分布于腾格里沙漠、乌兰布和沙漠、库布齐沙漠等严重风蚀地区；强度土壤侵蚀占 63%，分布于黄土高原地区。土壤侵蚀分布见图 5-8。

评价区近 13 年区土壤侵蚀发展态势基本平稳。1995 年、2000 年、2007 年强度、极强度、剧烈沙漠化所占比例变化细微，变化均在 0.1% 以内，各时段土壤侵蚀比例见图 5-9。

评价区是我国土地沙漠化面积分布范围较广、程度较严重的区域之一。根据 2007 年 MODIS 遥感影像解译，评价区剧烈和极强度沙漠化地区占 24.9%，集中分布于腾格里沙漠、乌兰布和沙漠、库布齐沙漠；强度和中度沙漠化地区占 13.6%，分布于毛乌素沙地、巴彦淖尔北部、鄂尔多斯、吴忠、石嘴山、银川及陕西榆林等地。沙漠化土地分布见图 5-10。

根据评价区 1990 年、1995 年、2000 年、2007 年 MODIS 遥感影像数据分析结果，1990—2007 年局部沙漠化有加剧态势，1990—1995 年剧烈沙漠化土地增加 1 331.47 km²，2000—2007 年极强度沙漠化土地增加 1 122.08 km²，主要分布于腾格里沙漠、乌兰布和沙漠、库布齐沙漠和毛乌素沙地，鄂尔多斯及巴彦淖尔西北部。与此同时，1990—2007 年评价区沙漠化土地局部有所遏制，其中 2000—2007 年约有 302 km² 强度沙漠化土地转变为中度沙漠化土地，66 km² 中度沙漠化土地转变为轻度和微度沙漠化土地。如榆林地区多年来采取封山育林、退耕还林还草等工程，草地植被明显恢复，已由放牧时的 30% 提高到现在的 65%，大部分流沙区被固定或半固定，区域沙漠化进程得以遏制。

根据 2007 年 MODIS 遥感影像解译结果，评价区盐渍化土壤分布广泛，强度盐渍化土壤面积比例占 6.76%，分布于内蒙古北部草原和荒漠生态系统，并有盐渍化、沙化复合体共存的特点；轻度和中度盐渍化土壤比例占 39.91%，主要分布于黄河河漫滩、阶地，以及内蒙古、宁夏、陕北的灌区见图 5-11。

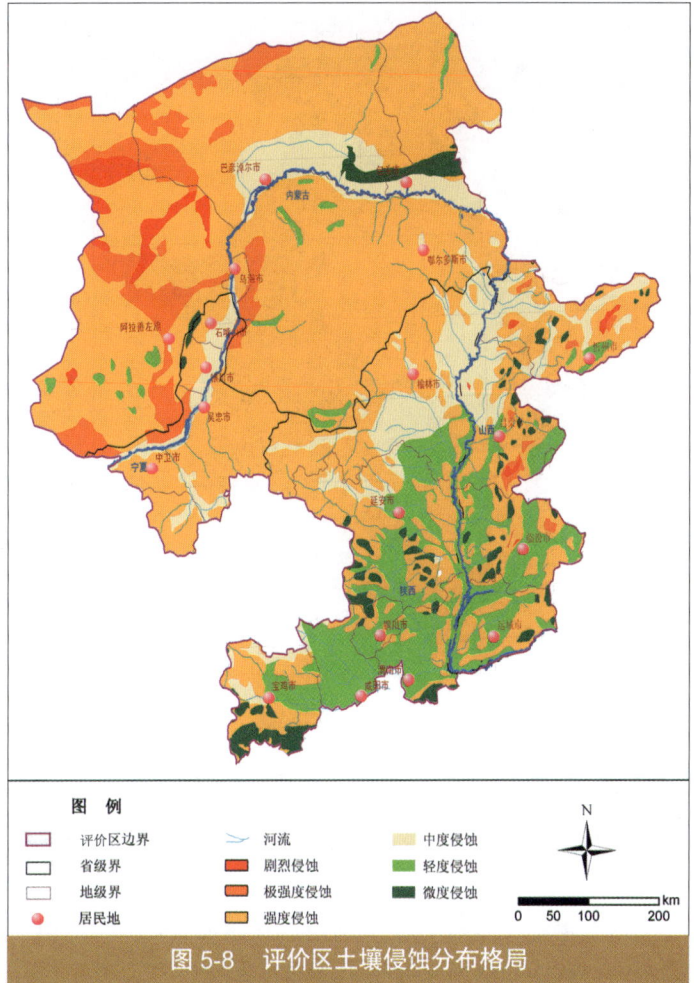

图 5-8　评价区土壤侵蚀分布格局

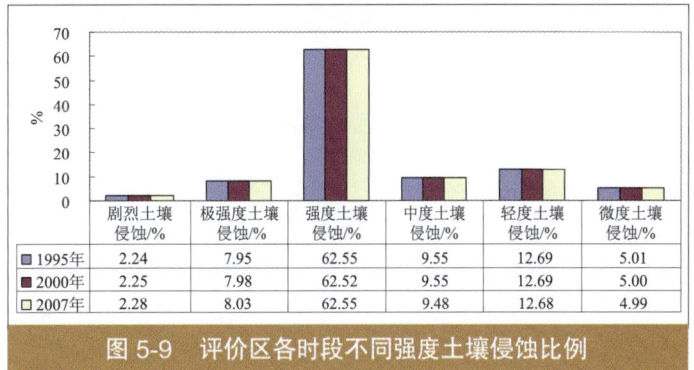

	剧烈土壤侵蚀/%	极强度土壤侵蚀/%	强度土壤侵蚀/%	中度土壤侵蚀/%	轻度土壤侵蚀/%	微度土壤侵蚀/%
1995年	2.24	7.95	62.55	9.55	12.69	5.01
2000年	2.25	7.98	62.52	9.55	12.69	5.00
2007年	2.28	8.03	62.55	9.48	12.68	4.99

图 5-9　评价区各时段不同强度土壤侵蚀比例

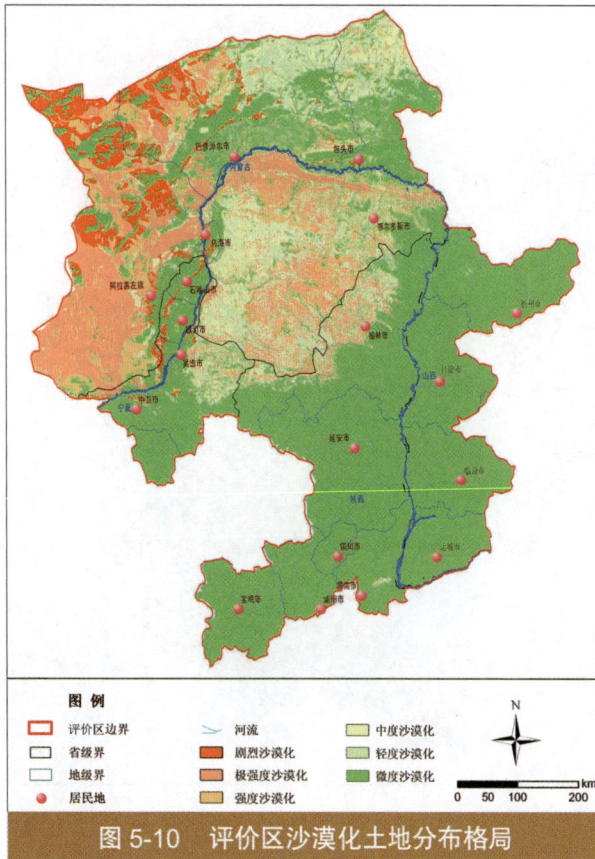

图 5-10　评价区沙漠化土地分布格局

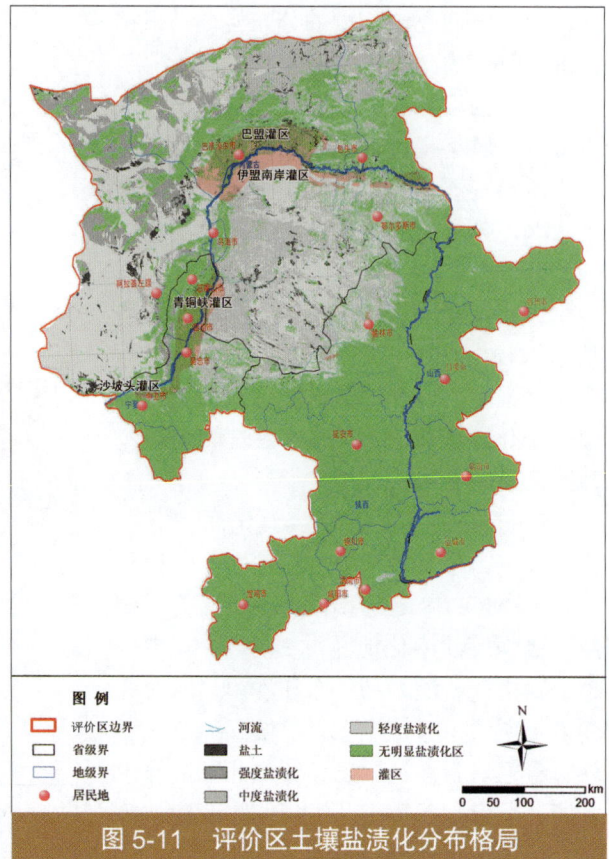

图 5-11　评价区土壤盐渍化分布格局

1990—2007 年评价区局部盐渍化土壤有加剧态势，2000—2007 年强度以上盐渍化土壤增加了 1 557 km²，气候干燥、蒸发量大、大水漫灌等是土壤盐渍化发展的主要原因。与此同时，也有局部土壤盐渍化出现逆转，2000—2007 年约有 33 km² 盐渍化土壤由强度转为中度，58 km² 盐渍化土壤由中度转为轻度和无明显盐渍化。如内蒙古、宁夏河套灌区由于水利配套工程实施，排灌平衡带来良性循环，土壤盐渍化趋势得到控制。

2.4.2　次生生态环境问题

近年来，黄河流域加强水量统一调度，黄河流域河道内生态用水量总体得到保证，但局部仍存在非汛期水资源开发利用突破生态底线、工农业用水挤占生态用水现象。

根据 2007 年评价区河流断流情况调查，陕西榆林、延安、咸阳、渭南的北洛河、泾河、无定河等支流，山西忻州、临汾、运城汾河，受非汛期河川径流量减少、生态用水配置不合理、生态流量过程无法保证影响，非汛期部分时段出现断流。河流断流情况详见表 5-3。

支流断流、流量减少等因素降低了河流自净能力和水环境容量，加剧了黄河支流水质污染程度，降低了河流水生生物多样性。另外，汾河等支流断流还导致农田灌溉期水量减少，地下水补给量减少，造成地下水水位降低，对灌区生态环境进一步产生影响。

评价区次生生态问题还包括不合理取用地下水造成大面积地下水降落漏斗，引发地质环境问题。由于地表水资源短缺，评价区过度开采地下水、不合理开发承压水现象突出，在局部地区形成大面积地下水降落漏斗。例如银川、石嘴山、咸阳、运城等地市由于地下水超采，20 世纪 80 年代初已形成约 36 个地下水降落漏斗。

表 5-3　评价区 2007 年黄河支流断流情况

河流性质	断流支流名称	断流情况	断流原因
非季节性河流	泾河	平凉站断流 3 天（1 月）；张家山站断流 42 天（5—7 月和 10 月）	自然原因：汛期径流量比多年平均值低 30% 以上，其中泾河和汾河低 50% 以上，天然来水量降低是部分河段断流的原因之一 人为原因：大量引水，工农业用水挤占河道内生态用水，造成部分河段断流
	北洛河	状头站，断流 75 天（3 月和 6—11 月）	
	汾河	兰村（四）站断流 260 天；汾河一坝、二坝站断流 200 天以上；赵城（五一渠）站断流 223 天；柴庄（东刘电灌站）站断流 365 天；河津（三）站断流 7 天	
	无定河	赵石窑（河道五）站断流 4 天	
季节性河流	葫芦河	静宁站断流 75 天（4—7 月）	季节性河流径流随降水的季节变化而变化。评价区年降水量主要集中于 6—9 月，河川径流量主要集中于 7—10 月（称汛期）。陇东、宁南、陕北、晋西北等黄土丘陵干旱、半干旱地区的一些支流，汛期径流量占全年的 80%～90%，每 3—6 月的径流量所占比重很小，导致牛孛牛川、湫水河、鄂河、清水河、哈德门沟等支流非汛期部分时段呈天然断流状态 另外，还有毛不浪沟等部分支流流经干旱、半干旱区，蒸发大，降水少，支流少，汇水面积小，地表水下渗透严重，汛期也出现了断流现象
	文峪河	文峪河水库（永田渠）站 12 月断流 3 天；文峪河水库（常稔渠）站断流 244 天（1 月、2 月、5—11 月）；文峪河水库（甘泉渠）站断流 121 天	
	洪安涧河	东庄（河道）站断流 265 天；东庄（北小渠）站断流 156 天（1—4 月、7—8 月、10—12 月）	
	浍河	浍河水库断流 346 天；大交（渠道）站断流 288 天（1 月、4—12 月）	
	涑水河	吕库水库站断流 349 天	
	偏关河	偏关（三）站断流 342 天	
	纳林川	沙圪堵（二）站断流 275 天	
	皇甫川	皇甫（三）站断流 314 天	
	县川河	旧县站断流 340 天	
	孤山川河	高石崖（三）站断流 119 天（1 月、2 月、11 月、12 月）	
	朱家川	桥头站断流 295 天（1—7 月、9—12 月）	
	蔚汾河	兴县（二）站断流 181 天（1—4 月、11 月、12 月）	
	窟野河	阿腾席热站断流 336 天；转龙湾站断流 285 天（1—7 月、9—12 月）；温家川（三）站断流 16 天（7 月、8 月）	
	牛孛牛川	新庙站断流 90 天（1 月、2 月、12 月）	
	湫水河	林家坪站断流 5 天（6 月）	
	鄂河	乡宁（二）站断流 234 天，1—7 月、12 月	
	跃进渠	胜金关（三）站断流 212 天，1—6 月、9—12 月	
	清水河	固原站断流 3 天（4 月）	
	东干渠	东干渠站断流 185 天（1—4 月、6 月、9—12 月）	
	惠农渠	龙门桥站断流 178 天（1—4 月、6 月、9—12 月）	
	沈乌干渠	巴彦高勒站断流 268 天（1—4 月、6—12 月）	
	南干渠	巴彦高勒（南）站断流 220 天（1—4 月、6 月、8—12 月）	
	乌梁素海退水渠	西山嘴（退五）站断流 273 天	
	毛不浪沟	图格日格站断流 338 天	
	哈德门沟	哈德门沟（五）站断流 259 天（1—6 月、10—12 月）	
	昆都仑河	阿塔山（四）站断流 355 天；昆都仑水库（总出库）站断流 33 天（5—10 月）	

表 5-4 2007 年评价区地下水漏斗情况

漏斗名称	漏斗中心位置	漏斗性质	漏斗面积 /km²	中心埋深 /m	漏斗形成原因
银川漏斗	银川	承压水	414.40	16.04	生活用水超采地下水
大武口漏斗	石嘴山大武口区龟头沟	浅层水	52.50	61.62	
沣东漏斗	咸阳秦都区	浅层水	31.90	32.85	工业用水超采地下水
兴化漏斗	咸阳兴平市	浅层水	24.10	15.53	
鲁桥漏斗	咸阳三原县	浅层水	10.00	33.34	
渭滨漏斗	咸阳秦都区	浅层水	13.48	20.05	
运城漏斗	运城	承压水	1 897.50	103.12	工业用水超采地下水

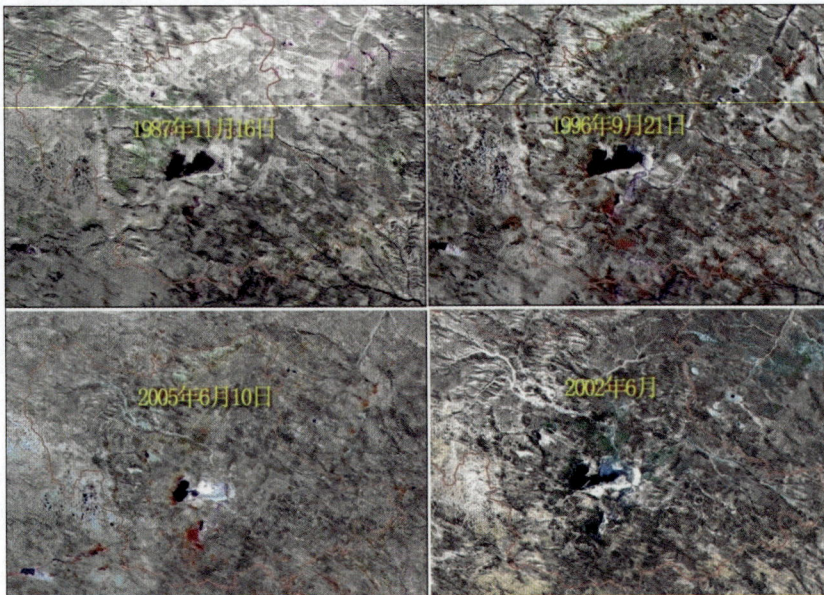

图 5-12 遗鸥自然保护区四期遥感影像（深蓝色为泊江海子，9—11 月数据）

截至 2007 年，评价区地下水漏斗面积达 2 443.88 km²，其中深层地下水漏斗面积均较大，运城漏斗面积达 1 897.50 km²，银川漏斗面积达 414.4 km²，并引发了运城等地市地面沉降及地裂缝等地质环境问题，详见表 5-4。

部分地区地下水降落漏斗有所好转，如咸阳秦都区、兴平市，宁夏银川市、石嘴山市近年来采取限制下水降落漏斗区地下水开采量等措施，地下水降落漏斗埋深及漏斗面积均有减少趋势。

生态用水被挤占造成局部湖沼湿地萎缩。评价区湿地面积占总面积的 0.7%（其中建立保护区的湿地面积占总面积 0.49%）。湿地具有调节局地小气候、保护生物多样性等功能，其中沿黄河湿地还具有调蓄水量、削减洪峰和延滞洪水过程、滞留沉积泥沙、减少水体泥沙含量等特殊功能。近年来，评价区内部分重要的内陆湿地补给水源被过量截流，加之气候干旱、农业取水量增加，导致湿地水源补给不足，生态用水缺口逐年增加，地下水水位降低，湿地周边非地带性植物缺水发生退化，引发湿地萎缩。如红碱淖湿地自然保护区湿地、鄂尔多斯遗鸥国家级自然保护区湿地等重要湿地，受工农业用水挤占生态用水影响，均不同程度地出现湿地萎缩现象，世界濒危鸟类遗鸥繁殖地日渐缩小，降低了局部区域生物多样性水平，见图 5-12。

2.5 区域生态环境问题及主要原因

2.5.1 生态环境功能符合性分析

综合大气环境、水环境和生态环境现状及演变趋势分析，评价区主要生态功能均受到不同程度地干扰，对区域性、流域性生态安全构成威胁。

腾格里沙漠、乌兰布和沙漠、库布齐沙漠和毛乌素沙地，鄂尔多斯及巴彦淖尔西北部沙漠化有加剧态势，山西地区土壤侵蚀加剧，对评价区局地防风固沙、水土保持功能有一定影响。评价区干旱缺水程度增加，生态用水被挤占造成重要湿地萎缩、支流断流，黄河生态安全廊道出现间断和破碎，影响流域生态安全。

评价区饮用水水源地水质局部恶化，大气环境呈现煤烟型污染特征，尚难满足人居环境保障功能。

2.5.2　生态问题及主要成因

评价区生态环境本底脆弱，是草原与荒漠、草原与森林植被交错过渡带，对气候变化极为敏感。近45年来，评价区降雨量减少，干旱缺水程度的加剧，是造成生态脆弱的主要原因。从干旱指数分区图（图5-13）和土地沙漠化分布图（图5-10）对比可发现，区域土地沙漠化广布区与干旱区几乎重合，表现出干旱与沙漠化显著正相关。

评价区地形地貌特点加重了气候条件的作用强度。黄土高原地区丘陵起伏，沟壑纵横，地形破碎，面蚀、沟蚀严重，近18年来，黄土高原区又具有降雨少而集中的特点，地形条件和气候条件综合影响，强度以上土壤侵蚀增加 1 656 m²。多沙粗沙区的汾河、清水河地区沟深坡陡、地形破碎，黄土覆盖厚，降水量少且集中，7月、8月降水占全年总降水量61%～76%，近18年来，这些区域土壤侵蚀强度由中度发展为强度土壤侵蚀区。

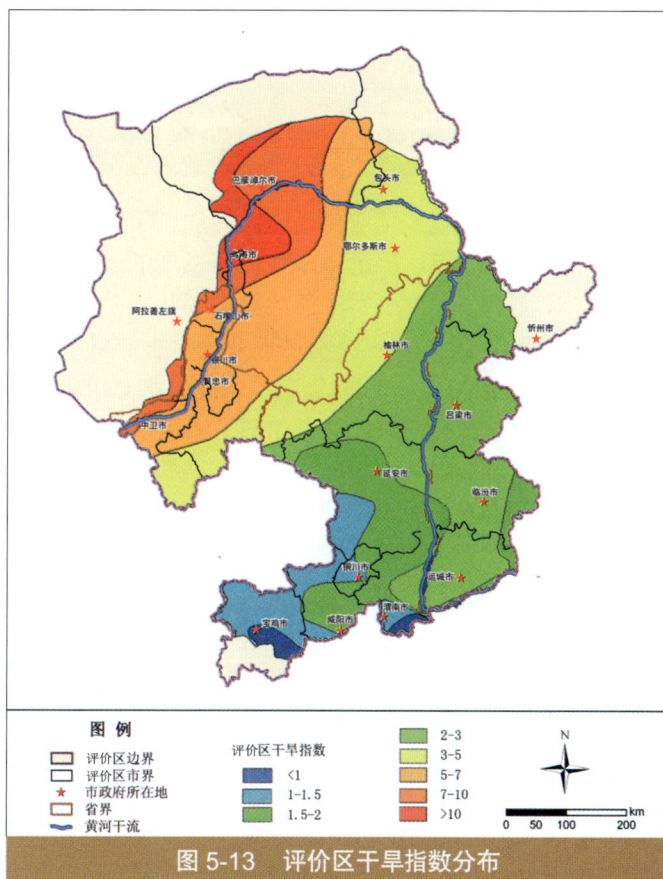

图 5-13　评价区干旱指数分布

煤炭开采加剧了山西地区土壤侵蚀。山西地区是我国煤炭资源富集区域，局部地区煤炭资源粗放型开发模式加剧了土壤侵蚀。由土壤侵蚀增势图和煤矿空间分布可知，山西地区土壤侵蚀与煤矿开发有较高的空间相关性，点多面广的煤矿开发、煤源化工业园区基础设施建设等对地面的扰动，煤矿开采地面沉陷等，加剧了山西地区土壤侵蚀。

高耗水产业挤占生态用水引发次生生态问题。评价区以电力、冶金和焦化等高耗水产业为主导的工业结构，激发了能源化工产业发展与水资源的矛盾。在工业快速增长的同时，工业地表水取水量也呈波动上升趋势，评价区用水量持续增加。工农业用水挤占生态环境用水的现象较为普遍，引发一系列生态环境问题。2000—2007年总用水量变化趋势见图5-14。

受工农业用水挤占地下水生态用水影响，银川、咸阳、运城等地市已形成36处，总面积达 2 444 km² 的地下水漏斗。北洛河、汾河、泾河、无定河等流域由于大量引水，河道内生态用水被挤占，部分河段非汛期出现断流现象。另外，以断流河流为补给水源的湿地，因生态用水补水不足，地下水水位降低，引发湿地萎缩，造成局部生态环境退化。

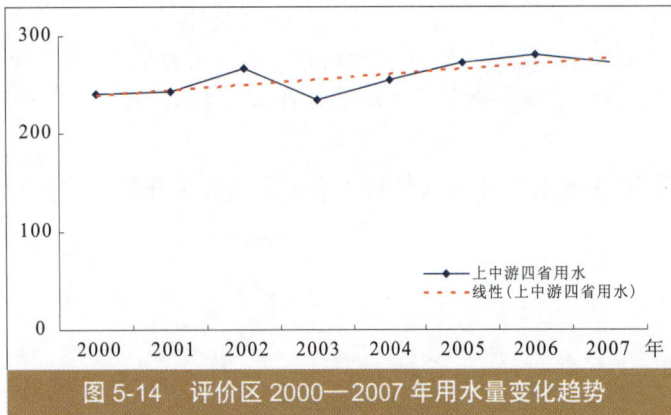

图 5-14　评价区 2000—2007 年用水量变化趋势

2.5.3　水环境问题及主要原因

随着评价区经济社会的迅速发展，水资源过度利用严重削弱了河流自净能力。黄河部分支流河道外生产生活用水大幅度增加，耗水量超过水资源承载能力，导致下游河段基本生命流量得不到保障，甚至出现断流，严重削弱了河流自净能力。近年来高耗水的能源化工产业高速发展加剧了水资源过度利用态势，也使得河流自净能力进一步削弱。

城市化和工业化高速发展加剧了流域水环境恶化。评价区城市化水平尽管相比全国平均水平仍较低，但近年来呈加速发展的态势。随着评价区内城市化水平的提高，人口集中的程度更高，由此引发生活污染源在污染负荷中所占比重不断提高。其中，山西、陕西的生活污水量在 1998 年已经超过工业废水排放量成为点源废水量的主体，生活污水 COD 排放量则分别在 1998 年、2000 年超过工业废水 COD 排放量。

工业化高速发展也加剧了流域水质恶化。焦化等工业排放的特征污染物造成了渭河流域、汾河流域 COD、重金属超标。

农业面源污染使评价区水环境问题更加复杂。灌溉农业在评价区有着悠久的历史，是社会经济发展的重要基础，同时也造成了相当程度的面源污染，是评价区水污染物的重要贡献源。例如，陕西省的 COD 面源污染负荷所占比重高达 57.6%，氨氮负荷比重为 18.9%。近年来评价区点源治理极大地改善了流域水环境，但由于面源污染的治理基本停滞，使得治污效果仍不够显著。随着点源污染治理力度的进一步加强，评价区面源的影响越发突出，严重制约着水环境改善的程度。

2.5.4　大气环境问题及主要原因

评价区重点产业具有布局分散、规模小、生产技术水平较低、大气污染物排放量大的特点，对区域大气环境造成较大影响。如根据主要大气污染物监测值和模拟值（以工业大气污染物排放量为源的模拟值）相关性分析表明，评价区工业大气污染物排放，尤其是比例高达 78.6% 的电力、煤化工行业排放的 SO_2 对区域 SO_2 浓度有直接影响（图 5-15）。

如山西焦炭产能集中，其产能占评价区总产量的 73%，小规模电厂分布也较集中，焦炭排放的苯并 [a] 芘、电力行业排放的 SO_2 加剧了该地区大气环境质量恶化。

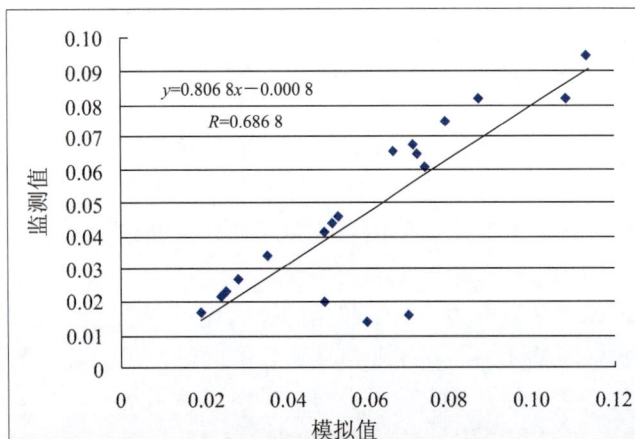

图 5-15　工业污染源浓度模拟值与现状浓度监测值的相关分析

3 资源环境承载力评估

3.1 水资源承载力评估

3.1.1 水资源特征及演变趋势

自产水资源量少。评价区约 40% 位于半干旱地区，产水模数不足 5 万 m^3/km^2。评价区集水面积占黄河流域的 47.6%，水资源量仅占全流域 24.6%，人均水资源量不足黄河流域人均水资源量的一半，亩均水资源量不足流域的 1/3。近 20 年来，由于气候变化和人类活动对地表下垫面影响，黄河流域水资源情势发生了变化，黄河中游变化尤其显著，水资源量明显减少。根据第二次全国水资源综合规划成果，天然状态下，评价区下河沿断面 1956—1979 年年平均天然径流量为 338.0 亿 m^3，1980—2000 年年平均为 324.8 亿 m^3，减少了 4%。三门峡断面 1956—1979 年年平均天然径流量为 502.1 亿 m^3，1980—2000 年年平均为 463.2 亿 m^3，较 1956—1979 年均值减少了 7%。

自产水资源利用难度较大。评价区自产水资源呈东部多、西部少，山区多、高原少的特点。各地产水模数从西北部地区 0.5 万 m^3/km^2 至东部 10 万 m^3/km^2，差异巨大。评价区河川径流年际、年内变化大。干流各站最大年径流量一般为最小年径流量 3.1 ～ 3.5 倍，支流可达 5 ～ 12 倍；受季风气候影响，降水季节性强，6—9 月可占年降水量 70% ～ 80%，7—10 月径流占年径流量 70% 以上，个别支流可达到 85%。评价区还是黄河的主要水土流失区，年产沙量占黄河总产沙量的 90% 以上。其中，又有 90% 的泥沙随汛期洪水下泄，蓄水和引水工程因为泥沙淤积而废弃，影响水资源开发利用。

可利用水资源以黄河过境水为主。黄河干流自宁夏中卫下河沿断面流入评价区至河南三门峡断面流出评价区，贯穿项目区 19 个地市中的 15 个。据第二次全国水资源评价，1980—2000 年实测平均入境水量 287.3 亿 m^3。长期以来黄河干流一直是区域主要供水水源，供水量占评价区地表水总供水量的 60% 以上。

3.1.2 水资源承载力现状

黄河全流域实施水权管理，划定了水资源开发的红线。1987 年国务院办公厅以国办 [1987]61 号文下发了《关于黄河可供水量分配方案报告的通知》（简称"87 分水方案"），按照黄河多年年平均来水 580 亿 m^3，扣除 200 亿 m^3 用于河道内生态环境水量，10 亿 m^3 为评价区水土保持减水量，370 亿 m^3 作为河道外省（区）工农业用水。

《全国水资源综合规划》预测 2020 年黄河河川径流量将进一步减少 15 亿 m^3，在水资源量减少的基础上，按照黄河水量调度的"丰增枯减"原则将"87 分水方案"的分水指标调整分配到 10 省（区、市）。各省区制订了细化的分水方案，将地表水取水指标分配到地市。各地取水指标详见表 5-5。

第二次全国水资源综合规划给出评价区浅层地下水可开采量为 90 亿 m^3，不重复的地下水可利用量为 49 亿 m^3，评价区各地市水资源可利用量见表 5-6。综合考虑地表水可利用量和地下水可利用量，评价区可利用水资源总量为 186.58 亿 m^3。

表5-5 黄河水量分配			单位：亿 m³
省区	地市	"87分水方案" 水权指标[1]	调整指标[2]
宁夏	银川	12.35	11.52
	石嘴山	6.40	5.97
	吴忠	11.41	10.65
	中卫	6.84	6.38
内蒙古	包头	5.50	5.13
	鄂尔多斯	7.00	6.53
	乌海	0.50	0.47
	巴彦淖尔	40.00	37.32
	阿拉善左旗	0.50	0.47
陕西	铜川	1.03	0.96
	宝鸡	4.58	4.27
	咸阳	6.54	6.10
	渭南	10.26	9.57
	延安	2.46	2.30
	榆林	5.85	5.46
山西	忻州	0.86	0.80
	吕梁	4.71	4.40
	临汾	7.79	7.27
	运城	12.46	11.63
合计		147.04	137.20

表5-6 评价区多年平均水资源可利用量			
			单位：亿 m³
区域	地表分水 指标	地下水不重 复可利用量	水资源可利 用总量
吴忠	10.65	0.15	10.80
银川	11.52	0.33	11.85
石嘴山	5.97	0.28	6.25
中卫	6.38	0.11	6.49
鄂尔多斯	6.53	12.37	18.90
乌海	0.47	0.12	0.59
阿拉善左旗	0.47	0.49	0.96
巴彦淖尔	37.32	3.88	41.20
包头	5.13	2.00	7.13
榆林	5.46	5.92	11.38
延安	2.30	0.18	2.48
渭南	9.57	4.21	13.78
铜川	0.96	0.26	1.22
宝鸡	4.27	3.24	7.51
咸阳	6.10	2.46	8.56
忻州	0.80	2.80	3.60
吕梁	4.40	1.93	6.33
临汾	7.27	3.31	10.58
运城	11.63	5.34	16.97
区域合计	137.20	49.38	186.58

注：1. 根据宁夏、内蒙古制订的"87分水方案"的细化分水指标。

2. 根据第二次水资源综合规划，现状水资源减少，省区指标减少情
况下的各地区指标做的相应调整。

评价区供水以地表水为主。据统计，2007年评价区各类工程总供水量223.6亿 m³，其中地表水 164.82 亿 m³，占总供水量的73.7%；地下水 57.83 亿 m³，占总供水量的25.9%；其他供水量0.95 亿 m³，占总供水量的0.4%。地表水是评价区的主要供水水源。供水结构见图 5-16。

从地区供水构成看，宁夏四市（吴忠、银川、石嘴山、中卫）以及内蒙古巴彦淖尔地表水的供水量占90%以上，吴忠甚至占到95.3%；而陕西宝鸡、咸阳以及山西忻州、吕梁、运城则主要开采地下水，占50%以上，运城甚至占到74.5%。

评价区水资源主要用于农业。2007年评价区各部门总用水量223.60 亿 m³，其中农田灌溉用水165.75 亿 m³，占总用水量的75%；工业用水 26.59 亿 m³，占总用水量的12%，其中重点产业用水18.04 亿 m³；林牧渔用水量20.66 亿 m³，占总用水量的9%；城镇生活用水 4.80 亿 m³，占总用水量的2%；农村生活用水4.12 亿 m³，占总用水量的2%，见图 5-17。

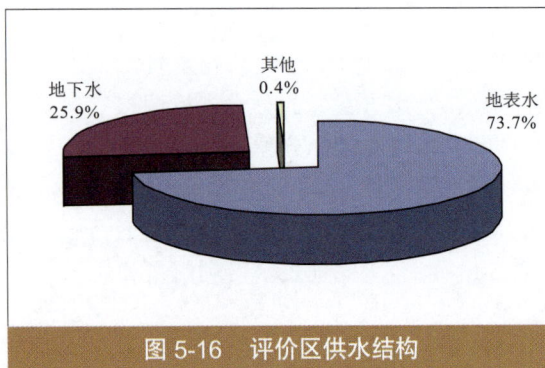

其他 0.4%
地下水 25.9%
地表水 73.7%

图 5-16 评价区供水结构

评价区耗水总量为 166.4 亿 m³。从用水部门看，农田灌溉为第一用水大户，耗水量为 126.17 亿 m³，占区域总耗水量 75.9%；工业耗水 14.63 亿 m³，占 8.7%；城镇生活为 1.44 亿 m³，占总量的 0.9%；农村生活 4.12 亿 m³，占 2.5%；林牧渔 18.33 亿 m³，占 11%，见图 5-18。

评价区总耗水量未超过可利用水量，局部地区存在超量用水。现状地表水供水量 164.82 亿 m³，地表水耗损量 121.23 亿 m³，损耗量占地表分水指标 137.20 亿 m³ 的 88.4%；浅层地下水开采量 57.8 亿 m³，占浅层地下水可开采量为 90 亿 m³ 的 64%；区域水资源消耗总量为 166.4 亿 m³，占可利用总量的 93%。评价区总耗水量未超过可利用水量，但剩余空间极为有限。

从地区分布来看，宁夏除中卫外其余三市已无可发潜力；内蒙古除鄂尔多斯、阿拉善左旗地下水尚有潜力外，其余地市地表水和地下水均超过可利用量；陕西各地市地表用水均未到达分水指标，但延安、咸阳地下水消耗超过可利用量，咸阳水资源消耗总量超过地表水可利用总量已无开发利用潜力，其余五市均有开发潜力；山西区地表水分水指标富余较多，但吕梁、临汾、运城地下水开采消耗均超过可利用量，已引发了地质环境问题。

从河流水系来看，黄河过境水资源量丰富，干流水质普遍好于区内支流，现状主要断面水量能够满足生态环境需水。渭河、汾河等主要支流现状水资源消耗均已达到甚至超过河流水资源可利用量，已无开发潜力。

水资源开发利用潜力分析结果见表 5-7 和图 5-19。

3.1.3　水资源开发利用存在的问题

黄河全流域水资源合理配置保障了基本生态需水量，但局部地区仍有挤占生态需水现象。根据水资源综合规划，黄河干流的生态需水见表 5-8。

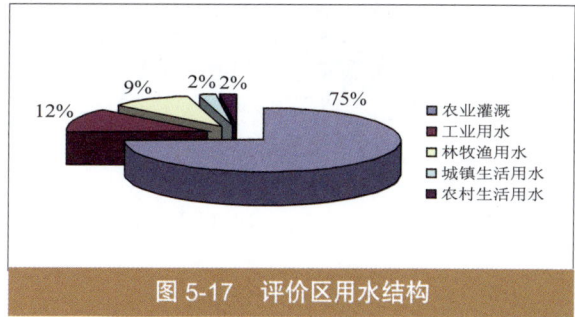

图 5-17　评价区用水结构

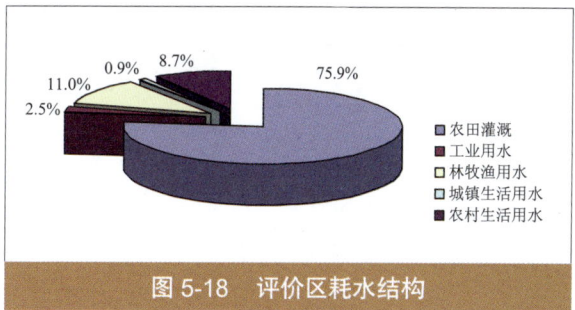

图 5-18　评价区耗水结构

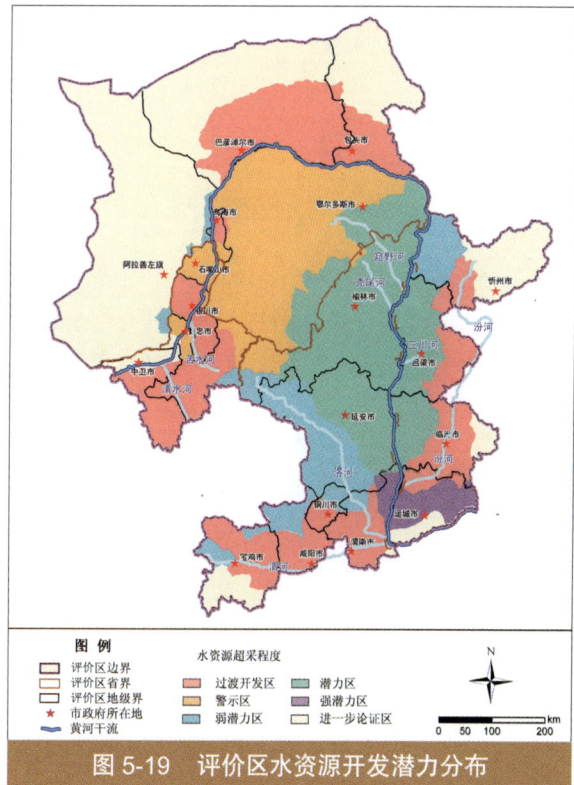

图 5-19　评价区水资源开发潜力分布

评价区地表水总可利用量 130 亿 m³，现状从黄河干流消耗水约占 60%，即 78 亿 m³；下河沿断面入境水资源 287 亿 m³，扣除引黄干流消耗水量 78 亿 m³，黄河干流还剩余水量 209 亿 m³。在正常来水情况下，不考虑支流对干流的流量贡献，上游来水在满足河道生态需水后，还剩余水量 70 亿 m³。由于评价区 1980—2000 年平均净贡献量为 14 亿 m³，黄河干流满足生态需水后还余水量 162 亿 m³。

表 5-7 评价区各地市水资源开发利用潜力 单位：亿 m³

区域	地表水			地下水			水资源开发利用潜力
	可利用量	实际消耗量	开发潜力[1]	不重复的可利用量	开采消耗量	开采潜力[2]	
吴忠	10.65	14.39	-3.74	0.15	0.74	-0.59	-4.33
银川	11.52	11.79	-0.27	0.33	0.84	-0.51	-0.78
石嘴山	5.97	6.84	-0.87	0.28	0.67	-0.39	-1.26
中卫	6.38	5.75	0.63	0.11	0.45	-0.34	0.29
鄂尔多斯	6.53	8.45	-1.92	12.37	6.90	5.47	3.55
乌海	0.47	1.4	-0.93	0.12	0.73	-0.61	-1.54
阿拉善左旗	0.47	0.28	0.19	0.49	0.09	0.40	0.59
巴彦淖尔	37.32	39.22	-1.9	3.88	4.10	-0.22	-2.12
包头	5.13	5.8	-0.67	2.00	2.52	-0.52	-1.19
榆林	5.46	3.95	1.51	5.92	2.09	3.83	5.34
延安	2.30	1.32	0.98	0.18	0.58	-0.40	0.58
渭南	9.57	6.34	3.23	4.21	5.29	-1.08	2.15
铜川	0.96	0.35	0.61	0.26	0.23	0.03	0.64
宝鸡	4.27	2.79	1.48	3.24	2.39	0.85	2.33
咸阳	6.10	4.41	1.69	2.46	4.73	-2.27	-0.58
忻州	0.80	0.24	0.56	2.80	0.29	2.51	3.07
吕梁	4.40	1.93	2.47	1.93	2.40	-0.47	2
临汾	7.27	3.26	4.01	3.31	2.72	0.59	4.6
运城	11.63	2.72	8.91	5.34	7.38	-2.04	6.87
区域合计	137.20	121.23	15.97	49.38	45.15	4.23	20.2

注：1. 根据宁夏、内蒙古制订的"87分水方案"的细化分水指标。
2. 根据第二次水资源综合规划，现状水资源减少，省区指标减少情况下的各地区指标做的相应调整。

表 5-8 评价区黄河干流生态需水量 单位：亿 m³

断面名称	汛期	非汛期	全年
下河沿	62.02	50.26	112.28
河口镇	77.58	61.48	139.06
龙门	48.39	50.13	98.52
三门峡	73.63	46.42	120.05

从水量上总体来看，河流生态用水有保障，但是个别流域开发过度，引发了所在河道的断流，造成生态用水被挤占，甚至基本生命流量难以保证。如汾河、渭河等出现了不同程度的断流现象，生态需水没有得到保障。

根据全国水资源综合规划，评价区主要支流的生态需水除渭河以外，基本占多年平均天然径流量的30%，渭河因为输沙需水大，生态需水占流域天然径流量的70%以上。黄河主要支流生态需水量见表5-9。黄河主要支流的生态需水量应成为流域开发的生态红线。

不合理的煤炭开采方式改变水循环，破坏了水资源。在煤炭产区，因多年不合理的煤炭开采方式造成局部区域水资源遭到不同程度地破坏，一是使局部地区（主要为山西区）地下水源地及泉域地下水出现水量减少和地下水污染现象，影响到当地群众饮用水安全；二是煤矿开采排水，打破了局部地区原有地表水和地下水平衡状态，两者间供补给关系发生改变，地下水位下降造成河道基流补给减少，进而造成黄河部分支流径流量减少，甚至在地下水位下降严重的河段，已由原来的地下水补给河道基流改变为河川径流补给地下水。由于水源破

表5-9 黄河主要支流生态需水量							单位：亿 m³
河流名称	节点名称	多年平均天然径流量			河道内生态环境需水量			生态需水量占天然径流量的比例 /%
		全年	汛期	非汛期	全年水量	汛期水量	非汛期水量	
无定河	白家川	11.51	5.10	6.41	3.32	2.04	1.28	29
渭河	北道	14.13	7.47	6.65	4.32	2.99	1.33	31
渭河	华县	83.25	45.68	35.26	54.00～64.00	43.00～52.00	11.00～12.00	65～77
北洛河	状头	8.96	4.87	4.09	2.77	1.95	0.82	31
汾河	汾河水库	3.62	2.13	1.49	1.15	0.85	0.30	32
汾河	河津	20.35	10.12	8.35	5.70	4.00	1.70	28

坏、大量河川径流量被袭夺，造成局部地区黄河支流径流量减少和断流。

局部深层承压水开采引起地质环境灾害。据统计，2007年浅层地下水超采、深层地下水开采量分别为8.9亿 m³、3.8亿 m³，区域（河谷）平原（盆地）区，由于长期过量开采地下水，形成多个地下水降落漏斗。地下水持续大量开采，一方面造成部分地区地下水位持续下降，形成大范围地下水降落漏斗，产生一系列地质环境灾害；另一方面对河川径流产生很大影响。

评价区用水效率低，地表水和地下水使用不均衡，水资源管理落后。农业用水约占总用水量的75%，渠道衬砌率不足30%，建筑物损坏达51.4%，渠系有效利用系数仅0.6，灌溉水利用率仅为0.44，农业用水的生产效率低，水分生产率仅1.12 kg/m³。工业用水也存在较大浪费，重复利用率仅为50%～60%，而发达地区的工业水重复利用率已达到80%～90%。评价区单位产品的用水量比发达地区高出5倍，从而造成供给紧张，浪费巨大，这种粗放的用水方式加剧了水资源的短缺。

宁夏、内蒙古河套灌区黄河水利用量占总用水量的92.7%，利用地下水偏少，仅占7.3%。自流灌区由于地下水位埋深浅，造成大量地下水无效蒸发损失，既加重了灌区土壤盐渍化，又造成水资源浪费。而在陕西和山西区的部分地区，由于地表水源工程不足，受河川径流量大幅度减少的影响，地表供水量相对较少，大量开采地下水，造成地下水超采，导致地面裂缝、下沉，引发严重的环境问题。另外，评价区水价总体偏低，廉价水的长期供给造成用水户缺乏节水意识，现行的水价政策不适应节水机制的形成。

3.2 水环境承载力评估

3.2.1 水环境容量和总量管理目标

利用建好的黄河干流一维水质模型，采用试算法，分段计算黄河干流水环境容量。采用90%保证率最枯月平均流量作为设计流量，并考虑不同河段的取用水，估算评价区水环境容量。

管理目标控制依据四省区水污染物排放总量控制计划，其中山西采用"山西省地表水环境容量和核定总量分配方案"中允许排放量成果，内蒙古采用"内蒙古自治区'十一五'期间主要污染物排放总量控制计划"中总量控制目标值，宁夏采用"自治区'十一五'期间主要污染物减排计划"中控制量数据，见表5-10。

表 5-10　评价区分地区总量控制指标　　单位：万 t/a

省区	地市	COD		氨氮	
		水环境容量	入河控制量	水环境容量	入河控制量
宁夏	吴忠	6.55	3.36	0.41	—
	银川	5.48	2.36	0.24	—
	石嘴山	4.75	2.12	0.14	—
	中卫	4.26	2.25	0.10	—
	小计	21.04	10.09	0.89	—
内蒙古	鄂尔多斯	1.40	2.5	0.10	—
	乌海	1.07	0.8	0.08	—
	阿拉善左旗	0.00	0.6	0.00	—
	巴彦淖尔	8.30	4	0.31	—
	包头	4.00	2.7	0.15	—
	小计	14.77	10.6	0.64	—
陕西	榆林	4.75	—	0.23	—
	延安	2.20	—	0.15	—
	渭南	3.70	—	0.20	—
	铜川	0.25	—	0.02	—
	宝鸡	1.30	—	0.07	—
	咸阳	3.00	—	0.17	—
	小计	15.20	—	0.83	—
山西	忻州	0.45	0.11	0.03	0.02
	吕梁	1.17	0.23	0.05	0.02
	临汾	3.45	0.84	0.15	0.13
	运城	3.71	2.19	0.17	0.17
	小计	8.78	3.37	0.40	0.34
区域合计		59.79	—	2.76	—

3.2.2　水环境承载力现状

根据黄河干流现状水质以及污染物入河量数据，从容量控制、管理目标控制来分析水环境承载能力。

评价区 19 地市现状污染物入河总量 COD 为 91.07 万 t、氨氮为 5.06 万 t，远远超过了 COD 水环境容量（59.79 万 t）和氨氮水环境容量（2.76 万 t），相较更为严格的入河控制量，须削减的污染物排放量则更大，流域水环境已无承载能力。

COD 削减量主要集中在汾河流域的山西和渭河流域的陕西，占削减总量的 80.4%；氨氮削减量主要集中在山西和内蒙古两省（区），占削减总量的 77.2%。山西省入河污染物量最大，是污染物削减和控制的主要区域。

3.3　大气环境承载力评估

3.3.1　评价区大气扩散条件分布特征

评价区风速分布大致呈西北向东南逐渐减小的趋势，见图 5-20。评价区西北部风速大、扩散条件好，风速可达 3 m/s 以上，局地污染物易于扩散。鄂尔多斯、巴彦淖尔、阿拉善左旗、中卫等城市的大气扩散清除能力较强，大气环境容量较大。

盆地和沟壑不利于污染物扩散。评价区内河谷盆地和黄土沟壑发育盛行，盆地和沟壑内易生成局部静风或低风速小环流，山谷及河谷盆地内的静风频率可达 30% 以上，年均风速低于 1 m/s，从而产生气流阻塞型局地污染。汾河流域即为典型的此类盆地，污染物易在此聚集。

3.3.2　评价区城市间大气污染物的相互影响

本次评价采用多元扩散模式 CALPUFF 估算评价区 19 个城市间大气污染物的相互影响，结果表明各地市间存在不同程度的跨区域影响，其中咸阳、渭南、铜川之间，以及银川、石嘴山、吴忠间的相互影响最为明显，主要表现为咸阳、渭南、铜川的相互影响以及石嘴山、吴忠对银川的影响。城市间大气污染物的相互影响主要取决于城市间距离、大气污染物的排放量、区域气象扩散条件等，城市间大气污染物的相互影响导致受影响地区大气环境承载能力有所降低。

3.3.3　区域大气环境承载能力

本次评价分析了评价区 SO_2 大气环境自然容量以及各地市 SO_2 的达标允许排放量。

大气环境自然容量是对于给定的污染物浓度阈值，评价区大气环境自净能力所能消除的污染物总量，在满足大气环境自然容量的情况下，能保证本地区环境空气质量达标，且不会对周边地市造成影响。本次评价采用国标（GB/T 8304—91）规定的 A 值法分析计算了评价区 SO_2 的大气环境自然容量为 167.5 万 t/a。

针对 2007 年评价区 SO_2 超标地市，依据各地市 2007 年污染源分布和排放量、环境空气质量状况，在 CALPUFF 模型中建立大气污染物排放量和环境空气质量的关系；以各地市 SO_2 年均浓度达到二级标准为边界，计算出 2007 年 SO_2 超标地市的 SO_2 达标允许排放量，见表 5-11 和图 5-21。

建议各地市近期首先满足达标允许排放量的要求，即区域东部和西北部 8 个地市（运城、乌海、吕梁、忻州、包头、临汾、石嘴山和渭南）均须对 SO_2 排放量进行削减，其余地市不新增 SO_2 排

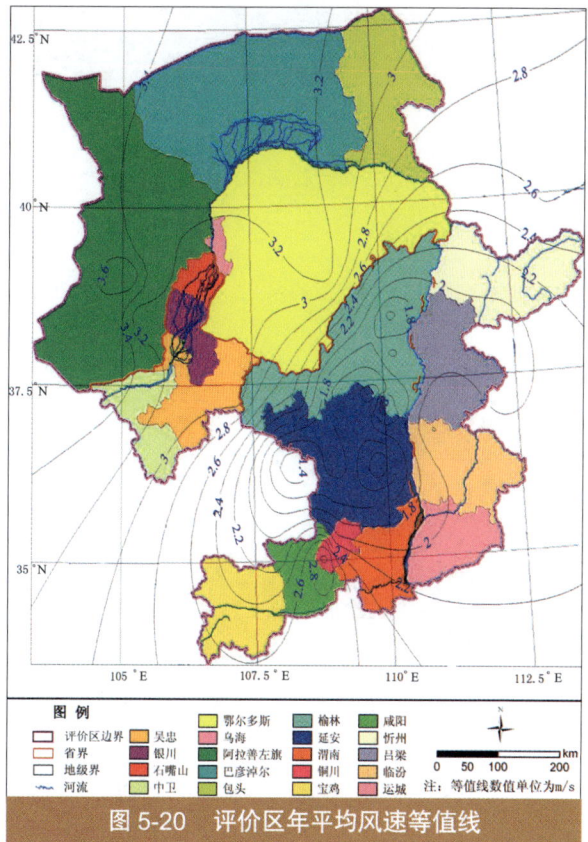

图 5-20　评价区年平均风速等值线

表 5-11　SO_2 达标排放量		单位：万 t/a
地市	2007 年排放量	达标允许排放量	近期需削减的排放量
运城	14.48	6.86	−7.62
乌海	11.04	6.06	−4.98
吕梁	9.29	5.10	−4.19
忻州	12.78	7.67	−5.11
包头	16.38	12.08	−4.30
临汾	10.51	7.28	−3.23
石嘴山	15.62	10.34	−5.28
铜川	1.64	—	—
渭南	33.14	22.60	−10.54
延安	1.32		
鄂尔多斯	25.05	—	—
榆林	11.01		
银川	2.52		
阿拉善左旗	4.23		
咸阳	12.39		
中卫	5.44		
宝鸡	8.29		
吴忠	10.29		
巴彦淖尔	7.29		
评价区合计	212.71	—	−45.25

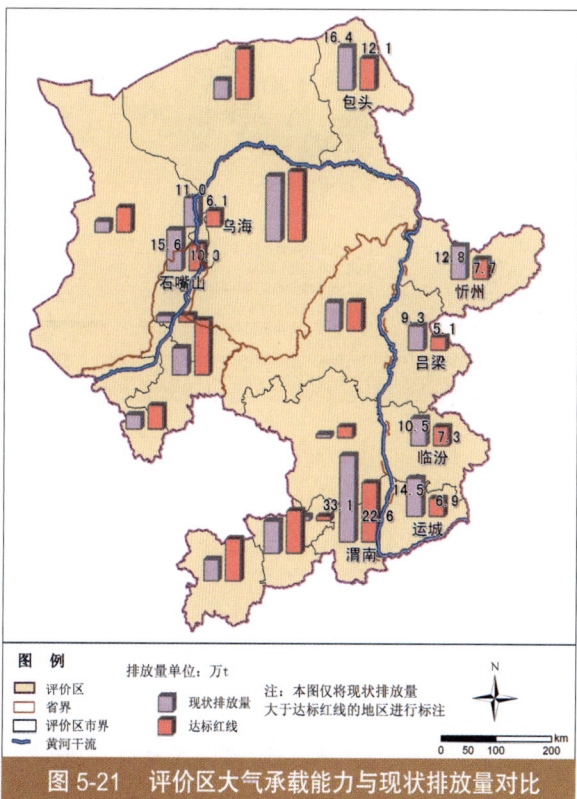

图 5-21　评价区大气承载能力与现状排放量对比

表 5-12　"一体四翼" SO₂ 大气环境容量

区块	涉及地市	大气环境自然容量 / 万 t
一体	银川、鄂尔多斯、榆林	44.3
东翼	忻州、吕梁、临汾、运城	25.8
南翼	延安、铜川、宝鸡、咸阳、渭南	26.0
北翼	包头、巴彦淖尔	29.7
西翼	乌海、石嘴山、吴忠、中卫、阿拉善左旗	41.7

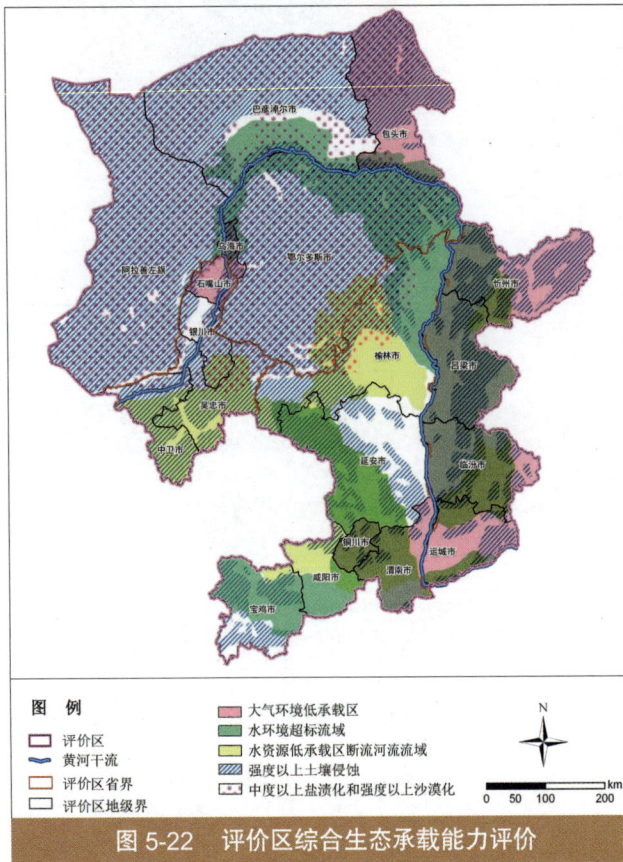

图 5-22　评价区综合生态承载能力评价

放量，从而区域 SO₂ 排放量为 167.46 万 t，总体上可以满足区域大气自然环境容量的要求。

依据大气环境自然总容量的分析结果，远期按照重点产业"一体四翼"的发展格局，分区块对区域 SO₂ 大气环境容量进行管理，见表 5-12。

3.4　环境综合承载力评估

综合考虑评价区生态环境、水环境、大气环境、水资源承载力现状，选择反映各要素承载力不利影响的表征指标进行叠加，评价区域综合生态承载能力各要素叠加结果见图 5-22。

评价区生态承载力空间分异格局呈现以下特点：

生态脆弱特征明显。黄河上游地区是评价区生态最为脆弱的区域，退化土地分布广泛，兼有土地沙化、土壤盐渍化、水土流失等生态环境问题。脆弱的生态环境，较低的生态系统稳定性，使该区域对人为干扰极为敏感，必须在科学合理规划、加强生态环境综合治理的基础上，方可承载一定程度的人为开发活动。

汾河流域和渭河流域地区环境污染形势严峻。汾河流域和渭河流域地区生态本底相对较好，但受能源化工、冶金等产业多年开发影响，水环境、大气环境和水资源承载力较低，除榆林、延安局部地区以河流断流、土壤侵蚀等单一环境问题为主外，其余区域均兼有 2～3 类生态环境问题，环境污染呈复合性和累积性特点，环境历史欠账较多。低水平、高污染、高耗能的能源化工产业发展，造成区域大气环境和水环境质量多年难以改善，多个地市大气环境质量持续超标，黄河部分支流水质难以达标。因此，必须强化环境污染综合治理，全面提高区域生态环境承载力。

河套地区兼有生态脆弱和环境污染问题。河套地区不但生态脆弱，还兼有土地沙化、土壤盐渍化、水土流失等问题。近年来随能源化工产业的迅速发展，受人为影响造成的环境问题开始凸显。如工农业用水挤占生态用水，部分非季节性河流非汛期出现断流；工农业及生活污水排放量的增加，导致部分河流水环境质量不达标；高污染的电力、焦化、电石行业快速发展，增加了区域大气环境压力。生态本底的脆弱性和人为环境污染交织在一起，增加了该区域生态环境问题的复杂性，降低了该区的生态承载力，也对该区域能源化工产业开发提出了更高要求。

4 重点产业发展现状及资源环境效率水平评估

4.1 重点产业战略地位

4.1.1 国家重要的能源供给基地

评价区是国家最主要的煤炭产区和调出区。区域煤炭资源丰富，储量达 20 423 亿 t，占全国煤炭资源储量的 36.9%；已探明煤炭储量约 5 713.58 亿 t，占全国煤炭探明储量的 56%。2007 年煤炭产量 58 092.8 万 t，占所在四省区总产量的 48.2%，占全国的 22.9%。根据国家《煤炭工业"十一五"规划》，区域所在的晋陕蒙宁是全国的煤炭调出区，8 个重点调出区中有 6 个位于评价区。以内蒙古为例，2007 年内蒙古煤炭调出量 11 532 万 t，占总产量的 60%。

区域是"西电东送"北通道的重要输出地。从电网构架看，宁东地区为国家规划建设的重要煤电基地；鄂尔多斯电网位于蒙西电网的西南部，是蒙西电网过黄河向西南的延伸部分；陕西电网位于西北电网的东部，处在"西电东送"最有利的位置，向南可与华中川渝电网联网，向东南可与华中河南电网联网，向东可与华东电网、山东电网联网，向东北可与华北电网联网。截至 2007 年，区域电力装机容量 45 630 万 kW，发电量约 2 111.7 亿 kWh，占四省区总量的 43.6%，占全国总量的 6.45%。

4.1.2 国家重要的煤化工产业基地

评价区是国家传统煤化工产品的主要产地。传统煤化工产品主要指焦炭、电石、合成氨等。截至 2007 年，宁夏、内蒙古、陕西和山西四个省区的焦炭生产企业超过 500 家，总产能约 13 052 万 t/a，产量 12 399.2 万 t，占全国产量的 37.0%；石油加工、炼焦及核燃料加工业总产值为 1 254.78 亿元，占区域产业总产值的 13%，为该区域第三大支柱产业。内蒙古、山西、陕西、宁夏四省区凭借能源和资源优势，在我国电石生产领域占有十分重要的位置。截至 2007 年，区域共有 182 家电石生产企业，电石产量 661.3 万 t，占四省区总产量的 66.3%，占全国总产量的 44.6%。

新型煤化工在评价区内渐成产业发展方向，初步形成三大集聚区。以煤制甲醇为龙头的甲醇下游产品加工以及煤制烯烃、煤制油、煤制天然气、煤制乙二醇等是新型煤化工发展的重要产品，也是我国工业化进程中重要的工业原料。近年，区域积极探索现代煤化工的发展方向。从项目建设和规划实施情况看，该区域已经布局了众多的大型项目，是我国现代煤化工的重点实施区域，现已形成宁夏宁东能源化工基地、鄂尔多斯能源与重化工基地、陕西榆林能源化工基地等以煤化工为主的大型产业集聚区。其中 2010 年煤制油新增产能 142 万 t，该地区的现代煤化工产业正积蓄力量，将在产业结构升级中起重大作用。

评价区煤炭资源丰富，且为大型整装煤田，适合进行大规模煤炭开发和煤化工深度加工。但煤化工所需的大量水资源恰恰是区域最为缺乏和敏感的资源，而且区域煤炭资源密集分布的河套地区生态脆弱，环境敏感点较多，与煤炭大规模开发和大力发展新型煤化工存在一定的矛盾。

4.1.3 黑色、有色冶金产品生产基地

2007 年统计结果显示，评价区黑色金属冶炼及压延加工业总产值高达 1 556.9 亿元，占

各产业总产值的 16.2%，为评价区第一大支柱产业；有色金属冶炼及压延加工业总产值为924.83 亿元，占各产业总产值的 9.6%，为评价区第四大支柱产业。

钢铁行业产能过剩问题突出，全国粗钢产能过剩 1 亿 t，过剩比例达 18%，2007 年评价区钢铁行业产能达 4 000 万 t，需根据国家总体形势进行调控。

4.2 重点产业布局和空间特征

4.2.1 重点产业分布现状

截至 2007 年，煤炭产量分布见图 5-23。从分布看，煤炭开采目前主要集中在山西四市及鄂尔多斯、榆林、银川等市。

2007 年电力装机容量和发电量分布见图 5-24。区域电源布局较为分散，各地市均分布有火力发电厂。

由于传统煤化工技术"门槛"较低，经济效益好，在区域内广泛分布。焦炭产能主要集中在山西，电石产能在河套地区的鄂尔多斯、榆林、乌海、石嘴山分布较大，合成氨则在各地市均有分布，产能较大的地市有山西的运城、陕西的渭南、宁夏的银川等。

作为评价区产值最高的行业，冶金行业分布相对集中。黑色金属冶炼及压延加工业产值分布中包头、临汾、运城、吕梁、渭南、鄂尔多斯、宝鸡和石嘴山 8 个地市占区域总值的94.4%；有色金属冶炼及压延加工业产值分布中运城、包头、宝鸡、吴忠和临汾 5 个地市占区域总值的 78.6%。

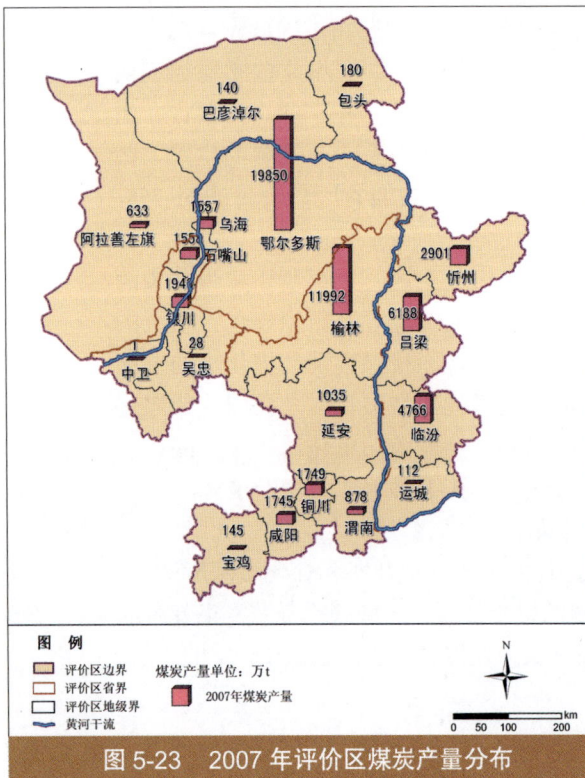

图 5-23　2007 年评价区煤炭产量分布

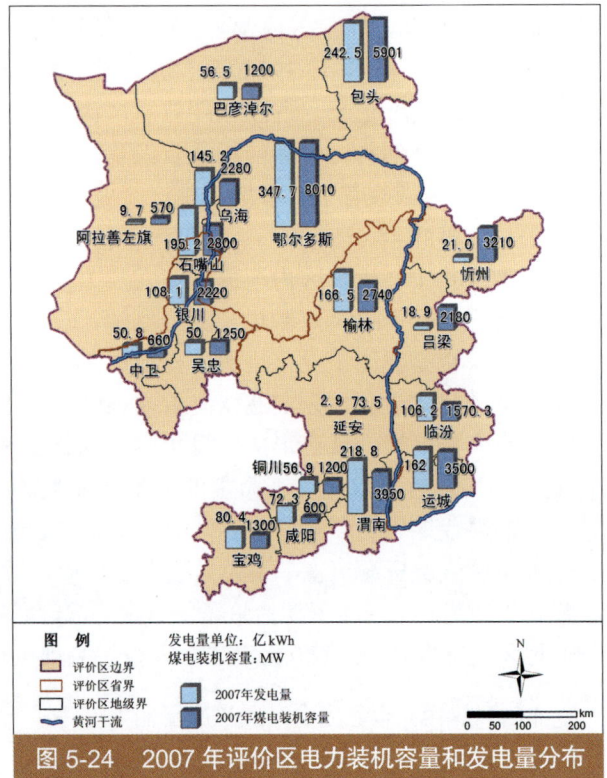

图 5-24　2007 年评价区电力装机容量和发电量分布

4.2.2 空间分区特征

评价区目前基本形成了以煤炭、煤电、煤化工等煤源产业为基础、辅以冶金、机械制造等其他产业为补充的产业结构，初步形成了汾流域产业区、渭河流域产业区、河套内新兴产业体、黄河上游产业区和包头及周边地区五个产业分区，其中，河套内地区煤炭资源赋存条件好，发展潜力大，产业起点高，将成为区域重点产业发展的核心区，五大产业区初步形成了"一体四翼"的分布格局。综合评价区现有重点产业的分布见图5-25。

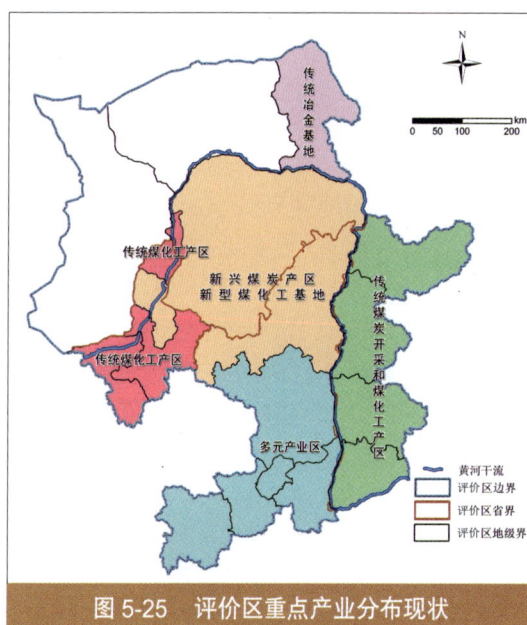

图 5-25 评价区重点产业分布现状

（1）河套内新兴产业区煤炭储量大，煤源产业发展势头迅猛

河套内地区（银川、鄂尔多斯、榆林）煤炭储量巨大，资源条件好。河套内地区煤炭资源储量达到 3 417 亿 t，占全国煤炭资源储量的 6.19%。与山西等老煤炭基地相比，该地区后续开发潜力巨大。

河套内地区自 21 世纪初大规模开发以来，新增产业主要依托区域煤炭资源优势，现已形成宁夏宁东能源化工基地、鄂尔多斯能源与重化工基地、陕西榆林能源化工基地等以煤化工为主的大型产业集聚区，初步形成一个以煤炭、煤化工为主要产业的新兴产业体。现有产业结构沿袭山西发展模式，以煤炭开发、电力、焦化、冶金为主，集团化、基地化优势尚未显现。

河套内新兴产业体发展新型煤化工产业需求强烈，拟建设项目技术水平较高，但截至 2007 年，已投产项目规模较小，新型煤化工产业在此区域仍处于起步阶段。

（2）汾河流域产业区开发早，煤源工业颇具规模

汾河流域（山西 4 市）在区域内发展历史最久。目前已形成包括煤炭、煤电、煤化工（以焦化、合成氨为主）、冶金在内的重工业体系。煤炭储量达 2 400 亿 t，2007 年煤炭产量达 1.4 亿 t。焦炭产量占到区域总产量的 70% 以上，占全国总产量的近 20%。煤电和煤制合成氨产业在区域内也有较大产能。

汾河流域现有产业的突出特征：一是产业发展对煤炭资源过于依赖，结构相对简单，产业结构初级化、单一化严重；二是产业技术水平相对较低，产业集中度低，环境影响大。

2007 年，30 万 t 及以下小煤矿占矿井总数的 80% 以上，矿井平均单井规模仅 36 万 t；10 万 kW 及以下小火电机组占 73.5%。2009 年山西省煤炭资源整合、煤矿兼并重组全省矿井数由 2 600 座减少到 1 053 座，单井规模提高到 100 万 t/a 以上。煤炭开采造成的地面扰动及地面沉陷加剧了局部区域的土壤侵蚀；产业发展大量耗用水资源，造成汾河等黄河重要支流断流，运城等地区出现地下水降落漏斗，引发次生生态问题；煤电及焦化等工业排放的大气污染物、水污染物加重了区域大气污染、水污染。

（3）渭河流域产业区多元发展，独具发展优势

渭河流域地区（延安、铜川、宝鸡、咸阳、渭南）位于国家规划的"关中—天水经济区"内，在资源禀赋、产业基础上与汾河流域、河套地区有较大差异，该地区以石油化工、有色冶炼、

装备制造为主导产业，是国家装备制造业的重要基地，目前已形成了门类齐全、具有相当规模和水平的现代装备制造业体系和产业集群，是区域经济和工业发展的重要支撑。

（4）包头及周边地区冶金工业产业链初具规模

依托矿产资源优势，内蒙古包头及周边地区（包头、乌海、阿拉善左旗）冶金工业发展迅速。

依据2007年统计数据，包头及周边地区生铁产量达1 100万t。除包头以钢铁产业为主外，在鄂尔多斯、乌海、阿拉善左旗分布有超过100万t的铁合金产能，为钢铁配套的焦炭产业在这一地区也有一定规模的分布。包钢的稀土产业已具备年产稀土精矿10万t、稀土产品折氧化物5.5万t以上的生产能力。

（5）黄河上游产业区工业起步晚，仍以传统煤化工为主要产业

黄河上游地区的阿拉善、巴彦淖尔工业规模较小，仅有零星的焦炭和合成氨分布。巴彦淖尔依托沿黄优势，是传统的农业生产区，是《全国新增1 000亿斤粮食生产能力规划（2009—2020）》的粮食生产核心区。

石嘴山、吴忠、中卫工业起步晚，现有产业结构简单，产品规模小，产业方向为传统煤化工。其中，中卫、吴忠、石嘴山电石规模相对较大，产量近200万t，占全国当年总产量的近13%；银川的合成氨产能在评价区也居前列，乌海焦化产业规模较大。

4.3 重点产业资源环境效率水平

4.3.1 资源能源消耗水平

评价区一次能源消费以煤炭消费为主，焦化、电力是耗煤大户，分别占42%和37%，其次为冶金和水泥等其他行业，除焦化以外的煤化工领域煤炭消耗量较小。可见，评价区煤炭消耗主要以发电、焦化等初级加工利用为主，其他行业的煤炭消耗基本以燃料为主。重点产业煤炭消费结构见图5-26。

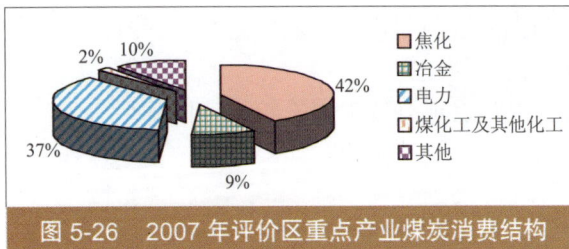
图5-26　2007年评价区重点产业煤炭消费结构

根据2007年统计数据，评价区重点产业耗电约1 509.84亿kWh，占评价区发电量的71.5%。其中冶金工业是该地区的耗电大户（包括黑色金属冶炼和有色金属冶炼），耗电739.6亿kWh，占重点产业耗电的49%；其次是电石行业，耗电226.54亿kWh，占重点产业耗电的15%。冶金、电石是该区域的重要载能行业。2007年重点产业电力消费结构见图5-27。

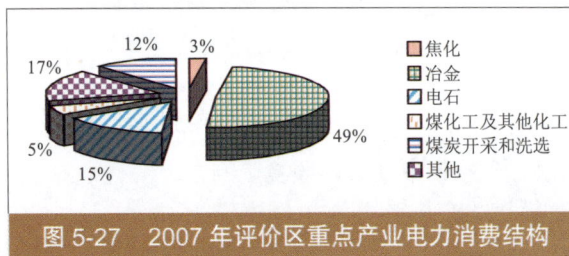
图5-27　2007年评价区重点产业电力消费结构

根据2007年统计数据，评价区重点产业消耗水资源约18.97万t，其中电力、冶金和焦化是耗水大户，分别占重点产业的33.7%、18.9%和16.8%。2007年重点产业水资源消费结构见图5-28。2007年评价区万元GDP水耗为266 m³/万元，万元工业增加值水耗为119.9 m³/万元。

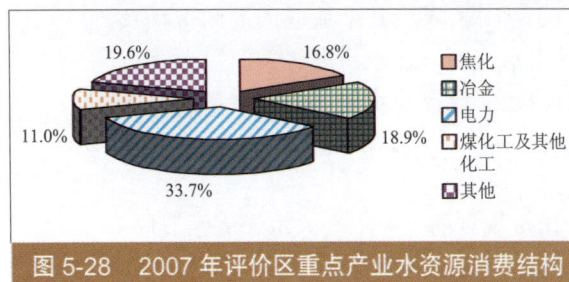
图5-28　2007年评价区重点产业水资源消费结构

图 5-29 2007 年评价区能耗水平与全国及四省区对比

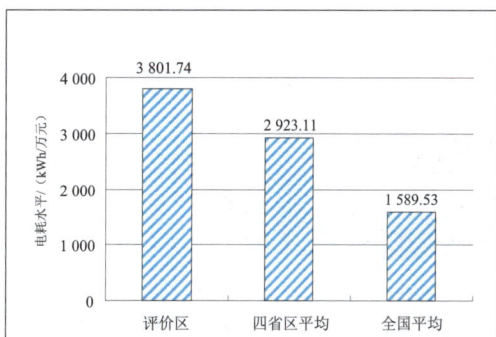

图 5-30 2007 年评价区电耗水平与全国及四省区对比

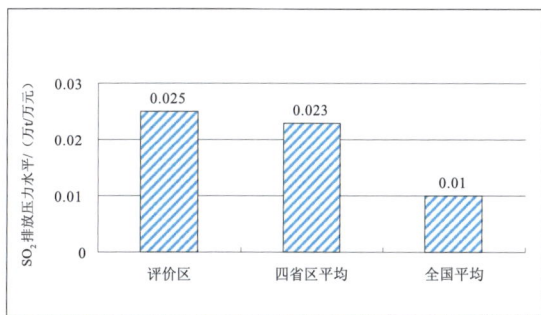

图 5-31 评价区 SO_2 排放压力水平与全国及四省区对比

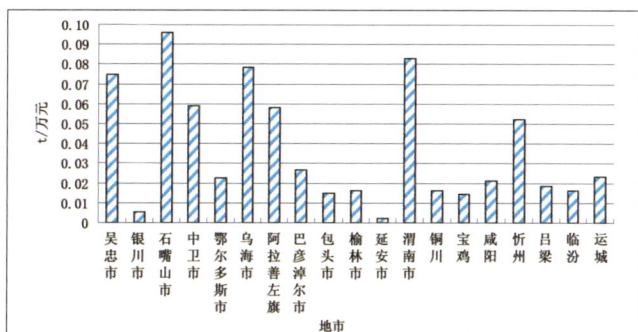

图 5-32 评价区各地市 SO_2 排放压力水平

根据 2007 年统计数据，评价区单位 GDP 综合能耗约 3.31 t 标煤 / 万元，单位工业增加值能耗 6.04 t 标煤 / 万元，是国内平均水平的 2 倍多，高于所在的四省区的平均值。评价区能耗水平与全国及四省区的比较见图 5-29。区域产业高能耗特征明显，能耗水平较高的主要原因为该区域冶金、化工等高耗能产业所占比例较大。

根据 2007 年统计数据，评价区单位 GDP 电耗 3 810.74 kWh/ 万元，远高于国内平均值，也高于四省区平均值，说明评价区是典型的高载能产业地区，同时也是所在四省区的高载能产业区。评价区电耗水平与全国及四省区的比较见图 5-30。

4.3.2 污染物排放水平

评价区大气污染物排放量高于全国平均水平。2007 年，评价区单位 GDP 废气排放量 5.5 万 m^3/ 万元，远高于全国平均水平 1.53 万 m^3/ 万元；单位 GDP 的 SO_2 排放量 0.025 t/ 万元，远高于全国平均水平 0.01t/ 万元，单位工业增加值 SO_2 排放量 42.5 t/ 万元，远高于全国平均水平 18.3 t/ 万元；单位 GDP 烟尘排放量 0.009 5 t/ 万元，远高于全国平均水平的 0.004 t/ 万元；单位 GDP 工业粉尘排放量为 0.008 2 t/ 万元，远高于全国平均水平的 0.002 8 t/ 万元。评价区 SO_2 排放压力水平与全国及四省区对比见图 5-31。

石嘴山、渭南、乌海、吴忠的 SO_2 压力水平在评价区居于前列。产业结构是造成这些地区 SO_2 排放量大的主要原因，如 SO_2 压力水平最高的石嘴山，其主导产业为冶金、电力、煤炭、化工、建材等 SO_2 排放量大的行业，而这种产业结构在区域具有普遍的代表性。各地市 SO_2 排放压力水平见图 5-32。

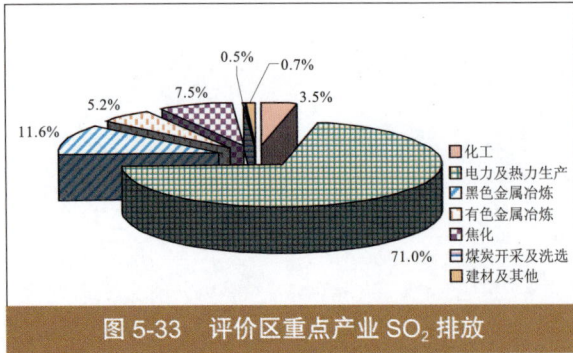

图 5-33　评价区重点产业 SO₂ 排放

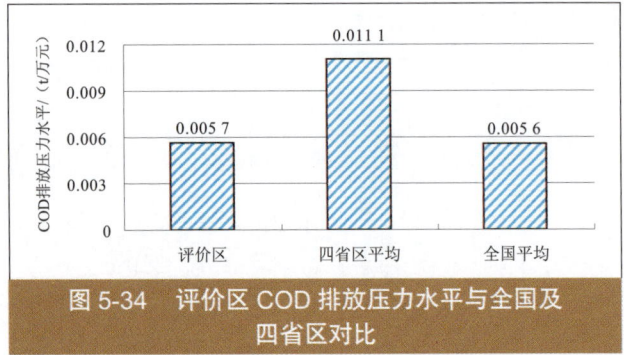

图 5-34　评价区 COD 排放压力水平与全国及四省区对比

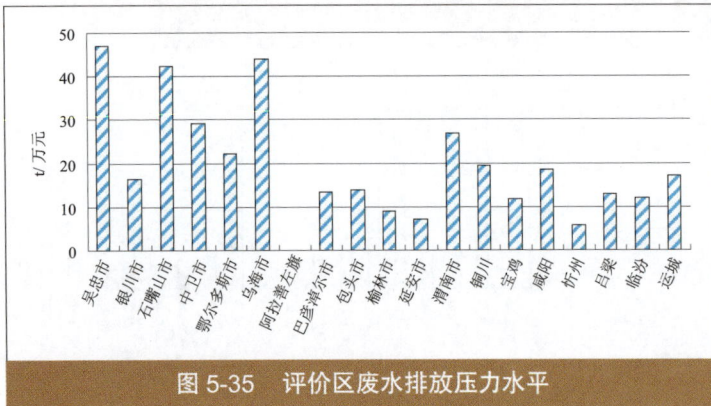

图 5-35　评价区废水排放压力水平

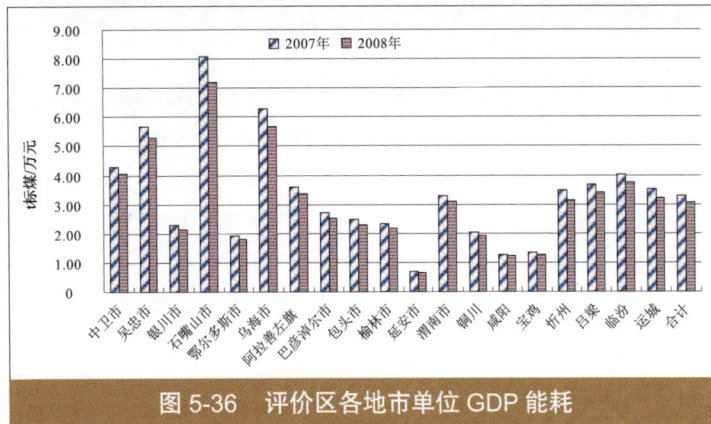

图 5-36　评价区各地市单位 GDP 能耗

电力、冶金、焦化行业是评价区主要的大气污染源。2007 年重点产业 SO₂ 排放量约 167.3 万 t，占区域总排放量的 76.4%。由于配套脱硫的装机容量比例小，电力行业是主要污染源，排放量约 118.6 万 t，占重点产业 SO₂ 排放量的 71%；其次为黑色金属冶炼、煤焦化和有色金属冶炼行业。重点产业 SO₂ 排放见图 5-33。

废水和 COD 排放水平与全国基本相当。据 2007 年统计数据，区域废水排放量约 14.45 亿 t，COD 约 45.65 亿 t，单位 GDP 废水排放量 16.47 t/ 万元，略高于所在四省区平均值 15.99 t/ 万元，低于全国平均水平；单位 GDP 的 COD 排放量 0.005 7 t/ 万元，与全国平均水平基本相当。评价区 COD 排放压力水平与全国及四省区对比见图 5-34。

2007 年，评价区单位工业增加值 COD 排放量达 0.008 3 t/ 万元。吴忠、乌海、石嘴山、中卫、渭南的单位 GDP 废水排放量位居前列，其中吴忠、乌海和石嘴山的指标远高于全国平均水平。各地市废水排放压力水平见图 5-35。

4.3.3　资源环境效率水平改善趋势

近年来，区域资源环境效率水平呈逐渐改善状态。

与 2000 年相比，2007 年万元 GDP 用水量从 1 216 t 下降到 266 t（按 2000 年不变价计算），下降 79%；万元工业产值用水量从 783 t 下降到 49.7 t，下降 83%。

2008 年单位 GDP 综合能耗 3.07 t 标煤 / 万元，比 2007 年的 3.31 t 标煤 / 万元降低 7.5%。各个地市同样呈现逐年好转态势。各地市单位 GDP 能耗（图 5-36）。其中，石嘴山从 2007 年的 8.1 t

标煤／万元下降到2008年的7.2 t标煤／万元，乌海从2007年6.27 t标煤／万元的下降到2008年的5.67 t标煤／万元；临汾从2007年4.01 t标煤／万元的下降到2008年的3.76 t标煤／万元；渭南从2007年的3.29 t标煤／万元下降到2008年的3.11 t标煤／万元。尽管如此，评价区资源环境效率水平仍高于所在四个省区的平均值，更远高于国内平均值。2008年评价区单位GDP综合能耗3.07 t标煤／万元，而国内平均值仅1.10 t标煤／万元。2008年评价区能耗水平与全国及四省区对比见图5-37。

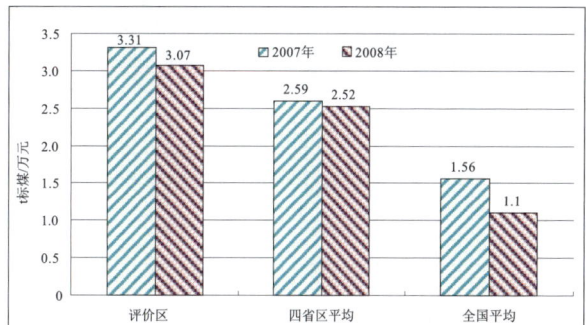

图5-37　评价区单位GDP能耗与全国及四省区对比

4.4 重点产业生态环境压力

综合分析评价区现有生态环境问题及主要原因，环境综合承载力布局和重点产业分区特征，重点产业对"一体四翼"汾河流域产业区、渭河流域产业区、河套内新兴产业区、黄河上游产业区和包头及周边地区五个产业分区的生态环境压力见表5-13。

表5-13　重点产业对各产业分区的生态环境压力				
环境要素 产业分区	生态环境	水环境	大气环境	综合承载能力
一体：河套内新兴产业区	局部地区出现挤占生态用水问题，加剧了重要湿地萎缩	—	—	—
东翼：汾河流域产业区	煤炭资源开发加剧土壤侵蚀；高耗水产业挤占生态用水，造成汾河断流、运城等地形成地下水漏斗	汾河生态需水被挤占，自净能力不足；焦化等产业排污造成水环境质量恶化	煤电、冶金、焦化等产业排污造成大气环境恶化	煤炭资源开发破坏水资源；重点产业排污造成水环境承载力、大气环境承载力弱
南翼：渭河流域产业区	高耗水产业挤占生态用水，造成渭河生态用水不足、咸阳等地形成地下水漏斗	渭河生态需水被挤占，自净能力不足；焦化等产业排污加剧水环境质量恶化	煤电等产业排污造成渭南等地大气环境恶化	重点产业排污加剧水环境承载力不足矛盾
北翼：包头及周边地区	—	—	冶金、焦化等产业排污造成区域地大气环境恶化	重点产业耗用大量水资源，区域水资源承载力弱；重点产业排污造成区域大气环境承载力弱
西翼：黄河上游产业区	局部地区出现挤占生态用水问题，造成石嘴山等地形成地下水漏斗	—	焦化等产业排污造成石嘴山等地大气环境恶化	在农业耗用大量水资源的背景下，重点产业加剧了地区水资源紧张；重点产业排污造成石嘴山等地大气环境承载力弱

河套内新兴产业区由于工业起步较晚，评价区现有新型煤化工除个别项目投入生产外，基本处于在建阶段，产业尚未造成显著环境影响。局部地区出现挤占生态用水问题，加剧了湿地萎缩。

汾河流域产业区重点产业高度依赖资源，产业结构单一，规模集中度低，技术水平低，污染强度较大。重点产业造成众多环境问题：不合理的煤炭开采方式加剧了土壤侵蚀、破坏了区域地下水资源，高耗水产业挤占生态用水，造成汾河断流、运城等地形成地下水漏斗；汾河断流削弱了河流自净能力，加之焦化等产业排污造成水环境质量恶化；重点产业还是区域大气环境质量恶化的主要原因。

渭河流域产业区重点产业也存在技术水平低、污染强度大等问题，加剧了区域生态环境问题：高耗水产业挤占生态用水，造成渭河生态用水不足、咸阳等地形成地下水漏斗；焦化等产业排污又加剧了水环境质量恶化；煤电等产业排污造成渭南等地大气环境恶化。

包头及周边地区以冶金及配套产业为重点产业，污染物排放量大，水资源消耗量大。重点产业耗用了大量水资源，区域水资源承载力弱，冶金、焦化等产业排污造成区域地大气环境恶化，大气承载力弱。

黄河上游产业区工业规模较小，但技术水平整体偏低，能耗、水耗大，污染物排放量大。在农业耗用大量水资源的背景下，重点产业加剧了地区水资源紧张；局部地区出现挤占生态用水问题，造成石嘴山等形成地下水漏斗；焦化等产业排污造成石嘴山等地大气环境恶化。

区域现有产业结构简单，布局不尽合理，技术水平较低，且对煤炭资源和水资源依赖性很强，不仅对区域环境造成巨大压力，也不利于产业自身健康发展。为实现区域社会、经济水平整体提高，区域应调整产业发展结构，转变经济增长方式，寻求新的发展模式。

5 重点产业发展中长期环境影响及生态风险评估

5.1 重点产业发展的空间格局

综合分析评价区重点产业相关的区域发展战略和各地产业发展意愿，重点产业发展将在现有"一体四翼"产业区发展格局的基础上进一步演变，其发展态势和空间发展布局如图5-38。

5.1.1 一体：河套内新兴产业区计划打造新型能源重化区

河套内新兴产业区（鄂尔多斯、榆林、宁东）规划建设国家级能源基地，形成若干个亿吨级产能的大型煤炭企业和企业集团；实施以火电为主的煤—电转化战略，加快发展建设大型坑口、路口火电厂；发展煤焦化—焦油深加工产业链、电石—PVC产业链、新型煤化产业链。

该区将作为评价区发展核心，建设新型煤炭生产和加工转化基地，为国家和地区发展输出煤炭；实现煤炭就地转化和深加工，集聚和示范新型煤化工。

5.1.2 东翼：汾河流域产业区在现有煤化工工业体系基础上，重点发展冶金、煤电及传统煤化工

根据地方发展规划，汾河流域产业区仍不同程度将煤炭开采、煤电、煤化工及冶金产业作为未来主要产业发展方向。其中，忻州以电力发展为主；吕梁、临汾、运城着力发展冶金、焦化工业，均规划了相当规模的焦化产能。

5.1.3 南翼：渭河流域产业区（关中—天水经济区）在现有多元化发展的基础上，拟发展一定规模的新型煤化工产业

渭河流域产业区（关中—天水经济区）的地方发展规划与汾河流域产业区有一定的相似性，宝鸡、咸阳、渭南均规划了相当规模的焦化产能，咸阳、运城还规划了一定规模的现代煤化工产业，整个渭河流域产业区（关中—天水经济区）都将煤炭开采继续作为基础性产业。

5.1.4 北翼：包头及周边地区在冶金产业基础上拟发展煤化工等行业

包头规划重点建设钢铁、铝业、装备制造、电力、煤化工和稀土六大工业基地。钢铁工业以包钢生态工业园区为核心建成我国中西部重要的钢铁工业基地，开发包头北部和巴彦淖尔东部褐煤资源，发展电力和煤化工产业。

该区发展方向拉伸和延长了"新型能源重化工产业区"的生产链，将为煤源产业挖掘更多的

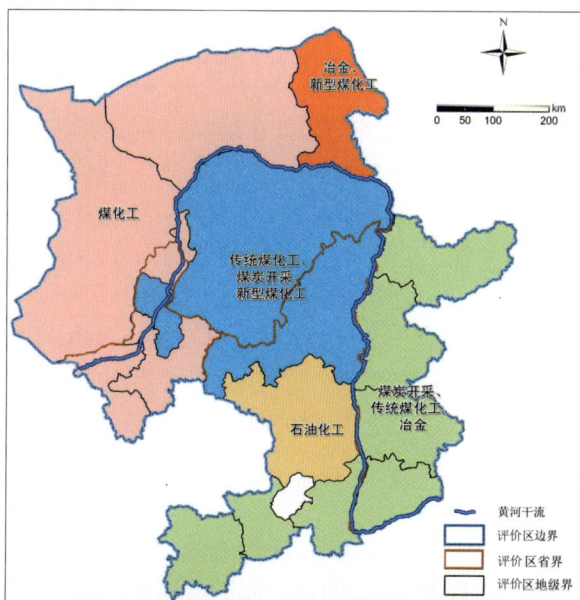

图5-38 评价区重点产业未来空间格局

下游市场，拓展更大的发展空间。

5.1.5 西翼：黄河上游产业区拟进一步发展传统煤化工产业

黄河上游产业区（中卫、吴忠、阿拉善左旗、石嘴山、乌海北翼）仍以传统煤化工为主导产业，依托中卫、中宁、太阳山、石嘴山、平罗等工业园区，提高煤焦油、焦炉气、电石炉气等副产品的集中深加工和综合利用水平，整合发展焦化—焦油深加工产业链、电石—PVC产业链。统筹规划太西煤资源，依托石嘴山、平罗等工业园区，规划建设石嘴山活性炭基地。

5.2 重点产业发展情景方案

5.2.1 情景设计原则

依据地方发展规划、国家及行业发展规划以及区域资源环境条件，设计了三种重点产业发展情景。

情景一：基于地方发展愿景的情景。以相对客观地描述地方相关产业发展的现状趋势，真实反映地方经济发展诉求。主要考虑两方面因素：其一，相关产业近几年的平均增长速度及态势；其二，地方对相关产业中长期的发展安排。通过上述两方面因素的综合界定，模拟出从地方发展愿望出发的产业发展情景方案。

情景二：基于国家战略需求的情景。主要是将国家对相关产业的需求状态作为设计各地产业发展的基本依据，以适当反映国家对相关产业发展的总体要求。基于国家发展需求的情景设计考虑三方面因素：其一，国家相关行业近几年平均增长速度及态势；其二，国家新近出台的相关产业中长期产业发展规划；其三，地方资源环境压力情况。

情景三：基于资源环境约束的情景。将促进生态环境改进作为地方产业发展情景设计的主要依据，以体现科学发展观的根本要求。主要考虑三方面因素：其一，地方生态环境情况；其二，国家节能减排的总体要求；其三，地方生态环境保护相关规划要求。

5.2.2 情景一：基于地方发展意愿的情景

评价区煤炭开采保持高速增长态势，2007—2015年增长率为13.2%。发电量2000—2007年年均增长率为26.5%，除满足本区域经济发展的需求外，有较高比例的电力外输。煤化工发展未来仍以传统煤化工为主，但新型煤化工将成为新的增长点。黑色金属冶炼与压延加工业预计年均增长率9%～10%。

情景一假设产业发展将沿续现有技术水平。根据地方统计结果和企业调研数据，煤炭开采矿井水利用率和煤矸石综合利用率均较低；煤炭洗选率低，仅约19%，主要集中在焦煤产地和焦炭主产区。电力行业仅约35%的机组配套了脱硫设施，大部分机组采用水冷设施。电力行业技术指标为煤耗424 g/kWh、耗水约3.0 kg/kWh、SO_2排放量约5.62 g/kWh。

5.2.3 情景二：基于国家战略需求的情景

假设未来我国经济受世界经济危机的影响有所减弱，评价区作为国家主要煤炭供应区，煤炭需求增长率约为8%，电力需求增长率预计6%～8%。传统煤化工业总体均产能过剩，基于国家需求的情景维持在现有总量，立足升级改造和产能置换，不再新增产能。新型煤化工仅考虑现有和在建、部分进行前期工作的项目。在钢铁产能总量过剩的形势下，区域钢铁行业进行升级改造，不新增总量。

根据国家技术政策，提升区域产业整体技术水平，使评价区成为国家相关产业的先进技术示范区。通过行业规模整合，提高产业技术水平，矿井水利用率不低于80%，全部采用大型机械化综合开采技术。火力发电实现全部装机配套脱硫脱硝设施、采用空冷技术。煤耗达到340 g/kWh，耗水0.72 kg/kWh，SO_2排放0.38 g/kWh（脱硫率按90%计）。煤化工项目采用先进的技术，废水循环利用率达95%以上。

5.2.4 情景三：基于资源环境约束的情景

从资源环境承载力的角度优化现有产业结构，并适当调整区域的发展速度。假设我国对该地区的煤炭需求保持较高的增长率为10% ～ 11.5%，电力年均增长率至少维持在8% ～ 11%。

煤化工产业发展规模根据各产品可实现程度进行预测。焦炭、电石等主要以产业结构调整为主，实行总量控制，电石以满足下游乙炔需求为主，以产业结构调整为重点。甲醇产品以满足下游需求为主，以在建项目为主要发展对象。

考虑评价区经济技术基础，逐步实现产业集中和技术进步。区域内现有分散的小规模企业逐步淘汰，实现产业转移，向大型企业或基地集中。

努力实现煤炭行业矿井水利用率70%、原煤洗选率60%，基本采用大型机械化综合开采技术；新增火电装机配套脱硫设施和脱硝设施、采用空冷技术，废水循环利用率大大提高，仅排部分高浓盐水，耗煤达到375 g/kWh，耗水1.15 kg/kWh，SO_2排放0.93 g/kWh（脱硫率按90%计）。传统煤化工项目升级改造，采用密闭炉电石炉、气流床合成氨生产技术、实现80%废水循环利用率等。

三种情景产业规模和技术水平对比详见表5-14和表5-15。

表 5-14 三种情景产业规模对比（近期）					
情景	煤炭开采 / 亿 t	煤电 /MW	传统煤化工	新型煤化工	冶金 / 万 t
基于地方发展意愿情景	15.5	100 900	焦炭：1.66 亿 t 电石：2 640 万 t 合成氨：1 010 万 t	二甲醚：2 320 万 t 煤制烯烃：1 380 万 t 煤制油：1 720 万 t 煤制甲醇：1 530 万 t 煤制天然气：80 亿 m³	9 000
基于国家战略需求情景	10.9	77 140	立足升级改造和产能置换，不再新增产能	二甲醚：233 万 t 煤制烯烃：172 万 t 煤制油：440 万 t 煤制天然气：20 亿 m³	4 500
基于资源环境约束情景	13	89 290	焦炭：8 357 万 t 电石：700 万 ～ 800 万 t 合成氨：700 万 ～ 800 万 t	二甲醚：313 万 t 煤制烯烃：232 万 t 煤制油：720 万 t 煤制甲醇：600 万 ～ 900 万 t 煤制天然气：40 亿 m³	5 000

表 5-15　三种情景产业规模对比（远期）

情景	煤炭开采 / 亿 t	煤电 /MW	传统煤化工	新型煤化工	冶金 / 万 t
基于地方发展意愿情景	29.7	177 300	焦炭：1.66 亿 t 电石：2 640 万 t 合成氨：1 010 万 t	二甲醚：2 320 万 t 煤制烯烃：1 380 万 t 煤制油：3 660 万 t 煤制天然气：80 亿 m³	14 000
基于国家战略需求情景	16.6	113 740	立足升级改造和产能置换，不再新增产能	二甲醚：313 万 t 煤制烯烃：232 万 t 煤制油：1 040 万 t 煤制天然气：60 亿 m³	4 500
基于资源环境约束情景	22	145 100	焦炭：1 亿 t 电石：700 万～800 万 t 合成氨：700 万～800 万 t	二甲醚：413 万 t 煤制烯烃：452 万 t 煤制油：1 500 万 t 煤制天然气：80 亿 m³	5 000

表 5-16　三种情景重点产业需水量估算　单位：亿 m³

时段	情景一	情景二	情景三	现状用水量
规划近期（2015 年）	48.12	22.38	28.72	18.04
规划远期（2020 年）	80.59	30.93	42.51	18.04

表 5-17　三种情景区域总需水量估算　单位：亿 m³

时段	情景一	情景二	情景三	现状用水量
规划近期（2015 年）	288.32	262.59	268.93	223.6
规划远期（2020 年）	322.68	273.02	284.60	223.6

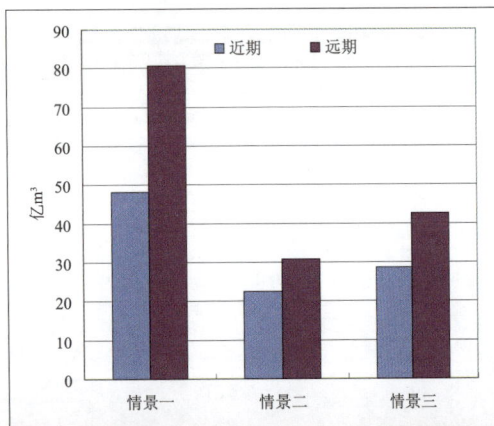

图 5-39　评价区不同情景重点产业需水量与现状对比

5.3　水资源承载力预测

5.3.1　各种情景需水量估算

根据三种情景设计的产业规模和技术水平，区域重点产业在规划近期（2015 年）和规划远期（2020 年）需水量情况见表 5-16。

三种情景的需水量较现状均有较大增长，其中，近期情景一重点产业需水量较现状增加了 30 亿 m³，增幅最小的情景二需水量也较现状增加了 4 亿 m³；远期各种情景需水量增幅更加可观。各地市重点产业不同情景需水量与现状对比见图 5-39。

考虑区域内城镇化水平适当发展，按人口年均增长率 5‰、城镇化比例达到 43%～47% 估算区域生活需水量；考虑区域粮食安全和新农村建设的需要，适度增加农田有效灌溉面积估算区域农业需水量；叠加区域重点产业用水量，得到区域规划近期和规划远期总需水量见表 5-17。

区域在考虑社会经济全面发展、重点产业不同发展情景的条件下，总需水量相较现状用水量近期增幅达 39 亿～65 亿 m³，远期增幅达 49 亿～99 亿 m³。

区域现有重点产业用水量占总用水量的 8%，重点产业战略实施后，重点产业需水量大幅增加，占区域总需水量的比例也相应提升。以规划近期为例，三种情景下，重点产业需水量占总需水量的比例分别提升至 17%、9% 和 11%。

5.3.2 区域水资源承载力变化趋势

挖掘区域节水潜力，大力发展节水型农业，提高工业水重复利用率，加大区域污水再利用量，可利用水资源量可提高 14 亿～22 亿 m³。

预计到规划近期，评价区多年平均可供水量为 238.74 亿 m³，比现状年供水增加 15.14 亿 m³；规划远期，平均可供水量为 245.65 亿 m³，比规划近期增加供水 8.09 亿 m³。可供水资源量变化情况见图 5-40。

（1）情景一需水量较现状增长过大，区域供水能力难以支撑

情景一条件下，区域供需水态势见表 5-18。

近期 2015 年，评价区多年平均可供水量 238.74 亿 m³，情景一区域总需水量为 288.32 亿 m³，区域缺水近 50 亿 m³，缺水率为 17%。区域供水能力难以支撑重点产业发展。

（2）情景二缺水率进一步缩小，仍有局部地区水资源不能支撑重点产业发展

情景二近期区域总需水量为 262.59 亿 m³，较评价区多年平均可供水量 238.74 亿 m³，供需平衡缺水 23.85 亿 m³，缺水率为 9%，整体缺水率进一步缩小。

比较各地市缺水量和重点产业现状用水量见表 5-19。吴忠、中卫、阿拉善左旗、巴彦淖尔、咸阳、运城等地重点产业缺水量仍超过现状用水量，这些城市受水资源制约，不鼓励发展高耗水的煤电、煤化工等产业。

比较表 5-18 和表 5-19，银川、鄂尔多斯、榆林、忻州、吕梁等地在压缩重点产业规模、提高技术水平的情景下，重点产业需水量有可能在产业内实现平衡。这些地区发展重点产业时应同时加大现有产业升级改造，最大限度地提高新增产能准入"门槛"。

进一步分析规划远期各地市缺水量和重点产业现状用水量见表 5-20。比较表 5-19 和表 5-20，石嘴山、鄂尔多斯在规划远期重点产业缺水量超过现状用水量，提示这两个地区远期重点产业耗用水资源量过大，应压缩产业规模或进一步提高产业技术水平。

（3）情景三整体缺水率基本可接受，但重点产业缺水量过大

情景三近期区域总需水量为 268.93 亿 m³，较评价区多年平均可供水量 238.74 亿 m³，供需平衡缺水 30 亿 m³，缺水率为 11%，整

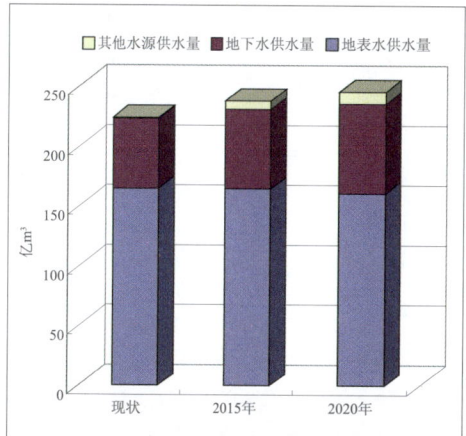

图 5-40　评价区可利用水资源量变化

表 5-18　2015 年情景一的供需分析平衡　单位：亿 m³

地区	需水量	供水量		供需平衡缺水量	
		平水年	枯水年	平水年	枯水年
吴忠	27.15	25.73	23.59	1.42	5.77
银川	23.55	21.18	18.04	2.37	8.53
石嘴山	13.56	11.92	7.66	1.64	7.62
中卫	12.34	10.97	11.17	1.37	2.17
鄂尔多斯	27.72	18.97	16.91	8.75	10.98
乌海	3.84	2.13	1.75	1.71	1.98
阿拉善左旗	2.69	1.18	1.05	1.51	1.68
巴彦淖尔	49.76	46.11	42.44	3.65	11.54
包头	15.43	11.62	12.38	3.81	3.27
榆林	16.48	10.04	10.60	6.44	6.73
延安	4.14	3.58	2.73	0.56	1.54
渭南	20.67	18.36	17.73	2.31	2.48
铜川	1.52	1.26	1.19	0.26	0.15
宝鸡	10.03	9.25	8.34	0.78	1.56
咸阳	14.76	11.76	10.78	3	3.71
忻州	1.72	1.17	1.21	0.55	0.59
吕梁	9.65	7.23	7.30	2.42	2.99
临汾	12.54	11.5	11.40	1.04	2.22
运城	19.67	14.78	14.25	4.89	5.15
合计	288.32	238.74	220.52	49.58	80.03

表 5-19	规划近期情景二缺水量与重点产业现状 用水量比较		单位：亿 m³
地区	供需平衡缺水量		重点产业现状
	平水年	枯水年	用水量
吴忠	1.06	5.42	0.55
银川	0.12	6.28	0.60
石嘴山	0.73	6.71	0.94
中卫	1.05	1.85	0.46
鄂尔多斯	2.17	4.40	2.43
乌海	0.28	0.55	0.86
阿拉善左旗	1.22	1.40	0.22
巴彦淖尔	3.25	11.14	0.37
包头	1.45	0.91	2.11
榆林	1.97	2.26	1.02
延安	0.3	1.27	0.36
渭南	0.52	0.69	1.25
铜川	0.22	0.12	0.34
宝鸡	0.38	1.16	0.39
咸阳	1.87	2.58	0.58
忻州	0.25	0.29	0.31
吕梁	1.51	2.07	1.15
临汾	0.51	1.69	2.34
运城	3.87	4.13	1.76
合计	23.85	54.29	18.04

表 5-20	规划远期情景二缺水量与重点产业现状 用水量比较		单位：亿 m³
地区	供需平衡缺水量		重点产业现状
	平水年	枯水年	用水量
吴忠	1.50	7.38	0.55
银川	0.12	7.92	0.60
石嘴山	1.25	7.49	0.94
中卫	1.44	2.33	0.46
鄂尔多斯	4.72	20.54	2.43
乌海	0.83	4.29	0.86
阿拉善左旗	1.20	1.81	0.22
巴彦淖尔	1.93	9.24	0.37
包头	1.89	6.70	2.11
榆林	0.18	12.36	1.02
延安	0.43	1.91	0.36
渭南	0.55	4.60	1.25
铜川	0.10	0.23	0.34
宝鸡	0.46	1.78	0.39
咸阳	1.78	4.08	0.58
忻州	0.42	0.73	0.31
吕梁	1.24	3.91	1.15
临汾	0.01	2.11	2.34
运城	4.75	8.09	1.76
合计	27.37	107.51	18.04

体缺水率基本可接受。情景三区域供需水态势见表 5-21。

在保证生活用水、农业用水和生态用水的前提下，区域缺水主要体现在重点产业领域。比较各地市缺水量和重点产业现状用水量，吴忠、银川、中卫、鄂尔多斯、阿拉善左旗、巴彦淖尔、榆林、咸阳、忻州、吕梁、运城等地重点产业缺水量超过现状用水量见表 5-22。

重点产业内部已无法通过产业升级实现水资源供需平衡，必须占用生活用水、农业用水和生态用水才能保障重点产业发展，发展带来的生态环境风险、社会风险巨大。

5.3.3 区域水资源优化配置方案

优化上游河段地表水取水量，保障河道内生态用水，是评价区重点产业发展的前提。预计到规划近期，评价区多年平均可供水量为 237.56 亿 m³，其中，地表水供水量 164.23 亿 m³ 与现状的 164.82 亿 m³ 持平，保障黄河干流总取水量不突破分配指标。地表供水量的区间分布将有所调整，其中宁夏退还超指标挤占河道内用水 14.35 亿 m³；内蒙古退还 4.19 亿 m³，山西区和陕西区通过增加调蓄工程、新建供水工程等措施，将分别增加供水 10.96 亿 m³ 和 8.78 亿 m³。

腾退不合理开采地下水，缓解地下水漏斗等次生生态问题。规划近期地下水供水量由现状的 55.79 亿 m³ 增加至 2015 年水平的 66.78 亿 m³，新增地下水开采量 9.99 亿 m³。新增地下

表5-21	2015年情景三的供需分析平衡 单位：亿 m³				
地区	需水量	供水量		供需平衡缺水量	
		平水年	枯水年	平水年	枯水年
吴忠	26.76	25.73	23.59	1.03	5.39
银川	22.25	21.18	18.04	1.07	7.23
石嘴山	12.62	11.92	7.66	0.7	6.68
中卫	12.08	10.97	11.17	1.11	1.91
鄂尔多斯	22.43	18.97	16.91	3.46	5.69
乌海	2.67	2.13	1.75	0.54	0.81
阿拉善左旗	2.45	1.18	1.05	1.27	1.45
巴彦淖尔	49.44	46.11	42.44	3.33	11.22
包头	13.63	11.62	12.38	2.01	1.47
榆林	12.97	10.04	10.60	2.93	3.22
延安	3.94	3.58	2.73	0.36	1.33
渭南	19.35	18.36	17.73	0.99	1.15
铜川	1.50	1.26	1.19	0.24	0.13
宝鸡	9.43	9.25	8.34	0.18	0.96
咸阳	14.11	11.76	10.78	2.35	3.06
忻州	1.52	1.17	1.21	0.35	0.38
吕梁	9.03	7.23	7.30	1.8	2.37
临汾	12.40	11.5	11.40	0.9	2.08
运城	19.25	14.78	14.25	4.47	4.73
合计	268.93	238.74	220.52	30.19	60.63

表5-22	规划近期情景三缺水量与重点产业现状用水量比较 单位：亿 m³		
地区	供需平衡缺水量		重点产业现状用水量
	平水年	枯水年	
吴忠	1.03	5.39	0.55
银川	1.07	7.23	0.60
石嘴山	0.7	6.68	0.94
中卫	1.11	1.91	0.46
鄂尔多斯	3.46	5.69	2.43
乌海	0.54	0.81	0.86
阿拉善左旗	1.27	1.45	0.22
巴彦淖尔	3.33	11.22	0.37
包头	2.01	1.47	2.11
榆林	2.93	3.22	1.02
延安	0.36	1.33	0.36
渭南	0.99	1.15	1.25
铜川	0.24	0.13	0.34
宝鸡	0.18	0.96	0.39
咸阳	2.35	3.06	0.58
忻州	0.35	0.38	0.31
吕梁	1.8	2.37	1.15
临汾	0.9	2.08	2.34
运城	4.47	4.73	1.76
合计	30.19	60.63	18.04

水的开采主要分布在宁夏和内蒙古的主要灌区，通过水源置换退减地下水超采和挤占的河道内生态环境用水合计水量为 7.65 亿 m³。适量增加浅层地下水的开采一方面可减少区域地下水的无效蒸发、提高水资源利用效率，另一方面可抑制土壤的盐渍化。

加强节水，加大再生水利用率，是提高区域可利用水资源量的重要途径。大力发展节水型农业，灌溉水利用系数由现状的 0.48 提高到 0.56，农田亩均灌溉用水量降低到 446 m³，比现状年定额降低 13% 以上，可实现节水 12.66 亿 m³。提高工业水重复利用系数由现状的 0.62 提高至 0.70，可实现节水 2.74 亿 m³。

根据国家对污水处理再利用的要求，结合区域经济社会发展水平和污水处理再利用的情况，要求评价区内大城市污水处理率达到 85%，再利用率达到 35%，小城市污水处理率达到 75%，再利用率达到 25%。预测评价区规划近期污水再利用量 4.83 亿 m³，规划远期污水处理再利用量 8.05 亿 m³。规划近期可利用水资源量比现状年供水增加 13.96 亿 m³，远期增加 22 亿 m³。

5.3.4 水资源承载力对产业调控的要求

黄河上游产业区和汾河流域产业区应调整产业结构，鼓励发展低耗水产业。吴忠、中卫、阿拉善左旗、巴彦淖尔、咸阳、运城等地水资源承载能力在规模较小、技术水平较高的情景二下仍不能满足重点产业需求，这些城市受水资源制约，在水资源无法保障的前提下，不宜发展高耗水的煤电、煤化工等产业，应转为发展低耗水产业。

河套内新兴产业区应升级改造现有高耗水产业，提高新增产能水资源利用效率。银川、鄂尔多斯、榆林、忻州、吕梁等地发展重点产业应按国家技术政策大幅提高整体产业技术水平。矿井水利用率、原煤洗选率大幅提高，新增煤炭项目矿井水利用率应达到90%以上，火力发电采用空冷技术，煤化工废水循环利用率达95%以上。这些地区发展重点产业时应同时加大现有产业升级改造。为便于污水集中处理和再生水利用，新建项目必须进入工业园区。发展新型煤化工产业的缺水地区，城市生活污水处理率应达到85%以上，再利用率达到40%以上。

鄂尔多斯等地远期重点产业耗用水资源量过大，应压缩产业规模或进一步提高产业技术水平。在水资源量限制下，以主要煤化工产品为例，煤制甲醇规模控制在600万～700万t，煤制二甲醚控制在200万～300万t，煤制烯烃控制在170万～330万t，煤制油控制在1 000万～1 500万t。

5.4 大气环境影响预测

5.4.1 各种情景大气环境影响预测

区域产业发展最主要的制约因素为水资源，由于情景一条件下水资源不能够满足重点产业发展需求，因此，大气环境演变趋势分析只考虑情景二和情景三。

情景三下评价区重点产业SO_2排放量将有较大幅度削减，评价区重点产业2015年SO_2排放量比2007年可削减76.87万t/a，满足了区域SO_2承载力削减的要求（区域应在2007年的基础上削减45.25万t/a），其中煤电产业SO_2排放量削减最大，焦化、电石产业SO_2排放量也有所减小。与2007年相比，2015年区域内SO_2年平均浓度、日均最大浓度超标范围明显减小，见图5-41。

情景三下PM_{10}影响范围和程度有减小趋势。2015年评价区重点产业烟尘排放量减小，与2007年相比占标率10%的年平均浓度等值线的范围缩小。

情景三下重点产业2015年NO_x排放量比2007年增大31.95万t/a，其中煤电行业的NO_x排放量增加最大（27.46万t/a）。在情景三的技术水平下，脱硝等NO_x控制措施被80%的燃煤电厂采用，脱硝效率为50%，NO_2影响范围和程度有增加趋势，NO_2年平均浓度出现超标点，长距离传输对华北地区的影响较2007增大。

情景三下区域二次污染程度整体改善、局部地区有所加重。区域能见度整体有所改善。2015年的重点产业布局有了一定的变化，对SO_2加大了削减力度，NO_x的排放量虽有增加，但是大多数城市的能见度都有不同程度

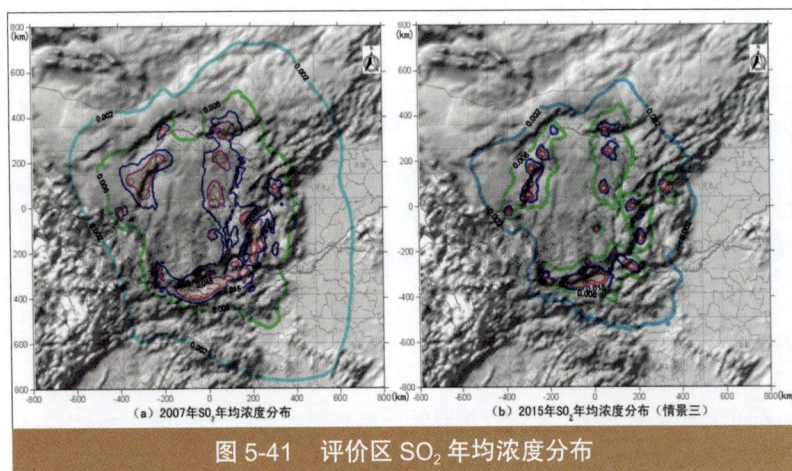

(a) 2007年SO_2年均浓度分布   (b) 2015年SO_2年均浓度分布（情景三）

图5-41　评价区SO_2年均浓度分布

地改善，对北京小时、日均、年均能见度的影响程度都有所减小，但渭南和忻州的能见度降低 2.25 km。

评价区排放了一定量的臭氧前体物，如 NO_x、SO_2、VOC 等，加之该区域夏季阳光充沛，有利于光化学反应和臭氧的生成。2015 年比 2007 年臭氧浓度增加的城市有：中卫、吴忠、银川、石嘴山、鄂尔多斯、乌海、巴彦淖尔、渭南、咸阳、宝鸡、运城，其中增加率最多的是鄂尔多斯，增加的臭氧浓度值占二级标准值的 37.8%。

在情景二的技术水平下，燃煤电厂采用更为严格的 NO_x 控制措施，100% 的燃煤电厂采用 NO_x 控制措施，脱硝效率达到 70% 以上，此情景下，重点产业 2015 年 NO_x 排放量可比 2007 年减少 3.31 万 t/a，NO_2 的影响范围和程度不会增加。

在情景三条件下，2015 年与 2007 年相比二次污染物 $PM_{2.5}$ 的长距离传输对华北地区的影响减小，$PM_{2.5}$ 对北京的年平均浓度贡献值约由 0.004 mg/m³ 降为 0.002 mg/m³、日最大浓度由 0.02 mg/m³ 降为 0.01 mg/m³，影响轻微。

5.4.2　大气环境对产业调控的要求

煤电产业应严格控制 SO_2 和 NO_x 排放。重点产业中煤电产业大气污染物排放量大、对区域空气质量影响大；同时，评价区煤电产业规模增幅大，尤其是鄂尔多斯、乌海、渭南、忻州等地，因此评价区煤电产业大气污染控制必须尽快达到高技术水平要求，即 100% 的燃煤电厂采用 SO_2 和 NO_x 控制措施，脱硫和脱硝效率分别达到 90% 和 70% 以上。

包头应进一步提高煤电、冶金等行业的污染治理水平，控制煤化工产业规模。包头煤电、冶金等产业规模大，大气污染物排放量大，已超出区域大气环境承载能力。情景三下包头 2015 年 SO_2、NO_x 污染的压力依然较大，预测结果表明，SO_2 年均浓度仍出现超标，NO_2 年均浓度增大。因此，包头的煤电、冶金等重点产业应进一步提高大气污染控制标准，对现有传统煤化工产业进行升级改造，在大气环境质量明显改善前不宜再新增煤化工等高能耗、重污染产业。

区域内传统煤化工、小冶金等产业进行升级改造、提高大气污染治理水平。重点产业发展情景下大气环境预测结果表明，评价区西北部的乌海、石嘴山以及东部的渭南、吕梁、忻州等市的 SO_2 仍不能达标，这些地区应进一步对区域内传统煤化工、小冶金等产业进行升级改造、提高大气污染治理水平，如焦炉煤气脱硫后用于化工生产，现有电厂配套脱硫装置，新建电厂必须配套脱硫脱硝装置等。

5.5　水环境影响预测

5.5.1　各种情景水环境影响分析

综合考虑评价区社会经济全面发展，根据重点产业发展战略情景设计和不同情景下水资源供需平衡分析成果，应用黄河干流一维水质模型预测计算不同情景引起的黄河干流水质变化。不同情景下黄河干支流水质较现状有所改善，同时，黄河干流水源地水质都能达到Ⅲ类标准要求。黄河干流水质预测结果见表 5-23 和表 5-24。

黄河干流下河沿至三门峡段 COD 年均浓度 10 ～ 19 mg/L，基本满足Ⅲ类水要求；氨氮年均浓度在龙门以上河段满足Ⅲ类水要求，但黄河干流汾河汇入口至三门峡河段年均氨氮浓

表 5-23　2015 年不同情景黄河年均 COD 和氨氮浓度统计　　　　　单位：mg/L

控制断面		COD				NH₃-N			
		现状	情景一	情景二	情景三	现状	情景一	情景二	情景三
干流	拉僧庙	16.6	14.4	12.3	12.5	0.62	0.51	0.47	0.47
	喇嘛湾	17.0	11.6	10.7	11.0	0.50	0.40	0.37	0.37
	吴堡	12.9	11.4	10.3	10.5	0.75	0.56	0.49	0.52
	龙门	—	14.9	12.7	13.1	—	0.80	0.70	0.72
	潼关	26.0	23.0	19.1	20.6	2.28	1.89	1.72	1.75
渭河	常兴桥	18	12.3	12.0	12.1	0.79	1.21	1.07	1.07
	沙王	122	105.0	89.8	91.5	12.16	19.20	15.67	15.67
	吊桥	76	59.8	56.1	56.5	7.61	7.71	7.04	7.52
水源	画匠营	8.5	8.4	7.5	7.7	0.94	0.54	0.49	0.50
	万家寨	—	10.1	7.6	7.9	—	0.29	0.28	0.28

表 5-24　2020 年不同情景黄河年均 COD 和氨氮浓度统计　　　　　单位：mg/L

控制断面		COD				NH₃-N			
		现状	情景一	情景二	情景三	现状	情景一	情景二	情景三
干流	拉僧庙	16.6	14.4	11.1	11.3	0.62	0.54	0.50	0.50
	喇嘛湾	17.0	11.4	9.6	9.6	0.50	0.43	0.40	0.40
	吴堡	12.9	11.0	8.0	8.2	0.75	0.61	0.54	0.55
	龙门	—	14.4	12.3	12.4	—	0.83	0.80	0.81
	潼关	26.0	21.1	17.8	18.0	2.28	1.91	1.83	1.84
渭河	常兴桥	18	12.5	12.2	12.4	0.79	1.15	1.08	1.09
	沙王	122	107.2	93.0	93.6	12.16	19.20	16.43	16.67
	吊桥	76	61.8	57.7	58.0	7.61	7.90	7.43	7.69
水源	画匠营	8.5	8.4	7.8	7.9	0.94	0.59	0.55	0.55
	万家寨	—	9.1	6.5	6.6	—	0.36	0.33	0.33

度 1.7 ～ 1.9 mg/L，为地表水 V 类。

规划近期渭河沿线各地市污染物入河量减小，渭河水质比现状有所改善，但渭河咸阳段及以下河段 COD 浓度 50 ～ 100 mg/L、氨氮浓度 6 ～ 19 mg/L，仍为劣 V 类水体。规划远期渭河水质相比 2015 年略微变差，咸阳段及以下河段 COD 浓度 93 ～ 100 mg/L、氨氮浓度 16 ～ 19 mg/L，仍为劣 V 类水体。渭河污染依旧严重。

根据不同情景下全盐量和废水量，对各情景下的全盐量排放浓度进行计算。不同情景下的全盐量排放量 2015 年为 254.6 万～ 431.3 万 t，排放浓度为 1 866.1 ～ 5 079.2 mg/L，2020 年排放量为排放量为 359.1 万～ 731.3 万 t，排放浓度为 1 871.1 ～ 5 039.2 mg/L。所有情景下的全盐量浓度均超过《农田灌溉水质标准》限值要求，而支流的流量较小，且丰枯流量变化较大，枯水期流量则更小，一旦直接排放将造成支流全盐量指标严重恶化。

5.5.2 水环境对产业调控的要求

渭河流域水环境承载力弱，应发展低污染产业。根据水环境预测结果，在情景二和情景三条件下，重点产业排污量不断减少，但渭河在规划近期和规划远期水质仍然恶劣，为劣 V

类水体。渭河流域面源污染严重，其他工业废水入河量大，水环境承载力弱。在这一背景下，应加大现有重点产业治污力度，升级改造区域内合成氨、电石产业，布局改扩建项目必须实现水污染物总量减排。未来应调整产业结构，大力发展低污染产业。

汾河对黄河干流污染大，应升级改造现有产业。根据水环境预测结果，黄河干流在汾河汇入口至三门峡河段氨氮超标严重。综合考虑汾河水环境质量现状超标态势，说明汾河流域水环境污染严重，且对黄河干流污染压力较大。汾河流域应进一步调整焦化、合成氨产业结构，削减总量，提高技术水平，减少水污染物排放，改善区域水环境质量。

加强全区域高含盐废水治理。在情景二和情景三中，对产业废水循环利用提出了较高的要求，使得高含盐废水成为区域重点产业的一个特征污染物。为避免高含盐废水对黄河水环境质量的影响，应在全区域加强高含盐废水治理。高含盐废水不得直接向黄河等重要地表水体排放。

5.6　生态环境影响预测

5.6.1　各种情景生态环境影响分析

（1）情景一重点产业需水量、占地规模较现状增长过大，将加剧挤占生态用水引发的生态环境问题和局部土地退化

2015年和2020年，情景一条件下，分别有10个和12个地市水资源缺口较现状有较大幅度增加，尤其是银川、咸阳、运城等地市能源化工产业用水若挤占地下水生态用水，在原有地下水降落漏斗范围取水，这些地市地下水降落漏斗面积及埋深将进一步增加；咸阳、忻州、运城、榆林等地市如非汛期能源化工产业用水挤占支流生态用水，支流断流现象将进一步加剧。

从黄河流域河网与重要湿地空间相关关系分析见图5-42，鄂尔多斯、榆林等缺水地市，部分黄河支流是鄂尔多斯遗鸥自然保护区湿地、红碱淖自然保护区湿地的重要补给水源。若能源化工产业发展中，受工农业用水挤占生态用水、水土保持工程减水影响，红碱淖补给水源扎日格沟、乌尔图河、活页乌素河、根皮沟和孟家沟，鸡沟河等黄河支流，鄂尔多斯遗鸥自然保护区湿地补给水源扎莎克河、壕赖河、七卜素河、马连河、东葫芦素河、松道沟河、前尔林兔河等支流出现断流，鄂尔多斯遗鸥保护区湿地和红碱淖湿地可能将继续萎缩。

2015年和2020年，情景一条件下，重点产业占地规模较现状将增加121%，其中煤炭开采业占地规模将增加5 km^2。由1990—2007年土壤侵蚀增势表明，土壤侵蚀发展与点多面广的煤炭开采有较高的空间相关性，尤其是黄河粗沙多沙区最为明显。黄河粗沙多沙区年侵蚀模数在1万 t/km^{2}以上，鄂尔多斯、

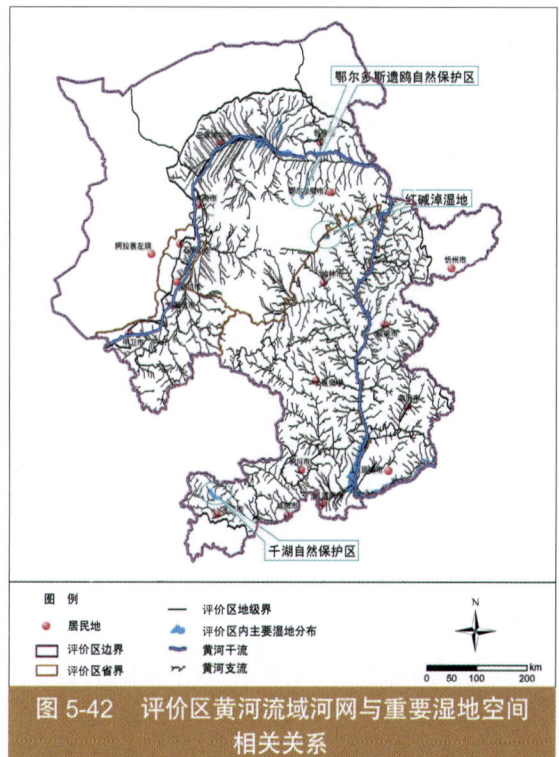

图5-42　评价区黄河流域河网与重要湿地空间相关关系

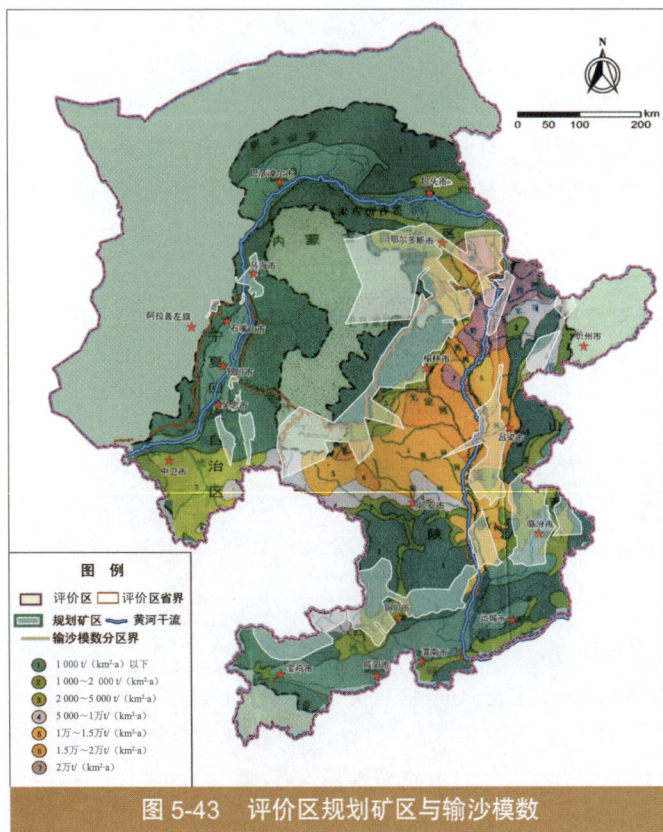

图 5-43　评价区规划矿区与输沙模数

榆林、忻州等地市部分规划矿区侵蚀模数甚至高于 2 万 t/km^2，每年向黄河输入泥沙达 1 万～3 万 t/km^2，规划矿区与输沙模数见图 5-43。另外，国家核定的规划矿区中约 60% 位于强度以上沙漠化土地和土壤侵蚀区。若这些区域出现粗放型煤炭资源开采，将加剧退化土地发展，增加入黄泥沙量，不但影响土壤保持生态功能，而且将增加黄河下游泥沙淤积，对下游防洪安全构成潜在威胁。

（2）情景三整体缺水率有所降低，重点产业占地规模缩小，仍有局部地区可能延续挤占生态用水引发的生态环境问题，存在土地退化的潜在威胁

2015 年和 2020 年情景三评价区缺水率较现状降低 32% 和 16%，2010 年和 2020 年水资源缺口增加的地市，由情景一的 10 个和 12 个，降为 4 个和 5 个，缺水幅度也有所降低。但这些缺水地市如不能合理配置水资源，仍可能出现能源化工产业用水挤占生态用水的现象。如石嘴山地下水降落漏斗面积及埋深增加的趋势较难遏制，忻州汾河断流现象仍可能进一步加剧。鄂尔多斯遗鸥自然保护区等重要湿地仍可能面临湿地继续萎缩，出现珍稀物种生境消失的生态风险。

2015 年和 2020 年情景三重点产业占地规模有所缩小，占地规模增加比例由情景一的 121% 降至 57%，煤炭开采业占地增加面积由 5 km^2 降至 3.3 km^2，但粗沙多沙区、土壤侵蚀区、土地沙化区的重点产业的无序开发，煤炭资源粗放型开采，仍可能推进退化土地发展。其中侵蚀模数和产沙模数最高的鄂尔多斯、榆林、忻州等地市规划矿区，作为黄河泥沙贡献最大的区域，煤炭资源的粗放型开采，仍可能加剧黄河下游泥沙淤积，对黄河流域生态安全构成潜在威胁。

（3）情景二缺水率及重点产业占地规模进一步缩小，大部分地市挤占生态用水引发的生态环境问题有所缓解，土地退化范围缩小

情景二吴忠、石嘴山、中卫、鄂尔多斯、阿拉善左旗、忻州缺水率有所增加，若不采取有效措施，其中的石嘴山地下水降落漏斗面积及埋深仍可能继续增加，忻州汾河断流现象仍将存在。

2015 年和 2020 年情景二重点产业占地规模进一步缩小，占地规模增加比例由情景二的 57% 降至 32%，重点产业可能引发的土地退化范围缩小、程度也将减轻。但重点产业无序开发，尤其是煤炭资源粗放型开采仍将诱发上沙漠化土地和土壤侵蚀区土地退化，粗沙多沙区水土流失，影响局部区域土壤保持或防风固沙等生态功能。

产业大规模建设空间需求，将激发与局部环境敏感区的矛盾。规划的轩岗、岚县、霍州、彬长、万利、榆神、乌海、横城、灵武、积家井煤矿矿区内有 19 个自然保护区。煤田开发、

煤基化工园区大规模建设空间需求与保护区必然存在一定冲突，受地方经济利益驱动，生物多样性保护战略失灵的情况下，地方可能不合理调整市级或县级保护区范围，影响到自然保护区的有效保护。自然保护区和规划矿区的相对位置见图5-44。

山西省煤田与岩溶泉域大都重叠，形成煤、水（岩溶水）共存系统，重点产业发展可能造成泉域保护区水量衰减、引起泉域水质污染等问题。煤矿矿坑排水将减少煤系地层及其上部岩层含水层对岩溶水的越流补给，和下伏岩溶含水层的补给，造成区域岩溶地下水位下降和泉水流量衰减。因此泉域保护区内水资源开发必须科学论证，尽量避免对岩溶泉水造成不利影响。

受水源、地形条件限制，评价区工业园区有沿黄分布的特点，尤其是榆林无定河、窟野河、宝鸡渭河、包头黄河干流等集中式地表水饮用水水源地周边，布局有较多的工业园区，在"产业向基地集中，工业向园区集中"发展战略调控下，沿黄工业园区规模将进一步扩大，尤其是能源化工类工业园区将以数倍规模增加，一旦紧邻集中式饮用水水源地附近的工业园区发生水环境风险事故，含各种污染物质的高浓度废水排入黄河，将严重污染水体，威胁到当地人民饮用水安全。工业园区分布见图5-45。

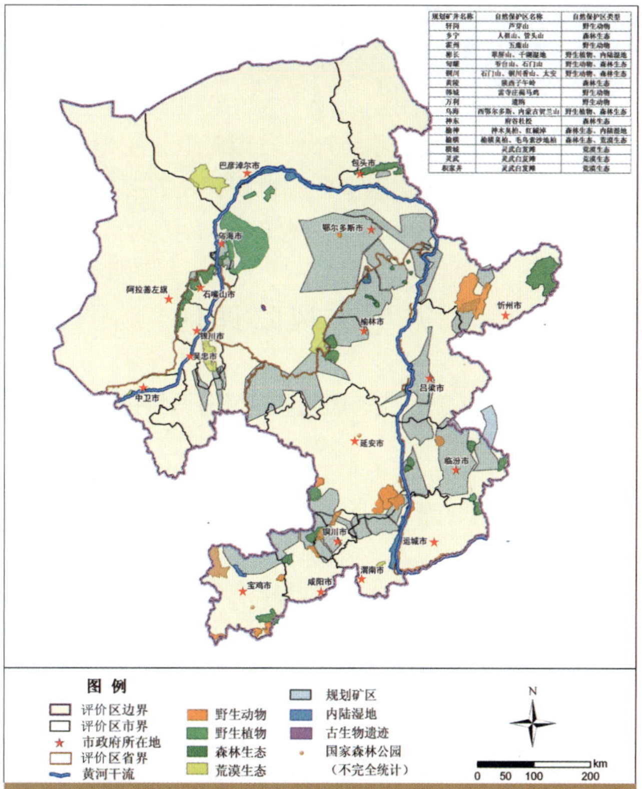

5.6.2　生态环境对产业调控的要求

为减缓高耗水能源化工产业挤占生态用水引发的生态环境问题，必须严格控制工业取水范围。严禁在银川、咸阳、运城等地市地下水降落漏斗范围取水。严格控制鄂尔多斯遗鸥自然保护区、红碱淖自然保护区等重要湿地上游补给河流的工业取水量，在重要湿地生态需水无法满足的情况下，严禁在上游补给河流取水。严格限制山西泉域衰减区工业取水量。

为避免工业园区沿黄布局引发的水环境风险，要求工业企业，尤其是新型煤化工企

图 5-44　评价区自然保护区与规划矿区空间相关关系

图 5-45　评价区各级工业园区分布

业必须入工业园区，存在水环境污染的工业园区必须与集中式饮用水水源地保护合理距离，同时加强现有小工业园区整合，提高工业园区技术及污染治理水平，提高水资源循环利用率和中水回用率，减少水污染物排放。

为减轻重点产业发展对退化土地的影响，严格控制强度以上土壤侵蚀、土地沙漠化分布区的能源化工产业占地规模，并要求鄂尔多斯、榆林等地市的矿区工业场地、煤化工园区避免布局于东部粗沙多沙区。

5.7 生态风险评估

5.7.1 生态风险源空间分异特征

评价区干旱、沙尘暴、土壤侵蚀、土地沙漠化等多重自然生态风险源强度由东南向西北逐渐增强。能源化工产业战略发展中可能出现的生态用水挤占、水环境污染、粗放型煤炭资源开发等人为风险源，多作用于评价区中部及南部地区，与自然生态风险源叠加影响，可能发生河流断流、高强度水土流失、生态系统退化等生态风险。

各类自然生态风险源分布见图5-46至图5-49，各类人为风险源见图5-50至图5-52及表5-25。

表5-25　重点产业战略发展人为风险源分析

人为风险源	风险影响特点	生态风险终点
生态用水挤占	高耗水能源化工产业规模过大，危及局部地区水资源安全，可能出现能源化工产业用水大量挤占河道内生态用水，地下水生态用水或湿地生态用水，触及生态用水底线	河流断流、重要湿地退化或消失、生态系统退化
水环境污染	高污染行业比例过高，大量水污染物排放，污染地表水环境	河流湿地生态系统退化
粗放型煤炭资源开发	粗放型煤炭资源开发，破坏地表植被，加速矿区土壤侵蚀或土地沙漠化	生态系统退化、高强度水土流失、珍稀物种典型生境退化或消失

5.7.2 生态风险分区

考虑重点产业发展战略实施中不同风险源的发生概率，采用生态风险值法计算，评价区可分为三类能源化工产业战略生态风险监控区见图5-53。

能源化工产业生态风险重点监控区集中分布于鄂尔多斯东部、巴彦淖尔南部、阿拉善左旗东部。鄂尔多斯、巴彦淖尔、阿拉善左旗生态本底脆弱，生态系统稳定性差，是干旱、沙尘暴、土壤侵蚀、土地沙漠化等多重自然生态风险源集中分布区，近年随产业迅速发展，东部水环境污染等人为风险源开始凸显。能源重化工产业战略实施中，可能出现东部生态用水被挤占，规划矿区粗放型煤矿开发等人为风险源。若管理监控不善，发生重要湿地退化、珍稀物种典型生境消失、高强度水土流失、发生大规模沙尘暴等生态风险概率增加，将加剧区域的生态脆弱性，对区域生态安全构成威胁。该区人为风险源和自然生态风险源交织在一起，极易发生生态风险放大效应，是评价区生态风险重点监控区。

能源化工产业生态风险次重点监控区分布于包头南部、乌海北部、山西四市及评价区西南部。该区生态环境本底略好于生态风险重点监控区，自然生态风险源分布比较单一，且发

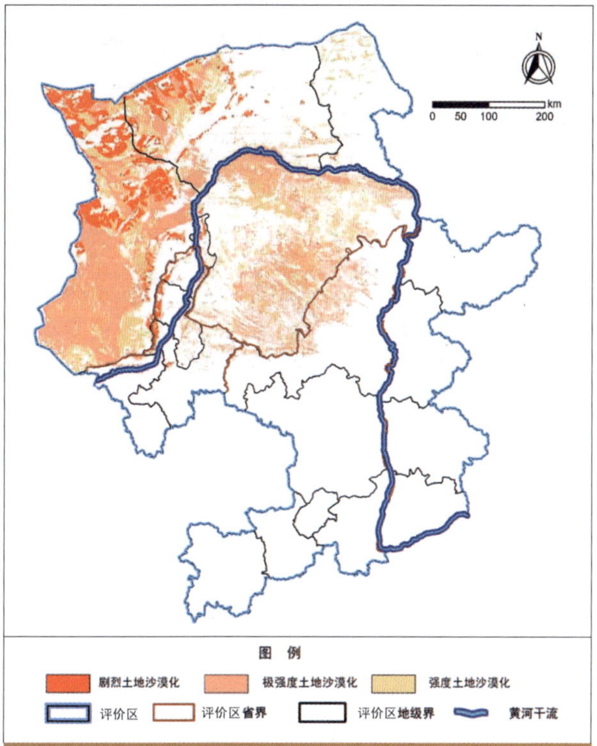

图 5-46　评价区土地沙漠化风险分布

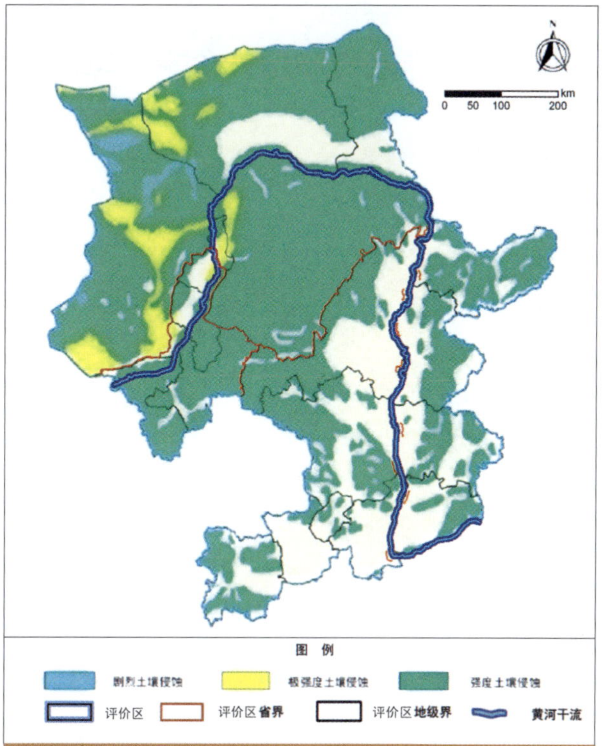

图 5-47　评价区水土流失风险源分布

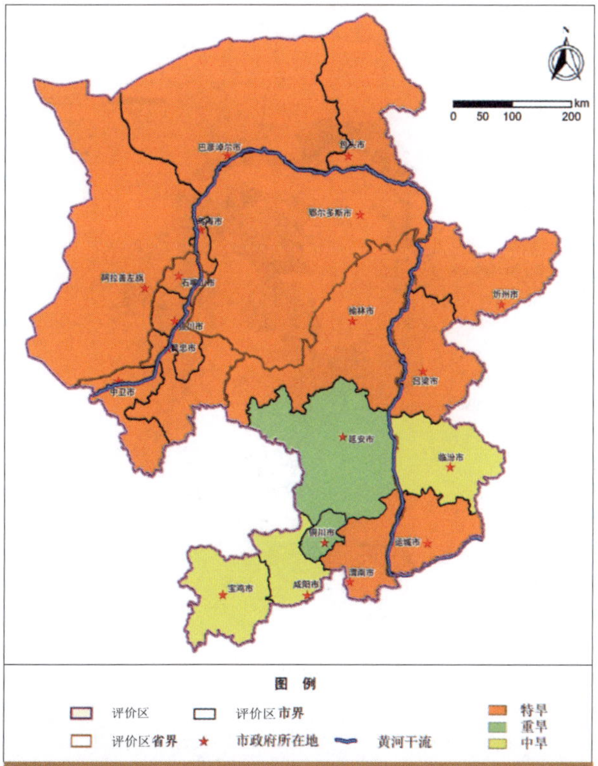

图 5-48　评价区干旱灾害风险分布

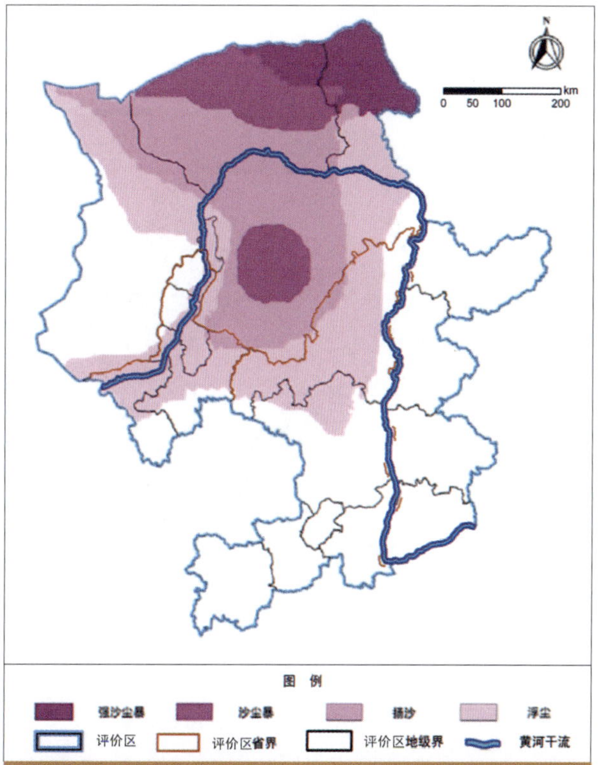

图 5-49　评价区沙尘暴风险分布

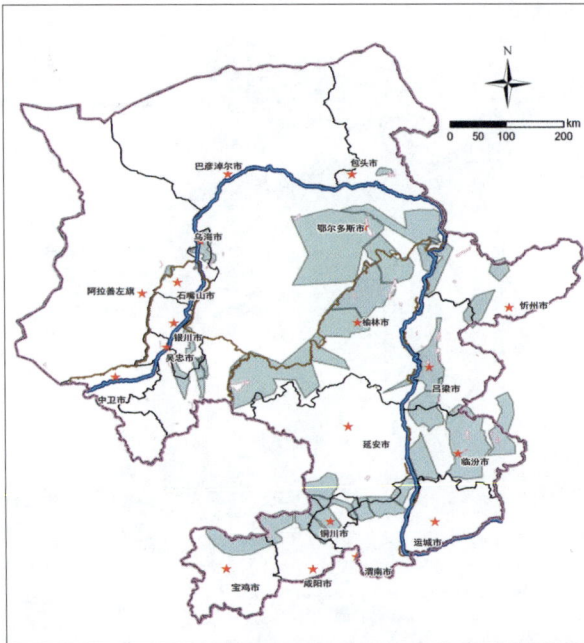

图 5-50　评价区煤炭开发风险源分布

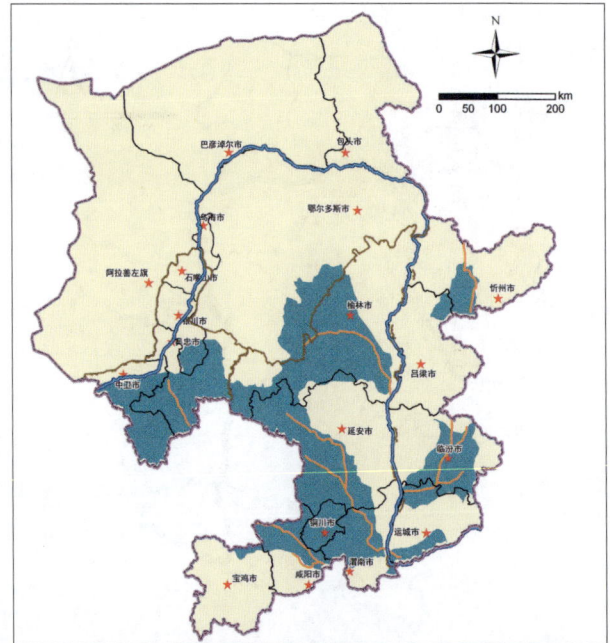

图 5-51　评价区生态用水挤占风险源分布

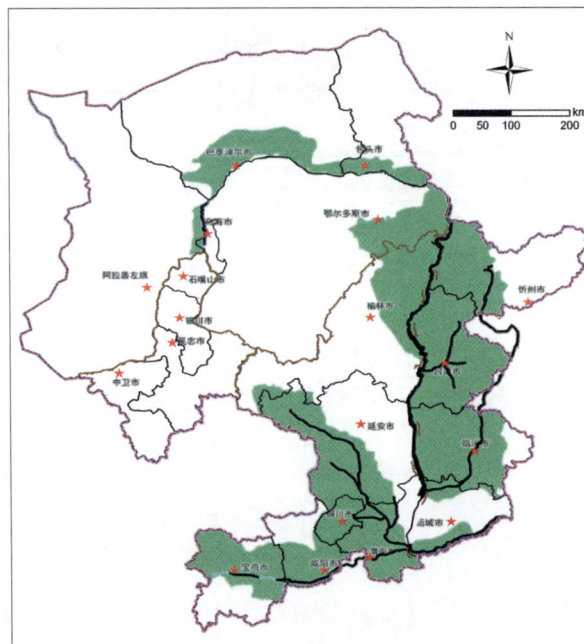

图 5-52　评价区水污染风险源分布

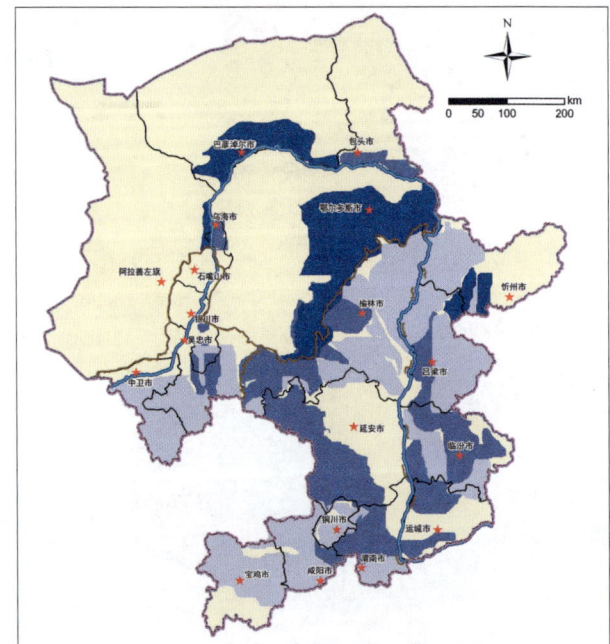

图 5-53　评价区生态风险监控等级分区

生概率较生态风险重点监控区低。长期能源化工产业的发展，造成该区挤占生态用水、粗放型煤炭资源开发、水环境污染等人为风险源分布广泛，且随能源化工产业发展战略实施和人为干扰强度加大，局部人为生态风险源强度还有所增强。自然和人为生态风险源叠加影响，未来该区极可能发生水土流失、支流断流、湿地萎缩退化等生态风险，区域生态风险水平将明显升高。如该风险区内的榆林榆神矿区，煤矿开发中若破坏矿区地下水，或挤占红碱淖湿地等重要湿地的生态用水，在气候持续干旱、上游补给河流被拦截、农业灌溉等多重作用下，可能继续推进红碱淖湿地自然保护区等重要湿地退化，造成遗鸥生境消失的重大生态风险。

能源化工产业生态风险监控区分布于西南和东南部。该区生态系统抗干扰能力相对较强，一般以能源化工产业战略和人为生态风险源为主，如东南部宝鸡、咸阳生态风险监控区主要为生态用水挤占和水环境污染等人为生态风险源。该区自然生态风险源分布范围较小，主要分布于东南部黄土高原粗沙多沙区，大规模煤炭开采，能增加发生高强度水土流失生态风险的概率，增加黄河的输沙量，加剧黄河下游泥沙淤积，影响黄土高原土壤保持功能。

5.8 重点产业生态适宜性分析

5.8.1 生态环境功能符合性变化趋势分析

综合水资源承载力、大气环境、水环境和生态环境中长期环境影响变化趋势分析，在不同的发展情景下，评价区主要生态功能呈现不同的变化趋势。

情景一条件下，水资源承载力不能支撑重点产业发展，重点产业缺水极易挤占生态用水，加剧现有重要湿地萎缩、支流断流等次生生态环境问题，扩大黄河生态安全廊道的间断规模和破碎趋势，影响流域生态安全。

情景二条件下，吴忠、中卫、阿拉善左旗、巴彦淖尔、咸阳、运城等地市重点产业用水仍然紧张，黄河主要支流水质仍不达标。区域生态防线和生态安全廊道功能基本保持现状或有所改善，人居环境功能得到保障。

情景三条件下，吴忠、银川、中卫、鄂尔多斯、阿拉善左旗、巴彦淖尔、榆林、咸阳、忻州、吕梁、运城等地市重点产业用水缺口大，若挤占生态用水，将加剧地下水降落漏斗或支流断流现象。在现状基础上加大对黄河生态安全廊道功能的破坏。另一方面，若能实施水资源优化配置方案，挤占生态用水问题可得到控制和缓解，则黄河生态安全廊道功能会在现状基础上有所改善。饮用水水源地水质和大气环境基本可满足人居环境要求，但黄河主要支流水质持续不达标，影响

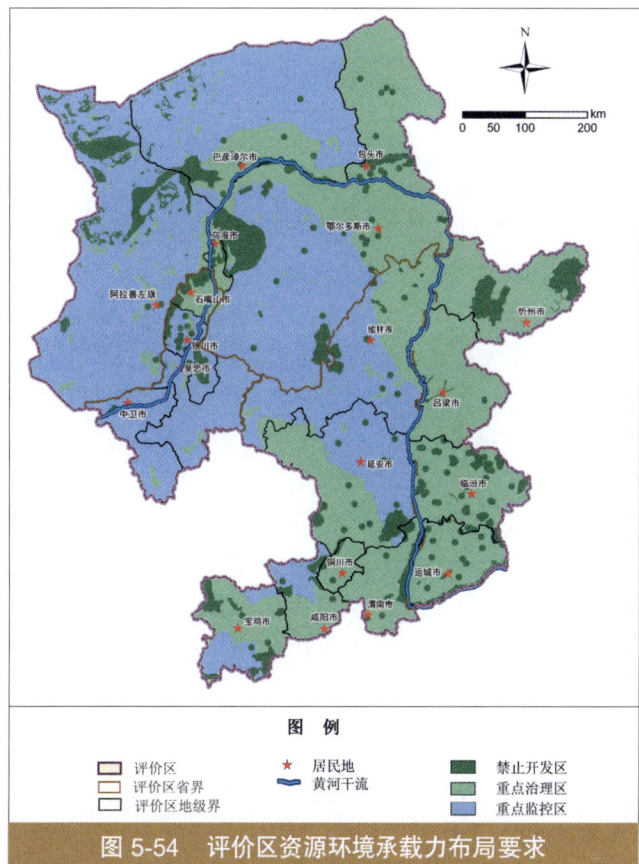

图 5-54　评价区资源环境承载力布局要求

流域生态安全。

5.8.2 重点产业发展生态约束条件

综合分析评价区资源环境承载力空间分布特点、能源重化工行业发展战略累积环境影响及潜在生态风险源分布，全区可划为重点治理区、重点监控区和禁止开发区见图5-54。

（1）重点治理区

重点治理区为现状大气环境、水环境低承载区、局部生态环境低承载区，该区自然环境本底脆弱、抗干扰能力有限，多年来水资源、大气环境及水环境严重透支，退化土地加速发展。

重点产业战略实施中须强化环境治理，挖掘环境资源容量，强化环境安全调控。重点治理区包括水环境超标河段所在流域（水环境低承载区）、大气环境现状超标地市（大气环境低承载区）、沙漠分布区、土壤侵蚀发展区和土地沙漠化发展区（局部生态环境低承载区），重点治理区范围见表5-26。

表 5-26 重点治理区范围	
重点治理区类型	主要范围
环境超标河段所在流域	包括汾河流域、洛河流域、渭河流域、昆都仑河流域、四道沙河流域、大黑河流域、西河、东河、浑河流域等
大气环境现状超标地市	包括包头、渭南、运城、忻州、吕梁、临汾、石嘴山、乌海
沙漠分布区	腾格里（主要位于阿拉善左旗、鄂尔多斯、巴彦淖尔、榆林等地市局部地区）沙漠、乌兰布和沙漠、库布齐沙漠
土地沙漠化发展区	主要位于阿拉善左旗、鄂尔多斯、巴彦淖尔、榆林等地市局部地区
土壤侵蚀发展区	主要位于阿拉善左旗、鄂尔多斯、巴彦淖尔、榆林、延安、石嘴山、银川、吴忠、中卫、忻州、临汾、吕梁等地市

（2）重点监控区

重点监控区是重点产业战略实施中须重点监控、科学引导、合理开发的区域，以期最大限度地减少资源开发对生态的破坏，实现"能源持续生产"和"生态系统的相对稳定"。该区自然环境本底脆弱，有较重要的自然和社会生态服务功能，可分为两类。

第一类为重点产业战略实施后生态脆弱性可能增加的区域，包括重点产业战略实施中可能出现水质超标的河段，包头、忻州、临汾、吕梁、运城等大气污染压力显著增加的地市，吴忠、银川、石嘴山、鄂尔多斯、乌海、榆林、运城等水资源供需缺口较大的地市，泉域分布区、强度以上土壤侵蚀区、强度以上土地沙漠化区、沙漠区、粗沙多沙区等生态环境低承载区。

第二类为重点产业战略实施后存在潜在生态风险，需重点监控防范生态风险的区域，主要为能源化工产业战略生态风险监控区。重点监控区范围见表5-27。

（3）禁止开发区

禁止开发区指评价区内生态功能和生态地位极为重要的区域，包括生物多样性丰富、分布有区域代表性和典型性生态系统和原生状态保持良好等生态环境高度敏感的区域，如自然保护区、集中式饮用水水源地保护区、泉域保护区水量和水质重点保护区，生态风险重点防范区中剧烈沙漠化风险源分布区、剧烈土壤侵蚀风险源分布区。这类地区是区域内的生态脆弱区，重点保障物多样性保护、水源涵养、防风固沙、沙漠化控制、土壤保持等生态功能，禁止开发区范围见表5-28。

5.8.3 "一体四翼"生态适宜性分析

根据重点产业发展情景方案,对评价区"一体四翼"产业发展格局的生态适宜性分析如下：

表 5-27　重点监控区范围

重点监控区类型		主要范围
战略实施后生态脆弱性增加区域	可能出现水质超标的河段所在流域	渭河流域、汾河流域
	大气污染压力显著增加地市	包头、忻州、临汾、吕梁、运城
	水资源供需缺口较大的地市	吴忠、银川、石嘴山、鄂尔多斯、乌海、榆林、运城等地市
	强度以上土壤侵蚀区	阿拉善左旗、鄂尔多斯、巴彦淖尔、榆林、延安、石嘴山、银川、吴忠、中卫、忻州、临汾、吕梁等地市
	强度以上土地沙漠化区	阿拉善左旗、鄂尔多斯、巴彦淖尔、榆林、包头、石嘴山、银川、吴忠、中卫等地市
	粗沙多沙区	鄂尔多斯东部、榆林、延安北部、中卫东部、忻州西部、临汾西北部、吕梁中西部
	泉域分布区	忻州东和西部、临汾中西部、吕梁中西部
	沙漠区	库布齐沙漠、腾格里沙漠、乌兰布和沙漠
战略生态风险监控区	粗放型煤炭资源开发风险源分布区	万利、准格尔、府谷、神东、榆横、榆神、彬长、旬耀、铜川、黄陵、蒲白、澄合、韩城、积家井、苇城、萌城、乌海、轩岗、岚县、河保偏、离柳、乡宁、石隰、霍州、霍东等规划矿区
	生态用水挤占生态风险源分布区（人为挤占生态用水，断流河流所在流域）	北洛河、汾河、泾河、无定河等流域
	水环境污染风险源（现状超标及战略实施后可能超标河流所在流域）	汾河流域、洛河流域、渭河流域、昆都仑河流域、四道沙河流域、大黑河流域、西河、东河、浑河流域等
	人为风险源分布范围内极强度和强度沙漠化风险源	主要位于阿拉善左旗、鄂尔多斯、巴彦淖尔、榆林、包头、石嘴山、银川、吴忠、中卫等地市
	人为风险源分布范围内极强度和强度土壤侵蚀风险源	主要位于阿拉善左旗、鄂尔多斯、巴彦淖尔、榆林、延安、石嘴山、银川、吴忠、中卫、忻州、临汾、吕梁等地市
	人为风险源分布范围内干旱风险源	分布于各地市

（1）一体：河套内新兴产业区生态适宜性分析

这一区域煤炭资源丰富，且煤炭资源赋存条件好，具有开发大型整装煤田的优势；有一定工业基础，综合配套优势明显；该区存在生态脆弱区，但环境承载力较大，为产业发展留有较大的环境空间。

表 5-28　禁止开发区范围

禁止开发区类型	主要范围
自然保护区及森林公园	19 地市的自然保护区及森林公园范围
剧烈沙漠化风险源分布区	阿拉善左旗和巴彦淖尔局部地区
剧烈土壤侵蚀风险源分布区	阿拉善左旗和巴彦淖尔局部地区
泉域保护区水量和水质重点保护区	忻州东和西部、临汾中西部、吕梁中西部
集中式饮用水水源地保护区	19 地市的集中式饮用水水源地保护区范围

为解决产业发展中水资源供需缺口较大、区域潜在生态风险的问题，应控制高耗水行业发展规模；为减轻重点产业发展对退化土地的影响，严格控制生态环境低承载区产业占地规模；提高环保准入"门槛"，提升整体产业水平；对区域内的重点治理区谨慎开发。

（2）东翼：汾河流域产业区生态适宜性分析

该区是我国传统的能源基地，煤炭及相关产业开发历史悠久，由此带来的环境问题复杂，为评价区重点治理区，大气环境现状超标、土壤侵蚀发展、水污染压力较大、潜在生态风险源众多，生态环境综合承载力低。

该区发展应首先立足于解决现有环境问题，加大传统煤化工、小冶金等产业升级改造，改善区域环境质量，提高大气污染治理水平。其中水环境承载力较低的汾河流域，应进一步调整焦化、合成氨产业结构，削减总量，提高技术水平，减少水污染物排放。为维护泉域保护区水源涵养功能，必须严格限制泉域衰减区工业取水量，控制煤化工、电力等高耗水工业发展规模。同时，重点实施生态修复和补偿，提升区域生态环境承载能力。

该区可探索资源型城市产业转型，依托焦煤资源优化发展焦化行业，不新增产能，进行资源整合和升级改造，建设国内最先进的焦化示范区，加大焦化副产品回收利用力度，拓展焦炉气制甲醇、焦油加工等循环经济产业链。大力整合现有冶金行业，提升产业整体水平。努力以先进的产业发展模式实现区域环境质量改善和经济发展。

（3）南翼：渭河流域产业区（关中—天水经济区）生态适宜性分析

这一区域除延安外没有明显资源优势，有一定工业基础，位于交通枢纽和亚欧大陆桥中心，区位优势明显；该区主要为重点治理区，水环境和大气环境承载力较低，重点产业战略实施后，水污染压力和大气环境压力有所增加，存在潜在生态风险。

该区发展应避免加重现有环境问题，在水环境承载力低的渭河流域，应发展低污染产业，加大现有重点产业治污力度，升级改造区域内合成氨、电石产业，布局改扩建项目必须实现水污染物总量减排。渭南等大气环境超标地区应加大传统煤化工、小冶金等产业升级改造、提高大气污染治理水平。

（4）北翼：包头及周边地区生态适宜性分析

包头及周边地区矿产资源丰富，有较好的工业基础，具有发展冶金及配套产业的优势。该区为重点治理区，大气环境承载力和北部生态环境承载力低，为适应生态环境特点，应适当调整重点产业发展结构，可依托原有产业发展优势，发展钢铁、铝业等特色冶金产业，深度培育和发展稀土、装备制造、新能源等高新技术产业。

该区煤电、冶金等产业规模较大，大气污染物排放超出大气环境承载力，发展中必须对现有传统煤化工产业升级改造，大气环境质量明显改善前不宜再新增传统煤化工等高能耗、重污染产业。生态环境低承载区严格控制重点产业占地规模，同时要求钢铁、冶金等重点产业布局必须避让自然保护区等禁止开发区。

（5）西翼：黄河上游产业区生态适宜性分析

该区以重点治理区和重点监控区为主，整体环境承载力相对较好，但水资源承载力较低，部分地区大气环境承载力低，大气环境超标问题亟待解决。

由于评价区水资源供需缺口大，不建议发展新的高耗水产业，应加大现有产业升级改造，提高新增产能水资源利用效率，加大再生水利用。优化冶金、有色等传统行业的产业结构，提高装备技术水平，促进升级改造，淘汰落后产能，缓解大气污染压力。

6 重点产业优化调控建议方案

6.1 调控目标和原则

6.1.1 调控目标

河套内新兴产业区应保持现有良好的环境质量，避免在能源重化工产业发展中加剧沙漠化和土壤侵蚀发展，应缓解湿地萎缩等生态问题。

包头及周边地区应改善区域大气环境质量，规避生态风险。

黄河上游产业区应保持区域良好的水环境质量，避免土壤侵蚀加剧，改善局地大气环境质量。

渭河流域产业区（关中—天水经济区）应改善渭河流域水环境质量，改善局地大气环境质量。

汾河流域产业区应改善汾河水环境质量，缓解汾河断流状况，遏制土壤侵蚀加剧发展态势。

6.1.2 调控原则

为维持黄河中上游地区基本生态功能，必须以环境保护优化重点产业发展，同时以重点产业发展促进区域环境改善，应坚持"以水定产、技术升级、优化布局、多元化发展"的原则。保障国家能源安全，全面改善区域环境质量，实现区域可持续发展。

（1）重要生态功能不降低

维护华北地区防风固沙生态防线功能，黄河流域生态安全廊道功能。确保评价区基本生态用地面积。评价区应保证受保护湿地（建立保护区）面积占评价区面积不小于现状；自然保护区面积占评价区面积不低于现状的 10%，剧烈沙漠化和剧烈土壤侵蚀区等禁止开发区面积不低于现状的 7.7%。

（2）水资源开发利用不超载

保证区域生态用水，对于汾河、渭河、无定河等产流面积较大的河流，总体生态水量要达到天然径流量的 30%～40%。

根据区域水资源承载力测算，各地市扣除生态用水后可利用的水资源量见表 5-29。区域发展必须基于水资源承载力限制，不应突破用水底线。

（3）基于环境质量达标的污染物排放总量不突破

评价区 2007 年 SO_2 排放总量为 212.7 万 t，已超出大气承载能力，应对排放量超标地区进行削减，2020 年 SO_2 总量控制目标为 77.3 万 t；评价区 2007 年 NO_x 排放总量为 167.5 万 t，在区域大气环境可承载范围内，2020 年 NO_x 总量控制目标为 100.0 万 t，确保评价区大气污染物排放总量不突破。SO_2 削减方案见表 5-30。

为实现黄河干支流水质全面达标，必须严格控制流域水污染物排放量不应突破水环境承载力，各地市水污染物排放量应进行不同程度地削减，2020 年 COD 和氨氮总量控制目标分别为 35.8 万 t 和 2.3 万 t，削减方案见表 5-31 和表 5-32。

（4）环境准入标准不降低

面对较为严峻的资源环境压力，根据重点产业发展战略环境影响态势预测结果，重点产业发展新增产能应在国家相关产业政策基础上执行更为严格的环境准入要求，区域调控方案中已给出具体的准入要求，简单概括为：

● 新增煤炭项目：矿井水利用率应为 90% 以上；原煤入洗率应达到 60% 以上；煤矸石综合利用率应达到 70% 以上。

● 新增电力项目：须配套脱硫设施、脱硝设施，脱硫效率应到 90% 以上，脱硝效率应达到 70%；应采用空冷机组；灰渣循环利用率应达到 100%。

● 新增煤化工项目：新建煤化工项目必须进入工业园区，不得在地下水超采地区使用地下水作为工业水水源。公用工程配套的热电站应全部配套脱硫设施，脱硫率达到 90% 以上；工艺装置应配套先进脱硫工序，脱硫率达到 99% 以上；固体废弃物循环利用率达到 80% 以上。

表 5-29　评价区水资源优化调配方案　单位：亿 m³

地区	2015 年	2020 年
吴忠	26.11	24.19
银川	20.66	19.07
石嘴山	11.86	10.91
中卫	10.86	10.77
鄂尔多斯	20.07	21.38
乌海	2.36	2.36
阿拉善左旗	1.18	1.33
巴彦淖尔	47.11	45.87
包头	11.62	12.45
榆林	10.84	12.76
延安	3.58	3.95
渭南	18.06	19.79
铜川	1.26	1.60
宝鸡	8.35	9.61
咸阳	11.26	13.96
忻州	1.17	1.26
吕梁	6.23	8.40
临汾	9.15	11.46
运城	11.78	15.39
评价区合计	233.51	246.32

表 5-30　评价区 SO_2 排放量削减方案　单位：万 t/a

地市	2007 年排放量	达标允许排放量	近期需削减的排放量
运城	14.48	6.86	−7.62
乌海	11.04	6.06	−4.98
吕梁	9.29	5.10	−4.19
忻州	12.78	7.67	−5.11
包头	16.38	12.08	−4.30
临汾	10.51	7.28	−3.23
石嘴山	15.62	10.34	−5.28
铜川	1.64	—	—
渭南	33.14	22.60	−10.54
延安	1.32	—	—
鄂尔多斯	25.05	—	—
榆林	11.01	—	—
银川	2.52	—	—
阿拉善左旗	4.23	—	—
咸阳	12.39	—	—
中卫	5.44	—	—
宝鸡	8.29	—	—
吴忠	10.29	—	—
巴彦淖尔	7.29	—	—
评价区合计	212.71	—	−45.25

表 5-31　评价区 COD 入河排放量削减方案						单位：万 t/a
省区	地市	控制量		入河量			削减量
		水环境容量	入河控制量	点源入河量	面源入河量	污染物总入河量	
宁夏	吴忠	6.55	3.36	4.37	0.34	4.71	1.35
	银川	5.48	2.36	2.23	0.24	2.47	0.11
	石嘴山	4.75	2.12	1.37	0.18	1.55	—
	中卫	4.26	2.25	2.32	0.19	2.51	0.26
	小计	21.04	10.09	10.29	0.95	11.24	1.72
内蒙古	鄂尔多斯	1.40	2.50	1.54	0.87	2.41	1.01
	乌海	1.07	0.80	0.73	0.07	0.80	—
	阿拉善左旗	0.00	0.60	0.00	0.00	0.00	—
	巴彦淖尔	8.30	4.00	5.16	5.70	10.86	6.86
	包头	4.00	2.70	2.33	1.61	3.94	1.24
	小计	14.77	10.60	9.76	8.25	18.01	9.11
陕西	榆林	4.75	—	1.16	2.55	3.71	—
	延安	2.20	—	1.29	0.71	2.00	—
	渭南	3.70	—	4.50	7.31	11.81	8.11
	铜川	0.25	—	0.71	0.32	1.03	0.78
	宝鸡	1.30	—	3.80	3.83	7.63	6.33
	咸阳	3.00	—	3.61	5.74	9.35	6.35
	小计	15.20	—	15.07	20.46	35.53	21.57
山西	忻州	0.45	0.11	1.64	0.22	1.86	1.75
	吕梁	1.17	0.23	2.94	2.25	5.19	4.96
	临汾	3.45	0.84	3.13	2.78	5.91	5.07
	运城	3.71	2.19	6.89	6.44	13.33	11.14
	小计	8.78	3.37	14.60	11.69	26.29	22.92
区域合计		59.79	—	49.72	41.35	91.07	55.32

表 5-32　评价区 NH₃-N 入河排放量削减方案						单位：万 t/a
省区	地市	控制量		入河量			削减量
		水环境容量	入河控制量	点源入河量	面源入河量	污染物总入河量	
宁夏	吴忠	0.41	—	0.12	0.02	0.14	—
	银川	0.24	—	0.28	0.01	0.29	0.05
	石嘴山	0.14	—	0.19	0.01	0.20	0.06
	中卫	0.10	—	0.13	0.01	0.14	0.04
	小计	0.89	—	0.72	0.05	0.77	0.15
内蒙古	鄂尔多斯	0.10	—	0.33	0.10	0.43	0.33
	乌海	0.08	—	0.12	0.00	0.12	0.04
	阿拉善左旗	0.00	—	0.00	0.00	0.00	—
	巴彦淖尔	0.31	—	0.21	0.19	0.40	0.09
	包头	0.15	—	0.43	0.05	0.48	0.33
	小计	0.64	—	1.09	0.34	1.43	0.79

省区	地市	控制量		入河量			削减量
		水环境容量	入河控制量	点源入河量	面源入河量	污染物总入河量	
陕西	榆林	0.23	—	0.14	0.03	0.17	—
	延安	0.15	—	0.11	0.01	0.12	—
	渭南	0.20	—	0.30	0.08	0.38	0.18
	铜川	0.02	—	0.08	0.00	0.08	0.06
	宝鸡	0.07	—	0.12	0.04	0.16	0.09
	咸阳	0.17	—	0.24	0.06	0.30	0.13
	小计	0.83		0.99	0.23	1.22	0.47
山西	忻州	0.03	0.02	0.33	0.00	0.33	0.31
	吕梁	0.05	0.02	0.29	0.05	0.34	0.32
	临汾	0.15	0.13	0.38	0.06	0.44	0.31
	运城	0.17	0.17	0.41	0.13	0.54	0.37
	小计	0.40	0.34	1.41	0.23	1.64	1.30
区域合计		2.76	—	4.21	0.85	5.06	2.72

6.2 "一体四翼"分区优化调控建议方案

根据"一体四翼"生态适宜性分析，在各地发展意愿的基础上，提出分区优化调控的建议方案。重点产业优化发展格局见图 5-55。

6.2.1 河套内新兴产业区（一体）优化调控的建议方案

鼓励河套内新兴产业区建设新型能源重化产业区，区域包括内蒙古鄂尔多斯、陕西榆林、宁夏宁东基地，可辐射周边具有资源环境条件的地区。

（1）合理控制煤炭产业规模，优化开采方式

结合我国能源供给结构及中长期环境影响预测结果，这一地区煤炭开采规模可达到 7 亿～ 10 亿 t。为发展地方经济，在保证国家需求的前提下，可将煤炭就地消耗率控制在 50% 左右。

鄂尔多斯、榆林、宁东地区生态脆弱，产业发展水资源供需缺口大。这一区域煤炭开采应优化开采方式，提高资源环境效率：新增煤炭项目矿井水利用率应达到 90% 以上，煤矸石综合利用率达到 70% 以上。鄂尔多斯和榆林东部的"重点治理区"土地沙化和水土流失严重，这些地区的煤炭资源开发应充分论证开采时序、开采规模，加强生态修复，避免生态风险。

（2）提高煤电产业技术水平，优化产业布局

区域应为煤化工配套相应规模电力设施。新增电力项目必须配套脱硫设施、脱硝设施，脱硫效率应达到 90% 以上，脱硝效率应达到 70%；应采用空冷机组；灰渣循环利用率达到 100%。提高区域内煤电产业整体技术水平，淘汰 10 万 kW 以下小电厂，20 万 kW 以下应逐步淘汰。

（3）适度发展新型煤化工产业，提高准入要求

在水资源量限制下，必须控制区域煤化工产能。以主要煤化工产品为例，煤制甲醇规模

控制在 600 万～ 700 万 t，煤制二甲醚控制在 200 万～ 300 万 t,煤制烯烃控制在 170 万～ 330 万 t，煤制油控制在 1 000 万 t。

新型煤化工产业应园区化发展，新建项目必须进入工业园区。新增煤化工项目公用工程配套的热电站应全部配套脱硫设施，脱硫率达到 90% 以上；工艺装置应配套先进脱硫工序，脱硫率达到 99% 以上；固体废弃物循环利用率达到 80% 以上。废水循环利用率达 95% 以上，高含盐废水不得直接向黄河等重要地表水体排放。

新型煤化工产业的重点发展地区，城市生活污水处理率应高于同期国家要求，达到 85% 以上，再利用率达到 40% 以上。鼓励新型煤化工项目使用城市中水。

区域内自然保护区等"禁止开发区"禁止布局煤电产业，鄂尔多斯的"重点治理区"必须加强退化土地治理，及超标支流的水环境治理，严格控制煤电产业水污染物排放，榆林东部"重点治理区"必须加强退化土地治理，科学合理地规划煤炭资源开发，推进区域生态环境质量的改善。重要湿地的流域汇水范围内，布局煤化工产业时要确保不挤占或影响湿地生态用水。

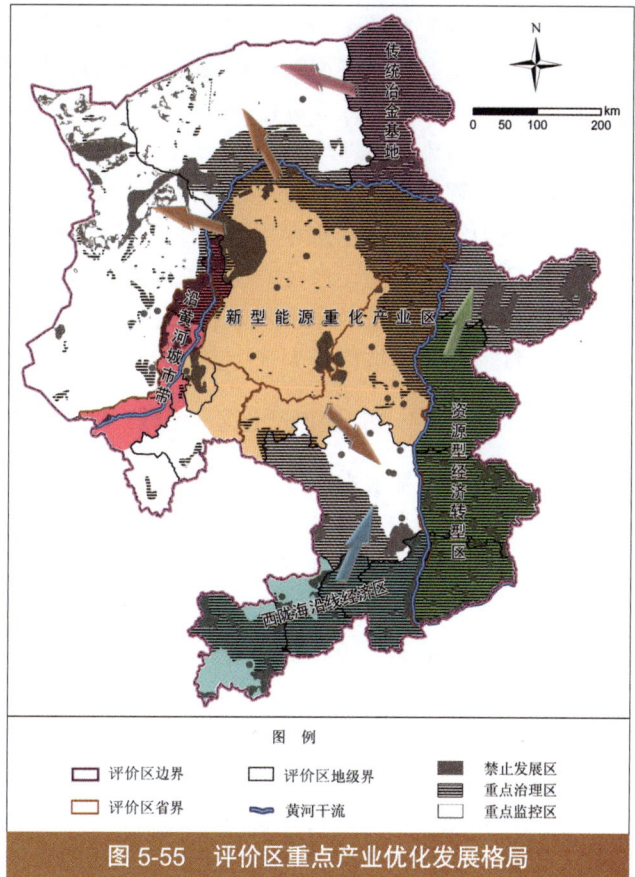

图 5-55　评价区重点产业优化发展格局

6.2.2 汾河流域产业区（东翼）优化调控的建议方案

建议将汾河流域产业区打造成为"资源型经济转型区"，包括山西吕梁、临汾、运城，可辐射忻州。

（1）推进煤炭产业整合，提高产业集中度

继续推进煤炭行业整合，提高煤炭工业产业集中度，逐步淘汰 30 万 t 以下小规模矿井，单井平均规模逐步达到 120 万 t。到 2015 年，煤炭项目矿井水利用率应为 90% 以上，原煤入洗率应达到 60% 以上，煤矸石综合利用率应达到 70% 以上。

（2）控制煤电发展规模，提升产业技术水平

区域大气环境质量、水环境质量未改善前，除热电联产项目外，原则上不宜布局新的煤电项目。改扩建煤电项目应实现本地区内"增产减污"，同时必须配套脱硫设施、脱硝设施，脱硫效率应达到 90% 以上，脱硝效率应达到 70%；应采用空冷机组，灰渣循环利用率达到 100%。

（3）升级改造传统煤化工产业，实现总量减排

应进一步调整焦化、合成氨产业结构，削减总量，提高技术水平。推进焦化行业循环经济园区建设，按照焦化行业准入标准建设焦炉气甲醇、煤焦油加工等综合利用项目。加大焦化行业 SO_2 治理力度。注重现有产业的产业链延伸，发展精细化工。

（4）对冶金行业进行深入的产业结构调整

按照国家《钢铁行业调整和振兴规划》《钢铁行业准入条件》以及《冶金产业调整和振兴规划》对冶金行业进行深入的产业结构调整，实现总量控制，淘汰落后产能，提升技术水平，提高污染物治理水平。

逐步降低重点整治断流河流流域范围、地下水降落漏斗范围及泉域保护区内现有煤化工、电力等行业取水规模，缓解生态用水被挤占造成的次生生态问题。区域内改扩建项目必须实现大气污染物、水污染物总量减排。加强吕梁离石、孝义市、汾阳市、交城市，临汾洪桐县、襄汾县、运城河津市苯并 [a] 芘超标工业园区的监控，加强苯并 [a] 芘等特征大气污染物的在线监测，严格特征大气污染物控制。

6.2.3 渭河流域产业区（南翼）优化调控的建议方案

渭河流域产业区（关中—天水经济区）包括陕西宝鸡、咸阳、渭南、铜川，可辐射延安，大力建设西陇海沿线经济区。

（1）鼓励产业多元化发展，丰富产业结构

该区应发挥区域人才、技术和区位优势，可承接东部产业转移，建议以装备制造和高新技术产业为重点，优化对外开放格局，建设重点产业集群和城市集群。作为评价区整体产业延伸的平台，以多元产业丰富区域产业结构，为评价区产业转型打下基础。

（2）升级改造传统煤化工产业，提升技术水平

升级改造区域内合成氨、电石产业，重点淘汰铜川和咸阳两市的小电石企业。在地下水超采地区，改扩建项目不应使用地下水作为工业水源。断流河流所在流域范围、地下水降落漏斗范围内不应新增工业企业用水规模。渭河流域等"重点治理区"内布局改扩建项目必须实现水污染物总量减排。

6.2.4 包头及周边地区（北翼）优化调控的建议方案

北翼包头及周边地区包括包头，可辐射巴彦淖尔，建议着力建设"特色冶金基地"。

（1）提高冶金产业技术水平，优化产业布局

积极推行冶金循环经济园区建设。冶金行业应实施严格的 SO_2 控制治理技术，力争达到清洁生产先进水平。

优化工业产业布局，加强氟化物等特征大气污染物监控，严格大气污染物控制，避免出现局地大气环境严重污染现象。

（2）升级煤电和传统煤化工产业，合理控制规模

提高区域内煤电产业整体技术水平，淘汰 10 万 kW 以下小电厂。新增电力项目必须配套脱硫设施、脱硝设施，脱硫效率应达到 90% 以上，脱硝效率应达到 70%，灰渣循环利用率达到 100%。

升级改造传统煤化工产业。焦化产能总体上不宜增加。进一步推进地区焦化企业重组，淘汰小规模落后产能，提高集中度。

6.2.5 黄河上游产业区（西翼）优化调控的建议方案

建议黄河上游产业区即银川、石嘴山、中卫、吴忠，围绕"黄河上游城市带"的建设，着力优化产业结构，提升技术水平。

（1）鼓励发展低耗水产业，优化产业结构

区域现有农业耗水比例高，水资源供需缺口大。应优化现状和未来产业结构，选择低耗水产业作为发展方向。由于紧临"新型能源重化工产业区"，可打造为人才和服务基地，建议大力发展新能源、高新技术等新型产业，大力发展第三产业，探索石嘴山等资源型城市产业转型和多元化发展道路，为宁东基地配套。

（2）升级改造现有重点产业，提升产业技术水平

应严格控制煤电发展规模，除热电联产项目外，原则上不宜新建煤电项目。改扩建煤电项目应立足于提高区域内煤电的整体资源利用水平和技术水平，加快淘汰 10 万 kW 以下小电厂。

升级改造区域内电石、焦化和炼铁产业。对电石、焦化和炼铁产业实施总量控制、产能置换，提高产业集中度和技术水平。

在地下水超采地区，改扩建项目不应使用地下水作为工业水水源。石嘴山等"重点治理区"内布局改扩建项目必须实现大气污染物总量减排。

6.3 调控方案的保障措施

6.3.1 升级改造重点产业，淘汰落后产能

（1）分阶段淘汰落后产能

区域近年经济总量快速提升，但仅煤炭产业在国内占明显优势地位，其他如冶金、电力等行业尚未形成优势，区域资源优势、规模效益未得到充分发挥。现有重点产业存在相当大比例的落后产能，通过淘汰实现能源资源的节约，并为新型产业腾出更多的资源环境空间。

区域 72% 的 30 万 t/a 的煤矿、70%（机组比例）的 10 MW 以下的火电机组、80% 的非密闭式电石炉、30% 左右的小型焦炉、23% 的小规模化肥和甲醇企业、30% 的小规模冶金企业，若 2015 年前上述落后产能中 50% 得以淘汰，可比 2007 年节能 8.3%，比 2005 年节约 8.87%；若到 2020 年全部淘汰，比 2007 年节能 16.6%，比 2005 年节能 17.74%。区域淘汰落后产能节能情况见表 5-33。

（2）剩余产能进行技术优化

不属于落后产能的，可通过优化产能结构、改进工艺技术等措施提高能源利用效率。结合产业情景设计，若达到先进技术水平，通过技术革新到 2015 年（50% 的装置实现革新）比 2007 年节能 2.08%，比 2005 年节能 2.22%，2020 年（全部实现技术革新）比 2007 年节能 4.15%，比 2005 年节能 4.43%。

剩余产能技术改造后可大大减少污染物排放。区域 SO$_2$ 排放主要来自火力发电厂，2007 年仅有约 35% 的机组装机配套了脱硫设

表 5-33　区域淘汰落后产能节能分析　　单位：%				
产业名称		落后产能比例	能耗比例	2015年节能贡献	2020年节能贡献／淘汰全部产能
煤炭工业		72	10.4	1.5	3.0
电力工业		70	13.7	1.9	3.8
煤化工行业	焦化	30	38.2	2.3	4.6
	电石	80	4.0	0.6	1.3
	其他	23	4.2	0.2	0.4
冶金		30	23.2	1.4	2.8
其他		30	6.3	0.4	0.8
合计		—	100.0	8.3	16.6

注：2015年淘汰一半落后产能，2020年全部淘汰；新增先进的产能能耗比落后产能可节能40%。

施。未来电力产业通过脱硫脱硝技术改造，到 2015 年，80% 装机容量可配套脱硫设施，则该区域重点产业 SO_2 可减排 50%；2020 年 100% 机组配套脱硫设施，则重点产业 SO_2 可减排 62%。通过提高废水利用率，减少废水外排比例，以减少 COD 的排放，煤化工产业到 2015 年和 2020 年废水循环利用率分别达到 80% 和 95% 以上。

6.3.2 加快推进循环经济，加强综合利用实施步伐

区域重点产业发展中应积极推进循环经济实施步伐，实现节能减排。

（1）采用积极有效的循环经济发展模式

通过采用多种模式的循环经济策略，深入推行煤炭工业子系统、电力工业子系统、煤化工产业子系统、冶金工业子系统等循环经济方式，有助于该区域的能源节约和利用。

探索实施多联产能源系统、建设煤电化（油）一体化建设项目等。多联产系统从整体最优角度，跨越行业界限的一种高度灵活的资源—能源—环境一体化系统。实质是多种产品生产过程的优化耦合，具有简化生产流程、提高系统可用率和经济性、利于 CO_2 捕获和回收利用等显著特点。多联产能源系统原则性架构示意见图 5-56。

采用煤电化一体化模式，可提高能源效率 7% ～ 12%，煤—电—甲醇模式可从传统甲醇厂 41% 的能效提高到 53%，煤—电—醇—醚模式可从 38% 提高到 45%，煤—电—油模式可从 36% 提高到 43%。若区域 2020 年有望实现煤制甲醇 1 800 万 t（包含 450 万 t 烯烃的配套甲醇规模）、二甲醚实现 400 万 t、煤制油实现 1 000 万 t，按照新建的 50% 采用煤电化一体化模式建设，共计可节约标准煤 790 万 t，为重点产业贡献节能率约 3.5%。

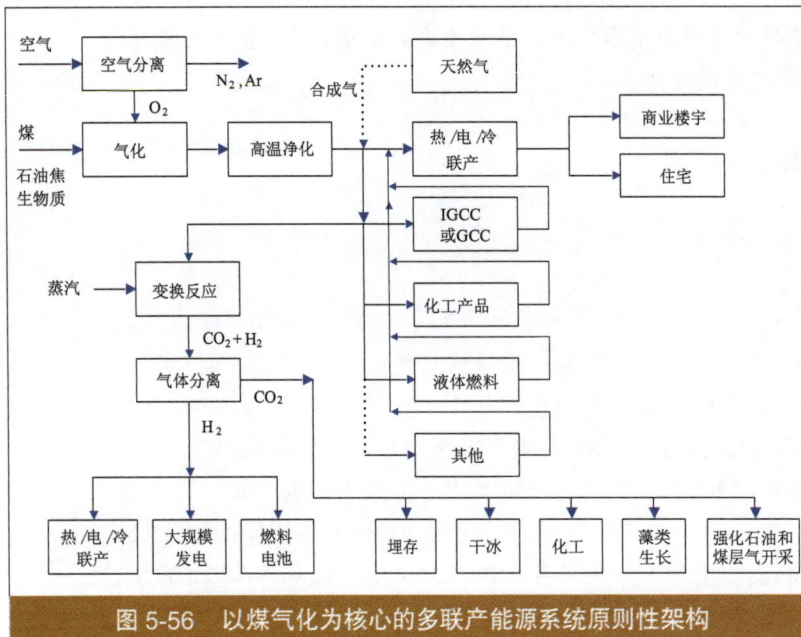

图 5-56　以煤气化为核心的多联产能源系统原则性架构

（2）推进固体废物综合利用，减缓固体废物环境影响

从环境管理、循环经济和固体废物综合利用等综合要求出发，鼓励区域内各类工业企业建设于成熟的工业园区内，尤其是煤化工项目。

煤炭企业通过产业主链产生的煤矸石、煤泥、粉煤灰、炉渣、废水等废物的利用，发展煤矸石电厂、粉煤灰制砖，形成与产业主链相衔接的若干辅链，构建循环经济产业体系，实现废弃物减量化、再利用和资源化。电力企业固体废弃物主要是锅炉废渣和脱硫石膏，可循环利用用做建材产品。煤化工企业固体废弃物主要是煤渣，气化灰渣可以做建筑材料用于铺路；由煤渣生产的水泥，可以广泛用于当地的基础设施建设；粉煤灰、煤渣可加工整合后制成轻体砖、蒸压粉煤灰砖等。

通过资源综合利用，可有效节约能源，降低污染物的排放。以煤炭工业子系统为例，2015—2020 年，提高煤炭洗选率至 60% 以上，则将产生煤矸石量至少约 2 亿 t 煤矸石，若这些煤矸石 60%～70% 用于矸石电厂或其他综合利用，到 2015 年比 2007 年节能 3%～4%，2020 年比 2007 年节能 7%～9%。

此外，区域可进一步提高冶金废渣综合利用、气化废渣和锅炉灰渣综合利用、电石渣综合利用等减少废弃物排放，提高能源利用效率。未来实现固体废弃物 70% 的综合利用率，最终有望实现 2015 年重点产业节能 5%，2020 年节能 10%。

（3）采用先进的节水技术和废水回用技术，节约水资源

区域未来将建设大型能源化工基地，煤化工项目将产生大量废水，为减少新鲜水取用量和降低水污染，应采用先进的废水回用技术，加大节水力度、降低污水排放。如区域内神华集团煤间接液化项目采用的 RCC（Resources Conservation Company）污水零排放技术，可实现 95% 的废水回用，区域其他煤化工项目可参考借鉴。

（4）多种途径实现废气资源化利用

区域重点产业生产过程中有大量副产气体，如煤层气、焦炉煤气、高炉和转炉煤气、电石炉气等，可通过资源化利用进行深加工，如生产化工产品，提纯制备工业气体等措施。

6.3.3　发展低碳经济，减排温室气体

本区是目前和未来国家的重要的能源基地，能源化工行业比重大，能源效率总体偏低，其温室气体的排放在全国排放总量中占有不小的比重。因此，区域应关注温室气体减排问题，尽可能地采用低碳技术，发展低碳经济，在有条件的地区尝试碳封存和回收，探索二氧化碳资源化利用途径，发挥作为能源基地的附加作用，为国家实现温室气体减排目标作出贡献。

（1）大力发展新能源和可再生能源

火力发电一直是区域二氧化碳排放的主要源，其次为各产业的工业锅炉，煤炭直接燃烧是二氧化碳排放的主要原因。

首先应进行产业结构减排，从工业结构上减少对煤炭的利用。应加大新能源和可再生能源在能源结构尤其是电源结构中的比例，以减少火电增长带来的二氧化碳增长。区域具有较好的风能、太阳能等新能源开发条件，但现状利用不够充分。为使区域能源基地可持续发展，应不断开拓新能源，充分发挥区域风能、太阳能资源优势，积极发展风电和太阳能光伏、光热发电技术，加快生物质发电的示范和推广，提高可再生能源在能源生产总量中的比重，不断优化能源结构。

目前内蒙古、宁夏已有一定风力发电工业基础，为进一步提高风能规模提供了可能。区域在开采煤炭资源的同时，应进一步加大煤层气资源开采力度，提高资源综合利用水平。

（2）采用先进技术降低煤耗，提高生产过程的各种能源利用效率

重点产业发展中应提高技术水平，降低单位产品单位能源的煤耗。如火电行业，单位千瓦时煤耗每增加 1 g 可减排二氧化碳 2.35 g。具体措施有：采用先进的锅炉、提高单台锅炉和装机规模、采用先进的煤气化技术、提高产业集中度等。

碳平衡可知，很大一部分碳损失或二氧化碳排放来自于工业锅炉，而工业锅炉是为生产过程提供热能的装置。在生产过程中，如能有效利用各种能级蒸汽、热量，减少系统对蒸汽的需求，可降低工业锅炉的规模或总量，有效节约煤炭，降低二氧化碳排放。

（3）实施二氧化碳资源化战略，拓展利用途径

二氧化碳资源化有效利用技术目前仍处于起步阶段，但国际国内已有一些成功的案例，反映出良好的技术与经济发展前景。从国内情况看，利用二氧化碳制备高纯二氧化碳、碳酸二甲酯、二氧化碳降解塑料、多功能复合金属氢氧化物、长效碳酸氢铵、乙二醇和甲烷的技术已经进入工业化生产阶段；制备高附加值碳酸盐和苯乙烯的技术已经进入工程化阶段。区域应加强二氧化碳资源化研究，将为其利用并最终实现减排拓展广阔空间。

6.3.4 产业多元化，为转型打下基础

在发展地区能源经济的基础上，为保持区域可持续发展，加大产业多元化发展力度。

（1）注重新兴产业培育

如电子信息、生物制药、新材料等高新技术产业等，为区域产业转型和接替产业发展打下基础。区域一些地区已经对新兴产业的发展进行了有益的尝试，需要对现有重点产业优化发展，创造一个良好的硬环境和软环境以吸引更多的投资。

（2）打造非能源型支柱产业

区域已经形成我国的能源重化工集中区，未来将在资源环境压力约束下有序发展，重化工工业对大型装备的要求很高，势必将带动区域的装备制造业的发展。大力发展装备制造业，打造非能源型支柱产业是区域未来实施多元化发展的重要方向。

7 产业与资源环境协调发展对策机制

7.1 产业布局和规模引导机制

7.1.1 实施分区环境管理对策

为引导"一体四翼"重点产业合理布局，根据评价区资源环境承载力布局要求，在各产业区内的"重点治理区""重点监控区"和"禁止开发区"实施有差别的环境管理政策。

（1）在重点治理区实施严格的环境管理制度，引导产业合理布局

重点治理区是评价区内自然环境本底脆弱、抗干扰能力有限、多年来水资源、大气环境及水环境严重透支、退化土地加速发展的地区。重点治理区主要分布在"河套内新兴产业区"的东部、"包头及周边地区"和"渭河流域产业区"的大部、"汾河流域产业区"的全部。重点治理区以生态修复和环境治理为主要任务，重点产业战略实施中应避免加大区域污染负荷和生态破坏，因此在这一区域应实施最为严格的环境管理制度，引导产业合理布局。

可限制新增污染企业。建议对 SO_2 和 COD 超标地区，在环境质量达标前暂停新增此项污染物排放总量的建设项目的审批。

可执行更为严格的污染物排放标准。建议提高汾河流域、渭河流域水污染物排放标准，大气环境质量超标地区的大气污染物排放标准要求，排放限值应严于国家标准，标准指标应增加重点产业的特征污染因子。

应加大对企业的污染排放管理力度。对"重点治理区"内不能达标排放的企业实行惩罚性收费。联合司法部门对屡不执行排污费缴纳的企业实行强制执行。新改扩建企业必须缴纳环境治理保证金，用于企业停产或破产后的环境整治资金，现有企业应逐渐补缴齐所欠资金，政府出台相关扶持政策加大对现有污染场地进行环境整治。

应注重规划矿区煤炭资源开发造成的地表沉陷、地下水疏干、生态环境破坏等问题的综合整治，加强土地沙漠化和土壤侵蚀区生态恢复治理。加强泉域保护区和煤炭开采破坏土地的生态修复。加强矿区煤炭开发建设过程中的水土保持工作。

（2）对重点监控区加强环境预警，引导产业在区域内优化布局

重点监控区是评价区中自然环境本底脆弱的地区，具有比较重要的自然和社会生态服务功能，对外来干扰敏感，现状生态环境质量较好，应避免重点产业战略实施中对这类区域的生态环境破坏。重点监控区主要分布在"河套内新兴产业区"的中西部、"渭河流域产业区"的局部和"黄河上游产业区"大部。对重点监控区以预防为主，加大建立环境预警体系，预估区域环境承载能力，引导产业优化布局。

建立环境预警体系，将生态环境风险控制在源头。完善建立流域风险管理机制，加强流域风险防范和应急管理。重点监控区环境质量现状较好，但产业发展和人口自然增长等因素对环境承载力将造成巨大影响。应在"河套内新兴产业区"等重点地区优先建立环境预警体系，对重点产业的生态敏感因子和特征污染因子进行预警监测，及时估算区域环境承载能力，既可立即控制环境风险，也可通过引导产业优化布局避免风险进一步放大。

建议实行评价区内的排污权交易，充分利用区域资源环境空间，实现产业优化布局。可在重点监控区实行区域内的排污权交易制度，确立总量控制目标，区域间可在环境质量不超

标的基础上进行排污权交易，优化区域污染物排放的空间格局。

（3）重点产业不得布局在禁止开发区内

禁止开发区指评价区内生态功能和生态地位极为重要的区域，包括生物多样性丰富、分布有区域代表性和典型性生态系统和原生状态保持良好等生态环境高度敏感的区域，如自然保护区、集中式饮用水水源地保护区、泉域保护区水量和水质重点保护区，生态风险重点防范区中剧烈沙漠化风险源分布区、剧烈土壤侵蚀风险源分布区，在"一体四翼"均有分布。

禁止开发区内不应布局新增工业企业，现有工业企业应逐步迁出。

7.1.2 实施流域生态需水保障对策

水资源是评价区重点产业发展、生态功能维持和社会经济全面发展的关键性制约因素，重点产业发展最易挤占生态需水。可通过保障区域生态需水策略，引导产业规模适度发展。

（1）建立生态需水底线评估制度，作为区域水资源配置的重要依据

建议环境保护的行政主管部门组织相关部门评估并确定评价区重点河段和重点湖泊最低生态用水量，并以此作为核定评价区水资源配置、编制流域水资源综合利用规划的重要依据。

通过实行总量控制、总量分配，保障生态需水，缓解和恢复水环境生态功能。对于超指标用水的区域，由发展与改革、规划、环保等主管部门暂停审批该区域新增消耗水资源的建设项目。

（2）建立合理的水价体系，发挥市场机制对水资源优化配置的积极作用

水价是水资源优化配置的市场调控手段。评价区存在水价过低的问题，这是造成水资源浪费和污水回用率低的重要原因之一。应在调查研究的基础上，对"分等定级"的水资源进行评估，确定合理水价。区分不同行业用水价格，新鲜水与再生水价格，发挥水价的经济杠杆作用，引导重点产业适度发展，避免挤占生态需水。

7.2 产业升级改造促进机制

7.2.1 建立重污染企业退出机制

评价区内存在相当大比例的落后产能和重污染企业，这些企业造成区域大气环境质量恶化、加剧水环境质量恶化、激化区域用水紧张态势。在重点产业战略实施中，建立重污染企业退出机制，有助实现对重污染企业及落后产能的升级改造，是实现区域在发展中解决环境问题的有效途径。重污染企业退出机制可优先在"汾河流域产业区"内试点推行。

（1）规划先行、有序退出

建议环保部门在当地政府的领导下，组织对本地区重污染企业进行调查评估，科学、合理地确定应退出重污染企业的条件和范围，配合有关部门制定重污染企业退出规划，并向社会公告，做到事先知情、有序退出。

（2）合理补偿，激励退出

地方要结合实际，制订退出补偿方案，鼓励相关企业自愿退出、提前退出，根据重污染企业自愿退出的时间先后，可以采取区别奖励的措施，早退多奖。

（3）防止转移，扶持转型

对落后生产工艺、设备应坚决予以淘汰，防范转移。鼓励重污染企业退出后通过技术升

级改造、转产转型等方式实现"脱胎换骨"。国家和地方对退出后搬迁、转产、技术改造和新建企业，在项目立项、环保、土地、信贷、税收等方面实施扶持政策。

（4）妥善安置、维护稳定

要根据国家有关规定，妥善安置退出重污染企业职工。部分退出的企业，要妥善处理职工的劳动关系，原则上应在本企业内部安置。全部退出的企业，要按照有关规定妥善处理好经济补偿、社会保险等相关问题。退出企业与职工解除劳动合同关系后，参加失业保险的职工在失业期间可按规定享受失业保险金，其他职工可以通过城乡居民最低生活保障以保证其在失业期间的基本生活。有关部门应当对退出职工实行免费职业培训和职业介绍，对符合条件的优先推荐上岗再就业。退出后的新建企业应优先招用退出企业的分流人员。

7.2.2 构建绿色金融体系

（1）推行绿色信贷，限制高污染、高耗能行业发展

通过贴息等信贷手段扶持区域内新能源、新材料等高新技术产业，鼓励区域发展煤源产业以外的高附加值清洁型产业，鼓励产业多元化发展。以绿色信贷限制高污染、高耗能行业的发展，加快落后产能退出。对于不符合绿色信贷标准的企业，要提高其贷款利率，乃至不予贷款。区域内焦炭、电石、合成氨等行业的落后产能属于重点限制领域，其他如渭河流域的造纸行业等也应纳入限制的范围中。

（2）推动执行上市公司环保核查工作，促进企业严格自律

在各省市进一步推动上市公司环保核查工作，对于募集资金扩大发展的高污染企业，严格审查其环境管理力度及效果，对于不能满足所在区域环境管理要求的企业，限制其扩大再生产。加强对上市公司的环保核查，督促其履行社会责任，披露环境信息。

7.3 环境综合管理机制

7.3.1 建立可持续发展准备金制度

在有条件的地区，推广山西省煤炭可持续发展基金制度，建立区域"煤炭可持续发展基金制度"。将区域生态治理及转型转产的成本纳入到企业的成本当中，实现资源产业发展反哺生态建设，促进资源可持续利用，解决生态环境治理经费不足的问题。

可持续发展准备金制度的建立需要考虑资金的来源、分成与用途等问题。

（1）明确可持续发展准备金的来源和用途

准备金从资源型企业在税前提取，并结合一定的财政专项资金构成，主要用于生态环境综合治理、转型转产以及解决由资源开采所引起的社会问题。

（2）建立可持续发展准备金的分配方式

对于可持续发展准备金的分成，应尽量考虑地市一级的发展需求，加大地方的分成比例。在使用上可以根据各地区的不同情况进行安排，优先解决地方比较突出的问题，不必刻意遵循统一的使用比例。

除环境治理外，还可以利用可持续发展准备金对各地的产业结构的提升给与一定的支持，延伸其产业链，还可以对区域产业的转型及培育多元化的产业结构提供支持。

7.3.2 建立流域区域生态补偿制度

评价区汾河流域、渭河流域水环境质量亟待改善，黄河干流多数断面在枯水期水质不容乐观。建立流域生态补偿制度可以促进整个区域的协同减排，以最低的减排成本实现最大的减排效益。建议将汾河流域、渭河流域列为国家流域生态补偿的试点区域（如由煤炭、电力调入区对调出区实施生态补偿），并建议由国务院有关部门研究制定设立黄河中上游流域生态环境治理和修复专项资金。

煤炭资源开发对评价区防风固沙、土壤保护等生态功能将产生较大影响，建立区域矿产资源开发生态补偿制度可在煤炭资源开发的同时，维护改善区域生态环境，实现煤炭资源持续开采和区域生态系统的相对稳定。

区域是国家重要的能源化工基地，对国家的能源和经济安全具有重要的意义，因此，补偿的资金应主要以中央政府为主，由国家主导进行规划与实施。补偿获得资金应用于污染处理设施的建设，如污水收集管网和污水厂的建设以及生态环境修复工程等项目的建设；以及对于污染严重而且不符合当地资源禀赋的行业，地方政府应予以引导使其逐渐退出，并给予相应的资金补偿，通过这种方式，优化产业发展结构和改善地方环境质量。

附　件

中华人民共和国环境保护部

环函〔2011〕184 号

关于印发《关于促进环渤海沿海地区重点产业与环境保护协调发展的指导意见》的通知

天津市、河北省、辽宁省、山东省环境保护厅（局）：

为了贯彻落实科学发展观，促进区域经济社会与环境协调发展，充分发挥战略环评成果对环渤海沿海地区环境管理的指导作用，促进区域重点产业与环境资源协调可持续发展，从源头预防环境污染和生态破坏，我部在 2009 年组织编制《环渤海沿海地区重点产业发展战略环境评价》的基础上，组织专家根据战略环评成果制定了《关于促进环渤海沿海地区重点产业与环境保护协调发展的指导意见》。现印送你们，作为指导区域重点产业环境管理的参考和依据。

附件： 关于促进环渤海沿海地区重点产业与环境保护协调

发展的指导意见

二〇一一年六月三十日

主题词:环保　环评　规划　五大区域　通知

抄　送:国家发展改革委、科技部、工业和信息化部、财政部、
　　　　国土资源部、住房城乡建设部、交通运输部、水利部、
　　　　农业部、国家林业局、国家能源局、国家海洋局办公厅
　　　　(室),天津市、河北省、辽宁省、山东省人民政府办公
　　　　厅,清华大学,环境保护部环境工程评估中心。

环境保护部　　　　　　　　　　　　2011 年 7 月 5 日印发

关于促进环渤海沿海地区重点产业与环境保护
协调发展的指导意见

为深入贯彻落实科学发展观，推动环渤海沿海地区经济发展方式的战略性转变，加快调整经济结构，优化空间开发格局，促进区域经济社会和资源环境协调可持续发展，提出以下意见：

一、充分认识区域重点产业发展与生态环境保护的重要性

（一）在国家区域经济和生态安全格局中占有重要地位。环渤海沿海地区是国家新一轮基础性、战略性产业布局的重要承载区域，是环渤海地区社会经济发展的重要引擎。同时，渤海是我国重要的渔业摇篮，沿海地区连接辽河、海河与黄河三大流域和黄海，是海陆之间的重要缓冲地带和东北亚鸟类迁徙的重要通道，在我国北方生态安全格局中占有重要地位。正确处理好该区域经济与环境的协调发展，对于促进我国经济发展方式的根本性转变具有突出的示范作用。

（二）布局性与结构性矛盾突出。环渤海沿海地区产业结构不尽合理，炼油、石化、冶金、能源、化工等重化工产业规模持续增长，产业空间布局与区域生态安全格局、重化工业结构性规模扩张与资源环境承载能力之间的矛盾也日益突出。自然滩涂湿地锐减，海岸带生态缓冲能力持续降低，河口产卵场严重退化，生物多样性降低，近岸生物体内污染累积效应开始显现，生态灾害和海上溢油事故风险显著增加，生态风险由局部向全局演变趋势加剧。水资源紧缺且逐年衰减，用水紧张态势加剧；海河、辽河、滦河、山东半岛诸河等流域，以及渤海湾、辽东湾、莱州湾等近岸海域水质污染尚未根本扭转；传统煤烟型大气污染依然严重，城市和工业集聚区新型复合污染开始显现，主要城市能见度呈下降趋势。如不及时引导、优化和调控，将难以遏制环境污染加重、生态环境质量总体下降的趋势，严重威胁区域的全面协调可持续发展。

二、促进区域重点产业与环境保护协调发展的总体要求

（三）指导思想。全面落实科学发展观，大力建设生态文明，推进环境保护历史性转变，努力探索环保新道路，加快调整区域经济结构，优化国土空间开发格局，实施资源环境战略性保护，推动区域经济发展方式的根本性转变，将环渤海沿海地区建设成为环境保护优化经济发展的示范区域。

（四）基本原则。按照"保底线，优布局，调结构，控规模，严标准"的总体思路，确保生态功能不退化、水土资源不超载、污染物排放总量不突破、环境准入标准不降低。坚持总量减排与质量控制相结合，扭转生态环境质量恶化趋势；坚持产业发展与生态空间管制相结合，促进产业合理布局；坚持结构优化与产业升级相结合，加快构建现代产业体系；坚持

规模增长与资源环境承载相结合，统筹区域环境资源配置；坚持严格环境准入与淘汰落后产能相结合，加快产业发展转型。

（五）**主要目标**。按照"结构提升、空间集约、发展转型"的总体要求，强化重点产业发展的规模调控与空间优化，形成分工合理、资源高效、环境友好的产业发展新格局，逐步降低区域资源环境压力，从根本上扭转生态环境质量恶化的趋势，逐步实现区域生态环境由局部改善向整体提升的战略性转变。

三、推进环境保护优化经济发展，加快构建现代产业体系

（六）**优化重点产业布局**。辽宁沿海经济带以大连为龙头积极推进大连至盘锦一线炼油、石化、装备制造等重点产业统筹发展，加快提升重点产业集聚效应。按照天津滨海新区和河北沿海统筹布局的思路，发挥滨海新区大型装备制造业、现代制造业、电子信息产业等辐射和带动作用，形成优势互补、错位发展格局，着力提高区域综合竞争力。围绕黄河三角洲高效生态经济区和山东半岛蓝色经济区建设，发挥山东沿海四市装备制造、石化、轻纺等产业基础优势，加快新型工业化进程，积极发展生态农业，率先实现产业生态化转型。

（七）**大力发展高端装备制造业**。加快推进装备制造业规模化发展，大力提高现代制造业比重，提升滨海新区、大连、烟台、潍坊等地区装备制造业规模和技术水平，建设具有国际影响力的先进制造业基地。重点发展滨海新区航空航天、汽车及配套加工，大连船舶、能源装备、高端精密机床，烟台海洋工程、唐山高速动车、东营石油开采等装备制造业，推进营口、曹妃甸、沧州等特色装备制造业发展。

（八）**统筹大型石化项目布局**。集中建设 2～3 个具有国际先进水平和生产能力的大型"炼化一体化"基地。以大连为龙头整合辽宁沿海经济带的石化产业，集中建设大型炼化基地。积极整合滨海新区、唐山、沧州的原油加工能力，集约新建一个大型"炼化一体化"基地，错位分工，适度发展。以东营为基础，统筹滨州至烟台一线石化产业布局。严格控制在黄河三角洲湿地、双台河口湿地、大辽河口湿地和双岛湾等生态敏感区域布局石化、化工等高污染、高风险项目。支持石化产业向下游产业链延伸，鼓励发展高附加值的绿色化工产品，提高石化产业竞争力。淘汰 100 万吨及以下低效低质落后炼油装置，积极引导 200 万吨以下炼油装置关停并转，合理控制控制区域炼油总产能规模。

（九）**推进钢铁产业布局优化和集约发展**。建设具有国际先进水平的唐山钢铁产业基地，大力推进曹妃甸国家级循环经济示范区建设。结合淘汰落后产能、企业重组和城市钢厂搬迁，加快河北沿海三市产业带钢铁产业集约化，加大技术改造力度，优化资源配置，促进钢铁产业全面升级与生态化转型。除精品钢材等高端产品外，滨海新区不宜扩大钢铁产能。按照集中布局原则，合理发展营口冶金产业。严格控制生铁、粗钢产能无序扩张。提高淘汰落后炼铁、炼钢产能标准，加快淘汰落后产能，分批淘汰 400 立方米及以下高炉、30 吨及以下转炉、电炉。

（十）**进一步淘汰落后造纸产能**。重点加快淘汰滨海新区、唐山规模以下造纸产能，控制辽宁沿海经济带、山东沿海四市新增造纸产能。优化造纸原料结构和产品结构，大力发展循环经济，新建造纸项目应淘汰相应规模的落后产能，严格控制高污染的草浆、苇浆造纸项目。继续推动造纸企业的集约化、规模化发展，强化污染综合治理，加大淘汰小造纸和落后工艺力度，推广有利于环保的造纸新工艺、新技术，分阶段提高行业的规模、技术与污染治理准入"门槛"。

（十一）**优化能源结构**。积极提高清洁能源、可再生能源在一次能源中的比重，改善能源结构；按国家有关规划，合理布局风能、太阳能、核能、生物质能等新型能源开发利用。新建、改扩建燃煤电厂必须同步建设脱硫脱硝配套装置，加强汞污染防治。天津滨海、河北沿海三市控制除热电联产项目外的大型火电项目规模，原则上不再新增燃煤火电电源点。

（十二）**大力发展战略性新兴产业和现代服务业**。积极发展新能源、新能源汽车、节能环保、新材料、生物产业、新兴信息产业、高端装备制造业等战略性新兴产业，以及港口物流业、现代商贸、金融保险、生态旅游、软件及信息服务业、服务外包、文化创意产业等现代服务业，提升高新技术产业及现代服务业的比重。大力发展秦皇岛生态旅游业、滨州轻纺工业、沧州至烟台一线海洋化工等地方特色产业。

四、实施区域生态环境战略性保护，提升资源环境支撑能力

（十三）**保持重要生态用地面积不减少，确保区域生态功能不退化**。优先保护大连东北部、盘锦南部、锦州西部、葫芦岛，唐山南部、秦皇岛、沧州，滨海新区南部，滨州和潍坊北部、东营及烟台等区域海岸带重要滩涂和湿地；重点加强辽河三角洲湿地、黄河三角洲湿地的生物多样性保护；提升天津北大港湿地保护区、河北南大港湿地保护区、河北唐海湿地和鸟类保护区、山东牙山自然保护区、山东福山银湖湿地自然保护区的保护水平；建立复州湾—长兴岛、海河三角洲湿地自然保护区，逐步修复湿地生态功能，遏制近岸、海岸带地区生态退化趋势。

（十四）**合理开发水资源和岸线资源，确保水土资源不超载**。努力保证区域河道内105亿立方米最小生态用水量，2015年渤海入海淡水总量不低于375亿立方米，2020年不低于400亿立方米，维护渤海近岸河口鱼类产卵场生境。确保渤海大陆自然岸线长度不低于1880公里，占海岸线总长比例不低于66.8%，受保护自然岸线长度不低于830公里。重点保护砂质岸线以及自然保护区内岸线，限制对滩涂、苇地等天然湿地的大规模开发，适度控制废弃盐田等生态敏感度高的未利用地转化。重点加强大连渤海一侧、盘锦辽河入海口、葫芦岛南部至秦皇岛一带、滨海新区滨海湿地保护区、滨州北部古贝壳堤、东营黄河入海口以及烟台部分砂质自然岸线保护力度。控制大连长兴岛临港工业区、盘锦辽滨沿海经济区、锦州西海工业区、秦皇岛、唐山湾"四点一带"、天津滨海新区、沧州渤海新区、烟台等地区的岸线开发强度，保证预留出一定比例的自然岸线。

（十五）**大力推进污染减排，确保污染物排放总量不突破**。力争地表水重要环境功能区水质和近岸海域主要功能区水质达标率明显提高，城市空气质量满足环境功能区要求。在达到国家"十一五"污染物总量减排目标的基础上，2020年主要污染物排放量较现状有较大幅度降低。加强非常规污染物、有毒有害和持久性污染物的防治，实施重点重金属排放总量控制。重点控制辽河流域砷、汞、多氯联苯等特征污染物排放，控制海河流域、黄河流域砷、锌、铅等重金属排放。新兴石化产业集聚区、油田开采区、污灌区等区域内，重点控制砷、镉、铅、铜、汞等重金属污染。大力推进农业面源污染防治，削减农业面源污染排放总量。

（十六）**大幅提高资源环境效率，严格环境准入要求**。逐步提高重点产业资源环境效率准入"门槛"，确保2020年区域资源环境效率达到或接近国际先进水平。工业化学需氧量、二氧化硫排放强度在现状基础上分别降低60%、70%以上，单位GDP能耗降低50%以上。严格控制新建、改扩建项目污染物排放强度，大中型项目的资源环境效率不低于同期国际先

进水平。严格限制高水耗项目，在地面沉降和海水入侵区禁止建设以地下水为主要水源的工业项目。新建电力、化工、冶金项目应按国家规定采取脱硫脱硝措施。新建、改扩建钢铁项目应首先淘汰相应规模的落后产能，不鼓励发展钢铁产业的地区原则上不再审批新的钢铁项目。区域内原则上不宜新增煤化工产能。

五、统筹区域环境管理，强化战略性环境保护措施

（十七）制订相关环境经济政策，引导产业升级和淘汰落后产能。 在石化等高风险、高污染行业优先推行绿色保险制度，研究出台对投保企业和保险公司分别给予保费补贴和营业税优惠等激励措施。通过调整信贷结构引导产业多元化发展，扶持旅游、电子信息、现代服务业以及新能源、新材料等高新技术产业，限制电石、焦化、粗钢、小造纸等高污染高耗能产业扩张。进一步推动企业上市环保核查工作，严格审查其环境治理能力及效果，对于不能满足所在区域环境管理要求的企业，限制其上市融资与扩大再生产。完善促进区域社会、经济、环境协调发展的生态补偿机制，加强区域生态恢复、跨地区与跨流域生态环境综合治理。按规定对环境保护、节能节水项目所得给予税收优惠，对电石、焦化、粗钢、小造纸等高污染高耗能产业和资源环境效率低下的企业要提高相关环境收费标准。

（十八）优先保证环保投入。 逐步提高政府的环保投入，力争财政预算中环保资金增长幅度高于同期财政支出增长幅度。到 2015 年，环保投入总量力争翻一番，目前环保投入占 GDP 比重低于全国平均水平的地区达到 1.5% 以上。到 2020 年，环保投入力争达到 GDP 的 2% 以上。支持和引导多元化、多渠道的环保投入。通过国家直接投资、财政补贴、生态补偿和转移支付等方式支持环保基础设施、生态环境保护、自然岸线恢复等重大项目的建设。

（十九）大力推进环境基础建设。 2015 年城市污水处理率应不低于 85%，生活垃圾无害化处理率力争不低于 80%，工业固体废物综合利用率不低于 72%。利用财政资金优先建设一批生态环境保护工程，加快推进区域生态恢复和环境质量全面达标。加强环境监测能力标准化建设，建立渤海近岸海域和陆域生态长期观测站，建设环渤海沿海地区生态环境基础数据库。

（二十）切实发挥规划环评作用。 建立规划环评与项目环评的联动机制，将规划环评作为项目环评准入的依据；对规划中包含由上级环保部门负责审批的重大项目的，其规划环评应征求上级环保部门的意见。对可能造成跨行政区域不良环境影响的重大开发规划和建设项目，要建立区域环境影响评价联合审查审批制度和信息通报制度。全面推进重点区域、临港工业区、重化工基地以及"两高一资"重点行业的规划环境影响评价。重点产业集聚区规划环评应与规划同时开展，未通过规划环评的产业园区建设项目文件不予审批。

（二十一）统筹协调区域环境管理。 建立健全跨区域跨部门联防联控机制，统筹和协调有关部门在污染防治的管理、监测等方面的职能，统一协调和管理区域大气环境、流域水环境，统筹陆海、兼顾河海，构建"统一规划、统一监测、统一监管、统一评估、统一协调"的区域联防联控工作机制，提升区域污染防治整体水平。建立多部门联动的综合预警和应急机制，制定突发性污染事故紧急预案处理措施，建设环境污染事故应急队伍，确保区域生态环境安全。

中华人民共和国环境保护部

环函〔2011〕183号

关于印发《关于促进
海峡西岸经济区重点产业与
环境保护协调发展的指导意见》的通知

浙江省、福建省、广东省环境保护厅：

为了贯彻落实科学发展观，促进区域经济社会与环境协调发展，充分发挥战略环评成果对海峡西岸经济区环境管理的指导作用，促进区域重点产业与环境资源协调可持续发展，从源头预防环境污染和生态破坏，我部在 2009 年组织编制《海峡西岸经济区重点产业发展战略环境评价》的基础上，组织专家根据战略环评成果制定了《关于促进海峡西岸经济区重点产业与环境保护协调发展的指导意见》。现印送你们，作为指导区域重点产业环境管理的参考和依据。

附件：　关于促进海峡西岸经济区重点产业与环境保护协调

　　　　发展的指导意见

二〇一一年七月一日

主题词:环保　环评　规划　五大区域　通知

抄　　送:国家发展改革委、科技部、工业和信息化部、财政部、
　　　　国土资源部、住房城乡建设部、交通运输部、水利部、
　　　　农业部、国家林业局、国家能源局、国家海洋局办公厅
　　　　(室),浙江省、福建省、广东省人民政府办公厅,上海
　　　　市环境科学研究院,环境保护部环境工程评估中心。

环境保护部　　　　　　　　　　　　　2011 年 7 月 5 日印发

关于促进海峡西岸经济区重点产业与环境保护协调发展的指导意见

为深入贯彻落实科学发展观，引导海峡西岸经济区走新型工业化道路，优化空间开发格局，科学调整经济结构，促进区域经济社会和资源环境协调可持续发展，提出以下意见：

一、充分认识区域重点产业与生态环境保护协调发展的重要性

（一）**在国家区域经济和生态安全格局中占有重要地位。**海峡西岸经济区是我国沿海经济带的重要组成部分，是海峡两岸合作交流的前沿，是国家重点开发区域和新的经济"增长极"。同时，海峡西岸经济区生物多样性资源富集，生态环境敏感区众多，对保障国家生态安全具有十分重要的作用。正确处理好该地区经济与环境的协调、可持续发展，有利于促进该区域走资源节约型、环境友好型发展道路。

（二）**重点产业发展与生态环境保护矛盾初步显现。**近年来，海峡西岸经济区重化工产业快速发展，石化、冶金及能源等重化产业布局与生态安全格局、规模快速扩张与资源环境承载能力之间矛盾初步显现。海峡西岸经济区生态环境质量总体良好，但酸雨污染严重，沿海部分城市出现了灰霾天气，局部海湾、河口等近岸海域生态系统已遭到一定破坏，海洋生物资源不断减少，赤潮灾害影响增大。如不及时引导、优化和调控，将难以保持良好的生态环境质量，影响区域的全面协调可持续发展。

二、促进区域重点产业与环境保护协调发展的总体要求

（三）**指导思想。**全面落实科学发展观，大力建设生态文明，推进环境保护历史性转变，努力探索环保新道路，引导区域经济结构升级，优化产业空间布局，实施资源环境战略性保护，构建资源保障永续利用、生态环境良性循环和生态安全稳定可靠的保障体系，将海峡西岸经济区建设成为环境保护优化经济发展的示范区域。

（四）**基本原则。**按照"保底线，优布局，调结构，控规模，严标准"的总体思路。坚持产业发展和生态敏感区保护相结合，促进生产力合理布局；坚持产业结构升级和生态工业园区建设相结合，加快产业结构优化调整；坚持规模增长与资源环境承载能力相结合，统筹区域产业发展规模；坚持严格环境准入与淘汰落后产能相结合，提高资源环境利用效率；坚持环境保护优化经济发展，确保海峡西岸经济区生态环境位居全国前列。

（五）**主要目标。**按照"沿海地区重点开发，内陆山区适度开发，推动集聚发展、优化发展，加快建设成为我国东部沿海地区先进制造业重要基地"的总体思路，积极发挥环境保护的宏观调控作用，提升区域资源环境对重点产业发展的支撑能力，在科学布局、优化结构、提高效益、降低消耗、保护环境的基础上，推动区域经济又好又快和全面协调可持续发展。

三、推进建设符合区域生态安全格局要求的现代产业体系

（六）**促进闽江口等四大产业基地建设**。引导重点产业向闽江口、湄洲湾、厦门湾、潮汕揭产业基地集聚发展。闽江口产业基地大力发展装备制造、电子信息产业和高新技术产业，强化服务功能和国际化进程，成为带动海峡西岸经济区发展的重要核心。湄洲湾产业基地大力发展石化、装备制造、林浆纸等临港型产业，建设现代化的石化产业基地。厦门湾产业基地进一步发挥电子信息和装备制造业的规模优势，调整化工产业布局，引导化工企业向湄洲湾石化基地和古雷石化基地集聚。潮汕揭沿海产业基地重点布局大型石化基地，同步发展装备制造、电子信息和能源产业。

（七）**优化调整瓯江口等六大产业基地空间布局和产业结构**。瓯江口产业基地在环境综合整治的基础上，立足于温州市传统产业结构调整与升级换代，大力发展装备制造、新能源、新材料、电子信息和现代服务等产业。合理布局化工园区，逐步推进化工企业向园区集中，大小门岛宜发展污染相对较轻的石化中下游产业。环三都澳区域引导装备制造、化工、冶金、物流等临港产业集聚发展，进一步科学论证环三都澳区域大型钢铁基地和炼化一体化基地的空间布局方案，选择大气扩散条件好、远离城镇发展区、海域生态环境敏感度不高、排水条件较理想的沿海地区布局；湾内重点围绕电机电器和船舶修造两大产业大力发展装备制造业，适度发展污染较轻、环境风险较小的临港工业。罗源湾产业基地重点发展装备制造产业，适量发展冶金、能源产业和污染相对较轻的石化中下游产业。兴化湾产业基地重点发展电子信息、装备制造和能源产业，适度发展污染相对较轻的石化产业，加快推进环保基础设施建设和企业污染治理，统筹解决江阴工业区内企业与居民交错分布问题。泉州湾产业基地在立足于整合提升现有纺织鞋服等传统优势产业的基础上，重点发展电子信息和装备制造产业，严格控制陆域废水排放。古雷石化基地重点发展石化和装备制造产业，近期优先发展石化中下游产业。

（八）**推进福建内陆山区产业集聚发展**。福建内陆山区钢铁、建材等行业以调整结构、技术升级为主，逐步引导产业向条件较好的地区集中发展。大力做好资源环境和生态保育，鼓励发展无污染、轻污染的绿色农业、林产加工、食品加工、生物技术产业和旅游产业等。

（九）**加快发展高端制造业**。以承接台湾高端产业转移为导向，大力加强装备制造和电子信息产业等高端制造业的基础配套设施建设，进一步壮大具有比较优势的产品集成行业规模，做强初具雏形的软件产业，积极培育研发能力，适度发展前端基础制造业。积极承接传统装备制造业转移，加大高档数控机床、轻工机械、输变电设备等中高端装备制造业产品的引入力度，扩大中高端产品比例，增强区域装备制造业整体实力。

（十）**整合提升传统轻纺工业**。立足区域纺织、服装、制鞋、食品等轻纺工业的基础优势，按照"特色发展、技术升级、布局整合"的调控原则，打造区域传统轻纺工业新优势。加大对传统产业技术改造力度，增加产品技术含量，形成区域优势主导产品。引导企业逐步向专业化园区集中，促进产业规模化发展。

（十一）**优化能源电力结构**。以节能、减排、低碳为发展方向，进一步优化能源结构。安全发展核电，合理开发水电和风电，鼓励开发太阳能和生物质能源，优化煤电布局，逐步减少火电在能源电力结构中的比例，增加清洁能源特别是新型能源发电的比重。

（十二）**培育战略性新兴产业和海洋特色产业**。加快发展新能源、生物医药、节能环保、

新材料、新一代信息技术产业、高端装备制造业等战略性新兴产业。加强海洋资源保护和开发利用，重点发展现代海洋渔业、海洋生物医药、海洋保健食品、海水综合利用、海洋服务业等海洋特色产业。

（十三）推进平潭综合实验区先行先试。平潭综合实验区重点发展电子信息、高端机械设备、海洋生物科技、新材料、低碳技术及清洁能源等高新技术产业，以及商贸加工业、海洋产业、旅游业、现代服务业等。

四、实施区域生态环境战略性保护，提升资源环境支撑能力

（十四）重要生态功能区面积不减少。维持自然保护区、重要湿地等重要生态敏感区面积不减少，天然湿地保护率不低于90%。重点保护浙闽赣交界山地、东南沿海红树林生物多样性保护重要区，以及西部大山带、中部大山带和沿海地带的重要生态敏感区。重点保护乐清湾海域生态系统、三沙—罗源湾水产资源、闽江口渔业资源和湿地、泉州湾河口湿地和水产资源、厦门湾海洋珍稀物种、东山湾典型海洋生态系统和粤东海域南澳候鸟自然保护区。

（十五）水土资源不超载。引导内陆地区产业集中发展，强化沿海地带重点产业集约发展。确保2020年河道内最小生态用水量166亿立方米，稳定地表水和河口湿地功能。确保2020年最小入海径流量142亿立方米。保障近岸海域生态功能的稳定。严格控制围填海，规避敏感岸线，加大海岸带生态保护力度，切实保护红树林、湿地保护区等重要敏感生态系统。重点保护自然保护区内岸线及河口敏感岸线。确保自然岸线比例不低于70%，海洋保护区面积不少于领海外部界线以内海域面积的8%。鼓励重化工业朝湾口布置，减少湾内围垦需求。

（十六）污染物排放总量不突破。严格控制主要污染物排放总量，确保重要生态功能区和重点区域环境质量达标。大力推进农业面源污染防治，严格控制点源污染排放，区域主要污染物排放总量不得超过总量控制目标。加强陆源污染物入海控制，沿海地区城镇污水处理厂实施脱氮除磷，严格控制滩涂水产养殖。加强非常规污染物、有毒有害和持久性污染物的防治，预防大型石化、冶金基地排放的特征污染物对周边环境的影响。沿海地区重点产业基地污水应采用深水排放方式，排放口形成的污水混合区不得影响鱼类洄游通道和邻近海域环境功能。

（十七）环境准入标准不降低。从严控制"两高一资"产业，提高行业准入"门槛"。逐步建立新建项目能效评估制度，提高资源环境效率。力争到2020年海峡西岸经济区整体资源环境效率达到国内先进水平。制定产业集聚区节约用地标准，限制占地大、产出低的项目，引进项目的资源环境效率应达到引进国（或地区）的先进水平。湄洲湾、潮汕揭发展临港重化产业应加大环保基础设施建设，加强海洋污染防治力度，建立突发性污染控制和应急处理机制，闽江口、瓯江口产业基地应加强陆源废水污染物的治理，提高废水排放标准。

五、加快产业优化升级，强化战略性环境保护措施

（十八）优先落实国家有关产业政策。整合提升纺织服装、制鞋、食品等优势传统产业，大力推动制造业结构升级；加快淘汰小化工、小钢铁、小造纸、小水泥等污染严重且不符合当地资源环境禀赋的落后产能，通过经济手段引导其升级改造或逐渐退出；鼓励"上大压小"，支持超临界、超超临界火电机组建设。推进产业结构优化升级，促进信息化与工业化融合。

（十九）制订相关环境经济政策。在石化等高风险、高污染行业优先推行绿色保险制度，研究制订对投保企业和保险公司分别给予保费补贴和营业税优惠等激励措施。通过调整信贷

结构引导产业朝多元化方向发展，扶持旅游、电子信息、现代服务业以及新能源、新材料等高新技术产业，限制粗钢、小水泥、小化工、小造纸等高污染高耗能产业扩张，对于存在环境违法行为、不符合国家和地方产业政策的企业，提高其贷款利率，限制、停贷或回收已发放贷款。进一步推动企业上市环保核查工作，严格审查其环境治理能力及效果，对于不能满足所在区域环境管理要求的企业，限制其上市融资与扩大再生产。制订符合本地经济社会和生态保护实际的生态补偿机制，根据国家的相关政策在能源和其它资源开发的收益中确定一定比例，用于区域生态恢复、跨地区生态环境综合治理与生态补偿。对投资于核电、风电等清洁能源以及环保基础设施建设、防护林建设、湿地保护、自然岸线保护等防治污染和生态环境保护项目的企业给予税收减免，对粗钢、小水泥、小化工、小造纸等高污染高耗能产业和资源环境效率低下的企业提高相关环境税费标准。

（二十）**优先保证环保投入**。按照各级财政预算安排的环保资金增长幅度高于同期财政收入增长幅度的原则，确定政府环保投入额度。支持和引导多元化、多渠道的环保投入。通过国家直接投资、财政补贴、生态补偿和转移支付等多种方式支持环保基础设施、生态环境保护等重大项目的建设。

（二十一）**大力推进环境基础设施建设**。2015 年城市污水处理率应不低于 85%，生活垃圾无害化处理率力争不低于 80%，工业固体废物综合利用率不低于 72%。优先建设城镇生活垃圾集中处置场以及温州、揭阳、汕头的城镇污水处理厂和污水收集管网。利用财政资金优先建设一批生态环境保护工程，加快推进区域生态恢复和环境质量全面达标，优先建设闽江、九龙江、鳌江、榕江和练江环境综合整治工程，全面提升区域生态环境质量。

（二十二）**切实发挥规划环评作用**。建立规划环评与项目环评的联动机制，将规划环评作为项目环评准入的依据；对规划中包含由上级环保部门负责审批的重大项目的，其规划环评应征求上级环保部门的意见。对可能造成跨行政区域不良环境影响的重大开发规划和建设项目，要建立区域环境影响评价联合审查审批制度和信息通报制度。全面推进十大重点产业发展基地、临港工业区，以及"两高一资"重点行业的规划环境影响评价。省级以上产业集聚区规划环评应与规划同时展开，未通过规划环评的产业园区禁止开工建设。强化和落实规划环评中跟踪监测与后续评价要求。

（二十三）**统筹协调区域环境管理**。建立健全跨区域跨部门联防联控机制，统筹和协调有关部门在污染防治的管理、监测等方面的职能，统一协调和管理区域大气环境、流域水环境，统筹陆海、兼顾河海，构建"统一规划、统一监测、统一监管、统一评估、统一协调"的区域联防联控工作机制，提升区域污染防治整体水平。建立多部门联动的综合预警和应急机制，制定突发性污染事故紧急预案处理措施，建设环境污染事故应急队伍，确保区域生态环境质量安全。健全区域性生态环境监测体系，建立海峡西岸经济区联合监测和数字化环境信息通报体系和区域生态环境基础数据库，为累积性污染的研究和防治提供支撑。

中华人民共和国环境保护部

环函〔2011〕181 号

关于印发《关于促进北部湾
经济区沿海重点产业与环境保护
协调发展的指导意见》的通知

广东省、广西壮族自治区环境保护厅,海南省国土环境资源厅:

为了贯彻落实科学发展观,促进区域经济社会与环境协调发展,充分发挥战略环评成果对北部湾经济区沿海环境管理的指导作用,促进区域重点产业与环境资源协调可持续发展,从源头预防环境污染和生态破坏,我部在 2009 年组织编制《北部湾经济区沿海重点产业发展战略环境评价》的基础上,组织专家根据战略环评成果制定了《关于促进北部湾经济区沿海重点产业与环境保护协调发展的指导意见》。现印送你们,作为指导区域重点产业环境管理的参考和依据。

附件： 关于促进北部湾经济区沿海重点产业与环境保护协
调发展的指导意见

二〇一一年七月一日

主题词:环保 环评 规划 五大区域 通知

抄 送:国家发展改革委、科技部、工业和信息化部、财政部、
国土资源部、住房城乡建设部、交通运输部、水利部、
农业部、国家林业局、国家能源局、国家海洋局办公厅
（室）,广东省、广西壮族自治区、海南省人民政府办公
厅,环境保护部华南环境科学研究所、环境保护部环
境工程评估中心。

环境保护部 2011 年 7 月 5 日印发

关于促进北部湾经济区沿海重点产业与环境保护
协调发展的指导意见

　　为深入贯彻落实科学发展观，引导北部湾经济区沿海走新型工业化道路，优化空间开发格局，科学调整经济结构，促进区域经济社会和资源环境协调可持续发展，提出以下意见：

一、充分认识区域重点产业发展与生态环境保护的重要性

　　（一）在国家区域经济和生态安全格局中占有重要地位。北部湾经济区沿海是我国重要国际区域经济合作区，它不仅是国家新一轮战略性产业布局的重要承载区域，而且是国家重要的沿海生态安全保障区域。北部湾区域拥有"最后的洁海"、"最具生物多样性的湾区"、"最重要的热带海岛生态系统"、"最重要的黄金渔场"，在我国南部沿海生态安全格局中具有十分重要的地位。正确处理好这一地区经济与环境协调可持续发展，有利于促进该区域走资源节约型、环境友好型发展道路。

　　（二）重点产业发展与生态环境保护的矛盾日益突出。北部湾经济区沿海工业化进程快速推进，石化、冶金、能源、造纸等重化工产业发展趋势十分明显，空间布局与生态安全格局、重化工业结构性规模扩张与资源环境承载力之间的矛盾将日益突出。部分河段和局部海域有机类污染严重，近岸生物体内污染累积效应开始显现；区域生态环境退化趋势明显，沿海生态敏感区面积减少，保护区破碎化程度加剧，部分海域生态系统处于亚健康状态，海洋生物资源衰退严重，生态灾害初显；陆地生态系统服务功能减弱，生物多样性明显下降，人工桉树林种植规模逐年增大，人均可利用土地资源量低。北部和东西部的局部地区酸雨问题比较突出，灰霾污染初显端倪。如不及时引导、优化和调控，将难以保持良好的生态环境质量，将影响区域的全面协调可持续发展。

二、促进区域重点产业与环境保护协调发展的总体要求

　　（三）指导思想。全面落实科学发展观，大力建设生态文明，推进环境保护历史性转变，引导区域经济结构升级，优化产业空间布局，实施资源环境战略性保护，促进区域经济发展方式的加快转变，率先走出一条"低投入、高产出，低消耗、少排放，能循环、可持续"的发展道路，成为环境友好、效益显著的可持续现代生态型经济示范区域。

　　（四）基本原则。按照"保底线，优布局，调结构，控规模，严标准"的总体思路，确保生态功能不退化、水土资源不超载、污染物排放总量不突破、环境准入不降低。坚持污染物总量控制与质量控制相结合，确保生态环境质量不降低；坚持优化产业空间布局与生态空间管制相结合，保证区域生态功能不下降；坚持环境准入与产业升级相结合，加快构建现代产业体系；坚持规模增长与资源环境承载相结合，统筹配置区域环境资源。

（五）**主要目标**。按照"两翼（东翼—茂名、湛江，西翼—防城港、钦州、北海）择优重点，北部（南宁）提升优化，南部（海南西部和北部）集约发展，中部保护控制"的优化发展调控目标，促进重点产业与生态环境协调发展，推动重点产业合理布局，形成分工合理、资源高效、环境友好的重点产业发展新格局。在确保经济快速稳定发展的前提下，缓解区域资源环境压力，扭转生态环境退化趋势，保持优良的生态环境质量。

三、推进构建符合区域生态安全格局要求的现代产业体系

（六）**促进重点产业优化布局**。东翼以博贺新港区—东海岛为重点，积极推进石化和湛江装备制造，发展东海岛钢铁、茂名火电。西翼以防城港企沙工业区、钦州湾开发区为重点，企沙工业区着力发展冶金和能源，钦州港开发区积极发展石化、适度发展生物能源和林浆纸一体化，铁山港工业区积极发展林浆纸一体化、新材料和电子产业。北部发展高新技术产业，提升和优化铝型材、建材和轻工。南部集约发展洋浦开发区石油化工、林浆纸一体化和东方工业区天然气化工、能源，昌江着力发展新型建材、清洁能源，海口集中发展现代制造业和高新技术产业。

（七）**统筹布局大型石化基地**。集约建设湛茂、钦州、洋浦等具有国际先进水平的大型炼化一体化项目及其延伸产业链基地，错位分工，适度发展。淘汰 100 万吨及以下低效低质落后的炼油装置；优先发展石化中下游产品，提升高附加值、高技术、低污染的精细化工产品比重。北海立足于对现有石化企业升级改造，适当发展石化中下游产品，防止以沥青、重油加工等名义新建炼油项目。区域内原则上不适宜新布局煤化工产业。

（八）**推进钢铁产业的集中布局和集约发展**。在符合国家"等量置换"、"减量置换"、"不新增钢铁产能"产业政策的前提下，适时建设湛江和防城港两个千万吨级钢铁项目，主要重点发展精品钢、碳钢板材类等高端产品，严格控制区域生铁、粗钢等产能扩张。

（九）**适度发展林浆纸一体化产业**。推动蔗渣与蔗渣浆循环利用，促进造纸集约化、规模化发展。加大对区域小造纸与落后工艺的全面淘汰，分阶段提高行业规模、技术与污染治理准入门槛，重点加快淘汰北部、东部和西部规模以下造纸产能，控制北部和东部新增木浆造纸产能。

（十）**积极发展清洁能源、可再生能源**。拓宽能源利用途径，优化和合理控制火电比重，积极发展气电、风电和生物质能源等清洁和可再生能源，安全发展核电。控制火电规模，火电产业集中布局在茂名博贺新港区、湛江徐闻和雷州、防城企沙、钦州湾、北海铁山港、南宁六景、海南东方和澄迈。

（十一）**大力发展先进制造业**。加快推进装备制造业规模化发展，重点扶持高技术、高附加值的大型装备和机械设备等行业，大力提高高端装备制造业比重。大力发展海口新能源汽车、低碳旅游装备制造业，积极推进湛江、防城港、临高修造船业，着力发展湛江海洋工程设备制造业。

（十二）**大力发展战略性新兴产业、现代服务业和特色产业**。积极发展新能源、信息技术、生物制药、新材料、新能源汽车、节能环保等战略性新兴产业，以及港口物流业、现代商贸及信息服务业等现代服务业，提升高新技术产业及现代服务业的比重；大力发展海南国际旅

游岛特色旅游产业；重点发展海水养殖、海洋生物制药、海洋食品等海洋特色产业；加大对纺织服装、制糖、造纸（含蔗渣制浆）、农海产品加工、铝加工、建材等技术升级和改造，打造区域优势主导产品。

四、实施区域生态环境战略性保护，提升资源环境支撑能力

（十三）**保持重要生态用地面积不减少，确保区域生态功能不退化**。增加陆地自然保护区面积，坚持保护级别不降低。确保天然林面积不减少，生态公益林面积扩大 10%，水源保护区面积不减少。控制该地区浆纸林基地单一物种速丰林面积在 0.56 万平方公里以内。保证水产种质资源保护区面积不减少，保护级别不降低。红树林保护区面积扩大 6%。重点保护大明山、十万大山、防城金花茶、海南尖峰岭等自然保护区和森林公园及其周边的天然林，保护湛江徐闻、雷州、廉江和北海合浦、涠洲岛和钦州茅尾海、三娘湾和防城北仑河口、珍珠湾和海南临高、儋州等地的红树林、珊瑚礁、海草床等海洋生态系统，以及白蝶贝、儒艮、文昌鱼等珍稀海洋生物。

（十四）**合理开发水资源和岸线资源，确保水土资源不超载**。确保河流多年平均径流量 10% 的生态基流底线，保证主要河道内生态基流量和河道外生态用水量。提高土地集约利用效率，避免盲目扩张占用土地，重点控制北海市土地资源承载力不超载。严格控制港口工业岸线开发。保持生态与自然保护岸线长度不低于岸线总长度的 49%，港口工业利用岸线占总岸线比例小于 12%，严格控制北海银滩至湛江雷州半岛西侧、涠洲岛、硇洲岛、东海岛南侧、茅尾海、北仑河口、珍珠湾、临高沿岸、儋州沿岸等的港口工业岸线开发与利用。

（十五）**大力推进污染减排，确保污染物排放总量不突破**。海陆生态环境质量继续保持全国前列，扭转生态环境退化的趋势。2020 年，区域环境空气质量总体优于功能区划要求，主要污染物年均浓度占标率小于 75%，城市环境空气质量（API）优良率大于 90%，酸雨发生频率低于 30%。近岸海域环境功能区水质达标率不小于 85%，海洋表层沉积物质量达标率不小于 90%；地表水环境功能区水质达标率大于 90%，集中式饮用水水源地水质达标率大于99%。加强总氮、总磷的控制，化学需氧量、氨氮、二氧化硫和氮氧化物排放总量应控制在国家和地方确定的控制目标以内。

（十六）**提高资源环境效率，严格环境准入**。逐步实施更严格的污染物排放标准和清洁生产标准，2020 年，区域整体资源环境效率达到国内先进水平。工业化学需氧量、二氧化硫排放强度在现状基础上分别降低 27%、28% 以上，单位 GDP 能耗降低 18% 以上。"双超双有"企业（即污染物排放超过国家和地方规定的排放标准或者超过经有关地方人民政府核定的污染物排放总量控制指标，以及使用有毒、有害原料进行生产或者在生产中排放有毒、有害物质的企业）、重金属污染企业强制实施清洁生产。提高造纸、生物燃料、炼油、钢铁、火电等行业规模、技术与污染治理准入"门槛"。

五、加快产业优化升级，强化战略性环境保护措施

（十七）**制订相关环境经济政策，引导重点产业升级和淘汰落后产能**。在石化等高风险、高污染行业优先推行绿色保险制度，研究制订对投保企业和保险公司分别给予保费补贴

和营业税优惠等激励措施。引导产业朝多元化方向发展，扶持旅游、电子信息、现代服务业以及新能源、新材料等高新技术产业，淘汰小造纸、小水泥、小炼油、小火电等高污染高耗能项目；对于存在环境违法行为、不符合国家和地方产业政策的企业，提高其贷款利率，限制、停贷或回收已发放贷款。进一步推动企业上市环保核查工作，严格审查其环境治理能力及效果，对于不能满足所在区域环境管理要求的企业，限制其上市融资与扩大再生产。制订符合本地区社会经济和生态保护实际的生态补偿机制，加强区域生态恢复、跨地区与跨流域生态环境综合治理。对投资核电、风电等清洁能源以及环保基础设施建设、防护林建设、湿地保护、自然岸线保护等防治污染和生态环境保护项目的企业给予税收减免，对小造纸、小水泥、粗钢等高污染高耗能产业和资源环境效率低下的企业提高相关环境税费标准。

（十八）优先保证环保投入。按照各级财政预算安排的环保资金增长幅度高于同期财政收入增长幅度的原则，逐步提高政府环保投入。2020 年区域环保投入占 GDP 比重不低于 2.6%。支持和引导多元化、多渠道的环保投入。通过国家直接投资、财政补贴、生态补偿和转移支付等方式支持环保基础设施、生态环境建设等重大项目建设。

（十九）大力推进环境基础设施建设。重点抓好"强化工业污水治理"、"加快建设城镇污水处理"、"建设十大深海排放污水处置"、"邕江、小东江环境综合整治"、"加强养殖废水废弃物治理"等五大水污染控制工程。2015 年，城市污水处理率不低于 85%，生活垃圾无害化率不低于 80%，工业固体废物综合利用率不低于 72%。重点提高区域脱硫脱硝能力和效率，改扩建电厂及新建电厂必须同步建设脱硫脱硝配套设施；淘汰高能耗、重污染的工业锅炉、窑炉，积极发展低能耗、轻污染或无污染的工业锅炉、窑炉；加强环境监测能力标准化建设，加大颗粒物、挥发性有机物监测和污染防治力度。

（二十）切实发挥规划环评作用。建立规划环评与项目环评的联动机制，将规划环评作为项目环评准入的依据；对规划中包含由上级环保部门负责审批的重大项目的，其规划环评应征求上级环保部门的意见。对可能造成跨行政区域不良环境影响的重大开发规划和建设项目，要建立区域环境影响评价联合审查审批制度和信息通报制度。全面推进重点区域、临港工业区、重化工基地，以及"两高一资"重点行业的规划环评。重点产业集聚区规划环评应与规划同时开展，未通过规划环评的产业园区建设项目文件不予审批。强化规划环评中跟踪监测与后续评价要求。

（二十一）统筹协调区域环境管理。建立健全跨区域跨部门联防联控机制，统筹和协调有关部门在污染防治管理、监测等方面的职能，统一协调和管理区域大气环境、流域水环境，统筹陆海、兼顾河海，构建"统一规划、统一监测、统一监管、统一评估、统一协调"的区域联防联控工作机制，提升区域污染防治整体水平。建立多部门联动的综合预警和应急机制，制定突发性污染事故紧急预案处理措施，建设环境污染事故应急队伍，确保区域生态环境安全。

中华人民共和国环境保护部

环函〔2011〕180号

关于印发《关于促进成渝经济区重点产业与环境保护协调发展的指导意见》的通知

重庆市、四川省环境保护厅（局）：

为了贯彻落实科学发展观，促进区域经济社会与环境协调发展，充分发挥战略环评成果对成渝经济区环境管理的指导作用，促进区域重点产业与环境资源协调可持续发展，从源头预防环境污染和生态破坏，我部在2009年组织编制《成渝经济区重点产业发展战略环境评价》的基础上，组织专家根据战略环评成果制定了《关于促进成渝经济区重点产业与环境保护协调发展的指导意见》。现印送你们，作为指导区域重点产业环境管理的参考和依据。

附件： 关于促进成渝经济区重点产业与环境保护协调发展
的指导意见

二○一一年七月一日

主题词:环保　环评　规划　五大区域　通知

抄　　送:国家发展改革委、科技部、工业和信息化部、财政部、
国土资源部、住房城乡建设部、交通运输部、水利部、
农业部、国家林业局、国家能源局、国家海洋局办公厅
(室),重庆市、四川省人民政府办公厅,中国环境科学
研究院、环境保护部环境工程评估中心。

环境保护部　　　　　　　　　　　　　2011 年 7 月 5 日印发

关于促进成渝经济区重点产业与环境保护
协调发展的指导意见

为深入贯彻落实科学发展观，引导成渝经济区走新型工业化道路，优化空间开发格局，科学调整经济结构，促进区域经济社会和资源环境协调可持续发展，提出以下意见：

一、充分认识区域重点产业发展与生态环境保护的重要性

（一）在国家区域经济和生态安全格局中占有重要地位。成渝经济区资源丰富、人口稠密、中心城市综合竞争力强劲，是国家深入实施西部大开发战略的重要板块，在西部大开发中占有举足轻重的地位。同时，成渝经济区处于三峡水库上游，是长江上游生态屏障的重要组成部分；盆周丘陵山地生物多样性极其丰富，是我国具有全球保护意义的生物多样性关键地区之一；区域生态环境质量好坏和演变趋势在相当大程度上影响长江上游生态安全屏障和区域生态安全。正确统筹处理好这一地区经济快速增长与环境保护和生态安全，对促进我国西部经济增长方式的根本转变具有突出的示范作用。

（二）布局性和结构性矛盾突出。成渝经济区处于工业化中期阶段，已初步成为国家重要的装备制造业基地、水电能源基地、天然气化工基地、国防科技工业基地、高新技术产业基地和西部最富饶的农牧业基地。第二产业主要布局在"双核两带"，即重庆、成都两大都市区，成德绵城市经济带和沿长江城市经济带。工业行业门类齐全，但化工、矿山、冶金、建材等传统产业亟待升级换代，资源环境绩效总体低于全国平均水平。区域经济发展不平衡，严重制约区域综合竞争力整体水平的提高。

成渝经济区部分地区的粗放式发展导致水环境超载，带来生态安全隐患；化工产业的同质化竞争和化工园区无序布局使得水环境安全隐患和饮水健康风险相互交织；长江上游干支流水电、航电开发对水生生物原有生境造成破坏，部分流域水电无序过度开发对生物多样性和生态安全造成严重影响；矿产资源开发利用重点区域与生态服务功能重要区域高度重叠，以小、中型矿山为主体的矿产资源开采严重损害区域生态安全格局；以高硫煤为主体支撑不断增长的能源需求，导致部分区域 SO_2、NO_x 环境空气质量难以稳定达标，酸雨污染未得到根本遏制。如不及时引导、优化和调控，长江上游生态屏障和三峡库区水环境安全将受到重大影响，将威胁区域的全面协调可持续发展。

二、促进区域重点产业与环境保护协调发展的总体要求

（三）指导思想。全面落实科学发展观，大力建设生态文明，推进环境保护历史性转变，努力探索环保新道路，以资源节约型、环境友好型经济发展为主导，加快传统产业升级换代、调整产业结构、优化产业布局，有效缓解重点产业发展对资源环境承载的压力，预防中长期环境风险，推动经济增长方式的根本转变，将成渝经济区建设成为环境保护优化经济发展的

示范区域。

（四）**基本原则**。按照"保底线，优布局，调结构，控规模，严标准"的总体思路，确保生态功能不退化、水土资源不超载、污染物排放总量不突破、环境准入不降低。预防或减缓对长江上游生态屏障功能、长江上游和三峡水库水环境累积性影响和环境风险，扭转酸雨污染。坚持总量控制与质量控制相结合，确保生态保护红线不突破；坚持环境准入与淘汰落后相结合，加快产业转型；坚持产业发展与生态空间管制相结合，促进生产力合理布局；坚持结构优化与产业升级相结合，加快构建现代产业体系；坚持规模增长与资源环境承载相结合，统筹配置区域环境资源。

（五）**主要目标**。加快推进重点产业整体升级、布局优化和效率提升，发展环境友好型、资源节约型工业体系，将成渝经济区建设成为我国先进装备制造业、现代服务业、高新技术产业和农副产品加工基地，国家经济发展重要增长极。全面加强水环境管理，有效控制重金属和持久性有机污染发展势头，减轻农业面源污染，维护长江上游干流和三峡库区水环境安全。巩固和发展生态建设成果，维护"一圈四江九节点"生态安全格局，提升区域生态系统服务功能。优化能源消费结构，扭转酸雨污染发展的趋势，促进成渝经济区成为西部地区经济发展与环境保护协调发展示范区。

三、推进构建符合区域生态安全格局要求的现代产业体系

（六）**大力发展战略性新兴产业，壮大优势装备制造业**。优先发展装备制造业、高新技术产业、农副产品加工业等区域优势产业，大力推动新能源、新材料、生物工程、节能环保等新兴产业发展。依托重庆"两江新区"和成德绵城市群的产业基础优势，重点围绕发电和输变电设备、轨道交通设备、风电设备、汽车制造、摩托车制造、环保成套设备、数控机床、国防装备等领域，切实提升综合集成水平，逐步建设具有国际竞争能力的先进装备制造业基地。立足自主创新，引导产业集聚，培育一批具有核心竞争力的高新技术产业集群，形成以电子信息、新医药、新材料为主体的高技术产业发展格局。

（七）**加快推进化工、造纸、纺织、冶金、建材等传统产业升级换代，力争2015年达到全国同行业同期水平**。优先安排化工下游产品生产技术升级换代，支持天然气化工、盐化工、磷化工等高水平适度发展；加大造纸行业技术改造，实现生产技术装备大型化，加速淘汰落后产能，推动以竹代木、以竹代棉；控制冶金行业高耗能初级加工规模的无序扩张，引导产业链的延伸发展。

（八）**优化能源结构，推进洁净煤利用**。大力提高水电、天然气、可再生能源在一次性能源中的比重；扶持和推进煤炭气化等洁净煤技术的运用，支持超临界、超超临界发电机组运用；积极推进"煤改气"工程；加快成德绵城市经济带和沿长江城市经济带现有燃煤电厂机组的脱硫改造；燃煤火电机组配套建设脱硫脱硝设施，加强汞污染防治。

（九）**着力推动区域生态经济建设**。完善以转移支付为主的生态补偿机制，扶持三峡库区及其影响区、地震灾区和革命老区生态经济基础设施建设和产业发展。大力推动三峡库区农业走廊建设，加快发展绿色食品加工业、现代中药及生物医药加工业、丝麻纺织加工业等特色产业；继续推进地震灾区受损耕地、基本农田和农业基础设施的恢复和建设，扶持发展中药材原料基地、特色农副产品种植和加工业、生态旅游业，加强自然保护区恢复和天然林保护；大力推动川东北革命老区的农业基础设施建设，扶持发展有机食品、绿色食品和中药

材原料种植基地，建设以林为主、林农牧多种经营的生态产业模式。

（十）优化重点产业布局。重庆主城区宜发展高新技术产业、汽车、摩托车产业、装备制造业；成德绵城市经济带宜发展装备制造业、高新技术产业、现代服务业、现代中医药、军工等重点产业；统筹规划建设 3～5 个产业转移示范园区，有序引导成德绵城市经济带和重庆主城区的产业结构调整和优化布局；支持沱江、岷江中上游化工、造纸产业结构调整，优化产业布局；严格限制在三峡库区、沱江上游、岷江上游及中游的成都段布局石化等高风险、高污染产业。

（十一）优化重点工业园区发展。按照"环境风险可控、发挥资源优势、建设循环经济"的原则，优化长江城市经济带重点工业园区的发展；有选择地发展天然气化工、盐化工、石化中下游产业，适度发展煤气化工产业；新兴天然气化工基地应选择附加值高、有利于带动落后地区经济发展和产业链延伸的产品发展。

（十二）限制重污染、高风险产业的发展规模。在环境空气质量超标或酸雨严重且本地贡献比较大的地区，严格限制燃煤火电、冶金等高耗能高污染产业规模的盲目扩张。在环境质量和酸雨污染未得到持续改善之前，除热电联产外，原则上不允许新建燃煤电厂电源点；以优化布局为目标的新建燃煤电厂，必须在本地区实现"上大压小"和"增产减污"；改扩建燃煤电厂项目应做到本地区内"增产减污"。加快淘汰小火电，优先安排现有电源点的技术改造，提高环境绩效。在关闭淘汰不符合国家产业政策、环境绩效低下、环境污染严重的小电厂的前提下，2015 年火电行业装机总规模应控制在 3 060 万千瓦以内，其中新增火电控制在 1 880 万千瓦以内，火电行业 SO_2 排放量应控制在 49.1 万吨以内。石化产业以延伸、完善中下游产品产业链为重点，炼油和乙烯规模应符合国家有关规划。

（十三）矿产资源开发实施生态保护优先。加快淘汰和关闭浪费资源、污染严重的矿山开采企业；新建矿山应以资源整合、小矿整治为前提，采取严格措施维护其水源涵养、生物多样性等生态服务功能；加强盆南岩溶地区、平行岭谷区和三峡库区腹地矿山生态修复。

（十四）科学规划、有序开发水电。在做好生态保护的前提下，进一步统筹水电、航电梯级开发。从有效保护长江上游珍稀特有鱼类、提高航运能力和发展清洁能源的角度，结合国家有关规划的编制，进一步协调水电、航电梯级开发与环境保护的关系。

四、实施区域生态环境战略性保护，提升资源环境支撑能力

（十五）维护生态安全格局，加强生态建设。维护盆周山地及长江、嘉陵江、岷江和沱江"一圈四江九节点"生态安全格局，确保成渝经济区水源涵养、水土保持、生物多样性保护等生态服务功能不削弱；确保四川境内已有的 58 个不同级别、总面积 1.1 万平方千米的各类自然保护区，重庆区域内 41 个不同级别、总面积为 2 839 平方千米的各类自然保护区总面积不减少；确保到 2020 年，四川省森林覆盖率不低于 37%，重庆市不低于 45%；加强龙门山、三峡库区、秦巴山地、武陵山、大娄山等区域的生物核心栖息地保护、水源涵养和水土保持；加强长江上游珍稀特有鱼类和土著种群生境的保护，确保自然保护区范围不缩小、功能不降低。

（十六）强化资源高效节约利用，加强生态保护。生态脆弱区、河流源区和三峡库区的矿产资源开发应做到生态保护优先、合理有序；盆周丘陵地带实行生态屏障建设和生态抚育与系统恢复，长江、岷江、沱江、嘉陵江河岸带实行限制开发，维护河岸带自然形态；强化水土保持，严格控制人为水土流失；水电、水资源开发应确保河流生态基流流量不低于多

年平均径流量的 10% ；大力推进节水建设，提高区域水资源利用效率。

（十七）大力削减污染物排放总量，提高资源环境效率。实施基于环境质量改善的污染物排放总量控制目标、"以新带老"推动技术改造、升级换代和循环经济建设；"十二五"期间，化工、轻工、农副产品加工、冶金、建材等传统产业的资源环境绩效达到全国同期水平；强化火电机组脱硫脱硝设施建设和运行管理，加大小火电机组削减现有燃煤火电二氧化硫排放量 40 万吨以上；加强成都、重庆市区挥发性有机污染物排放控制；强化长江上游干流和主要支流营养盐、重金属、有毒有害化学物质、持久性有机物等污染物控制。

（十八）严格技术水平"门槛"，有效控制特征污染。着力提高"两高一资"产业技术工艺水平，大、中型新建、改扩建项目清洁生产应达到国际先进水平；严格按照国家现行产业政策，淘汰小化工、小冶金、小造纸、小水泥等落后产能；新建、改扩建燃煤火电厂必须实施脱硫脱硝。

五、统筹区域环境管理，强化战略性环境保护措施

（十九）制订相关环境经济政策，引导产业升级和淘汰落后产能。在高风险、高污染的重化工企业中推行绿色保险制度，研究制订对投保企业和保险公司分别给予保费补贴和营业税优惠的激励措施。引导产业朝多元化发展，扶持旅游业、农副产品加工业、现代服务业以及新能源、新材料、生物工程等高新技术产业，限制小冶金、小水泥、小化工、小造纸等高污染高耗能产业扩张；对于不能满足所在区域环境管理要求的企业，限制其上市融资和扩大再生产。按规定对环境保护、节能节水项目所得给予税收优惠，对高污染高耗能产业和资源环境效率低下的企业要提高相关环境收费标准。制订符合本地社会、经济、生态协调发展的生态补偿机制，根据国家的相关政策在资源开发的收益中确定一定比例，用于区域生态恢复、跨地区生态环境综合治理与生态补偿。

（二十）加强环境保护能力建设。"十二五"期间，环保投入占 GDP 总量比例的年增长速度不低于 15% ；重点建设区域酸雨联防联控能力建设工程、长江上游和三峡库区环境风险预警和联防联控应急工程、工业园区暴雨径流污染控制与处置示范工程、非点源控制示范工程；优先装备先进的水环境自动监测设备、数据网络和大型实时监控平台，加强环境监测标准化建设，全面提高大气、土壤环境、农村面源污染监测能力；加强自然保护区规范化和基础能力建设。

（二十一）大力推进环保基础设施和应急能力建设。2015 年城市污水处理率应不低于 85%，生活垃圾无害化处理率力争不低于 80%，工业固体废物综合利用率不低于 72%，完成长江上游和三峡库区化工园区环境风险预警和应急设施和能力建设，加强化工园区突发环境事件预防、快速响应处置能力。

（二十二）对重金属和持久性有机污染物采取严格的控制措施。"十二五"期间，推动工业园区包括工业废水处理、暴雨径流控制与管理、环境风险防范的一体化水污染控制管理体系建设，优先在沿长江城市经济带、成德绵城市经济带选择工业园区进行试点，全面提升工业园区的废水管理水平；有色冶金、化工、电子等工业园区必须建立企业级和园区级重金属、持久性有毒有机物的控制和管理机制；开展工业园区地面径流污染物处置与管理体系示范工程，全面评估化工园区的风险防范与事故后处置体系有效性。

（二十三）实施非点源污染控制工程，加强环境综合治理。在巩固退耕还林成果、继

续推进长江中上游水土保持的同时，大力支持生态农业建设、非点源控制工程建设；在盆中丘陵区和成都平原区，加快推进以非点源控制为重点的农村环境综合治理工程，加大现代化养殖业的比重，积极推进畜禽标准化、规模化养殖，有效控制畜禽养殖污染；加大财政支持力度，推进三峡库区影响范围内水土保持、非点源控制工程建设。

（二十四）切实发挥规划环评作用。建立规划环评与项目环评的联动机制，将规划环评作为项目环评准入的依据；对规划中包含由上级环保部门负责审批的重大项目的，其规划环评应征求上级环保部门的意见。对可能造成跨行政区域不良环境影响的重大开发规划和建设项目，要建立区域环境影响评价联合审查审批制度和信息通报制度。全面推进重点区域、产业园区、重化工基地，以及"两高一资"重点行业的规划环评，省级以上产业集聚区规划应与规划环评同时展开，未通过规划环评的产业园区禁止开工建设。强化和落实规划环评中跟踪监测与后续评价要求。

（二十五）统筹协调区域环境管理。打破行政界限，统一协调和管理区域大气环境、流域水环境，构建"统一规划、统一监测、统一监管、统一评估、统一协调"的区域联防联控工作机制，提升区域污染防治整体水平。建立健全跨区域跨部门联防联控机制，发挥各部门在污染防治中的管理、监测等方面的协调和配合职能。设立国家公益项目专项，开展长江上游和三峡库区环境风险预警和联防联控应急体系研究，建设预警和应急响应工程；研究平原地区和丘陵山区工业园区暴雨径流污染控制与处置方案，开展示范工程建设；研究区域间大气致酸污染物输送的相互影响和酸雨污染控制机制，配套能力建设。

中华人民共和国环境保护部

环函〔2011〕182 号

关于印发《关于促进黄河中上游
能源化工区重点产业与环境保护
协调发展的指导意见》的通知

山西省、内蒙古自治区、陕西省、宁夏回族自治区环境保护厅：

为了贯彻落实科学发展观，促进区域经济社会与环境协调发展，充分发挥战略环评成果对黄河中上游能源化工区环境管理的指导作用，促进区域重点产业与环境资源协调可持续发展，从源头预防环境污染和生态破坏，我部在 2009 年组织编制《黄河中上游能源化工区重点产业发展战略环境评价》的基础上，组织专家根据战略环评成果制定了《关于促进黄河中上游能源化工区重点产业与环境保护协调发展的指导意见》。现印送你们，作为指导区域重点产业环境管理的参考和依据。

附件： 关于促进黄河中上游能源化工区重点产业与环境保护协调发展的指导意见

二〇一一年七月一日

主题词：环保　环评　规划　五大区域　通知

抄　　送：国家发展改革委、科技部、工业和信息化部、财政部、国土资源部、住房城乡建设部、交通运输部、水利部、农业部、国家林业局、国家能源局、国家海洋局办公厅（室），山西省、内蒙古自治区、陕西省、宁夏回族自治区人民政府办公厅，环境保护部环境发展中心、环境保护部环境工程评估中心。

环境保护部　　　　　　　　　　　　2011 年 7 月 5 日印发

关于促进黄河中上游能源化工区重点产业
与环境保护协调发展的指导意见

为深入贯彻落实科学发展观，推动黄河中上游能源化工区经济发展方式的战略性转变，加快经济结构调整，优化空间开发格局，科学有序资源开发，促进区域经济社会和资源环境协调可持续发展，提出以下意见：

一、充分认识区域重点产业发展与生态环境保护的重要性

（一）在区域经济和生态安全格局中占有重要地位。黄河中上游能源化工区是我国重要的能源供给基地、煤化工产业基地，是我国西北地区经济社会发展的重要引擎。同时，该区地处我国典型的生态脆弱区，是我国防风固沙、水土保持关键区域和华北地区生态防线；该区位于黄河上中游河段，对黄河流域中下游地区生态安全至关重要。正确处理好区域经济与环境协调发展，对促进我国资源能源富集地区经济发展方式的根本转变具有突出的示范作用。

（二）结构性与布局性矛盾突出。黄河中上游能源化工区产业结构不尽合理，煤炭采掘、煤电、煤化工、冶金等重化工产业规模持续增长，工业园区沿黄布局态势明显，重化工产业的结构性规模扩张与资源环境承载能力之间、空间布局与区域生态安全格局之间的矛盾也日益突出。水资源不合理利用引发一系列生态环境问题，部分非季节性河流断流，局部地区形成大面积地下水降落漏斗，引发次生地质环境问题；工业化高速发展加剧流域水质恶化，2001—2007 年 55% 的黄河支流监测断面连续 7 年为劣 V 类水质，支流水质持续严重超标；以燃煤为主的常规大气污染依然严重，SO_2 超标现象普遍，个别地市以焦化为主的工业园区周边出现苯并 [a] 芘等特征污染物超标现象。多年的煤炭资源高强度、大规模粗放型开发加剧局部地区土地退化，人居环境功能受到威胁。如不及时引导、优化和调控，区域环境污染加重、生态环境质量总体下降的问题将难以解决，严重威胁区域的全面协调可持续发展。

二、促进区域重点产业与环境保护协调发展的总体要求

（三）指导思想。全面落实科学发展观，大力建设生态文明，推进环境保护历史性转变，努力探索环保新道路，加快调整区域经济结构，优化国土空间开发格局，实施资源环境战略性保护，推动区域经济发展方式的战略性转变，实现环境保护优化经济发展。

（四）基本原则。按照"保底线，优布局，调结构，控规模，严标准"的总体思路，确保生态功能不退化、水土资源不超载、污染物排放总量不突破、环境准入不降低。坚持总量控制与质量控制相结合，确保生态环境红线不突破；坚持环境准入与淘汰落后相结合，加快产业转型；坚持产业发展与生态空间管制相结合，促进生产力合理布局；坚持结构优化与产业升级相结合，构建现代能源重化工产业体系；坚持规模增长与资源环境承载相结合，统筹配置区域环境资源。

（五）主要目标。按照"以水定产、技术升级、优化布局、多元化发展"的思路，推动

产业结构升级和发展转型,强化重点产业发展的规模控制与空间管治,形成分工合理、资源高效、环境友好的产业发展新格局。在经济社会快速稳定发展的同时,维护好本地区作为华北地区重要生态防线的功能、黄河流域的生态安全廊道功能和人居环境保障功能,逐步降低区域资源环境压力,从根本上扭转水资源过度开发、土地持续退化的态势,逐步实现区域生态环境由局部改善向整体提升的战略性转变。

三、加快构建符合区域生态安全格局要求的现代产业体系

(六)优化重点产业布局。河套内新兴产业区(即鄂尔多斯、榆林、宁东地区)重点发展煤炭开采、煤电、煤化工等产业,以新型能源重化产业区作为发展方向;汾河流域产业区(即吕梁、临汾、运城,辐射忻州)优化发展煤炭开采、煤电、煤化工及冶金等产业,支持建设"国家资源型经济转型综合改革配套实验区",突破生态环境综合承载力困境;渭河流域产业区(关中—天水经济区)(即宝鸡、咸阳、渭南、铜川,辐射延安)依托现有工业基础,重点发展煤炭开采、现代煤化工等产业;包头及周边地区(即包头,辐射巴彦淖尔)建设特色冶金基地,合理布局钢铁、铝业、装备制造、电力、煤化工和稀土等产业;黄河上游产业区(即银川、石嘴山、中卫、吴忠)围绕"黄河上游城市带"建设,着力优化产业结构,发展配套产业和服务业,提升现有工业技术水平。

(七)有序开发煤炭资源,调整优化煤炭产业结构。对煤炭资源进行统一规划、统一布局、统一管理,淘汰落后产能,加快中小煤矿整合和改造,提高煤炭生产集约化程度和技术装备水平,促进煤炭资源的合理有序开发。充分论证鄂尔多斯和榆林东部煤炭资源开发的开采时序、开采规模,优化开采方式,实现科学开发;推进汾河流域产业区煤炭行业整合,提高煤炭产业集中度,逐步淘汰30万吨以下小规模矿井,单井平均规模逐步达到120万吨。

(八)控制煤电发展规模,提升煤电产业技术水平。全面淘汰10万千瓦以下煤电机组,其中河套内新兴产业区应逐步淘汰20万千瓦以下煤电机组,提高区域煤电产业整体技术水平,推广清洁高效煤电技术。限制大气环境承载力较低地区的煤电产业发展规模,提高水电、风电和可再生能源等清洁能源的装机和发电比重,优化电源结构。

(九)以水定产适度发展煤化工,推进传统煤化工升级改造。以区域水资源承载力为依据,科学规划煤化工产业发展,适度发展新型煤化工。进一步加大区域传统煤化工产业升级改造力度;提升汾河流域产业区焦化、合成氨行业技术水平;升级改造渭河流域产业区合成氨、电石行业;推进包头及周边地区焦化企业重组,淘汰小规模落后产能;对区域电石、焦化产能实施总量控制,提高产业集中度和技术水平。

(十)集约发展冶金行业,提高行业清洁生产水平。加快推进冶金产业向产业园区聚集,强化集约节约用地,提高工业用地综合利用效率。深入调整冶金行业产业结构,淘汰落后产能,提升技术装备水平和污染治理水平,加强氟化物控制,冶金行业力争达到国内清洁生产先进水平。打造"特色冶金基地",全面提升企业清洁生产水平,推进冶金循环经济园区建设,实现资源综合利用、循环利用。

(十一)鼓励产业多元化发展,完善产业体系。发挥渭河流域产业区人才、技术和区位优势,优化对外开放格局,承接东部产业转移,以装备制造和高新技术产业为重点,丰富区域产业结构。鼓励黄河上游产业区发展低耗水产业,优化产业结构,打造人才和服务基地,大力发展新能源、高新技术等新型产业,探索石嘴山等资源型城市产业转型和多元化

发展道路。

四、实施区域生态环境战略性保护，提升资源环境支撑能力

（十二）改善区域生态功能。加强生态建设力度，促进区域生态功能改善。确保受保护湿地面积、自然保护区面积不减少，剧烈沙漠化和剧烈土壤侵蚀区等禁止开发区面积不低于现状。优先保护陕西、山西沿黄湿地，重点加强红碱淖湿地自然保护区、鄂尔多斯遗鸥国家级自然保护区、山西黄河湿地自然保护区、乌梁素海湿地水禽自然保护区、毛乌素沙地柏自然保护区、贺兰山国家级自然保护区、沙坡头国家级自然保护区和白芨滩国家级自然保护区等生态敏感区的生物多样性保护。

（十三）合理开发水资源。以确保区域生态用水为前提，优先利用非常规水源，合理开采地下水，控制地表水取用，调配区域水资源，保障水资源消耗总量不突破红线，维护区域生态安全。汾河、渭河、无定河等产流面积较大的河流，总体生态水量应达到天然径流量的30%～40%，满足河流生态环境用水；地下水超采区退减超采地下水水量，缓解地下水漏斗等次生地质问题。

（十四）保证环境质量达标。确保黄河干支流重要环境功能区丰水期水质稳定达标，黄河支流水质达标率明显提高。城市环境空气质量好于二级标准天数达到国家相关要求，主要大气污染物排放满足区域环境容量要求。加强传统煤化工工业园、冶金工业园区周边苯并[a]芘、氟化物等特征大气污染物控制。

（十五）严格环境准入要求。2015 年城市污水处理率应不低于 85%，生活垃圾无害化处理率力争不低于 80%，工业固体废物综合利用率不低于 72%。逐步提高产业资源环境效率准入"门槛"，确保 2020 年重点行业清洁生产水平达到国内先进水平，水资源利用效率指标达到国际先进水平，新型煤化工项目废水循环利用率达 95% 以上，新增煤炭项目矿井水利用率应达到 90% 以上。在地下水超采地区，新建、改扩建项目不得使用地下水作为工业水源；断流河流所在流域范围、地下水降落漏斗范围内不得新增工业企业用水规模。严格控制新建、改扩建项目资源利用率和污染物排放强度；新增电力项目须配套脱硫设施、脱硝设施，脱硫效率达 90% 以上，脱硝效率达 70%，应采用空冷机组，灰渣综合利用率达 100%；新增煤化工项目必须入工业园区，公用工程配套的热电站应全部配套脱硫设施，脱硫率达到 90% 以上，工艺装置应配套先进脱硫设施。

五、加快产业优化升级，强化战略性环境保护措施

（十六）实施分区环境管理。自然保护区、集中式饮用水水源地保护区、泉域保护区水量和水质重点保护区，剧烈沙漠化和剧烈土壤侵蚀区等禁止开发区，禁止新布局工业企业，现有工业企业必须逐步迁出；自然环境本底脆弱，水资源、水环境及大气环境严重透支的重点治理区，必须限制新增污染企业、加大企业污染排放管理力度；现状环境质量较好，但自然环境本底脆弱的重点监控区，加强环境预警，引导产业优化布局，避免生态环境破坏。

（十七）保障流域生态需水，优化区域水资源配置。保障区域生态需水，引导重点产业规模适度发展；建立生态需水底线评估制度，作为区域水资源配置的重要依据；评估重点河段和重点湖泊最低生态用水量，以此作为核定区域水资源配置、编制流域水资源综合利用规划的重要依据。通过实行总量控制，保障生态需水，缓解和恢复水环境生态功能。对于用

水超指标的区域，暂停审批该区域新增高耗水项目。

（十八）构建企业升级改造促进机制。限制高污染高耗能行业发展，加快落后产能退出，对重污染企业可采取规划先行、有序退出，合理补偿、激励退出，防止转移、扶持转型，妥善安置、维护稳定的对策。推行绿色信贷，通过贴息等信贷手段扶持区域内新能源、新材料等高新技术产业，鼓励区域发展煤源产业以外的高附加值清洁型产业，限制焦炭、电石、合成氨等行业落后产能发展，控制渭河流域造纸行业发展规模。在高风险、高污染的化工企业中推行绿色保险制度，研究制订对投保企业和保险公司分别给予保费补贴和营业税优惠的激励措施。推动上市公司环保核查工作，促进企业严格自律，严格审查募集资金扩大发展的高污染企业，对不能满足区域环境管理要求的企业，必须限制扩大再生产。

（十九）完善生态补偿机制。在汾河流域、渭河流域和乌梁素海探索流域生态补偿试点，研究设立黄河中上游流域生态环境治理和修复专项资金。建立区域矿产资源开发生态补偿制度，改善区域生态环境质量，实现煤炭资源持续开采和区域生态系统的相对稳定。

（二十）切实发挥规划环评作用。建立规划环评与项目环评的联动机制，将规划环评作为项目环评准入的依据；对规划中包含由上级环保部门负责审批的重大项目的，其规划环评应征求上级环保部门的意见。对可能造成跨行政区域不良环境影响的重大开发规划和建设项目，要建立区域环境影响评价联合审查审批制度和信息通报制度。全面推进重点区域、煤化工和涉重金属污染等重点行业、重化工基地的规划环评。重点产业集聚区规划环评应与规划同时开展，未通过规划环评的产业园区建设项目文件不予审批。强化规划环评中跟踪监测与后续评价要求。

（二十一）统筹协调区域环境管理。建立健全跨区域跨部门联防联控机制，统筹和协调有关部门在污染防治管理、监测等方面的职能，统一协调和管理区域大气环境、流域水环境，构建"统一规划、统一监测、统一监管、统一评估、统一协调"的区域联防联控工作机制，提升区域污染防治整体水平。建立多部门联动的综合预警和应急机制，制定突发性污染事故紧急预案处理措施，建设环境污染事故应急队伍，确保区域生态环境安全。